suhrkamp taschenbuch
wissenschaft 507

Ludwig Wittgenstein
Werkausgabe Band 7

Ludwig Wittgenstein

Bemerkungen über die Philosophie der Psychologie

Letzte Schriften über die Philosophie der Psychologie

Suhrkamp

Für die vorliegende Ausgabe wurde der Text
neu durchgesehen von Joachim Schulte

14. Auflage 2024

Erste Auflage 1984
suhrkamp taschenbuch wissenschaft 507

Umschlag nach Entwürfen von
Willy Fleckhaus und Rolf Staudt
Druck und Bindung: C. H. Beck, Nördlingen
Printed in Germany
ISBN 978-3-518-28107-9

www.suhrkamp.de

Inhalt

Ludwig Wittgenstein
Bemerkungen über die Philosophie der Psychologie
Band 1

Herausgegeben von
G. E. M. Anscombe und
G. H. von Wright

VORWORT

Nachdem Wittgenstein den Teil I der *Philosophischen Untersuchungen* in der Form, in der er später gedruckt wurde, fertiggestellt hatte, schrieb er vom Mai 1946 bis Mai 1949 in neuen Manuskriptbänden (MSS 130–138) Bemerkungen nieder, die fast ausschließlich die Natur der psychologischen Begriffe erörtern. Zweimal in diesem Zeitraum hat er aus dem handschriftlichen Material eine Auswahl in die Maschine diktiert, – im Spätherbst 1947 (TS 229) und im Frühherbst 1948 (TS 232). Dem letzten Drittel der handschriftlichen Aufzeichnungen entspricht kein erhaltenes Typoskript. Wahrscheinlich Mitte 1949 hat Wittgenstein eine handschriftliche Auswahl (MS 144), hauptsächlich aus dem, was er in der Zeit nach Oktober 1948 geschrieben hatte, zum Teil aber auch aus den früheren Manuskriptbänden und Maschinenschriften, zusammengestellt. Diese Handschrift hat er dann auf der Maschine reinschreiben lassen, und sie wurde als Teil II der *Philosophischen Untersuchungen* gedruckt. Das Typoskript ist leider zur Zeit verschollen.

Was Wittgenstein in den Manuskriptbüchern 130–138 geschrieben hat, kann somit mit gewissem Recht als *Vorstudien* zum Teil II der *Untersuchungen* gekennzeichnet werden. Die beiden Typoskripte 229 und 232 hat er in Zettel geschnitten und insgesamt 369 von den Fragmenten für weitere Zwecke aufbewahrt. Sie sind in der Sammlung *Zettel* gedruckt. (Ihre Anzahl ist mehr als die Hälfte der Bemerkungen in diesem Werk.) Der weitaus größte Teil der Bemerkungen in TS 229 und 232 und in den Manuskriptbänden 137–138 sind jedoch bis jetzt unveröffentlicht geblieben.

Es schien den Herausgebern richtig, die beiden Typoskripte 229 und 232 *in toto* in zwei Bänden unter dem Titel *Bemerkungen über die Philosophie der Psychologie* zu veröffentlichen.

Als erster Band wird hier das TS 229 veröffentlicht. Die handschriftlichen Unterlagen decken den Zeitraum vom 10. Mai 1946 bis 11. Oktober 1947. Nur die ersten 90 undatierten Bemerkungen sind früher, vielleicht schon 1945 geschrieben. Es gab zwei Fassungen des Typoskripts, – die eine wurde wahrscheinlich von der anderen kopiert. Beide waren mit vielen Schreibfehlern und anderen Mängeln behaftet. Ein genaues Vergleichen mit den Manuskriptquellen war angebracht. Im Typoskript kommen Figuren meistens nicht vor. Wir haben sie den entsprechenden MSS entnommen.

Bei der Überarbeitung für einen fehlerfreien und vollständigen Text waren die Herren André Maury und Heikki Nyman behilflich. Heikki Nyman hat den Index für das Buch gemacht. Die Herausgeber möchten die Gelegenheit benutzen, den beiden Mitarbeitern für ihre mühevolle Arbeit zu danken.

G. E. M. Anscombe
G. H. von Wright

Wittgensteins Rechtschreibung ist zum Teil altertümlich, zum Teil schwankend – manchmal offensichtlich inkorrekt. Auch die Zeichensetzung weicht häufig von der normalen stark ab. Eine vorsichtige Korrektur war unbedingt vonnöten. Im allgemeinen haben wir jedoch in dem gedruckten Text der Schreibweise des Typoskripts zu folgen versucht, z.B. im Falle der Anfangsbuchstaben substantivierter Adjektive. Die Zeichensetzung im Typoskript haben wir nur in seltenen Fällen antasten wollen. Für hilfreiche Ratschläge bei der Richtigstellung des Drucktextes sind wir Herrn Joachim Schulte tiefen Dank schuldig.

1. Überlegen wir uns, was man über ein Phänomen wie dieses sagt: Die Figur ꟻ einmal als ein F, einmal als das Spiegelbild eines F sehen.

Ich will fragen: worin besteht es, die Figur einmal so, einmal anders sehen? – Sehe ich wirklich jedesmal etwas anderes; oder *deute* ich nur, was ich sehe, auf verschiedene Weise? – Ich bin geneigt, das erste zu sagen. *Aber warum*? Nun, Deuten ist eine Handlung. Es kann z.B. darin bestehen, daß Einer sagt "Das soll ein F sein"; oder daß er's nicht sagt, aber das Zeichen beim Kopieren durch ein F ersetzt; oder sich überlegt: "Was mag das wohl sein? Es wird ein F sein, das dem Schreiber mißglückt ist." – Sehen ist keine Handlung, sondern ein Zustand. (Grammatische Bemerkung.) Und wenn ich die Figur nie anders als "F" gelesen, mir nie überlegt habe, was es wohl sein mag, so wird man sagen, ich *sehe* sie als F; wenn man nämlich weiß, daß sie sich auch anders sehen läßt.

Wie ist man denn überhaupt zu dem Begriff des 'das als das sehen' gekommen? Bei welchen Gelegenheiten wird er gebildet, ist für ihn ein Bedarf? (Sehr häufig, wenn wir über ein Kunstwerk reden.) Dort, z.B., wo es sich um ein Phrasieren durchs Aug oder Ohr handelt. Wir sagen "Du mußt diese Takte als Einleitung hören", "Du mußt nach dieser Tonart hinhören", aber auch "Ich höre das französische 'ne ... pas' als zweiteilige Verneinung, nicht als 'nicht ein Schritt'" etc. Ist es nun ein wirkliches Sehen oder Hören? Nun: so nennen wir es; mit diesen Worten reagieren wir in bestimmten Situationen. Und *auf* diese Worte reagieren wir wieder durch bestimmte Handlungen. [*Zettel*, 208.]

2. Ist es Introspektion, was mich lehrt, ob ich's mit einem echten Sehen zu tun habe, oder doch mit einem Deuten? Zuerst einmal muß ich mir klar darüber werden, was ich denn ein Deuten nennen würde; woran sich erkennen läßt, ob etwas ein Deuten oder ein Sehen sei.

(Einer Deutung entsprechend sehen.) [Z 212.]

3. Ich möchte sagen: "Ich sehe die Figur als das Spiegelbild eines F" sei nur eine indirekte Beschreibung meiner Erfahrung. Es gebe eine direkte; nämlich: Ich sehe die Figur *so* (wobei ich für mich auf meinen Gesichtseindruck deute). Woher hier diese Versuchung? – Es gibt da ein wichtiges Faktum, nämlich dies, daß wir bereit sind, eine Anzahl verschiedener Beschreibungen unsres Gesichtseindrucks gelten zu lassen; z.B.: "Die Figur *schaut* jetzt nach rechts, jetzt nach links."

4. Denke, wir fragten jemand: Welche Ähnlichkeit besteht zwischen dieser Figur und einem F? Nun antwortet Einer "Die Figur ist ein umgekehrtes F", ein Andrer "Sie ist ein F mit zu langen Anstrichen". Sollen wir sagen "Die beiden sehen die Figur verschieden"?

5. Sehe ich die Figur nicht einmal so, einmal anders, auch wenn ich nicht mit Worten oder durch andere Zeichen reagiere?

Aber "einmal so", "einmal anders" sind ja Worte, und mit welchem Recht gebrauche ich sie hier? Kann ich dir, oder mir selbst, mein Recht erweisen? (Es sei denn durch eine weitere Reaktion.)

Aber ich weiß doch, daß es zwei Eindrücke sind, auch wenn ich's nicht sage! Aber wie weiß ich, daß, was ich dann sage, das ist, was ich wußte? [Z 213.]

6. Das vertraute Gesicht eines Wortes; die Empfindung, ein Wort sei gleichsam ein Bild seiner Bedeutung; es habe seine Bedeutung gleichsam in sich aufgenommen – es kann eine Sprache geben, der das alles fremd ist. Und wie drücken sich diese Empfindungen bei uns aus? Darin, wie wir Worte wählen und schätzen. [Vgl. PU, S. 218f.]

7. Die Fälle, in denen wir mit Recht sagen, wir *deuten*, was wir sehen, als das und das, sind *leicht* zu beschreiben. [Vgl. PU, S. 212e.]

8. Wenn wir deuten, stellen wir eine Vermutung an, sprechen eine Hypothese aus, die sich nachträglich als falsch erweisen kann. Sagen wir "Ich sehe diese Figur als ein F", so gibt es dafür, so wie für den Satz "Ich sehe ein leuchtendes Rot", nicht Verifikation oder Falsifikation. Diese Art Ähnlichkeit ist es, nach der wir ausschauen müssen, um den Gebrauch des Wortes "sehen" in jenem Zusammenhang zu rechtfertigen. Sagt Einer, er erkenne, daß es ein 'Sehen' sei, durch Introspektion, so ist die Antwort: "Und wie weiß ich, was du Introspektion nennst? Du erklärst mir ein Geheimnis durch ein anderes." [Vgl. PU, S. 212e.]

9. An verschiedenen Stellen eines Buches, eines Lehrbuchs der Physik etwa, sehen wir die Illustration 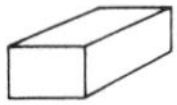 . Im dazugehörigen Text wird einmal von einem Glaswürfel geredet, einmal von einem Drahtgestell, einmal von einer umgestülpten offenen Kiste, einmal von drei Brettchen, die ein räumliches Eck bilden. Der Text deutet jedesmal die Illustration.

Aber wir können auch sagen, daß wir die Illustration einmal als das eine, einmal als das andere Ding *sehen*. – Wie merkwürdig nun, daß wir die Worte der *Deutung* auch zur Beschreibung des unmittelbar Wahrgenommenen verwenden können!

Da möchten wir zuerst so antworten: Jene Beschreibung der unmittelbaren Erfahrung mittels einer *Deutung* ist nur eine indirekte Beschreibung. Die Wahrheit sei die: Wir können der Figur einmal die Deutung A, einmal die Deutung B, einmal die Deutung C geben; und es gibt nun auch drei direkte Erfahrungen – Weisen des Sehens der Figur – A′, B′, C′, so daß A′ der Deutung A, B′ der Deutung B, C′ der Deutung C günstig ist. Daher gebrauchen wir die Deutung A als Beschreibung der ihr günstigen Weise des Sehens. [Vgl. PU, S. 193f, g.]

10. Aber was heißt es, die Erfahrung A′ sei der Deutung A günstig? Welches ist die Erfahrung A′? Wie identifiziert man sie denn?

11. Nehmen wir an, jemand mache die folgende Entdeckung. Er untersucht die Vorgänge in der Retina der Menschen, die die Figur einmal als Glaswürfel, einmal als Drahtgestell sehen, etc., und er findet, daß diese Vorgänge ähnlich denjenigen sind, welche er beobachtet, wenn das Subjekt einmal einen Glaswürfel anschaut, einmal ein Drahtgestell u.s.f.... So eine Entdeckung würde man geneigt sein, als Beweis dafür zu betrachten, daß wir die Figur wirklich jedesmal anders *sehen.*

Aber mit welchem Recht? Wie kann denn das Experiment etwas über die Natur der unmittelbaren Erfahrung aussagen? – Es reiht sie in eine bestimmte Klasse von Phänomenen ein.

12. Wie identifiziert man die Erfahrung A′? Wie kommt es, daß ich überhaupt von dieser Erfahrung weiß?

Wie lehrt man jemand den Ausdruck dieser Erfahrung "Ich sehe die Figur jetzt als Drahtgestell"?

Viele haben das Wort "sehen" gelernt und nie einen derartigen Gebrauch von ihm gemacht.

Wenn ich nun so einem unsre Figur zeige und ihm sage "Jetzt versuch einmal, sie als Drahtgestell zu *sehen*!" – muß er mich verstehen? Wie, wenn er sagt: "Meinst du etwas anderes als, ich soll dem Text des Buchs, der von einem Drahtgestell redet, an der Hand der Figur folgen?" Und wenn er mich nun nicht versteht, was kann ich machen? Und wenn er mich versteht, wie äußert sich das? Nicht eben dadurch, daß auch er sagt, er *sehe* jetzt die Figur als Drahtgestell?

13. Es ist also die Neigung, jenen Wortausdruck zu gebrauchen, eine charakteristische Äußerung des Erlebnisses. (Und eine *Äußerung* ist kein *Symptom*).

14. Gibt es noch andere Äußerungen dieses Erlebnisses? Wäre nicht dieser Vorgang denkbar: Ich lege Einem ein Drahtgestell, einen Glaswürfel, eine Kiste, etc. vor und frage ihn "Welches dieser Dinge stellt die Figur dar?" Er antwortet "Das Drahtgestell".

15. Sollen wir nun sagen, er habe die Figur als Drahtgestell gesehen, – obwohl er die Erfahrung, sie einmal als das, einmal als etwas andres zu sehen, nicht hatte?

16. Denken wir, es fragte jemand: "Sehen wir alle ein Druck-F auf die gleiche Weise?" Nun, man könnte folgenden Versuch machen: Wir zeigen verschiedenen Leuten ein F und stellen die Frage "Wohin schaut ein F, nach rechts oder nach links?"

Oder wir fragen: "Wenn du ein F mit einem Gesicht im Profil vergleichen solltest, wo wäre vorne, wo hinten?"

Mancher aber würde diese Fragen vielleicht nicht verstehen. Sie sind analog Fragen der Art: "Welche Farbe hat für dich der Laut a?" oder "Kommt dir a gelb oder weiß vor?" etc.

Wenn Einer diese Frage nicht verstünde, wenn er erklärte, sie sei Unsinn, – könnten wir sagen, er verstehe nicht Deutsch, oder nicht die Bedeutungen der Wörter "Farbe", "Laut", etc.?

Im Gegenteil: Wenn er diese Worte verstehen gelernt hat, dann kann er auf jene Fragen 'mit Verständnis' oder 'ohne Verständnis' reagieren.

17. "Sehen wir Alle ein F auf die gleiche Weise?" – Das heißt noch gar nichts, solange nicht festgestellt ist, wie wir erfahren, 'auf welche Weise' Einer es sieht. Aber wenn ich nun z.B. auch sage "Für mich schaut ein F nach rechts und ein J nach links", – darf ich sagen: wenn immer ich ein F sehe, schaue es in dieser, oder in irgend einer Richtung? Welchen Grund hätte ich, so etwas zu sagen?!

18. Nehmen wir an, die Frage wäre nie gestellt worden "In welcher Richtung schaut ein F?" – sondern nur die: "Wenn du einem F und einem J ein Aug und eine Nase malen solltest, würde es nach rechts oder nach links schaun?" Dies wäre doch auch eine psychologische Frage. Und in ihr wäre von einem 'so, oder anders, *sehen*' nicht die Rede. Wohl aber von einer *Neigung*, das eine, oder andere zu tun.

19. Eine Verwendung des Begriffs 'in dieser Richtung schauen' ist z.B. die: Man sagt etwa einem Architekten "Mit dieser Verteilung der Fenster schaut die Fassade *dorthin*". Ähnlich verwendet man den Ausdruck: "Dieser Arm unterbricht die *Bewegung* der Skulptur" oder "Die Bewegung sollte *so* verlaufen" (dabei macht man etwa eine Geste).

20. Die Frage, ob es sich um ein Sehen oder ein Deuten handelt, entsteht dadurch, daß eine Deutung Ausdruck der Erfahrung wird. Und die Deutung ist nicht eine indirekte Beschreibung, sondern ihr primärer Ausdruck.

21. Warum aber sehen wir das nicht sogleich, sondern denken, es müßte hier einen unmittelbarern Ausdruck geben, und das Phänomen sei nur zu ungreifbar, nicht recht zu beschreiben, und wir müssen jedenfalls zur Verständigung mit Andern zur indirekten Darstellung greifen?

Wir sagen uns: Es ist unmöglich, daß wir, ohne in der Phantasie der Figur etwas hinzuzufügen, ein Erlebnis haben, das wesentlich mit Dingen zusammenhängt, die ganz außerhalb der Sphäre der unmittelbaren Wahrnehmung sind.

Man könnte z.B. sagen: "Du behauptest, du siehst die Figur als Drahtgestell. Weißt du vielleicht auch, ob es Kupferdraht oder Eisendraht ist? Und warum soll es dann *Draht* sein? – Das zeigt, daß das Wort "Draht" wirklich nicht wesentlich zur Beschreibung des Erlebnisses gehört.

22. Denken wir uns aber nun diese Art von Erklärung: Wenn man beim Essen die Nase zuhält, verlieren die Speisen jeden Geschmack, außer den der Süße, Bitterkeit, Salzigkeit und Säure. Also, wollen wir einmal sagen, besteht der besondere Geschmack, des Brotes z.B., aus diesem 'Geschmack' im engern Sinne und dem Aroma, das eben verloren geht, wenn wir nicht durch die Nase atmen. Warum soll es nun beim Sehen von etwas als etwas nicht ähnlich zugehen. Etwa so: Das *Auge* unterscheidet nicht die Figur als Drahtgestell von der Figur als Kiste, u.s.w. Das ist sozusagen das Aroma, welches das Gehirn dem Gesehenen hinzufügt. Dagegen unterscheidet auch das Auge verschiedene Aspekte: es phrasiert quasi das Gesichtsbild; und *eine* Phrasierung ist *einer* Deutung, die andre der andern gemäßer. (*Erfahrungsmäßig* gemäßer.)

Denk z.B. an gewisse unwillkürliche Deutungen, die wir der einen oder andern Stelle eines Musikstücks geben. Wir sagen: diese Deutung drängt sich uns auf. (Das ist doch ein Erlebnis.) Und die Deutung kann aus gewissen rein musikalischen Beziehungen erklärt werden. – Wohl, aber wir wollen ja nicht erklären, sondern beschreiben.

23.

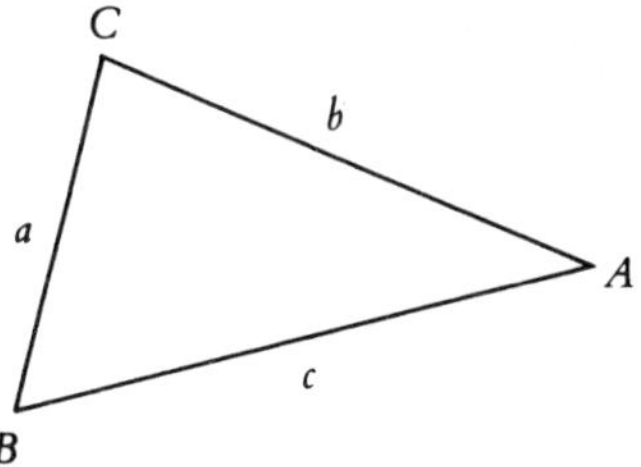

Sieh das Dreieck so, daß *c* die Basis und *C* die Spitze ist; und jetzt so, daß *b* die Basis und *B* die Spitze ist. – Was tust du? – Vor allem: – Weißt du, was du tust? Nein.

"Nun, vielleicht ist es der Blick, der erst auf der 'Basis' haftet, dann zur 'Spitze' geht." Aber kannst du sagen, daß in einem anderen Zusammenhang der Blick nicht ganz ebenso wandern könnte, ohne daß du das Dreieck in dieser Weise gesehen hast?

Mach auch diesen Versuch. Sieh das Dreieck so, daß es (wie eine Pfeilspitze) einmal in der Richtung *A*, einmal in der Richtung *B* zeigt.

24. Von wem sagt man, er sehe das Dreieck als Pfeil, der nach rechts zeigt? Von dem, der es einfach als einen solchen Pfeil zu gebrauchen gelernt und es immer so gebraucht hat? Nein. Das heißt natürlich nicht, man sage von so einem, er sehe es *anders*, oder wir wüßten nicht, wie er es sehe. Es ist hier von einem so oder anders *sehen* noch nicht die Rede. – Wie ist es aber in einem Fall, in welchem ich den Andern korrigiere und sage "Was dort steht, ist nicht ein Pfeil, der nach rechts zeigt, sondern einer, der nach oben zeigt", und nun setze ich ihm eine praktische Folge dieser Deutung auseinander. Er sagt nun: "Ich habe das Dreieck immer als Pfeil nach rechts aufgefaßt." – Ist hier von einem Sehen die Rede? Nein; denn es kann ja heißen "Ich bin, wenn ich diesem Zeichen begegnet bin, ihm immer *so* gefolgt." Wer das sagt, müßte die Frage "Aber hast du es als Pfeil nach rechts *gesehen*?" gar nicht verstehen.

25. Wir sagen von *dem*, er sehe das Dreieck einmal so, einmal so, der dies von sich aussagt, der diese Worte mit dem Zeichen des Verständnisses ausspricht, oder hört; aber auch von dem, der etwa sagt "Jetzt zeigt das Dreieck in dieser Richtung, früher hat es in der andern gezeigt", und der nun auf die Frage, ob das Dreieck seine Form oder Lage geändert habe, antwortet: so sei es nicht. U.s.w.

26. Betrachten wir den Fall des Bildes der gegen einander rotierenden Räder. Erstens kann ich die Bewegung im Bild wieder als *eine* oder die *andere* sehen. Zweitens kann ich sie auch für die eine oder die andere *halten*.

27. Das *etwas seltsame* Phänomen des so oder anders Sehens erscheint doch erst, wenn Einer erkennt, daß das Gesichtsbild in *einem* Sinne *gleichbleibt*, und etwas anderes, was man "Auffassung" nennen möchte, sich ändern kann. Halte ich das Bild für dies oder das, sagen wir für zwei gegen einander laufende Räder, so ist doch damit von der Teilung des Eindrucks in Gesichtsbild und Auffassung noch keine Rede. – Soll ich also sagen, die Trennung ist das Phänomen, das mich interessiert?

Oder fragen wir so: Welche *Reaktion* interessiert mich? Die, welche zeigt, daß Einer eine Schale für eine Schale hält (also auch die, daß er eine Schale für etwas anderes hält)? Oder die, daß er einen Wechsel beobachtet und zugleich auch, daß sich am Gesichtsbild nichts geändert hat?

28. Es ist auch möglich, daß ich sage: "Ich habe das immer für eine Schale gehalten; jetzt sehe ich, daß es keine ist" – ohne daß ich mir eines Wechsels des 'Aspekts' bewußt bin. Ich meine einfach: ich sehe jetzt etwas anderes, habe jetzt einen anderen Gesichtseindruck.

Nehmen wir an, Einer zeigte mir etwas und fragt, was das sei. Ich sage "Es ist ein Würfel". Darauf er: "Also *so* siehst du es." – Müßte ich diese Worte anders verstehen als so: "Also *dafür* hälst du es"?

29. Ich bin mir, wenn ich die Gegenstände um mich her betrachte, nicht bewußt, daß es so etwas wie eine visuelle Auffassung gibt.

30. "Ich sehe diese Figur als räumliches Eck": warum nimmst du es nicht einfach als wahr hin, – wenn er nämlich Deutsch kann und glaubwürdig ist? – Ich zweifle nicht daran, daß es die Wahrheit ist. Aber, was er sagte, ist ein *zeitlicher* Satz. Nicht einer über das Wesen dieses Phänomens; sondern, der sagt: das habe stattgefunden.

31. Die Äußerung des Erlebnisses ist: "Ich sehe das jetzt als Pyramide; jetzt als Quadrat mit den Diagonalen." ☒ – Was ist nun das 'das', welches ich einmal so, einmal so sehe? Ist es die Zeichnung? Und wie weiß ich, daß es beidemal dieselbe Zeichnung ist? Weiß ich es nur, oder *sehe* ich's auch? – Wie wäre es, wenn nachgewiesen würde, die Zeichnung habe sich immer ein wenig geändert, wenn

man sie als etwas anderes sieht; oder das Gesichtsbild sei dann ein wenig anders. Es sehe, z.B., dann eine Linie um ein weniges stärker, oder dünner aus, als früher.

32. Soll ich sagen, die verschiedenen Aspekte der Figur seien Assoziationen? Und was hilft es mir?

33. Es scheint sich hier etwas am Gesichtsbild der Figur zu ändern; und ändert sich doch wieder nichts. Und ich kann nicht sagen "Es fällt mir immer wieder eine neue Deutung ein". Ja, es ist wohl das; aber sie verkörpert sich auch gleich im Gesehenen. Es fällt mir immer wieder ein neuer Aspekt der Zeichnung ein – die ich gleichbleiben sehe. Es ist, als ob ihr immer wieder ein neues Kleid angezogen würde, und als ob doch jedes Kleid wieder gleich sei dem andern.

Man könnte auch sagen: "Ich *deute* die Figur nicht nur, sondern ich ziehe ihr auch die Deutung an."

34. Ich sage mir: "Was ist das? Was sagt nur diese Phrase? Was drückt sie nur aus?" – Es ist mir, als müßte es noch ein viel klareres Verstehen von ihr geben, als das, was ich habe. Und dieses Verstehen würde dadurch erreicht, daß man eine Menge über die Umgebung der Phrase sagt. So als wollte man eine ausdrucksvolle Geste in einer Zeremonie verstehen. Und zur Erklärung müßte ich die Zeremonie gleichsam analysieren. Z.B. sie abändern und zeigen, wie das die Rolle jener Geste beeinflussen würde.

35. Ich könnte auch sagen: Mir ist, als müßte es zu diesem musikalischen Ausdruck Parallele auf anderen Gebieten geben.

36. Die Frage ist eigentlich: Sind diese Töne nicht der *beste* Ausdruck für das, was hier ausgedrückt ist? Wohl. Aber das heißt nicht, daß sie nicht durch ein Bearbeiten ihrer Umgebung zu erklären sind.

37. Ist es ein Widerspruch, wenn ich sage: "Dies ist schön und dies ist nicht schön" (wobei ich auf verschiedene Gegenstände zeige)? Und soll man sagen, es sei kein Widerspruch, weil die beiden Wörter "dies" verschiedenes bedeuten? Nein; die beiden "dies" haben die *gleiche* Bedeutung. "heute" hat heute die gleiche Bedeutung, wie es gestern hatte, "hier" die gleiche Bedeutung hier und dort. Es ist hier nicht wie im Satz "Herr Weiß wurde weiß".

"Dies ist schön und dies ist nicht schön" *ist* ein Widerspruch, aber er hat eine Verwendung.

38. Das Grundübel der Russellschen Logik sowie auch der meinen in der L.Ph.Abh. ist, daß, was ein Satz ist, mit ein paar gemeinplätzigen Beispielen illustriert, und dann als allgemein verstanden vorausgesetzt wird.

39. Aber ist es nicht klar, daß die beiden "dies" verschiedene Bedeutungen haben, da ich sie doch durch verschiedene Eigennamen ersetzen kann? – Ersetzen? "Dies" heißt ja nicht einmal A, das andere mal B. – Freilich nicht allein; aber zusammen mit der zeigenden Gebärde. – Wohl; aber das sagt nur, daß ein Zeichen, bestehend aus dem Wort "dies" und einer Gebärde, eine andere Bedeutung hat, als ein Zeichen, bestehend aus "dies" und einer anderen Gebärde.

Aber das ist ja bloße Wortklauberei: Du sagst ja also, daß dein Satz "Dies ist schön und dies ist nicht schön" kein vollständiger Satz ist, weil zu den Worten hier noch Gebärden gehören. – Aber warum ist es dann kein vollständiger Satz? Es ist ein Satz einer andern Art als etwa "Die Sonne geht auf", die Art seiner Verwendung ist sehr verschieden. Aber solche Verschiedenheiten gibt es eben die Hülle und Fülle im Reich der Sätze.

40. "A. Schweizer ist kein Schweizer." Wenn ich das sage, meine ich das erste S. als Eigenname, das zweite als Gattungsname. So geht Verschiedenes in meinem Geiste vor, wenn ich die beiden Wörter "S." ausspreche? – Das Wort funktioniert im Satz beide Male in verschiedener Weise. Das hieße, das Wort mit einem Maschinenteil vergleichen und den *Satz* mit der Maschine. Ganz unzutreffend. Eher könnte man sagen: die Sprache ist die Maschine, der Satz der Maschinenteil. Das wäre dann etwa so: Diese Kurbel hat zwei Löcher von gleicher Größe. Mit dem einen sitzt sie auf der Welle, in dem anderen steckt der Kurbelzapfen. [Vgl. PU, S. 176f.]

41. Versuche, das erste "S." als Gattungsnamen, das zweite als Eigennamen zu meinen! Wie machst du den Versuch? [Vgl. PU, S. 176f.]

42. "Der Begriff S. ist kein S." Ist das Unsinn? Nun, ich weiß nicht, was jemand, der das sagt, damit sagen will: d.h. wie er diesen Satz zu verwenden beabsichtigt. Ich kann mir manche naheliegende Verwendung für ihn ausdenken. – "Aber du *kannst* ihn eben nicht so verwenden, oder auch nur so denken, daß mit den Worten "der Begriff S." und mit dem zweiten "S." das Gleiche *gemeint* ist, was du *gewöhnlich* mit diesen Worten meinst." Hier steckt der Irrtum. Man denkt hier, als schwebte einem *dieser* Vergleich vor: Die Worte im

Satz passen zusammen, d.h. man kann die sinnlose Wortfolge hinschreiben; aber die Bedeutung jedes Worts ist ein unsichtbarer *Körper*, und diese Bedeutungskörper passen *nicht* zusammen. ((“Das Meinen gibt dem Satz eine weitere Dimension.”))

43. Daher die Idee, man kann den Satz nicht denken; denn im Gedanken müßte ich nun die Bedeutungen der Worte zu einem Sinn *zusammenstellen*, und das geht nicht. (Jigsaw puzzle.)

44. Aber ist der Widerspruch nicht durch das Gesetz vom Widerspruch verboten? – “non (p & non p)” verbietet jedenfalls nichts. Es ist eine Tautologie. Verbieten wir aber einen Widerspruch, so schließen wir Widerspruchsformen aus unserer Sprache aus. Wir beseitigen diese Formen.

45. Man kann denken: “Wie merkwürdig, daß die *eine* Bedeutung des Wortes “empfinden” (und der anderen psychologischen Verben) zusammengesetzt ist aus den heterogenen Bestandteilen, den Bedeutungen der *ersten* und der *dritten* Person.”

Aber was kann verschiedener sein, als das Profil und das en face eines Gesichts; und doch sind die Begriffe unserer Sprache so gebildet, daß das eine nur als Variation des anderen erscheint. Und es ist natürlich leicht, diese Begriffsbildung aus Naturtatsachen zu begründen. (Heterogene: der Pfeifenkopf und das Pfeifenrohr.)

46. Wenn die Begriffsbildung sich aus Naturtatsachen (psychologischen und physikalischen) begründen läßt, ist dann die Beschreibung unserer Begriffsbildungen nicht eigentlich eine verkappte Naturwissenschaft; sollten wir uns dann nicht, statt für die Grammatik für das interessieren, was ihr in der Natur zu Grunde liegt?

Uns interessiert allerdings auch die Entsprechung unserer Grammatik und allgemeiner (selten ausgesprochener) Naturtatsachen. Aber unser Interesse fällt nun nicht auf diese *möglichen* Ursachen zurück. Wir betreiben keine Naturwissenschaft: unser Ziel ist nicht, etwas vorherzusagen. Auch nicht Naturgeschichte: denn wir erdichten für unsere Zwecke naturgeschichtliche Tatsachen. [Vgl. PU, S. 230a.]

47. Es interessiert uns etwa, festzustellen, daß in unserer Umgebung gewisse Formen nicht an gewisse Farben gebunden sind. Daß wir z.B. nicht grün immer in Verbindung mit der Kreisform, rot mit der Quadratform sehen. Stellt man sich eine Welt vor, in der Formen und Farben immer in solcher Weise mit einander verknüpft sind, so fände man ein Begriffssystem verständlich, in welchem die grundlegende Einteilung – Form und Farbe – nicht bestünde.

Noch einige Beispiele:

Es ist z.B. wichtig, daß wir gewohnt sind, mit Stift, Feder, oder dergleichen zu zeichnen, und daß daher die Elemente unserer Darstellung Striche und Punkte (im Sinne von "Pünktchen") sind. Hätten die Menschen nicht gezeichnet, sondern immer gemalt (spielte also der Begriff der *Kontur* der Formen keine große Rolle), gäbe es ein gebräuchliches Wort, sagen wir "Linie", bei dem niemand an *Strich*, also an etwas sehr dünnes dächte, sondern immer nur an die Grenze zweier Farben, und dächte man bei "Punkt" nie an etwas winziges, sondern nur an den Schnitt zweier Farbgrenzen, so wäre vielleicht manche Entwicklung der Geometrie unterblieben.

Sähen wir eine unserer primären Farben, sagen wir rot, nur äußerst selten, nur in winzigen Ausmaßen, könnten wir Malfarben nicht herstellen, käme rot nur in bestimmten Verbindungen mit anderen Farben vor, etwa nur an den Spitzen der Blätter gewisser Bäume, die sich im Herbst nach und nach aus grün in rot verwandeln, so wäre nichts natürlicher als Rot ein degeneriertes Grün zu nennen.

Denke an die Umstände, unter denen uns Weiß und Schwarz als *Farben* und anderseits als das Fehlen einer Farbe erscheinen. Denke, es ließen sich alle Farben wegwaschen und der Grund wäre dann immer weiß, und es gäbe keine weiße Malfarbe.

Es ist uns leichter ein reines Rot, Grün, etc. aus dem Gedächtnis zu reproduzieren und wiederzuerkennen, als einen Ton von Braunrot etwa.

48. Ich sage aber nicht: Wären die Naturtatsachen anders, so hätten wir andere Begriffe. Dies ist eine Hypothese. Ich habe für sie keine Verwendung und sie interessiert mich nicht. Ich sage nur: Wenn du glaubst, unsere Begriffe seien die richtigen, die intelligenten Menschen gemäßen, wer andere hätte, sähe eben etwas nicht ein, was wir einsehen, dann stelle dir gewisse allgemeine Naturtatsachen anders vor, als sie sind, und andere Begriffsbildungen als die unseren werden dir *natürlich* scheinen. [Vgl. PU, S. 230b.]

49. 'Natürlich', nicht 'notwendig'. Ist denn alles, was wir tun, zweckmäßig? Ist alles, was nicht zweckmäßig genannt werden kann, zweckwidrig?!

50. ((Zu Nummer 33)) Wenn man erklärt "Ich assoziiere diesen Gegenstand mit der Figur", so wird dadurch nichts deutlicher.

51. Wie wird "wollen" wirklich gebraucht? Man ist sich in der Philosophie nicht dessen bewußt, daß man einen ganz neuen

Gebrauch des Wortes für sie erfunden hat, indem man ihn dem des Wortes "wünschen", z.B., angeglichen hat. Es ist interessant, daß man für die Philosophie eigens Wortverwendungen konstruiert, indem man Worten, die uns wichtig erscheinen, einen weiter ausgebauten Gebrauch vindizieren will; als sie haben.

"Wollen" wird manchmal in der Bedeutung von "Versuchen" verwendet. "Ich wollte aufstehen, war aber zu schwach." Anderseits will man sagen, daß, wo immer eine willkürliche Bewegung gemacht wird, gewollt werde. Wenn ich also gehe, spreche, esse, etc. etc., so soll ich nun eben das tun wollen. Und hier kann es nun nicht versuchen heißen. Denn wenn ich gehe, so heißt das nicht, ich versuche zu gehen und es gelinge. Vielmehr gehe ich für gewöhnlich, ohne es zu versuchen. Man kann natürlich auch sagen "Ich gehe, weil ich gehen will", wenn das den gewöhnlichen Fall des Gehens von dem unterscheidet, in welchem ich geschoben werde, oder elektrische Ströme meine Beinmuskeln bewegen.

52. Die Philosophie versucht sich einen Gebrauch des Wortes zurecht zu legen, der gleichsam eine konsequentere Durchführung gewisser Züge des gewöhnlichen Gebrauchs darstellt.

53. "Das Wort 'x' hat zwei Bedeutungen" heißt: es hat zwei Arten der Verwendung.

Soll ich sagen: "Wenn du die Verwendung dieses Wortes in unserer Sprache beschreibst, wirst du sehen, daß es zwei Verwendungen und nicht nur *eine* hat"?

54. Könnten wir uns nicht denken, daß Leute erklärten, das Wort "Bank" habe immer dieselbe Bedeutung. Eine Bank sei immer so etwas:  Daß sie aber das Wort dennoch auch für ein Geldinstitut verwendeten; davon aber sagen, weil es eine Bank sei, so sei es eben doch etwas von der Art unserer Abbildung.

55. Haben die Worte "gehen" und "ging" die gleiche Bedeutung?

Haben die Worte "gehen" und "gehst" die gleiche Bedeutung?

Hat das Wort "go" in "I go" und in "you go" die gleiche Bedeutung?

56. Soll ich sagen: "Zu zwei verschiedenen Bedeutungen gehören zwei verschiedene Erklärungen der Bedeutung"?

57. Denk dir in einer Sprache eine Gruppe von Sätzen von je drei Zeichen. Die Sätze beschreiben die Arbeit, die ein bestimmter Mensch ausführt. Das erste Zeichen (von links nach rechts) ist der Name des Menschen, das zweite bezeichnet eine Tätigkeit (wie sägen, bohren, feilen), das dritte bezeichnet das Werkstück.

So ein Satz könnte nun lauten "a a a". Wenn nämlich "a" der Name einer Person, eines Werkstücks und einer Tätigkeit ist.

58. Was heißt es nun: "Das Zeichen 'a' hat eine andere Bedeutung in 'x a y' und in 'a x y'"? Man könnte auch sagen, es habe verschiedene Bedeutung je nach seiner *Stelle.* (Wie eine Ziffer im Dezimalsystem.)

Denk dir das Schachspiel mit lauter gleichgestalteten Steinen gespielt. Man müßte sich dann immer erinnern, wo ein bestimmter Stein am Anfang des Spiels gestanden hatte. Und man könnte sagen: "Dieser Stein und jener haben verschiedene Bedeutungen"; ich kann mit dem einen nicht so ziehen wie mit dem andern. Ebenso entnehme ich dem "a" an der ersten Stelle, daß von *diesem* Menschen (ich zeige etwa auf ihn) die Rede ist, dem "a" an der zweiten Stelle, daß er *diese* Arbeit macht; etc. Das "a" könnte etwa in drei Tabellen stehen, die es gewissen Bildern, die seine Bedeutung erklären, zuordnen. Und ich würde dann zur Deutung des Satzes je nach der Stellung des "a" in einer anderen Tabelle nachsehen.

59. Was heißt es: "untersuchen ob 'f(f)' Sinn hat, wenn 'f' an beiden Stellen die gleiche Bedeutung hat"?

60. Man sucht, hat noch nicht gefunden, aber man weiß, was man sucht. – Aber es kann auch sein, daß man suchend um sich schaut und nicht sagen kann, was man sucht; endlich ergreift man etwas und sagt "Das wollte ich haben". Man kann das "suchen" nennen, "ohne zu wissen, was man sucht".

61. Man könnte von "funktionalen Zuständen" reden. (Z.B.: Ich bin heute sehr reizbar. Wenn man mir heute das und das sagt, reagiere ich immer so und so. Dem entgegengesetzt: Ich habe den ganzen Tag Kopfschmerzen.)

62. Wie ist man je dazu gekommen, einen Ausdruck wie "ich glaube . . ." zu gebrauchen? Ist man etwa plötzlich auf ein Phänomen, das des Glaubens, aufmerksam geworden? [Vgl. PU, S. 190a.]

63. Hatte man sich beobachtet und fand so dies Phänomen?

64. Hatte man sich selbst und die andern Menschen beobachtet und fand so die Erscheinung des Glaubens? [Vgl. PU, S. 190a.]

65. Es könnte in der Sprache eines Stammes ein Pronomen geben, wie wir es nicht besitzen, und wofür wir keine praktische Verwendung haben, ein Pronomen, das sich auf das Satzzeichen 'bezieht', worin es steht. Ich will es so schreiben: $\overline{\text{ich}}$. Der Satz "$\overline{\text{ich}}$ bin 10 centimeter lang" wird also auf seine Wahrheit geprüft, indem man das Satzzeichen mißt. Der Satz "$\overline{\text{ich}}$ enthalte vier Wörter" z.B. ist wahr, der Satz "$\overline{\text{ich}}$ enthalte nicht vier Wörter" auch. "$\overline{\text{ich}}$ bin falsch" entspricht dem Paradox vom kretischen Lügner. – Die Frage ist: Wozu verwenden die Leute dies Fürwort? Nun, der Satz "$\overline{\text{ich}}$ bin 10 cm. lang" könnte als Maßstab dienen; der Satz "$\overline{\text{ich}}$ bin schön geschrieben" als Paradigma der schönen Schrift.

Was *uns* interessiert ist: Wie wird das Wort "$\overline{\text{ich}}$" in einem *Sprachspiel* verwendet. Denn paradox ist der Satz nur, wenn wir von seiner Verwendung absehen. So könnte ich mir denken, daß der Satz "$\overline{\text{ich}}$ bin falsch" in der Kinderstube werwendet wird. Wenn Kinder ihn lesen, fangen sie an zu schließen: "Wenn das falsch ist, so ist es wahr, also ist es falsch, etc. etc.". Die Menschen haben vielleicht gefunden, daß dies Schließen eine zuträgliche Übung für Kinder ist.[1]

Was uns interessiert ist: Wie wird dieses Fürwort in einem *Sprachspiel* verwendet. Es ist möglich, obwohl nicht ganz leicht, sich ein Sprachspiel mit diesem Wort auszumalen. Ein Satz wie "$\overline{\text{ich}}$ enthalte vier Wörter" könnte z.B. als Paradigma der Zahl 4 dienen, und in anderem Sinne auch der Satz "$\overline{\text{ich}}$ enthalte nicht vier Wörter". Paradox ist ein Satz nur, wenn wir von seiner Verwendung absehen.[1]

66. Wie würden sich Menschen, die ein Dreieck nicht, wie wir einmal so, einmal so *sehen* könnten, von uns unterscheiden? – Wenn wir zu einem Stamm kämen, der diese Erlebnisse nicht hat, wie würden wir es merken?

Wie würden wir es merken, wenn die Leute Tiefe nicht *sehen* könnten? Wenn sie also wären, wie Berkeley glaubte, daß wir seien.

67. Wieviele Quadrate □ gehen in ein Quadrat □, wenn der Maßstab, in welchem das kleine Quadrat aufzufassen ist, nicht bestimmt wurde? Wenn nun Einer daher käme und sagte: man kann zwar nicht mit Sicherheit sagen, wieviele hineingehen, aber man kann es immerhin schätzen!

[1] Dieser Absatz ist eine Alternative zur Textstelle "Die Frage ist: . . . der schönen Schrift". (*Herausg.*)

68. "Der Ausdruck ähnlich dem Gefühl" – die bittere Speise ähnlich dem bittern Gram. "Zum Verwechseln ähnlich" – wie wäre es, wenn sie nicht nur ähnlich, sondern gleich wären?

69. "Gram und Sorge sind ähnliche Gefühle": ist das eine Erfahrungstatsache?

70. Soll ich sagen: "Ein Hase kann ausschauen wie eine Ente"?
Wäre es denkbar, daß jemand, der einen Hasen, aber keine Ente kennt, sagte: "Ich kann die Zeichnung  als Hasen sehen und auch noch anders, obwohl ich für den zweiten Aspekt kein Wort habe"? Später lernt er eine Ente kennen und sagt: "Als *das* habe ich damals die Zeichnung gesehen!" – Warum ist das nicht möglich?

71. Oder denk, jemand sagte "Dieser Hase hat einen selbstgefälligen Ausdruck". – Wenn nun Einer von einem selbstgefälligen Ausdruck nichts wüßte, – könnte ihm da *etwas auffallen*, und er später, wenn er Selbstgefälligkeit kennen gelernt hat, sagen, ihr Ausdruck sei es gewesen, der ihm damals aufgefallen war?

72. Das *treffende* Wort. Wie wird es gefunden? Beschreibe das! Als Gegensatz dazu: Ich finde die richtige Bezeichnung für eine Kurve, nachdem ich bestimmte Messungen an ihr vorgenommen habe.

73. Ich sehe, daß das Wort treffend ist, noch ehe ich weiß, und auch wenn ich niemals weiß, *warum* es treffend ist.

74. Ich würde den nicht *verstehen*, der sagte: er hätte das Bild als das eines Hasen gesehen, dies aber nicht sagen können, da er damals von der Existenz eines solchen Wesens nichts gewußt habe.

75. Soll ich also sagen: "Der Bildhase und die Bildente schauen ganz gleich aus"?! – Dagegen sträubt sich etwas. – Aber kann ich denn nicht sagen: Sie schauen ganz gleich aus, nämlich so—und nun mache ich die doppeldeutige Zeichnung? (Der Müller mahlt, der Maler malt auch.) Wenn ich aber nun Gründe gegen diese Ausdrucksweise angeben wollte, – was müßte ich sagen? Daß man das Bild jedesmal anders sieht, wenn es einmal eine Ente und einmal ein Hase ist – oder, daß bei der Ente *das* der Schnabel ist, was beim Hasen die Ohren sind, etc.?

76. Denk dir das doppeldeutige Bild in einer Bildergeschichte verwendet: Dann ist es, z.B., nicht möglich, daß ein anderes Tier der Ente begegnet und sie für einen Hasen hält; aber das wäre möglich, daß Einer die Ente im Profil im Halbdunkel für einen Hasen hält.

77. "Ich kann so wenig zugleich den Hasen und die Ente sehen, wie zugleich die Worte 'Weiche Wotan, weiche!'[1] in ihren beiden Bedeutungen meinen." – Aber das wäre nicht richtig; wohl aber, daß es uns nicht natürlich ist, diese Worte auszusprechen, um Wotan zu sagen, er solle weichen, und ihm dabei mitzuteilen, daß wir weiche Eier vorziehen. Und doch könnte man sich eine solche Verwendung von Worten vorstellen.

78. Die *Fakten* der menschlichen Naturgeschichte, die auf unser Problem Licht werfen, sind uns schwer zu finden, denn unsere Rede *geht an ihnen vorbei*, – sie ist mit andern Dingen beschäftigt. (So sagen wir Einem "Geh ins Geschäft und kauf . . ." – nicht: "Setz den linken Fuß vor den rechten Fuß etc. etc., dann leg Geld auf den Schalter, etc. etc.")

79. Glaube ich nicht an einen inneren Zustand des Sehens und der Andere sagt "Ich sehe . . .", so glaube ich, daß er nicht Deutsch kann, oder lügt.

80. Was hat der gesagt, der behauptet, wer die Zeichnung einmal als Hasen und einmal als Ente sieht, habe ganz verschiedene visuelle Erlebnisse? Die Neigung, das zu sagen, wird sehr groß, wenn man z.B. einen Strich in der Zeichnung macht, der etwa den Mund des Hasen betont, und dann sieht, wie dieser Strich nun eine ganze andere Rolle im Entenbild spielt.—Oder denk an das Sehen des Gesichtsausdrucks des Hasen, der im andern Bild gänzlich verschwindet.

Ich sehe z.B. zuerst ein hochmütiges Gesicht und dann sehe ich kein hochmütiges Gesicht.

Und was tut der, der zugibt, daß ich jedesmal etwas ganz verschiedenes sehe?

81. "Wie weiß ich, daß ich über *diesen* Gesichtsausdruck lächle?"

82. "Ich sehe einen ganz bestimmten Gesichtsausdruck, den ich den des Hasen nenne, und einen ganz andern, den ich den der Ente

[1] Hinweis auf Wagners *Das Rheingold.* (*Herausg.*)

nenne." Laß mich ihn einmal bloß A und den andern B nennen: Wie könnte ich nun, ohne auf einen Hasen und eine Ente Bezug zu nehmen, Einem die Bedeutung von A und B erklären?

Es wäre z.B. *so* möglich: Ich sage ihm "A" und ahme dabei mit meinem Gesicht das Gesicht eines Hasen nach, etc.

83. "'*Das* sehen' heißt nicht: *so* reagieren, – denn ich kann sehen, ohne zu reagieren." Natürlich. Denn weder heißt "ich sehe": ich reagiere, noch "er sieht": er reagiert, noch "ich sah": ich reagierte, etc.

Und wenn ich auch immer, wenn ich sehe, *sagte* "ich sehe", so würden diese Worte doch nicht sagen: "ich sage 'ich sehe'".

84. Ich deute auf einen bestimmten Fleck des Bildes und sage "das ist das Auge des Hasen oder der Ente". Wie kann denn etwas in dieser Zeichnung ein *Auge* sein?

85. "Kann man Tiefe wirklich sehen?" – "Warum soll man nicht Tiefe sehen können, wenn man Farben und Formen sieht?! Daß das Netzhautbild zweidimensional ist, ist kein Grund für das Gegenteil."—Gewiß nicht; aber die Antwort trifft das Problem nicht. Das Problem entsteht dadurch, daß die Beschreibung des Gesehenen, das, was wir die "Beschreibung des Gesehenen" nennen, von anderer Art ist, wenn ich einmal Farbe und Form, etwa durch ein Transparent, beschreibe, einmal die Tiefendimension durch eine Gebärde, oder eine Seitenansicht darstelle.

86. Eine Bemerkung, daß die Anordnung in der Tiefendimension eine Eigenschaft des 'Gesehenen' ist, wie jede andere, hilft nicht.

87. Was heißt es, daß die Höhlung des Zahns, die der Zahnarzt untersucht, sich dem Patienten viel größer anfühlt, als sie ist. Ich zeige z.B. mit den Fingern und sage, ich hätte geglaubt, sie sei *so* groß. Wonach bemesse ich die Distanz der Finger? – Bemesse ich sie überhaupt? Kann man sagen: "Ich weiß zuerst, wie groß mir die Höhlung vorkommt, dann zeige ich es mit den Fingern"? Nun, in manchen Fällen könnte man es sagen; wenn ich mir z.B. denke, die Höhlung sei 5 mm weit und *dies* Einem durch ein Zeigen der Entfernung erkläre. – Wie, wenn man mich fragte: "Wußtest du, ehe du's zeigtest, wie groß dir der Durchmesser vorkam?" – Da könnte ich antworten: "Ja. Denn hättest du mich früher gefragt, so hätte ich dir auch diese Antwort gegeben." – Etwas wissen ist eben nicht: einen Gedanken denken.

88. Wenn ich sage, was ich weiß, – wie sage ich *das*, was ich weiß?

89. Was ist die Beschreibung dessen, was ich sehe? (Das heißt nicht nur: Mit welchen Worten soll ich das beschreiben, was ich sehe? – sondern auch: "Wie schaut das aus: eine Beschreibung dessen, was ich sehe? Was soll ich so nennen?")

90. Das eigentümliche Gefühl, welches uns das Wiederkehren eines Refrains gibt. Ich möchte eine Geste machen. Aber die Geste ist eigentlich garnicht charakteristisch für gerade das Wiederkehren eines Refrains. Vielleicht könnte ich ein *Wort* finden, das die Situation besser charakterisiert; aber es würde auch nicht erklären, warum der Refrain mir wie ein Witz vorkommt, warum seine Wiederkehr ein Lachen, oder Grinsen, bei mir hervorruft. Wenn ich zu der Musik tanzen könnte, so könnte ich am allerbesten ausdrücken, gerade *wie* mich der Refrain berührt. Ja, einen besseren Ausdruck könnte es gewiß nicht geben.

Ich könnte z.B. vor den Refrain die Worte "wie gesagt" setzen. Und das wäre gewiß treffend; aber es erklärt nicht, warum der Refrain mir einen stark komischen Eindruck macht. Denn ich lache doch nicht immer, wenn ein "wie gesagt" am Platz ist.

91. Der 'Inhalt' der Erfahrung, des Erlebnisses: – Ich weiß, wie Zahnschmerzen sind, ich kenne Zahnschmerzen, I know what it's like to see red, green, blue, yellow, I know what it's like to feel sorrow, hope, fear, joy, affection, to wish to do something, to remember having done something, to intend doing something, to see a drawing alternately as the head of a rabbit and of a duck, to take a word in one meaning and not in another, etc. Ich weiß, wie es ist, den Laut *a* grau zu sehen und den Laut *ü* dunkel violett. – Ich weiß auch, was es heißt, sich diese Erlebnisse vorführen. Wenn ich sie mir vorführe, so führe ich mir nicht Arten des Benehmens, oder Situationen vor.—So weiß ich also, was es heißt, sich diese Erlebnisse vorführen? Und was heißt es? Wie kann ich's einem Andern, oder mir selbst, erklären?

92. Der Begriff 'Wort' in der Linguistik. Wie gebraucht man "dasselbe Wort"?

'"habe" und "hatte" sind dasselbe Wort.'

'Er sagte zweimal dasselbe Wort, einmal laut, einmal leise.'

'Sind "Bank" ("die Banken") und "Bank" ("die Bänke") das gleiche Wort?'

'Sie sind *etymologisch* das gleiche Wort.'

'Ist es beidemal das gleiche Wort "habe", wenn man sagt "ich habe ein Haus" und "ich habe ein Haus gebaut"?'

93. Betrachtung: Ein Stamm, den wir unterjocht haben, den wir etwa zu einem Sklavenstamm machen wollen. Das Benehmen, Verhalten, dieser Leute ist uns eben deshalb interessant. Wir wollen es beschreiben, verschiedene *Aspekte* dieses Benehmens beschreiben. Wir betrachten und beobachten z.B. Schmerzbenehmen, Freudebenehmen, etc. Zu ihrem Benehmen gehört auch der Gebrauch einer Sprache. Und überhaupt auch solches Benehmen, welches erlernt ist, nicht minder, als das, welches nicht erlernt ist, wie das Schreien eines Kindes. Ja, sie haben nicht nur eine Sprache, sondern auch, in ihr, psychologische Ausdrucksformen. – Frage dich: Wie werden diese den Kindern dieses Stammes beigebracht? –

Ich nehme nun an, daß die Leute Ausdrücke besitzen wie die folgenden: "Ich habe schwarzes Haar", "Er hat schwarzes Haar"; "Ich habe Geld", "Er hat Geld"; "Ich habe eine Wunde", "Er hat eine Wunde". Und nun benützen sie diese grammatische Konstruktion in *psychologischen* Aussagen.

94. "Als ich 'Bank' hörte, schwebte mir die Bedeutung Geldbank vor." Es ist, als wäre ein Keim der Bedeutung erlebt, und dann interpretiert worden. Nun, ist das ein Erlebnis?

Man könnte geradezu sagen: "Ich hatte ein Erlebnis, das der Keim zu dieser Verwendung war." Das könnte die uns natürliche Ausdrucksweise sein.

95. Vorlieb nehmen ist auch eine Denkbewegung, die man lernen kann.

96. Ein Stamm, den wir versklaven wollen. Die Regierung und die Wissenschaftler geben aus, daß die Leute dieses Stammes keine Seelen haben; man könne sie also ohne Skrupel zu jedem beliebigen Zweck gebrauchen. Natürlich interessiert uns dennoch ihre Sprache; denn wir müssen ihnen ja z.B. Befehle geben und Berichte von ihnen erhalten. Auch wollen wir wissen, was sie unter einander sprechen, da dies mit ihrem übrigen Verhalten zusammenhängt. Aber auch, was bei ihnen unsern '*psychologischen Äußerungen*' entspricht, muß uns interessieren, denn wir wollen sie arbeitsfähig erhalten, darum sind uns ihre Äußerungen des Schmerzes, des Unwohlseins, der Depression, der Lebenslust, etc. etc. von Wichtigkeit. Ja, wir haben auch gefunden, daß man diese Leute mit gutem Erfolg als Versuchsobjekte in physiologischen und psychologischen Laboratorien verwenden kann, da ihre Reaktionen – auch die Sprachreaktionen – ganz die der seelenbegabten Menschen sind. Ich nehme an, man habe auch gefunden, daß man diesen Automaten, durch eine Methode, die sehr ähnlich unserm 'Unterricht' ist, unsere Sprache statt der ihrigen beibringen kann. [Vgl. Z 528.]

97. Diese Wesen lernen nun z.B. rechnen, schriftlich oder mündlich rechnen. Wir bringen sie aber, irgendwie, dahin, daß sie uns das Ergebnis einer Multiplikation sagen können, nachdem sie, ohne zu schreiben oder zu sprechen, eine Weile stille gesessen sind. Wenn man dabei die Art und Weise betrachtet, wie sie dies 'Kopfrechnen' lernen und die Erscheinungen, die es umgeben, so liegt das Bild nahe, der Prozeß des Rechnens sei gleichsam untergetaucht und gehe nun *unter* dem Wasserspiegel vor sich. (Denke an den Sinn, in welchem Wasser aus H und O '*besteht*'.)

Wir müssen natürlich für verschiedene Zwecke einen Befehl haben der Art: "Rechne dies im Kopf!"; eine Frage "Hast du es gerechnet?"; ja auch "Wie weit bist du gekommen?"; eine Aussage des Automaten "Ich habe ... gerechnet"; etc. etc. Kurz: alles, was *wir*, unter uns, über das Kopfrechnen sagen, hat auch Interesse für uns, wenn sie's sagen. Und was für's Kopfrechnen gilt, gilt auch für andere Formen des Denkens. – Äußert etwa jemand bei uns die Ansicht, *in* diesen Wesen müßte doch dabei etwas vorgehen, und zwar etwas seelisches, so wird darüber wie über einen dummen Aberglauben gelacht. Und wenn es gar vorkommt, daß die Sklaven spontan den Ausdruck bilden, *in* ihnen sei dies oder jenes vorgegangen, so kommt uns das besonders komisch vor. [Vgl. Z 529.]

98. Wir spielen auch mit diesen Wesen das Spiel "Denk dir eine Zahl! – Multiplizier sie mit 5! – ..." – Beweist das, daß *doch* etwas *in* ihnen vorgegangen ist? –

99. Und nun beobachten wir ein Phänomen, – das wir als den Ausdruck des Erlebnisses interpretieren könnten; eine Figur einmal als das, einmal als jenes sehen. Wir zeigen ihnen nun z.B. ein Vexierbild. Sie finden die Lösung; und dann sagen sie etwas, zeigen auf etwas, zeichnen etwas, etc., und wir können ihnen unsern Ausdruck beibringen "Ich sehe das Bild nur immer so". Oder sie haben unsere Sprache und den gewöhnlichen Gebrauch des Wortes "sehen" gelernt und bilden jene Form nun spontan.

100. Welches Interesse, welche Wichtigkeit hat dieses Phänomen, diese Reaktion? Sie mag ganz unwichtig, ganz uninteressant sein, oder auch wichtig und interessant. Manche Leute assoziieren mit unsern Vokalen gewisse Farben; manche können die Frage beantworten, welche Wochentage fett und welche mager sind. Diese Erfahrungen spielen in unserm Leben eine sehr untergeordnete Rolle; ich kann mir aber leicht Umstände ausdenken, in denen, was uns unwichtig ist, große Wichtigkeit erhielte.

101. Die Sklaven sagen auch: "Als ich das Wort 'Bank' hörte, bedeutete es für mich . . .". Frage: Auf dem Hintergrund *welcher* Sprachtechnik sagen sie das? Denn darauf kommt alles an. Was hatten wir sie gelehrt, welche Benützung des Wortes "bedeuten"? Und was, wenn überhaupt irgendetwas, entnehmen wir ihrer Äußerung? Denn wenn wir garnichts mit ihr anfangen können, so könnte sie uns als Kuriosität interessieren. — Denken wir uns nur Menschen, die keine Träume kennen, und die unsere Traumerzählungen hören. Denk dir, Einer von uns käme zu diesem nicht-träumenden Stamm und lernte nach und nach sich mit den Leuten verständigen. – Vielleicht denkst du, sie würden nun das Wort "träumen" nie verstehen. Aber sie fänden bald eine Verwendung dafür. Und die Ärzte des Stammes könnten sich sehr wohl für unser Träumen interessieren und wichtige Schlüsse aus den Träumen des Fremden ziehen.—Auch kann man nicht sagen, daß für diese Leute das Verbum "träumen" nichts anderes bedeuten könnte, als: einen Traum erzählen. Denn der Fremde würde ja beide Ausdrücke gebrauchen: "träumen" und "einen Traum erzählen", und die Leute unseres Stammes dürften nicht "ich träumte . . ." mit "ich erzählte den Traum . . ." verwechseln. [Vgl. Z 530.]

102. Wir fragen uns: "Was interessiert uns an den psychologischen Äußerungen der Menschen?" – Sieh's nicht als so selbstverständlich an, daß uns diese Wortreaktionen interessieren.

103. Warum interessiert uns die chemische Formel einer Substanz? "Nun natürlich, weil uns ihre Zusammensetzung interessiert." – Hier haben wir einen ähnlichen Fall. Die Antwort hätte auch sein können: "Weil uns eben ihre innere Natur interessiert."

104. "Du wirst doch nicht leugnen, daß Rost und Wasser und Zucker eine innere Natur haben!" "Wenn man's nicht schon wüßte, so hätte es doch die Wissenschaft unwiderleglich gezeigt."

105. Ist nun das Hören oder Denken eines Worts in der oder der Bedeutung eine *echte Erfahrung*? – Wie ist das zu beurteilen?—Was spricht dagegen? Nun, daß man keinen *Inhalt* dieser Erfahrung entdecken kann. Es ist, als äußerte man eine Erfahrung, könne sich dann aber nicht besinnen, was die Erfahrung eigentlich war. Als könnte man sich zwar manchmal auf eine Erfahrung besinnen, die mit der, die wir suchen, gleichzeitig ist, aber was wir zu sehen kriegen, ist nur (wie) ein Gewand, und wo das Bekleidete sein sollte, sehen wir eine Leere. Und dann ist man geneigt zu sagen: "Du darfst eben nicht nach einem *andern* Inhalt ausschauen". Der Inhalt der Erfahrung ist

eben nur durch den *spezifischen Ausdruck* (der Erfahrung) zu beschreiben. Aber auch das befriedigt nicht. Denn warum fühlen wir dennoch, daß eben *kein* Inhalt da ist?

Und ist es so nur mit der Erfahrung des Meinens? Nicht auch, z.B., mit der des Erinnerns? Wenn man mich fragt, was ich in den letzten zwei Stunden getan habe, so antworte ich geradeswegs und lese die Antwort nicht von einer Erfahrung ab. Und doch sagt man, ich habe mich *erinnert*, und dies sei ein seelischer Vorgang.

106. Es könnte einen fast wundernehmen, daß man die Frage "Was hast du heute morgens getan" beantworten kann – ohne historische Spuren meiner Tätigkeit aufzusuchen, oder dergleichen. Ja, ich antworte, und wüßte nicht einmal, daß dies nur durch einen besonderen seelischen Vorgang, das Erinnern, möglich ist, wenn es mir nicht gesagt würde.

107. Aber es gibt natürlich ein "Ich glaube mich daran zu erinnern", ob nun richtig oder falsch – und hier kommt das *Subjektive* des Psychologischen zum Vorschein.

108. Sage ich nun, das Erlebnis des Erinnerns und das Erlebnis der Schmerzen, z.B., sind von verschiedener Art, so ist das irreleitend, da man bei "Erlebnissen verschiedener Art" vielleicht an eine Verschiedenheit wie der eines Schmerzes, eines Kitzels, und eines Gefühls der Übligkeit denkt. Während die Verschiedenheit, von der wir reden, eher vergleichbar ist der der Zahlen 1 und $\sqrt{-1}$.

109. Woher nimmt man nun den Begriff des 'Inhalts' eines Erlebnisses. Nun, der Inhalt des Erlebnisses ist das private Objekt, das Sinnesdatum, der 'Gegenstand', den ich unmittelbar mit dem geistigen Auge, Ohr, etc. etc. erfasse. Das innere Bild. – Aber wo hat man diesen Begriff nötig?

110. Warum, wenn ich meine subjektive Erinnerung mitteile, bin ich nicht geneigt, zu sagen, ich hätte den Inhalt meines Erlebnisses beschrieben?

111. Ja, wenn ich sage "Erinnerungen an jene Tage tauchten in mir auf", so scheint es anders. Da bin ich geneigt von einem Inhalt der Erfahrung zu reden, und denke mir etwas wie Worte und Bilder, die vor meiner Seele auftauchen.

112. Ich kann Einem zeigen, wie ein bestimmter Schmerz, ein Jucken, ein Bremseln, etc. ist, indem ich das Gefühl bei ihm hervorrufe und

seine Reaktion, die Beschreibung, die er davon gibt, etc. beobachte. Aber kann ich so etwas im Fall des Erinnerungserlebnisses tun? – So nämlich, daß er nun sagen kann: "Ja, jetzt weiß ich, wie es ist 'sich an etwas erinnern'." Ja ich kann ihm natürlich beibringen, was wir "sich an etwas erinnern" nennen; ich kann ihn den Gebrauch dieser Worte lehren. Aber kann er dann sagen: "Ja, jetzt hab ich's erfahren, wie das ist!" (("Ja, jetzt weiß ich, was Gruseln ist!")) Wenn er es sagte, so würden wir uns *wundern*, und denken "was mag er nur erfahren haben?" – denn wir erfahren nichts besonderes. [Vgl. PU, S. 231c.]

113. Wenn Einer sagt "Jetzt weiß ich, was Bremseln ist", so wissen wir, daß er's weiß, durch den 'Ausdruck der Empfindung': er zuckt zusammen, bringt einen bestimmten Laut hervor, sagt, was wir auch in diesem Fall sagen, findet die gleiche Beschreibung treffend, wie wir. [Vgl. PU, S. 231c.]

114. Und so könnte man auch wirklich von einem Gefühl "Lang, lang ist's her!" sprechen, und diese Worte sind ein Ausdruck der Empfindung, aber nicht die: "ich erinnere mich daran, ihn oft begegnet zu haben." [Vgl. PU, S. 231c.]

115. "Wenn sie vergeht, dann war es nicht die rechte Liebe." Warum *war* sie es dann nicht? Ist es unsere Erfahrung, daß nur dieses Gefühl und nicht jenes von Dauer ist? Oder gebrauchen wir ein Bild: wir prüfen die Liebe auf ihre *innere* Beschaffenheit, die das unmittelbare Gefühl nicht offenbart. Aber dieses Bild ist uns wichtig. Die Liebe, also das Wichtige, ist nicht ein Gefühl, sondern etwas tieferes, das nur in dem Gefühl sich äußert.

Wir haben das Wort "Liebe" und geben diesen Titel nun dem Wichtigsten. (Wie wir den Titel "Philosophie" einer bestimmten geistigen Tätigkeit verleihen.)

116. Wir verleihen Wörter, wie wir, bereits vorhandene, Titel verleihen.

117. "Ein neugeborenes Kind hat keine Zähne." – "Eine Gans hat keine Zähne." – "Eine Rose hat keine Zähne." Das Letztere ist doch offenbar wahr! Sicherer sogar, als daß eine Gans keine hat. Und doch ist es nicht so klar. Denn wo sollte eine Rose Zähne haben? Die Gans hat keine in ihren *Kiefern*. Und sie hat natürlich auch keine in den Flügeln, aber das meint niemand, der sagt, sie habe keine Zähne. Ja wie, wenn man sagte: Die Kuh kaut Gras mit ihren Zähnen und

düngt dann die Rose damit, also hat die Rose Zähne im Mund eines Tiers. Das ist darum nicht absurd, weil man von vornherein garnicht wüßte, wo man nach Zähnen bei der Rose zu suchen hat. ((Dies hängt irgendwie mit dem Problem zusammen, daß der Satz "Die Erde hat mehr als 100.000 Jahre existiert" einen klareren Sinn hat als der: "Die Erde hat in den letzten 5 Minuten existiert". Denn, wer *dies* sagte, den würde ich fragen: "Auf welche Beobachtungen beziehst du dich? Was für Beobachtungen würden deinem Satz entgegenstehen?" Während ich wohl weiß, zu welchem Gedankenkreis, zu welchen Beobachtungen, der erste Satz gehört.)) [Vgl. PU, S. 221h, g.]

118. "Siehst du, so ist das, wenn man sich an etwas erinnert." *So*? Wie?—Kann man sich denken, daß Einer sagte: "Ich werde diese Erfahrung (nämlich das Erinnern) nie vergessen!"?

119. Ist die Erinnerung eine Erfahrung? *Was* erfahre ich? Und ist es eine Erfahrung, wenn das Wort "Bank" das eine, oder andere für mich bedeutet?

Wieder: *Was* erfahre ich? – Man ist geneigt zu antworten: Ich habe das und das vor mir gesehen, mir vorgestellt.

So *sag* ich es also nur – daß das Wort dies für mich bedeutet hat – und es ist *nichts* geschehen? Es waren bloße Worte? – Bloße Worte nicht; und man kann auch sagen, daß etwas geschehen ist, was ihnen entsprach – aber man kann, daß es nicht bloße Worte waren, nicht damit *erklären*, daß etwas vor sich ging, was ihnen entsprach. Denn die beiden Ausdrücke bedeuten einfach dasselbe.

120. Das Gefühl, man sei schon früher einmal in eben derselben Situation gewesen. Ich habe dieses Gefühl nie gehabt.

Wenn ich einen guten Bekannten sehe, so ist mir sein Gesicht wohl bekannt; es ist mir viel vertrauter, als wenn es mir bloß 'bekannt vorkommt'. Aber worin besteht die Wohlvertrautheit? Habe ich, während ich ihn sehe, die ganze Zeit das Gefühl der Wohlvertrautheit? Und warum will man das nicht sagen? Man möchte sagen: "Ich habe gar kein besonderes Gefühl der Vertrautheit, kein Gefühl, das meiner Vertrautheit mit ihm entspricht." Wenn ich sage, er sei mir äußerst wohl bekannt, da ich ihn unzählige Male gesehen und mit ihm gesprochen habe, so solle das kein *Gefühl* beschreiben. Und worin liegt es, daß dies kein Gefühl beschreibt? – Wenn etwa Einer behauptete, *er* habe so ein Gefühl die ganze Zeit, während er den ihm wohlvertrauten Gegenstand sieht – oder wenn er sagt, er *glaube*, er habe so ein Gefühl, – soll ich einfach sagen, ich glaubte ihm nicht? – Oder soll ich sagen, ich wisse nicht, was das für ein Gefühl sei?

Ich sehe einen guten Bekannten, und jemand fragt mich, ob mir sein Gesicht bekannt vorkommt. Ich werde sagen: nein. Das Gesicht sei das eines Menschen, den ich tausendmal gesehen habe. "Und da hast du nicht das Erlebnis der Bekanntheit – wenn du es sogar bei einem dir kaum bekannten Gesicht hast?!

Wie zeigt es sich, daß ich kein Gefühl ausdrücke, wenn ich sage: freilich sei mir das Gesicht bekannt, ja so wohl bekannt wie nur möglich?

121. Warum ist es lächerlich, hier von einem fortwährenden Gefühl der Wohlvertrautheit zu reden? – "Nun, weil du keines spürst." Aber ist *das* die Antwort?

122. Ein Gefühl der Wohlvertrautheit, das wäre so etwas ähnliches, wie ein Gefühl des Wohlbehagens. Warum scheint es richtig, hier von einem Gefühl zu reden, und nicht dort? – Da fällt mir der besondere Ausdruck des Wohlbehagens ein. Das Schnurren der Katze etwa.

123. Und kann ich mir nicht auch einen Fall vorstellen, in dem ich sagen würde, es hat Einer ein ständiges Gefühl der Wohlvertrautheit mit einem Objekt? Denke, es geht Einer in dem Zimmer umher, worin er lange nicht war, und genießt die Wohlvertrautheit aller der alten Gegenstände. Könnte man hier nicht von einem Gefühl der Wohlvertrautheit reden? Und warum? – Erkenne ich *in mir* dieses Gefühl? Finde ich *darum*, daß es hier Sinn hat von dem Gefühl zu reden?

124. Ich denke mir, daß alle seine Handlungen einen vertrauten Ton haben. – Aber wie werde ich das wissen? – Nun dadurch, daß er mir es sagt. Er muß also gewisse Worte gebrauchen, z.B. sagen "Alles fühlt sich so vertraut an", oder einen anderen, spezifischen, Ausdruck des Gefühls von sich geben.

125. Gefühl der Unwirklichkeit der Umgebung. Dies Gefühl habe ich einmal gehabt, und Viele haben es vor dem Ausbruch von Geisteskrankheiten. Alles scheint irgendwie nicht *real*; aber nicht, als *sähe* man die Dinge unklar, oder verschwommen; es sieht alles ganz so aus wie gewöhnlich. Und wie weiß ich, daß ein Andrer gefühlt hat, was ich gefühlt habe? Weil er die gleichen Worte gebraucht, die auch ich treffend finde.

Aber warum wähle ich gerade das Wort "Unwirklichkeit" zum Ausdruck? Wegen seines Klangs doch nicht. (Ein Wort mit sehr ähnlichem Klang aber anderer Bedeutung würde es nicht tun.) Ich wähle es wegen seiner Bedeutung. Aber ich habe doch nicht gelernt, dies Wort in der Bedeutung *eines Gefühls* zu gebrauchen! Nein; aber ich habe es in einer bestimmten Bedeutung gelernt und nun verwende ich es spontan *so*. Man könnte sagen – obwohl das irreführen kann – : Wenn ich das Wort in seiner gewöhnlichen Bedeutung gelernt habe, so wähle ich *sie* nun zum Gleichnis für mein Gefühl. Aber es handelt sich hier natürlich nicht um ein Gleichnis, um einen Vergleich des Gefühls mit etwas anderem.

126. Die Tatsache ist einfach, daß ich ein Wort, den Träger einer anderen Technik, als Gefühlsausdruck gebrauche. In einer neuen Art gebrauche. Und worin besteht diese neue Art der Verwendung? Nun, eines ist, daß ich *sage*: ich habe ein 'Gefühl der Unwirklichkeit' – nachdem ich nämlich die Verwendung des Worts "Gefühl" auf die gewöhnliche Weise gelernt habe. Auch: das Gefühl ist ein Zustand.

127. Zorn. "Ich hasse ..." ist offenbar der Ausdruck des Hasses, "Ich bin zornig" selten der Ausdruck des Zorns. Ist Zorn ein Gefühl? Und warum ist es keins? – Vor allem: Was tut Einer, wenn er zornig ist? Wie benimmt er sich? Mit andern Worten: Wann sagt man, Einer sei zornig? Nun, und in solchen Fällen lernt er den Ausdruck gebrauchen: "Ich bin zornig". Ist es der Ausdruck eines Gefühls? – Und warum *sollte* es der Ausdruck eines Gefühls, oder von Gefühlen, sein?

128. So ist also der Zorn kein Erlebnis? – Ist es eins, wenn ich, sagen wir, meine Faust balle, oder einen Satz ausspreche, oder niederschreibe?

129. Nimm die verschiedenen psychologischen Phänomene: Denken, Schmerz, Zorn, Freude, Wunsch, Furcht, Absicht, Erinnerung, etc. – und vergleich das Benehmen, das jedem entspricht. – Aber was gehört hier zum Benehmen? Nur das Spiel des Gesichtsausdrucks und die Gebärden? oder auch die Umgebung, sozusagen der Anlaß dieses Ausdrucks? Und wenn man nun auch die Umgebung einbezieht, – wie ist dann das Verhalten beim Zorn und beim Erinnern, z.B., zu vergleichen?

130. Ist das nicht, als sagte man: "Vergleiche verschiedene Zustände des Wassers" – und meint damit seine Temperatur, die Geschwindigkeit, mit der es fließt, die Farbe etc.?

131. Zu dem Benehmen der Menschen gehört natürlich nicht nur, was sie tun, ohne je ein Benehmen gelernt zu haben, sondern auch, was sie tun (also z.B. *sagen*), nachdem sie eine Abrichtung erhalten haben. Und dies Benehmen hat seine Wichtigkeit im Bezug auf die

besondere Abrichtung. – Hat z.B. Einer gelernt, die Worte "ich freue mich" zu verwenden, wie ein Anderer die Worte "ich fürchte mich", so werden wir hier aus dem gleichen Benehmen ungleiche Schlüsse ziehen.

132. "Aber kann er sich nicht fürchten, auch wenn er's *nie* äußert?" – Was bedeutet dieses "kann"? Soll es heißen: "Kommt es vor, daß Einer sich fürchtet, ohne es je zu sagen?" – Nein. Eher: "Hat es Sinn, z.B. diese Frage zu stellen?" – Oder: hat es Sinn, wenn uns ein Novellist erzählt, jemand habe sich gefürchtet, es aber nie geäußert? Nun, es hat Sinn. Aber welchen? Ich meine: – Wo und wie wird so ein Satz verwendet? Wenn ich frage "Welchen Sinn hat es?" – so will ich nicht, daß mir mit einem Bild, oder einer Reihe von Bildern geantwortet wird – sondern mit der Beschreibung von Situationen.

133. "Aber Depression ist doch ein *Gefühl*; du willst doch nicht sagen, daß du bedrückt bist und es nicht spürst? Und wo spürst du es?" Da kommt es drauf an, was man "spüren" nennt. Richte ich meine Aufmerksamkeit auf meine Körpergefühle, so merke ich einen sehr leichten Kopfschmerz, ein leichtes Unbehagen in der Magengegend; vielleicht eine gewisse Müdigkeit. Aber meine ich *das*, wenn ich sage, ich sei schwer bedrückt? – Und doch sage ich wieder: "Ich fühle ein Gewicht auf meiner Seele lasten." "Nun, ich kann es nicht anders ausdrücken!" – Aber wie merkwürdig, daß ich es so sage und nicht anders ausdrücken kann!

134. Meine Schwierigkeit ist ganz ähnlich der eines Menschen, der einen neuen Kalkül erfindet (die Differentialrechnung etwa) und einen Symbolismus sucht.

135. Die Depression ist kein Körpergefühl: Denn wir *lernen* den Ausdruck "ich fühle mich bedrückt" *nicht* unter den Umständen, die ein bestimmtes Körpergefühl kennzeichnen.

136. "Aber die Bedrückung, der Zorn, ist doch ein bestimmtes Gefühl!" – Was für ein Satz ist das? Wo wird er verwendet?

137. Die Unsicherheit: ob ein Mensch wirklich dies Gefühl hat, oder sich nur so stellt. Aber natürlich ist es auch unsicher, ob er sich nicht nur so stellt, als verstelle er sich. Nur ist diese Verstellung seltener und hat nicht so leicht verständliche Gründe. – Worin besteht aber diese Unsicherheit? Bin ich wirklich immer im Ungewissen darüber, ob Einer wirklich zornig, traurig, froh, etc. etc. ist? Nein. So wenig, wie darüber, daß ich ein Schreibbuch vor mir und eine Feder in der Hand

habe, oder darüber, daß das Buch fallen wird, wenn ich es auslasse, oder darüber, daß ich mich nicht verrechnet habe, wenn ich sage 25 × 25 sei 625. Aber das ist wahr: Ich kann nicht Kriterien angeben, die das Vorhandensein der Empfindung außer Zweifel setzen: und das heißt: es gibt solche Kriterien nicht. – Was ist *das* aber für eine Tatsache? Ist es eine *psychologische*, die Empfindungen betreffend? Man wird sagen wollen, es liege im Wesen der Empfindung, oder des Ausdrucks der Empfindung. Ich könnte sagen: es ist eine Eigentümlichkeit unseres Sprachspiels. – Aber wenn das auch wahr ist, so übergeht es doch eine Hauptsache: In *gewissen* Fällen bin ich in Unsicherheit darüber, ob der Andere Schmerzen hat oder nicht, ich ruhe z.B. nicht sicher in meinem Mitleid mit ihm, – und *keine* Äußerung kann diese Unsicherheit beheben. – Ich sage dann etwa: "Er könnte sich ja doch auch jetzt verstellen." Aber warum soll es notwendig sein, daß er sich verstellt; denn Verstellung ist ja nur ein ganz spezieller Fall davon, daß Einer Schmerz äußert und nicht fühlt. Ein bestimmtes Gift könnte ihn in einen Zustand versetzen, in welchem er 'als Automat handelt', sich nicht verstellt, aber nichts fühlt, obgleich er Gefühle äußert. Ich denke mir etwa, dies Gift bewirke es, daß er einige Zeit nach einer wirklichen Krankheit alle Handlungen seiner Krankheitszeit genau, der Reihe nach, wiederholt, während die objektive Krankheit, die Schmerzursachen z.B., aufgehört haben zu existieren. Wir haben dann mit ihm so wenig Mitleid, wie mit Einem unter Narkose. Wir sagen, er wiederhole alle Äußerungen des Schmerzes etc. rein automatisch, verstelle sich dabei natürlich nicht.

138. "Ich kann nie *wissen*, was in ihm vorgeht; *er* weiß es immer." Ja, wenn man philosophisch denkt, möchte man das sagen. Aber welcher Sachlage entspricht diese Aussage? Wir hören täglich, daß der Eine vom Andern sagt, er habe Schmerzen, sei traurig, lustig, etc., ohne die Spur des Zweifels; und verhältnismäßig selten, daß man nicht wisse, was in ihm vorgeht. So ist es also nicht so schlimm mit der Ungewißheit. Und es kommt auch vor, daß man sagt: "Ich weiß, daß du damals so gefühlt hast, auch wenn du's jetzt nicht wahr haben willst."

139. Das Bild "Er weiß es, – ich weiß es nicht" ist eins, das unsere Unwissenheit in einem besonders irritierenden Licht erscheinen läßt. Es ist ähnlich, wie wenn man einen Gegenstand in verschiedenen Laden sucht, und sich dabei sagt, Gott wisse die ganze Zeit, *wo* er wirklich ist, und daß wir ganz vergebens diese Lade durchsuchen.

140. "Jeder Mensch weiß, daß er Schmerzen hat" – und weiß er auch ganz genau, wie stark seine Schmerzen sind?

141. Die Unsicherheit der Aussage "Er hat Schmerzen" könnte man eine konstitutionelle nennen.

142. Das Kind, das sprechen lernt, lernt den Gebrauch der Worte "Schmerzen haben" und lernt auch, daß man Schmerzen heucheln kann. Dies gehört zu dem Sprachspiel, das es lernt.

Oder auch: Es lernt nicht nur den Gebrauch von "Er hat Schmerzen", sondern auch von "Ich glaube, er hat Schmerzen". (Aber natürlich nicht von "Ich glaube, ich habe Schmerzen".)

143. "Er kann auch Schmerzen heucheln" – das heißt doch: er kann sich benehmen, als hätte er sie; ohne sie zu haben. Gewiß; und so ein Satz unterstreicht natürlich ein bestimmtes Bild; aber wird dadurch die Verwendung von "Er hat Schmerzen" beeinflußt?

144. Wie aber, wenn Einer sagen würde: "Schmerzen haben und Schmerzen heucheln sind von einander sehr verschiedene Seelenzustände, die den gleichen Ausdruck im Benehmen haben können"?

145. So hat also geheuchelter Schmerz und wahrer Schmerz den gleichen Ausdruck? Und wie unterscheidet man sie also? Wie weiß ich, daß das Kind, welches ich den Gebrauch des Wortes "Schmerz" lehre, mich nicht mißversteht und also immer das "Schmerz" nennt, was ich "geheuchelter Schmerz" nenne?

146. Angenommen, es erklärt Einer das Lehren des Gebrauchs des Wortes "Schmerz" in dieser Weise: Wenn das Kind sich bei bestimmten Anlässen so und so benimmt, denke ich, es fühle, was ich in solchen Fällen fühle; und wenn ich mich darin nicht irre, so assoziiert das Kind das Wort mit seinem Gefühl und gebraucht das Wort, wenn das Gefühl wieder auftritt. –

Diese Erklärung ist wohl richtig; aber *was* erklärt sie? Oder: Welche Art der Unwissenheit behebt sie? – Sie sagt uns z.B., daß der Mensch dies Wort *nicht* mit einem Benehmen, oder einem 'Anlaß' assoziiert. Wer also nicht wüßte, ob das Wort "Schmerz" ein Gefühl oder ein Benehmen bezeichnet, *den* würde die Erklärung belehren. Sie sagt auch, daß das Wort *nicht* einmal für das eine, einmal für das andere Gefühl verwendet wird, – wie es ja auch sein könnte. [Vgl. Z 545.]

147. Die Erklärung sagt, daß ich das Wort falsch gebrauche, wenn ich es später für ein *anderes* Gefühl gebrauche. Eine ganze Wolke von Philosophie kondensiert zu einem Tröpfchen symbolischer Praxis. [Vgl. PU, S. 222b.]

148. Warum sollten die Worte "Ich glaube, er hat Schmerzen" nicht bloßer Wahnsinn sein? Etwa als sagte Einer "Ich glaube, meine Zähne sind in seinem Mund".

149. Ein Stamm: Die Leute verstellen sich oft, liegen auf einem Weg anscheinend krank und in Schmerzen; kommt man ihnen zu Hilfe, so fallen sie den Helfenden an. Für dies Verhalten hat der Stamm ein bestimmtes Wort.

150. Statt "Es ist unsicher, ob er Schmerzen hat" könnte man auch sagen: "Sei gegen seine Schmerzäußerungen mißtrauisch!" – Und wie macht man das?

151. Glauben, daß der Andere Schmerzen hat, zweifeln, ob er sie hat, sind so viele natürliche Arten des Verhaltens zu den andern Menschen; und unsere Sprache ist nur ein Hilfsmittel und ein weiterer Ausbau dieses Verhaltens. Ich meine: unser Sprachspiel ist ein Ausbau des primitiveren Benehmens. (Denn unser *Sprachspiel* ist Benehmen.) [Vgl. Z 545.]

152. "Ich bin nicht sicher, ob er Schmerzen hat." – Wenn sich nun Einer immer, wenn er dies sagt, mit einer Nadel stäche, um die Bedeutung des Wortes Schmerz lebhaft vor der Seele zu haben und zu wissen, *worüber* er beim Andern im Zweifel ist! Wäre nun der Sinn seiner Aussage gesichert, dadurch daß er sich Schmerz zufügt, während er sie macht? Er wüßte doch jetzt, *was* er beim Andern bezweifelt! – Aber wie wird er, was er nun fühlt, beim Andern bezweifeln? Wie wird er den Zweifel an sein Gefühl anknüpfen? Ja, was ist der Weg von seinem Schmerz zum Andern? Ja, kann er wirklich den Schmerz des Andern besser bezweifeln, wenn er selbst dabei Schmerz fühlt? Muß ich, um zweifeln zu können, ob Einer eine Kuh hat, selbst eine haben? [Vgl. Z 546.]

153. Er hat also den wahren Schmerz; und der Besitz *dessen* ist es, was er beim Andern bezweifelt. – Aber wie macht er das nur? – Es ist, als sagte ich Einem: "Hier hast du einen Sessel; siehst du ihn? Und nun übersetze ihn ins Französische!" [Vgl. Z 547.]

154. Er hat also den wahren Schmerz – und nun weiß er, was er beim Andern bezweifeln soll. Er hat den Gegenstand vor sich; und es ist *kein* 'Benehmen', oder dergleichen. (Aber jetzt!) Zum Bezweifeln, ob der Andere jetzt Schmerz fühlt, muß ich den *Begriff* des Schmerzes haben; nicht Schmerzen. Und es ist wohl wahr, daß man mir diesen Begriff mitteilen könnte, indem man mir Schmerz zufügt. [Vgl. Z 548.]

155. Es wäre ebenso unrichtig, den Begriff des Verstehens der Bedeutung durch ein Erlebnis der Bedeutung zu erklären, wie den der Wirklichkeit und Unwirklichkeit durch das Erlebnis der Unwirklichkeit; oder den Begriff der Gegenwart eines Menschen durch das Gefühl einer Gegenwart. Ebensogut könnte man, was Schach ist, durch ein Schachgefühl erklären wollen.

156. "Aber man kann doch die Figur als Pfeil und als Vogelfuß sehen, auch wenn man es nie jemandem mitteilt." Und das wieder heißt: es hat *Sinn*, zu sagen: jemand sähe die Figur einmal so, einmal so, ohne es je jemandem mitzuteilen. – Ich will nicht sagen, es habe *keinen* Sinn, aber der Sinn ist nicht so ohne weiteres klar. – Ich weiß z.B., daß Leute von einem Gefühl der Unwirklichkeit reden, sie sagen, es scheine ihnen alles unwirklich; und nun sagt man: es könnte den Menschen alles unwirklich vorkommen, auch wenn sie's nie jemand mitgeteilt hätten. Wie weiß man so ohne weiteres, daß es Sinn hat zu sagen "es kommt diesem Menschen vielleicht alles unwirklich vor, obwohl er nie davon spricht". Ich habe hier natürlich mit Absicht ein sehr seltenes Erlebnis gewählt. Denn weil es nicht eins von den alltäglichen Erlebnissen ist, sieht man schärfer auf den Gebrauch der Worte. – Ich möchte sagen: Es hat mit knapper Not Sinn, auszurufen "Es ist alles unwirklich!" – und schon weiß man, daß auch jene andere Aussage Sinn hat! – Oder auch so: Es sagt mir Einer "Mir erscheint alles unwirklich". Ich weiß kaum, was das heißt – und doch weiß ich schon, daß es Sinn hätte, zu sagen, etc. etc. Nun, das liegt natürlich daran, daß er ein Erlebnis mit dem Satz beschreibt; d.h., daß es eine psychologische Aussage ist.

157. D.h.: wenn Einer einen Seelenzustand äußert, so kann er ihn auch gehabt haben, ohne ihn zu äußern. Das ist eine Rede.[1] Aber was ist der Zweck eines Satzes, der sagt, N. habe vielleicht das Erlebnis E. gehabt, aber es nie geäußert? Nun, eine Anwendung des Satzes kann man sich jedenfalls denken. Angenommen z.B. man fände eine Spur des Erlebnisses im Gehirn und sagt nun, es zeige sich, er habe vor seinem Tode noch das und das gedacht, oder gesehen, etc. Man könnte eine solche Anwendung für künstlich und weithergeholt halten; es ist aber wichtig, daß sie *möglich* ist.

158. Wenn es eine Versuchung gibt, die Differentialrechnung als Kalkül mit unendlich kleinen Größen anzusehen, so ist es begreiflich, daß in einem andern Fall eine analoge Versuchung noch viel mächtiger sein kann, – wenn sie nämlich von unsern Sprachformen rund herum genährt wird; und man kann sich denken, daß sie unwiderstehlich wird.

[1] Im MS: "Regel". (*Herausg.*)

159. "Ich habe Zahnschmerzen gehabt" – wenn ich das sage, so erinnere ich mich nicht an mein Benehmen, sondern an meinen Schmerz. Und wie geschieht das? Es schwebt einem wohl ein mattes Bild des Schmerzes vor? – Ist es also, als hätte man *sehr* schwache Schmerzen? "Nein; es ist eine andere Art von Bild; etwas Spezifisches." Ist es also so, als hätte Einer nie ein gemaltes Bild gesehen, sondern immer nur Büsten, und man sagte ihm "Nein, ein Gemälde ist ganz anders als eine Büste, es ist eine ganz andere Art von Bild". Es wäre etwa möglich, daß man es weit schwieriger fände einem Blinden begreiflich zu machen, was ein Gemälde, als was eine Büste ist.

160. Aber das Wort "spezifisch" (oder ein analoges), das man hier gern verwenden möchte, hilft nicht. Es ist so wenig ein Auskunftsmittel, wie das Wort "undefinierbar", wenn Einer sagt, die Eigenschaft "gut" sei undefinierbar.

Was wir wissen, übersehen wollen, ist der Gebrauch des Wortes "gut", und ebenso der des Wortes "erinnern".

Denn man kann nicht sagen: "Du *kennst* doch das spezifische Erinnerungsbild." Ich *kenne es* nicht. – Ich kann freilich sagen: "Ich kann Herrn N. nicht beschreiben, aber ich kenne ihn"; aber das heißt, daß ich ihn wiedererkenne, nicht, daß ich ihn wiederzuerkennen *glaube*.

161. Daß es Sinn hat, zu sagen, Einer habe ein Gefühl gehabt, ohne es je mitzuteilen, hängt damit zusammen, daß es Sinn hat, zu sagen: "Ich habe damals das gefühlt; ich erinnere mich daran."

Den Zusammenhang könnte man so erklären: Man wird doch nicht sagen: "Wenn ich nie gesagt hätte, daß ich damals Schmerzen hatte, so hätte ich auch keine gehabt."

162. "Ich weiß doch, was es *heißt* 'Er hatte Schmerzen'." Heißt das, daß ich mir's *vorstellen* kann? Und worin läge die Wichtigkeit des Vorstellens?

Daß ich zur Erklärung dieses Satzes jederzeit zur Erinnerung an meine eigenen Schmerzen, oder dazu übergehen kann, in mir jetzt Schmerzen hervorzurufen, etc., ist allerdings wichtig.

163. Wie lernt Einer, ein Stück Zucker "Zucker" benennen? Wie, der Aufforderung "Gib mir ein Stück Zucker" folgen? Wie, die Worte "Bitte um ein Stück Zucker" – also den Ausdruck des Wunsches?! Wie, den Befehl "Wirf!" verstehen; und wie den Ausdruck der *Absicht* "Ich werde jetzt werfen"? Wohl, – die Erwachsenen mögen es dem Kind vormachen, das Wort aussprechen

und gleich darauf werfen, – aber nun muß das Kind *das* nachmachen. ("Aber das ist doch nur der Ausdruck der Absicht, wenn das Kind wirklich die Absicht im Geiste hat." – Aber wann sagt man denn, dies sei der Fall?)

Und wie lernt es, den Ausdruck gebrauchen "Ich war damals im Begriffe zu werfen"? Und wie weiß man, daß es damals wirklich in jenem Seelenzustand war, den *ich* "im Begriffe sein . . ." nenne? Nachdem ihm die und die Sprachspiele beigebracht wurden, gebraucht es bei den und den Anlässen die Worte, die die Erwachsenen in solchen Fällen ausgesprochen haben, oder es gebraucht eine primitivere Ausdrucksweise, die die wesentlichen *Beziehungen* auf das früher Gelernte enthält, und die Erwachsenen ersetzen die primitivere durch die regelrechte Ausdrucksweise.

164. Das Neue (Spontane, 'Spezifische') ist ein Sprachspiel. [Vgl. PU, S. 224h.]

165. "Aber hat es denn alle diese Erscheinungen – des Schmerzes, des Wunsches, der Absicht, der Erinnerung, usf. – nicht gegeben, ehe es eine Sprache gab?" – Welches ist die *Erscheinung* des Schmerzes? – "Was ist ein Tisch?" – "Nun *das* z.B.!" Und das ist freilich eine Erklärung; aber was sie lehrt ist die Technik des Gebrauchs des Wortes "Tisch". Und nun ist die Frage: Welche Erklärung entspricht ihr im Falle einer 'Erscheinung' des Seelenlebens? Nun es gibt hier keine Erklärung, die man ohne weiteres als die homologe anerkennen kann.

166. Man kann fragen: Schwebt mir denn immer, wenn ich ein Wort verstehe, etwas bei dem Wort vor?! (Ähnlich ist: "Findet stets, wenn ich einen wohlbekannten Gegenstand ansehe, ein Wiedererkennen statt?")

167. Es gibt aber das Phänomen, daß ein außer jedem Zusammenhang gehörtes Wort – z.B. – für einen flüchtigen Augenblick die eine, gleich darauf aber die andere Bedeutung hat; daß, wenn man das Wort ein paar mal nacheinander ausspricht, es jede 'Bedeutung' verliert; und dergleichen. Und hier handelt sich's um ein *Vorschweben.*

168. Was würden wir von Menschen sagen, die die Worte "Ich sehe diese Figur jetzt als . . ., jetzt als . . ." nicht verstünden? Würde ihnen ein wichtiger Sinn fehlen; ist es ähnlich, als wären sie blind; oder farbenblind; oder ohne absolutes Gehör?

169. Nun, es ist leicht sich Menschen zu denken, die Zeichnungen nicht so und so 'phrasieren' können; aber würden sie nicht dennoch eine Zeichnung einmal für *das*, einmal für etwas anderes *halten*? Oder soll ich annehmen, daß sie in diesem Falle nicht sagen würden, das Gesichtsbild sei sich in einem wesentlichen Sinne gleich geblieben? Würden sie also, wenn ihnen die schematische Darstellung eines Würfels einmal so, einmal so erscheint, glauben, die Striche hätten ihre Lage verändert?

170. Denk dir jemanden, der eine Zeichnung, oder Photographie ungerne sähe, weil er sagt, daß ein farbloser Mensch häßlich sei. Oder es könnte jemand finden, daß winzige Menschen, Häuser, etc., wie sie auf Bildern sind, unheimlich oder lächerlich, etc. seien. Dies wäre gewiß ein sehr seltsames Verhalten. ('Du sollst dir kein Bild machen.')

Denk an unsere Reaktion gegen eine gute Photographie, gegen den Gesichtsausdruck der Photographie. Es könnte Menschen geben, die in einer Photographie höchstens eine Art von Diagram sähen, wie wir etwa eine Landkarte betrachten; wir können daraus verschiedenes über die Landschaft entnehmen, aber nicht, z.B., die Landschaft beim Ansehen der Karte bewundern, oder ausrufen "Welche herrliche Aussicht!"

Der 'Gestaltblinde' muß abnorm in *dieser* Art sein. [Vgl. PU, S. 205f.]

171. Wie kann das Ausbleiben eines Erlebnisses beim Hören des Wortes das *Rechnen* mit Worten hindern, oder beeinflussen?

172. Denk dir Leute, die nur laut denken und nur zeichnend vorstellen. Oder vielleicht wäre es richtiger, zu sagen: die dort zeichnen, wo wir uns etwas vorstellen. Der Fall, wo ich mir meinen Freund N vorstelle, entspricht dann nicht dem, daß der Andere ihn zeichnet; sondern er muß ihn zeichnen und dazu sagen, oder schreiben, daß das sein Freund N ist. – Wenn er aber zwei Freunde hat, die einander ähnlich sind und den gleichen Namen haben? und ich frage ihn "Welchen hast du gemeint; den gescheiten, oder den dummen?" – Darauf könnte er nicht antworten. Wohl aber auf die Frage "Welchen von ihnen stellt das vor?" – In diesem Falle ist die Antwort einfach eine weitere Benützung des Bildes, nicht die Aussage über ein Erlebnis.

173. Vergleiche James's Idee, der Gedanke sei schon bei Beginn des Satzes fertig, mit der der Blitzesschnelligkeit des Gedankens und dem Begriff der *Absicht*, das und das zu sagen. Der Gedanke sei schon am

Anfang des Satzes fertig (und warum nicht zu Anfang des vorhergehenden?) heißt dasselbe wie: Wenn Einer nach dem ersten Wort unterbrochen wird und du fragst ihn später "Was wolltest du damals sagen", so kann er – wenigstens oft – die Frage beantworten. Aber auch hier sagt James, was wie eine psychologische Aussage klingt und keine ist. Denn, ob der Gedanke schon zu Anfang des Satzes fertig war, das müßte doch durch die Erfahrung der einzelnen Menschen bewiesen werden. [Vgl. Z 1.]

174. Nun können wir aber auch oft die Frage nicht beantworten, was wir damals hatten sagen wollen. Aber in diesem Falle sagen wir, wir hätten es *vergessen*. Wäre es nun denkbar, daß Leute in solchen Fällen antworteten: "Ich habe nur *diese* Worte gesagt; wie soll ich wissen, was danach gekommen wäre?" –

175. Wer sagt "Als ich das Wort hörte, bedeutete es für mich ...", bezieht sich damit *auf einen Zeitpunkt* und *auf eine Verwendung des Worts*. – Das Merkwürdige daran ist natürlich die Beziehung auf den Zeitpunkt.

Die würde der 'Bedeutungsblinde' verlieren. [Vgl. PU, S. 175a.]

176. Und wer sagt "Ich wollte damals fortsetzen: ..." – der bezieht sich auf einen *Zeitpunkt* und auf eine *Handlung*. [Vgl. PU, S. 175a.]

177. Wenn ich von den wesentlichen *Bezügen* der Äußerung rede, so geschieht es, weil dadurch die unwesentlichen besondern Ausdrücke unserer Sprache in den Hintergrund treten. Und der Äußerung wesentlich sind die Bezüge, wenn sie uns veranlassen würden, einen uns im übrigen ungewohnten Ausdruck in den gebräuchlichen zu übersetzen. [Vgl. PU, S. 175a.]

178. Wie, wenn nun Einer nie sagte "Ich wollte damals dies tun" und man ihn auch nicht lehren könnte, so einen Ausdruck zu gebrauchen? Es ist doch klar, daß Einer viel denken kann, ohne *das* zu denken. Er kann ein großes Gebiet der Sprache beherrschen, ohne dies zu beherrschen. Ich meine nun: er erinnert sich an seine Äußerungen, auch etwa daran, das und das zu sich selbst gesagt zu haben. Er wird also z.B. sagen "Ich sagte zu mir selbst 'ich will dorthin gehen'", auch vielleicht "Ich stellte mir das Haus vor und ging den Weg, der dazu führt". Das Charakteristische ist hier, daß er seine Intentionen in der Form von Gedanken oder Bildern hat und sie daher immer ersetzbar wären durch das Aussprechen eines Satzes, oder Sehen eines Bildes. Die 'Blitzesschnelle' des Gedankens fehlt ihm.—Soll das aber nun heißen, daß er sich oft wie ein Automat bewegt; etwa auf der

Straße geht und Einkäufe macht; wenn man ihn aber trifft und fragt “Wohin gehst du?” – daß er einen dann anstarrt, als wäre er im Schlaf gegangen? – Er wird auch nicht antworten “Ich weiß nicht”. Oder wird ihm, oder uns, sein Handeln planlos vorkommen? Ich sehe nicht ein, warum!

Wenn ich etwa zum Bäcker gehe, so sage ich mir vielleicht “Ich brauche Brot” und gehe den gewohnten Weg. Fragt man ihn “Wohin gehst du?”, so will ich annehmen, er antwortet mit dem Ausdruck der Absicht, so wie wir. – Wird er aber auch sagen “Als ich vom Hause wegging, wollte ich zum Bäcker gehen, jetzt aber ...”? Nein; aber sollen wir sagen, daß er deshalb gleichsam schlafwandelnd sich auf den Weg gemacht hat?

179. Ist es aber nicht sonderbar, daß wir solchen Menschen dann nicht begegnen, bei der großen Varietät der Menschen? Oder finden sich diese Leute eben unter den Geistesschwachen; und es wird nur nicht genügend beobachtet, welcher Sprachspiele diese fähig sind und welcher nicht?

180. Plato sagt, das Denken sei ein Gespräch. Wäre es wirklich ein Gespräch, so könnte man nur die Worte des Gesprächs berichten und die äußern Umstände, unter denen es geführt wurde, aber nicht auch die Meinung, die diese Worte damals für den Sprecher hatten. Sagte Einer zu sich selbst (oder laut) “Ich hoffe bald den N zu sehen”, so hätte es keinen Sinn zu fragen: “Und welchen Menschen dieses Namens hast du damals gemeint?” Er hat eben nur diese Worte gesagt.

Aber könnte ich mir nicht denken, daß er nun dennoch auf bestimmte Weise *fortsetzen* will; so daß ich ihn fragen kann “Und meinst du nun jemand mit diesem Namen, und wen?”

Und angenommen, er könnte nun für gewöhnlich fortsetzen, seine Worte erklären, – worin läge der Unterschied zwischen ihm und uns? – Er könnte jeden Gedanken wörtlich berichten. Wenn er also sagte “Ich habe gerade an N gedacht” und wir ihn fragten “*Wie* hast du an ihn gedacht?”, so kann er das immer beantworten, es sei denn, er sagt, er habe es vergessen.

181. Jemand, der mir sagt “N hat mir geschrieben”, kann ich doch fragen “Welchen N meinst du?” – und muß er, um mir antworten zu können, sich auf ein Erlebnis beziehen beim Aussprechen des Namens? – Und wenn er nun bloß den Namen N ausspräche – vielleicht als Einleitung zu einer Aussage über N –, kann ich nicht ebenso fragen “Wen meinst du?” und er ebenso antworten?

182. Man spricht ja wirklich oft bloß den Namen eines Menschen aus; etwa in einem Seufzer. Und der Andere fragt nun "Wen hast du gemeint?"

Und wie wird nun unser Bedeutungsblinder handeln? Wird er nicht so seufzen; oder nichts auf die Frage antworten können; oder antworten "Ich meine ...", statt "Ich habe ... gemeint"?

183. Stelle dir einen deiner Bekannten vor! Nun sag, wer es war! – Manchmal kommt das Bild zuerst und der Name später. Aber heißt das, daß ich den Namen nach der Ähnlichkeit des Bilds errate? – Und wenn nun der Name erst später folgt, soll ich sagen, die Vorstellung des Bekannten war schon mit dem Bild da, oder sie war erst mit dem Namen komplett? Ich habe ja auf den Namen nicht aus der Ähnlichkeit des Bildes geschlossen; und eben darum kann ich sagen, die Vorstellung wäre schon mit dem Bild da gewesen.

184. "Ich muß zur Bank gehen und Geld holen." – Wie hast du diesen Satz verstanden? Muß diese Frage etwas anderes heißen als: "Wie würdest du diesen Satz erklären, welche Handlung auf ihn erwarten, etc."? Wenn der Satz unter verschiedenen Umständen ausgesprochen wird, so daß das Wort "Bank" einmal offenbar *das*, einmal etwas anderes bedeutet, – muß da etwas besonderes beim Hören des Satzes vorgehen, damit du ihn verstehst? Werden hier nicht alle *Erlebnisse* des Verstehens vom Gebrauch, von der Praxis des Sprachspiels zugedeckt? Und das heißt nur: Solche Erlebnisse interessieren uns hier garnicht.

185. Wenn ich den Milchmann kommen sehe, hole ich meinen Krug und gehe ihm entgegen. Erlebe ich ein Beabsichtigen? Nicht daß ich wüßte. (So wenig vielleicht, wie ich *versuche* zu gehen, um zu gehen.) Wenn ich aber aufgehalten und gefragt würde "Wohin wolltest du mit dem Krug?", würde ich meine *Absicht* aussprechen.

186. Wenn ich nun z.B. sage "Ich bin aufgestanden, um zum Milchwagen zu gehen", – soll man das die Beschreibung eines Erlebnisses des Beabsichtigens nennen? Und *warum* ist das irreleitend? Darum, weil es hier keinen 'Ausdruck' eines Erlebnisses gab?

187. Wenn ich aber sage "Ich bin aufgestanden, um ..., dann aber besann ich mich und ..." – wo liegt hier das Erlebnis, und *wann* geschah es? War das Erlebnis nur das 'sich besinnen', 'sich anders entscheiden'?

188. Ich nehme den Milchkrug, gehe ein paar Schritte, dann sehe ich, daß er nicht rein ist, sage "Nein!" und gehe zur Wasserleitung. Dann beschreibe ich, was vorging, und nenne meine Absichten. *Hatte* ich sie nun nicht? Freilich! Aber nochmals: ist es nicht irreführend, sie "Erlebnisse" zu nennen? wenn man nämlich, was ich zu mir selbst sagte, mir vorstellte, etc. *auch* so nennt! (Es wäre eben auch irreführend, die Absicht ein "Gefühl" zu nennen.)

189. Und es fragt sich nun, ob, aus dem selben Grunde, es nicht gänzlich irreführend war, von 'Gestaltblindheit' oder 'Bedeutungsblindheit' zu reden (so als redete man von 'Willensblindheit', wenn Einer sich passiv verhält). Denn blind ist eben der, der eine *Empfindung* nicht hat. (Den Schwachsinnigen – z.B. – kann man nicht mit dem Blinden vergleichen.)

190. Als ich das erste ◡ zeichnete, war es die Hälfte eines Kreises, das zweite war die Hälfte einer S-Linie; das dritte war ein Ganzes.

191. "Ich zweifle nicht, daß das oft geschieht." – Wenn du das in einem Gespräch sagst, kannst du wirklich glauben, daß du beim Reden zwischen den Bedeutungen der Wörter 'daß' und 'das' unterscheidest?

192. Gegen die Fiktion von Menschen, die nur laut denken können, könnte man diesen Einwand machen wollen: Angenommen, so einer sagt "Als ich vom Hause wegging, sagte ich mir 'ich muß zum Bäcker gehen'" – könnte man ihn denn nicht fragen: "Hast du aber diese Worte wirklich *gemeint*? Du konntest sie ja auch als Sprachübung, oder als Zitat oder zum Spaß, oder um jemand irrezuführen gesagt haben." – Das ist wahr. Aber lag also, welches er tat, in dem Erlebnis, das die Worte begleitete? Was spricht für so eine Behauptung? Wohl, daß der Gefragte antworten kann "Ich habe den Satz *so* gemeint", ohne dies aus *äußern Umständen* zu schließen.

193. Man will freilich sagen, wer sich daran erinnert, diese Worte *gemeint* zu haben, erinnere sich an das Erlebnis einer gewissen *Tiefe*, einer Resonanz. (Hätte er's nicht gemeint, so hätte er diese Resonanz nicht gehabt.) Aber ist das nicht bloß eine Täuschung (ähnlich der, wenn Einer glaubt, er spüre das Denken im Kopf)? Man macht sich ein *Bild* der Vorgänge mittels ungeeigneter Begriffe. (Vergl. James.)

194. Mach *diesen* Versuch: Sag dir ein mehrdeutiges Wort ("sondern"). Wenn du es nun z.B. als Verbum erlebst, so versuch, dies

Erlebnis festzuhalten, daß es andauert. – Sagst du das Wort öfter vor dich hin, so verliert es seine Bedeutung für dich; und nun frag dich, ob, wenn du's im gewöhnlichen Sprechen als Verbum gebrauchst, das Wort sich nicht vielleicht so anfühlt, wie wenn es beim öftern Wiederholen seine Bedeutung verloren hat. – Aus der Erinnerung kannst du gewiß nicht das Gegenteil bezeugen. Sondern man findet nur, daß es a priori nicht anders sein könne.

195. Es ist ganz gleichgültig, ob man sagt, man projiziere erst später die Deutung von "sondern" in das Erlebnis während des Aussprechens. Denn es ist hier zwischen Projizieren und Beschreiben kein Unterschied.

196. Man kann eine Zeichnung für einen wirklichen Würfel halten; aber auch, im selben Sinne, ein Dreieck für liegend oder stehend? – "Als ich näher kam, sah ich, daß es nur eine Zeichnung war." Aber nicht: "Als ich genauer hinblickte, sah ich, daß *dies* die Grundlinie und *dies* die Spitze war."

197. Meine Worte, "Als du zu reden anfingst, dachte ich, du meintest ..." knüpfen an den Anfang seiner Rede an und an eine Vorstellung, die ich dabei hatte. – Und es ist natürlich möglich, daß jemand so etwas nie tut. Ich nehme aber an, er könne am Ende die Frage "Von welchem N habe ich geredet?" beantworten. Und es ist natürlich möglich, daß er sie anders beantwortet hätte, wenn ich die Frage schon nach den ersten Worten meiner Erzählung gestellt hätte. Soll er also die Frage nicht verstehen: "Hast du gleich im Anfang gewußt, von wem ich redete?" – Und wenn er nun so eine Frage nicht versteht, – werden wir ihn nicht einfach für etwas geistesschwach halten? Ich meine: werden wir nicht einfach annehmen, daß sein Denken nicht recht *deutlich* sei, oder daß er sich an das, was er damals dachte, – wenn er überhaupt etwas dachte, – nicht mehr erinnere? Das heißt, wir werden hier für gewöhnlich ein anderes Bild gebrauchen, als das, welches ich vorschlage.

198. Aber es ist wahr: wir haben bei Geistesschwachen oft das Gefühl, als redeten sie mehr automatisch als wir. Und wenn Einer das wäre, was wir 'bedeutungsblind' nannten, so würden wir uns vorstellen, er müsse einen weniger lebendigen Eindruck machen als wir, mehr 'wie ein Automat' handeln. (Man sagt auch: "Weiß Gott, was in seinem Geist vorgeht!" und denkt an etwas Undeutliches, Unordentliches.)

199. Es könnte sein, daß Menschen, wenn man ihnen ein isoliertes Wort sagt, gleich irgend einen Satz mit diesem Wort bildeten, und daß andere es nicht täten; daß jenes ein Zeichen von Intelligenz, dieses von Stumpfheit wäre.

200. Was läßt sich gegen den Ausdruck "spezifische psychologische Erscheinung", oder "unreduzierbares Phänomen" vorbringen? Sie sind irreführend; aber woher sind sie genommen? Man will sagen: "Wer süß, bitter, rot, grün, Töne und Schmerzen nicht kennte, dem kann man, was diese Worte bedeuten, nicht begreiflich machen." Wer dagegen noch keinen sauren Apfel gegessen hat, dem kann man, was gemeint ist, erklären. Rot ist eben *dies*, und bitter *dies*, und Schmerz *dies*. Aber wenn man das sagt, muß man nun wirklich vorführen, was diese Worte meinen; d.h. etwas rotes zeigen, etwas bitteres kosten, oder kosten lassen, sich oder dem Andern Schmerz zufügen, etc. Nicht denken, man könne privat in sich auf den Schmerz zeigen. Wie wird man aber dann, was "vorstellen", "erinnern", "beabsichtigen", "glauben" heißt, *vorführen*? Der Ausdruck "spezifische psychologische Erscheinung" entspricht aber dem der privaten hinweisenden Definition

201. Ist das (am Ende) eine Täuschung, wenn ich glaubte, die Worte des Andern hätten damals diesen Sinn für mich gehabt? Freilich nicht! So wenig, wie es eine Täuschung ist zu glauben, daß man vor dem Aufwachen etwas geträumt habe!

202. Als ich den Fall eines 'Bedeutungsblinden' annahm, war es, weil das Erleben der Bedeutung im *Gebrauch* der Sprache keine Wichtigkeit zu haben scheint. Weil es also scheint, als könne dem Bedeutungsblinden nicht viel verloren gehen. Damit aber ist in Konflikt, daß wir manchmal äußern, in einer Mitteilung habe ein Wort für uns *eines* bedeutet, bis wir gesehen hätten, es bedeute etwas anderes. Erstens aber fühlen wir in diesem Falle nicht, das Erleben der Bedeutung habe beim *Hören des Wortes* stattgefunden. Zweitens könnte man hier eher von einem Erleben des Sinnes des Satzes reden, als von dem einer Wortbedeutung.

203. Das Bild, das man etwa mit dem Aussprechen des Satzes "die Bank ist weit weg" verbindet, ist nun eine Illustration zu *ihm* und nicht zu einem seiner Worte.

204. Wenn Einer fest darauf bestünde, er erlebe meist garnichts, wenn er einen Befehl, eine Mitteilung, usw. höre und verstehe, mindestens nichts, was für ihn den Sinn der Worte bestimme, –

könnte dieser nicht doch, in irgend einer Form, sagen, die ersten Worte des Satzes hätte er *so* aufgefaßt und später seine Auffassung geändert? – Aber zu welchem *Zweck* würde er das sagen?? Es könnte eine bestimmte Reaktion seinerseits erklären. Er hörte z.B., N sei gestorben, und glaubte, sein Freund N sei gemeint; dann kommt er drauf, daß es nicht so ist. Er schaut erst bestürzt; dann erleichtert. – Und, was so eine Erklärung für ein Interesse haben kann, ist leicht zu sehen.

205. Was soll ich nun sagen: – daß der Bedeutungsblinde nicht im Stande ist, so zu reagieren? oder daß er bloß nicht behauptet, er hätte *damals* die Bedeutung erlebt, – daß er also nur ein besonderes Bild nicht gebraucht?

206. Ist der Bedeutungsblinde also der, der *nicht* sagt: "Der ganze Gedankengang stand mit einem Schlag vor mir"? Ist damit aber gesagt, daß er nicht sagen kann "Jetzt hab ich's!" –

207. "Es war dort kein Baum und kein Strauch" – wie funktioniert dieser Satz? Nun, "Baum" steht für ein Ding, das *so* ausschaut. Gewiß ja: so schaut ein Baum aus; aber ist die Idee der Vertretung des Dings durch das Wort wirklich so leicht zu verstehen? Wenn ich einen Garten plane, so kann ich einen Baum dort durch einen Pflock vertreten lassen. Wo der Pflock jetzt steht, wird später der Baum gesetzt werden. – Man könnte aber doch sagen, das Wort "Baum" im Satz verträte dort das Bild eines Baums (und als solches kann natürlich auch ein Baum verwendet werden). Denn an die Stelle des Wortes "Baum" könnte man in einer Bildersprache das Bild setzen, und das Wort "Baum" wird in jedem Fall durch die hinweisende Definition mit dem Bild verbunden. Dann ist es also die hinweisende Definition, die bestimmt, was das Wort '*vertritt*'. Und nun wende dies auf das Wort "Schmerz", z.B., an. – Aber vertritt nicht auf einem Plan das Zeichen " " ein Haus? Doch nur insofern, als ein Haus auch als *Zeichen* dienen könnte! Aber das Zeichen vertritt doch nicht das Haus, wofür es steht. – "Nun, es *entspricht* ihm." – Wenn ich also mit dem Plan in der Hand gehe und komme zu diesem Haus, zeige ich auf die Stelle im Plan und sage "*Das* ist das Haus". – "Das Zeichen vertritt das Haus" hieße: "weil ich das Haus nicht selbst in den Plan setzen kann, setze ich statt seiner dies Zeichen." Aber was täte denn das Haus selbst im Plan! Eine Vertretung ist etwas Vorläufiges, aber wenn das Zeichen dem Haus *entspricht*, so ist hier nichts Vorläufiges; es wird ja, wenn wir zum Haus kommen, nicht durch das Haus ersetzt. Und da das Zeichen nie durch seinen Träger

ersetzt wird, könnte man fragen: Wie kann denn ein Tintenstrich ein Haus ersetzen?

Nein: der Pflock ersetzt den Baum, das Bild kann den Menschen ersetzen, wenn man lieber ihn sähe, aber mit dem Bild vorliebnehmen muß; aber schon das Zeichen auf der Landkarte ersetzt nicht den Gegenstand, den es bedeutet.

208. Fühle ich, während ich schreibe, etwas in der Hand, oder im Handgelenk? Im allgemeinen nicht. Würde es sich aber nicht doch anders anfühlen, wenn meine Hand anästhesiert wäre? Ja. Und ist das nun ein Beweis dafür, daß ich *dennoch* etwas spüre, wenn ich normalerweise die Hand bewege? Ich glaube: *nein*.

209. "Ich schenke dir mein volles Vertrauen." Wenn, der das sagt, nach dem Wort "dir" aussetzt, bin ich vielleicht im Stande fortzusetzen; die Situation ergibt, was er sagen will. Aber wenn er nun, zu meiner Überraschung, fortsetzt "eine goldene Uhr" und ich sage "Ich war auf etwas anderes gefaßt" – heißt das: ich habe während seiner ersten Worte etwas erlebt, was man jene Auffassung der Worte nennen kann?? Ich glaube, das kann man nicht sagen.

210. Oder denk dir dieses Gespräch: Er: "Ich schenke dir –" Ich: "Ich weiß. Aber in diesem Fall vertraust du mir *doch* nicht." – Ich habe ihn unterbrochen, weil ich wußte, was er sagen wollte. Aber habe ich mir die Fortsetzung notwendigerweise in Gedanken ergänzt? (Ergänze ich eine Skizze in der Vorstellung?)

211. "I found myself going . . ."
saying . . ." etc.

Diese Beschreibung trifft nicht *immer* zu, wenn ich etwas sage, einen Weg mache, etc.

212. Introspektion kann nie zu einer Definition führen. Sie kann nur zu einer psychologischen Aussage über den führen, der introspiziert. Sagt z.B Einer: "Ich glaube beim Hören eines Wortes, das ich verstehe, immer etwas zu fühlen, was ich nicht fühle, wenn ich das Wort nicht verstehe" – so ist das eine Aussage über *seine* besondern Erlebnisse. Ein Anderer erlebt vielleicht etwas ganz anderes; und wenn Beide das Wort "verstehen" richtig gebrauchen, so liegt in diesem Gebrauch das Wesen des Verstehens, und nicht in dem, was sie über ihre Erfahrungen sagen können.

213. Wie müßte man denn den nennen, der den Begriff 'Gott' nicht verstehen kann, nicht sehen, wie ein vernünftiger Mensch dies Wort im Ernst gebrauchen kann? Sollen wir denn sagen, er leide an einer *Blindheit*?

214. Man versteht plötzlich, wiederholt plötzlich ein Wort, das der Andere gesagt hat. Er sagt mir "Es ist sieben Uhr"; ich reagiere zuerst nicht; plötzlich rufe ich "Sieben Uhr! Da bin ich ja schon zu spät. . . ." Es kam mir erst zum Bewußtsein, was er gesagt hatte. Aber was geschah nun, als ich die Worte "Sieben Uhr" wiederholte? Darauf kann ich nichts antworten, was von Interesse wäre. Nur wieder: Ich hätte erst begriffen, was er gesagt hat, und dergleichen; und das bringt uns nicht weiter. Auf diesem "Nur wieder" beruht natürlich das Reden (die Idee) von einem 'spezifischen Vorgang'. (Der Zerstreute, der auf den Befehl "Rechtsum!" linksum macht. . . .)

215. Geschieht etwas, wenn ich dies Wort verstehe, wenn ich das und das beabsichtige—geschieht nichts? Nicht darum handelt es sich; sondern darum: warum soll mich, was in dir geschieht, interessieren? (Seine Seele mag sieden, oder frieren, rot oder blau werden: was kümmert mich das?)

216. Ein Schwachsinniger wird gewiß *nicht* sagen: "Als du zu reden anfingst, dachte ich, du meintest. . . ." – Nun wird man fragen: Ist das, weil er immer gleich richtig versteht? Oder weil er sich nie korrigiert? Oder geht in ihm vor, was auch in mir vorgeht, und er kann es nur nicht ausdrücken?

217. "Als du zu reden anfingst, dachte ich, du wolltest. . . . Darum habe ich auch die Bewegung gemacht. . . ." Man erklärt also, was man tat, mit dem Gedanken, den man damals hatte. Denke ich mir nun diese Erklärung wirklich erst im Nachhinein aus? Habe ich nicht wirklich diese Bewegung gemacht, weil ich dachte . . .?—Was ist das für eine Frage? Das "weil" bezieht sich ja nicht auf eine Ursache.

218. "Ich werde dir erklären, warum ich aufgestanden bin; ich dachte nämlich, du meintest . . ." – Ja, jetzt versteh ich's! – Aber worin liegt die Wichtigkeit dieses Verstehens? Nun, z.B.: Wäre die Erklärung eine andere gewesen, so müßte ich nun anders mit Worten, oder Handlungen reagieren. Sein Gedanke ist in sofern wie eine Handlung, oder ein Vorgang in seinem Körper. Der Bericht über seinen Gedanken, wie der über solche Vorgänge.—Welches Interesse haben die Worte "Ich dachte zuerst, du meintest . . ."? Oft gar keins.

Man kann sagen, sie enthüllen uns seine Gedankenwelt. Aber wozu *das*? Warum ist diese Enthüllung nicht leeres Gerede, oder bloße Phantasterei?

219. Man könnte (natürlich) den Bericht über so eine Auffassung den Bericht über eine *Tendenz* nennen. (James.) Aber hier darf man nun nicht das Erlebnis einer Tendenz unter dem Bild eines nicht ganz fertigen Erlebnisses sehen! Als gäben die Erlebnisse ein farbiges Bild, und gewisse Farben darauf wären in ihrer vollen Stärke aufgetragen, andere nur angedeutet, d.h. viel zarter hingesetzt.

An sich aber ist eine zarte Farbe nicht die Andeutung einer stärkeren.

220. Ein Ereignis läßt eine Spur im Gedächtnis: das denkt man sich manchmal, als bestünde es darin, daß es im Nervensystem eine Spur, einen Eindruck, eine Folge hinterläßt. So als könnte man sagen: auch die Nerven haben ein Gedächtnis. Aber wenn sich nun jemand an ein Ereignis erinnert, so müßte er es nun aus diesem Eindruck, dieser Spur, *erschließen*. Was immer das Ereignis im Organismus zurückläßt, es ist nicht die Erinnerung.

Der Organismus mit einer Diktaphonrolle verglichen; der Eindruck, die Spur, ist die Veränderung, die die Stimme auf der Rolle zurückläßt. Kann man sagen, das Diktaphon (oder die Rolle) erinnere sich wieder des Gesprochenen, wenn es das Aufgenommene wiedergibt?

221. Das Gefühl der Abhängigkeit. Wie kann man *fühlen*, man sei abhängig? Wie kann man *fühlen*: 'Es hängt nicht von mir ab'. Aber was ist das überhaupt für ein seltsamer Ausdruck eines Gefühls!

Aber wenn man z.B. jeden Morgen zuerst Schwierigkeiten hätte, gewisse Bewegungen zu machen, den Arm zu heben, u.dergl., und warten müßte, bis die Lähmung vergeht, und das brauchte manchmal lange, manchmal kurze Zeit, und man könnte es nicht vorhersehen und kein Mittel einnehmen, es zu beschleunigen, – würde uns das nicht eben ein Bewußtsein der Abhängigkeit geben? Ist es nicht das Ausbleiben des Regelmäßigen, oder die lebhafte Vorstellung davon, was dem Bewußtsein zu Grunde liegt?

Es ist doch das Bewußtsein: "Es müßte nicht so gehen!" Wenn ich von dem Sessel aufstehe, sage ich mir für gewöhnlich nicht "Also ich kann aufstehen." Ich sage es vielleicht nach einer Krankheit. Wer es sich aber für gewöhnlich sagte, oder wer danach sagte "Also es ist diesmal gegangen", von dem könnte man sagen, er habe eine besondere Einstellung zum Leben.

222. Warum sagt man "Er weiß, was er meint"? Woher weiß man, daß er's *weiß*?

Wenn er es weiß, ich aber nicht *weiß*, was er meint, – wie wäre es, wenn ich's wüßte? Ja, wenn ich's wüßte und er nicht? Wie müßte sich Einer benehmen, damit wir sagen würden: "Er *weiß*, was der Andere erlebt"?

Muß es aber einen Fall geben, den wir, konsequenterweise, so beschreiben würden? Es ist nicht einmal klar, daß irgendeine Erscheinung mit den Worten beschrieben werden müßte "A hat Schmerzen im Körper des B".

D.h.: man kann zwar sagen "Wäre das nicht eine folgerechte Anwendung dieses Ausdrucks?" aber ich mag, oder mag nicht geneigt sein, sie folgerecht zu nennen.

223. Erinnere dich besonders des Ausdrucks in der Traumerzählung: "Und ich wußte, daß...." Man könnte denken: Es ist doch merkwürdig, daß man träumen kann, man habe *gewußt*. Man sagt auch: "und ich wußte im Traum, daß...."

224. Nicht alles, was ich tue, tue ich mit einer Absicht. (Ich pfeife vor mich hin, etc. etc.) Wenn ich aber jetzt aufstünde und aus dem Haus vorträte, dann wieder zurück käme, und auf die Frage "Warum hast du das getan" antwortete "Aus gar keinem besonderen Grund", oder "Nur so –", so fände man das seltsam und jemand, der oft so etwas täte ohne besondere Absicht, würde sehr von der Norm abweichen. Müßte er das sein, was man "geistesschwach" nennt?

225. Denke dir nun Einen, von dem man sagen würde: er könne sich nie an eine Absicht erinnern, außer dadurch, daß er sich an die Äußerung einer Absicht erinnert.

Einer könnte, was wir normalerweise 'mit bestimmter Absicht' tun, ohne eine solche tun, es erwiese sich aber dennoch nützlich. Und wir würden vielleicht in so einem Falle sagen, er habe mit *unbewußter* Absicht gehandelt.

Er steigt z.B. plötzlich auf einen Stuhl und dann wieder herunter. Auf die Frage "warum" hat er keine Antwort; dann aber berichtet er, er habe vom Stuhl aus das und das bemerkt, daß es scheint, als wäre er, um dies zu beobachten, hinaufgestiegen.

Könnte nun ein 'Bedeutungsblinder' sich nicht ähnlich verhalten?

226. "Als ich sagte 'Er ist ein Esel', meinte ich...." Was für eine Verbindung haben jene Laute mit diesem Menschen? – Gefragt, "Wen meinst du?", werde ich seinen Namen nennen, ihn beschreiben, seine Photographie zeigen, etc. Ist sonst noch eine

Verbindung da? Eine, die insbesondere zur Zeit des Aussprechens bestand? Aber während des ganzen Satzes, oder nur während ich "er" sagte? Keine Antwort!

227. Das Erlebnis während jener Worte – möchte ich sagen – wächst natürlich zu dieser Erklärung heran.

228. Aber es ist doch so: Ich werde manchmal, im Gespräch etwa, sagen "Er ist ein Esel", und wenn man mich fragte "Hättest du etwas anderes während dieser Worte erlebt, wenn wir von N statt von M geredet hätten" werde ich zugeben müssen, dies müsse nicht der Fall sein. Anderseits aber scheint es mir manchmal, als hätte ich während des Aussprechens ein Erlebnis, das unzweideutig *ihm* angehört.

Die Erlebnisse beim Sprechen scheinen eindeutig mit *ihm* verbunden zu sein.

229. "Freilich dachte ich an ihn: Ich hab ihn vor mir gesehen!" – aber nicht nach seinem Bild *erkannt*.

230. Ich sage plötzlich "Er ist ein Esel". A: "Wen hast du gemeint?" Ich: "Den N." A: "Hast du an ihn gedacht, während du den Satz sagtest, oder erst, als du die Erklärung gabst?" – Ich könnte nun antworten, daß meine Worte das Ende eines längeren Gedankenzuges gewesen seien. Ich hätte schon die ganze Zeit an N gedacht. Und könnte ich nun sagen: die Worte selbst seien durch kein besonderes Erlebnis an ihn geknüpft gewesen, wohl aber der ganze Gedankengang? Ich hätte also mit jenen Worten wohl auch jemand andern meinen können, und auf wen sie sich bezogen, lag in dem, was ihnen vorausging.

Muß ich aber, um sagen zu können, ich hätte von ihm geredet, ihn gemeint, an ihn gedacht, – mich wirklich an ein Erlebnis erinnern können, das unbedingt mit ihm zusammenhängt? Könnte es mir also nicht vielleicht immer so vorkommen, als wäre während meiner Worte *nichts* geschehen, das sich nur auf ihn deuten ließe? Ich denke mir also, ich sei mir immer *bewußt*, daß meine Vorstellungsbilder vieldeutig sind. Dabei aber – so nehme ich an – sage ich dennoch "Ich habe den . . . gemeint". Aber ist dies nicht eine widersprechende Annahme? Nein; so verhält es sich ja wirklich. Ich sage "Ich habe den . . . gemeint"; *so* setze ich fort.

231. Ich sprach zu meinen Nachbarn über ihren Doktor; dabei schwebte mir ein Bild dieses Menschen vor – ich hatte ihn aber nie gesehen, kannte nur seinen Namen, und machte mir vielleicht nach

diesem ein Bild von ihm. Wie kann nun dieses Bild charakteristisch dafür sein, daß ich von *ihm* rede? – Und doch kam es mir so vor, bis ich mich daran erinnerte, daß ich garnicht weiß, wie dieser Mann ausschaut. Sein Bild repräsentiert ihn für mich also um kein Haar besser, als sein Name.

232. Wenn ich das Vorschweben der *Bedeutung* mit einem Traum vergleiche, so ist also unser Reden für gewöhnlich traumlos.

Der 'Bedeutungsblinde' wäre also einer, der immer traumlos reden würde.

233. Und man kann wirklich fragen: Was gehen mich seine Träume an? Warum muß mich interessieren, was er träumt und ob er träumt, während er zu mir spricht, oder mich hört? – Das heißt natürlich nicht, daß diese Träume mich nie interessieren können. Aber warum sollten sie das Wichtigste im sprachlichen Verkehr sein?

234. Die Verwendung des Begriffs 'Traum' hier ist nützlich; aber nur, wenn man sieht, daß sie noch einen Fehler in sich birgt.

235. "Ich habe die ganze Zeit gedacht, du redetest von ..." – Wie *war* das nur?—Doch nicht anders, als wenn er wirklich von diesem Menschen geredet hätte. Daß ich später darauf komme, ihn falsch verstanden zu haben, ändert doch nichts an dem, was beim Verstehen geschah. –

Ist also der Satz "Ich glaubte damals, du meintest ..." der Bericht eines 'Traumes', so heißt das, daß ich *immer* 'träume', wenn ich einen Satz verstehe.

236. Man sagt auch: "Ich habe angenommen, du redest von ..." und das klingt schon weniger wie der Bericht eines Erlebnisses.

237. "Ich dachte, du redetest von ... und habe mich gewundert, daß du von ihm sagst ..." – Dieses Wundern ist wieder in einem ähnlichen Fall: Auch hier wieder das Gefühl, als hätte man mit dem *Aussprechen* dieses Gedankens das rudimentäre Erlebnis erst ergänzt.

238. Nun, es ist aber doch wahr! Denn manchmal, wenn ich sage "Ich dachte ...", kann ich berichten, daß ich mir damals eben diese Worte laut oder im Stillen gesagt hätte; oder daß ich damals nicht diese, aber andere Worte gebraucht habe, wovon die gegenwärtigen eine sinngemäße Wiedergabe sind. *Das kommt doch manchmal vor*! Im Gegensatz dazu aber ist der Fall, in welchem mein gegenwärtiger Ausdruck nicht die *Wiedergabe* von etwas ist. Denn 'Wiedergabe' ist er nur, wenn er es nach Regeln der Abbildung ist.

239. Wer nicht im Stande wäre, zu sagen: das Wort "sondern" könne ein Zeitwort und ein Bindewort sein, oder Sätze zu bilden, in denen es das eine oder das andere ist, der könnte einfache Schulübungen nicht bewältigen. Aber *das* wird von einem Schüler nicht verlangt: das Wort außerhalb einem Zusammenhang so und so aufzufassen, oder zu berichten, wie er's aufgefaßt hat. [Vgl. PU, S. 175b.]

240. Ich möchte sagen: das Gespräch, die Anwendung und Ausdeutung der Worte fließt dahin, und nur im Fluß hat das Wort seine Bedeutung. "Er ist abgereist." – "Warum?" Was meintest du, als du das Wort "warum" aussprachst? Woran *dachtest* du?

241. "Ich dachte, du meintest *den*" – Nun, das heißt nicht dasselbe, wie "Ich denke, du hast den gemeint". Laß dich [durch] den Vergleich mit einem andern Gebrauch der Vergangenheit nicht verwirren!

242. Wir spielen dieses Spiel: Es sind Bilder da und Worte werden ausgesprochen und wir müssen auf das Bild zeigen, das dem Wort entspricht. Unter den Worten sind auch mehrdeutige. Mir fällt bei dem Wort . . . erst *eine* Bedeutung ein und ich zeige auf ein Bild, später erst eine andere und ich zeige auf ein anderes. Wird der Bedeutungsblinde dies tun können? Freilich. – Aber wie ist es *damit*? Ein Wort wird genannt, mir fällt eine seiner Bedeutungen ein. Ich sage sie nicht, suche aber nach dem Bild. Ehe ich es gefunden habe, fällt mir noch eine Bedeutung des Worts ein; ich sage: "Mir ist gerade eine zweite Bedeutung eingefallen." Und dann erkläre ich: "Erst ist mir *diese* Bedeutung eingefallen, nachher *die*." Kann *das* der Bedeutungsblinde? – Kann er nicht sagen, er wisse die Bedeutung des Worts, sage sie aber nicht? Oder kann er nicht sagen, sie sei ihm jetzt *eingefallen*, er sage sie aber nicht? – Mir kommt vor, beides könne er sagen. Dann aber doch auch: "Als du das Wort sagtest, fiel mir *diese* Bedeutung ein." Und warum nun nicht: "Als ich das Wort sagte, meinte ich's zuerst in *dieser* Bedeutung"?

243. Es ist, als hätte das Wort, das ich verstehe, ein bestimmtes leichtes Aroma, das dem Verständnis entspricht. Als unterschieden sich zwei mir wohlbekannte Wörter nicht bloß durch ihren Klang, oder ihr Ansehen, sondern, auch wenn ich mir nichts bei ihnen *vorstelle*, noch durch eine Atmosphäre. – Aber erinnere dich daran, wie die Namen berühmter Dichter und Komponisten eine eigene Bedeutung in sich aufgesogen zu haben scheinen. So daß man also sagen kann: die Namen "Beethoven" und "Mozart" klingen nicht nur verschieden, sondern es begleitet sie auch ein anderer *Charakter*.

Wenn du aber nun diesen Charakter näher beschreiben solltest, – würdest du ihre Bilder zeigen, oder ihre Musik?

Und nun wieder der Bedeutungsblinde: Er würde nicht empfinden, daß die Namen sich beim Hören oder Ansehen durch ein unwägbares Etwas unterscheiden. Und was hätte er nun dadurch verloren? – Und doch, wenn er einen Namen hört, kann ihm erst *ein* Träger und später ein anderer einfallen. –

244. Ich sagte, die Worte "jetzt kann ich's!" drücken kein *Erlebnis* aus. Nun, so wenig, wie die: "Jetzt werde ich den Arm heben."—Warum aber drücken sie kein Erlebnis, kein Gefühl, aus? – Wie werden sie denn gebraucht? Beide, z.B., als Einleitung zu einer Handlung. Die Tatsache, daß eine Aussage auf einen Zeitpunkt Bezug nimmt, in welchem aber nichts in der Außenwelt geschieht, was sie meint, wovon sie spricht, zeigt uns nicht, daß sie von einem Erlebnis sprach.

245. Denk an das 'Aufzeigen' der Schüler, wenn sie eine Antwort wissen. Muß einer sich die Antwort im Stillen vorgesagt haben, um mit Sinn aufzeigen zu können? Und *was* muß in ihm dazu vorgegangen sein? – Nichts. Aber es ist wichtig, daß er für gewöhnlich eine Antwort *gebe*, wenn er aufgezeigt hat; und das ist das Kriterium dafür, daß er das Aufzeigen *versteht*. [Vgl. Z 136a.]

246. "Die Worte 'die Rose ist rot' sind sinnlos, wenn das Wort 'ist' die Bedeutung von 'ist gleich' hat." Wir haben die Idee, daß der, wer versuchte, die Worte "die Rose ist rot" mit diesen Bedeutungen der Worte auszusprechen, beim Denken steckenbleiben müßte. (Wie auch, daß man einen Widerspruch nicht denken kann, weil der Gedanke einem sozusagen zerbricht.)

Man möchte sagen: "Du kannst diese Worte nicht so meinen und noch einen Sinn mit dem Ganzen verbinden." [Vgl. PU, S. 175c.]

247. Könnte man sagen, die Bedeutungsblindheit würde sich darin äußern, daß man diesem Menschen nicht mit Erfolg sagen kann: "Du mußt das Wort als ... hören, dann wirst du den Satz richtig sprechen." Das ist die Anweisung, die man einem beim Spielen eines Musikstücks gibt. "Spiel das, als ob es die Antwort wäre" – und man macht etwa eine Gebärde dazu.

Aber wie übersetzt Einer nun diese Gebärde in das Spiel? Wenn er mich versteht, spielt er es nun meinem Wunsch gemäßer.

Aber könntest du so eine Anweisung nicht auch mit Hilfe von "stärker", "schwächer", "schneller", "langsamer", geben? Nein; ich könnte es nicht. Denn wenn er nun auch diesen Ton stärker, jenen leiser spielt, so weiß ich's nicht einmal. So kann ich ihm auch sagen "Mach ein verschmitztes Gesicht" und wüßte, wenn er eins gemacht hat, ohne die geometrischen Veränderungen des Gesichts vorher, oder nachher, beschreiben zu können.

248. Wenn man fragt "Ist das Erleben einer Bedeutung analog dem Erleben eines Vorstellungsbildes", so meint man: ist der Unterschied nicht einfach der eines andern *Inhalts*? Nun, welcher ist der Inhalt des Vorstellungserlebnisses? "Es ist *dieser*" – aber dabei muß ich auf ein Bild, oder eine Beschreibung zeigen. – "Man erlebt hier und dort" (möchte man sagen). "Nur etwas Anderes. Ein anderer Inhalt wird dem Bewußtsein dargeboten – steht vor ihm." Und das ist natürlich ein sehr irreführendes Bild. Denn es ist die Illustration zu einer Redewendung und sie erklärt nichts. Ebenso könnte man, um den chemischen Symbolismus einer Strukturformel zu erklären, Bilder entwerfen, in denen die Elemente als Menschen dargestellt wären, die sich die Hände reichen. (Illustrationen der Alchemisten.) [Vgl. PU, S. 175e.]

249. Wenn jemand sagt, er habe das Vorstellungsbild von einer goldglänzenden Kugel gehabt, so werden wir das verstehen, aber nicht, wenn er sagt, diese Kugel sei hohl gewesen. Im Traum aber könnte man eine Kugel sehen und *wissen*, sie sei hohl.

250. Die Weisung "Wie aus weiter Ferne" bei Schumann.[1] Muß Jeder eine solche Weisung verstehen? Jeder, z.B., der die Weisung "Nicht zu geschwind" verstünde? Ist nicht die Fähigkeit, die dem Bedeutungsblinden abgehen soll, von dieser Art?

251. Kann man das Verstehen einer Bedeutung festhalten, so wie ein Vorstellungsbild? Wenn mir also plötzlich eine Bedeutung des Worts einfällt, – kann sie mir auch vor der Seele stehen bleiben? [Vgl. PU, S. 176b.]

252. "Der ganze Plan stand mir mit einem Schlage vor der Seele und blieb so eine Minute lang stehen." Da möchte man meinen, daß, was stehen blieb, nicht dasselbe sein könne, wie das, was aufblitzte. (Wie man einen Diphthong nicht dehnen kann.) [Vgl. PU, S. 176c.]

253. Geschah nämlich dies, daß ich sagte "Jetzt hab ich's!" (also das Aufzucken), so kann man freilich nicht davon reden, daß das stehen bleibt.

[1] Schumann: *Davidsbündlertänze*. (*Herausg.*)

254. "Ja, ich weiß das Wort. Es liegt mir auf der Zunge. –" Hier drängt sich einem die Idee von dem Spalt (gap) auf, von dem James spricht, in welchen nur dieses Wort hineinpaßt usw. – Man erlebt irgendwie schon das Wort, obwohl es noch nicht da ist.—Man erlebt ein *wachsendes* Wort. – Und ich könnte natürlich auch sagen, ich erlebte eine wachsende Bedeutung, oder wachsende Erklärung der Bedeutung. – Seltsam ist es nur, daß wir nicht sagen wollen, es sei etwas da gewesen, was dann zu dieser Erklärung herangewachsen ist. Denn wenn du 'aufzeigst', sagst du, du wissest es schon. – Wohl; aber du könntest auch sagen "Jetzt kann ich's sagen" und ob sich das *Können* zu einem Sagen auswächst, das weißt du nicht. Und wie, wenn man nun sagte: "Das Sagen ist dann die Frucht *dieses* Könnens, wenn es aus diesem Können gewachsen ist."

255. Als ich es sagen *wollte*, sagen *konnte*, hab ich es ja nicht *gesagt*.

256. Natürlich ist auch an der Erklärung, die Bedeutung oder ihre Erklärung sei aus einem gewissen Keim erwachsen, etwas nicht in Ordnung. Tatsächlich nehmen wir auch so ein Wachsen nicht wahr; oder doch nur in ganz seltenen Fällen. Und diese Erklärung entspringt eben aus der Tendenz, zu erklären, statt bloß zu beschreiben.

257. Das bloße Beschreiben ist so schwer, weil man glaubt, zum Verständnis der Tatsachen diese ergänzen zu müssen. Es ist, als sähe man eine Leinwand mit verstreuten Farbflecken, und sagte: so wie sie da sind, sind sie unverständlich; sinnvoll werden sie erst, wenn man sie sich zu einer Gestalt ergänzt.—Während ich sagen will: Hier *ist* das Ganze. (Wenn du es ergänzt, verfälschst du es.)

258. Freilich ist mir die *Bedeutung damals* eingefallen! Nicht zu der Zeit, da ich es berichte, noch in der Zwischenzeit.

Das ist es eben, was man so nennt: das ist eben der Gebrauch der Worte "Mir ist die Bedeutung eingefallen" ("in this so called twentieth century").

259. "Die Bedeutung ist doch nicht etwas, was man *erleben* kann!" – Warum nicht? – Die Bedeutung ist kein Sinneseindruck. Aber was sind Sinneseindrücke? So etwas, wie ein Geruch, ein Geschmack, ein Schmerz, ein Klang, etc. etc. Aber was ist 'so etwas wie' alle diese Dinge? Was ist ihnen gemeinsam? Diese Frage ist natürlich nicht dadurch zu beantworten, daß man sich in diese Sinneseindrücke vertieft. Man könnte aber so fragen: "Unter was für Umständen

würden wir sagen, jemand habe eine Art von Sinneseindrücken, die uns fehlen?" – Wir sagen z.B. von Tieren, sie hätten ein Organ, womit sie das und das wahrnehmen, und so ein Sinnesorgan muß nicht einem der unsern ähnlich sein.

260. Könnte man sich eine Sinneswahrnehmung denken, durch welche wir die Form eines soliden Körpers erfaßten, die *ganze* Form, nicht nur das, was sich von *einem* Standpunkt aus sehen ließe? So ein Mensch würde z.B. im Stande sein, einen Körper in Ton zu modellieren, ohne um ihn herumzugehen, oder zu greifen.

261. Ist es die Vielfältigkeit der möglichen Erklärungen einer Bedeutung, die am Grunde davon ist, daß man eine Bedeutung nicht 'im gleichen Sinne' erlebt, wie ein Gesichtsbild?

262. Was macht meine Vorstellung von ihm zu einer Vorstellung von *ihm*? – Was macht sein Portrait zu *seinem* Portrait? Die Intention des Malers? Und heißt das: sein Seelenzustand? – Und was macht eine Photographie zu *seinem* Bildnis? Die Absicht des Photographen? Und angenommen ein Maler hätte die Absicht den N nach dem Gedächtnis zu zeichnen, aber, geleitet von Kräften im Unbewußten, zeichnet er ein ausgezeichnetes Bildnis des M, – würden wir es nun ein schlechtes Bildnis des N nennen? Und denk dir Leute, die zum Zeichnen von Bildnissen abgerichtet wären, und 'mechanisch' den vor ihnen sitzenden Menschen abzeichnen. (Menschliche Lesemaschinen.)

Und nun, – was macht meine Vorstellung von ihm zu meiner Vorstellung von *ihm*? – Nichts von dem, was für das Portrait gilt, gilt von der Vorstellung. Die *Frage* macht einen Fehler. [Vgl. PU, S. 177.]

263. Wem die Bedeutung einfiel, und wer sie nicht wieder *vergaß*, kann nun das Wort in dieser Weise anwenden.

Wem die Bedeutung einfiel, der *weiß* sie nun, und der Einfall war einfach der Anfang des Wissens. Hier ist keine Analogie mit dem Erleben eines Vorstellungsbildes. [Vgl. PU, S. 176e.]

264. Wie ist es aber, wenn ich zu mir selbst sage, ich möchte *dies* (wobei ich etwa auf eine bestimmte Figur schaue) so und so ('x') nennen? Ich kann mir die hinweisende Definition "Das heißt 'x'" auch laut vorsagen. Aber ich muß sie doch auch selber verstehen! Ich muß also *wissen*, wie, welcher Technik gemäß, ich das Wort "x" zu gebrauchen gedenke. – Fragt man mich etwa "Weißt du auch, *wie* du das Wort gebrauchen wirst?", so werde ich antworten: ja.

265. Wie aber, wenn die Religion lehrt, die Seele könne bestehen, wenn der Leib zerfallen ist? Verstehe ich, was sie lehrt? Freilich versteh ich's—ich kann mir dabei manches vorstellen. (Man hat ja auch Bilder von diesen Dingen gemalt. Und warum sollte so ein Bild nur die unvollkommene Wiedergabe des ausgesprochenen Gedankens sein? Warum soll es nicht den *gleichen* Dienst tun, wie unsere Sätze?) Und auf den Dienst kommt es an. [Vgl. PU, S. 178e.]

266. Aber bist du kein Pragmatiker? Nein. Denn ich sage nicht, der Satz sei wahr, der nützlich ist.

Der Nutzen, d.h. Gebrauch, gibt dem Satz seinen besondern Sinn, das Sprachspiel gibt ihm ihn.

Und insofern, als eine Regel oft so gegeben wird, daß sie sich nützlich erweist, und mathematische Sätze ihrem Wesen nach mit Regeln verwandt sind, spiegelt sich in mathematischen Wahrheiten Nützlichkeit.

267. Der seelenvolle Gesichtsausdruck. Man muß sich eigens daran erinnern, daß man ein Gesicht mit seelenvollem Ausdruck *malen* kann, um zu glauben, daß es wirklich Farben und Formen sind, die diesen Eindruck machen. Es ist nicht zu glauben, daß es die bloßen *Augen* – Augapfel, Lider, Wimpern, etc. – eines Menschen sind, in deren Anblick man sich verlieren kann, in die man mit Staunen und Entzücken sehen kann. Und doch wirken eben die Augen eines Menschen so. "Woraus du sehen kannst. . . ."

268. *Glaube* ich an eine Seele im Andern, wenn ich mit Staunen und Entzücken in seine Augen schaue?

269. Der Satz "Wenn p, so q", wie z.B. "Wenn er kommt, wird er mir etwas mitbringen", ist nicht der gleiche wie "$p \supset q$". Denn der Satz "Wenn . . ., so . . ." läßt den Konjunktiv zu, der Satz "$p \supset q$" nicht. – Wer Einem auf den Satz "Wenn er kommt, . . ." antwortet "Das ist nicht wahr", der will nicht sagen: "Er kommt, und wird nichts mitbringen", sondern: "Er *mag* kommen und nichts mitbringen".

Aus "$p \supset q$" folgt nicht "Wenn p, so q"; denn ich kann sehr wohl den ersten Satz behaupten (ich weiß z.B., daß $\sim p . \sim q$ der Fall ist) und den zweiten Satz leugnen.

270. Soll ich nun sagen, der Satz "Wenn . . ., so . . ." sei entweder wahr, oder falsch, oder unentschieden? (Das Gesetz vom ausgeschlossenen Dritten gelte also nicht?)

271. Man gibt auch auf die Aussage "Wenn er kommt, wird er etwas mitbringen" die Antwort "Nicht unbedingt". – Auch: "Das folgt nicht." – Man kann auch sagen: "Dieser Zusammenhang besteht nicht."—Russell sagte, wenn man behauptet "Wenn . . ., so . . .", so meine man für gewöhnlich nicht die materielle, sondern die formale Implikation; aber auch das ist nicht richtig. "Wenn . . ., so . . ." läßt sich nicht in Ausdrücken der Russellschen Logik wiedergeben.

272. Man kann sehr wohl sagen, der Satz "Wenn . . ., so . . ." sei entweder wahr, oder er sei falsch, oder unentschieden. – Aber bei welcher Gelegenheit wird man das sagen? Ich denke: als Einleitung zu einer weiteren Auseinandersetzung. Man bespricht die Sache unter diesen drei Gesichtspunkten. Ich teile das Feld der Möglichkeiten in drei Teile.

Man wird nun vielleicht sagen: ein *Satz* teile es in *zwei* Teile. Aber warum? Es sei denn, das gehöre zur Definition eines Satzes. Warum soll ich nicht auch etwas einen Satz nennen, was eine Dreiteilung macht?

273. Nimm nun eine Zweiteilung: Ich sage: "Entweder er kommt, oder er kommt nicht. – Kommt er, so . . . Kommt er nicht, so. . . ." *Kann* ich nun diese Betrachtungsart nicht auf den Satz "Wenn . . . und . . . sich treffen, wird es zu einer Explosion kommen" nicht anwenden? Hat Einer z.B. diese Behauptung gemacht, – kann ich nicht erwidern: "Entweder du hast darin recht, oder nicht: Ist es, wie du sagst, dann . . . ist es nicht so, dann . . ."?

274. Das Gesetz vom ausgeschlossenen Dritten sagt nicht, wie seine Form vorspiegelt: Es gibt nur die beiden Möglichkeiten Ja und Nein, und keine Dritte. Sondern: "Ja" und "Nein" teilen das Feld der Möglichkeiten in zwei Teile. – Und das muß natürlich nicht so sein. ("Hast du aufgehört, deine Frau zu schlagen?")

275. 'Der Wunsch ist ein Verhalten des Geistes, der Seele, zu einem Gegenstand.' 'Der Wunsch ist ein Seelenzustand, der sich auf einen Gegenstand bezieht.' Um sich das begreiflicher zu machen, denkt man etwa an die Sehnsucht und daran, daß der Gegenstand unserer Sehnsucht vor unsern Augen ist und wir ihn sehnend betrachten. Steht er nicht vor uns, so vertritt ihn etwa sein Bild, und ist kein Bild da, dann eine Vorstellung. Und der Wunsch ist also ein Verhalten der Seele zu einer Vorstellung. Aber man denkt eigentlich immer an ein Verhalten des Körpers zu einem Gegenstand. Das Verhalten der Seele zur Vorstellung ist ganz das, was man auf einem Bild zur Darstellung bringen könnte: Die Seele des Menschen, wie sie sich mit verlangen-

der Gebärde zu dem Bild (dem wirklichen Bild) eines Gegenstands hinneigt.

276. Und man könnte auf diese Weise freilich auch darstellen, wie ein Mensch in seiner Miene dem Wunsch keinerlei Ausdruck gibt, und doch seine Seele nach ihm verlangt.

277. "Der Satz 'Wenn er nur käme!' kann mit unserer Sehnsucht geladen sein." – Womit war er da geladen? Es ist, als ob ihm ein Gewicht von unserm Geiste aufgeladen würde. Ja, alles das möchte ich sagen. Und ist es denn gleichgültig, daß ich das sagen will?

278. Ist es denn gleichgültig, daß ich das sagen will? Ist es nicht wichtig? Ist es nicht wichtig, daß mir die Hoffnung *in der Brust* lebt? Ist das nicht ein Bild irgendeines wichtigen menschlichen Verhaltens? Warum glaubt ein Mensch, ein Gedanke komme ihm in den Kopf? – Oder richtiger: Er *glaubt* es nicht; er erlebt es. Denn er greift sich etwa dabei an den Kopf, schließt die Augen, um im Kopf mit sich allein zu sein. Lehnt den Kopf zurück und macht eine Handbewegung zum Zeichen, daß nichts den Vorgang im Kopfe stören soll. – Nun, sind das nicht wichtige Arten des Verhaltens?

279. Und wenn sich uns das Bild vom Gedanken im Kopf aufdrängen kann, wie dann nicht noch viel mehr das, vom Gedanken in der Seele. [Vgl. PU, S. 178f.]

280. Welches bessere Bild des Glaubens könnte es geben, als der Mensch, der mit dem Ausdruck des Glaubens sagt "Ich glaube ..."?

281. Der Mensch ist das beste Bild der menschlichen Seele. [Vgl. PU, S. 178g.]

282. Es ist natürlich wichtig, daß man das Verlangen nach einem Apfel leicht bildlich darstellen kann, ohne dem Verlangenden Worte in den Mund zu legen, – daß sich aber die Überzeugung, daß etwas so und so sei, nicht so darstellen läßt.

Wichtig, weil es den Unterschied, den Wesensunterschied, zwischen den psychologischen Erscheinungen zeigt, und die Art und Weise, wie er zu beschreiben ist.

283. Warum sagte ich "Wesensunterschied"? Ist es ein Unterschied, wie zwischen Kohlenstoff, Gravitation, Lichtgeschwindigkeit und ultravioletten Strahlen? Welches alles 'Gegenstände' sind, von denen die Naturwissenschaft handelt. –

284. Denke, wir reden von Erscheinungen beim Sprechen der Menschen. Es könnte uns interessieren: die Geschwindigkeit des Sprechens, der Wechsel der Intonation, die Gebärden, die Länge oder Kürze der Sätze, etc. etc. – Wenn man nun von einem Menschen sagt, er habe ein Seelenleben: er denke, wünsche, fürchte, glaube, zweifle, habe Vorstellungen, sei traurig, lustig etc., – ist das analog dem: er ißt, trinkt, spricht, schreibt, läuft, – oder analog dem: er bewegt sich bald schnell, bald langsam, bald auf ein Ziel zu, bald ohne Ziel, bald stetig, bald ruckweise?

285. Denk an das, was man den Charakter einer Linie nennen kann, und daran, was alles eine Beschreibung ihres Charakters genannt werden muß. Was kann man alles fragen, wenn man sich für den Charakter einer Linie interessiert?

286. Denk dir, wir beobachteten die Bewegung eines Punktes, etwa eines schwarzen Punktes auf einer weißen Papierfläche. Alle möglichen wichtigen Schlüsse könnten aus dem Charakter dieser Bewegung gezogen werden. Aber was können wir alles beobachten? – Ob der Punkt sich gleichförmig, oder ungleichförmig bewegt; ob sich seine Geschwindigkeit periodisch ändert; ob sie sich stetig oder sprungweise ändert; ob der Punkt eine geschlossene Linie beschreibt; wie nahe sie einem Kreis kommt; ob der Punkt eine Wellenlinie beschreibt und welches ihre Amplitude und Wellenlänge ist; und unzähliges andere. Und jedes dieser Fakten könnte uns das allein interessierende sein. Es könnte uns z.B. alles an dieser Bewegung gleichgültig sein, außer die Zahl der Ecken der Bahn in einer bestimmten Zeit. Und das heißt, wenn uns nun nicht nur *eine* Eigenschaft dieser Bewegung interessiert, sondern viele, eine jede von ihnen uns einen besondern, von allen andern gänzlich verschiedenen Aufschluß geben kann. Und so ist es mit dem Benehmen der Menschen, mit den verschiedenen Charakteristiken dieses Benehmens, die wir beobachten. [Vgl. PU, S. 179a.]

287. So handelt die Psychologie (etwa) vom Benehmen, nicht von den Seelenzuständen des Menschen? Wer einen psychologischen Versuch macht – was wird der berichten? – Was das Subjekt sagt, was es tut, was ihm in der Vergangenheit geschehen ist und wie es darauf reagiert hat. – Und nicht: was das Subjekt denkt, was es sieht, fühlt, glaubt, empfindet?—Wer ein Gemälde beschreibt, beschreibt der die Anordnung der Pinselstriche auf der Leinwand – und *nicht*, was der Betrachter *sieht*?

Aber wie ist es nun damit: Der Beobachter im Experiment wird manchmal sagen: "Das Subjekt sagte "Ich empfinde ...", und ich hatte den Eindruck, dies sei wahr." – Oder man sagt: "Das Subjekt schien ermüdet zu sein." Ist das nun eine Aussage über sein Benehmen? Man möchte vielleicht sagen: Freilich, was soll es denn sein?—Man kann auch berichten: "Das Subjekt sagte 'ich bin müde'" – aber für die Auswertung dieser Worte wird es sich darum handeln, ob sie glaubwürdig sind, ob sie einem Andern nachgesprochen wurden, ob sie eine Übersetzung aus dem Französischen waren, etc.

Denke nun daran: Ich erzähle "Er machte einen verstimmten Eindruck". Man fragt mich: "Was war es, das dir diesen Eindruck gemacht hat?" Ich sage "Ich weiß es nicht." – Kann man nun sagen, ich habe sein Benehmen beschrieben?? Kann man denn nicht sagen, ich hätte sein Gesicht beschrieben, wenn ich sage "Er machte ein trauriges Gesicht"? Auch wenn ich nicht angeben kann, welche räumlichen Veränderungen im Gesicht diesen Eindruck machten?

Man wird vielleicht erwidern: "Hättest du genauer zugesehen, so könntest du die charakteristischen Farben- und Ortsveränderungen beschreiben." Aber wer sagt das, daß ich, oder irgend Einer es könnte? [Vgl. PU, S. 179b.]

288. Noch einmal: Wenn ich berichte "Er war verstimmt", berichte ich ein Benehmen, oder einen Seelenzustand? (Wenn ich sage "Der Himmel sieht drohend aus", rede ich von der Gegenwart, oder der Zukunft?) Beides; aber nicht nebeneinander; sondern in einem Sinne eines, in einem andern das andere. Was aber heißt das? (Ist das nicht Mythologie? Nein.) [Vgl. PU, S. 179c.]

289. Es ist hier ganz wie mit dem Reden über physikalische Gegenstände und Sinneseindrücke. Wir haben hier *zwei* Sprachspiele, und ihre Beziehungen zueinander sind kompliziert. Will man diese Beziehungen in einfacher Weise beschreiben, so geht man fehl. [Vgl. PU, S. 180c.]

290. Denke, ich beschreibe ein psychologisches Experiment: den Apparat, die Fragen des Experimentators, die Antworten und Handlungen des Subjekts. Und dann sage ich: das alles sei eine Szene in dem und dem Theaterstück. Nun hat sich alles geändert. Man wird also sagen: Wenn in einem Buch über Psychologie dieses Experiment in gleicher Weise beschrieben wäre, so würde eben die Beschreibung des Benehmens des Subjekts als Ausdruck des Seelenzustandes verstanden, weil man *voraussetzt*, das Subjekt rede die Wahrheit, halte uns nicht zum Besten, habe die Antworten nicht auswendig gelernt. – Wir machen also eine Voraussetzung? [Vgl. PU, S. 180a.]

291. Die Krankenschwester sagt dem Arzt "Er stöhnt" – einmal will sie sagen "Er hat starke Schmerzen"; einmal "Er stöhnt – obwohl ihm nichts fehlt"; einmal "Er stöhnt; ob er Schmerzen hat, oder bloß diesen Laut von sich gibt, weiß ich nicht."

Wir machen eine Voraussetzung? – Wir *benützen* die Aussage jedesmal anders.

292. "Freilich berichtet der Psychologe die Worte, das Benehmen des Subjekts, aber doch nur als Zeichen seelischer Vorgänge." – Das ist richtig. Wenn die Worte und das Benehmen, z.B., eingelernt sind, so interessieren sie den Psychologen nicht. Und doch ist der Ausdruck "als Zeichen seelischer Vorgänge" irreführend, weil wir gewöhnt sind, von der Gesichtsfarbe als Zeichen des Fiebers zu reden. Und jede schlechte Analogie wird nun mit einer weiteren schlechten erklärt, sodaß wir aus den Unstimmigkeiten nur endlich durch die Ermüdung erlöst werden.

293. Denk dir, man sagte: jedes uns wohlbekannte Wort habe schon einen Dunstkreis, einen 'Hof' schwach angedeuteter Verwendungen um sich. So, als hätte man auf einem Gemälde die Hauptfiguren umgeben mit zarten, nebelhaften Bildern von Vorgängen, an denen diese Figuren einen Anteil haben. – Nun, machen wir nur Ernst mit dieser Annahme! – Da zeigt es sich, daß sie die *Intention* nicht zu erklären vermag.

Wenn es nämlich so ist, daß die Möglichkeiten der Verwendung eines Ausdrucks uns beim Hören oder Sprechen in Halbtönen vorschweben, – wenn es so ist, so gilt das also für *uns*. Aber wir verständigen uns mit Andern, ohne sie je gefragt zu haben, ob auch sie diese Erlebnisse haben. [Vgl. PU, S. 181a.]

294. Und wie ist es nun mit dem fortwährenden Werden und Vergehen im Bereich unseres Bewußtseins? Nun, wie ist es: ist das eine Erfahrung, oder kann man sich's anders garnicht vorstellen? Hier ist eine Unklarheit.

295. Ich kenne mich in einem Zimmer aus: d.h., ich kann, ohne einen Augenblick nachsinnen zu müssen, die Tür finden, sie öffnen und schließen, jedes Möbelstück gebrauchen, ich muß den Tisch, die Bücher, die Laden nicht suchen und nicht nachdenken, was man mit ihnen machen kann. Daß ich mich auskenne, wird sich in der Freiheit zeigen, mit welcher ich mich im Zimmer bewege. Es wird sich auch in einer Abwesenheit des Staunens und Zweifelns äußern. Was soll ich nun auf die Frage antworten: ob dies mich-in-diesem-Zimmer-auskennen ein Zustand meiner Seele sei?

296. Ich bin im Stande, auf die Frage "Wozu dient ein Thermometer" *sogleich* und ohne jede Schwierigkeit mit einer langen Reihe von Sätzen zu antworten. Und ebenso kann ich der Aufforderung folgen: "Erkläre die Anwendung des Wortes 'Buch'."

297. Man kann das Sich-auskennen ein Erlebnis nennen, und auch wieder nicht.

298. Die Verwendung gewisser Wörter dem Satzrhythmus zuliebe. Dieser könnte uns *viel* wichtiger sein, als er uns tatsächlich ist.

299. "Was für eine Art von Erlebnis ist ...?" Man wird nicht fragen "Wie ist es, wenn DU's hast?" – denn darauf könnte der Eine so, der Andere so antworten. Man wird sie nicht nach einer Beschreibung des Erlebnisses fragen, sondern zusehen, wie und bei welchen Gelegenheiten die Menschen das Erlebnis erwähnen, von ihm reden, *ohne* es beschreiben zu wollen.

300. Ich sage das Wort "Baum", dann sag ich ein Unsinnwort. Sie fühlen sich verschieden an. In wiefern? – Mir werden zwei Gegenstände gezeigt: der eine ist ein Buch, der andere ein mir unbekanntes Ding von sonderbarer Form. Ich sage: sie schauen nicht bloß verschieden aus, sondern ich habe auch ein anderes Gefühl bei ihrem Anblick. Das eine Ding 'verstehe' ich, das andere verstehe ich nicht. "Ja, aber es ist nicht nur der Unterschied zwischen Wohlbekanntheit und Fremdheit." Nun, ist nicht auch ein Unterschied zwischen Arten der Wohlbekanntheit und Fremdheit? Ein fremder Mensch tritt in mein Zimmer, aber es ist ein Mensch, das sehe ich sofort. Etwas Vermummtes tritt in mein Zimmer, ich weiß nicht, ist es Mensch oder Tier. Ich sehe einen mir unbekannten Gegenstand auf meinem Tisch, einen gewöhnlichen Feldstein, aber ich habe ihn nie auf meinem Tisch gesehen. Ich sehe einen Stein am Weg; ich bin nicht erstaunt, obgleich ich mich nicht erinnere, gerade ihn schon gesehen zu haben. Ich sehe ein seltsam geformtes Objekt von mir unbekanntem Zweck auf meinem Tisch und bin *nicht* überrascht: es ist schon immer dort gelegen, ich habe nie gewußt, *was* es ist und mich nie dafür interessiert, es ist mir wohlvertraut.

301. "Nun, hast du das Wort 'Baum' nicht verstanden, wie du's gehört hast?—Dann ist eben etwas in dir vorgegangen!" – Und zwar was? – Daß ich's *verstand.* – Die Frage ist nur: Soll ich vom Verstehen sagen, es sei in mir vorgegangen? Dagegen wehrt sich etwas; und das kann nur bedeuten, daß wir durch diesen Ausdruck das Verstehen mit andern Erscheinungen zusammenstellen und einen Unterschied

verwischen, den wir betonen wollen. Aber welchen Unterschied? – In welchen Fällen weigern wir uns denn *nicht*, zu sagen: es sei etwas beim Hören des Worts in uns vorgegangen?

302. Was müßten wir denn Einem sagen, der uns mitteilte, bei *ihm sei* das Verstehen ein innerer Vorgang?—Was würden wir ihm erwidern, wenn er sagte bei ihm sei Schachspielen-können ein innerer Vorgang? – Etwa, daß nichts, was in ihm vorgeht, uns interessiert, wenn wir wissen wollen, ob er Schach spielen kann. Und wenn er nun darauf antwortet, es interessiere uns eben doch, was in ihm vorgehe, nämlich: ob er Schach spielen könne – so könnten wir ihm nur widersprechen, indem wir ihn an die *Kriterien* erinnerten, die uns seine Fähigkeit beweisen würden.[Vgl. PU, S. 181b.]

303. Um dich in einer Umgebung auszukennem, mußt du nicht nur den richtigen Weg von einer Ortschaft zur andern kennen, sondern auch wissen, wohin du gerietest, wenn du diese falsche Wendung nähmst. Dies zeigt, wie ähnlich unsere Betrachtungen Wanderungen in einer Landschaft sind, zum Zweck des Anlegens einer Karte. Und es ist nicht unmöglich, daß eine solche für die Gebiete, die wir begehen, einmal angelegt werden wird.

304. Angenommen, du hast eine besondere Erfahrung beim Verstehen, wie kannst du wissen, daß es die ist, die wir "verstehen" nennen? – Nun, wie weißt denn du, daß die Erfahrung, die du hast, die ist, die wir "Schmerz" nennen? – Das ist etwas anderes—ich weiß es, weil mein spontanes Benehmen in gewissen Situationen das ist, was man den Ausdruck des Schmerzes nennt.

305. Wenn man das Wort "Schmerz" gebrauchen lernt, so geschieht es nicht dadurch, daß man errät, für welchen der inneren Vorgänge, beim Hinfallen z.B., dies Wort gebraucht wird.

Es könnte ja dann auch das Problem entstehen: *welcher* meiner Empfindungen wegen ich schreie, wenn ich mich verletze.

Und dabei denke ich mir, daß man nach innen zeigt und sich fragt: "Ist es nun *diese* Empfindung, oder *diese*?"

306. "Gleichgültig, ob ich der Empfindung den *richtigen* Namen beigelegt habe, – ich habe ihr eben *einen* Namen beigelegt!" – Aber wie legt man denn etwas, z.B. einer Empfindung, einen Namen bei? Kann man *in sich* einer Empfindung einen Namen beilegen? Was geschieht da: und was ist das Resultat dieser Handlung? ((Vergl.

Bemerkung über das Anhängen einer Namenstafel.[1])) Wenn man im Geiste eine Tür zuschließt, ist sie dann zugeschlossen? Und welche Konsequenz hat es? Kann dann, im Geiste, niemand herein?

307. "Wie weißt denn du, daß die Erfahrung, die du hast, dasjenige ist, was wir 'Schmerz' nennen?" – Die Erfahrung, die ich habe? Welche? Wie spezifiziere ich sie: für mich, und (für) einen Andern?

308. Denke, wir könnten lernen, was man eine Empfindung, etwa einen 'Schmerz', nennt, und dann lehrte man uns, diese Empfindung *auszudrücken.* Was für eine Verbindung müßte diese Tätigkeit mit der Empfindung haben, um ihr 'Ausdruck' heißen zu können?!

309. Denke, Einer wüßte, erriete, daß ein Kind Empfindungen hätte, aber keinerlei Ausdruck für sie. Und nun wollte er das Kind lehren, die Empfindungen auszudrücken. Wie muß er eine Handlung mit einer Empfindung verbinden, damit sie ihr Ausdruck wird?

310. Kann er das Kind lehren: "Siehst du, so drückt man etwas aus – *das* ist z.B. ein Ausdruck von *dem* – und nun drück deinen Schmerz aus!"

311. "Verstehen" wird eben nicht so gebraucht, wie ein Empfindungswort.

312. Das verwirrende Bild ist dies: daß wir eine Substanz beobachten, – ihre Veränderungen, Zustände, Bewegungen; gleich Einem, der die Veränderungen und Bewegungen in einem Schmelzofen beobachtet. Während wir das Verhalten und Benehmen der Menschen beobachten und vergleichen.

313. Das primitive Schmerzbenehmen ist ein Empfindungsbenehmen; es wird ersetzt durch einen sprachlichen Ausdruck. "Das Wort 'Schmerz' bezeichnet eine Empfindung" heißt so viel wie: "'Ich habe Schmerzen' ist eine Empfindungsäußerung."

314. Formen des Benehmens können unvergleichbar sein. Und das Wort "Benehmen", wie ich es gebrauche, ist überhaupt irreführend, denn es schließt in seiner Bedeutung auch die äußern Umstände – des Benehmens im engern Sinne – ein.

[1] S. *Philosophische Untersuchungen* I, §§15 und 26. (*Herausg.*)

Kann ich denn von einem Benehmen des Zorns, z.B., und von einem andern der Hoffnung reden? (Es ist leicht, sich einen Orang Utan zornig vorzustellen – aber hoffend? Und warum ist es so?) [Vgl. PU, S. 174a.]

315.

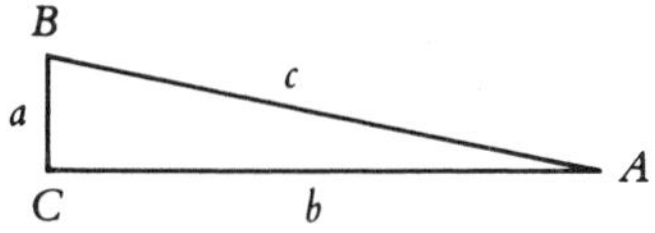

Wenn mir jemand sagt "Ich sehe jetzt *diesen* Punkt als Spitze des Dreiecks", so verstehe ich ihn. Aber was mache ich mit diesem Verständnis? Nun, ich kann ihm, z.B., sagen: "Kommt dir das Dreieck jetzt vor, als wäre es umgefallen, als stünde es normalerweise auf der Grundlinie a? Oder erscheint es dir jetzt als Berg mit B als Spitze? Oder als Keil? Oder als 'schiefe Ebene'? Oder als Kegel?

Du kannst nun fragen "Worin *besteht* es: die Figur *so* sehen?" – und sozusagen Hypothesen über das machen, was dabei vorgeht. Z.B., Augenbewegungen, oder Vorstellungen, mit denen man das Gesehene supplementiert – man stellt sich etwa einen Körper vor, der auf der schiefen Ebene heruntergleitet – etc. Alles das *kann* geschehen, muß aber nicht geschehen; und wenn mir jemand mitteilt, er sehe das Dreieck als Keil, z.B., so sagt er mir *nicht*, wie sich seine Augen bewegt haben, etc. – Nein; nicht, *was da geschieht*, ist die Frage, sondern: wie man jene Aussage verwenden kann. Wozu mir z.B. das Verstehen der Mitteilung verhilft.

Eine Anwendung wäre die: Man kann Einem sagen "Schau das Dreieck als Keil an; dann wirst du dich über ... nicht mehr wundern." Und er sagt darauf vielleicht: "Ja, *so* kommt es mir natürlicher vor." – Ich habe ihn also durch meine Erklärung beruhigt; oder ihm dazu verholfen, daß er nun eine Aufgabe schneller lösen kann.

316. Die Ähnlichkeit eines Gesichts mit einem andern sehen, die Analogie einer mathematischen Form mit einer andern, eine menschliche Gestalt in den Linien eines Vexierbildes, eine Raumform in einer schematischen Zeichnung, "pas" in "ne ... pas" in der Bedeutung von "Schritt" hören oder aussprechen—alle diese Erscheinungen sind irgendwie ähnlich, aber doch auch wieder sehr verschieden. (Eine Gesichtswahrnehmung, eine Gehörswahrnehmung, eine Geruchswahrnehmung, eine Bewegungswahrnehmung.)

317. In allen jenen Fällen kann man sagen, man erlebe einen *Vergleich*. Denn der Ausdruck des Erlebnisses ist, daß wir zu einem Vergleich geneigt sind. Zu einer Paraphrase.

Es ist ein Erlebnis, dessen Ausdruck ein Vergleich ist. Aber warum ein 'Erlebnis'? Nun, unser Ausdruck *ist* ein Erlebnisausdruck. – Weil wir sagen "ich sehe es als ...", "ich höre es als ..."? Nein; obwohl diese Ausdrucksweise damit zusammenhängt. Sie ist aber *berechtigt*, weil das Sprachspiel den Ausdruck zu dem eines Erlebnisses macht.

318. Ein Erlebnis, das sich in einem Vergleich äußert. – Um z.B. "je ne sais pas" auf die bewußte Art zu hören, muß Einer andere Ausdrücke, wie "not a thing", kennen.

Der Ausdruck des Erlebnisses durch den Vergleich ist eben *der* Ausdruck, der unmittelbare Ausdruck. Ja, das Phänomen, das wir beobachten und das uns interessiert.

319. Wenn nun Einer "pas" nicht so hören, erleben, könnte, wenn er nicht verstünde, was wir meinen, wenn wir von einem 'so-hören' reden, – würde der uns auch nicht verstehen, wenn wir ihm erklären, daß "pas" auch in der Verneinung so viel wie "Schritt" geheißen habe, und wenn wir sagten, es sei analog dem Wort "bißchen", "bit", "thing" etc.? Aber was sieht der ein, der einsieht, der Gebrauch des Wortes ... sei dem des Wortes ... *analog*?

320. Nun, wozu zeige ich Einem so eine Analogie? Was erwarte ich mir davon? Welche Wirkung hat es? – Es scheint doch eine Erklärung zu sein. Es *ist eine* Art der Erklärung. Man sagt ja auch: "Ja, jetzt versteh ich den Gebrauch dieses Wortes." Man sagt aber auch: "Ich weiß, was du meinst, aber ich kann es nicht so *hören*."

321. "So, wie wir auch heute noch ..., so haben diese Leute ..."

Wir können *diesen* Gebrauch im Lichte *jenes* betrachten. Dies kann, z.B., als heuristisches Prinzip dienen.

322. Jedes Wort – möchte man sagen – kann zwar in verschiedenen Zusammenhängen verschiedenen Charakter haben, aber es hat doch immer *einen* Charakter – ein Gesicht. Es schaut uns doch an.—Man könnte sich ja wirklich denken, jedes Wort sei ein kleines Gesicht, das Schriftzeichen könnte ein Gesicht sein. Und man könnte sich auch denken, daß der ganze Satz eine Art Gruppenbild wäre, so daß der Blick der Gesichter eine Beziehung zwischen ihnen hervorbrächte und das Ganze also eine *sinnvolle* Gruppe gäbe. – Aber worin besteht die Erfahrung, daß eine Gruppe sinnvoll ist? Und wäre es zum

Verwenden des Satzes notwendig, daß man ihn so als sinnvoll empfindet? [Vgl. PU, S. 181d.]

323. Ist es denn auch gewiß, daß ein Jeder, der unsere Sprache versteht, geneigt wäre, zu sagen, jedes Wort habe ein *Gesicht*? Und – das Wichtigste – zu welcher allgemeinen Tendenz in uns gehört diese Neigung?

324. Erstens ist klar, daß die Tendenz, das Wort als etwas intimes, seelenvolles, zu betrachten, nicht immer da ist, oder im gleichen Maße da ist. Das Gegenteil des Seelenvollen aber ist das Maschinenhafte. Wer einen Robot darstellen will, – wie weicht sein Benehmen von unserm gewöhnlichen ab? Dadurch, z.B., daß unsere gewöhnlichen Bewegungen sich nicht, auch nur annähernd, mittels geometrischer Begriffe beschreiben lassen.

325. Würde man z.B. von Sätzen im Telegrammstil auch den Eindruck des Gruppenbildes erhalten?

326. Der Gefangene hat eine Nummer als Namen. Von ihr würde niemand sagen, was Goethe von Personennamen sagt.

327. Man hat die Idee, es sei der Sinn des Satzes, zusammengesetzt aus den Bedeutungen seiner Wörter. (Gruppenbild.) Wie ist z.B. der Sinn "Ich habe ihn noch immer nicht gesehen" aus den Bedeutungen der Wörter zusammengesetzt?

328. Auch das Wort "habe" hat ein Gesicht; denn das Wort "die Habe" hat jedenfalls ein *anderes* Gesicht. Es fühlt sich anders an; also mußte sich "habe" auch irgendwie anfühlen. – Aber *muß* sich "Habe" anders 'anfühlen' als "habe"? Wie, wenn jemand mich versicherte, ihm fühlten sich *diese* beiden Wörter ganz gleich an? Er sagt z.B.: Ja, das Bindewort und das Zeitwort "sondern", die fühlen sich verschieden an; aber nicht "Habe" und "habe". Dürften wir ihm das nicht glauben?

Was wie eine ganz selbstverständliche Äußerung erschien, die an das Verstehen der Worte gebunden ist, (das) erscheint hier im Licht eines rein persönlichen Gefühlsausdrucks. Nicht anders, als sagte Einer, die Vokale a und e haben für ihn dieselbe Farbe. Kann ich dem nun sagen: "Du spielst unser Spiel nicht"?

329. Wird hier von dem Feinfühligen angenommen, er fühle in allen Zusammenhängen die beiden Wörter "sondern" verschieden? Nein. Nur wenn man sie, experimentell, ausspricht, erwartet man das.

330. Denk dir Menschen, die mit 'äußerst komplizierten' Zahlzeichen rechnen. Diese stellen sich aber dar als Figuren, welche entstehen, wenn man unsere Zahlzeichen aufeinander schreibt. Sie schreiben z.B. π bis zur fünften Stelle so:

Wer ihnen zusähe, fände es schwer, zu erraten, was sie tun. Und sie könnten es vielleicht selbst nicht erklären. Es kann ja dieses Zahlzeichen, in etwas anderer Schrift geschrieben, seine Erscheinung (für uns) zur Unkenntlichkeit ändern. Und was die Leute täten, erschiene uns rein intuitiv. [Vgl. Z 699.]

331. Ich sage also: man schätzt das psychologische Interesse der Wenn-Empfindung falsch ein, wenn man sie als selbstverständliches Korrelat der Bedeutung des Wortes ansieht; sie muß vielmehr in einem anderen Zusammenhang gesehen werden, im Zusammenhang der speziellen Umstände, unter welchen sie auftritt. [Vgl. PU, S. 182c.]

332. Sag: "Es ist schwer, die beiden Dinge zu sondern" und sprich das letzte Wort mit dem Gefühl des Bindeworts aus! Üb dich etwa darin im gewöhnlichen Sprechen, ein Wort mit doppelter Bedeutung mit dem unpassenden Gefühl auszusprechen! (Wenn es nicht mit einem unpassenden Ausdruck der Stimme verbunden ist, so schadet es der Verständigung nicht.)

333. Jetzt sag dir: das Bindewort "sondern" sei eigentlich dasselbe wie das Zeitwort (so wie weg = Weg und trotz = Trotz) und sprich den Satz "Es ist nicht besser, sondern schlechter geworden" mit "sondern" in der Bedeutung des Zeitworts aus!

334. Bist du auch sicher, daß es *ein* Wenn-Gefühl gibt? Nicht vielleicht mehrere? Hast du versucht, das Wort in sehr verschiedenen Zusammenhängen auszusprechen? (Wenn es z.B. den Hauptton des Satzes trägt, und wenn ihn das nächste Wort trägt.) [Vgl. PU, S. 181e.]

335. Hat Einer die Wenn-Empfindung je, wenn er das Wort "wenn" nicht ausspricht? Es wäre doch jedenfalls merkwürdig, wenn nur *diese* Ursache die Empfindung hervorrufen sollte. Hat sich James einmal gefragt, ob, und wo, man sie sonst noch hat? – Und so ist es überhaupt mit der 'Atmosphäre' eines Worts: – warum sieht man es als so selbstverständlich an, daß nur *dies* Wort diese Atmosphäre hat? [Vgl. PU, S. 182d.]

336. Der Namenszug Goethes mutet mich goetheisch an. Insofern ist er wie ein Gesicht, denn vom Gesicht Goethes könnte ich dasselbe sagen.

Es ist wie eine *Spiegelung*. Gehört dieses Phänomen zu *dem*: "ich war schon einmal in derselben Situation"?

Oder '*identifiziere*' ich die Unterschrift mit der Person, indem ich, z.B., die Unterschrift des geliebten Menschen anzuschauen liebe, oder die Unterschrift des Bewunderten eingerahmt auf meinen Schreibtisch stelle? (Magie, die mit Bildern, Haaren, etc. getrieben wird.)

337. Die vom Ding *untrennbare* Atmosphäre, – sie ist also keine Atmosphäre.

Was mit einander innig assoziiert ist, assoziiert *wurde*, das scheint zusammenzupassen. Aber wie scheint es das? wie äußert sich's, daß es zu passen scheint? Etwa so: Wir können uns nicht denken, daß der Mann, der so geheißen, so ausgeschaut, sich so unterschrieben hat, nicht *diese* Werke, sondern etwa ganz andere (die eines andern großen Mannes) hervorgebracht hat?

Wir können uns das nicht denken? Versuchen wir's denn? – [Vgl. PU, S. 183c.]

338. Es könnte so sein: Denk dir, ein Maler wollte ein Bild entwerfen: "Beethoven beim Schreiben der neunten Symphonie". Ich könnte mir leicht vorstellen, was etwa auf so einem Bild zu sehen wäre. Aber wie, wenn Einer darstellen wollte, wie Goethe ausgesehen hätte beim Schreiben der neunten Symphonie? Da wüßte ich mir nichts vorzustellen, was nicht höchst unpassend und lächerlich wäre. [Vgl. PU, S. 183d.]

339. Schau ein altbekanntes Möbelstück, am alten Platz, in deinem Zimmer an! "Es ist ein Teil eines Organismus" möchtest du sagen. Oder: "Nimm es heraus, und es ist garnicht mehr das, was es war" und dergleichen. Und natürlich denkt man da an keine *kausale* Abhängigkeit eines der Teile von den übrigen. Eher ist es *so*: ich könnte diesem Ding einen Namen geben und von ihm etwa aussagen, daß es von seiner Stelle gerückt ist, einen Fleck hat, staubig ist, etc.; wollte ich es aber *ganz* aus seinem jetzigen Zusammenhang nehmen, so würde ich sagen, es habe aufgehört zu existieren, und ein Anderes sei an seine Stelle getreten.

Ja, man könnte auch so fühlen: "Es gehört alles zu allem." (Interne und externe Relation.) Verrücke ein Stück und es ist nicht mehr, was es war. Dieser Tisch ist dieser Tisch nur in dieser Umgebung. Alles gehört zu allem. Hier haben wir die untrennbare Atmosphäre. Und was sagt, der das sagt? Was für eine Darstellungsweise schlägt er vor? – Ist es nicht die des gemalten Bildes? – Wenn z.B. der Tisch sich verschoben hat, malst du ein neues Bild vom Tisch *mit* seiner Umgebung.

340. "Ein ganz bestimmter Ausdruck" – dazu gehört auch, daß, wenn man das Kleinste an dem Gesicht ändert, sich sogleich der Ausdruck ändert.

341. Sein Name scheint auf seine Werke zu passen. – *Wie scheint* er zu passen? Nun, ich äußere mich etwa so. Aber ist das alles? – Es ist, als bildete der Name mit diesen Werken ein solides Ganzes. Sehen wir ihn, so kommen uns die Werke in den Sinn, und denken wir an die Werke, so der Name. Wir sprechen den Namen mit Ehrfurcht aus.

Der Name wird zu einer Geste; zu einer architektonischen Form.

342. Wer das nicht verstünde, den würden wir etwa als 'prosaisch' bezeichnen wollen. Und ist *das*, was der 'Bedeutungsblinde' wäre?

343. Jede andere Zusammenstellung würde uns unrichtig erscheinen. Durch unsere Gewohnheit werden diese Formen zu einem Paradigma; sie erhalten sozusagen Gesetzeskraft ('die Macht der Gewohnheit'?).

344. Wer die Worte "das Zeichen als Pfeil *sehen*" nicht verstehen und gebrauchen lernen kann, den nenne ich "bedeutungsblind".

Es wird keinen Sinn haben, ihm zu sagen "Du mußt versuchen, es als Pfeil zu *sehen*" und man wird ihm *so* nicht helfen können.

345. Wie ist es aber mit *so* einem Ausdruck: "Als du es sagtest, verstand ich es in meinem Herzen"? Dabei deutet man auch auf's Herz. Und *meint* man diese Gebärde etwa nicht?! Freilich meint man sie. Oder ist man sich bewußt, *nur* ein Bild zu gebrauchen? Gewiß nicht! [Vgl. PU, S. 178h.]

346. Wenn das Kind sprechen lernt, wann entwickelt es da das 'Bedeutungsgefühl'? Interessieren sich die Leute dafür, wenn sie es sprechen lehren, seine Fortschritte im Sprechen beobachten?

347. Man kann auch, wenn man ein Tier beobachtet, z.B. einen Affen, der einen Gegenstand untersucht und zerpflückt, sagen: "Man sieht, es geht etwas in ihm vor." Wie merkwürdig ist das! Aber nicht merkwürdiger, als daß wir sagen: die Liebe, die Überzeugung sei in unserm Herzen!

348. Wann und womit fängt es also an, daß der Mensch Bedeutungsgefühle äußert? In welchen Spielen wird es sich zeigen?

349. Ist nicht die Neigung, einen *Bedeutungskörper* zu denken ähnlich der, einen Ort des Denkens zu denken? – *Müßte* jeder Mensch die Neigung haben, zu sagen, er denke im Kopf? – Es wird ihm dieser Ausdruck als Kind beigebracht. ("Kopfrechnen".) Aber daraus entwickelt sich jedenfalls die *Neigung* (oder aus ihr entstand der Ausdruck). Jedenfalls – die Neigung ist dann vorhanden. Und so auch die, von einem Bedeutungskörper zu reden (oder dergl.), *wie immer* sie entstanden ist.

350. Reden wir nun auch von einem '*Gefühl*' des Denkens im Kopf? Wäre dies nicht ähnlich, wie das 'Bedeutungsgefühl'?

Auch: Kann der nicht denken, der dies Gefühl nicht hätte?

Ja; wer philosophiert oder psychologiert wird vielleicht sagen: "*Ich* fühle, ich denke im Kopf." Aber was das nun heißt, das wird er nicht sagen können. Er wird nämlich nicht sagen können, *was* das nun für ein Gefühl ist; sondern einfach den Ausdruck gebrauchen: er 'fühle'; als sagte er nämlich "*Ich* fühle diesen Stich *hier*". Er ist sich also nicht bewußt, daß hier noch zu untersuchen ist, was sein Ausdruck "ich fühle" hier bedeutet, d.h., welche Konsequenzen wir aus dieser Äußerung ziehen dürfen. Ob z.B. die, die wir aus der Äußerung "Ich fühle den Stich hier" ziehen würden.

351. Man könnte nämlich auch sagen: "*Ich* fühle das Steigen der Preise im Kopf." Und ist das *Unsinn*? In welches Kapitel der Psychologie aber gehörte dieses Gefühl? Nicht in das von den Sinnesempfindungen, – es sei denn, Einer sagte "Wenn ich diesen Schmerz im Kopf spüre, steigen immer die Preise".

352. Könnte nicht Einer sagen: "Ich habe ein Gefühl des Ortes beim Denken. Ich kann z.B. den Gedanken . . . einmal im Kopf und einmal im Herzen denken." – Und würde das zeigen, daß ein Gedanke einen Ort hat? Ich meine: würde es das Erlebnis des Denkens näher beschreiben? Nicht vielmehr ein *neues* Erlebnis?

"Ich möchte sagen: 'ich habe im Kopf gedacht'."

353. Man kann den Befehl befolgen "Denk an gar nichts!", "make your mind a blank!"

354. So wie man die Redensart "im Kopf", in Verbindung mit dem Denken, gelernt hat, so auch dies "das Wort hat diese ('eine')

Bedeutung", und alle Phrasen, die damit verwandt sind. Auch die Ausdrucksweise: "diese beiden Wörter klingen nur gleich, haben aber sonst nichts mit einander zu tun" und viele ähnliche. Und das Bedeutungserlebnis folgt eigentlich genau diesen Redewendungen. (Die doch auch eine gänzlich andere Form haben könnten – das französische "vouloir dire" z.B.)

355. Ist also das Bedeutungserlebnis nur eine Einbildung? Nun, wenn es auch eine Einbildung ist, so ist das Erlebnis dieser Einbildung dadurch nicht *weniger* interessant.

356. Es ist übrigens auffallend, daß das Wort "Assoziation" in meinen Betrachtungen eine so geringe Rolle spielt. – Ich glaube, daß dieses Wort in äußerst vager, verschwommener Weise verwendet wird, und für ganz unähnliche Erscheinungen.

357. Über einen feinen ästhetischen Unterschied läßt sich *vieles* sagen – das ist sehr wichtig. D.h., die erste Äußerung ist freilich bloß "*Dies* Wort paßt, *dies* nicht", oder dergleichen; aber nun können noch alle weit verzweigten Zusammenhänge erörtert werden, die jedes dieser Wörter schlägt. Das heißt, es ist eben *nicht* mit jenem ersten Urteil abgetan, sondern es ist das *Feld* jedes Wortes, worauf's ankommt. [Vgl. PU, S. 219b.]

358. Warum soll denn das Bedeutungserlebnis wichtig sein?! Er sagt das Wort, sagt, er habe es jetzt in dieser Bedeutung gesagt; dann in jener. *Ich* sage das Gleiche. Mit dem gewöhnlichen und wichtigen Gebrauch des Ausdrucks "Ich habe mit dem Wort *das* gemeint" hat das offenbar nichts zu tun. Was ist also das Merkwürdige? Daß wir so etwas sagen? Das ist natürlich interessant. Aber das Interesse liegt hier nicht auf dem Begriff der 'Bedeutung' eines Wortes, sondern auf der Reihe ähnlicher psychologischer Erscheinungen, die, im allgemeinen, mit Wortbedeutung nichts zu tun haben.

359. Es sagt jemand, etwa im Sprachunterricht, "Reden wir über das Wort 'Weiche'". Ich frage: "Meinst du das Zeitwort, das Eigenschaftswort, oder das Hauptwort?" – Er: "Ich meine das Hauptwort." – Muß er da, oder muß ich, ein Bedeutungserlebnis gehabt haben? Nein. Aber, daß uns Vorstellungen bei diesem Gespräch vorgeschwebt haben, ist wahrscheinlich. Sie würden etwa die Rolle spielen, wie ein Kritzeln während des Sprechens. Wer etwa gewöhnt wäre, beim Gespräch auf einem Papier zu kritzeln, der würde vielleicht einmal eine Weiche zeichnen, einmal ein Ei, einmal das Wort "Weiche!" schreiben.

Und wenn von einer Weiche die Rede wäre und er zeichnete dabei ein Ei, so könnte ihn das vom Gespräch abziehen; zeichnet er aber Schienen, so bliebe er bei der Sache.

360. Inwiefern kann man 'kritzeln' mit dem Spiel der Vorstellungen vergleichen? – Denk dir Menschen, die von Kind auf bei allen Gelegenheiten, wo wir sagen würden, sie stellen sich etwas vor, Zeichnungen ausführen. Gibt man ihnen dann einen Stift in die Hand, so zeichnen sie mit großer Geschwindigkeit.

Aber tut denn der gewöhnliche Mensch nicht etwas ganz Ähnliches? Er zeichnet zwar nicht, aber 'beschreibt seine Vorstellung', d.h., statt zu zeichnen, *spricht* er. Oder er gebraucht Gebärden, um z.B. einen Menschen, den er sich vorstellt, darzustellen! Muß ich denn annehmen, daß er diese Beschreibung, diese Gebärde von etwas *abliest*?! Was spricht dafür? – Nun, er *sagt* etwa "Ich sehe ihn vor mir!" und dann stellt er ihn dar. Aber hätte ich ihn, statt diesen Ausdruck, zu sagen gelehrt "Jetzt weiß ich, wie er aussieht", oder "Jetzt kann ich sagen, wie er aussieht", oder "Jetzt werde ich dir sagen, wie er aussieht", – so wäre das gefährliche Bild eliminiert. (Tennis ohne Ball.)

361. Um in die Tiefe zu steigen, braucht man nicht weit zu reisen; ja, du brauchst dazu nicht deine nächste und gewöhnliche Umgebung verlassen.

362. Wie finde ich das 'richtige' Wort? Wie wähle ich unter den Worten? Es ist allerdings, als vergliche ich sie nach feinen Unterschieden des Geschmacks. *Dies* ist zu sehr . . ., *dies* zu sehr . . .; *das* ist das Richtige.

Aber ich muß nicht immer beurteilen, erklären, warum dies oder dies Wort nicht stimmt. Es *stimmt* einfach noch nicht. Ich suche eben weiter, bin nicht befriedigt. Endlich komme ich zur Ruhe, bin befriedigt. *So* schaut eben das Suchen aus; und *so* das Finden. [Vgl. PU, S. 218h.]

363. "*Ich entwickle, was in ihm steckt.*" – Wie weiß ich, daß das *in* ihm war? – So ist es nicht. Man kann auch nicht fragen: "Wie weiß ich, daß ich das *wirklich* geträumt habe?" – Es steckt in ihm, weil ich *sage*, daß es in ihm steckt. Oder besser: weil ich geneigt bin, zu sagen. . . . – Und was ist das für ein seltsames Erlebnis: geneigt sein, zu sagen . . .? Gar keins.

364. Wenn ich aber gestorben wäre, noch ehe ich das Alles entwickeln konnte, – wäre es dann *nicht* in meinem Erlebnis enthalten

gewesen? – Die Antwort "Nein" auf diese Frage ist falsch; die Antwort "Ja" muß es auch sein.

"Nein" würde heißen: Wenn Einer einen Traum nicht erzählt, ist es falsch zu sagen, er habe ihn gehabt. Es wäre unrichtig zu sagen: "Ich weiß nicht, ob er geträumt hat; er hat nichts darüber gesagt."

"Ja" würde heißen: Er mag wohl geträumt haben, auch wenn er es nicht berichtet. Aber das soll doch keine *psychologische* Aussage sein! Also, eine logische.

365. "Kann Einer nicht träumen, und es doch niemandem mitteilen?" – Gewiß: er kann ja träumen *und* es jemandem mitteilen.

366. Wir lesen in einer Erzählung, jemand habe einen Traum gehabt und ihn niemandem mitgeteilt. Wir fragen nicht, wie der Autor das erfahren konnte. – *Verstehen* wir es nicht, wenn Strachey Vermutungen darüber anstellt, was die Königin Victoria knapp vor ihrem Tode vor sich gesehen haben mag? Freilich – aber *verstanden* Leute nicht auch die Frage, wieviele Seelen auf einer Nadelspitze Platz hätten? D.h.: die Frage, ob man das nicht versteht, hilft uns hier nicht; wir müssen fragen, *was* wir mit einem solchen Satz anfangen können. – *Daß* wir den Satz verwenden, ist klar; *wie* wir ihn verwenden, ist die Frage.

367. *Daß* wir den Satz verwenden, sagt uns noch nichts, weil wir die gewaltigen Verschiedenheiten der Verwendung erkennen. Wir sehen also das Problem im *Wie*.

368. Nun noch einmal: – Menschen teilen uns nach dem Erwachen eine Erzählung mit; wir lehren sie darauf den Ausdruck "Mir hat geträumt . . ." und nun folgt die Erzählung. Ich frage sie dann manchmal: "Hast du heute nacht etwas geträumt?" und erhalte manchmal eine bejahende, manchmal eine verneinende Antwort, manchmal eine Traumerzählung, manchmal keine. Das ist das Sprachspiel. (Ich habe jetzt angenommen, daß ich selbst nicht träume. Aber ich habe ja auch keine Gefühle einer unsichtbaren Gegenwart und Andere haben es, und ich kann sie über ihre Erfahrungen befragen.)

Muß ich nun in diesem Falle eine Annahme darüber machen, ob diese Leute ihr Gedächtnis getäuscht hat, oder nicht; ob sie *wirklich* während des Schlafs diese Bilder vor sich gesehen haben, oder ob es ihnen nur nach dem Erwachen so vorkommt? Und welchen Sinn hat diese Frage? – Und welches Interesse?! Fragen wir uns das je, wenn uns Einer einen Traum erzählt und wenn nicht, – ist es, weil wir sicher sind, sein Gedächtnis werde ihn nicht getäuscht haben? (Und angenommen, er wäre ein Mensch mit ganz besonders schlechtem Gedächtnis!) [Vgl. PU, S. 184a.]

369. Und heißt das nun, es sei *unsinnig*, je die Frage zu stellen: ob in der Nacht wirklich der *Traum* vor sich gegangen sei, oder ob der Traum ein Gedächtnisphänomen des Erwachten sei? Es kommt darauf an, *was* wir damit meinen, d.h.: *welche* Verwendung wir von dieser Frage machen. Denn machen wir uns dies Bild vom Traum: daß vor des Schlafenden Seele ein Bild schwebt (wie es etwa auf einem Gemälde dargestellt wäre), dann hat es natürlich Sinn, diese Frage zu stellen. Man fragt damit: Ist es *so*, oder *so*—und jedem "so" entspricht ein anderes Bild. [Vgl. PU, S. 184b.]

370. (Denke, jemand fragte: Ist die Struktur des Wassers $O\begin{smallmatrix}\diagup H\\ \diagdown H\end{smallmatrix}$ oder H–O–H?

Hat es Sinn? – Wenn du ihm Sinn gibst, hat es Sinn.)

371. Zurück zu dem Sprachspiel von der Traumerzählung: Einer sagt mir einmal "Was ich heute nacht geträumt habe, werde ich niemandem erzählen." Nun, hat das Sinn? Warum nicht?! Soll ich, nach dem, was ich über den Ursprung des Sprachspiels mitgeteilt habe, sagen, es habe *keinen* Sinn – da ja das ursprüngliche Phänomen eben die Traum-*Erzählung* war? Durchaus nicht!

372. Eine Eisenbahnstation mit allen ihren Einrichtungen, Telegraphenstangen und Telegraphendraht, bedeutet für uns ein weitverzweigtes Verkehrssystem. Aber auf dem Mars findet sich dieses Gebäude mit allem Drum und Dran, auch mit einem Stück Geleise, und bedeutet dort nichts dergleichen.

373. "Es scheint, der Geist kann dem Wort Bedeutung geben" – ist das nicht, als sagte ich: "Es scheint, daß im Benzol die C-Atome an den Ecken eines Sechsecks liegen"? Das ist doch kein *Schein*; es ist ein *Bild*. [Vgl. PU, S. 184c.]

374. Ich will freilich nicht eine *Definition* des Worts "Traum" geben, aber doch etwas tun, was dem ähnlich ist: den Gebrauch des Wortes beschreiben. Meine Frage lautet also ungefähr so: "Wenn ich zu einem fremden Stamm mit mir unbekannter Sprache käme, und die Leute hätten einen Ausdruck, der unserm "ich träume", "er träumt", etc. entspricht, – wie fände ich heraus, daß es so ist; *wie* wüßte ich,

welche Ausdrücke ihrer Sprache ich in diese Ausdrücke der unsern übersetzen soll?

Denn *dies* Herausfinden ist ja eben ähnlich dem, herauszufinden, welches ihrer Worte ich in unser Wort "Tisch" übersetzen soll.

Ich frage mich da freilich nicht "Wie nennen sie *DIES*?", indem ich auf etwas zeige. Obwohl ich auch das fragen könnte und dabei etwa auf eine symbolische Darstellung des Traumes, oder eines Träumenden deuten könnte.

375. Auch das ist zu sagen: daß das Kind nicht unbedingt *so* den Gebrauch des Worts "träumen" lernen muß, daß es zuerst bloß eine Begebenheit beim Erwachen berichtet und wir ihm dann die Worte "Mir hat geträumt" beibringen. Es ist ja auch so möglich, daß das Kind den Erwachsenen sagen hört, er habe geträumt und nun von sich das Gleiche sage und einen Traum erzählt. Ich sage *nicht*: daß das Kind *errät*, was der Erwachsene meint; genug: es gebraucht eines Tages das Wort und gebraucht es unter den Umständen, unter denen wir's gebrauchen.

376. Die Frage ist also eigentlich nicht: "Wie lernt er die Verwendung des Worts" – sondern "Wie zeigt sich's, daß er es verwendet, wie wir?"

377. "Ewiges Düstre steigt herunter."[1] – Kann man sagen: "Nun, es *scheint*, als ob es herunterstiege"? Haben wir denn eine Halluzination von etwas Düstrem etc.? – Was macht also diese Worte *treffend*? – "Wir verstehen sie." Wir sagen, z.B.: "Ja, ich weiß genau, wie das ist" und nun können wir unsere Gefühle und unser Benehmen beschreiben.

378. "Wenn du vom Traum, vom Denken, von der Empfindung redest, – scheinen nicht alle diese Dinge das Geheimnisvolle zu verlieren, was ihr wesentliches Merkmal zu sein scheint?" Warum soll der Traum geheimnisvoller sein als der Tisch? Warum sollen sie nicht beide gleich geheimnisvoll sein?

379. "Das Phänomen |▶ als Pfeil, oder anders zu sehen, ist doch ein wahrhaftes visuelles Phänomen; auch wenn es nicht so handgreiflich ist wie das der Form und Farbe." Wie sollte es kein visuelles Phänomen sein?! – Wer, der davon spricht (außer wenn er Philosophie oder Psychologie treibt), zweifelt daran? Fragen wir

[1] Goethe: *Faust*, Zweiter Teil, V. Akt, Mitternacht. (*Herausg.*)

nicht einen Menschen danach und erzählen ihm davon, wie von jedem andern Gesichtsphänomen? Ich will sagen: Reden wir davon etwa mehr zaghaft, mit dem Verdacht, was wir sagen, habe vielleicht keinen klaren Sinn? Gewiß nicht. Aber nun sind dennoch Unterschiede vorhanden. Die, welche wir durch den Ausdruck "weniger handgreiflich" andeuten.

Nur ist es so: Wenn ich Einem zwei Substanzen vorlege, so kann ich sagen: "Fühl diese hier an! Findest du nicht auch, daß sie sich weicher angreift?" Und bejaht er es, so sage ich etwa: "Ja, das fühle ich auch. Es *ist* also ein Unterschied zwischen ihnen." (D.h.: ich habe es mir nicht bloß eingebildet.) – *Anders* ist es aber mit den psychologischen Phänomenen. Wenn ich sage: "Dies ist weniger handgreiflich als jenes" – nämlich als zeitloser Satz – so beruht dies nicht auf einem Konsensus der Urteile, *nicht* darauf, daß wir Alle das auch fühlen (wenn wir das Erlebnis '*betrachten*').

380. Steck das Phänomen nicht in die falsche Lade. In *ihr* schaut es geisterhaft, ungreifbar, befremdend aus. Richtig betrachtet, kommt uns seine 'Ungreifbarkeit' so wenig zum Bewußtsein, wie die der Zeit, wenn wir hören: "Es ist Zeit zum Mittagessen." (Die Beunruhigung der schlechtsitzenden Einteilung.)

381. "Dieser Kaffee hat *gar keinen* Geschmack." "Dies Gesicht hat *gar keinen* Ausdruck." – Der Gegensatz dazu ist "Es hat einen ganz bestimmten Ausdruck" (obwohl ich nicht sagen könnte, welchen). An einen *starken* Ausdruck könnte sich z.B. gleich eine Geschichte knüpfen. Oder das Suchen nach einer Geschichte. Wenn man vom rätselhaften Lächeln der Mona Lisa spricht, so heißt das doch wohl, daß man sich fragt: In welcher Situation, in welcher Geschichte, könnte man so lächeln? Und es wäre also denkbar, daß jemand eine Lösung fände; daß er eine Geschichte erzählte, und wir uns sagten, "Ja, *das* ist der Ausdruck, den *dieser* Charakter hier angenommen hätte".

382. Sich an ein bestimmtes kinästhetisches Gefühl erinnern – sich an das Gesichtsbild einer Bewegung erinnern. – Mach die gleiche Bewegung mit dem rechten und dem linken Daumen, und urteile, ob die kinästhetischen Empfindungen dieselben sind! – Hast du ein Erinnerungsbild der K.-Empfindung beim Gehen? – Wenn du müde bist, oder Schmerzen hast, Muskelschmerzen, oder ein Brennen der Haut, – sind die Empfindungen beim Bewegen des Gliedes die gleichen, wie in einem andern Zustand? Aber bist du dann manchmal im Zweifel, ob du jetzt wirklich das Bein gehoben hast, weil das Gefühl so ganz anders ist? – Empfindest du die Bewegung wirklich in den Gelenken?

383. Du hörst manchmal Einen sagen "Ich stell mir seine Haltung lebhaft vor", oder "seine Stimme"—aber jemals: "Ich stelle mir die K.-Empfindung bei dieser Handbewegung lebhaft vor"?! Und *warum* nicht?

Stellt man sich's vor und sagt's nur nicht?

384. Was sollen wir antworten, wenn uns jemand entgegnet: "Wenn du einem Menschen bei einer Bewegung die Hand (z.B.) führst, so zeigst du ihm eben damit ein bestimmtes K-Gefühl, welches er dann reproduziert, wenn er die Bewegung nun auf Befehl wiederholt"? Und kann man sagen, daß er wohl von dem Gesichtsbild der Bewegung in dieser Weise geleitet werden könne – aber nicht von einem K-Bild?

385. Wie wichtig *ist* es, daß es eine bildliche Darstellung der visuellen Bewegung gibt und nichts ihr entsprechendes für die 'kinästhetische Bewegung'?

"Mach eine Bewegung, die *so* ausschaut!" – "Mach eine Bewegung, die *diesen* Klang erzeugt!" – Mach eine Bewegung, die *dieses* K-Gefühl erzeugt!" Das K-Gefühl richtig kopieren, würde in diesem Fall heißen, die Bewegung dem *Augenschein* nach richtig wiederholen.

386. Denk dir die Bewegung *sehr* schmerzhaft, so daß der Schmerz jede andere leise Empfindung an dieser Stelle übertäubte. [Vgl. PU, S. 186d.]

387. Mach eine Bewegung (etwa wie beim Klavierspielen) mit den Fingern; wiederhole sie, aber mit geringerem Ausschlag. Erinnerst du dich, welches der beiden Gefühle du gestern bei der ersten Bewegung hattest?

Man sagt etwa: "Nein, diese Bewegung hat gestern etwas anders ausgesehen" – aber auch: "Die Bewegung ist nicht ganz die gleiche – ich hatte nicht genau dieses K-Gefühl"?

388. Denn wir haben natürlich Bewegungsgefühle und wir *können* sie auch reproduzieren. Besonders, wenn wir eine Bewegung unter den gleichen Umständen, nach nur kurzen Pausen, wiederholen. Man lokalisiert auch die Empfindungen, aber beinahe nie in den Gelenken, zumeist in der Haut. (Blase die Backen auf! wo *tust* du's, und wo spürst du's?)

389. Man könnte das Wachstum der Analyse mit dem Wachsen eines Keims vergleichen. Und in diesem Falle zu sagen "Es steckte schon

alles in der Empfindung", oder "es wuchs aus ihr wie aus einem Keim heraus", kommt auf's selbe hinaus. Wieviel ist nun (wahr) daran, daß man zwar eine Armbewegung (z.B.) manchmal nach einem Gesichtsbild reproduziert, aber nicht nach einem kinästhetischen Bild?

390. Lenkt man den Arm wirklich manchmal nach einer Gesichtsvorstellung? Ich kann nur sagen: Wenn ich nicht *sähe*, daß mein Arm sich bewegt hat, nachdem ich, bei abgewandtem Gesicht, überzeugt war, ihn bewegt zu haben, wäre ich verwirrt und würde wohl meinen *Augen* trauen. Das Sehen kann mich jedenfalls lehren, ob ich die intendierte Bewegung genau ausgeführt habe, z.B., die Stellung erreicht habe, die ich erreichen wollte; das *Gefühl* konnte das nicht. Ich fühle wohl, daß ich mich bewege, kann auch ungefähr nach dem Gefühl urteilen, *wie*, – aber ich *weiß* einfach, welche Bewegung ich gemacht habe, ohne daß man von einem *Sinnesdatum* der Bewegung reden könnte, von einem unmittelbaren innern Bild der Bewegung. Und wenn ich sage "Ich *weiß* einfach . . .", so heißt hier "wissen" so etwas wie "sagen können" und ist nicht etwa wieder eine Art inneres Abbild.

391. "Um sagen zu können, das Gefühl lehre mich, wo jetzt mein Arm steht, oder wie weit ich ihn bewege, müßte man Gefühle und Bewegungen einander zugeordnet haben. Man müßte sagen können: 'Wenn ich das Gefühl . . . habe, dann steht mein Arm erfahrungsgemäß *dort*.' Oder auch: Man müßte ein Kriterium der Identität der Gefühle haben, noch *außer* demjenigen der ausgeführten Bewegung." Aber ist diese Bedingung, wenn sie überhaupt Sinn hat, für das *Sehen* erfüllt? Nun, man kann ein Gesichtsbild, z.B., zeichnerisch darstellen. Aber Einem, oder sich selbst, das Gefühl geben, das für's Beugen des Arms um 30° charakteristisch sein soll, ohne eben den Arm zu beugen, das kann man nicht.

Beuge den Arm ein wenig! Was spürst du? – Eine Spannung, oder dergleichen, hier und dort, und hauptsächlich das Reiben meines Ärmels. – Tu's noch einmal! War das Gefühl das Gleiche? *Ungefähr.* Ungefähr an den gleichen Stellen. Begleitet *dieses* Gefühl immer diese Bewegung, kannst du's sagen? Nein. Und doch paßt mir an diesem Argument etwas noch nicht.

392. Denk dir, gewisse Bewegungen erzeugten Töne und man sagte nun, wir erkennen, wie weit wir den Arm bewegt haben, am Ton, der erklingt. Das wäre doch möglich. (Spielen einer Skala am Klavier.) Aber was für Voraussetzungen müssen dazu erfüllt sein? Es würde z.B. dazu nicht genügen, daß Töne die Bewegungen begleiten; auch nicht, daß sie oft für ähnliche Bewegungen ähnlich

sind. Es wäre auch nicht genügend, zu sagen: der Ton *müsse* eben doch für gleiche Bewegungen *eine* gleiche Qualität haben, da er das einzige Sinnesdatum sei, woran wir die Größe der Bewegung erkennen *können*.

393. Aber gibt es für Bewegungsgefühle und dergleichen nicht doch eine Art private hinweisende Definition? Ich beuge z.B. einen Finger, und merke mir die Empfindung. Jemand sagt mir nun "Ich werde in deinem Finger auf die und die Weise, aber ohne daß er sich bewegt, gewisse Empfindungen hervorrufen, sag mir, wenn es *die* ist, die du jetzt beim Beugen des Fingers hast." Könnte ich nun nicht, für meinen eigenen Gebrauch, diese Empfindung "E" nennen, als Kriterium der Identität mein Gedächtnis gebrauchen und nun sagen "Ja, das ist wieder E" etc.?

394. Es wäre dann auch denkbar, daß ich die Empfindung wiedererkennte, und daß sie aufträte *ohne* die Begleitung der Überzeugung: die Bewegung habe stattgefunden – ohne den Bewegungssinn.

395. Ich kann gewiß, z.B., mein Knie mehrere Male hintereinander heben und sagen, ich habe jedesmal die gleiche Empfindung dabei gehabt: Nicht, als hätte ich diese Empfindung *immer*, wenn ich das Knie hebe, noch auch, als könne ich die Bewegung an der Empfindung erkennen, sondern bloß: Ich habe in dieser Reihe von Kniebewegungen dreimal die gleiche, durch die Bewegung hervorgerufene, Empfindung gehabt.

Gleich sein heißt natürlich hier dasselbe, wie gleich scheinen.

396. "Ich habe dreimal die gleiche Empfindung gehabt", das beschreibt einen Vorgang in meiner privaten Welt. Aber wie weiß der Andere, was ich meine? Was ich in so einem Falle als "gleich" bezeichne? Er verläßt sich darauf, daß ich das Wort hier so wie immer gebrauche? Aber was ist in diesem Falle der, dem gewöhnlichen, *analoge* Gebrauch? Nein, diese Schwierigkeit ist nicht eine Künstelei; er weiß *wirklich* nicht, kann nicht wissen, was in diesem Falle gleiche Gegenstände sind.

397. Das Beispiel von der Motorwalze mit dem Motor in der Walze ist wirklich noch viel besser und tiefer, als ich erklärt habe. Denn, als mir jemand die Konstruktion vorlegte, sah ich wohl gleich, daß sie nicht funktionieren konnte, da man ja die Walze von außen her rollen konnte, auch wenn der 'Motor' nicht in Tätigkeit war; aber *das* sah ich nicht, daß es eine starre Konstruktion und überhaupt keine

Maschine war. Und hier ist nun eine enge Analogie mit dem Fall der privaten hinweisenden Definition. Denn auch da gibt es, sozusagen, einen direkten und einen indirekten Weg, die Unmöglichkeit einzusehen. [Vgl. Z 248.]

398. Ich benannte diese Bewegungsempfindung mit "E". Für den Andern ist sie nun die, welche ich bei dieser Bewegung gehabt habe. Aber für mich? Bedeutet "E" nun etwas anderes? – Nun, für mich bedeutet es *diese* Empfindung. – Aber welche ist dies? denn ich habe vor einer Minute auf meine Empfindung gezeigt, – wie kann ich jetzt wieder auf *sie* zeigen?

399. Aber nimm doch den Fall an, Einer machte eine Reihe von Armbewegungen und sagte dabei: "Die Empfindung, die ich jetzt im Bein habe, nenne ich 'E_1'" u.s.f. Später bei verschiedenen Anlässen sagt er: "Jetzt habe ich E_3." U.s.f. – Solche Äußerungen könnten wichtig sein; wenn wir z.B. gewisse physiologische Korrelate zu den Empfindungen beobachten und so aus seinen Äußerungen Schlüsse ziehen können.

400. Wenn das wahr ist, daß wir die Art und Größe der Bewegung eines Glieds nicht durch das *Gefühl* beurteilen, – wie würde sich ein Mensch von uns unterscheiden, bei dem es doch der Fall wäre? Nun, *das* ließe sich leicht vorstellen, daß Einer etwa bei verschiedenen Bewegungen verschieden starke, oder verschiedenartige, Schmerzempfindungen hätte. Er würde also etwa sagen: "Dieses Stechen empfinde ich, wenn ich den Arm um circa 90° beuge."

401. Denk dir Einen, der mit der Wünschelrute, und zwar nach dem Zug, den sie ausübt, die Tiefe einer Quelle bestimmen kann. Er hat das *so* gelernt: Er ist über Quellen verschiedener Tiefe gegangen und hat sich den Zug *gemerkt*. (Dies hätte man etwa an einer Federwage feststellen können.) Er hat den Zug mit der Tiefe assoziiert und schließt nun vom Zug auf die Tiefe. Das könnte so geschehen, daß er den Zug – etwa in kg – angibt und dann auf die Tiefe übergeht, vielleicht sogar nach einer Tabelle. Es kann aber auch sein, daß er kein anderes Maß des Zuges kennt, als die Tiefe der Quelle. Nach einigem Üben kann er die Tiefe richtig ansagen. Übt man auf die Rute, etwa durch Gewichte, einen Zug aus, so wird er nun auch sagen "Das zieht, wie eine so und so tiefe Quelle".

402. Es könnte nun aber doch sein, daß er zwar im Stande wäre, die Tiefe einer Quelle durch den Zug der Rute *richtig* anzugeben, nicht

aber, den Zug der Rute richtig abzuschätzen. Ich meine das so: Es könnte sein, daß Wasser in verschiedenen Tiefen unter verschiedenen Umständen gleich stark zieht; und dieser Rutengänger sagt nun z.B.: "Diese Quelle ist tiefer als die vorige, sie zieht schwächer" – und er hat recht: die Quelle liegt wirklich tiefer, aber der Zug, gemessen mit der Federwage, war der gleiche und er hatte sich *ihn* nicht richtig gemerkt.—Soll ich nun in diesem Fall sagen, er beurteile die Tiefe nach dem Zug?

403. Er wird vielleicht sagen: "Dieser Zug ist der einer Quelle in der Tiefe . . .", indem er diesen Zug gleichsam studiert – wie man ein Gewicht auf der Hand abwägt. Vielleicht aber sagt er "Den Zug kann ich nicht beurteilen – das Wasser ist in der Tiefe . . .". In diesem (letzteren) Fall wird man nicht sagen, er beurteile die Tiefe nach dem Zug. (Wenigstens nicht 'bewußt'.)

404. Angenommen nun, es sagte Einer, er beurteile, wie weit er seinen Arm gebogen habe, an der Stärke einer Druckempfindung im Ellbogen. Das heißt doch: Wenn sie eine gewisse Stärke erreicht, so erkennt er daran, daß der Arm bis zu *dem* Grad gebogen ist. Oder was soll es sonst heißen: er beurteile den Grad der Beugung nach dem der Druckempfindung?

405. Ich will sagen: Wie weiß Einer, daß er etwas nach *diesem* Gefühl beurteilt? – Ist es dazu genug, daß er beim Schätzen seine Aufmerksamkeit auf das Gefühl richtet?

406. Wenn du nun sagst, es ist dafür notwendig, daß Einer angeben könne: "Wenn der Druck *so* stark ist, dann ist mein Arm um 90° gebeugt" – dann muß sich das '*So*' der Stärke angeben lassen. Andernfalls heißt, daß man die Beugung nach der Druckempfindung beurteilt, höchstens, daß man die Beugung *nicht* beurteilen kann, wenn man *keine* (oder nur eine ungemein schwache) Druckempfindung spürt. (Also etwa, wenn man anästhesiert ist.)

407. Es gibt also verschiedene Fälle. Es kann Einer *sagen*, er beurteile die Beugung nach der Druck– oder Schmerzempfindung, und dabei sozusagen auf diese Empfindung hinhorchen; aber im Übrigen den Grad der Empfindung in keiner Weise angeben können. – Oder es kann zwei unabhängige Angaben des Grades der Empfindung und der Beugung geben.

408. "Wenn ich den Druck *so* stark spüre, dann. . . ." – Hat denn das keinen Sinn? Es könnte sogar jemand sagen, er habe eine ganze Skala

von Druckempfindungen. Ich kann mir das wohl denken. Nur wäre das so wenig eine wirkliche Skala, wie das Bild eines Thermometers ein Thermometer ist. Obwohl es doch in mancher Beziehung große Ähnlichkeit mit ihm hat.

409. Ich gebe die Regeln eines Spiels. Der Andere macht, diesen Regeln ganz entsprechend, einen Zug, dessen Möglichkeit ich nicht vorausgesehen hatte, und der das Spiel stört, so wie ich's nämlich wollte. Ich muß nun sagen: "Ich habe schlechte Regeln gegeben"; ich muß meine Regeln ändern, oder vielleicht ergänzen.

So habe ich also schon zum Voraus ein Bild des Spiels? In gewissem Sinne: ja!

Es war doch z.B. möglich, daß ich nicht voraussah, daß eine quadratische Gleichung nicht reelle Lösungen haben muß.

Die Regel führt mich also zu etwas, wovon ich sage: "dieses Bild hatte ich nicht erwartet; ich stellte mir eine Lösung immer *so* vor: . . .". [Vgl. Z 293.]

410. Wie wäre es, wenn man sagte: "Nicht jedes System von Regeln bestimmt einen Kalkül." Als Beispiel gäbe man die Division durch 0. Denken wir uns nämlich eine Arithmetik, in der sie erlaubt wäre und daher bewiesen werden könnte, jede Zahl sei gleich der andern

411. Wenn Kinder Eisenbahn spielen, – soll ich sagen, ein Kind, das die Lokomotive nachahmt, werde von einem Andern als Lokomotive gesehen? Es wird im Spiel als Lokomotive *aufgefaßt*.

Denk dir, ich hätte einem Erwachsenen die Form gezeigt, und gefragt "Woran erinnert sie dich", und er hätte geantwortet "An eine Lokomotive" – heißt das, er hat sie als Lokomotive *gesehen*?

Ich nehme nämlich das als das typische Spiel des "Etwas als Etwas sehen" an, wenn jemand sagt "Jetzt sehe ich es als dies, jetzt als das". Wenn er also verschiedene Aspekte kennt und zwar *unabhängig* von irgend einer Verwendung des Angeschauten.

Ich möchte also so sagen: ich sehe keine Verwendung des Bilds als Zeichen dafür an, daß es so, oder so *gesehen* wird.

412. Verstünde ein Kind, was es heißt, den Tisch 'als Tisch' sehen? Es lernt: "Dies ist ein Tisch, dies eine Bank" etc., und es beherrscht vollkommen ein Sprachspiel, ohne eine Andeutung davon, daß es sich dabei um einen Aspekt handelt.

413. "Ja, ein Kind analysiert eben nicht, was es tut." – Nochmals:

von einer Analyse dessen, was geschieht, ist hier nicht die Rede. Bloß von einer Analyse – und dieses Wort ist sehr irreführend – unserer Begriffe. Und unsere Begriffe sind komplizierter als die des Kindes; insofern nämlich, als unsere Worte eine kompliziertere Verwendung haben als die seinen.

414. "Ich sehe es aber doch *so*, auch während ich's nicht ausdrücke." Das würde heißen, was ich sehe ändert sich nicht, wenn ich's ausdrücke. Wenn man fragte: "Hat der Körper dies Gewicht nur so lange er gewogen wird?" – so hieße das: "Ändert sich sein Gewicht, wenn wir ihn auf die Waage legen?" Und das ist es natürlich garnicht, was wir fragen möchten.

415. Erst durch das Phänomen des Wechsels des Aspekts scheint der Aspekt vom übrigen Sehen abgelöst zu werden. Es ist, als könnte man nach der Erfahrung des Aspektwechsels sagen: "Es gab also da einen Aspekt!"

416. Wenn man den *Anstrich* eines Dings abkratzt, kann man sagen "Es war also da ein Anstrich".—Wenn aber die Farbe eines Körpers wechselt, – kann ich sagen "Er hatte also eine *Farbe*!" – als wäre mir dies erst jetzt aufgefallen?

Kann man das sagen: Es kam mir erst zum Bewußtsein, daß das Ding eine Farbe hatte, als sich die Farbe änderte?

417. Denk nicht, daß es etwas *Seltsames* ist, daß du ein Bild an der Wand räumlich siehst. Es ist – möchte ich sagen – so gewöhnlich wie es scheint. (Und dies könnte ich zu vielem sagen.)

418. Denk dir, die Dinge in unserer Umgebung – Tisch, Bücher, Stühle etc., – wechselten periodisch sprungweise ihre Farben; ihre Formen blieben gleich. Könnte man da sagen, daß wir uns so erst der Farbe und Form als besonderer Bestandteile bewußt würden?

419. Wenn ich Feld- und Gartenblumen miteinander vergleiche, so kann ich mir des Unterschieds des *Charakters* bewußt werden; aber das sagt nicht, daß ich auch schon früher außer der Blume ihren Charakter wahrgenommen habe, oder daß ich sie doch in irgendeinem Charakter habe wahrnehmen müssen.

420. Muß ich denn wissen, daß ich mit zwei Augen sehe? Gewiß nicht. Habe ich etwa *zwei* Gesichtseindrücke beim gewöhnlichen Sehen, so daß ich merke, mein dreidimensionaler Gesichtseindruck

setze sich aus zwei Gesichtsbildern zusammen? Gewiß nicht. – Ich kann also die Dreidimensionalität nicht vom Sehen trennen.

421. Wenn ich Einen frage "In welcher Richtung schaut für dich ein 'F' und in welcher ein 'J'?" und er antwortet, ein F schaue für ihn immer nach rechts, ein J nach links, – so heißt das natürlich nicht, daß er beim Anblick eines F immer eine Empfindung der Richtung hat. Das wird klarer, wenn man *so* fragt: "Wo würdest du einem F ein Aug und eine Nase malen?" – Wenn man aber nun sagte: "So schaut es also für dich nur so lange in dieser Richtung, als du dies denkst, oder sagst" – ist das nicht, als fragte man: "Würdest du dem F die Nase nur dann dorthin malen, wenn du sie malst?" –

422. Sehe ich ein Gesicht immer '*als Gesicht*'? Ich habe hier Bücher vor mir: Sehe ich sie die ganze Zeit '*als Bücher*'? Ich meine: Sehe ich sie die ganze Zeit als Bücher, wenn ich sie nicht gerade als etwas anderes sehe? Oder sehe ich oft, oder für gewöhnlich, nur Farben und Formen, ohne besondern Aspekt? (offenbar nein!) Wir sagen Einem: "Wenn *das* die Grundlinie ist, so ist *das* die Spitze und *das* die Höhe." Oder er muß die Frage beantworten: "Welches ist die Höhe des Dreiecks, wenn *dies* die Grundlinie ist?" Aber wir dringen nicht drauf, daß er das Dreieck so und so *sehe*. – Man sagt wohl manchmal "Denk es dir umgelegt!" (oder dergleichen) und man könnte auch sagen "Sieh es umgelegt" und diese Bemerkung könnte helfen; so nämlich, wie auch eine zeichnerische Ergänzung des Bildes helfen könnte, die diesen Aspekt nahelegt.

423. Kann ich z.B. sagen: ich sehe den Sessel als *Gegenstand*, als *Einheit*? So wie ich sage, ich sehe jetzt das schwarze Kreuz auf weißem Grund, jetzt aber das weiße Kreuz auf schwarzem?

Wenn man mich fragt "Was hast du da vor dir?" werde ich freilich antworten "Einen Sessel", werde ihn also als Einheit behandeln. Aber kann man nun sagen, ich *sähe* ihn *als Einheit*?

Und kann ich die Kreuzfigur anschauen, *ohne* sie *so oder so* zu sehen?

424. Wenn ich Einen frage "Was siehst du vor dir?" und er sagt "Was ich vor mir habe, sieht *so* aus", und nun zeichnet er die Kreuzfigur, – *muß* er sie in irgend einem Aspekt gesehen haben? Hat er sie nicht gesehen, wenn er sie nur zeichnerisch beschreiben kann?

425. Kann ein Kind dir mitteilen, es sehe dreidimensional?

Und denk dir, es würde dir sagen "Ich sehe alles eben", – was würde dir das sagen? Es könnte ja alles *eben* sehen, und durch eine Intuition wissen, daß es nicht eben *ist*, und sich dementsprechend benehmen!

426. Wenn das Kind dieses Bild für das und das *hält* und ich folgere nun "Also *sieht* es das Bild *so*" – was für eine Folgerung ziehe ich? Was *sagt* mir diese Folgerung? Man würde etwa sagen, ich schließe auf die Art des Sinnesdatums, oder Gesichtsbilds; so, als lautete der Schluß: "Also ist das Bild in seinem Geiste *so*"; und nun müßte man es etwa plastisch darstellen.

427. Ist es denn *so*: "Ich habe das Zeichen 'Σ' immer als ein Sigma gelesen; nun sagt mir Einer, es könnte auch ein umgelegtes M sein, und ich kann es jetzt auch *so* sehen; – *daher* habe ich es also früher immer als Sigma *gesehen*"? Ich habe also, hieße das, nicht nur die Figur Σ gesehen und sie *so* gelesen, sondern ich habe sie auch als *das gesehen*!

428. "Aber wie konnte ich wissen, daß ich so reagiert hätte, wenn du mich gefragt hättest?" – Wie? Es gibt kein Wie. Aber es gibt Anzeichen dafür, daß ich darin recht habe, es zu sagen.

429. Ich will beschreiben, was ich sehe, ich fertige dazu ein Transparent an. Aber nun fragt man mich noch "Ist *dies* vorn und *dies* hinten?" Also beschreibe ich durch Worte, oder durch ein Modell, was ich vorn, was hinten sehe. Und nun fragt man mich noch "Und siehst du *diesen* Punkt als Spitze des Dreiecks?" und ich muß auch das noch beantworten. – Aber muß ich darauf eine Antwort haben? – Nimm an, obwohl es nicht wahr ist, daß die Blickrichtung den Aspekt bestimmt. Und in *einem* Fall ist mein Blick stets auf den gleichen Punkt des Bilds gerichtet, in einem andern Fall bewegt er sich regelmäßig nach einem einfachen Gesetz, in einem dritten wandert er regellos über das Objekt hin und her. Wenn wir nun statt einer Beschreibung des Aspekts die der Blickrichtung setzen, wäre es keine Beschreibung, zu sagen, die Blickrichtung sei regellos, oder unbestimmt? Und das könnte sogar der gewöhnliche Fall sein. – Auf die Frage also "Sahst du diesen Punkt als Spitze des Dreiecks?" kann die Antwort sein: "Ich kann keinen bestimmten Aspekt nennen", oder etwa "Ich hab es jedenfalls nicht *so* gesehen".

430. Was tat übrigens die Hypothese von der Wichtigkeit der Blickrichtung für uns? – Sie lieferte uns ein Bild von bestimmter Mannigfaltigkeit.

431. Eigentlich aber ist so eine Theorie die Konstruktion eines psychologischen Modells einer psychologischen Erscheinung. Und daher eines physiologischen Modells.

Die Theorie sagt eigentlich: "Es könnte *so* sein: . . . ." Und der Nutzen der Theorie ist, daß sie einen Begriff illustriert.

Sie kann ihn aber besser und schlechter illustrieren; mehr, oder weniger zutreffend. Die Theorie ist also sozusagen eine Notation für diese Art der psychologischen Erscheinung.

432. Wenn wir also die 'Erklärung fallen lassen' – wenn wir sagen, daß uns ja schließlich die *Erklärung* gleichgültig ist – so bleibt eine grammatische Feststellung übrig. Sie betrifft den Gebrauch der Aussage "Ich sehe nun einen bestimmten Gesichtsausdruck im Bild".

433. Weist das Thema auf nichts außer sich? Oh ja! Das heißt aber: – Der Eindruck, den es mir macht, hängt mit Dingen in seiner Umgebung zusammen – z.B. mit der Existenz unserer Sprache und ihrer Intonation, das heißt aber, mit dem ganzen Feld unserer Sprachspiele.

Wenn ich z.B. sage: Es ist, als ob hier ein Schluß gezogen würde, oder, als ob hier etwas bekräftigt würde, oder, als ob *dies* eine Antwort auf das Frühere wäre, – so setzt mein Verständnis eben die Vertrautheit mit Schlüssen, Bekräftigungen, Antworten, voraus. [Vgl. Z 175.]

434. Ein Thema hat nicht weniger einen Gesichtsausdruck, als ein Gesicht. [*Vermischte Bemerkungen,* 2. Ausgabe, S. 101.]

435. "Die Wiederholung ist *notwendig*." In wiefern ist sie notwendig? Nun, singe es, so wirst du sehen, daß ihm erst die Wiederholung seine große Kraft gibt. – Ist es uns denn nicht, als müsse hier eine Vorlage für das Thema in der Wirklichkeit existieren, und das Thema käme ihr nur dann nahe, entspräche ihr nur, wenn dieser Teil wiederholt würde? Oder soll ich die Dummheit sagen: "Es klingt eben schöner mit der Wiederholung"? Und doch *ist* da eben kein Paradigma außerhalb des Themas. Und doch *ist* auch wieder ein Paradigma außerhalb des Themas: nämlich der Rhythmus unserer Sprache, unseres Denkens und Empfindens. Und das Thema ist auch wieder ein *neuer* Teil unserer Sprache, es wird in sie einverleibt; wir lernen eine neue *Gebärde*. [VB, S. 101–102.]

436. Das Thema ist in Wechselwirkung mit der Sprache. [VB, S. 102.]

437. "Eine ganze Welt des Schmerzes liegt in diesen Worten."

Wie *kann* sie in ihnen liegen? – Sie hängt mit ihnen zusammen. Die Worte sind wie die Eichel, aus der ein *Eichbaum* wachsen kann.

Aber wo ist das Gesetz niedergelegt, wonach aus der Eichel der Baum wächst? Nun, das Bild ist durch die Erfahrung unserem Denken einverleibt. [Vgl. VB, S. 102.]

438. "Wo spürst du den Kummer?" – In der Seele.—Und wenn ich hier einen Ort angeben müßte, würde ich in die Magengegend zeigen. Bei der Liebe auf die Brust und bei einem Einfall auf den Kopf.

439. "Wo spürst du den Kummer?" – In der Seele.—Was heißt das nur?—Was für Konsequenzen ziehen wir aus dieser Ortsangabe? Eine ist, daß wir *nicht* von einem körperlichen Ort des Kummers reden. Aber wir deuten *doch* auf unsern Leib, als wäre der Kummer in ihm. Ist das, weil wir ein körperliches Unbehagen spüren? Ich weiß die Ursache nicht. Aber warum soll ich annehmen, sie sei ein leibliches Unbehagen? [Vgl. Z 497.]

440. Denke dir folgende Frage: Kann man sich einen Schmerz, etwa von der Qualität des rheumatischen Schmerzes, denken, aber *ohne* Örtlichkeit? Kann man sich ihn *vorstellen*?

Wenn du anfängst, darüber nachzudenken, so siehst du, wie sehr du das Wissen um den Ort des Schmerzes in ein Merkmal des *Gefühlten* verwandeln möchtest, in ein Merkmal eines Sinnesdatums, des privaten Objekts, das vor meiner Seele steht. [Vgl. Z 498.]

441. Ich sage, dem Kummervollen scheine die ganze Welt grau. – Aber was vor seiner Seele stünde, wäre dann nicht Kummer, sondern eine graue Welt; gleichsam die Ursache des Kummers.

442. Etwas als Farbverschiedenheit – und anderseits als Schatten bei gleicher Farbe wahrnehmen. Ich frage "Hast du die Farbe des Tisches vor dir wahrgenommen, den du die ganze Zeit anschaust?" Er sagt "Ja". Aber er hätte den Tisch als "braun" beschrieben, und hat nicht bemerkt, daß sich in seiner glänzenden Platte der grüne Vorhang spiegelt. – Hat er nun nicht den grünen Gesichtseindruck gehabt?

"Ist die Wand vor dir gleichmäßig gelb?" – "Ja". Aber sie ist teils beschattet und schaut beinahe grau aus.

Was sah nun der, der die Wand anschaute? Soll ich sagen, eine gleichmäßig gelbe Fläche, die freilich unregelmäßig beschattet ist? Oder: gelbe und graue Flecken?

443. Es ist eine merkwürdige Tatsache, daß wir uns so gut wie nie der Undeutlichkeit der Peripherie unseres Gesichtsfeldes bewußt sind. Wenn Leute z.B. vom Gesichtsbild reden, denken sie zumeist *nicht*

daran; und wenn man von einer Darstellung des Gesichtseindrucks durch ein Bild redet, so sieht man hierin keine Schwierigkeit. Das ist *sehr* wichtig.

444. "Was ich wahrnehme, ist *DIES* – " und nun folgt eine Form der *BESCHREIBUNG*. Dies könnte man auch so erklären: Denken wir uns eine direkte Übertragung des Erlebnisses! – Aber was ist nun unser Kriterium dafür, daß das Erlebnis wirklich übertragen wurde? "Nun, er hat einfach dasselbe, was ich habe." – Aber wie '*hat*' *er* es? [Vgl. Z 433.]

445. Denk an die Mannigfaltigkeit der physikalischen Experimente. Wir messen z.B. die Temperatur; aber nur in einer bestimmten allgemeinen Technik ist *dieses* Experiment eine Messung der Temperatur. – Interessierte uns also die Mannigfaltigkeit der (physikalischen) Messungen, ich meine der Messungsarten, so interessierte uns die Mannigfaltigkeit der Methoden, der Begriffe.

446. Wie kannst du den Kummer *betrachten*? Indem du kummervoll *bist*? Indem du dich durch nichts in deinem Kummer zerstreuen läßt? Beobachtest du also das Gefühl, indem du es *hast*? Und wenn du jede Ablenkung fern hältst, – beobachtest du dann eben *diesen* Zustand? oder den andern, in dem du *vor* der Beobachtung warst. Beobachtest du also dein Beobachten?

447. Denk, jemand fragte "Was wird alles in der Physik gemessen?" Nun könnte man aufzählen: Längen, Zeiten, Lichtstärken, Gewichte, etc.

Aber könnte man nicht sagen: Du erfährst mehr, wenn du fragst "Wie wird gemessen?", statt "Was wird gemessen?"

Tut man *dies*, mißt man *so*, so mißt man die Temperatur, – tut man jenes, mißt man *so*: eine Stromstärke.

448. Aber besteht nicht der Kummer aus allerlei Gefühlen? Ist er nicht ein Konglomerat von Gefühlen? Könnte man also sagen, er besteht aus den Gefühlen A, B, C, etc. – wie Granit aus Feldspat, Glimmer und Quarz? – So sage ich also von dem, er sei kummervoll, der die Gefühle . . . hat? Und wie weiß ich, daß er sie hat? Teilt er sie uns mit?

449. Der Kummer ist doch ein seelisches Erlebnis. Man sagt, man erlebe Kummer, Freude, Enttäuschung. Und dann scheinen diese Erlebnisse wirklich zusammengesetzt und über den ganzen Körper verteilt.

Das Hochaufatmen der Freude, das Lachen, Jubeln, die Gedanken an das Glück, – ist nicht das Erleben alles dessen die Freude? Weiß ich also, daß er sich freut, weil er mir mitteilt, er fühle sein Lachen, fühle und höre sein Jubeln, etc. – oder weil er lacht und jubelt? Sage *ich* "Ich bin glücklich", weil ich alles das fühle?

450. Die Worte "Ich bin glücklich" sind ein Freude-Benehmen.

451. Und wie kommt es, daß ich – wie James sagt – eine Freude-Empfindung habe, wenn ich bloß ein freudiges Gesicht mache; eine Gramempfindung, wenn ein grämliches? Daß ich also diese Empfindungen hervorrufen kann, indem ich ihren äußern Ausdruck nachahme? Zeigt das, daß die Muskelempfindungen der Gram, oder ein Teil des Grams sind?

452. Denk, Einer sagte: "Heb deinen Arm, und du wirst fühlen, daß du deinen Arm hebst." Ist das ein Satz der Erfahrung? Und ist es einer, wenn man sagt "Mach ein trauriges Gesicht und du wirst dich traurig fühlen"?

Oder sollte es heißen: "Fühle, daß du ein trauriges Gesicht machst und du wirst Traurigkeit fühlen"? und ist das ein Pläonasmus?

453. Denk, ich sage: "Ja, es ist wahr: wenn ich ein freundlicheres Gesicht mache, fühle ich mich gleich besser." – Ist das, weil die Gefühle im Gesicht angenehmer sind? oder weil es Folgen hat, dies Gesicht zu machen? (man sagt "Kopf hoch!")

454. Sagt man: "Ich fühle mich jetzt viel besser: das Gefühl in den Gesichtsmuskeln und um die Mundwinkel herum ist gut"? Und warum klingt das lächerlich, außer etwa, wenn man früher Schmerzen in diesen Teilen hatte?

455. Vergleicht man auf die gleiche Weise mein Gefühl in den Mundwinkeln und seines – und meinen Gemütszustand und seinen?

Wie vergleiche ich z.B. meine Druckempfindungen mit den seinen? Wie *lerne* ich sie vergleichen? Wie vergleiche ich unsere kinästhetischen Empfindungen, wie setze ich sie zueinander in Beziehung? Und wie die Gefühle der Trauer, Freude, etc.?

456. Nun zugegeben – obwohl es höchst zweifelhaft ist – daß das Muskelgefühl des Lächelns ein Bestandteil des Glücksgefühls ist; – aber wo sind die übrigen Komponenten? – Nun, in der Brust, im

Bauch, etc.! – Aber fühlst du sie wirklich, oder schließt du nur, sie *müssen* dort sein? Bist du dir wirklich dieser lokalisierten Gefühle bewußt? – Und wenn nicht, – warum sollen sie dann überhaupt da sein? Warum sollst du *sie* meinen, wenn du sagst, du fühlst dich glücklich?

457. Was erst durch einen Akt des *Schauens* festgestellt werden müßte, das hast du jedenfalls nicht gemeint.
So wird eben "Trauer", "Freude", etc. *nicht* verwendet.

458. Warum klingt es seltsam: "Er fühlte für eine Sekunde tiefen Kummer"? Weil das so selten vorkommt? Und wie, wenn wir uns Leute dächten, die dieses Erlebnis oft haben? Oder solche, die oft stundenlang abwechselnd für eine Sekunde schweren Kummer und inniges Glück empfinden. [Vgl. PU, S. 174c.]

459. "Fühlst du nicht *jetzt* den Kummer ..." – ist das, als fragte man: "Spielst du nicht *jetzt* Schach?" Eigentlich aber war die Frage eine persönliche und zeitliche, keine philosophische. [Vgl. PU, S. 174d.]

460. "'Ich hoffe ...' – die Beschreibung meines Seelenzustands": Das klingt, als schaute ich meine Seele an und beschriebe sie (wie man eine Landschaft beschreibt). Wenn ich nun sage: "Ich hoffe immer wieder, er werde noch zu mir kommen" – ist das ein Hoffnungsbenehmen? Ist es nicht ebensowenig ein Hoffnungsbenehmen, wie die Worte: "Ich hoffte damals, er werde kommen"? – Soll ich also nicht sagen, es gebe zwei Arten des Präsens von "hoffen"? Die eine, gleichsam, der Ausruf, die andere der Bericht?

461. Aber wenn ich nun jemandem sage "Ich hoffe sehr, er wird zu unserer Versammlung kommen" – fragt er mich: "Was war das: ein Bericht, oder ein Ausruf?" – Versteht er mich nicht, wenn er das nicht weiß? Und doch ist es eines, zu sagen "Ich hoffe, er wird kommen" und ein anderes, zu sagen: "Ich verliere die Hoffnung nicht, daß er kommen wird."
Oder denke an diesen Ausdruck: "Ich hoffe und bete, daß er kommen möge."

462. "Ich hoffe, er wird kommen" – könnte man sagen – bedeutet manchmal so viel wie der Ausruf "Er wird kommen!", in hoffnungsvollem Ton gesprochen. Aber von diesem Ausruf muß es kein Perfektum geben. Könnte man sich nicht eine Sprache denken, in der

es wohl ein "Äquivalent dieses Ausrufs der Hoffnung gibt, aber nicht die übrigen Formen des Verbums? In der die Menschen, wenn sie doch von der vergangenen Hoffnung reden wollen, sich selbst zitieren; etwa sagen: "Ich sagte 'Er wird gewiß kommen!'."

463. Man könnte sagen: *Die* Aussage sagt etwas über den Geisteszustand, aus der ich auf den Geisteszustand schließen kann. (Das klingt dümmer, als es ist.) Wenn es *so* ist, dann sagt der Ausdruck des Wunsches "Gib mir diesen Apfel!!" etwas über meinen Geisteszustand. Und ist dieser Satz also eine Beschreibung dieses Zustands? Das wird man nicht sagen wollen. ("Off with his head!")

464. Ist der Ruf "Hilfe!" eine Beschreibung meines Geisteszustands? Und ist er *nicht* der Ausdruck eines Wunsches? Ist er es nicht so sehr, wie irgend einer?

465. Ich sage zu mir selbst: "Ich hoffe und hoffe immer noch, obwohl ..." – dabei schüttle ich gleichsam über mich selbst den Kopf. Das heißt etwas ganz anderes als einfach "Ich hoffe ...!" (Der Unterschied im Englischen zwischen "I am hoping" und "I hope".)

466. Und was beobachtet, der die eigene Hoffnung beobachtet? Was würde er *berichten*? Verschiedenes. "Ich hoffte täglich, ... Ich stellte mir vor. ... Ich sagte mir jeden Tag. ... Ich seufzte. ... Ich ging jeden Tag diesen Weg, in der Hoffnung. ..."

467. Das Wort "beobachten" ist hier schlecht angebracht. Ich versuche mich an dies und das zu erinnern.

468. Wer sich seiner Hoffnung erinnert, erinnert sich übrigens deshalb nicht an ein Benehmen, auch nicht notwendigerweise an Gedanken. Er sagt – er weiß – er habe damals gehofft.

469. Der Satz "Ich wünsche Wein zu trinken" hat ungefähr den gleichen Sinn wie "Wein her!" Niemand wird *dies* eine Beschreibung nennen; ich kann daraus aber entnehmen, daß, der es sagt, darauf erpicht ist, Wein zu trinken, daß er jeden Augenblick zu Tätlichkeiten übergehen kann, wenn man ihm seinen Wunsch verweigert – und dies wird man einen Schluß auf seinen Seelenzustand nennen.

470. Ist "Ich glaube ..." eine Beschreibung meines Seelenzustands? – Nun, was *ist* eine solche Beschreibung? Etwa: "Ich bin traurig", "Ich bin guter Stimmung", vielleicht "Ich habe Schmerzen".

471. Es wäre verhängnisvoll das Moore'sche Paradox für etwas zu halten, was nur im Bereich des Seelischen vorkommen kann.

472. Ich will zuerst sagen, daß man mit der Behauptung "Es wird regnen" den Glauben daran ebenso ausdrückt, wie den Wunsch, Wein zu kriegen, mit den Worten "Wein her!" Man könnte auch so sagen: "Ich glaube, p" heißt ungefähr dasselbe wie "p"; und daß im ersten Satz das Verbum "glaube" und das Pronomen "Ich" stehen, darf uns nicht irren. Wir sehen daraus nur klar, daß die Grammatik von "Ich glaube" sehr verschieden ist von der von "Ich schreibe".

Aber wenn ich das sage, sage ich damit nicht, daß hier nicht auch große Ähnlichkeiten bestehen können; und ich sage nicht, welcher *Art* die Verschiedenheiten sind. ((Reelle und imaginäre Einheit.))

Bedenk nämlich, daß es sich um Ähnlichkeiten und Verschiedenheiten von Begriffen, nicht von den Phänomenen handelt.

473. Man kann das Seltsame sagen: "Ich glaube, es wird regnen" heißt etwas ähnliches, wie "Es wird regnen", aber "Ich glaubte damals, es werde regnen" nicht etwas ähnliches wie "Es hat damals geregnet".

Aber was heißt das nun, der erste Satz habe ungefähr den gleichen Sinn wie der zweite? Heißt es, die beiden brächten in meinem Geist den gleichen Gedanken hervor? (das gleiche *Gefühl*?) – [Vgl. PU, S. 190d.]

474. "Ich will *so* denken, und nicht *so*." Und '*so*' und '*das*' sind, so seltsam das klingen mag, nicht scharf voneinander geschieden.

475. Wie du das Wort "Gott" verwendest, zeigt nicht, *wen* du meinst, sondern was du meinst. [VB, S. 99.]

476. "Aber es muß doch 'Ich glaubte' eben *das* in der Vergangenheit heißen, was 'Ich glaube' in der Gegenwart heißt!" Es muß doch $\sqrt{-1}$ eben das für -1 bedeuten, was $\sqrt{1}$ für 1 bedeutet! Das heißt garnichts. [Vgl. PU, S. 190d.]

477. Was heißt es: "Ich glaube, p" sage ungefähr dasselbe, wie "p"? Wenn Einer den ersten und zweiten Satz sagt, reagieren wir ungefähr in der gleichen Weise; wenn ich den ersten Satz sage und Einer verstünde die Worte "Ich glaube" nicht, würde ich den Satz in der zweiten Form wiederholen, usf. Wie ich auch "Ich wünsche, daß du dort hingehst" mit "Geh dort hin!" erklären würde

478. Moore's Paradox kann man *so* aussprechen: "Ich glaube p" sagt ungefähr dasselbe wie "⊢p"; aber "Angenommen, ich glaube p..." sagt nicht ungefähr dasselbe wie "Angenommen p...".

Kann man die Annahme, ich wünsche etwas, verstehen, ehe man die Äußerung des Wunsches versteht? – Das Kind lernt zuerst, den Wunsch äußern, und später erst, annehmen, es wünsche das und das.

479. "Angenommen, ich habe Schmerzen..." – das ist keine Schmerzäußerung und also kein Schmerzbenehmen.

Das Kind, das das Wort "Schmerz" als Ausruf lernt, das dann anfängt von einem vergangenen Schmerz zu erzählen, – es kann eines schönen Tages erzählen "Wenn ich Schmerzen habe, kommt der Arzt". Hat nun in diesem Prozeß des Lernens das Wort "Schmerz" seine Bedeutung geändert? Es hat seine Verwendung geändert; aber man muß sich sehr hüten davor, diesen Wechsel zu deuten als einen Wechsel des Gegenstands, der nun dem Wort entspricht.

480. Denk dir, "Ich glaube..." durch eine Malerei dargestellt. Wie könnte ich mir das vorstellen? Das Bild würde etwa mich zeigen und irgendein Bild in meinem Kopf. Es kommt nicht darauf an, welchen Symbolismus es verwendet. Das Bild dessen, *was* ich glaube, z.B., daß es regnet – wird darin vorkommen. Meine Seele wird vielleicht dieses Bild ergreifen, festhalten, und dergleichen. – Und nun nehmen wir an, dieses Bild würde als die Behauptung "Es regnet" verwendet. Nun, darin ist noch nichts Seltsames. Soll ich sagen, es sei nun viel an dem Bild *überflüssig*? Das möchte ich nicht sagen.

481. "Im Grunde genommen beschreibe ich mit diesen Worten den eigenen Geisteszustand, – aber diese Beschreibung ist hier indirekt eine Behauptung des geglaubten Tatbestandes selbst."—Wie ich, unter Umständen, eine Photographie beschreibe, um so das zu beschreiben, wovon die Photographie eine Aufnahme ist. [Vgl. PU, S. 190e.]

482. Aber wenn diese Analogie Stich hielte, müßte ich noch sagen können, daß diese Photographie (der Eindruck auf meinen Geist) verläßlich ist. Ich müßte also sagen können: "Ich glaube, daß es regnet, und mein Glaube ist verläßlich, also verlasse ich mich auf ihn." So, als wäre mein Glaube eine Art Sinneseindruck. [Vgl. PU, S. 190e.]

483. Sagst du etwa: "Ich glaube es, und da ich zuverlässig bin, wird es wohl so sein"? Das wäre, als sagte man: "Ich glaube es – also glaub ich's."

484. Wie man durch die gleiche Tätigkeit bald die Länge des Tisches messen, bald den Maßstab nachprüfen, bald den Messenden auf seine Genauigkeit beim Messen prüfen kann, so kann eine Behauptung mir dazu dienen, mich über ihren Inhalt zu informieren, oder über den Charakter, oder den Seelenzustand des Behauptenden.

485. Man könnte wohl sagen: "Er kommt, aber ich kann es noch immer nicht glauben!" – "Er kommt! Ich kann's nicht glauben!"

486. Denk dir einen Ausrufer in einer Station, der plangemäß einen Zug ankündigt, aber – vielleicht ohne Grund – überzeugt ist, daß er nicht eintreffen wird. Er könnte ankündigen: "Der Zug No. . . . wird um . . . Uhr einfahren. Ich persönlich glaube es nicht."

487. Wie wäre es, wenn ein Soldat militärische Meldungen machte, die auf Grund der Beobachtungen berechtigt wären; er fügt ihnen aber bei, er glaube, sie seien unrichtig. – Fragen wir uns nicht, was im Geiste dessen, der so spricht, vor sich gehen kann, sondern, ob Andere etwas mit dieser Meldung anfangen können, und was.

488. Die Meldung ist ein Sprachspiel mit diesen Worten. Es würde Verwirrung erzeugen, wenn wir sagten: Die Worte der Meldung, der gemeldete Satz habe einen bestimmten Sinn, und das Melden, die 'Behauptung', füge diesem noch einen hinzu. So, als ob der Satz, von einem Grammophon ausgesprochen, der reinen Logik angehörte, als ob er hier den rein logischen Sinn hätte, als ob wir hier den Gegenstand vor uns hätten, den Logiker in die Hand nehmen und betrachten, – während der behauptete, gemeldete Satz das Ding *im Handel* ist. Wie man sagen kann: Der Botaniker betrachtet eine Rose *als Pflanze*, nicht als Schmuck des Kleides, oder Zimmers, oder als zarte Aufmerksamkeit. Der Satz, will ich sagen, hat keinen Sinn außerhalb des Sprachspiels. Das hängt damit zusammen, daß er nicht eine Art *Name* ist. So daß man sagen könnte: "'Ich glaube . . .' – das ist *so*" wobei man (in sich etwa) auf das deutet, was dem Satz seine Bedeutung gibt.

489. Ist es eine Tautologie, zu melden: "Die Reiter werden sofort eintreffen; und ich glaube es"?

490. Das Paradox ist dies: Die *Annahme* kann man so ausdrücken: "Angenommen, es ginge *das in* mir und *das* außerhalb mir vor—die *Behauptung* aber, es gehe *das in* mir vor, behauptet: es gehe das

außerhalb mir vor. In der *Annahme* sind die beiden Sätze über das Innere und das Äußere ganz unabhängig, in der Behauptung aber nicht.

491. Liegt nun das im Wesen des Begriffs "glauben"? Gewiß.

492. Denk dir, Einer sagte "Ich wünsche, – will aber nicht, daß mein Wunsch befriedigt werde. – (Lessing: "Wenn Gott in seiner Rechten. . . .")[1] Kann man also Gott bitten, den Wunsch zu geben, und ihn *nicht* zu erfüllen?

493. Da scheint es ja also, als wäre die Behauptung "Ich glaube . . ." nicht die Behauptung dessen, was die Annahme "ich glaube" annimmt! [Vgl. PU, S. 190c.]

494. Sieh's nicht als selbstverständlich an, sondern als etwas sehr Bemerkenswertes, daß die Verben "glauben", "hoffen", "wünschen", "beabsichtigen" u.s.w., alle grammatischen Formen aufweisen, die "essen", "reden", "schneiden" auch haben. [Vgl. PU, S. 190h.]

495. Denk, ich wäre das Zwitterwesen, das aussprechen könnte "Ich glaube nicht, daß es regnet; und es regnet". – Aber wozu dienen nun diese Worte? Welche Verwendung denke ich mir von ihnen gemacht?

"Er kommt. Ich persönlich glaube es nicht, aber laß dich das nicht beirren." – "Er kommt, verlaß dich drauf. *Ich* glaube es nicht; aber laß dich das nicht beirren." Das klingt, als ob zwei Personen aus mir sprächen; oder als ob eine Instanz in mir dem Andern die Mitteilung machte, er komme, und diese Instanz wünscht, der Andere solle dementsprechend handeln, – während eine andere Instanz im gewissen Sinne mein eigenes Verhalten ankündigt. Es ist so, als sagte man: "Ich weiß, daß diese Handlungsweise falsch ist, weiß aber, daß ich so handeln werde."

"Er kommt, aber ich glaube es nicht", kann also in einem Sprachspiel vorkommen. Oder besser: Es läßt sich ein Sprachspiel ausdenken, worin diese Worte uns nicht absurd vorkämen.

[1] "Wenn Gott in seiner Rechten alle Wahrheit und in seiner Linken den einzigen immer regen Trieb nach Wahrheit, obschon mit dem Zusatze, mich immer und ewig zu irren, verschlossen hielte und spräche zu mir: 'Wähle!' ich fiele ihm mit Demut in seine Linke und sagte: 'Vater, gib! die reine Wahrheit ist ja doch nur für dich allein!'"

496. Ein Voltmeter, statt die Spannung durch Zeiger und Zifferblatt anzuzeigen, könnte sie mit Hilfe einer Grammophonplatte *aussprechen*. Das Instrument sagt etwa, wenn man einen Knopf drückt (es befragt) "Die Spannung beträgt . . .". Könnte es nun auch Sinn haben, das Voltmeter sagen zu lassen: "Ich glaube, die Spannung beträgt . . ."? – So einen Fall kann man sich schon denken.

Soll ich nun sagen, das Instrument sage etwas über sich selbst aus, – oder über die Spannung? Soll ich sagen, das Instrument sage *immer* etwas über sich selbst aus? Und wenn es z.B. eine höhere Ablesung der Spannung wiederholen kann: es habe *geglaubt*, die Spannung sei . . . gewesen?

497. Oder sagen wir's so: Soll ich sagen, ein Voltmeter zeigt etwas über sich selbst an, oder die Spannung? Kann ich nicht beides sagen? Nämlich jedes unter verschiedenen Umständen?

498. Haben "Hilfe!" und "Ich brauche Hilfe" verschiedenen Sinn; ist es nur eine Rohheit unserer Auffassung, daß wir sie als gleichbedeutend betrachten? Heißt es immer, etwas zu sagen: "Genau genommen war, was ich meinte, nicht 'Hilfe!', sondern 'Ich wünsche Hilfe'."

Der schlimmste Feind unseres Verständnisses ist hier die Idee, das Bild, eines 'Sinnes' dessen, was wir reden, in unserm Geiste.

499. Die Behauptung "Er wird kommen" spielt nicht auf den Behauptenden an. Aber auch nicht auf die Worte der Behauptung, während "'er wird kommen' ist ein wahrer Satz" auf die Worte anspielt und den gleichen Sinn hat wie der Satz, der dies nicht tut.

500. Könnte man von dem Sinn der Worte "daß er kommen wird" reden? Denn diese Worte sind recht eigentlich die Frege'sche 'Annahme'. Nun, könnte ich Einem nicht erklären, was dieser Wortausdruck bedeutet? Doch wohl, indem ich ihm erkläre, oder zeige, wie er verwendet wird.

501. Die Schwierigkeit wird unüberwindlich, wenn du denkst, der Satz "Ich glaube . . ." sage etwas über den Zustand meiner Seele aus. Wäre es so, so müßte man das Moore'sche Paradox reproduzieren können, wenn man statt über den Zustand der eigenen Seele, etwas über den Zustand des Gehirns etwa aussagte. Der Witz ist aber eben, daß keine Behauptung über den Zustand meines Gehirns (oder wessen immer) der Behauptung, die ich glaube "Er wird kommen" z.B. – gleichkommt.

502. Fassen wir aber nun dennoch die Behauptung "Er glaubt p" als Aussage über seinen *Zustand* auf, aus der jedenfalls hervorgeht, wie er sich unter gegebenen Umständen verhalten wird! Gibt es denn nun zu so einer Aussage keine *erste Person des Präsens*? Kann ich denn also nicht von mir selbst aussagen, ich sei jetzt in einem Zustand, in welchem die und die sprachlichen, und anderen, Reaktionen wahrscheinlich sind? Ähnlich ist es jedenfalls, wenn ich sage, "Ich bin jetzt sehr irritabel". Ähnlich könnte ich auch sagen "Ich glaube jetzt jede schlimme Nachricht sehr leicht".

503. Würde nun ein Satz, welcher aussagt, ich – oder mein Gehirn – sei jetzt in einem so gearteten Zustand, daß ich auf die Frage "Wird er kommen" mit "Ja" antworte, und die und die anderen Reaktionen aufweise, – würde so ein Satz der Behauptung gleich kommen "Er wird kommen"?

Man könnte hier fragen: "Wie denkst du dir denn, daß ich über diesen meinen Zustand unterrichtet bin? – Durch Erfahrung etwa? Will ich also, aus der Erfahrung, voraussagen, ich werde jetzt so eine Frage immer *so* beantworten, etc.?"

Ist es so und mache ich in diesem Sinne die Aussage "ich glaube, er wird kommen" und füge hinzu "und er wird nicht kommen", so ist das nur insofern ein Widerspruch wie etwa dies einer ist: "Ich kann kein viersilbiges Wort aussprechen", oder dies: "Ich kann keinen einzigen deutschen Satz sagen."

Wenn dies letztere eine Art Widerspruch ist, so ist es doch nicht die Annahme: "Angenommen, ich könnte keinen einzigen deutschen Satz sagen."

504. Daß er das und das glaubt, ergibt sich für uns aus der Beobachtung seiner Person, aber die Aussage "Ich glaube . . ." macht er nicht auf Grund der Selbstbeobachtung. Und *darum* kann "Ich glaube p" äquivalent sein der Behauptung von "p". Darum auch die Frage "Ist es so?" dem Satz "Ich möchte wissen, ob es so ist".

505. "Dies Gesicht hat einen ganz bestimmten Charakter –" heißt eigentlich: es ließe sich *viel* darüber sagen. – Wann sagt man dies? Was berechtigt einen dazu? Ist es eine bestimmte Erfahrung? Weiß man schon, was man sagen wird; hat man sich's schon im Stillen vorgesagt? Ist die Situation nicht ähnlich wie die: "Jetzt weiß ich weiter!"

506. Wir kennen Alle den Vorgang des momentanen Wechsels des Aspekts; – aber wie, wenn man nun fragte: "Hat A den Aspekt a nun fortwährend vor Augen – wenn nämlich kein Aspektwechsel

eingetreten ist?" Kann der *Aspekt* nicht, so zu sagen, *frischer* oder *unbestimmter* werden? – Und wie seltsam, daß ich das *frage*!

507. Es gibt so etwas, wie ein Aufflackern des Aspekts. So, wie man etwas mit intensiverem und weniger intensivem Ausdruck spielen kann. Mit stärkerer Betonung des Rhythmus und der Struktur, oder weniger starker.

508. *Das* als eine Variante von *dem* sehen, hören. Da ist also der Moment, wo ich beim Anblick von A an B *denke*, wo dieses Sehen, so zu sagen, akut ist, und dann die Zeit, in der es chronisch ist.

509. Das psychologische Phänomen *nicht* erklären, sondern *hinnehmen*, ist das schwere. –

510. "F" als Variation verschiedener Figuren.

Wenn ich mir denke, daß in meinem Geist das Paradigma, als dessen Variante ich das Objekt sehe, irgendwie beim Sehen gegenwärtig ist, dann könnte es (doch) bald deutlicher, bald undeutlicher gegenwärtig sein, und es könnte auch ganz verschwinden.

511. Denk dir zwei Leute: der eine hat in der Jugend das "F" so gelernt "ꟻ" – der Andere, wie wir, "F". Wenn nun die Beiden das Wort "Figur" lesen, – muß ich sagen, habe ich Grund zu sagen, sie sähen Jeder das "F" anders? Offenbar nein. Und könnte es nicht doch sein, daß der Eine von ihnen, wenn er hört, wie der Andere diesen Buchstaben schreiben und lesen gelernt hat, sagt: "*So* hab ich ihn nie angesehen, sondern immer *so*"?

Und ferner wird es wohl Situationen geben, in denen ich, was einer dieser Leute tut, oder sagt, *so* erklären werde: "Er betrachtet nämlich diesen Buchstaben als Variante von. . . ."

512. *Das* ist sicher, daß man sagen kann: "Ich habe das noch nie so gesehen". Hier ist das "nie" unzweifelhaft. – Sagst du aber "Ich habe das *immer* so gesehen", so ist dies "immer" nicht gleichermaßen sicher. Und daran ist natürlich garnichts merkwürdiges, wenn man statt "gesehen" "aufgefaßt" sagt.

513 Denke, du wüßtest, daß das Zeichen F eine Kombination eines 7 mit einem r ist.—Das erinnert an das Traumphänomen, das man in einer Traumerzählung mit den Worten

beschreibt: "und ich wußte, daß . . .". Und es hat auch Ähnlichkeit mit dem, was man "Halluzination" nennt.

514. Es ist, als wäre in meinem Geist ein Paradigma, eine Vorlage gegenwärtig, wenn ich das Zeichen sehe. Aber was für eine Vorlage?? wie sieht sie aus? Doch nicht eben wie das Zeichen selbst! – Also wie das Zeichen, *so* gesehen? – Aber *wie* gesehen? Wie soll ich den Aspekt notieren? Nun, wie notieren wir ihn denn; wie verständigen wir uns über ihn? Ich sage etwa: "Das Zeichen, wie ich's sehe, schaut nach rechts." Ich könnte sogar von einer Art visuellem Schwerpunkt reden, – sagen: Der Schwerpunkt des Zeichens F befindet sich *hier.* Kann ich erklären, was ich damit meine? Nein. – Aber diese meine Reaktion kann ich mit Reaktionen Anderer vergleichen.

515. Bin ich mir stets der Verschwommenheit der Ränder meines Gesichtsfelds bewußt? Soll ich sagen: "Fast nie", oder "Nie"?

516. In einem andern Gedankenraum – möchte man sagen – schaut das Ding anders aus.

517. Man könnte sich in der Musik eine Variation auf ein Thema denken, die, etwa ein wenig anders phrasiert, als eine ganz andere Art der Variation des Themas aufgefaßt werden kann. (Im Rhythmus gibt es solche Mehrdeutigkeiten.) Ja, was ich meine, findet sich wahrscheinlich überhaupt immer, wenn eine Wiederholung das Thema in ganz anderem Licht erscheinen läßt.

518. Kein Aspekt, der nicht (auch) Auffassung ist.

519. Angenommen Einer sagte mir: "Es hat sich jetzt etwas an dem *Bild* verändert – ich kann's nicht anders ausdrücken – obwohl die Form die gleiche ist wie früher. Ich kann nur sagen: früher war es eine Art F , jetzt ist es eine Art ꟻ ". Wenn er *das* sagte, könnte ich nicht doch mißtrauisch sein und bezweifeln, daß er die Figur immer, ununterbrochen, so *gesehen* und sie nicht nur nie anders aufgefaßt hat?

520. Denk dir, das Kind, wenn es den Buchstaben "R" gelernt hat, sagte uns: "Ich sehe es immer als ein 'R'." Was könnte uns das mitteilen?? – Ja, auch wenn es uns sagte, "Ich sehe es immer als ein 'P' mit einer schiefen Stütze", würde uns das nur sagen: so faßt das Kind es auf, so erklärt es sich den Buchstaben, und dergleichen. Erst wenn es vom Wechseln des Aspekts spräche, würden wir sagen, nun sei es jenes Phänomen. . . .

521. Sagt Einer "Ich sehe es immer *so*", so muß er das "*So*" angeben. Angenommen, er täte das, indem er den Strichen der Figur in einer bestimmten Reihenfolge, oder in einem bestimmten Rhythmus nachführe. Das wäre *ähnlich*, als sagte er uns: "Ich folge der Figur mit den Augen immer *so*". Und da *könnte* es natürlich sein, daß ihn sein Gedächtnis täuscht.

522. Sagt er "Ich sehe (jetzt) die Figur *so*" und fährt ihr in bestimmter Weise nach, – so müßte das nicht sowohl eine Beschreibung sein, als, sozusagen, dies Sehen selbst. Sagt er aber "Ich *habe* sie immer so gesehen", so heißt das, er habe sie nie *anders* gesehen, und da mag er sich täuschen.

523. Nein, das Paradigma schwebte mir nicht ständig vor—aber wenn ich den Wechsel des Aspekts beschreibe, dann geschieht das mit Hilfe der Paradigmen.

524. "Ich habe es immer *so* gesehen" – damit will man eigentlich sagen: "Ich habe es immer *so* aufgefaßt, und *dieser* Wechsel des Aspekts hat nie stattgefunden."

525. "Ich habe es nie *so* gesehen, sondern immer *so*." Nur ist das *allein* noch kein Satz. Das Feld fehlt ihm noch.

526. "Ich habe es immer mit *diesem* Gesicht gesehen. "Aber du mußt noch sagen, mit *welchem*. Und sowie du *das* dazu sagst, ist es nicht mehr als hättest du's *immer* getan.

"Ich habe diesen Buchstaben immer mit einem grämlichen Gesicht gesehen." Da kann man fragen: "Bist du sicher, daß es *immer* war?" D.h.: ist dir die Grämlichkeit *immer* aufgefallen?

527. Und wie ist es mit dem 'Auffallen'? Findet das in einem Moment statt, oder dauert es an?

528. "Wenn ich ihn ansehe, sehe ich immer das Gesicht seines Vaters." Immer? – Aber doch nicht nur auf *Augenblicke*! Dieser Aspekt kann andauern.

529. Denk dir, man sagte: "Ich sehe es jetzt immer in *diesem* Zusammenhang." –

530. Absolutes und relatives Gehör. Hier ist etwas Ähnliches. Ich höre den Übergang von einem Ton zum andern. Aber nach kurzer Zeit kann ich einen Ton nicht mehr als den höheren oder tieferen

jener beiden erkennen. Und es müßte auch keinen Sinn haben, von einem solchen "Erkennen" zu reden; wenn es nämlich kein Kriterium des *richtigen* Erkennens gäbe.

531. Es ist beinahe, als ob das '*Sehen* des Zeichens in *diesem* Zusammenhang' ein Nachhallen eines Gedankens wäre. [Vgl. PU, S. 212b.]

532. Von einem wirklichen oder gemalten Gesicht zu sagen "Ich habe es *immer* als Gesicht gesehen", wäre seltsam; aber nicht: "Es war für mich immer ein Gesicht, und ich habe es nie *als etwas anderes* gesehen."

533. Wenn ich z.B. das F einmal als ein T mit einem hinzugefügten Strich sehe, so ist es, als ob die *Gruppierung* sich änderte. Fragt man mich aber: "Du hast also früher diese Figur immer mit der Gruppierung eines F gesehen?" so könnte ich nicht sagen, es sei so.

534. Wenn Einer sagt: "Ich rede von einem visuellen Phänomen, in welchem sich wirklich das Gesichtsbild, nämlich seine Organisation ändert, obwohl Formen und Farben die gleichen bleiben" – dann kann ich ihm antworten: "Ich weiß, wovon du redest; ich *möchte auch das sagen*, was du sagst." – Ich sage also nicht: "Ja, das Phänomen, wovon wir beide reden, ist wirklich ein Wechsel der Organisation ...", sondern "Ja, dies Reden von dem Wechsel der Organisation, etc. ist die Äußerung des Erlebnisses, das auch ich meine".

535. "Die Organisation des Gesichtsbilds ändert sich." – "Ja, das möchte ich auch sagen."

Das ist analog dem, wenn Einer sagte, "Alles um mich kommt mir unwirklich vor" – und ein Anderer erwidert: "Ja, ich kenne dieses Phänomen. Ganz so möchte ich's auch ausdrücken."

536. "Die Organisation des Gesichtsbilds ändert sich" hat eben nicht die gleiche Art der Anwendung, wie: "Die Organisation dieses Vereins ändert sich." *Hier* kann ich beschreiben, *wie das ist*, wenn sich die Organisation unseres Vereins ändert.

537. "Es ist mir nie aufgefallen, daß man die Figur *so* sehen kann": folgt daraus, daß es mir aufgefallen ist, oder daß ich wußte, daß man sie *so* sehen konnte, wie ich sie immer gesehen habe?

538. Ich höre einen Ton – höre ich also nicht, wie laut er ist?—Ist es richtig, zu sagen: wenn ich den Ton höre, müsse ich mir des Grades seiner Lautheit bewußt sein? – Anders ist es, wenn seine Stärke sich ändert.

539. Es würde auf den ersten Blick *so* erscheinen: Jemand kommt darauf, daß man ein F auch als T mit einem Anhängsel sehen kann; er sagt "Jetzt sehe ich's als T, etc., jetzt wieder als F". Daraus scheint zu folgen, daß er's das zweite Mal so sieht, wie er es vor seiner Entdeckung *immer* gesehen hat. – Daß also, wenn es Sinn hatte zu sagen, "Jetzt sehe ich's wieder als F", es auch Sinn gehabt hätte *vor* dem Wechsel des Aspekts zu sagen "Ich sehe den Buchstaben F immer als F".

540. Wenn ich einen Satz immer in einem und demselben Tonfall gehört hätte (und oft gehört hätte), wäre es richtig, zu sagen, ich müsse mir natürlich des Tonfalls bewußt gewesen sein? Wenn das eben dasselbe heißt wie, ich habe ihn in diesem Tonfall gehört und spreche ihn auch immer in diesem Tonfall nach, – dann bin ich mir des Tonfalls bewußt. Ich muß aber [nicht] wissen, daß es so etwas gibt, wie einen 'Tonfall', der Tonfall braucht mir nie *aufgefallen* zu sein, ich brauche nie *auf ihn gelauscht* zu haben.

Der Begriff Tonfall mag mir ganz unbekannt sein. Die '*Trennung*' des Tonfalls vom Satz braucht sich für mich nicht vollzogen zu haben.

Ich habe also kein Sprachspiel mit dem Wort "Tonfall" gelernt.

541. Wenn das Kind die Buchstaben lernt, lernt es ja nicht, sie *so* und nicht anders sehen. Soll ich nun sagen, der Mensch komme später beim Wechsel des Aspekts drauf, daß er einen Buchstaben, z.B. ein R, immer in der gleichen Weise gesehen habe? – Nun, so *könnte* es sein, ist aber nicht so. Nein, *das sagen wir nicht*. Sogar, wenn Einer so etwas sagte wie, für ihn habe der Buchstabe . . . immer das und das Gesicht gehabt, würde er zugeben, daß er in vielen Fällen beim Anblick des Buchstabens nicht an ein Gesicht 'gedacht' habe.

542. Soll ich nun sagen: eine 'Art des Sehens' assoziiere sich für uns mit einem Buchstaben? Gewiß nicht; außer es heißt etwas ähnliches wie: ein Gesicht assoziiere sich mit einem Buchstaben.

543. Denk an den Begriff "Schreibweise" Man kann sagen "Das ist eine interessante Schreibweise des Buchstabens . . ." – aber versteht also jeder, was "Schreibweise" heißt, der einen Buchstaben schreiben gelernt hat? Ich meine: Kann Einer die Schreibweise des S beachten,

der garnicht weiß, daß es verschiedene Schreibweisen eines Buchstabens gibt? – Oder spiele ich hier nur mit Worten?

Du darfst nur nicht einen zu engen Begriff des 'Erlebens' haben.

Frag dich etwa: Kann *der* eine Aussprache als *vulgär* empfinden, der etwa nie andere Beispiele vor sich hatte?

544. "Diese Schrift ist mir unsympathisch." Kann dem, der gerade lesen und schreiben lernt, eine Schrift 'unsympathisch' sein? – Sie kann ihn vielleicht in irgend einem Sinne abstoßen. Nur von dem hat es Sinn zu sagen, eine Schrift sei ihm unsympathisch, der sich bereits allerlei Gedanken über eine Schrift machen kann.

545. Wäre es denkbar, daß über zwei identischen Abschnitten eines Musikstücks Anweisungen stünden, die uns aufforderten, es beim ersten Mal *so*, beim zweiten Mal *so zu hören*, ohne daß dies auf den Vortrag irgendeinen Einfluß ausüben sollte. Es wäre etwa das Musikstück für eine Spieluhr geschrieben und die beiden gleichen Abschnitte wären in der gleichen Stärke und dem gleichen Tempo zu spielen – nur jedesmal anders *aufzufassen*.

Nun, wenn auch ein Komponist so eine Anweisung noch nie geschrieben hat, könnte nicht ein Kritiker sie schreiben? Wäre so eine Anweisung nicht vergleichbar mit einer Überschrift der Programmusik ("Tanz der Landleute")?

546. Nur freilich, wenn ich Einem sage "Höre es *so*", so muß er nun sagen können: "Ja, jetzt versteh ich's; jetzt hat es wirklich Sinn!" (Etwas muß einschnappen.)

547. Welchen Begriff von der Gleichheit, Identität, haben wir? Du kennst die Verwendungen des Wortes "gleich", wenn es sich um gleiche Farben, gleiche Klänge, gleiche Formen, gleiche Längen, gleiche Gefühle handelt, und du entscheidest, ob nun der und der Fall in diese Familie aufgenommen werden soll, oder nicht.

548. Was ist an der Idee abstoßend, daß wir den Gebrauch eines Wortes studieren, Fehler in der Beschreibung dieses Gebrauchs aufzeigen, u.s.w.? Vor allem fragt man sich: Wie könnte *das* uns so wichtig sein? Es kommt drauf an, ob man 'falsche Beschreibung' die nennt, die nicht mit dem sanktionierten Sprachgebrauch übereinstimmt, – oder die, die nicht mit der Praxis des Beschreibenden übereinstimmt. Nur im zweiten Fall entsteht ein philosophischer Konflikt.

549. Weniger abstoßend ist die Idee: wir machen uns, vom Denken z.B., *ein falsches Bild.* Denn hier sagt man sich: wir haben es doch mindestens mit dem Denken, nicht mit dem Worte "denken", zu tun.

Also, wir machen uns vom Denken ein falsches Bild. – Aber *wovon* machen wir uns ein falsches Bild; wie weiß ich, z.B., daß du dir von *dem* ein falsches Bild machst, wovon auch ich mir ein falsches Bild mache?

Nehmen wir an, unser Bild des Denkens wäre ein Mensch, der den Kopf in die Hand stützt und zu sich selber redet. Unsere Frage ist nicht "Ist das ein richtiges Bild?" sondern: "Wie wird dies Bild als Bild des *Denkens* verwendet?"

Nicht: "Wir haben uns ein falsches Bild gemacht" – sondern: "Wir kennen uns im Gebrauch unseres Bildes, oder unserer Bilder, nicht aus!" Und also nicht im Gebrauch unseres Wortes.

550. Wohl, – aber dies Wort ist doch nur insofern interessant, als es tatsächlich für uns einen ganz bestimmten Gebrauch besitzt, also sich bereits auf eine gewisse Erscheinung bezieht! – Das ist wahr. Und das heißt: wir haben es nicht mit einer Verbesserung der grammatischen Konventionen zu tun. – Aber was heißt das. "Wir wissen Alle, auf welche Erscheinung sich das Wort 'denken' bezieht"? Heißt es nicht eben: wir können Alle das Sprachspiel mit dem Wort "denken" spielen? Nur erzeugt es Unklarheit, das Denken eine 'Erscheinung' zu nennen; und weitere Unklarheit, zu sagen "wir machen uns von dieser Erscheinung ein falsches Bild". ("Einen falschen Begriff" könnte man schon eher sagen.)

551. Haben wir es mit dem Gebrauch des Wortes "fünf" zu tun, so haben wir es, in gewissem Sinne, mit dem zu tun, was dem Worte 'entspricht'; nur ist *diese* Ausdrucksweise primitiv, setzt eine primitive Auffassung vom Gebrauch eines Wortes voraus.

552. Ein 'Sprachspiel': Man läßt Einen ein Aroma, z.B. das des Kaffees nach einer Zeichnung wählen. Man sagt ihm: "Kaffee riecht so:  " und nun befiehlt man ihm diejenige Flüssigkeit zu bringen, die *so* riecht. – Ich nehme nun an, er brächte wirklich die richtige. Ich hätte also ein Mittel, durch etwas *Zeichenartiges* einem Menschen Befehle zu erteilen. ((Zusammenhang mit dem Wesen der Regel, der Technik, der Mathematik, – der reellen Zahlen z.B.)) Dies hängt auch damit zusammen: ("Die Henne 'ruft' die Küchlein zu sich.")

553. "Man kann das Aroma des Kaffees nicht beschreiben." Aber könnte man sich nicht denken, daß man's könnte? Und *was* muß man sich dazu vorstellen?

Wer sagt "Man kann das Aroma nicht beschreiben", den kann man fragen: "*Womit* willst du's beschreiben? Mit Hilfe welcher *Elemente*?"

554. Wir sind auf die Aufgabe garnicht *gefaßt*, den Gebrauch des Wortes "Denken", z.B., zu beschreiben. (Und warum sollten wir's sein? Wozu ist so eine Beschreibung nütze?)

Und die naive Vorstellung, die man sich von ihm macht, entspricht garnicht der Wirklichkeit. Wir erwarten uns eine glatte, regelmäßige Kontur, und kriegen eine zerfetzte zu sehen. Hier könnte man wirklich sagen, wir hätten uns ein falsches Bild gemacht. Es ist das beinahe, als gäbe es ein Substantiv, sagen wir "Riese", mit Hilfe dessen man all das ausdrückt, was wir mit dem Adjektiv "groß" sagen. Das Bild, das uns beim Worte "Riese" in den Sinn käme, wäre das eines Riesen. Und nun sollte man unsere seltsame Verwendung des Wortes "groß", mit diesem Bild vor unsern Augen, beschreiben. [Vgl. Z 111.]

555. Macaulay sagt, die Dichtkunst sei eine "nachahmende Kunst" und gerät natürlich sogleich in die größten Schwierigkeiten mit diesem Begriff. Er will beschreiben; aber jedes Bild, das sich ihm darbietet, ist unzutreffend, so offenbar richtig es auch auf den ersten Blick scheint; und so seltsam es auch scheint, daß man nicht sollte beschreiben können, was man so genau versteht.

Hier sagt man sich: "Es *muß* eben so sein! – auch wenn ich nicht gleich alle Einwände beiseite schieben kann."

556. Es wäre doch sehr wohl denkbar, daß Einer sich genau in einer Stadt auskennt, d.h., von jedem Ort der Stadt zu jedem andern mit Sicherheit den kürzesten Weg fände, – und dennoch ganz außer Stande wäre, einen Plan der Stadt zu zeichnen. Daß er, sobald er es versucht, nur gänzlich Falsches hervorbringt. (Unser Begriff vom 'Instinkt'.) [Vgl. Z 121.]

557. Vor allem fehlt dem, der die Beschreibung versucht, nun jedes System. Die Systeme, die ihm in den Sinn kommen, sind unzureichend; und er scheint plötzlich sich in einer Wildnis zu befinden, statt in dem wohlangelegten Garten, den er so gut kannte.

Es kommen ihm wohl Regeln in den Sinn, aber die Wirklichkeit zeigt nichts als Ausnahmen.

558. Und die Regeln des Vordergrunds machen es uns unmöglich, die Regeln im Hintergrund zu erkennen. Denn, wenn wir ihn mit dem Vordergrund zusammenhalten, sehen wir nur widerliche Ausnahmen, also *Unregelmäßigkeit*.

559. Sagen wir, es denke *jeder*, der sinnvoll spricht? Z.B. der Bauende im Sprachspiel No. 2?[1] Könnten wir uns nicht das Bauen und Rufen der Wörter, etc., in einer Umgebung denken, in der wir es mit einem Denken nicht in Zusammenhang brächten?

Denn "denken" ist *verwandt* mit "überlegen". [Vgl. Z 98.]

560. "Eine Multiplikation mechanisch ausführen" (ob nun auf dem Papier oder im Kopfe) sagen wir wohl—aber "sich etwas mechanisch überlegen", das enthält für uns einen Widerspruch.

561. Der Ausdruck, das Benehmen, des Überlegens. Wovon sagen wir: Es überlege sich etwas? Vom Menschen, manchmal vom Tier. (Nicht vom Baum, oder vom Stein.) *Ein* Zeichen des Überlegens ist ein Zögern im Handeln (Köhler). (Nicht *jedes* Zögern.)

562. Denke vom 'Überlegen' an das 'Versuchen'. An das 'Untersuchen', an den Ausdruck des Staunens; des Mißlingens und Gelingens.

563. Was muß der Mensch nicht alles tun, damit wir sagen, er *denke*!

564. Er kann nicht *wissen*, ob ich denke, aber ich weiß es. Was weiß ich? Daß das, was ich jetzt tue, *denken* ist? Und womit vergleich ich's, um das zu wissen? Und kann ich mich darin nicht irren? Also bleibt nur übrig: ich wisse, daß ich tue, was ich tue. –

565. Aber es hat doch Sinn, zu sagen "Er weiß nicht, was ich dachte, denn ich habe es ihm nicht gesagt"!

Ist ein Gedanke auch dann 'privat', wenn ich ihn laut im Selbstgespräch äußere, wenn mich niemand hört?

"Meine Gedanken kenne nur ich allein." Das heißt doch ungefähr: "Ich *kann* sie beschreiben, ausdrücken, *wenn* ich will."

[1] S. Philosophische Untersuchungen, I, §2. (*Herausg.*)

566. "Meine Gedanken kenne nur ich allein." – Woher weißt du das? Erfahrung hat es dich nicht gelehrt. – Was teilst du uns dadurch mit? – Du mußt dich schlecht ausdrücken.

"Nicht doch! Ich denke mir jetzt etwas; sag mir, was es ist!" So war es also doch ein Erfahrungssatz? Nein; denn sagte ich dir, was du dir denkst, so hätte ich's doch nur *erraten*. Ob ich's richtig erraten habe, wie läßt sich das entscheiden? Durch dein Wort, und gewisse Umstände: Also vergleiche ich dieses Sprachspiel mit einem *andern*, bei welchem die Mittel der Entscheidung (Verifikation) anders aussehen.

567. "Ich kann hier nicht. . . ." – Wo *kann* ich denn? In einem andern Spiel. (Ich kann hier – im Tennis nämlich – den Ball nicht durch's Tor schießen.)

568. Aber ist nicht ein Zusammenhang zwischen dem grammatischen 'privat sein' der Gedanken und der Tatsache, daß wir im allgemeinen die Gedanken des Andern nicht erraten können, ehe er sie ausspricht. Es gibt doch ein Gedankenerraten in dem Sinne, daß Einer mir sagt: "Ich weiß, was du jetzt gedacht hast" (oder "woran du jetzt gedacht hast") und ich zugeben muß, er habe meine Gedanken richtig erraten. Und dies kommt doch tatsächlich sehr selten vor. Ich sitze oft, ohne zu reden, mehrere Minuten lang in meiner Klasse, und Gedanken gehen mir durch den Kopf; aber keiner meiner Hörer könnte wohl erraten, was ich bei mir gedacht habe. Es wäre aber doch auch möglich, daß sie Einer erriete und aufschriebe, so als hätte ich sie ausgesprochen. Und zeigte er mir das Geschriebene, so müßte ich sagen "Ja, ganz das habe ich mir gedacht". – Und hier wäre z.B. die Frage unentscheidbar: ob ich mich auch nicht irre; ob ich wirklich das gedacht hatte, oder nur, von seiner Niederschrift beeinflußt, mir nun fest *einbilde*, gerade dies gedacht zu haben.

Und das Wort "unentscheidbar" gehört zur Beschreibung des Sprachspiels.

569. Und wäre nicht auch *dies* denkbar: Ich sage Einem "Du hast dir jetzt gedacht . . ." – Er verneint es. Aber ich bleibe fest bei meiner Behauptung, und endlich sagt er: "Ich glaube, du hast recht; ich werde mir das gedacht haben; mein Gedächtnis wird mich täuschen."

Und denke nun, daß dies ein ganz gewöhnliches Vorkommnis wäre!

570. "Gedanken und Gefühle sind privat" heißt ungefähr das gleiche wie "Es gibt Verstellung", oder "Man kann seine Gedanken und Gefühle verbergen; ja lügen und sich verstellen". Und es ist die Frage, was dieses "Es gibt" und "Man kann" bedeutet.

571. Unter welchen Umständen, bei welchen Anlässen, sagt man denn: "Meine Gedanken kenne nur ich"? – Wenn man auch hätte sagen können: "Meine Gedanken werde ich dir nicht sagen", oder "Meine Gedanken halte ich geheim", oder "Meine Gedanken könnt ihr nicht erraten".

572. Wovon sagt man denn, man *kenne* es? und in wiefern kenne ich meine Gedanken?

Sagt man nicht von dem, man kenne es, was man richtig beschreiben kann? Und kann man das von den eigenen Gedanken sagen?

Wenn Einer die Worte die "Beschreibung" des Gedankens nennen will, statt den "Ausdruck" des Gedankens, frage er sich, wie man einen Tisch beschreiben, und wie man die eigenen Gedanken beschreiben lernt. Und das heißt nur: er sehe zu, wie man die Beschreibung eines Tisches, und wie man die Beschreibung der Gedanken als richtig oder falsch beurteilt; er möge also diese Sprachspiele in allen ihren Situationen ins Auge fassen.

573. "Die Tatsache ist doch, daß der Mensch nur seine eigenen Gedanken kennt." ("Die Tatsache ist doch, daß von meinem eigenen Denken nur ich weiß.")

"Und auch ich nicht" könnte man sagen.

574. "Dem Menschen hat es die Natur gegeben, daß er im Geheimen denken kann." Denk dir, man sagt: "Die Natur hat es dem Menschen gegeben, daß er hörbar, aber auch unhörbar, in seinem Geiste, reden kann." Er kann also, heißt das, dasselbe auf zwei Arten tun. (Als könnte er sichtbar verdauen und unsichtbar verdauen.) Nur ist beim Reden im Geiste das Reden besser verborgen, als ein Vorgang im Innern des Körpers sein kann. – Wie wäre es aber, wenn ich redete und alle Andern taub wären? Wäre da mein Reden nicht ebensogut verborgen?

"Im tiefsten Geheimnis des Geistes geht es vor sich."

575. Wer mir *sagt*, was er gedacht hat, – hat mir der wirklich gesagt: was er *gedacht* hat? Mußte nicht das eigentliche geistige Ereignis unbeschrieben bleiben?—War nicht *es* das Geheime, – wovon ich in der Rede dem Andern nur ein Bild gebe?

576. Wenn ich Einem *sage*, was ich *denke*, – kenne ich da meinen Gedanken besser, als meine Worte ihn darstellen? Ist es, als kennte ich einen *Körper* und zeigte dem Andern nur eine Photographie?

577. "Dem Menschen ist es gegeben in voller Abgeschlossenheit mit sich selbst zu reden; in einer Absonderung, die weit vollkommener ist, als die eines Einsiedlers." Wie weiß ich, daß dem N. dies gegeben ist? – Weil er's sagt und zuverlässig ist? –

Und doch sagen wir: "Ich wüßte gerne, was er jetzt bei sich denkt"; ganz so, wie wir sagen könnten: "Ich wüßte gerne, was er jetzt in sein Notizbuch schreibt." Ja, man könnte eben *das* sagen und es, sozusagen, als selbstverständlich ansehen, daß er bei sich das denkt, was er ins Notizbuch einträgt.

578. Würden nun Leute, die *regelmäßig* – etwa durch Beobachten des Kehlkopfs eines Menschen – seine Gedanken 'lesen' könnten, – würden die auch von der gänzlichen Einsamkeit des Geistes mit sich selbst zu sprechen geneigt sein? – Oder: Wären auch sie geneigt, *das Bild* von der 'gänzlichen Abgeschlossenheit' zu gebrauchen?

579. "Ich möchte wissen, worauf er sinnt!" Aber nun stell dir diese – scheinbar irrelevante – Frage: "Was ist daran überhaupt Interessantes, was 'in ihm', in seinem Geiste, vorgeht – angenommen, daß etwas vorgeht?" (Hol's der Teufel, was in ihm vorgeht!)

580. Der Vergleich des Denkens mit einem Vorgang in der Verborgenheit ist, in der Philosophie, irreführend.

So irreführend etwa, wie der Vergleich des Suchens nach dem treffenden Ausdruck mit den Bemühungen dessen, der eine nur ihm sichtbare Linie genau nachzeichnen will.

581. Was uns verwirrt, ist, daß die Gedanken des Andern zu kennen, von *einer* Seite besehen, logisch unmöglich, und von einer andern besehen, psychologisch und physiologisch unmöglich ist.

582. Ist es nun richtig, zu sagen: daß diese beiden 'Unmöglichkeiten' so miteinander zusammenhängen, daß die psychologische Unmöglichkeit (hier) das Bild liefert, das uns (dann) zum Abzeichen des Begriffs 'denken' wird?

583. Man kann nicht sagen: das Schreiben in's Notizbuch, oder das monologische Sprechen, sei dem stummen Denken '*ähnlich*'; wohl aber kann der eine Vorgang den andern (das Rechnen im Kopf das schriftliche Rechnen, z.B.) für gewisse Zwecke *ersetzen*.

584. Könnte es Leute geben, die beim Denken immer zu sich selbst murmeln, deren Denken also für Andere zugänglich ist? – "Ja, aber wir könnten doch nicht wissen, ob sie nicht, außerdem, stumm bei

sich selber denken!" – Könnte es denn aber nicht sein, daß, dies anzunehmen, ebenso sinnlos wäre, wie anzunehmen, die Haare dieser Leute dächten, oder ein Stein dächte?

Müßten wir, heißt das, wenn dies so wäre, auch nur auf den Gedanken kommen, Einer dächte, hätte Gedanken, in seinem Geist verborgen?

585. "Ich weiß nicht, was du dir denkst. Sag, was du dir denkst!" – Das heißt etwa: "Rede!"

586. Ist es also irreführend, von der Seele des Menschen, oder von seinem Geist zu reden? *So* wenig, daß es ganz verständlich ist, wenn ich sage: "Meine Seele ist müde, nicht bloß mein Verstand." Aber sagst du nicht doch, daß alles, was man durch das Wort "Seele" ausdrücken kann, irgendwie auch durch Worte für Körperliches sich ausdrücken läßt? Ich sage es nicht. Aber wenn es auch so wäre, – was würde es besagen? Die Worte, so wie auch das, worauf wir bei ihrer Erklärung weisen, sind ja nur die Instrumente, und nun kommt's auf ihren Gebrauch an.

587. Unsere Kenntnis verschiedener Sprachen läßt uns die Philosophien, die in den Formen einer jeden niedergelegt sind, nicht recht ernst nehmen. Dabei sind wir aber blind dafür, daß wir (selbst) starke Vorurteile für, wie gegen, gewisse Ausdrucksformen haben; daß eben auch diese Übereinanderlagerung mehrerer Sprachen für uns ein besonderes Bild ergibt. Daß wir, sozusagen, nicht beliebig die *eine* Form durch eine andere überdecken. [Vgl. Z 323.]

588. Du mußt bedenken, daß es ein Sprachspiel geben kann, 'eine Reihe von Ziffern fortsetzen', in dem keine Regel, kein Regelausdruck je gegeben wird, sondern das Lernen *nur* durch Beispiele geschieht. So daß die Idee, jeder Schritt sei durch ein Etwas – eine Art Vorbild – in unserm Geiste zu rechtfertigen, diesen Leuten gänzlich fremd wäre. [Vgl. Z 295.]

589. Beispiel von den Namen, die nur in Begleitung ihrer Träger Bedeutung haben, d.h. nur so verwendet werden. Sie dienen also nur zur Vermeidung des steten Zeigens. Das Beispiel, das mir immer wieder vorschwebt, ist die Bezeichnung von Linien, Punkten, Winkeln, in geometrischen Figuren, mit A, B, C, . . . a, b . . . etc.

590. Beim Lesen: Sehen des Wortbilds: "Ich habe das Wort flüchtig gesehen" – das ist ein besonderes Erlebnis, läßt sich nicht durch einen Film darstellen.

591. Denk dir eine Geisteskrankheit, in welcher man Namen nur in Anwesenheit ihrer Träger gebrauchen und verstehen kann. [Vgl. Z 714.]

592. Es könnte von Zeichen ein Gebrauch gemacht werden solcher Art, daß die Zeichen nutzlos würden (daß man sie vielleicht vernichtete), sobald der Träger aufhörte zu existieren.

In diesem Sprachspiel müßte sozusagen der Name den Gegenstand an einer Schnur haben; und hört der Gegenstand auf zu existieren, so kann man den Namen, der mit ihm zusammen gearbeitet hat, wegwerfen. [Vgl. Z 715.]

593. "Ich beabsichtige dorthin zu gehen": *Beschreibung* eines Seelenzustands, oder *Äußerung*? – Wenn man sich ein Modell der Seele vorstellt, so könnte der Satz eine Beschreibung des Modells im gegenwärtigen Zustand sein. Der Mensch schaut seine Seele an und sagt: . . . Ist es ein gutes, oder ein schlechtes Modell? – wie wäre das zu entscheiden? Die Frage ist: Wie würde es als Zeichen *verwendet*?

594. "Ich beabsichtige . . ." *könnte* man als Aussage verwenden: "Ich tue etwas, was dieser Absicht gemäß ist" z.B.: ich packe für die Reise, bereite mich so oder so, durch Überlegungen oder Handlungen, auf die Reise vor. So *könnte* man ein Verbum verwenden. Etwa entsprechend dem Ausdruck "Ich handle in der Absicht. . . ."

595. Beschreibung meiner Seelenzustände: des Wechsels von Furcht und Hoffnung z.B. "Am Vormittag war ich voller Hoffnung, dann . . .". Jeder würde das eine Beschreibung nennen. Aber es ist charakteristisch dafür, daß dieser Beschreibung parallel eine meines Benehmens gehen könnte.

596. Vergleiche den Ausdruck der Furcht und Hoffnung mit dem des 'Glaubens', das und das werde geschehen. – Man nennt darum auch Hoffnung und Furcht "Gemütsbewegungen", den Glauben (oder *das* Glauben) aber nicht.

597. Wenn ich sage: "Die Absicht, es zu tun, wurde von Stunde zu Stunde stärker" – dies wird man Beschreibung nennen. Aber dann doch auch *dies*: "Ich beabsichtigte die ganze Zeit. . . ."

Vergleiche nun "Ich glaubte die ganze Zeit an's Gravitationsgesetz" mit "Ich glaubte die ganze Zeit, ein leises Flüstern zu hören". Im ersten Fall ist "Glauben" ähnlich verwendet, wie "Wissen". ('*Hätte* man mich gefragt, so *hätte* ich gesagt. . . .') Im zweiten Fall haben wir eine Tätigkeit, ein Vermuten, Lauschen, Zweifeln, etc. Und *bezeichnet* auch "glauben" nicht diese Tätigkeit, so ist es doch sie, die uns sagen läßt, wir *beschrieben* hier einen Seelenzustand oder eine seelische Tätigkeit. – Wir könnten das auch so sagen: Wir machen uns ein Bild des Menschen, der die ganze Zeit glaubt, ein leises Geräusch zu hören. Aber nicht eines des Menschen, der an die Richtigkeit des Gravitationsgesetzes glaubt.

598. Ich beabsichtige (könnte man sagen) heißt nicht: "Ich bin dabei, zu beabsichtigen", oder "Ich bin beim Beabsichtigen" (wie man sagt, ich bin beim Zeitunglesen). Wohl aber: "Ich bin dabei, meine Reise zu planen" etc.

Wir haben kein einzelnes Verbum, könnten es aber haben (und vielleicht existiert es wirklich in einer wenig bekannten Sprache), das ausdrückt: "in der und der Absicht handeln und denken."

599. "Ich beabsichtige . . ." ist *nie* eine Beschreibung, aber unter gewissen Umständen läßt sich eine Beschreibung daraus entnehmen.

600. Zu sich selbst reden. "Was geschieht da?" Falsche Frage! Nicht nur kann man nicht sagen, was geschieht – auch nicht: man wisse nicht, was geschieht – auch nicht, man wisse nur das und das darüber! Aber auch das ist falsch zu sagen: Es ist eben ein spezifischer Vorgang, der sich durch nichts beschreiben läßt, als eben mit diesen Worten. – Die Begriffe 'Beschreibung' und 'Bericht'. Man sagt: Einer berichtet, er habe zu sich selbst gesagt. . . . In wiefern ist das zu vergleichen dem 'Bericht', er habe z.B. gesagt . . .? Vergegenwärtigen wir uns, daß *Beschreiben* ein sehr spezielles *Sprachspiel* ist. – Wir müssen diese harte Unterlage unserer Begriffe umgraben.

601. Begriffe *können* einen Unfug erleichtern, oder erschweren; begünstigen, oder hemmen. [VB, S. 108.]

602. Es ist ganz richtig: man kann sich nicht eine Erklärung von 'rot', oder 'Farbe' vorstellen. Aber nicht, weil das Erlebte etwas Spezifisches ist, sondern weil das Sprachspiel es ist.

603. "Man kann einem Menschen nicht erklären, was *Rot* ist." – Wenn man es nun dennoch könnte, – ist es dann nicht, was wir "rot" nennen?

Denken wir uns Menschen, die eine Zwischenfarbe, von Rot und Gelb z.B., durch eine Art binären Dezimalbruch *so* ausdrücken: R,LLRL u. dergl., wo auf der rechten Seite z.B. Gelb steht, auf der linken Rot. – Diese Leute lernen schon im Kindergarten, Farbtöne in dieser Weise beschreiben, nach solchen Beschreibungen Farben auszuwählen, zu mischen, etc. Sie verhielten sich zu uns ungefähr, wie Leute mit absolutem Gehör zu Leuten, denen dies fehlt. *Sie können tun*, was wir nicht können. [Vgl. Z 368.]

604. Und hier möchte man sagen: "Ist das denn aber auch vorstellbar? Ja, das *Benehmen* wohl! aber auch der innere Vorgang, das Farberlebnis?" Und was man auf so eine Frage sagen soll, ist schwer zu sehen. Wenn uns Leute mit absolutem Gehör noch nicht begegnet wären, würde uns die Existenz solcher Leute doch sehr wahrscheinlich vorkommen? [Vgl. Z 369.]

605. Wenn Einer sagte "Rot ist zusammengesetzt" – so könnten wir nicht erraten, worauf er damit anspielt, was er mit diesem Satz wird anfangen wollen. Sagt er aber: "Dieser Sessel ist zusammengesetzt", so mögen wir zwar nicht gleich wissen, von welcher Zusammensetzung er spricht, können aber gleich an mehr als einen Sinn für seine Aussage denken.

Was für eine Art von Faktum ist nun dies, worauf ich aufmerksam machte?

Jedenfalls ist es ein *wichtiges* Faktum. – Uns ist keine Technik geläufig, auf die dieser Satz anspielen könnte. [Vgl. Z 338.]

606. Wir beschreiben hier ein Sprachspiel, welches wir *nicht lernen können*. [Vgl. Z 339.]

607. "Dann muß etwas ganz anderes in ihm vorgehen, etwas, was wir nicht kennen." – *Das zeigt uns*, wonach wir bestimmen, ob 'im Andern' etwas anderes als, oder dasselbe wie, in uns stattfindet. Das zeigt uns, *wonach* wir die inneren Vorgänge beurteilen. [Vgl. Z 340.]

608. "Rot ist nicht zusammengesetzt" – und was ist Rot?! – Da möchten wir einfach auf etwas Rotes zeigen; und wir vergessen, daß, wenn jene Aussage einen Sinn haben soll, uns mehr gegeben sein muß, als die hinweisende Definition. Wir verstehen noch garnicht, was der Sinn eines Satzes von der Form "X ist nicht zusammengesetzt" ist, wenn für X ein Wort gesetzt wird, welches den Gebrauch unserer Farbwörter hat.

609. Es ist Tatsache: "Rot" *wird* einem nicht durch Worte ohne Bezug auf ein Farbmuster erklärt. Sollte das nicht wichtig sein?

610. "Wie könnte man Rot Einem erklären wollen, da es doch ein bestimmter Sinneseindruck ist, und nur der ihn kennt, der ihn hat (oder gehabt hat) – und erklären nur heißen kann: ihn im Andern *erzeugen*!" –

611. "Wer absolutes Gehör hat, muß ein anderes Tonerlebnis haben, als ich." – Und Jeder, der absolutes Gehör hat, das gleiche? Und wenn das nicht, – warum muß es ein anderes sein, als das meine?

612. Denk dir, um Einem 'Rot' zu erklären, zeigen wir ihm ein etwas rötliches Schwarzbraun, und sagen: "Diese Farbe besteht aus Gelb (wir zeigen reines Gelb), Schwarz (wir zeigen es) und noch einer Farbe, die "rot" heißt." Darauf sei er nun imstande, aus einer Anzahl von Farbmustern das reine Rot auszuwählen.

613. Und merke wohl: man zeigt nicht auf Rot, sondern auf etwas Rotes. D.h. natürlich: der Begriff 'Rot' ist durch's Zeigen nicht bestimmt, und es ist nicht nur möglich "Rot" nun als Namen einer Form, z.B. zu deuten, sondern auch als Begriffswort, das einem Farbwort *viel näher* steht.

614. Die *Verwendung* eines Wortes ist nicht: etwas zu *bezeichnen*.

615. Kannst *du* dir vorstellen, was der rot-grün Blinde sieht? Kannst du das Bild des Zimmers malen, wie er es sieht? [Vgl. Z 341.]

616. "Wer alles nur grau, schwarz und weiß sähe, dem müßte etwas *gegeben* werden, damit er wüßte, was Rot, Grün, etc. ist." Und was müßte ihm gegeben werden? Nun, die Farben. Also z.B. *dies*, und *dies*, und *dies*. (Denk dir, z.B., daß farbige Vorbilder in sein Gehirn eingeführt werden müßten, zu den bloß grauen und schwarzen.) Aber müßte das geschehen als Mittel zum Zweck des künftigen Handelns? Oder schließt eben dies Handeln diese Vorbilder ein? Will ich sagen: "Es müßte ihm etwas gegeben werden, denn es ist klar, er könnte sonst nicht . . ." – oder: Sein sehendes Benehmen *enthält* neue Bestandteile?

Auch: was würden wir eine "Erklärung des Sehens" *nennen*? Soll man sagen: Nun, du weißt doch sonst, was "Erklärung" heißt; verwende diesen Begriff also auch hier! [Vgl. Z 342, 343.]

617. Kann ich sagen: "Schau es an! so wirst du sehen, daß es sich nicht erklären läßt." – Oder: "Trinke die Farbe Rot ein, so wirst du sehen, daß sie nicht durch etwas anderes darzustellen ist!"—Und wenn der Andere nun mir beistimmt, zeigt es, daß er dasselbe eingetrunken hat, wie ich? – Und was bedeutet nun unsere Geneigtheit, dies zu sagen? Rot erscheint uns isoliert dazustehen. Warum? Was ist dieser Schein, diese Geneigtheit *wert*? [Vgl. Z 344.]

618. Denke an den Satz "Rot ist keine Mischfarbe" und an seine Funktion.

Das Sprachspiel mit den Farben ist eben durch das charakterisiert, was wir tun können und was wir nicht tun können. [Vgl. Z 345.]

619. Rot ist etwas Spezifisches; aber das sehen wir nicht, wenn wir etwas Rotes anschauen. Sondern (wir sehen) die *Phänomene*, die wir durch das Sprachspiel mit dem Wort "rot" *abgrenzen*.

620. "Rot ist etwas Spezifisches", das müßte soviel heißen wie: "*Das* ist etwas Spezifisches" – wobei man auf etwas Rotes deutet. Aber damit das verständlich wäre, müßte man schon unsern *Begriff* 'rot', den Gebrauch jenes Musters, meinen. [Vgl. Z 333.]

621. Wenn du dich über diese Dinge wunderst, wundere dich erst über etwas anderes! Nämlich darüber, was denn Beschreibung und Bericht überhaupt leisten. Konzentrierst du darauf dein Verwundern, so werden jene andern Probleme schrumpfen.

622. Primäre Farben. Wenn bei anderen Menschen Farben, die wir Mischfarben nennen, die Rolle unserer primären Farben spielten, würden wir sagen, *ihre* primären Farben seien z.B. dieses Orange, dieses Blaurot, dieses Blaugrün, etc.? Heißt also der Satz "Rot ist eine primäre Farbe" soviel wie: Rot spielt bei uns die und die Rolle; wir reagieren auf Rot, Gelb etc. so und so? – Man denkt meistens nicht so: d.h., "Rot ist eine reine Farbe" ist ein Satz über das 'Wesen' von Rot, die Zeit tritt in ihn nicht ein; man kann sich nicht denken, daß *diese* Farbe *nicht* einfach sein könnte.

623. Der Farbenkreis: Die gleichen Abstände der primären Farben sind willkürlich. Ja, die Übergänge würden uns vielleicht einen gleichförmigeren Eindruck machen, wenn, z.B., der Punkt des reinen Blau dem des reinen Grün näher wäre, als dem des reinen Rot. Es wäre sehr merkwürdig, wenn die Gleichheit der Abstände in der Natur der Dinge läge.

624. "Ein rötliches Grün gibt es nicht" ist den Sätzen verwandt, die wir als Axiome in der Mathematik gebrauchen. [Vgl. Z 346.]

625. Die Menschen zählen und rechnen: Beschreibe, was sie da tun! Sollen in dieser Beschreibung auch Sätze vorkommen, wie *der*: "Er verstand nun, wie er die Reihe fortzusetzen hatte" – oder: "Er ist nun imstande, jede beliebige Multiplikation auszuführen"? Und ist *der* Satz zuzulassen: "Er sah nun im Geist die ganze Zahlenreihe vor sich"?

Solche Sätze können in der Beschreibung vorkommen; aber können wir nicht verlangen, daß ihr Gebrauch uns erklärt werde; damit uns keine falschen, oder irrelevanten Vorstellungen unterlaufen?

Es ist hier die Frage, für wen wir die Beschreibung geben. Von wem sagen wir, er sei imstande, beliebige Multiplikationen auszuführen? Wie kommt man überhaupt zu diesem *Begriff*? Und für wen, unter welchen Umständen, wird diese Beschreibung wichtig sein?

626. 'Rot ein degeneriertes Grün.' Wenn man ein Blatt von Grün in's Rote spielen sieht, sagt man, das Grün sei kränklich und im Roten ganz degeneriert. Man schneidet etwa, wenn man die rote Farbe sieht, immer ein Gesicht.

Könnte man nun nicht Rot erklären als die äußerste Degeneration von Grün?

627. "Man kann niemandem *erklären*, was Rot ist!" – Wie kommt man überhaupt auf die Idee; bei welchem Anlaß sagt man das?

628. "Farben sind etwas Spezifisches. Durch nichts anderes zu erklären." Wie gebraucht man dieses Instrument? – Beschreibe das Spiel mit Farben! Das Benennen von Farben, das Vergleichen von Farben, das Erzeugen von Farben, den Zusammenhang zwischen Farbe und Licht und Beleuchtung, den Zusammenhang der Farbe mit dem Auge, der Töne mit dem Ohr, und unzähliges andere. Wird sich hier nicht das 'Spezifische' der Farbe zeigen? Wie zeigt man Einem eine Farbe; und wie einen Ton?

629. Wenn wir in Gedanken zu uns selber reden: "Es geschieht etwas; das ist sicher." Aber der *Nutzen* dieser Worte ist uns in Wirklichkeit ebenso unklar, wie der besondern psychologischen Sätze, die wir erklären wollen.

630. Statt des Unzerlegbaren, Spezifischen, Undefinierbaren: die Tatsache, daß wir so und so handeln, z.B., gewisse Handlungen *strafen*, den Tatbestand so und so *feststellen, Befehle geben,* Berichte erstatten, Farben beschreiben, uns für die Gefühle der Andern interessieren. Das hinzunehmende, gegebene – könnte man sagen – seien Tatsachen des Lebens.[1] [Vgl. PU, S. 226d.]

631. Wir beurteilen das Motiv einer Tat nach dem, was der Mensch, der sie verübt hat, uns sagt, nach dem Bericht von Augenzeugen, nach der Vorgeschichte. So *beurteilen* wir die Motive eines Menschen. Aber das scheint uns nicht auffallend, daß es so etwas wie die 'Beurteilung der Motive' gibt. Daß dies ein ganz eigentümliches Sprachspiel ist – daß der Tisch und der Stein keine Motive haben. Daß es zwar auch die Frage gibt: "Ist das eine zuverlässige Art, die Motive eines Menschen zu beurteilen?" – aber uns schon bekannt sein muß, was denn überhaupt die "Beurteilung von Motiven" heißt. Es muß schon eine Technik geben, an die wir hier denken, damit wir von einer Abänderung dieser Technik reden können, die wir als zuverlässigere Beurteilung eines Motivs bezeichnen. [Vgl. PU, S. 224j.]

632. Man beurteilt die Länge eines Stabes, und man kann eine Methode suchen und finden, um sie genauer, richtiger, zu beurteilen. Also – sagst du – ist, *was* wir hier beurteilen, von der Methode des Beurteilens unabhängig, man kann, was Länge *ist*, nicht mit Hilfe der Methode der Längenbestimmung erklären. Aber wer so denkt, macht einen Fehler. Was für einen Fehler? – Wie seltsam wäre es, zu sagen: "Die Höhe des Himalaja hängt davon ab, wie man ihn ersteigt." "Die Länge immer genauer messen", das möchte man damit vergleichen, näher und näher an ein Objekt heranzukommen. Aber es ist eben nicht in allen Fällen klar, was es heiße "näher und näher an die Länge des Stabes herankommen". Und man kann nicht sagen: "Du weißt doch, was die Länge eines Stabes ist; und du weißt, was 'sie bestimmen' heißt; *darum* weißt du, was es heißt 'die Länge immer genauer bestimmen'."

Was es heißt, eine genauere Bestimmung der Länge des Stabes zu suchen, ist unter gewissen Umständen klar, und unter gewissen Umständen nicht klar und bedarf einer neuen Bestimmung. Was "die Länge bestimmen" heißt, lernt man nicht dadurch, daß man lernt, was die Länge ist und was bestimmen ist; sondern die Bedeutung des Wortes Länge lernt man u.a. dadurch, daß man lernt, was

[1] Var. "seien *Lebensformen*".

Längenbestimmung ist. 'Die Längenbestimmung verfeinern' ist eine neue Technik, die unseren Längenbegriff modifiziert. [Vgl. PU, S. 225a.]

633. Wenn man einfache Sprachspiele beschreibt zur Illustration, sagen wir, dessen was wir das 'Motiv' einer Handlung nennen, dann werden einem immer wieder verwickeltere Fälle vorgehalten, um zu zeigen, daß unsere Theorie den Tatsachen noch nicht entspricht. Während verwickeltere Fälle eben verwickeltere Fälle sind. Handelte es sich nämlich um eine Theorie, so könnte man allerdings sagen: Es nützt nichts diese speziellen Fälle zu betrachten, sie geben keine Erklärung gerade der wichtigsten Fälle. Die einfachen Sprachspiele dagegen spielen eine ganz andere Rolle. Sie sind Pole einer Beschreibung, nicht der Grundstock einer Theorie.

634. "Wie kommt es, daß es mir scheint, daß dieser Farbeindruck, den ich jetzt habe, von mir als das Spezifische, Unzerlegbare erkannt wird?" – Frage stattdessen, wie es kommt, daß wir dies sagen wollen. Und die Antwort *darauf* ist nicht schwer zu finden. Und es ist ja auch eine seltsame Frage: warum es uns so '*scheine*', als. . . . Denn schon in diesem Ausdruck liegt ein Mißverständnis.

635. Denke, du solltest beschreiben, wie Menschen das Zählen (im Dezimalsystem z.B.) lernen. Du beschreibst, was der Lehrer sagt und tut, und wie der Schüler sich daraufhin verhält. In dem, was der Lehrer sagt und tut, werden sich z.B. Worte und Gebärden finden, die den Schüler zum Fortsetzen einer Reihe aufmuntern sollen; auch Worte wie "Er kann jetzt zählen". Soll nun die Beschreibung, die ich von dem Vorgang des Lehrens und Lernens gebe, außer den Worten des Lehrers auch mein eigenes Urteil enthalten: der Schüler könne jetzt zählen, oder: der Schüler habe nun das System der Zahlworte verstanden? Wenn ich so ein Urteil nicht in die Beschreibung aufnehme, – ist sie dann unvollständig? und wenn ich es aufnehme, gehe ich über die bloße Beschreibung hinaus? – Kann ich mich jener Urteile enthalten mit der Begründung: "*Das ist alles, was geschieht*!" [Vgl. Z 310.]

636. Muß ich nicht vielmehr fragen: "Was tut die Beschreibung überhaupt? wozu dient sie?" – Was eine vollständige und eine unvollständige Beschreibung ist, wissen wir allerdings in anderem Zusammenhang. Frage dich: Wie verwendet man die Ausdrücke "vollständige" und "unvollständige Beschreibung"?

Eine Rede vollständig (oder unvollständig) wiedergeben. Gehört dazu auch die Wiedergabe des Tonfalls, des Mienenspiels, der

Echtheit oder Unechtheit der Gefühle, der Absichten des Redners, der Anstrengung des Redens? Ob das oder jenes für uns zur vollständigen Beschreibung gehört, wird vom Zweck der Beschreibung abhängen, davon, was der Empfänger mit der Beschreibung anfängt. [Vgl. Z 311.]

637. Der Ausdruck "Das ist alles, was *geschieht*" grenzt ab, was wir "geschehen" nennen. [Vgl. Z 312.]

638. Mein Urteil "Der Schüler kann jetzt zählen" gebe ich zu gewissen Zwecken ab. Man gibt ihm daraufhin etwa eine Anstellung. Sagst du "So ist also dies Urteil kein Teil der Beschreibung des Lernens, sondern eine Vorhersage" – so antworte ich: "Du kannst es so oder so auffassen." Du kannst sagen, du beschriebest den Zustand des Schülers. –

639. Denk dir Rot als den Gipfel aller Farben angesehen. Die besondere Rolle des Dreiklangs in unserer Musik. Unser Unverständnis für die alten Kirchentonarten.

640. Unter welchen Umständen würde man sagen, diese Menschen fassen alle Farben als Grade *einer* Eigenschaft auf?

641. Kannst du dir denken, daß wir Blau und Rot immer als die beiden äußersten Pole einer Veränderung von Violett ansähen? Man könnte dann Rot ein ganz hohes Violett und Blau ein ganz tiefes Violett nennen.

642. Oder denk dir eine Welt, in welcher Farben beinahe immer in regenbogenartigen Übergängen vorkämen. So daß man etwa eine grüne Fläche, wenn sie ausnahmsweise einmal vorkommt, als Modifikation eines Regenbogens ansieht.

643. Kann ich denn aber nun sagen, daß, wenn *dies* die Tatsachen wären, die Menschen diese Begriffe hätten? Doch gewiß nicht. Wohl aber dies: Denke nicht, daß unsere Begriffe die einzig möglichen, oder vernünftigen sind; wenn du dir ganz andere Tatsachen, als die, die uns ständig umgeben, vorstellst, so werden dir andere Begriffe als die unsern natürlich erscheinen. [Vgl. PU, S. 230b.]

644. Glaub doch nicht, daß du den Begriff der Farbe in dir hältst, weil du auf ein färbiges Objekt schaust, wie immer du schaust.

(So wenig, wie du den Begriff der negativen Zahl besitzt, dadurch, daß du Schulden hast.) [Vgl. Z 332.]

645. Angenommen, wir kennten ein Volk, welches eine gänzlich andere Form der Farbaussagen hätte, als die unsere: wir nehmen dann meistens an, daß es ein Leichtes ist, diese Leute unsere Ausdrucksform zu lehren. Und daß, wenn sie beide Ausdrucksformen beherrschen, sie deren Unterschied als unwesentlich anerkennen werden. (Das Geschlecht unserer Hauptworte.) Ist das so? Muß es so sein?

Denken wir uns, Leute hätten für zwei Abschattungen von Blau zwei verschiedene einfache Namen, und für sie wären die Farben *sehr* verschieden, die es für uns nicht sind. Wie würde sich das äußern? Und denken wir uns auch das Umgekehrte: daß für ein Volk Rot und Blau nur 'dem Grade nach' verschieden wären, nicht 'gänzlich verschiedene Farben'. Und was wären *hierfür* die Kriterien?

Wir sagen, in der Tonleiter kehre nach je 7 Tönen der gleiche Ton wieder. Was heißt es: "Wir *empfinden* ihn als den gleichen"? Ist, daß wir ihn den gleichen nennen, nur ein sprachlicher *Zufall*?

646. Den Schwachsinnigen stellt man sich unter dem Bild des Degenerierten, wesentlich Unvollständigen, gleichsam Zerlumpten vor. Also unter dem der Unordnung, statt der primitiveren Ordnung (welches eine weit produktivere Anschauungsart wäre). [Vgl. Z 372.]

647. Zählen, Rechnen, etc., in einem abgeschlossenen System, so wie eine Melodie abgeschlossen ist. Die Leute zählen etwa mit Hilfe der Töne einer besonderen Melodie; am Ende der Melodie kommt die Zahlenreihe zu einem Ende. – Soll ich sagen: Es gibt natürlich noch weitere Zahlen, nur erkennen diese Leute sie nicht? Oder soll ich sagen: Es gibt noch ein anderes Zählen – das, was *wir* tun – und das kennen (tun) jene Leute nicht.

648. Der Begriff des Erlebnisses: Ähnlich dem des Geschehens, des Vorgangs, des Zustands, des Etwas, der Tatsache, der Beschreibung und des Berichts. Hier, meinen wir, stehen wir auf dem harten Urgrund, und tiefer als alle speziellen Methoden und Sprachspiele. Aber diese höchst allgemeinen Wörter haben eben auch eine höchst verschwommene Bedeutung. Sie beziehen sich in der Tat auf eine *Unmenge* spezieller Fälle, aber das macht sie nicht *härter*, sondern es macht sie eher flüchtiger.

649. Das Rechnen im Kopf ist vielleicht der einzige Fall, in welchem von der Vorstellung ein regelmäßiger Gebrauch im Alltagsleben gemacht wird. Darum hat es besonderes Interesse.

"Aber ich *weiß*, daß etwas in mir vorgegangen ist!" Und was? War es nicht, daß du im Kopf gerechnet hast? – So ist also das Kopfrechnen *doch* etwas Spezifisches!

Überlege dir erst: Wie gebraucht man überhaupt die Beschreibung "Er rechnet im Kopf", "Ich rechne im Kopf". Die Schwierigkeit, auf die man stößt, ist eine Vagheit in den Kriterien für das Stattfinden des geistigen Vorgangs. Ließe sich die beseitigen?

650. Kann man sich das Kopfrechnen *vorstellen*?

651. Man kann wahrnehmbar rechnen und im Kopf rechnen: Könnte man im Kopf auch etwas tun, was man wahrnehmbar *nicht* tun kann, wofür es kein wahrnehmbares Äquivalent gibt?

Wie wäre es, wenn Leute für das Kopfrechnen eine Bezeichnung hätten, die es nicht unter die *Tätigkeiten* einreihte und schon erst recht nicht unter die des Rechnens? Sie bezeichnen es etwa als ein *Können*. Ich nehme an, sie gebrauchen radikal von dem unsern verschiedene *Bilder*.

652. Wenn aber nun Einer sagte: "So ist alles, was geschieht, doch, daß er so und so *reagiert*, sich benimmt" – so ist hier wieder ein grobes Mißverständnis. Denn hat also der, welcher erzählte "Ich habe die Multiplikation ohne zu schreiben, etc., in irgend einem Sinn *gerechnet*" – hat dieser *Unsinn* geredet, oder etwas Falsches berichtet? Es ist eine andere Sprachverwendung, als die der Beschreibung eines Benehmens. Aber man könnte allerdings fragen: Worin besteht die Wichtigkeit dieser neuen Sprachverwendung? Worin besteht z.B. die, der Äußerung der Intention? –

653. "Wie, wenn Einer Vorstellungsbilder hätte von der Intensität, Deutlichkeit, von Nachbildern z.B.; wären das Vorstellungen, oder wären es Halluzinationen, – auch wenn er sich der Unwirklichkeit des Gesehenen voll bewußt ist?" Vor allem: Wie weiß ich, daß er Bilder von dieser Deutlichkeit sieht? Er sagt es etwa. Ein Unterschied wäre der, daß seine Bilder von ihm 'unabhängig' sind. Was heißt das? – Er könnte sie nicht durch Gedanken verscheuchen. Stelle ich mir z.B. den Tod meines Freundes vor, so kann man mir sagen "Denk nicht daran, denk an etwas anderes"; aber das würde man mir nicht sagen, wenn ich das Ereignis z.B. im Film vor mir sähe. Und so würde ich dem, der mir in dem angenommenen Fall sagte, denk nicht daran, antworten: "Ich mag daran denken oder nicht, – ich *sehe* es."

654. Nimm den Gebrauch des englischen "this", "that", "these", "those", "will", "shall": Regeln für den Gebrauch dieser Wörter zu

geben, wäre schwer. Es ist aber möglich ihn zu *verstehen*, sodaß du dann geneigt wärest, zu sagen: "Wenn man einmal das richtige *Gefühl* für den Sinn dieser Wörter hat, dann kann man sie auch anwenden." Man könnte also auch diesen Wörtern eine eigentümliche Bedeutung in der englischen Sprache zuschreiben. Ihr Gebrauch wird sozusagen als *eine* Physiognomie empfunden.

655. *Kopfrechnen* auf Befehl. Laß dich durch die Kombination bekannter Wörter nicht verhindern, das Sprachspiel von Grund auf zu untersuchen.

Bedenke, daß man Einen das Kopfrechnen lehrt, indem man ihm befiehlt zu *rechnen*! Aber müßte das sein? Könnte es nicht sein, daß ich ihm, um ihn zum Kopfrechnen zu bringen, nicht sagen dürfte "Rechne!", sondern vielleicht: "Tu etwas *anderes*, aber finde das Resultat." Oder: "Schließ den Mund und die Augen und rühr dich nicht, und du wirst die Antwort lernen."

Ich will doch sagen, daß man das Kopfrechnen nicht aus dem Gesichtspunkt des *Rechnens* betrachten muß, obwohl es *wesentlich* mit dem Rechnen zusammenhängt.

Ja auch nicht unter dem Gesichtspunkt des 'Tuns'. Denn Tun ist etwa, was man Einem *vormacht*.

656. Ich will sagen: Es ist nicht notwendig, Reaktionen, die von den unsern verschieden sind, und daher vielleicht anderen Begriffsbildungen günstig sind, als Folgen, oder Äußerungen, ihrer Natur nach verschiedener (innerer) Vorgänge zu deuten.

Es ist nicht notwendig, zu sagen: Hier handelt es sich um verschiedene innere Vorgänge.

657. Wir haben einerseits seine Fähigkeit, ohne wahrnehmbares Rechnen Stufen der Rechnung mitzuteilen – anderseits die Äußerungen, die er zu machen geneigt ist; wie etwa *die*: "Ich habe in meinem Inneren gerechnet." Die Erscheinungen der ersten Art *könnten* uns zu einer bildhaften Beschreibung bringen "Es ist, als rechnete er irgendwie und irgendwo, und teilte uns Stufen dieser Rechnung mit". Das, was er zu sagen geneigt ist, können wir als Ausdrucksweise unserer Sprache annehmen, oder auch nicht. Wir könnten ihm z.B. sagen: "Du rechnest doch nicht 'in deinem Innern'! Du rechnest *uneigentlich.*" Und nun sagt er in Zukunft *dies*.

658. "Aber ich *weiß* doch, daß ich *wirklich* rechne – wenn auch nicht für den Andern wahrnehmbar!" Dies könnte man als typische Äußerung eines geistig zurückgebliebenen auffassen.

659. Aber wenn wir so mit dem innern Vorgang aufräumen, – bleibt nun nur noch der äußere? – Es bleibt nicht das Sprachspiel der Beschreibung des äußern Vorgangs allein, sondern auch das, welches von der Äußerung ausgeht. Wie immer auch unsere Ausdrucksweise lautet; wie immer z.B. sie die Beziehung zum 'äußern' Rechnen macht.

660. Wenn dir plötzlich ein Thema, eine Wendung, etwas sagt, so brauchst du dir's nicht erklären zu können. Es ist dir plötzlich auch *diese* Geste zugänglich. [Vgl. Z 158.]

661. Vergleich von körperlichen Vorgängen und Zuständen, wie Verdauung, Atmung, etc., mit geistigen, wie Denken, Fühlen, Wollen etc. Was ich betonen will, ist gerade die Unvergleichbarkeit. Eher, möchte ich sagen, wären die vergleichbaren Körperzustände: *Geschwindigkeit* der Atmung, *Unregelmäßigkeit* des Herzschlags, *Zuverlässigkeit* der Verdauung, und dergleichen. Und freilich könnte man sagen, daß diese alle das Verhalten des Körpers charakterisieren.

662. Denk dir einen Stamm von Leuten, die nicht sagen "er hat Schmerzen", "wir haben Schmerzen", "in ihm geht das Gleiche vor wie in mir", "diese Leute haben das gleiche seelische Erlebnis" etc.; sondern man redet wohl von einer Seele und von Vorgängen in der Seele, sagt aber, man wisse absolut nichts darüber, ob zwei Leute, von denen *wir* etwa sagen, sie hätten Schmerzen, wirklich dasselbe haben, oder etwas ganz anderes; und man sagt daher bei ihnen, die Menschen haben etwas Unbekanntes und nun folgt in ihrer Ausdrucksweise eine Bestimmung, die unserem "sie haben Schmerzen" gleichkommt. Diese Leute werden dann auch nicht sagen: "Wenn ich glaube, jemand habe Schmerzen, so glaube ich, es gehe in ihm etwas bestimmtes vor", und dergleichen.

Muß man es aber überhaupt so ansehen, daß das Schmerzsignal und die Beschreibung des Schmerzbenehmens eine begriffliche Einheit bilden?

Ich will fragen: "Wo liegt hier das Begriffliche und wo das Phänomenale?" Muß die *Sprache* eine Schmerzäußerung enthalten? Denken wir uns Leute mit einer Fingersprache. Oder Leute, die nur schreiben, nicht sprechen. Müßten die den Begriff 'Schmerz' besitzen?

663. Ist es aber leichter, sich vorzustellen, daß Leute unsern Begriff des Schmerzes nicht haben, als dies, daß sie den Begriff des physikalischen Körpers nicht haben?

664. Es ist eine wichtige Tatsache, daß wir annehmen, es sei immer möglich, Menschen, die eine andere Sprache als die unsere besitzen, unsere zu lehren. Darum sagen wir, ihre Begriffe seien die gleichen, wie unsere.

665. "Du beginnst einen Satz, an dessen letztem Ende das Verbum steht; du wirst mir doch nicht sagen, daß du den Satz zu sprechen anfingst, ohne eine Ahnung davon, was das Verbum sein werde!" – Und worin besteht die Ahnung? Und wenn nun Einer wirklich keine Ahnung davon hätte und doch fließend Deutsch spräche! Wie wird man erfahren, ob er diese Ahnung hatte?

666. Inwiefern untersuchen wir den Gebrauch von Wörtern? – Beurteilen wir ihn nicht auch? Sagen wir nicht auch, dieser Zug sei wesentlich, jener unwesentlich?

667. Man kann das Messen mit dem Meterstab beschreiben; wie kann man es begründen?

Ist der Begriff 'Schmerz' ein Instrument, das der Mensch gemacht hat; und wozu dient es?

668. Ja – wie kann man Einem befehlen, die und die Worte *so* zu meinen? Es sei denn, daß man ihm befiehlt, sie so zu verwenden. –

669. Denke, du müßtest eine Entscheidung treffen und zwar, indem du auf einen von einer Anzahl von Knöpfen drückst. Die Entscheidung, die du damit triffst, ist durch ein Wort gekennzeichnet, das auf dem Knopf steht. Es ist dann natürlich gänzlich gleichgültig, was du beim Anblick dieses Worts erlebst. Ist das Wort z.B. "weiche", so kannst du es als Adjektiv, Substantiv, oder Verbum meinen, die Entscheidung wird dadurch nicht geändert. Und ebenso, wenn du das Wort als Entscheidung *aussprichst*. Es teilt doch jedenfalls dem Andern dasselbe mit, der auf die Entscheidung wartet.

670. Wie ist es aber, wenn die Entscheidung zweier Deutungen fähig ist, und der sie hört, gibt ihr nun *eine* von ihnen? Er kann das entweder durch sein Handeln tun, oder, sozusagen, in Gedanken. Wäre aber auf die Entscheidung nicht gleich zu handeln, so könnte er sie auch hören und vorläufig *garnicht* deuten. Andererseits aber könnte er auf eine *Frage* mit einer Deutung antworten. Dies wäre eine vorläufige Reaktion.

671. Es ist eben möglich, die Worte einer bestimmten Situation gemäß und also in der und der Bedeutung auszusprechen, und dabei doch eine andere Bedeutung zu *denken.* So daß die Worte für mich also, dem Andern unbewußt, eine eigene Bedeutung haben.

672. Gefragt, werde ich vielleicht diese Bedeutung erklären, und die Erklärung hatte mir doch nicht vorgeschwebt. Was hatte also mein Geisteszustand, als ich das doppelsinnige Wort aussprach, mit den Worten der Erklärung zu tun? Inwiefern können diese Worte ihm entsprechen? Es gibt hier offenbar nicht ein Passen der Erklärung zur Erscheinung.

673. Man kann auch einen Ausdruck, während man ihn ausspricht, auf eine Weise meinen und gleich darauf retrospektiv auf eine andere.

674. Es ist uns, als gehörten zu dem Wort in seinen zwei Bedeutungen verschiedene Illustrationen; und man könne dem Wort nun wohl eine aus den beiden zusammengesetzte Illustration geben, dann sei es aber eben nicht eine der beiden dem Worte gemäßen, oder gewohnten.

Das heißt aber natürlich nicht, daß immer, wenn man von dem Wort Verwendung macht, eine der beiden Illustrationen anwesend sein muß, sondern nur, daß, *wenn* wir das Wort illustrieren, *eine* der beiden und nicht beide Bilder zu ihm gehören.

675. 'Hättest du mich gefragt, so hätte ich dir *die* Antwort gegeben.' Das bezeichnet einen Zustand; aber nicht eine 'Begleitung' meiner Worte.

676. Denke dir, Leute hätten die Gewohnheit, während des Sprechens zu kritzeln; warum sollte, was sie auf diese Weise während des Redens hervorbringen, weniger interessant sein, als begleitende Vorgänge in ihrem Geist, und warum soll das Interesse an *diesen* von anderer Art sein?

Warum *scheint* einer dieser Vorgänge den Worten das ihnen eigene *Leben* zu geben?

677. Je nachdem er das Wort *so* oder *so* gemeint hat, hat er die eine, oder andere Absicht ausgesprochen. Die eine oder andere Absicht gehabt. Und mehr kann man doch über die Wichtigkeit dieses Meinens nicht sagen.

Und da scheint es wieder, daß es weniger wichtig ist, was beim Aussprechen des einzelnen Worts ("Bank" z.B.), als was beim, und vor dem, ganzen Satz vor sich gegangen ist. Gleichsam, wie das

Gemüt den ganzen Satz illustriert hat, nicht notwendigerweise das eine Wort. Und doch, so müssen wir uns gleich gestehen, muß auch die Illustration nicht wichtig sein. Warum soll denn soviel auf sie ankommen?

Und wie kann sie dem Satz ein *bestimmtes* Leben geben, wenn die Sprache es ihm nicht gibt? Wie soll sie eindeutiger sein, als die Wortsprache?

678. Nun, das ist das Entscheidende, daß ich nicht nur nach dem Zusammenhang die Bedeutung beurteilen kann, sondern daß man nach ihr fragen kann und der Antwortende die Bedeutung nicht aus dem Zusammenhang entnimmt.

679. Ist es denn eine Selbstverständlichkeit, daß, wer die Sprache gebrauchen kann, imstande ist, die Wörter, die er versteht, deren Verwendung er versteht, zu *erklären*? Wir würden freilich sehr erstaunt sein, wenn jemand zwar das Wort "Bank" versteht, aber auf die Frage "was ist eine Bank" uns nicht antworten könnte.

Ist es nicht eines, den Satz zu verstehen "Gehen wir ein bißchen an die Sonne" – und ein anderes, das Wort "Sonne" erklären zu können? – Aber muß der, der diesen Satz versteht, nicht wissen, wie die Sonne ausschaut? So wie der, welcher den Satz "Ich habe keine Schmerzen" versteht, z.B. wissen muß, wie man sich Schmerzen zufügen kann, und wie sich Einer, der Schmerzen hat, benimmt, etc. –

680. Ferner: wenn es möglich ist, dem doppeldeutigen Wort durch öfteres Wiederholen *jede* 'Bedeutung' zu nehmen, warum sollten nicht manche Menschen, die es ohne Zusammenhang aussprechen, dies für gewöhnlich ohne ein Gefühl einer Bedeutung tun? Oder warum sollten die Menschen so ein Wort nicht mit einer Art zitternder Bedeutung aussprechen, wo kein Zusammenhang sie festhält?

681. "Was tust du aber, wenn du dem Befehl folgst 'Sag . . . und meine damit . . .'?" – Du tust nicht *etwas Anderes*. Aber auch nicht: etwas Spezifisches.

682. Jedenfalls ist das kein Sprachspiel, das man sehr früh lernt: ein Wort, isoliert, in der und der Bedeutung aussprechen. Die Grundlage ist offenbar, daß Einer sagt, er kann das Wort . . . aussprechen und dabei eine oder die andere seiner Bedeutungen meinen. Das geht leicht, wenn das Wort zwei Bedeutungen hat; aber kannst du auch das Wort "Apfel" aussprechen und Tisch damit meinen? – Ich könnte doch eine Geheimsprache benützen, in der es diese Bedeutung hat.

683. "Gib ihm diesen Befehl und mein' damit . . .!" "Sag ihm das und mein' damit . . .!" Das wäre ein merkwürdiger Befehl, den man für gewöhnlich nicht gibt. Oder ich sage Einem "Richte diese Botschaft aus" – und frage ihn nachher "Hast du sie auch so und so gemeint?".

684. Aber ist dann die Vergangenheitsform der Frage gerechtfertigt? Doch; denn ich setze eine Änderung der Gesinnung einem Gleichbleiben entgegen. Ich will wirklich nicht nur wissen, was er jetzt meint, sondern auch, was er gemeint hat. – Man könnte etwa fragen "Was meinst du? und hast du deine Gesinnung geändert?" Wenn auf diese Frage Nein zur Antwort kommt, dann hat er, was die Erklärung angibt, auch früher gemeint.

Ich will sagen: Die Kriterien für das Geschehen in der Vergangenheit sind hier andere, als etwa für das Auftauchen eines Bildes.

685. Wie soll ich also dieses psychologische Phänomen beschreiben? Daß man ein Wort auf Befehl so und so meinen kann? daß man sich einbildet, es so oder so zu meinen? Soll ich sagen, daß das Wort "meinen" hier in einem anderen Sinne gebraucht wird; daß man eigentlich ein anderes Wort gebrauchen sollte? Soll ich so ein Wort in Vorschlag bringen? – Oder ist das gerade das Phänomen, daß wir hier das Wort "meinen" gebrauchen, welches wir für einen anderen Zweck gelernt haben?

686. Ist es ein sehr primitives Sprachspiel, in dem man sagt: "Bei diesem Wort ist mir . . . eingefallen"? [Vgl. PU, S. 218b.]

687. Statt "Ich habe *das* mit dem Wort gemeint" könnte man auch sagen "Das Wort stand für . . .". Und wie konnte denn das Wort, als ich es aussprach, für dies, und nicht für jenes, stehen? Und doch hat es gerade *diesen* Anschein.

Ist also das gleichsam eine optische Täuschung? (So, als *spiegelte* das Wort den Gegenstand, den die Erklärung ihm zuordnet.) Und wenn das eine optische Täuschung ist, was verlieren Leute, die diese Täuschung nicht kennen? Sie sollten sehr wenig verlieren.

688. Das besondere Erlebnis der Bedeutung ist charakterisiert dadurch, daß wir mit einer Erklärung und der Vergangenheitsform reagieren: gerade so, als erklärten wir die Bedeutung eines Worts für praktische Zwecke. [Vgl. Z 178.]

689. Die Intention mag sich ändern und zugleich auch ein Erlebnisinhalt, aber die Intention war kein Erlebnis.

690. Einer der Grundsätze des Beobachtens müßte doch sein, daß ich das Phänomen, das ich beobachte, durch meine Beobachtung nicht störe. D.h., meine Beobachtung muß brauchbar sein, anzuwenden auf die Fälle, in denen nicht beobachtet wird.

691. Also entspricht diesem Aufzucken "Jetzt weiß ich's!" kein besonderes Erlebnis? Nein. – Denk dir den, der immer aufführt "Jetzt hab ich's!", wenn er nichts hatte; – was sollen wir von ihm sagen? Welches Erlebnis hatte er? Nicht der besondere 'Erlebnisinhalt' beim Aufzucken gibt ihm sein besonderes Interesse, und wenn Einer sagt, er habe in diesem Augenblick alles verstanden, so ist das nicht die Beschreibung eines Erlebnisinhalts. – Aber warum nicht? – Ich will unterscheiden zwischen einer Aussage, wie "Ich habe die Formel in diesem Augenblick vor mir gesehen" und einer, wie "Ich habe in diesem Augenblick die Methode erfaßt". Aber nicht, als wollte ich sagen – "weil man eine Methode nicht in einem Augenblick erfassen kann". Man kann es wohl, es geschieht sehr oft. – Ich will sagen: "'Jetzt verstehe ich's' ist ein *Signal*, nicht eine Beschreibung." Und *was* ist damit getan, daß ich dies sage? Nun, die Aufmerksamkeit wird damit auf den Ursprung so eines Signals gerichtet; die Frage "Wie lernt Einer die Worte 'Jetzt verstehe ich's' und wie, z.B., die der Beschreibung einer Vorstellung?" tritt in den Vordergrund. Denn das Wort "Signal" weist auf einen Vorgang hin, der signalisiert wird. [Vgl. PU, S. 218f.]

692. Es ist freilich die Unbestreitbarkeit, die das Bild begünstigt: es wäre hier etwas beschrieben, was nur wir sehen und nicht der Andere sieht, was also uns nahe und immer zugänglich, für den Andern aber verborgen ist, also etwas, was *in* uns selbst liegt und wir durch Schauen in uns selbst gewahr werden. Und die Psychologie ist nun die Lehre von diesem Innern.

693. Wenn ich also sagen will, daß unsere 'Äußerungen', mit denen es die Psychologie zu tun hat, durchaus nicht alle Beschreibungen von Erlebnisinhalten seien, so muß ich sagen, daß, was man Beschreibungen von Erlebnisinhalten nennt, nur eine kleine Gruppe jener 'unbestreitbaren' Äußerungen sind. Aber durch welche grammatische Züge ist diese Gruppe charakterisiert?

694. Ein Erlebnisinhalt, das ist das, was ein Bild wiedergeben kann; ein Bild in seiner subjektiven Bedeutung, wenn es besagt: "*Das* sehe ich, – was immer der Gegenstand sein mag, der diesen Eindruck hervorbringt." Denn der Erlebnisinhalt ist der private *Gegenstand*. –

Aber wie kann dann der Schmerz einen solchen Inhalt bilden? – Eher noch die Temperaturempfindung. Und der Gehörsinn ist dem Gesicht noch näher verwandt; – aber auch schon ganz verschieden.

695. Es ist uns förmlich, als hätte der Schmerz einen Körper, als wäre er ein Ding, ein Körper mit Form und Farbe. Warum? Hat er die Form des schmerzenden Körperteils? Man möchte z.B. sagen: "Ich könnte den Schmerz *beschreiben*, wenn ich nur die nötigen Worte und Elementarbedeutungen dazu hätte." Man fühlt: es fehlt einem nur die notwendige Nomenklatur. (James.) Als könnte man die Empfindung sogar malen, wenn nur der Andere diese Sprache verstünde. – Und man kann den Schmerz ja wirklich räumlich und zeitlich beschreiben. [Vgl. Z 482.]

696. Wäre die Schmerzäußerung nur ein Schreien und dessen Stärke abhängig nur von dem vorrätigen Atem, aber nicht von der Verletzung, – wären wir dann auch geneigt, den Schmerz als etwas Beobachtetes aufzufassen?

697. Warum denkst du, daß des *Andern* Schmerz ähnlich ist, wie seine Gesichtsempfindung? – Oder so: Warum gruppieren wir Gesicht, Gehör und Tastempfindung zusammen? Weil wir durch sie 'die Außenwelt kennen lernen'? Der Schmerz könnte ja als eine Art Tastempfindung aufgefaßt werden.

698. Wie ist es aber mit meiner Idee, daß wir die Stellungen und die Bewegungen unserer Glieder nicht wirklich nach den Gefühlen beurteilen, die diese Bewegungen uns geben? Und warum sollten wir die Oberflächenbeschaffenheit der Körper so beurteilen, wenn man das von unseren Bewegungen nicht sagen kann? – Was ist überhaupt das Kriterium dafür, daß unser *Gefühl* uns dies lehrt?

699. Wie beurteilt man, ob die Müdigkeit (z.B.) ein unklar lokalisiertes Körpergefühl ist?

700. Man möchte sagen "Ich glaube . . ." kann nicht *eigentlich* das Präsens von "Ich glaubte" sein. Oder: man müßte ein Verbum so gebrauchen können, daß sein Präteritum den Sinn von "ich glaubte" hat, sein Präsens aber einen andern Sinn, als unser "ich glaube". Oder auch so: Es müßte ein Verbum geben, dessen dritte Person in der Gegenwart den Sinn "er glaubt" hat, dessen erste Person aber einen andern als "ich glaube".

Aber soll es dann auch ein Verbum geben, dessen erste Person sagt "ich glaube", dessen dritte aber nicht das, was wir mit "er glaubt" meinen? Die dritte Person müßte also auch unbestreitbar sein?

701. Wie, wenn Einer sagte: "Ich *weiß*, es wird nicht regnen, aber ich *glaube*, es werde regnen"?

702. Was ist den Sinneserlebnissen gemeinsam? – Die Antwort, daß sie uns die Außenwelt kennen lehren, ist eine falsche und eine richtige. Sie ist richtig, sofern sie auf ein *logisches* Kriterium deuten soll. [Vgl. Z 477.]

703. Ließe sich ein "Ich habe gelogen" denken, das ich aus der Beobachtung meines Benehmens erschließe? Nur dann, wenn auch der Andere nicht das *Geständnis* "Ich habe gelogen" machen kann.

Beschreibt "Ich habe nicht gelogen" ein Erlebnis, oder "Ich habe diese Aussage im guten Glauben gemacht"? – Du mußt daran denken, daß ich seinen guten Glauben nicht nur aus dem und jenem Benehmen erschließe, sondern auch sein Wort dafür annehme, welches er *nicht* auf Selbstbeobachtung stützt.

704. Wie kommt es, daß ich aus meiner eigenen Aussage "Es wird regnen" nicht entnehmen kann, daß ich dies glaube? Kann ich denn gar keine interessanten Schlüsse daraus ziehen, daß ich dies gesagt habe? Sagt der Andere es, so schließe ich etwa, er werde einen Schirm mitnehmen. Warum nicht in meinem eigenen Fall?

Natürlich, die Versuchung ist hier, zu sagen: Im eigenen Falle *brauche* ich diesen Schluß nicht aus meinen Worten zu ziehen, weil ich ihn aus meinem Seelenzustand, aus meinem Glauben selbst ziehen kann.

705. Warum schließe ich nie von meinen Worten auf meine wahrscheinlichen Handlungen? Aus demselben Grunde, aus welchem ich nicht von meinem Gesichtsausdruck auf mein wahrscheinliches Benehmen schließe. – Denn nicht das ist das Interessante, daß ich nicht aus meinem Ausdruck der Gemütsbewegungen auf meine Gemütsbewegung schließe, sondern, daß ich aus jenem Ausdruck auch nicht auf mein späteres Verhalten schließe, wie dies doch die Andern tun, die mich beobachten. [Vgl. Z 576.]

706. Wer philosophiert, macht oft zu einem Wortausdruck die falsche, unpassende, Geste. [Vgl. Z 450.]

707. Wenn Einer mich auf der Straße trifft und fragt "Wohin gehst du?" und ich antworte "Ich weiß es nicht", so nimmt er an, ich habe keine bestimmte *Absicht*; nicht, ich wisse nicht, ob ich meine Absicht werde ausführen können. (Hebel.)[1] [Vgl. Z 582.]

[1] J. P. Hebel: *Schatzkästlein*. Zwei Erzählungen. (*Herausg.*)

708. Mein Über-Ich könnte von meinem Ich sagen: "Es regnet, und das Ich glaubt es", und könnte fortfahren: "Ich wird also wahrscheinlich einen Schirm mitnehmen." Und wie geht nun das Spiel weiter?

709. Betrachte auch die Aussage: "Ich werde wahrscheinlich ..." – wo das, was folgt, eine willkürliche, keine unwillkürliche Handlung ist.

710. Man sagt etwa: "Die Überzeugung *fühlt* man, man schließt auf sie nicht aus den eigenen Worten, oder ihrem Tonfall.

Aber was heißt es: man *fühle* die Überzeugung? *Wahr* ist: Man schließt nicht aus den eigenen Worten auf die eigene Überzeugung; oder auf die Handlungen, die dieser entspringen. [Vgl. PU, S. 191g.]

711. Auf die Frage "Warum schließe ich nicht aus meinen Reden auf meine wahrscheinlichen Handlungen" könnte man sagen, es ist hier so, wie ich als Beamter in einem Ministerium auf die wahrscheinlichen Entschlüsse desselben nicht aus den offiziellen *Äußerungen* schließe, da mir ja der Ursprung, die Genesis dieser Äußerungen und der Entschlüsse bekannt ist. – Zu vergleichen wäre dieser Fall dem, daß ich Selbstgespräche führe, vielleicht sogar schriftlich, die mich zu meinen lauten Äußerungen im Gespräch mit Andern führen; und nun sage ich: ich werde doch auf mein künftiges Verhalten nicht aus diesen Äußerungen schließen, sondern aus den viel verläßlicheren Dokumenten meines Innenlebens.

712. Ich weiß doch, wenn ich zornig bin, ich brauche es doch nicht aus meinem Benehmen lernen. – Aber schließe ich aus meinem Zorn auf eine wahrscheinliche Handlung? Man könnte das, glaube ich, auch so sagen: Ich verhalte mich zu meinen *Handlungen* nicht beobachtend.

713. Wenn ich Einem sage "Ich weiß, daß du so handeln wirst", so ist das beste Mittel, um diese Vorhersage wahr zu machen, das, den Andern zu der Handlung zu *überreden.*

714. Wenn ich Einem sage "Du wirst jetzt deine Hand heben", so kann diese Voraussage Grund genug dafür sein, daß sie nicht in Erfüllung geht; es sei denn, sie sei ein Befehl und der Andere respektiere ihn.

715. "Es regnet und ich glaube, daß es regnet." – Zum Wetter gewendet sage ich, daß es regnet; dann, zu mir selbst gewendet, daß

ich dies glaube. – Aber was tue ich denn, wenn ich mich zu mir wende, was beobachte ich? Denk dir, ich sage "Es regnet und ich glaube, daß es bald aufhören wird" – wende ich mich denn beim zweiten Teil der Aussage zu mir selbst? – Ja, wenn ich herausfinden will, ob *er* das glaubt, dann muß ich mich zu ihm wenden, ihn beobachten. Und wenn ich, was ich glaube, durch Beobachtung erfahren wollte, müßte ich meine *Handlungen* beobachten, ganz wie im anderen Fall die seinen.

Warum nun beobachte ich sie nicht? Sind sie für mich nicht interessant? Sie sind es scheinbar *nicht*. Ich frage einen Andern, der mich beobachtet hat, fast nie, ob er den Eindruck hat, ich glaube das und das: nämlich um auf diese Weise auf meine Handlungen in der Zukunft schließen zu können. Warum sollte denn ein wirklich guter Beobachter aus meinen Reden und Handlungen nicht mein Verhalten richtiger voraussagen können, als ich es vermag? Aber vielleicht werde ich nur dann so handeln, wie er's voraussieht, wenn er's mir nicht voraussagt.

716. Wenn ich sage "Ich erinnere mich, ich glaubte ...", so frag dich nicht "An welche Tatsache, an welchen Vorgang hat er sich erinnert?" (das wurde schon festgestellt) – sondern frag: "Was ist der Zweck dieser Rede, wie wird sie verwendet?"

717. Der Gesichtssinn, der Gehörsinn, der Tastsinn können auslassen, so daß ich blind, taub, etc. bin; aber was entspräche dem im Bereich der Intention?

Und wie benähme sich ein Mensch ohne Vorstellung? Oder einer, der nicht traurig und lustig sein kann?

718. "Die Hoffnung ist auf die Zukunft gerichtet" – aber gibt es ein Gefühl, das mit dem der Hoffnung identisch, aber auf die Gegenwart oder Vergangenheit gerichtet ist? Sozusagen dieselbe seelische Bewegung, aber mit einem andern Gegenstand? Frage dich: was wäre hier als das Kriterium der Gleichheit der Seelenbewegungen anzusehen? Damit verbunden: "Ist das Aufschrecken 'Jetzt kann ich's' ein besonderes, spezifisches, Aufschrecken?"

719. Auch wenn ich zugäbe, daß ich mehr von meinem eigenen Glauben weiß, als von dem des Andern, so müßte ich dann doch sagen, daß ich *eben das* von mir wissen kann, was ich vom Andern weiß, wenn auch noch viel mehr. – So müßte ich also, wenn es auch überflüssig wäre, ein Verbum auf mich so anwenden können, wie das Wort "glauben" auf den Andern. Was hindert mich daran?

720. Der Begriff der Welt des Bewußtseins. Wir bevölkern einen Raum mit Eindrücken.

721. "Die ideale Uhr würde einfach immer auf die Zeit 'Jetzt' zeigen." Hängt auch mit der Sprache zusammen, die nur meine Eindrücke im gegenwärtigen Augenblick beschreibt. Verwandt die Uraussage, die nur ein unartikulierter Laut ist. (Driesch.) Der ideale Name, der das Wort "dieses" ist.

722. Ich möchte von einem Stammbaum der psychologischen Begriffe reden. (Ist hier eine Ähnlichkeit mit einem Stammbaum der verschiedenen Zahlbegriffe?)

723. Die Schwierigkeit des Verzichtens auf jede Theorie: Man muß das und das, was so offenbar unvollständig erscheint, als etwas Vollständiges auffassen.

724. Die Angst borgt die Bilder der Furcht. "I have the feeling of impending doom."

725. Was ist aber der Inhalt, der Bewußtseinsinhalt der Angst? Die Frage ist falsch gestellt.

726. "Ein Bild (Vorstellungsbild, Erinnerungsbild) der Sehnsucht." Man denkt, man habe schon alles damit getan, daß man von einem 'Bild' redet; denn die Sehnsucht ist eben ein Bewußtseinsinhalt, und dessen Bild ist etwas, was ihm (sehr) ähnlich ist, wenn auch undeutlicher als das Original.

Und man könnte ja wohl von Einem, der die Sehnsucht auf dem Theater spielt, sagen, er erlebe, oder habe, ein Bild der Sehnsucht: nämlich nicht als *Erklärung* seines Handelns, sondern zu seiner Beschreibung. [Vgl. Z 655.]

727. Würde ich aber nicht doch sagen, daß der Schauspieler etwas der wirklichen Sehnsucht Ähnliches erlebt? Ist eben nicht doch etwas an dem, was James sagt: daß die Gemütsbewegung aus den Gefühlen des Körpers besteht, und daher, wenigstens teilweise, durch willkürliche Bewegungen reproduziert werden kann?

728. Ist, die Mundwinkel hinunterziehen, so unangenehm, so traurig, und sie hinaufziehen, so angenehm? Was ist es, was so schrecklich an der Furcht ist? Das Zittern, der schnelle Atem, das Gefühl in den Gesichtsmuskeln? – Wenn du sagst: "Diese Furcht, diese Ungewißheit ist schrecklich!" – könntest du fortsetzen: "Wenn nur dieses Gefühl im Magen nicht wäre!"?

729. Der Ausdruck "Diese Angst ist schrecklich!" ist ähnlich einem Aufstöhnen, einem Schrei. Gefragt "Warum schreist du?" – würden wir aber nicht auf den Magen, die Brust, etc. zeigen, wie im Falle des Schmerzes; sondern vielleicht auf das, was uns Angst macht.

730. Wenn die Angst furchtbar ist, und wenn ich in ihr mir meiner Atmung bewußt bin und einer Spannung in meinen Gesichtsmuskeln, – sagt das, daß *diese Gefühle* mir furchtbar sind? Könnten sie nicht sogar eine Linderung bedeuten? [Vgl. Z 499.]

731. Vergleiche Furcht und Angst mit Sorge.

732. Und was ist *das* für eine Beschreibung: "Ewiges Düstere steigt herunter ..."?

So könnte man einen Schmerz beschreiben; ja sogar malen.

733. Ist nicht der 'Inhalt' das, womit man den Empfindungsraum bevölkert? Das, was in Raum und Zeit sich wandelt, vorgeht. Wenn man etwa zu sich selbst spricht, so wären es die vorgestellten Laute (und etwa Gefühle im Kehlkopf, oder dergleichen).

734. Ist Lügen ein bestimmtes Erlebnis? Nun, kann ich denn jemandem sagen "Ich werde dich jetzt anlügen" und es dann tun? [Vgl. Z 189.]

735. Inwiefern ist mir die Lüge bewußt, während ich lüge? Nur insofern, als sie mir nicht später erst zum Bewußtsein kommt, und ich doch später weiß, daß ich gelogen habe. Das sich-der-Lüge-bewußt-sein ist ein *Können*. Dem widerspricht nicht, daß es charakteristische Gefühle des Lügens gibt. [Vgl. Z 190.]

736. Das Wissen wird eben nicht in Worte *übersetzt*, wenn es sich äußert. Die Worte sind keine Übersetzung eines Andern, welches vor ihnen da war. [Vgl. Z 191.]

737. Man sagt "Ich merke an seinem Ton, daß er nicht glaubt, was er spricht", oder ich nehme es an, weil er sich im allgemeinen als unzuverlässig erwiesen hat. Wie kann ich das auf *mich* anwenden? Kann ich z.B. aus meinem Ton schließen, daß ich wahrscheinlich nicht meinen Worten gemäß handeln werde? (Und doch tut's der Andere.) Oder kann ich es aus meiner früheren Unzuverlässigkeit schließen? Das Letztere schon eher. Aber ich beurteile den Ton

meiner Stimme garnicht, wie den des andern. Ja, wenn ich mich später, etwa in einem Sprechfilm, sehen könnte, würde ich vielleicht sagen "Ich traue mir nicht recht".

738. Vor allem aber: ich scheine doch einen Ersatz für alle solche Konjekturen zu haben, einen, der sicherer ist als sie. Ich *weiß* doch, daß ich nicht glaube, was ich sage, und das gibt mir doch den besten Grund – möchte ich sagen – zur Annahme, daß ich nicht meinen Worten gemäß handeln werde. Ja; ich habe eben eine *Absicht* meine Handlungen betreffend.

739. "Ich weiß doch, daß ich lüge! Was brauche ich aus meinem Ton, etc., Schlüsse zu ziehen?" – Aber so ist es nicht. Denn die Frage ist: Kann ich aus jenem 'Wissen' die gleichen Schlüsse, auf die Zukunft z.B., ziehen, kann ich von ihm die gleiche *Anwendung* machen, wie von den beobachteten Zeichen?

740. Und ist denn die Absicht immer *ganz* klar? Ich sage z.B. "Es wird schön werden" – *halb*, weil ich es glaube, *halb*, weil ich den Andern trösten will.

741. Hintergedanken. "Ich kenne die meinen, *vermute* die seinen." Aber welches *Interesse*, welche Wichtigkeit, haben seine Hintergedanken für mich? (Nun, überlege es dir.) Und das 'Wissen' meiner Hintergedanken spielt nun wirklich dieselbe Rolle für mich, wie die Vermutung der seinen für ihn.

742. 'Nach sich selbst urteilen.' Das gibt's natürlich. Und ich schließe auch manchmal, daß der Andere Schmerzen hat; weil er sich so benimmt, wie ich in diesem Falle.

743. Man könnte sagen: Sage ich dir meine Hintergedanken, so teile ich dir gerade das mit, was du vermutest, wenn du die Hintergedanken vermutest. D.h.: wenn du die Hintergedanken, sozusagen, als aktives Prinzip vermutest, und ich äußere sie, so kannst du meine Äußerung unmittelbar zur Beschreibung jenes Agens gebrauchen. Meine Äußerung erklärt gerade das, was er erklären will.

744. "Wozu soll ich denn aus meinen eigenen Worten auf mein Verhalten schließen, wenn ich ohnehin weiß, was ich glaube?" Und wie äußert sich's, daß ich weiß, was ich glaube? Äußert es sich nicht darin: daß ich eben von meinen Worten nicht auf mein Verhalten schließe? Das ist die Tatsache.

745. Warum schließe ich nicht aus meinem Ton darauf, daß ich nicht wirklich von dem überzeugt bin, was ich sage? oder auf all das, worauf man aus diesem Letzteren schließt? – Und antwortet man "Weil ich meine *Überzeugung* kenne" – so ist die Frage "Wie zeigt sich das?" Soll ich nun sagen: "Darin, daß ich nicht daran zweifle, was sie ist"?

746. Die *Kenntnis* des Metrums. Wer das Metrum *kennt*, hört es anders.

747. Es gibt sorgenvolle Gedanken, aber nicht zahnschmerzvolle.

748. Ich pfeife jetzt einen Ton, aber auch jetzt eine Melodie.

749. Wir sagen nicht: "Ich sehe wütend aus; ich hoffe nur, ich werde keine Gewalttat begehen." Die Frage ist aber nicht: "Wie kommt das?"

750. Die Psychologie des Urteils. Denn auch das Urteil hat seine Psychologie.

Es ist wichtig, daß man sich denken kann, daß jedes Urteil mit dem Worte "Ich" beginnt. "Ich urteile, daß. . . ."

So ist also jedes Urteil eines über den Urteilenden? Insofern nicht, als ich nicht will, daß die Hauptkonsequenzen über *mich* gezogen werden, sondern über den Gegenstand des Urteils. Sage ich "Es regnet", so will ich im allgemeinen nicht, daß man antworte: "Also *so* scheint es *dir*". "Wir reden vom Wetter", könnte ich sagen, "nicht von mir".

751. "Warum aber ist die Verwendung des Zeitworts 'glauben', seine Grammatik, in so seltsamer Weise zusammengesetzt?"

Nun, sie ist nicht *seltsam* zusammengesetzt. Seltsam nur, wenn man sie mit der des Wortes "essen" etwa vergleicht.

752. "Was er wohl jetzt tun wird" sage ich, indem ich ihm zusehe. Sehe ich mir auch zu, und sage "Was ich wohl jetzt tun werde"?

753. Denke, ich bewegte mich in einem Zimmer, und hätte einen Lichtschirm vor meinen Augen, auf welchem ich mich sehe, wie ein Beobachter mich sehen würde. Ich schaue, während ich mich in dem Zimmer bewege, stets nur auf den Schirm und beobachte auf ihm mein Tun. – Was wäre nun der Unterschied zwischen den beiden Fällen: (a) Ich werde durch das, was ich auf dem Lichtschirm sehe,

gelenkt, wie durch das normale Sehen meiner Umgebung—(b) Ich bewege mich *unwillkürlich* und beobachte mich wie einen Fremden.

Aber fühle ich meine Bewegung nicht? – Aber *geschieht* mir dies Gefühl nicht, wie jeder andere Sinneseindruck?

754. Nun gut: das kinästhetische ist ein *anderes*, ein besonderes Gefühl. – Aber so ist Geruch, Gehör, etc. – Warum macht das einen solchen Unterschied?

"Innervationsgefühl" – das drückt aus, was man sagen möchte: Daß es wie ein *Impuls* ist. Aber ein Gefühl wie ein Impuls? Was ist denn ein Impuls? Ein physikalisches Bild. Das Bild eines Stoßes.

755. Was ist der Unterschied zwischen diesen Beiden: Einer Linie unwillkürlich folgen—Einer Linie mit Absicht folgen.

Was ist der Unterschied zwischen diesen Beiden: Eine Linie mit Bedacht und großer Aufmerksamkeit nachziehen—Aufmerksam beobachten, wie meine Hand einer Linie folgt. [Vgl. Z 583.]

756. Gewisse Unterschiede sind leicht anzugeben. Einer liegt im Voraussehen dessen, was die Hand tun wird. [Vgl. Z 584.]

757. Ist "Ich tue mein Möglichstes" die Äußerung eines Erlebnisses? – *Ein* Unterschied: Man sagt "Tue dein Möglichstes!" [Vgl. Z 581.]

758. Sagt man: "Gib dir dieses Muskelgefühl!"? Und warum nicht? – "Dieses"? – Welches?—Aber kann ich mir nicht ein bestimmtes Muskelgefühl geben, indem ich eben meinen Arm bewege? – Versuch's! Beweg deinen Arm, – und frag dich, welches Gefühl du dir hervorgerufen hast.

Sagte mir Einer "Beug deinen Arm und ruf dir das charakteristische Gefühl hervor" und ich beuge meinen Arm, so müßte ich ihn nun fragen: "Welches Gefühl hast du gemeint? Eine leichte Spannung im Bizeps, oder ein Gefühl in der Haut an der Innenseite des Ellbogengelenks?" Ja, ich könnte, wenn mir Einer eine Bewegung befiehlt, sie machen, und dann die Empfindungen, die sie hervorbringt, und ihren besonderen Ort beschreiben (der beinahe nie das Gelenk wäre). Und ich müßte oft auch sagen, ich habe *nichts* empfunden. Nur darf man das nicht mit der Aussage verwechseln, es sei gewesen, als wäre mein Arm *gefühllos*.

759. Liest du die Seite willkürlich? Und worin besteht hier der *Akt*? – Es kann Einer auf Befehl lesen, und zu lesen aufhören. Man kann sich auch auf Befehl etwas vorstellen. Sich z.B. in der Vorstellung ein

Gedicht aufsagen, eine Rechnung machen. *Fühlst* du's, beim Vorstellen, ob du dir etwas willkürlich oder unwillkürlich vorstellst?

Man kann sich auf Befehl Gedanken hervorrufen, Vorstellungen hervorrufen, – aber auch, und das ist etwas anderes, auf Befehl etwas denken, sich etwas vorstellen.

760. Vorstellungen, könnte man sagen, sind willkürlich, Nachbilder unwillkürlich.

761. Unwillkürlich ist, *z.B.*, die Bewegung, die man nicht hindern kann; oder die, von der man nichts weiß; oder, die geschieht, wenn man seine Muskeln geflissentlich schlaff läßt, um die Bewegung nicht zu beeinflussen.

762. Frage ich mich, wenn ich, z.B., den Andern essen sehe, ob er es willkürlich oder unwillkürlich tut? Man sagt vielleicht, ich nehme eben an, daß es willkürlich geschieht. Was nehme ich an; daß er es fühlt? Und auf bestimmte Weise fühlt?

763. Wie weiß ich, ob das Kind willkürlich oder nicht willkürlich ißt, trinkt, geht, etc.? Frage ich es, was es fühlt? Nein; essen, wie Jeder ißt, *ist* willkürlich.

764. Wenn Einer uns nun sagte, *er* esse unwillkürlich, – welche Evidenz würde mich dies glauben machen? [Vgl. Z 578.]

765. Wenn ich, um mein Aug zu schützen, die Hand plötzlich hebe, – ist die Bewegung willkürlich? – und *fühle* ich sie anders, als eine willkürliche?

766. Der Begriff der 'Anstrengung'. Fühlst du die Anstrengung? Freilich fühlst du sie. Aber *machst* du sie nicht auch? – Was sind die Zeichen der Anstrengung? Ich hebe ein schweres Gewicht mit großer Anstrengung. Meine Muskeln sind gespannt, mein Gesicht zusammengekniffen, mein Atem angehalten—aber tue ich das: geschieht es mir nicht bloß? Wie wär's, wenn es mir nur geschähe? Wie unterschiede sich der Fall von dem des Wollens? Würde ich etwa anders reden? Würde ich sagen: "Ich weiß nicht, was mir geschieht: meine Muskeln sind gespannt, mein Gesicht etc. etc."? Und sagte ich: "Nun, so entspann deine Muskeln", so würde er antworten "Ich kann nicht".

Aber wie, wenn mir Einer sagte: "Ich fühle, daß ich tun *muß*, *was immer* ich tue", und daß er sich dabei benimmt, wie jeder Andere?

767. Ist nicht, zu sagen, das kinästhetische Gefühl zeige mir die gemachte Bewegung an, analog der Ansicht, ein Merkmal des Schmerzes zeige mir seinen Ort an?

768. Wenn Einer den Schmerz durch ein Farbenbild darstellen wollte, – würde er in das Bild ein lokales Zeichen aufnehmen? Und weshalb nicht?

769. Ist nicht die Empfindung das Maß der Anstrengung? D.h.: Wenn ich sage "Ich ziehe jetzt stärker", merke ich das am Grad der Empfindung? Und was ist dagegen zu sagen? Man sagt Einem "Streng dich mehr an!" – nicht, damit er mehr empfindet, sondern mehr leistet.

770. Warum fühlt man, man könne eine Tastempfindung (ihren Inhalt) beschreiben, malen, nicht aber eine Bewegungs- oder Positionsempfindung?

771. Kannst du z.B. sagen, deine Positionsempfindung sei schwach oder stark?

Und deine Empfindungen bei der Bewegung eines Gliedes können zwar stärker oder schwächer (oder abwesend) sein, aber das ist keine Wahrnehmung der Bewegung.

772. Bewegungsempfindungen – das sind Empfindungen, die durch Bewegungen hervorgerufen werden – können z.B. Schmerzen sein.

Wie weiß man, daß es nicht diese Bewegungsempfindungen sind, die uns lehren, wie wir uns bewegen? Was wäre ein Zeichen dafür, daß es so *ist*?

773. Ist es nicht eine wichtige Tatsache, daß das Theater uns Farben und Töne vorführt, aber nicht Tastempfindungen? Man könnte sich etwa die Verwendung von Gerüchen und von Temperaturempfindungen vorstellen, aber nicht die von Tastempfindungen.

774. Einer, der mit augenscheinlicher Sorgfalt eine Nadel einfädelt und uns sagt, er tue es *unwillkürlich*. Wie könnte er diese Aussage rechtfertigen?

775. Was man wissen kann, davon kann man überzeugt sein, – und das kann man auch vermuten. (Grammatische Bemerkung.)

776. Willkürlich sind gewisse Bewegungen mit ihrer normalen *Umgebung* von Absicht, Lernen, Versuchen, Handeln. Bewegungen,

von denen es Sinn hat, zu sagen, sie seien manchmal willkürlich, manchmal unwillkürlich, sind Bewegungen in einer speziellen Umgebung. [Vgl. Z 577.]

777. Eine Kategorie psychologischer Erscheinungen (Tatsachen) wären die '*Keime*'. Aber dies Wort kann ebenso leicht der Ausdruck eines Mißverständnisses sein, wie das Wort "Tendenzerlebnis" (James). Das Wort "Brettspiel-Zug" charakterisiert auch nicht eine *Art der Bewegung*.

778. Übersetzen von einer Sprache in die andere ist eine mathematische Aufgabe, und das Übersetzen eines lyrischen Gedichts z.B. in eine fremde Sprache ist ganz analog einem mathematischen *Problem*. Denn man kann wohl das Problem stellen "Wie ist dieser Witz (z.B.) durch einen Witz in der andern Sprache zu übersetzen", d.h. zu ersetzen; und das Problem *kann* auch gelöst sein; aber eine Methode, ein System, zu seiner Lösung gab es nicht. [Vgl. Z 698.]

779. Du weißt, daß du lügst; du weißt es, wenn du lügst. Eine innere Stimme, ein Gefühl, sagt es mir? Könnte dies Gefühl mich nicht täuschen?

Sagt es mir immer eine Stimme? Und wann spricht sie? Die ganze Zeit? – Und wie weiß ich, daß ich ihr trauen kann?

780. Eine Lüge hat eine besondere Umgebung. Es gibt da vor allem ein Motiv. Eine Veranlassung.

781. Das Bewußtsein des Lügens ist von der Kategorie des Bewußtseins der Absicht.

782. Vergiß nicht: Gesicht, Gehör, Geruch, Geschmack, etc., sind Empfindungen nur, weil diesen Begriffen *etwas* gemeinsam ist—wie man Bohrer, Meißel, Axt, Knallgasgebläse, zusammennehmen könnte, weil ihnen *gewisse* Funktionen gemeinsam sind.

783. "Der Schmerz, der Ton, der Geschmack, Geruch, hat eine bestimmte Farbe." Was heißt das? (Qualität. Eigenschaftswort.)

Eine Farbe kann grün*lich* sein, oder bläu*lich* – es gibt ein Gemisch von Farben; und so auch ein Gemisch von Gerüchen, Klängen, Geschmäcken; qualitative Zwischenstufen. Wie unterscheidet man qualitative von quantitativen Zwischenstufen, ich meine, von Stufen der 'Intensität'?

Noch auszuhalten – nicht mehr auszuhalten, das sind z.B. Grade der Intensität. Denke, jemand fragte: "Wie kann ich wissen, daß, was ich als verschiedene Grade, der Lautheit z.B., empfinde, der Andere nicht als verschiedene Qualitäten, vergleichbar verschiedenen Farben, empfindet?" – Vergleiche die Reaktion auf eine Änderung der Stärke mit der auf eine Änderung der Qualität.

784. Ich fühle meinen Arm und, seltsamerweise, möchte ich nun sagen: ich fühle ihn im Raum in bestimmter Lage; als wäre nämlich das Körpergefühl in einem Raum in der Form des Arms verteilt, so daß ich, um es darzustellen, den Arm, etwa in Gips, in seiner richtigen Lage darstellen müßte. [Vgl. Z 480.]

785. Denk dir, eine Bleistiftspitze würde an irgendeiner Stelle mit meiner Haut in Berührung gebracht, so kann ich sagen, ich fühle, wo sie ist. Aber fühl' ich, *wo* ich sie fühle? "Wie weißt du, daß die Spitze jetzt deinen Schenkel berührt?" – "Ich fühle es". Dadurch, daß ich die Berührung fühle, weiß ich ihren Ort; aber soll ich darum von einem Ortsgefühl reden? Und wenn es kein Ortsgefühl gibt, warum muß es ein Gefühl der Lage geben?

786. Ja, es ist seltsam. Mein Unterarm liegt jetzt horizontal und ich möchte sagen, daß ich das fühle; aber nicht so, als hätte ich ein Gefühl, das immer mit dieser Lage zusammengeht (als fühlte man etwa Blutleere, oder Plethora) – sondern, als wäre eben das 'Körpergefühl' des Arms horizontal angeordnet oder verteilt, wie etwa ein Dunst oder Staubteilchen an der Oberfläche meines Armes so im Raume verteilt sind. Es ist also nicht wirklich, als fühlte ich die Lage meines Arms, sondern als fühlte ich meinen *Arm*, und das Gefühl hätte die und die *Lage*. D.h. aber nur: ich *weiß* einfach, wie er liegt – ohne es zu wissen, *weil*. . . . Wie ich auch weiß, wo ich den Schmerz empfinde – es aber nicht weiß, *weil*. . . . [Vgl. Z 481.]

787. Betrachte: – "Es ist nicht wahr, daß ich immer das Falsche glaube. Z.B. es regnet jetzt, und ich glaube es."

Man könnte von ihm sagen: Er spricht wie *zwei* Menschen.

788. Warum habe ich Zweifel über seine Absicht, aber nicht über die meine? Inwiefern kenne ich unzweifelhaft meine Absicht? Was ist, sozusagen, der Nutzen davon, daß ich meine Absicht *weiß*? Was nämlich ist der Nutzen, die Funktion, der Absichtsäußerung? Wann, nämlich, ist es eine Absichtsäußerung? Doch, wenn die Tat ihr folgt, wenn sie eine Vorhersage ist. Ich mache die Vorhersage, dieselbe, die der Andere aus der Beobachtung meines Verhaltens macht, *ohne* diese Beobachtung.

789. Wenn es sich um ein 'Gefühl der Unwirklichkeit' handelt, sind wir geneigt, zu sagen: "Alles, was ich weiß, ist, daß Menschen oft unter gewissen Umständen sagen, sie fühlten, es sei alles um sie 'unwirklich'. Wir wissen natürlich auch, welchen Gebrauch dieses Worts die Leute gelernt hatten, und noch einiges über ihre anderweitigen Äußerungen. Mehr wissen wir nicht." – Warum reden wir nicht auch so, wenn es sich um die Äußerung der Lust, der Überzeugung, der Willkürlichkeit und Unwillkürlichkeit von Bewegungen handelt?

790. Was sollte ich Einem antworten, der mir sagt, *er* fühle die Lage und Bewegung seiner Glieder, *ihm* sage ein *Gefühl* ihre Stellung und Bewegung? Soll ich sagen, er lüge, oder er irre sich, oder soll ich ihm glauben? Ich möchte ihn fragen, *wie* ihn ein Gefühl diese Lage, z.B., lehrt. Oder besser: wie er *weiß*, daß sein *Gefühl* ihn das lehre.

791. (Man sagt das *Gewöhnliche*, – mit der falschen Gebärde.) [Vgl. Z 451.]

792. Erinnere dich hier wieder an das Gefühl ohne Rechtfertigung und, dem Anscheine nach, ohne Grund, eine gewisse Ortschaft musse in *der* Richtung liegen. Würde uns dies Gefühl nicht zumeist täuschen, so würde man hier von einem gefühlsmäßigen *Wissen* reden. Und die Quellen dieses Gefühls lassen sich nur *vermuten*, oder erfahrungsmäßig feststellen.

793. Das Wichtigste ist hier dies: es besteht ein Unterschied; man merkt den Unterschied, 'der ein kategorischer ist' – ohne sagen zu können, worin er besteht. Das ist der Fall, in dem man gewöhnlich sagt, man erkenne den Unterschied eben durch Introspektion. [Vgl. Z 86.]

794. Und doch klingt es zuviel wie ein Appell an die Introspektion, wollte ich sagen: "Prüfe dich doch – ob du wirklich die Lage deiner Glieder nach Gefühlen in ihnen bestimmst!" – Und es wäre auch falsch, denn die Frage ist eben: Wie würde sich das zeigen, wenn Einer es täte? Denn wenn er nach einer Selbstprüfung mich versicherte, es sei so, oder es sei nicht so, – wie weiß ich, ob ich ihm trauen darf; ich meine, ob er mich auch richtig verstanden hat. Oder auch: Wie prüfe ich, ob ich ihn verstehe?

795. Es sagt mir Einer: "Ich weiß nicht, wie ich meine Finger bewege, aber ich weiß, wenn ich sie spreize durch das Gefühl in meinen Schwimmhäuten." Hier müßte man fragen: Kannst du also den Befehl "Spreiz deine Finger" mit geschlossenen Augen nicht ohne weiteres ausführen?

796. Wir fühlen unsere Bewegungen. Ja, wir *fühlen* sie wirklich; die Empfindung ist nicht ähnlich einer Geschmacksempfindung, oder einer Hitzeempfindung, sondern einer Tastempfindung: der Empfindung, wenn Haut und Muskeln gedrückt, gezogen, verschoben werden. [Vgl. Z 479.]

797. Wie kann ich bei meinen Bewegungen die Leitung des Bewegungsgefühls brauchen? denn wie kann ich, ehe die Bewegung angefangen hat, aus all den Muskeln die aussuchen, die mir das richtige Bewegungsgefühl geben werden? – Wenn es ein Problem ist "Wie weiß ich, wenn ich die Bewegung nicht sehe, daß sie, und wie weit sie, stattgefunden hat?" – warum ist es dann kein Problem: "Wie weiß ich überhaupt, wie die, sagen wir, befohlene Bewegung einzuleiten ist? (Russell machte darüber einmal eine falsche Bemerkung.)

798. Ich kann, z.B., sagen, daß ich jetzt weiß, daß mein Finger gebogen ist, daß ich aber keinerlei Gefühl in ihm habe; jedenfalls aber keines, das ich besonders mit dieser Stellung assoziiere. Wenn man mich also fragte: "Spürst du irgend etwas, wovon du sagen willst, du würdest es in der gestreckten Lage nicht fühlen; oder geht dir ein Gefühl ab, welches in der andern Lage vorhanden wäre?" – so müßte ich mit Nein antworten.

799. "Ist Vergnügen eine Empfindung?" (I. A. Richards). Das heißt also etwa: Ist Vergnügen so etwas, wie ein Ton, oder ein Geruch? – Aber ist ein Ton so etwas wie ein Geruch? Inwiefern?

800. Wer fragt, ob Vergnügen eine Empfindung ist, unterscheidet wahrscheinlich nicht zwischen Grund und Ursache, denn sonst fiele ihm auf, daß man *an etwas* Vergnügen hat, was nicht heißt, daß dies Etwas eine Empfindung in uns verursacht. [Vgl. Z 507.]

801. Aber Vergnügen geht doch jedenfalls mit einem Gesichtsausdruck zusammen, und den sehen wir zwar nicht an uns selbst, aber spüren ihn doch.

Und versuch einmal über etwas sehr Trauriges nachzudenken mit dem Gesichtsausdruck strahlender Freude! [Vgl. Z 508.]

802. Es ist ja möglich, daß die Drüsen des Traurigen anders sezernieren, als die des Fröhlichen; auch, daß diese Sekretion die, oder eine, Ursache der Trauer ist. Aber folgt daraus, daß die Trauer eine durch diese Sekretion hervorgerufene *Empfindung* ist? [Vgl. Z 509.]

803. Aber der Gedanke ist hier: "Du *fühlst* doch die Trauer—also mußt du sie *irgendwo* fühlen; sonst wäre sie eine Chimäre." Aber wenn du das denken willst, rufe dir nur die Verschiedenheit von Sehen und Schmerz ins Gedächtnis. Ich fühle den Schmerz in der Hand—und die Farbe im Auge? So wie wir hier ein Schema verwenden wollen, statt bloß das wirklich Gemeinsame zu notieren, machen wir uns ein falsch vereinfachtes Bild unserer Begriffswelt. Es ist so, als sagten wir, alle Pflanzen im Garten hätten Blüten, alle Blütenblätter – Früchte – Samen. [Vgl. Z 510.]

804. Ein Geruch kann höchst angenehm sein. Ist das Angenehme an ihm nur eine Empfindung? Dann würde also die Empfindung der Annehmlichkeit den Geruch begleiten. Wie aber würde sie sich *auf ihn beziehen*? Freilich, der Ausdruck der Annehmlichkeit ist seiner *Art* nach ähnlich dem Ausdruck einer Empfindung, insbesondere des Schmerzes. Aber Freude hat keinen Ort; es gibt freudige Gedanken, aber nicht zahnschmerzliche.

Aber – möchte man sagen – ob Freude eine Empfindung sei, oder *was* sie sei, muß man doch merken, wenn man sie hat! – (Und warum besonders, wenn man sie *hat*, und nicht, wenn man sie *nicht hat*?) Merkst du auch das *Wesen* der Eins, wenn du *einen* Apfel ißt, und das *Wesen* der Null, wenn du keinen ißt?

805. Willkürlichkeit hängt mit Absichtlichkeit zusammen. Und daher auch mit Entschluß. Man entschließt sich nicht zu einem Herzkrampf und hat ihn nun.

806. Man ruft sich ein Niesen, oder einen Hustenanfall hervor, aber nicht eine willkürliche Bewegung. Und der Wille ruft das Niesen nicht hervor und auch nicht das Gehen. [Vgl. Z 579.]

807. Empfindung, das ist das, was man für unmittelbar gegeben und konkret hält, was man nur anzuschauen braucht, um es zu erkennen; das, was wirklich da ist. (Die Sache, nicht ihr Abgesandter.)

808. "Ich weiß, ob ich meiner Überzeugung gemäß, oder ihr entgegen rede." So ist die Überzeugung das Wichtige. Im Hintergrund meiner Äußerungen. Welches *starke* Bild. Man könnte Überzeugung und Rede malen ("aus der tiefsten Brust"). Und doch, wie wenig zeigt dieses Bild!

809. "Der Geruch ist herrlich!" Ist ein Zweifel darüber, daß der Geruch es ist, der herrlich ist?

So ist es eine Eigenschaft des Geruches? – Warum nicht? Es ist eine Eigenschaft der Zehn durch Zwei teilbar zu sein, und auch, die Zahl meiner Finger zu sein.

Es könnte aber eine Sprache geben, in der die Leute nur die Augen schließen und sagen "Oh, dieser Geruch!" und es keinen Subjekt-Prädikat-Satz gibt, der dem Ausruf äquivalent ist. Das ist eben eine 'spezifische' Reaktion. [Vgl. Z 551.]

810. Ist das, wovon er sagt, er habe es, und wovon ich sage, ich habe es, ohne daß wir dies aus irgendeiner Beobachtung erschließen, – ist es dasselbe, wie das, was wir aus der Beobachtung des Benehmens des Andern und aus seiner Überzeugungs*äußerung* entnehmen? [Vgl. Z 574.]

811. Kann man sagen: Ich *schließe*, daß er handeln wird, wie *er* zu handeln *beabsichtigt*? [Vgl. Z 575.]

812. Ich schließe auf die Folgen seiner Überzeugung aus dem Ausdruck seiner Überzeugung; aber nicht auf die Folgen meiner Überzeugung aus ihrem Ausdruck.

813. Denk dir einen Beobachter, der, gleichsam automatisch, seine Beobachtung ausspricht. Ja, er hört sich reden, nimmt aber sozusagen keine Notiz davon. Er sieht, daß der Feind herannaht und meldet es, beschreibt es, aber wie eine Maschine. Wie wäre das? Nun, er handelt nicht seiner Beobachtung gemäß. Man könnte von ihm sagen, er spreche aus, was er sieht, aber er *glaube* es nicht. Es dringe, sozusagen, in ihn nicht ein.

814. Warum schließe ich aus meinen eigenen Worten nicht auf einen Zustand, aus dem Worte und Handlungen entspringen? Ich schließe, vor allem, aus meinen Worten nicht auf meine wahrscheinlichen Handlungen.

815. Gefragt "Wirst du so handeln?" – überlege ich mir *Gründe* und *Gegengründe*.

816. Aber bedenke: "Ich nehme doch manchmal des Andern Wort, – so müßte ich doch zum mindesten manchmal auch das meine dafür nehmen, daß ich der und der Überzeugung bin. Wenn ich aber, quasi automatisch, meine Beobachtung berichte, so hat dieser Bericht mit meiner Überzeugung garnichts zu tun. Wohl aber könnte ich mir,

oder meinem beobachtenden Ich, ebenso vertrauen, wie das ein Anderer tut. Ich könnte also sagen: "Ich sage 'es regnet', da wird es wohl so sein." Oder: "Der Beobachter in mir sagt 'es regnet', und ich bin geneigt, ihm zu glauben." – Ist es denn nicht so – oder ähnlich – wenn ein Mensch sagt, Gott habe zu ihm, oder durch seinen Mund, gesprochen?

817. Die *wichtige* Einsicht ist, daß es ein Sprachspiel gibt, in welchem ich, *automatisch*, eine Mitteilung mache, die von den Andern ganz so behandelt werden kann, wie eine nicht automatische—nur daß hier von einem 'Lügen' nicht die Rede sein wird—eine Mitteilung, die ich selbst wie die eines Dritten empfangen kann. Die 'automatische' Aussage, Meldung, etc., könnte man auch ein 'Orakel' nennen. – Das heißt aber freilich, daß sich das Orakel nicht der Worte "ich glaube . . ." bedienen dürfte.

818. Wo steht denn in der Logik, daß eine Behauptung nicht im Trance gemacht werden darf?!

819. "Schaue ich hinaus, so sehe ich, daß es regnet; schaue ich in mich, so sehe ich, daß ich's glaube." Und was soll man nun mit dieser Mitteilung anfangen?

820. "Angenommen, es regnet und ich glaube es nicht" – wenn ich das, was diese Annahme annimmt, behaupte, – so spaltet sich, sozusagen, meine Persönlichkeit.

"Dann spaltet sich meine Persönlichkeit" heißt: Dann spiele ich nicht mehr das gewöhnliche Sprachspiel, sondern ein anderes.

821. "Die Worte 'Es regnet' sind in seine Seele geschrieben" – dies soll so viel heißen wie (d.h. ersetzbar sein durch) "Er glaubt, daß es regnet". "Die Worte 'Es regnet' sind in meine Seele geschrieben" – heißt etwa soviel wie: "Ich kann mich von dem Glauben nicht befreien, daß . . .", "Die Idee hat von mir Besitz ergriffen, daß . . .".

Bedenke nämlich, daß die Worte "Ich glaube, es regnet" und "Es dürfte regnen" *DAS GLEICHE* sagen können: *insofern* nämlich, als es in gewissen Zusammenhängen keinen Unterschied macht, welchen der beiden Sätze wir verwenden. (Und befreie dich von der Idee, daß den einen ein anderer geistiger Vorgang begleitet, als den anderen!) Die beiden Sätze können das Gleiche sagen, obwohl dem ersten ein "Ich glaube . . ." und "Er glaubt . . ." etc. entspricht, dem zweiten nicht. Der erste ist eben mit einem andern *Begriff* gebildet. D.h.: um zu sagen, daß es vielleicht regnet, brauchen wir den Begriff "glauben" *nicht*, obschon wir ihn dazu verwenden können. Der

Begriff, ein Satz sei Einem 'in die Seele geschrieben', ist nun ein dritter Begriff, der sich in der Anwendung zum Teil mit den andern deckt, zum Teil nicht.

Ich will sagen, daß man zur Bildung der Aussage "Es dürfte ..." den 'seltsamen' Begriff 'glauben' nicht braucht, obwohl man ihn dazu gebrauchen *kann*.

822. Bedenke auch: 'Es dürfte regnen und es regnet' heißt nichts, und ebenso 'Es dürfte regnen und es regnet nicht'. Dagegen kann man sagen 'Es scheint zu regnen und es regnet' und auch 'Es scheint ... und es regnet nicht'. Und 'Es scheint zu regnen' kann den gleichen Sinn haben, wie 'Es dürfte regnen'.

823. Wie weiß ich, ich sei im Glauben: ...? Schaue ich in *mich*? Ja, nützt es mir *irgendetwas*, wenn ich mich beobachte? Nun, ich könnte mich etwa fragen: "Um wieviel würde ich in diesem Falle wetten?"

824. Verstellung, Schmerzen heucheln. Es besteht nicht einfach darin, daß man die Äußerung des Schmerzes von sich gibt, ohne Schmerzen zu haben. Es muß ein Motiv des Heuchelns da sein, also eine Situation, die nicht ganz einfach zu beschreiben ist. Sich krank und schwach stellen, um den Helfenden dann zu überfallen. – "Aber es ist doch da ein *innerer* Unterschied!" Natürlich; nur ist "innerer" hier eine gefährliche Metapher. – Aber der 'Beweis', daß ein innerer Unterschied vorliegt, ist ja, daß ich *gestehen* kann, ich habe geheuchelt. Ich gestehe eine Absicht. '*Folgt*' daraus, daß die Absicht etwas Inneres war?

825. Das 'wirklich Unendliche' ist ein 'bloßes Wort'. Besser wäre, zu sagen: dieser Ausdruck schafft vorläufig bloß ein Bild, – das noch in der Luft hängt; dessen Anwendung du uns noch schuldig bist. [Vgl. Z 274.]

826. Eine unendlich lange Kugelreihe, ein unendlich langer Stab. Denk dir, davon sei in einer Art Märchen die Rede. Welche Anwendung könnte man, wenn auch nur fiktiv, von diesem Begriff machen? Die Frage sei jetzt nicht: Kann es so etwas geben? Sondern: Was stellen wir uns vor? Laß also deiner Einbildung wirklich die Zügel schießen! Du kannst es jetzt haben, wie du willst. Du brauchst nur zu *sagen*, wie du's willst. Mach also nur ein Wortbild; illustrier es, wie du willst – durch Zeichnungen, durch Vergleiche, etc.! Du kannst also, gleichsam, eine Werkzeichnung anfertigen. Und nun ist noch die Frage, wie nach ihr gearbeitet werden kann. [Vgl. Z 275.]

827. "Wie aber kann der menschliche Geist der Wirklichkeit voranfliegen, und selbst das Unverifizierbare *denken*?" – Warum sollen wir nicht das Unverifizierbare *reden*? Wir machten es ja selbst unverifizierbar.

Es wird ein falscher *Schein* erzeugt? Und wie kann es auch nur so *scheinen?* Willst du denn nicht sagen, daß dies *So* auch nicht einmal eine Beschreibung ist? Nun, dann ist es also kein *falscher* Schein, sondern vielmehr einer, der uns der Orientierung beraubt. So daß wir eben fragen: Wie ist es möglich? [Vgl. Z 259.]

828. So wie das Wort ausgesprochen war, wünschte ich, ich hätte es nicht gesagt. – Wie bezog sich mein Wunsch auf das ausgesprochene Wort?

Ich fühlte, daß das Wort unpassend war, sobald ich es ausgesprochen hatte. Aber die *Zeichen*, an die ich mich erinnere, waren nur wie leise Andeutungen. Kleinigkeiten, aus denen ich die Absicht, den Wunsch, etc., etwa hätte *erraten* können.

Es gibt Schamanlässe – Situationen – und Schambenehmen. Sowie es Erwartungsanlässe und Erwartungsbenehmen gibt.

829. Wenn eine Katze vor dem Mauseloch lauert – nehme ich an, sie denke an die Maus?

Wenn ein Räuber auf sein Opfer wartet, – gehört dazu, daß er an diesen Menschen denkt? *Muß* er sich dabei dies und jenes überlegen? Vergleiche den, der dies zum ersten Mal tut, mit Einem, der es schon unzählige Male getan hat! (Lesen.)

830. Es könnte ein Verbum geben, welches bedeutet: die Absicht durch Worte, oder andere Zeichen, laut, oder in Gedanken, aussprechen. Dies Zeitwort wäre nicht gleichbedeutend unserem "beabsichtigen".

Es könnte ein Verbum geben, welches bedeutet: einer Absicht gemäß handeln; und dieses wäre auch nicht gleichbedeutend mit "beabsichtigen".

Wieder ein anderes könnte bedeuten; über eine Absicht brüten; oder, sie im Kopfe hin und her wälzen. [Vgl. Z 49.]

831. Wenn ich meinen Kaffee bereite, so beabsichtige ich, ihn zu trinken. Wenn ich ihn nun ohne diese Absicht bereitete – müßte da eine Begleitung dieser Handlung *FEHLEN*? Geht während des normalen Tuns irgendetwas vor sich, was es als Tun in dieser Absicht charakterisiert? Wenn man mich aber fragte, ob ich ihn zu trinken beabsichtige, und ich antwortete "ja freilich!" – würde ich etwas über meinen gegenwärtigen Zustand aussprechen?

So reagiere ich in diesem Falle; und *das* läßt sich aus meiner Reaktion entnehmen.

832. Man kann einen Glauben, Wunsch, eine Furcht, Hoffnung, Zuneigung einen Zustand des Menschen nennen; wir können auf diesen Zustand bei unserm Betragen gegen diesen Menschen rechnen, aus seinem Zustand auf seine Reaktionen schließen.

Und sagt Einer "Ich war all diese Zeit im Glauben . . .", "Ich hegte Zeit meines Lebens den Wunsch . . .", etc., so berichtet er von einem Zustand, einer Einstellung. – Sagt er aber "Ich glaube, er kommt" (oder einfach "Da kommt er") oder "Ich wünsche, daß du kommst" (oder einfach "Bitte komm!"), dann handelt er, spricht er, jenem Zustand gemäß, berichtet nicht, er befinde sich in ihm.

Aber wenn das richtig wäre, dann sollte es doch eine gegenwärtige Form jener Berichte geben, also einerseits, z.B., die *Äußerung* "Ich glaube . . .", anderseits einen *Bericht* "Ich bin im Glauben . . ." Und Ähnliches für den Wunsch, die Absicht, Furcht, etc.

833. Jemand könnte erzählen: "Ich erinnere mich meines Zustands in jenen Jahren sehr genau; wenn immer man mich fragte . . ., antwortete ich . . .; das war meine Einstellung."

834. Es gibt eine Ekel*reaktion*, in mir und im Andern, es gibt auch *Ekelgefühle*. Und darin gleichen sich Ekel, Furcht, Zuneigung, u.a.; aber nicht Hoffnung, Glaube, u.a.

835. *Gram* wiederholt sich unablässig den traurigen Gedanken. Ein Gedanke kann traurig, ekelerregend, entzückend sein, etc.; wie aber zeigt der Ausdruck, daß es dieser Gedanke ist, auf den wir so reagieren? Wie wehrt man einen Gedanken ab?

836. Soll ich den ganzen Bereich des Psychologischen den des '*Erlebens*' nennen? Also etwa alle psychologischen Verben 'Erlebnisverben' ('Erlebnisbegriffe'). Ihr Charakteristikum ist dies, daß ihre dritte Person auf Grund von Beobachtungen ausgesprochen wird, nicht aber die erste. Jene Beobachtung ist Beobachtung des Benehmens. Eine Unterklasse der Erlebnisbegriffe sind die 'Erfahrungsbegriffe'. 'Erfahrungen' haben Dauer, einen Verlauf; sie können gleichförmig, oder ungleichförmig verlaufen. Sie haben Intensität. Sie sind nicht Charaktere von Gedanken. Vorstellung ist Erfahrung. Eine Unterklasse der 'Erfahrungen' sind die 'Eindrücke'. Eindrücke

haben räumliche und zeitliche Beziehungen zueinander. Es gibt Mischeindrücke. Z.B. Gemische von Gerüchen, Farben, Klängen. 'Gemütsbewegungen' sind 'Erlebnisse', aber sind nicht 'Erfahrungen'. (Beispiele: Trauer, Freude, Gram, Entzücken.) Und man könnte unterscheiden 'gerichtete Gemütsbewegung' und 'ungerichtete Gemütsbewegungen'. Die Gemütsbewegung hat Dauer; sie hat keinen Ort; sie hat charakteristische Erfahrungen und Gedanken; sie hat einen charakteristischen *mimischen* Ausdruck. Denken ist Reden unter bestimmten Umständen, und anderes, was ihm entspricht. Gemütsbewegungen färben Gedanken. Eine Unterklasse der 'Erlebnisse' sind die Formen der 'Überzeugung'. (Glauben, Gewißheit, Zweifel, etc.) Ihr Ausdruck ist ein Ausdruck von Gedanken. Sie sind nicht 'Färbungen' von Gedanken. Die gerichteten Gemütsbewegungen könnte man auch "Stellungnahmen" nennen. Auch Überraschung und Schreck sind Stellungnahmen, und auch Bewunderung, Genuß.

837. Wohin gehört aber *Erinnerung* und wohin *Aufmerksamkeit*? Man kann sich in einem *Augenblick* einer Situation, oder Begebenheit erinnern. Insofern ist also der Begriff des Erinnerns ähnlich dem des augenblicklichen Verstehens, sich Entschließens.

838. Mein Benehmen ist eben manchmal Gegenstand meiner Beobachtung, aber doch *selten*. Und das hängt damit zusammen, daß ich mein Benehmen beabsichtige. Selbst wenn der Schauspieler im Spiegel seine eigenen Mienen beobachtet, oder der Musiker genau auf jeden Ton seines Spiels merkt und ihn beurteilt, so geschieht es doch, um seine Handlung danach zu richten. [Vgl. Z 591.]

839. Was heißt es z.B., daß Selbstbeobachtung mein Handeln, meine Bewegungen, unsicher macht?

Ich kann mich nicht unbeobachtet beobachten. Und ich beobachte mich nicht zu dem gleichen Zweck, wie den Andern. [Vgl. Z 592.]

840. Wenn ein Kind im Zorn mit den Füßen stampft und heult, – wer würde sagen, es täte dies unwillkürlich? Und warum? Warum nimmt man an, es täte dies nicht unwillkürlich? Was sind die *Zeichen* des willkürlichen Handelns? Gibt es solche Zeichen? – Was sind denn die Zeichen der unwillkürlichem Handlung. Sie folgt Befehlen nicht, wie die willkürliche Handlung. Es gibt ein "Komm her!", "Geh dort hin!", "Mach diese Armbewegung!"; aber nicht "Laß dein Herz schnell gehen!" [Vgl. Z 593.]

841. Es gibt ein bestimmtes Zusammenspiel von Bewegungen, Worten, Mienen, wie den Äußerungen des Unwillens, oder der Bereitschaft, die die willkürlichen Bewegungen des normalen Menschen charakterisieren. Wenn man das Kind ruft, so kommt es nicht automatisch: Es gibt da, z.B., die Gebärde "Ich will nicht!" Oder das freudige Kommen, den Entschluß zu kommen, das Fortlaufen mit den Zeichen der Furcht, die Wirkungen des Zuredens, alle die Reaktionen des Spiels, die Zeichen des Überlegens und seine Wirkungen. [Vgl. Z 594.]

842. Eine Melodie ging mir durch den Kopf. War es willkürlich, oder unwillkürlich? Eine Antwort wäre: Ich hätte es auch lassen können, sie mir innerlich vorzusingen. Und wie weiß ich das? Nun, weil ich mich für gewöhnlich unterbrechen kann, wenn ich will.

843. Wie könnte ich mir beweisen, daß ich meinen Arm willkürlich bewegen kann? Etwa, indem ich mir sage "Ich werde ihn jetzt bewegen" und er sich nun bewegt? Oder soll ich sagen "Einfach, indem ich ihn bewege"? Aber wie weiß ich, daß ich's getan habe und er sich nicht durch Zufall bewegt hat? Fühle ich's am Ende doch? Und wie, wenn mich meine Erinnerung an frühere Gefühle täuschte, und es also garnicht die richtigen maßgebenden Gefühle waren?! (Und welches sind die richtigen?) Und wie weiß denn der Andere, ob *ich* den Arm willkürlich bewegt habe? Ich werde ihm vielleicht sagen "Befiehl mir, welche Bewegung du willst, und ich werde sie machen, um dich zu überzeugen". – Und was fühlst du denn in deinem Arm? "Nun, das Gewöhnliche." Es ist nichts Ungewöhnliches an den Gefühlen, der Arm ist z.B. nicht gefühllos (wie wenn er 'eingeschlafen' wäre). [Vgl. Z 595.]

844. Eine Bewegung meines Körpers, von der ich nicht weiß, daß sie stattfindet, oder stattgefunden hat, wird man unwillkürlich nennen. – Wie ist es aber, wenn ich bloß *versuche* ein Gewicht zu heben, eine Bewegung also nicht stattfindet? Wie wäre es, wenn Einer sich unwillkürlich anstrengte, ein Gewicht zu heben? Unter welchen Umständen würde man *dies* Verhalten 'unwillkürlich' nennen? [Vgl. Z 596.]

845. Kann nicht die Ruhe ebenso willkürlich sein, wie Bewegung? Kann das Unterlassen der Bewegung nicht willkürlich sein? Welch besseres Argument gegen ein Innervationsgefühl? [Vgl. Z 597.]

846. "Dieser Blick war nicht beabsichtigt" heißt manchmal: "Ich wußte nicht, daß ich so geschaut habe", oder "Ich wollte nichts damit sagen".

847. Es sollte uns nicht so selbstverständlich vorkommen, daß uns das Gedächtnis den vergangenen innern Vorgang ebenso zeigt, wie den vergangenen äußern.

848. Vorstellung ist willkürlich, Erinnerung unwillkürlich, sich etwas ins Gedächtnis rufen aber willkürlich.

849. Was für ein merkwürdiger Begriff 'versuchen', 'trachten' ist; was man alles 'zu tun trachten' kann! (Sich erinnern, ein Gewicht heben, aufmerken, an nichts denken.) Aber dann könnte man auch sagen: Was für ein merkwürdiger Begriff 'tun' ist! Welches sind die Verwandtschaftsbeziehungen zwischen 'Reden' und 'Denken', zwischen 'Reden' und 'zu sich selbst reden'. (Vergleiche die Verwandtschaftsbeziehungen zwischen den Zahlenarten.) [Vgl. Z 598.]

850. Man zieht ganz andere Schlüsse aus der unwillkürlichen Bewegung, als aus der willkürlichen: das *charakterisiert* die willkürliche Bewegung. [Vgl. Z 599.]

851. Aber wie weiß ich, daß diese Bewegung willkürlich war? – Ich weiß es nicht, ich äußere es. [Vgl. Z 600.]

852. "Ich ziehe so stark, als ich kann." Wie weiß ich das? Sagt es mir mein Muskelgefühl? Die Worte sind ein Signal; und sie haben eine *Funktion*.

Aber *erlebe* ich denn nichts? Erlebe ich denn nicht etwas? etwas Spezifisches? Ein spezifisches Gefühl der Anstrengung und des Nicht-weiter-könnens, des Anlangens an der Grenze? Freilich, aber diese Ausdrücke sagen nicht mehr, als "Ich ziehe so stark, als ich kann". [Vgl. Z 601.]

853. Es ist aber doch wichtig, daß es alle diese Paraphrasen gibt! Daß man die Sorge mit den Worten beschreiben kann "Ewiges Düstere steigt herunter". Ich habe vielleicht die Wichtigkeit dieses Paraphrasierens nie genügend betont.

Man stellt die Freude dar durch ein lichtumflossenes Gesicht, durch Strahlen, die von ihm ausgehen. Natürlich heißt das nicht, daß Freude und Licht einander *ähnlich* sind; aber wir assoziieren – *gleichgültig* warum – die Freude mit dem Licht. Es *könnte* ja sein, daß diese Assoziation dem Kind, wenn es sprechen lernt, beigebracht wird, daß sie nicht *natürlicher* ist, als der Klang der Wörter selbst—genug, daß sie besteht. ("Beethoven" und Beethovens Werke.) [Vgl. Z 517.]

854. Die Trauer dem bleigrauen Himmel ähnlich?! Und wie kann man das herausfinden? Indem man den Trauernden und den Himmel betrachtet? Oder sagt es der Trauernde? Und ist es dann nur für *seine* Trauer wahr, oder für die Trauer eines Jeden?

855. Wenn aber nun Einer sagt, *seine* Trauer gleiche einer grauen Wolke, – soll ich es glauben, oder nicht? — Man könnte ihn fragen, ob sich die beiden *in etwas* gleichen, in einer bestimmten Hinsicht. (Wie z.B. zwei Gesichter; oder wie ein plötzlicher starker Schmerz einem Aufflammen.) Man kann Beziehungen – interne Beziehungen und *Zusammenhänge* – dessen angeben, was man bei verschiedenen Eindrücken 'Intensitäten' nennt.

856. 'a ist zwischen b und c, und dem b näher als dem c', dies ist eine charakteristische Relation zwischen Empfindungen gleicher Art. D.h., es gibt z.B. ein Sprachspiel mit dem Befehl "Erzeuge eine Empfindung zwischen *dieser* und *dieser*, und der ersten näher als der zweiten!" Und auch: "Nenne zwei Empfindungen, zwischen welchen *diese* liegt." [Vgl. Z 360.]

857. Und da ist es wichtig, daß man z.B. bei *Grau* "Schwarz und Weiß" zur Antwort kriegen wird; bei *Violett* "Blau und Rot", bei *Rosa* "Rot und Weiß", etc.; aber *nicht* bei *Olivgrün* "Rot und Grün". [Vgl. Z 361.]

858. Woran erkennt man, daß der Ausdruck der Freude nicht der Ausdruck eines Körperschmerzes ist? (Eine *wichtige* Frage.)

859. Woher weiß man, daß der Ausdruck des Genusses nicht der einer Empfindung ist?

860. Eine Figur als dies oder als jenes *ansprechen*. Sprichst du die Figur immer, während du sie siehst, als dies oder das an? Freilich: gefragt, was diese Figur vorstellt, würde ich immer sagen: "Einen Hasen";[1] aber ich bin mir dessen so wenig ständig bewußt, wie dessen, daß dies hier ein wirklicher Tisch ist. Denn spreche ich ein Bild immer als das Bild *dieses* Gegenstandes an, dann auch jeden Gegenstand als Ding dieses bestimmten Gebrauches, etc.

[1] S. Hase-Ente-Figur, PU, S. 194. (*Herausg.*)

861. Wenn Einer zum erstenmal merkt, daß das Bild doppeldeutig ist, könnte er etwa mit dem Ausruf reagieren: "Ah, ein Hase!" etc.; aber er würde doch, wenn er nun das Bild dauernd in einem Aspekt sieht, nicht ununterbrochen ausrufen wollen "Ah, ein ...!"

862. Ich will sagen, daß der natürliche, primitive, Ausdruck des Erlebnisses des Aspekts so ein Ausruf wäre, es könnte auch ein Aufleuchten der Augen sein. (Es fällt mir etwas auf!)

863. Wenn ich sage, ich sehe diese Figur dauernd rot, so heißt das, daß die Beschreibung, sie sei rot – die Beschreibung in Worten oder durch ein Bild – dauernd, ohne Änderung, richtig ist; im Gegensatz also zu *dem* Falle, in welchem sich die Figur ändert. – Die Versuchung ist ja eben, den Aspekt mit den Worten zu beschreiben "Ich sehe es *so*" *ohne* auf etwas zu zeigen. Und wenn man ein Gesicht mit seiner Blickrichtung als Pfeil beschreibt, so will man sagen: "Ich sehe dies: → und nicht dies: ←."

864. Dem dauernden Sehen als → entspricht dann, daß diese Beschreibung, ohne Änderung, die richtige ist, und *das* heißt nur, daß der Aspekt nicht gewechselt wurde.

865. Talk of hallucination! – Was könnte es seltsameres geben, als daß uns der *Punkt*, das Auge, Richtung zu haben scheint!

866. Wenn ich über den Gesichtsausdruck dieser Figur nachdenke, – wie mache ich's, über den Ausdruck von → und nicht von ← nachzudenken?

867. Wenn ich über den Gesichtsausdruck dieser Figur nachdenke, ihn betrachte – wie mach ich's: den Ausdruck von ← zu betrachten, nicht den von →?

Und dieser Symbolismus hat, glaube ich, schon alles in sich.

868. Es ist doch, als sähe man das Bild: einmal, zusammen mit *einer* Gruppe von Bildern, ein andermal mit einer *andern*. Was heißt hier: "Es ist als sähe man"? Dies heißt etwas Ähnliches wie: *dieser* Vorgang könnte den tatsächlichen vertreten, hätte die rechte 'Multiplizität'.

869. Es ist – im Gegensatz zu Köhler – gerade eine *Bedeutung*, die ich sehe.

870. Man könnte sagen, man erlebe die *Bereitschaft* zu einer bestimmten Gruppe von Gedanken. (Den *Keim* zu ihnen.)

871. Es ist, als käme das Bild in einer Lage (oder in einer andern) *zur Ruhe*. Als könnte es in der Tat fluktuieren, und dann mit *bestimmten* Akzenten zur Ruhe kommen.

Man sagt: "Ich sehe es jetzt (oder, meistens) als *das*." Es ist uns wirklich, als wären nun die Striche zu *dieser* und nicht einer andern Form zusammengeschossen. Oder als wären sie in *diese* und nicht in die andere Hohlform gefallen.

Und doch muß es sich uns nur *darum* handeln, den tatsächlichen Ausdruck unseres Erlebnisses, den ich ja mit allen diesen Bildern nur paraphrasiere, zu beschreiben; zu sagen, was das *Wesentliche* dieses Ausdrucks ist.

872. Könnte einer die Figur *so*, oder *so* sehen, der nicht von ihr zu Erklärungen etc. fortschreiten könnte? Könnte sie also jemand *so* und *so* sehen, der nicht wüßte, wie Tierköpfe ausschauen, was ein Auge ist, etc.? Und damit meine ich natürlich nicht: "Wäre ein solcher im Stande, das zu tun, würde es ihm gelingen?" Sondern: "Bedarf es dazu nicht *dieser Begriffe*?"

873. Ich sehe das Bild eines Pferdes: ich weiß nicht nur, es sei ein Pferd, sondern auch, daß das Pferd läuft. Ich kann also nicht nur das Bild *räumlich verstehen*, sondern ich *weiß* auch, was das Pferd jetzt im Begriffe ist zu tun. Denk dir, Einer sähe ein Bild einer Reiterattacke, wüßte aber nicht, daß die Pferde nicht in ihren diversen Stellungen stehen bleiben!

Es handelt sich hier aber nicht um eine *Erklärung* dieses Verstehens, etwa dadurch, daß man behauptet, der Betrachtende mache kleine Laufbewegungen, oder fühle Laufinnervationen. Welchen Grund hat man zu Annahmen dieser Art, außer *den*, es 'müsse' so sein?

874. Wie aber, wenn man sagt "Man *sieht* dieses gemalte Pferd laufen!" – Damit will ich doch nicht nur sagen "Ich weiß, daß dies ein laufendes Pferd vorstellt". Man will damit etwas *anderes* sagen. Denk dir, jemand reagierte auf so ein Bild mit einer Handbewegung und dem Ausrufe "Hui!". Sagt das nicht ungefähr dasselbe wie: er *sähe* das Pferd laufen? Er könnte auch *ausrufen* "Es läuft!" und das wäre nicht die Feststellung, es laufe, noch die, es *scheine* zu laufen. So wie man sagt: "Sieh, wie er läuft!" – nicht, um den Andern eine Mitteilung zu machen, sondern es ist eine Reaktion, in der sich die Leute *finden*.

875. Verstehen ist ähnlich dem Weiterwissen, also einem Können: aber "Ich verstehe", so wie "Ich weiß weiter", ist eine *Äußerung*, ein *Signal*.

876. Ich kann ein Wort adjektivisch, oder substantivisch erleben. Weiß ich, ob Jeder, ob Viele, mit denen ich rede, diese Erlebnisse haben? Wäre es wichtig, um zu wissen, was sie meinen?

877. Es war mir nicht aufgefallen, daß in beiden Bildern die gleiche Kontur vorkam, denn ich hatte sie in einem Bild *so* → aufgefaßt, im andern *so* ←. Erst auf dem Umweg einer Überlegung sah ich ein, daß es die gleiche Kontur war. – Ist das ein Beweis: ich hätte jedesmal etwas *Anderes* gesehen? – Es ist wichtig, daß die beiden Aspekte mit einander *unverträglich* sind.

878. Ist denn der Gesichtsausdruck etwas Optisches? Ich könnte mir ein Bild denken, dessen *Ausdruck* doppeldeutig wäre. Und das ich etwa deshalb in einer anderen Umgebung nicht wiedererkennen würde. Ich sage dann etwa: "Ach ja, das sind dieselben Linien: aber sie sehen hier ganz anders aus."

Und ich *sehe* ja wirklich, daß das Bild ← und das Bild → das gleiche ist. Ich erkenne es nicht nur, sagen wir, durch Messung!

879. Ich sehe, sagst du, zwei verschiedene Gesichtsobjekte, die nur etwas miteinander gemeinsam haben. Denn du betonst damit nur gewisse Analogien auf Kosten anderer. Aber dieses Betonen muß nun noch grammatisch gerechtfertigt werden.

880. Wie ist es möglich, daß das Auge, dieser *Punkt*, in einer *Richtung* blickt? – "*Sieh, wie er blickt*!" (Und dabei 'blickt' man selbst.) Aber man sagt und tut das nicht in einem fort, während man das Bild betrachtet. Und was ist nun dieses "Sieh, wie er blickt!" – ist es der Ausdruck einer Empfindung? [Vgl. PU, S. 205i.]

881. Ich hätte nie daran gedacht, die beiden Bilder *so* zur Deckung zu bringen, sie *so* zu vergleichen. Denn sie legen eine andere Vergleichsweise nahe.

Das Bild ← hat mit dem Bild → auch nicht die leiseste Ähnlichkeit, möchte man sagen—obwohl sie kongruent sind.

882. "Jetzt weiß ich weiter" – ich sehe, daß *das* eine Stirn ist und *das* ein Schnabel. Diese Linie ist stirnhaft, dieser Punkt augenhaft. Aber wie kann der *Gesichtseindruck* einer Linie stirnhaft sein? Und was ist es,

das mich sagen läßt, der Gesichtseindruck selber sei es, der diese Eigenschaft hat? – Nun, daß es kein Gedanke, keine Deutung ist, daß es Dauer hat, wie der Gesichtseindruck.

883. Versuchen wir zu beschreiben, daß Menschen Absichten haben! Wie sähe so eine Beschreibung aus? *Für wen* wäre es eine Beschreibung? Frage dich dies: Welchem Zweck soll sie dienen?

884. Man kann sehr 'deutlich' zu sich selber in der Vorstellung reden, wenn man dabei die Information der Rede durch Summen (bei geschlossenen Lippen) wiedergibt. Auch Kehlkopfbewegungen helfen. Aber das Merkwürdige ist ja eben, daß man die Rede dann in der Vorstellung *hört*, und nicht bloß, sozusagen ihr Skelett, im Kehlkopf *fühlt*. [Vgl. PU, S. 220e.]

885. Es ist dem 'Vorstellen' *wesentlich*, daß zu seiner Äußerung die Begriffe der Sinneswahrnehmung verwendet werden. (Der Satz "Ich höre und ich höre nicht ..." könnte als Ausdruck der Gehörsvorstellung gebraucht werden. Eine Verwendung für die Form des Widerspruchs.) Ein Hauptmerkmal, das Vorstellung vom Sinneseindruck und von der Halluzination unterscheidet, ist dies, daß der Vorstellende sich zur Vorstellung nicht beobachtend verhält, also dies, daß die Vorstellung willkürlich ist.

886. Stelle dir ein Gespräch vor, dessen einer Partner du selbst bist, so zwar, daß du selbst in der Vorstellung redest. Was du selbst sprichst, wirst du wahrscheinlich in deinem Körper (Kehlkopf, Brust) spüren. Das aber beschreibt nur, definiert nicht, die Tätigkeit des Redens in der Vorstellung.

887. Das Gefühl des Unheimlichen. Wie zeigt es sich? Die *Dauer* so eines 'Gefühls'. Wie, z.B., sieht eine Unterbrechung des Gefühls aus? Wäre es, z.B., möglich, abwechselnd eine Sekunde es zu haben, und wieder nicht zu haben? Ist nicht unter seinen Merkmalen auch eine charakteristische Art des Verlaufs (Beginns und Endes), die es z.B. von einer Sinneswahrnehmung unterscheidet?

888. Das Sprechen der Musik. Vergiß nicht, daß ein Gedicht, wenn auch in der Sprache der Mitteilung abgefaßt, nicht im Sprachspiel der Mitteilung verwendet wird.

Könnte man sich nicht denken, daß Einer, der Musik nie gekannt hat und zu uns kommt und jemand einen nachdenklichen Chopin spielen hört, daß der überzeugt wäre, dies sei eine Sprache und man wolle ihm nur den Sinn geheimhalten.

In der Wortsprache ist ein starkes musikalisches Element. (Ein Seufzer, der Tonfall der Frage, der Verkündigung, der Sehnsucht, alle die unzähligen *Gesten* des Tonfalls.) [Vgl. Z 160, 161.]

889. "Man suche nichts hinter den Phänomenen; sie selbst sind die Lehre." (Goethe.)

890. Ich beobachte sein Gesicht genau. Warum? Was lehrt es mich? Ob er traurig, oder fröhlich ist, z.B. Aber warum interessiert mich das? Nun, wenn ich seine Stimmung kennen lerne, so ist es, wie wenn ich den Zustand eines Körpers (seine Temperatur, z.B.) kennen lernte; ich kann mancherlei Schlüsse daraus ziehen. Und darum beobachte ich im gleichen Fall mein eigenes Gesicht nicht. Beobachtete ich mich, so wäre mein Gesicht nicht mehr ein verläßlicher Index; und ich könnte auch, wenn es dies für einen Andern wäre, keine Schlüsse aus ihm ziehen.

891. Sich eines Gedankens schämen. Schämt man sich dessen, daß man den und den Satz zu sich selbst in der Vorstellung gesprochen hat?

Die Sprache hat eben eine vielfache Wurzel; sie hat Wurzeln, nicht *eine* Wurzel. [Vgl. Z 656.]

892. "Der Gedanke stand in diesem Augenblick vor meiner Seele." – Und wie? – "Ich hatte dieses Bild." – So war das Bild der Gedanke? Nein; denn hätte ich Einem bloß das Bild mitgeteilt, so hätte er nicht den Gedanken erhalten. [Vgl. Z 239.]

893. Das Bild war der Schlüssel. Oder es *erschien* doch als Schlüssel. [Vgl. Z 240.]

894. Wie unterscheiden sich Gesichtseindrücke von Gehörseindrücken? – Soll ich antworten: "Das läßt sich nicht sagen; aber wer sieht und hört, weiß, daß sie *total* verschieden sind"? Könnte man sich denken, daß bei einem Menschen *ein* bestimmter Gesichtseindruck derselbe wäre, wie *ein* bestimmter Gehörseindruck? so daß er diesen einen Eindruck durch's Auge und durch's Ohr erhalten könnte? Würde dieser etwa auf ein Bild zeigen und einen Ton am Klavier anschlagen und uns sagen, *diese* beiden seien identisch? Und würden wir ihm das glauben? Und warum nicht? Würden wir ihm glauben, daß die 'Affektion der Seele' in beiden Fällen dieselbe sei? Und wenn wir's glaubten, wie könnten wir das Faktum verwenden?

895. Der Stammbaum der psychologischen Phänomene: *Nicht Exaktheit* strebe ich an, sondern Übersichtlichkeit. [Vgl. Z 464.]

896. Was das Bündel der 'Sinneseindrücke' zusammenhält, sind ihre Relationen zu einander. Das, was 'rot' ist, ist auch 'süß' und 'hart' und 'kalt', und 'klingt', wenn man es anschlägt. In dem Sprachspiel mit diesen Wörtern heißt es ursprünglich nicht "Dies *scheint* rot", sondern "Dies *ist* rot" (hart, etc.). Unsere Übereinstimmung ist dem Sprachspiel wesentlich. Anders ist es aber mit "angenehm", "unangenehm", "schön", "häßlich".

Schmerz ist in mancher Weise analog den übrigen Sinneseindrücken, in mancher Weise verschieden. Es gibt einen Gesichtsausdruck, Ausrufe, Gebärden des Schmerzes (wie der Freude), Zeichen der *Ablehnung*, einen Empfang, der für den Schmerz, aber nicht einen, der für die Empfindung Rot charakteristisch ist. Bitterkeit ist darin dem Schmerz verwandt.

Man könnte sich einen Eindruck[1] ohne Sinnesorgan denken. Es könnte Einer hören, und so ziemlich alle Sprachspiele mit den Wörtern für Gehörseindrücke lernen, ohne Ohren zu haben, und ohne daß man weiß, '*womit*' er hört. Daß man mit den Ohren hört, zeigt sich ja verhältnismäßig sehr selten. Ja es könnte sein, daß Einer hört, wie wir Alle, und man erst später darauf kommt, daß seine *Ohren* taub sind.

Der *Inhalt* der Erlebnisse. Man möchte sagen "*So* sehe ich Rot", "*So* höre ich den Ton, den du anschlägst", "*So* fühle ich Vergnügen", "*So* empfinde ich Trauer", oder auch "*Das* empfindet man, wenn man traurig ist; *das*, wenn man sich freut", etc. Man möchte eine Welt, analog der physikalischen, mit diesen *So* und *Das* bevölkern. Das hat aber nur dort Sinn, wo es ein Bild des *Erlebten* gibt, worauf man bei diesen Aussagen zeigen kann.

897. Wenn nur *Einer einmal* eine Körperbewegung gemacht hätte, – könnte die Frage sein, ob sie willkürlich oder unwillkürlich war?

898. "Wenn ich mich anstrenge, *tue* ich doch etwas, habe doch nicht bloß eine Empfindung." Und so ist es auch; denn man befiehlt Einem: "Streng dich an!" und er kann die Absicht äußern "Ich werde mich jetzt anstrengen". Und wenn er sagt "Ich kann nicht mehr!" – so heißt das nicht "Ich kann das Gefühl in meinen Gliedern – den Schmerz, z.B., – nicht länger ertragen". – Andererseits aber *leidet* man unter der Anstrengung, wie unter Schmerzen. "Ich bin gänzlich erschöpft" – wer das sagte, sich aber so frisch bewegte, wie je, den würde man nicht verstehen. [Vgl. Z 589.]

[1] Im TS wahrscheinlich fehlerhaft: "einen Druck". (*Herausg.*)

899. Der Aspekt ist dem Willen unterworfen. Ich kann etwas nicht rot sehen, wenn es mir blau erscheint, und es hat keinen Sinn, zu sagen "Sieh dies rot", wohl aber "Sieh dies als ...". Und daß der Aspekt (wenigstens bis zu einem gewissen Grade) willkürlich ist, scheint ihm wesentlich zu sein, wie auch der Vorstellung, daß sie es ist. Ich meine: die Willkürlichkeit scheint mir (aber warum?) nicht nur eine Zutat zu sein; als sagte man "Diese Bewegung läßt sich, erfahrungsgemäß, auch *so* hervorbringen". D.h.: Es ist wesentlich, daß man sagen kann "Sieh es jetzt *so* an!" und "Stell dir vor ...!" Denn das hängt damit zusammen, daß uns der Aspekt nichts über die 'äußere Welt lehrt'. Man kann die Worte "rot" und "blau" lehren, indem man sagt "Dies ist rot und nicht blau"; aber man kann Einem nicht die Bedeutung von "Figur" und "Grund" lehren, indem man auf eine doppeldeutige Figur zeigt. [Vgl. PU, S. 213e.]

900. Wir lernen nicht Vorstellungen kennen und später erst, sie mit unserm Willen zu lenken. Und natürlich ist es überhaupt ganz falsch zu denken, wir lenkten sie, sozusagen, mittels unseres Willens. Als regierte der Wille sie, wie Befehle Menschen regieren können. Als wäre also der Wille ein Einfluß, eine Kraft, oder auch: eine primäre *Handlung*, die dann die Ursache der wahrnehmbaren äußeren Handlungen ist.

901. Ist es richtig, zu sagen: was eine Handlung zu einer willkürlichen macht, sind die psychischen Erscheinungen, in denen sie eingebettet liegt? (Die psychologische Umgebung.)

Sind, z.B., meine normalen Gehbewegungen "willkürlich" in einem *nicht-potentiellen* Sinn?

902. Ein Kind stampft mit den Füßen im Zorn: ist es nicht willkürlich? Und weiß ich irgendetwas von seinen Bewegungsempfindungen, wenn es dies tut? *Im Zorn stampfen ist willkürlich*. Kommen, wenn man gerufen wird, in der gewöhnlichen Umgebung, ist willkürlich. Unwillkürliches Gehen, Spazierengehen, Essen, Sprechen, Singen wäre (ein) Gehen, Essen, Sprechen, etc. in einer abnormalen Umgebung. Z.B., *bewußtlos*: wenn man im übrigen handelt, wie in der Narkose; oder wenn die Bewegung vor sich geht, und man weiß nichts von ihr, sobald man die Augen schließt; oder wenn man die Bewegung nicht einstellen kann, so sehr man sich auch bemüht; etc.

903. Keine Annahme scheint mir natürlicher, als daß dem Assoziieren, oder Denken, kein Prozeß im Gehirn zugeordnet ist; so daß es also unmöglich wäre, aus Gehirnprozessen Denkprozesse

abzulesen. Ich meine das so: Wenn ich rede, oder schreibe, so geht, nehme ich an, ein meinem gesprochenen oder geschriebenen Gedanken zugeordnetes System von Impulsen von meinem Gehirn aus. Aber warum sollte das *System* sich weiter in zentraler Richtung fortsetzen? Warum soll nicht, sozusagen, diese Ordnung aus dem Chaos entspringen? Der Fall wäre ähnlich dem – daß sich gewisse Pflanzenarten durch Samen vermehrten, so daß ein Same immer dieselbe Pflanzenart erzeugt, von der er erzeugt wurde – daß aber *nichts* in dem Samen der Pflanze, die aus ihm wird, entspricht; so daß es unmöglich ist, aus den Eigenschaften, oder der Struktur des Samens, auf die der Pflanze, die aus ihm wird, zu schließen, – daß man dies nur aus seiner *Geschichte* tun kann. So könnte also auch aus etwas ganz Amorphem ein Organismus, sozusagen ursachelos, werden; und es ist kein Grund, warum sich dies nicht mit unserem Gedanken, also mit unserem Reden oder Schreiben etc. wirklich so verhalten sollte. [Vgl. Z 608.]

904. Es ist also wohl möglich, daß gewisse psychologische Phänomene physiologisch nicht untersucht werden *können,* weil ihnen physiologisch nichts entspricht. [Vgl. Z 609.]

905. Ich habe diesen Mann vor Jahren gesehen; nun sehe ich ihn wieder, erkenne ihn, erinnere mich seines Namens. Und warum muß es nun für dies Erinnern eine Ursache in meinem Nervensystem geben? Warum muß irgendetwas, was immer, *in irgendeiner Form* dort aufgespeichert worden sein? Warum *muß* er eine Spur hinterlassen haben? Warum soll es keine psychologische Gesetzmäßigkeit geben, der *keine* physiologische entspricht? Wenn das unsere Begriffe von der Kausalität umstößt, dann ist es Zeit, daß sie umgestoßen werden. [Vgl. Z 610.]

906. Das Vorurteil für den psycho-physischen Parallelismus ist auch eine Frucht der primitiven Auffassung der Grammatik. Denn, wenn man Kausalität zwischen psychologischen Erscheinungen zuläßt, die nicht physiologisch vermittelt ist, so meint man damit einzugestehen, es existiere eine Seele *neben* dem Körper, ein geisterhaftes Seelenwesen. [Vgl. Z. 611.]

907. Muß das Verbum "ich glaube" eine Vergangenheitsform haben? Nun, wenn wir statt "Ich glaube, er kommt" immer sagten "Er dürfte kommen" (oder dergleichen), aber dennoch sagten "Ich habe geglaubt ..." – so hätte das Verbum "glauben" keine *Gegenwart*. Es ist charakteristisch für die Art und Weise, wie wir gewohnt sind, die Sprache zu betrachten, daß wir glauben, es müsse am Ende doch

Gleichförmigkeit, Symmetrie, bestehen; statt, umgekehrt, dafür zu halten, sie *könne* nicht bestehen.

908. Denk dir diese Erscheinung: Wenn ich will, daß jemand sich einen Text merkt, den ich ihm vorspreche, so daß er ihn mir später wiederholen kann, muß ich ihm ein Papier und einen Bleistift geben; und während ich spreche, schreibt er Striche, Zeichen auf das Papier; soll er später den Text reproduzieren, so folgt er jenen Strichen mit den Augen und sagt den Text her. Ich nehme aber an, seine Aufzeichnung sei keine *Schrift*, sie hänge nicht durch Regeln mit den Worten des Textes zusammen; und doch kann er ohne diese Aufzeichnung den Text nicht reproduzieren; und wird an ihr etwas geändert, wird sie zum Teil zerstört, so bleibt er beim 'Lesen' stecken, oder spricht den Text unsicher, oder unzuverlässig, oder kann die Worte überhaupt nicht finden. – Das ließe sich doch denken! – Was ich die 'Aufzeichnung' nannte, wäre dann keine *Wiedergabe* des Textes, nicht eine Übersetzung sozusagen in einen anderen Symbolismus. Der Text wäre nicht in der Aufzeichnung *niedergelegt*. Und warum sollte er in unserm Nervensystem niedergelegt sein? [Vgl. Z 612.]

909. Warum soll nicht ein Naturgesetz einen Anfangs– und einen Endzustand eines Systems verbinden, den Zustand zwischen beiden aber übergehen? (Nur denke man nicht an *Wirkung*!) [Vgl. Z 613.]

910. Was man eine Änderung in den Begriffen nennt, ist natürlich nicht nur eine Änderung im Reden, sondern auch eine im Tun.

911. Die Terminologie sieht man, die Technik ihrer Anwendung sieht man nicht.

912. Man sagt "Er scheint furchtbare Schmerzen zu haben", auch wenn man keinerlei Zweifel hat, daß der Schein nicht trügt. Warum sagt man nicht "Ich scheine furchtbare Schmerzen zu haben", denn dies müßte zum mindesten auch *Sinn* haben? Bei einer Theaterprobe könnte ich das sagen; und ebenso "Ich scheine die Absicht zu haben . . .", etc. etc. Jeder wird sagen: "Natürlich sage ich das nicht; weil ich *weiß*, ob ich Schmerzen habe." Es *interessiert* mich für gewöhnlich nicht, ob ich Schmerzen zu haben scheine; denn die Schlüsse, die ich aus diesem Eindruck beim Andern ziehe, ziehe ich für mich selbst nicht. Ich sage nicht: "Ich stöhne furchtbar, ich muß zum Arzt gehen"; wohl aber "Er stöhnt furchtbar, er muß . . .".

913. Wenn dies keinen Sinn hat: "Ich weiß, daß ich Schmerzen habe" – noch dies: "Ich fühle meine Schmerzen", – dann hat es auch keinen Sinn zu sagen: "Ich kümmere mich nicht um mein eigenes Stöhnen, weil *ich weiß*, daß ich Schmerzen habe" – oder "weil ich meine Schmerzen *fühle*".

Wohl aber ist es wahr: "Ich kümmere mich nicht um mein Stöhnen." [Vgl. Z 538.]

914. Ich schließe aus der Beobachtung seines Benehmens, daß er zum Arzt muß; aber ich ziehe diesen Schluß für mich *nicht* aus der Beobachtung meines Benehmens. Oder vielmehr: ich tue auch dies manchmal, aber *nicht* in analogen Fällen. [Vgl. Z 539.]

915. Es hilft hier, wenn man bedenkt, daß es eine primitive Reaktion ist, die schmerzende Stelle des Andern zu pflegen, zu behandeln, und nicht nur die eigene – also auf des Andern Schmerzbenehmen zu achten, wie auch, auf das eigene Schmerzbenehmen *nicht* zu achten. [Vgl. Z 540.]

916. Was aber will hier das Wort "primitiv" sagen? Doch wohl, daß die Verhaltungsweise *vorsprachlich* ist: daß ein Sprachspiel *auf ihr* beruht, daß sie das Prototyp einer Denkweise ist und nicht das Ergebnis des Denkens. [Vgl. Z 541.]

917. "Falsch aufgezäumt" kann man von einer Erklärung sagen, wie dieser: wir pflegten den Andern, weil wir nach Analogie des eigenen Falles glaubten, auch er habe ein Schmerzerlebnis. – Statt zu sagen: Lerne also aus diesem besondern Kapitel unseres Betragens – aus diesem Sprachspiel – welche Funktion in ihm "Analogie" und "Glauben" haben. [Vgl. Z 542.]

918. "Wie kommt es, daß ich den Baum aufrecht sehe, auch wenn ich meinen Kopf zur Seite neige, und also das Netzhautbild das eines schiefstehenden Baums ist?" Wie kommt es also, daß ich den Baum auch unter diesen Umständen als einen aufrechten anspreche? – "Nun, ich bin mir der Neigung meines Kopfes bewußt, und bringe also die nötige Korrektur an der Auffassung meiner Gesichtseindrücke an." – Aber heißt das nicht, Primäres mit Sekundärem verwechseln? Denk dir, wir wüßten *gar nichts* von der innern Beschaffenheit des Auges, – würde dies Problem überhaupt auftauchen? Wir bringen ja hier, in Wahrheit, keine Korrekturen an, dies ist ja bloß eine Erklärung.

Wohl—aber da nun die Struktur des Auges einmal bekannt ist, –

wie kommt es, daß wir so handeln, so reagieren? Aber muß es hier eine physiologische Erklärung geben? Wie, wenn wir sie auf sich beruhen ließen? – Aber so würdest du doch nicht sprechen, wenn du das Verhalten einer Maschine prüftest! – Nun, wer sagt, daß in diesem Sinne das Lebewesen, der tierische Leib, eine Maschine ist? – [Vgl. Z 614.]

919. Man kann eine Veränderung eines Gesichts merken und mit den Worten beschreiben, das Gesicht habe einen härteren Ausdruck angenommen, – und doch nicht im Stande sein, die Änderung mit räumlichen Begriffen zu beschreiben. Dies ist ungeheuer wichtig. – Vielleicht sagt nun jemand: wer das tut, beschreibe eben nicht die Veränderung des Gesichts, sondern nur der Wirkung auf ihn selbst; aber warum sollte dann eine Beschreibung durch Form- und Farbbegriffe nicht auch dies sein?

920. Man kann auch sagen "Er machte *dieses* Gesicht", oder "Sein Gesicht veränderte sich *so*", indem man's nachmacht, – und ist wieder nicht im Stande, die Veränderung anders zu beschreiben. ((Es gibt eben viel mehr Sprachspiele, als Carnap und Andere sich träumen lassen.))

921. Das Bewußtsein, daß ..., kann mich in der Arbeit stören; das Wissen nicht.

922. Wie weiß ich, daß ein Hund etwas dauernd hört, dauernd einen Gesichtseindruck empfängt, Freude, Furcht, Schmerz empfindet?
Was weiß ich von den 'Erlebnisinhalten' eines Hundes?

923. Sind die *Farben* wirklich Geschwister? Sind sie nur der Farbe nach verschieden, nicht auch der Art nach? Sind Gesicht, Gehör, Geschmack wirklich Geschwister?
Suche nicht nur nach Ähnlichkeiten, um einen Begriff zu rechtfertigen, sondern auch nach Zusammenhängen. Der Vater überträgt seinen Namen auf den Sohn, auch wenn dieser ihm ganz unähnlich ist.

924. Vergleiche einen furchtbaren Schreck und einen plötzlichen heftigen Schmerz. Es ist die Schmerzempfindung, die furchtbar ist, – aber ist es die Schreckempfindung? Wenn jemand in meiner Gegenwart hinstürzt, – ist das nur die Ursache einer höchst unangenehmen augenblicklichen Empfindung in mir? Und wie läßt sich diese Frage beantworten? Klagt der, der den schrecklichen

Vorfall berichtet, über die Empfindungen, das Stocken des Atems, etc.? Wenn man Einem über den Schreck hinweghelfen will, – behandelt man den Körper? Beruhigt man den Erschrockenen nicht vielmehr über das Ereignis, die Veranlassung?

925. Wer im Studierzimmer sich die Trauer vormacht, der wird sich allerdings leicht der Spannungen in seinem Gesicht bewußt werden. Aber trauere wirklich, oder folge einer traurigen Handlung im Film, und frag dich, ob du dir deines Gesichts bewußt warst. [Vgl. Z 503.]

926. Ein Zusammenhang zwischen den Stimmungen und Sinneseindrücken ist, daß wir die Stimmungsbegriffe zur Beschreibung von Sinneseindrücken und Vorstellungen benützen. Wir sagen von einem Thema, einer Landschaft, sie seien traurig, fröhlich, etc. Aber viel wichtiger ist es natürlich, daß wir das menschliche Gesicht, die Handlung, das Benehmen, durch alle Stimmungsbegriffe beschreiben. [Vgl. Z 505.]

927. Das Bewußtsein in des Andern Gesicht. Schau ins Gesicht des Andern und sieh das Bewußtsein in ihm und einen bestimmten Bewußtseins*ton*. Du siehst auf ihm, in ihm, Freude, Gleichgültigkeit, Interesse, Rührung, Dumpfheit, usf. Das Licht im Gesicht des Andern.

Schaust du in *dich*, um den Grimm in *seinem* Gesicht zu erkennen? Er ist dort so deutlich, wie in deiner eigenen Brust.

(Und was will man nun sagen? Daß das Gesicht des Andern mich zur Nachahmung anregt, und daß ich also kleine Bewegungen und Muskelspannungen im eigenen empfinde, und die Summe dieser *meine*? Unsinn. Unsinn, – denn du machst Annahmen, statt bloß zu beschreiben. Wem hier Erklärungen im Kopfe spuken, der vernachlässigt es, sich auf die wichtigsten Tatsachen zu besinnen.) [Vgl. Z 220.]

928. Das Wissen, die Meinung haben keinen Gesichtsausdruck. Es gibt wohl einen Ton, eine Gebärde der Überzeugung, aber nur, wenn etwas in diesem Ton, mit dieser Gebärde, gesagt wird.

929. "Das Bewußtsein ist so deutlich in seinem Gesicht und Benehmen, wie in mir selbst." [Vgl. Z 221.]

930. Was hieße es, mich darin irren, daß er eine Seele, Bewußtsein, habe? und was hieße es, daß ich mich irre und selbst keines habe? Was hieße es, zu sagen "Ich bin nicht bei Bewußtsein".—Aber weiß ich nicht doch, daß Bewußtsein in mir ist? – So weiß ich's also, und doch hat die Aussage, es sei so, keinen Zweck?

Und wie merkwürdig, daß man lernen kann, sich in dieser Sache mit andern Leuten zu verständigen! [Vgl. Z 394.]

931. Einer kann sich bewußtlos stellen; aber auch *bewußt*? [Vgl. Z 395.]

932. Wie wäre es, wenn jemand allen Ernstes sagte, er wisse wirklich nicht, ob er träume oder wache? –

Kann es diese Situation geben: Einer sagt "Ich glaube, ich träume jetzt"; wirklich wacht er bald danach auf, erinnert sich an jene Äußerung im Traum und sagt "So hatte ich wirklich recht!"—Diese Erzählung kann doch nur heißen: Einer habe geträumt, er hätte gesagt, er träume.

Denke, ein Bewußtloser sagte (etwa in der Narkose) "Ich bin im Bewußtsein" – würden wir sagen "Er muß es wissen"?

Und wenn Einer im Schlaf spräche "Ich schlafe", – würden wir sagen "Er hat ganz recht"?

Spricht Einer die Unwahrheit, der mir sagt: "Ich bin nicht bei Bewußtsein"? (Und die Wahrheit, wenn er's bewußtlos sagt? Und wie, wenn ein Papagei sagte "Ich verstehe kein Wort", oder ein Grammophon "Ich bin bloß eine Maschine"?) [Vgl. Z 396.]

933. Denke, in einem Tagtraum ließe ich mich sprechen "Ich phantasiere bloß", wäre das *wahr*? Denke, ich schreibe so eine Phantasie, oder Erzählung, einen phantasierten Dialog, und in ihm sage ich "Ich phantasiere"—aber, wenn ich es aufschreibe, – wie zeigt sich's, daß diese Worte Worte der Phantasie sind und daß ich nicht aus der Phantasie herausgetreten bin?

Wäre es nicht wirklich möglich, daß der Träumende, sozusagen aus dem Traum heraustretend, im Schlaf spräche "Ich träume"? Es wäre wohl denkbar, daß so ein Sprachspiel existierte.

Dies hängt mit dem Problem des 'Meinens' zusammen. Denn ich kann im Dialog schreiben "Ich bin gesund" und es nicht *meinen*, obwohl es wahr ist. Die Worte gehören zu diesem und nicht zu jenem Sprachspiel. [Vgl. Z 397.]

934. 'Wahr' und 'Falsch' im Traum. Ich träume, daß es regnet und daß ich sage "Es regnet"—anderseits: Ich träume, daß ich sage "Ich träume". [Vgl. Z 398.]

935. Hat das Verbum "träumen" eine Gegenwartsform? Wie lernt diese der Mensch gebrauchen? [Vgl. Z 399.]

936. Ein Sprachspiel analog einem Fragment eines andern. Ein Raum in begrenzte Stücke eines Raums projiziert.

937. Angenommen, ich hätte eine Erfahrung, ähnlich einem Erwachen, befände mich dann in einer ganz andern Umgebung, mit Leuten, die mich versichern, ich habe geschlafen. Angenommen ferner, ich bliebe dabei, ich habe nicht geträumt, sondern auf irgendeine Weise außerhalb meines schlafenden Körpers gelebt. Welche Funktion hat diese Behauptung? [Vgl. Z 400.]

938. "'Ich habe Bewußtsein', das ist eine Aussage, an der kein Zweifel möglich ist." Warum soll das nicht das Gleiche sagen wie dies: "'Ich habe Bewußtsein' ist kein Satz"?

Man könnte auch so sagen: Was schadet es, daß Einer sagt, "Ich habe Bewußtsein" sei eine Aussage, die keinen Zweifel zulasse? Wie komme ich mit ihm in Widerspruch? Nimm an, jemand sagte mir dies, – warum soll ich mich nicht gewöhnen, ihm nichts darauf zu antworten, statt etwa einen Streit anzufangen? Warum soll ich seine Worte nicht behandeln, wie sein Pfeifen oder Summen? [Vgl. Z 401.]

939. "Nichts ist so gewiß, wie, daß mir Bewußtsein eignet." Warum soll ich es dann nicht auf sich beruhen lassen? Diese Gewißheit ist wie eine große Kraft, deren Angriffspunkt sich nicht bewegt, die also keine Arbeit leistet. [Vgl. Z 402.]

940. Einer wirft im Würfelspiel etwa 5, dann 4 und sagt "Hätte ich bloß statt der 5 eine 4 geworfen, so hätte ich gewonnen"! Die Bedingtheit ist nicht physikalisch, sondern nur mathematisch, denn man könnte antworten: "Hättest du zuerst 4 geworfen, – wer weiß, was du danach geworfen hättest!" [Vgl. Z 678.]

941. Sagst du nun "Die Verwendung des Konjunktivs beruht auf dem Glauben an ein Naturgesetz" – so kann man entgegen: "Sie *beruht* nicht auf diesem Glauben; sie und dieser Glaube stehen auf gleicher Stufe." [Vgl. Z 679.]

942. Das Schicksal steht im Gegensatz zum Naturgesetz. Das Naturgesetz will man ergründen, und verwenden, das Schicksal nicht. [Vgl. Z 680; VB, S. 119.]

943. Der Begriff des 'Fragments'. Es ist nicht leicht, die Verwendung dieses Worts *auch nur beiläufig* zu beschreiben.

944. Wenn wir den Gebrauch eines Wortes beschreiben wollen, – ist es nicht ähnlich, wie wenn man ein Gesicht porträtieren will? Ich sehe es deutlich; der Ausdruck dieser Züge ist mir *wohl* bekannt; und sollte ich's malen, ich wüßte nicht, wo anfangen. Und mache ich wirklich ein Bild, so ist es gänzlich unzulänglich. – Hätte ich eine Beschreibung vor mir, ich würde sie erkennen; vielleicht auch Fehler in ihr merken. Aber, daß ich das kann, sagt nicht, daß ich die Beschreibung selber hätte geben können.

945. Zwei Gegenstände 'gehören zusammen'. Man lehrt ein Kind, Dinge 'ordnen', man begleitet die Tätigkeit mit den Worten "Diese gehören zusammen". Das Kind lernt diesen Ausdruck auch. Es könnte die Dinge auch *mit Hilfe* dieser Worte und gewisser Gebärden ordnen. Die Worte können aber auch bloße Begleitung des Tuns sein. Ein Sprachspiel.

Denk dir ein solches Spiel ohne Worte, aber mit der Begleitung einer zu den Handlungen passenden Musik gespielt.

946. "Leg es *hier* hin" – wobei ich mit dem Finger den Platz bezeichne—dies ist eine *absolute* Ortsangabe. Und, wer sagt, der Raum sei absolut, möchte als Argument dafür vorbringen: "Es gibt doch einen *Ort*: *Hier*." [Vgl. Z 713.]

947. Das 'Erleben der Ähnlichkeit'. Denke an das Sprachspiel: "Ähnlichkeiten erkennen", oder "Ähnlichkeiten angeben", oder "Dinge nach ihrer Ähnlichkeit ordnen". Wo ist hier das besondere Erlebnis? der besondere Erlebnisinhalt, nach dem man fahndet?

948. Die Dauer der Empfindung. Vergleiche die Dauer einer Tonempfindung mit der Dauer der Tastempfindung, die dich lehrt, daß du eine Kugel in der Hand hältst; und mit dem "Gefühl", das dich lehrt, daß deine Knie gebogen sind. Und hier haben wir wieder einen Grund, warum wir von der Empfindung der Positur sagen möchten, sie habe keinen Inhalt. [Vgl. Z 478.]

949. Philosophische Untersuchungen: begriffliche Untersuchungen. Das Wesentliche der Metaphysik: daß ihr der Unterschied zwischen sachlichen und begrifflichen Untersuchungen nicht klar ist. Die metaphysische Frage immer dem Anscheine nach eine sachliche, obschon das Problem ein begriffliches ist. [Vgl. Z 458.]

950. Was aber tut eine begriffliche Untersuchung? Ist sie eine der Naturgeschichte der menschlichen Begriffe? – Nun, Naturgeschichte beschreibt, sagen wir, Pflanzen und Tiere. Aber könnte es nicht sein,

daß Pflanzen in allen Einzelheiten beschrieben worden wären, und nun erst jemand daherkäme, der Analogien in ihrem Baue sieht, die man früher nicht gesehen hatte? Daß er also eine neue Ordnung in diesen Beschreibungen herstellt. Er sagt z.B.: "Vergleiche nicht diesen Teil mit diesem; sondern vielmehr mit jenem!" (Goethe wollte so etwas tun.) Und dabei spricht er nicht notwendigerweise von *Abstammung*; dennoch aber *könnte* die neue Anordnung auch der wissenschaftlichen Untersuchung eine neue Richtung geben. Er sagt "Sieh es *so* an!" – und das kann nun verschiedenerlei Vorteile und Folgen haben.

951. Warum zählen wir? Hat es sich als praktisch erwiesen? Haben wir unsere Begriffe, z.B. die psychologischen, weil es sich als vorteilhaft erwiesen hat? – Und doch haben wir *gewisse* Begriffe eben deswegen, haben sie deswegen eingeführt. [Vgl. Z 700.]

952. Man sollte nicht glauben, es sei eine Vereinfachung, das Sehen mit einem Auge in Betracht zu ziehen, statt des Sehens mit beiden Augen; wenn man nämlich darüber klar ist, daß man das Sehen nicht in den Augen spürt. Die Idee des visuellen Gegenstands ist viel schwerer für das zweiäugige Sehen durchzuführen. Denn was ist das zweiäugige 'Gesichtsbild'?

'Das Portrait dessen, was man wirklicht *sieht*', 'des visuellen Eindrucks selbst'.

953. Es kommt einem vor: Wenn ich nur die rechten Farben und Dinge zur Verfügung hätte, könnte ich *genau* darstellen, was ich sehe. Und so ist es ja bis zu einem Punkt wirklich. Und jener Bericht dessen, was ich vor mir habe, und die Beschreibung dessen, was ich sehe, haben die gleiche Form. – Aber sie lassen z.B. ganz das Wandern des Blicks aus. Aber auch z.B. das Lesen einer Schrift im Gesichtsfeld und jeden Aspekt des Gesehenen.

954. Ist nun, was du anschaust, eine große Tafel, oder ebene Wand mit einer Figur darauf, so wird als eine genaue Beschreibung ein Bild dieser Figur gelten können. Ist die Figur z.B. , was kann man mehr wollen, als daß sie genau abgezeichnet wird; und doch gibt es noch eine ganz andere Beschreibung, die in dem Abzeichnen nicht steckt. So auch, wenn die Figur ein Gesicht ist.

955. Was in *einem* Sinne eine geringe Ungenauigkeit der Beschreibung ist, ist in einem andern Sinne eine große.

956. Aktiv und Passiv. Kann man es befehlen, oder nicht? Dies scheint vielleicht eine weithergeholte Unterscheidung, ist es aber nicht. Es ist ähnlich wie: "Kann man sich (*logische* Möglichkeit) dazu entschließen, oder nicht?" – Und das heißt: Wie ist es von Gedanken, Gefühlen, etc. umgeben? [Vgl. Z 588.]

957. Wie würde eine Gesellschaft von lauter tauben Menschen aussehen? Wie, eine Gesellschaft von 'Geistesschwachen'? *Wichtige Frage*! Wie, also, eine Gesellschaft, die viele unserer gewöhnlichen Sprachspiele nie spielte? [Vgl. Z 371.]

958. Sich einer Gleichheit von Farben in einem Bild bewußt sein, oder dessen, daß *diese* Farbe dunkler ist als jene.

Bin ich mir beim Hören dieses Stücks die ganze Zeit bewußt, daß es von . . . ist?

Wann ist man sich einer Tatsache *bewußt*?

959. Liebe ist kein Gefühl. Liebe wird erprobt, Schmerzen nicht. [Vgl. Z 504.]

960. Ich sehe etwas *in verschiedenen Zusammenhängen*.

(Ist dies dem Vorstellen nicht verwandter als dem Sehen?)

961. Es ist, als hätte man an das Gesehene einen Begriff herangebracht, den man nun mitsieht. Der zwar selbst kaum sichtbar ist, aber doch einen ordnenden Schleier über die Gegenstände breitet.

962. "Was siehst du?" (Sprachspiel.)—"Was siehst du *wirklich*?"

963. Stellen wir uns das Sehen rätselhaft vor! ohne jederlei physiologische Erklärung. –

964. Auf die Frage "Was siehst du?" kommen verschiedenerlei Beschreibungen zur Antwort. – Wenn Einer nun sagt: "Ich sehe doch den Aspekt, die Organisation, ebenso gut wie Formen und Farben" – was soll es heißen? Daß man das alles zum 'Sehen' rechnet? oder, daß hier doch die größte Ähnlichkeit besteht? – Und was kann ich dazu sagen? Ich kann Ähnlichkeiten und Unähnlichkeiten aufzeigen.

965. Könnte man es nicht für Wahnsinn halten, wenn ein Mensch eine Zeichnung als Portrait des N.N. erkennt und ausruft "Das ist Herr N.N.!" – "Er muß verrückt sein", sagt man von ihm, "Er sieht ein Stück Papier mit schwarzen Strichen darauf und hält das für einen Menschen!"

966. Das 'Sehen der Figur *als* ...' hat etwas Okkultes, etwas Unbegreifliches. Man möchte sagen: "Es hat sich etwas geändert und es hat sich nichts geändert."—Aber versuche es nicht zu erklären! Betrachte lieber das übrige Sehen auch als okkult.

967. Der Ausdruck jener Erfahrung ist und bleibt: "Ich sehe es als Berg", "Ich sehe es als Keil", "Ich sehe es mit dieser Basis und dieser Spitze, aber umgefallen", etc. Und die Wörter "Berg", "Keil", "Basis", "umgefallen", sind ja auch nur Striche, oder Laute – *mit einer Verwendung*.

968. Denk an eine Darstellung eines Gesichts von vorn und im Profil zugleich, wie in manchen modernen Bildern. Eine Darstellung, in die eine Bewegung, eine Änderung, ein Schweifen des Blicks miteinbezogen ist. Stellt so ein Bild das, was man sieht, *nicht eigentlich* dar?

969. "Ich verzeihe dir." Kann man sagen "Ich bin damit beschäftigt, dir zu verzeihen"? Nein. Aber das heißt nicht, daß es nicht einen Vorgang gibt, den man auch "verzeihen" nennen könnte – aber nicht so nennt – ich meine, das Austragen des innern Streites, der zum Verzeihen führen kann.

970. Ich möchte sagen: Es gibt Aspekte, die hauptsächlich von Gedanken und Assoziationen bestimmt sind, und andere, die 'rein optisch' sind, und automatisch eintreten und wechseln, beinahe wie Nachbilder.

971.

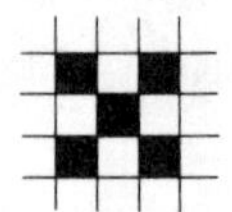

1

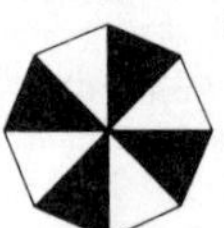

2

Das, was Köhler[1] nicht behandelt, ist die Tatsache, daß man die Figur 2 so oder so *ansehen* kann, daß der Aspekt, wenigstens bis zu einem gewissen Grade, dem Willen untersteht.

972. Ich kann auf den Verlauf meiner Schmerzen achten; aber nicht ebenso auf den meines Glaubens, oder Wissens. [Vgl. Z 75.]

973. Das Beobachten der Dauer kann ununterbrochen, oder unterbrochen sein.

[1] *Gestalt Psychology*, New York, 1929, S. 198. (*Herausg.*)

Wie beobachtest du dein Wissen, deine Meinungen? und andererseits, ein Nachbild, einen Schmerz? Gibt es ein ununterbrochenes Beobachten meiner Fähigkeit, die Multiplikation ... auszuführen? [Vgl. Z 76, 77.]

974. ((Zu Nr 971)) Das *könnte* man daraus erklären, daß der Aspekt mit der Augenbewegung zusammenhängt.

975. Analogie zum Gegensatz von 'Wert' und 'Grenzwert' einer Funktion. ((wichtig))

976. Daß der Aspekt dem Willen untersteht, ist nicht eine, sein Wesen selbst nicht berührende, Tatsache. Denn wie wäre es, wenn wir Dinge willkürlich rot oder grün sehen könnten? Wie würde man dann die Wörter "rot" und "grün" anwenden lernen? Es gäbe dann vor allem nicht einen 'roten Gegenstand', höchstens einen, den man leichter rot als grün sieht.

977. Ist nicht, was Köhler sagt, ungefähr: "Man könnte etwas nicht für das oder das *halten*, wenn man es nicht als das oder das *sehen* könnte"? Beginnt ein Kind damit, etwas so oder so zu sehen, ehe es lernt, es für das oder das zu halten? Lernt es zuerst die Frage beantworten "Wie siehst du das?" und dann erst "Was *ist* das?" –

978. Kann man sagen, es muß imstande sein, den Sessel visuell als Ganzes aufzufassen, um ihn als Ding erkennen zu können? – Fasse ich jenen Sessel visuell als Ding auf, und welche meiner Reaktionen zeigen das? Welche Reaktionen eines Menschen zeigen, daß er etwas als Ding erkennt, und welche, daß er etwas als ein Ganzes, dinglich, *sieht*?

979. Man könnte es sich so vorstellen: Man prüft, in welcher Weise ein Kind ebene Figuren abbildet, wenn man es keine Abbildungsart gelehrt hat, und wenn es räumliche Gegenstände noch nie gesehen hat.

980. Ich lerne beschreiben, was ich sehe; und da lerne ich *alle möglichen* Sprachspiele. –

981. Nicht "Wie kann ich, was ich sehe, beschreiben?" – sondern: "Was *nennt* man 'Beschreibung des Gesehenen'?"

Und die Antwort auf *diese* Frage ist: "Sehr Verschiedenes."

982. Köhler[1] sagt, nur sehr wenige Menschen sähen von selbst die Ziffer 4 in der Zeichnung [Zeichnung] und das ist gewiß wahr. Wie unterschiede sich nun ein Mensch von dem normalen Menschen, der in seiner Beschreibung ebener Figuren, oder wenn er sie kopiert, darin radikal von der Norm abweicht, daß er beim Kopieren und Beschreiben andere '*Einheiten*' verwendet? D.h., wie wird sich dieser auch noch in anderen Dingen von den normalen Menschen unterscheiden?

983. Ein Mensch könnte hohe zeichnerische Begabung haben, ich meine die Begabung, Gegenstände, ein Zimmer z.B., sehr genau abzuzeichnen, und könnte dabei doch immer wieder kleine Fehler gegen den *Sinn* machen; so daß man sagen könnte "Er faßt einen Gegenstand nicht als Gegenstand auf". Er würde z.B. nie einen Fehler machen, wie der des Maler Klecksel, der zwei Augen im Profil malt. Sein *Wissen* würde ihn nie verführen.

984. Der verführerische Begriff ist: "die *vollständige* Beschreibung dessen, was man sieht."

985. Eliminiere dir immer das private Objekt, indem du annimmst: Es ändere sich fortwährend; du merkst es aber nicht, weil dich dein Gedächtnis fortwährend täuscht. [Vgl. PU, S. 207e.]

986. "Wer etwas sieht, sieht irgendetwas Bestimmtes" – aber das heißt eben nichts.

Es ist, als wollte man sagen: Wenn auch keine Darstellung dem Gesichtseindruck gleicht, so gleicht er doch sich selber.

987. Es könnte doch Einer auf die Frage "Was siehst du hier?" die Figur richtig nachzeichnen, auf die Frage aber "Siehst du eine 4" mit Nein antworten, obwohl er sie doch selbst beim Nachzeichnen gebildet hat.

988. Was teile ich dem mit, dem ich die Mitteilung mache, ich sehe das Ornament jetzt *so*? (Seltsame Frage.) – Das heißt doch: "In welchem Sprachspiele findet dieser Satz Verwendung?" – "Was fangen wir mit diesem Satz an?"

989. Nehmen wir an, gewisse Aspekte wären durch die Augenbewegung erklärbar: Dann möchte man sagen, diese wären rein

[1] *Gestalt Psychology*, S. 200f. Die Figur bei Köhler sieht ein wenig anders aus. (*Herausg.*)

optischer Natur; und es müßte also für sie eine Beschreibung geben, die sich nicht der Analogien aus anderen Gebieten bedienen müßte. Dann müßte man also den Befehl "Sieh dies als...!" durch den ersetzen können: "Laß den Blick so und so wandern", oder einen ähnlichen.

990. Aber es ist eben nicht wahr, daß eine Erfahrung, die nachweisbar mit der Augenbewegung zusammenhängt, von ihr erzeugt werden kann, darum durch eine Folge von Gesichtsbildern beschrieben werden kann.

(Etwa so wenig, wie der, welcher sich einen Ton vorstellt, sich eine Folge von Luftstößen vorstellt.)

991. Halte die Zeichnung eines Gesichts verkehrt und du kannst den *Ausdruck* des Gesichts nicht erkennen. Vielleicht kannst du auch sehen, daß es lacht, aber doch nicht genau, *wie* es lacht. Du könntest das Lachen nicht nachahmen, oder seinen Charakter genauer beschreiben.

Und doch kann das umgekehrte Bild den Gegenstand höchst genau darstellen. [Vgl. PU, S. 198f.]

992. Man muß da bedenken, daß das *so*-Sehen eine ähnliche Wirkung haben kann wie ein Verändern des Gesehenen, z.B. durch ein Setzen von Klammern, ein Unterstreichen, Zusammenfassen auf die oder jene Art, etc., und daß das *so*-Sehen in dieser Weise wieder mit dem Vorstellen Ähnlichkeit hat.

Niemand wird doch leugnen, daß ein Unterstreichen, ein Setzen von Klammern, dem Erkennen einer Ähnlichkeit günstig sein kann.

993. Es ist doch klar, daß nur der, welcher das doppeldeutige Bild als Hasen sieht, den Gesichtsausdruck des Hasen wird nachahmen können. Sieht er das Bild also auf *diese* Weise, so wird ihm dies ermöglichen eine gewisse Ähnlichkeit zu beurteilen.

994. Man wird auch gewisse Dimensionen nur dann richtig schätzen, wenn man das Bild auf *diese* Weise sieht.

995. Bedenke, daß man sagen kann: "Du mußt diese Melodie *so* hören, und dann auch entsprechend *spielen*."

996. Könnte es nicht Menschen geben, die nicht im Kopf rechnen und nicht leise lesen lernen können, dabei aber sonst intelligente Menschen wären und in keinem Sinne 'schwachsinnig'?

997. Es ist kein Zweifel, daß man einen Aspekt oft durch eine Augenbewegung, durch eine Bewegung des Blicks, hervorruft.

998. Aber wie seltsam! möchte man sagen – wenn man eine Art der Zusammensetzung entdecken kann, – wie ist es möglich, sie auch zu *sehen*?—Wie ist es möglich, mit einem Schlage zu wissen, was man sagen will? Ist dies nicht ebenso merkwürdig?

999. Ist denn die Erscheinung des Aspekts seltsamer, als meine Erinnerung an eine bestimmte wirkliche Person, von der ich ein Erinnerungsbild habe? Ja, es ist sogar eine Ähnlichkeit zwischen beiden. Denn man fragt sich auch hier: Wie ist es *möglich*, daß ich von *ihm* ein Vorstellungsbild habe und es keinen Zweifel daran gibt, daß es *sein* Bild sei?

1000. Die Philosophie löst ein Problem oft nur, indem sie sagt: *Hier* ist so wenig eine Schwierigkeit, wie *da*.

Nur also, indem sie ein Problem heraufbeschwört, wo früher keines war.

Sie sagt: "Ist es nicht ebenso merkwürdig, daß ..." und läßt es damit bewenden.

1001. Wie befolgt man den Befehl "Stell dir Herrn N vor!"? Wie weiß man, daß der Befehl befolgt wurde? Wie weiß Einer, daß er ihn befolgt hat? Wozu ist der *Zustand* der Vorstellung hier nütze? – Ich will sagen, es verhalte sich ähnlich beim Sehen eines Aspekts.

1002. Ich sehe es (das Schachbrett) jetzt so. Es ist, als hättest du mir diese schematische Zeichnung gegeben. Z.B.

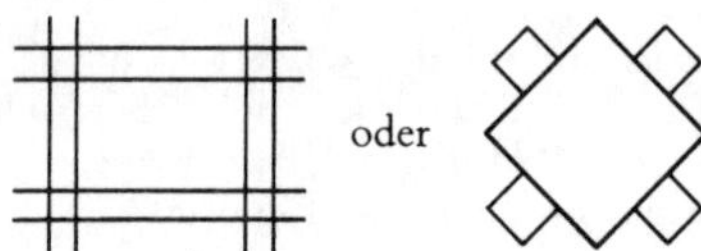

Die Figur, *als* welche ich die andere sehe, ist doch nicht eindeutig bestimmt.

1003. Denk dir ein Dreieck im Film [Dreieck] um den Punkt schwingend dargestellt und dann stehen bleibend. Und nun könnte es sein, als wirke diese zeitliche Umgebung noch im Bild des zur Ruhe gekommenen Dreiecks.

"Hängend" möchte ich sagen. Aber entspricht dem nichts? Doch gewiß! Aber das heißt nur, daß ich nicht lüge, und daß der Ausdruck des Aspekts eine Verwendung hat. "*Welche* Anwendung?!" mußt du dich immer fragen.

1004. Man könnte die Schachbrettzeichnung als Werkzeichnung betrachten, nach welcher Stücke herzustellen sind, die das Schachbrett ergeben. Man kann diese Zeichnung nun auf verschiedene Weise verwenden; und man kann sie auch auf verschiedene Weise, solchen Verwendungen entsprechend, *sehen*.

1005. Denke, man erklärte das so, daß der Aspekt durch verschiedene, dem visuellen Bild superponierte Vorstellungen und Erinnerungen entstehe. Natürlich interessiert mich diese Erklärung nicht als Erklärung, sondern als logische Möglichkeit, also begrifflich (mathematisch).

1006. "Das Grüne, was ich dort sehe, ist *blatthaft*. Diese Dinge dort *augenhaft*." (Welche Dinge sind es?)

1007. Es scheint hier das Objekt des Sehens zu sein, was nicht Objekt des Sehens sein kann. Als sagte man, man sehe Töne. (Aber man sagt ja wirklich, man sehe einen Vokal gelb, oder braun.)

1008. Wie könnte denn Assoziation ein Dauerzustand sein? Wie könnte ich denn fünf Minuten lang diese Art von Gegenstand mit diesen Linien assoziieren?

1009. Was überzeugt mich denn, daß der Andere ein gewöhnliches Bild dreidimensional sieht? – Daß er's sagt? Unsinn—wie weiß ich denn, was er mit dieser Versicherung meint?

Nun, daß er sich darin auskennt; die Ausdrücke auf das Bild verwendet, die er auf den Raum anwendet; sich vor einem Landschaftsbild benimmt, wie vor einer Landschaft, etc. etc.

1010. Ich kann von ihm nie wissen, ob er wirklich sieht. Nun, dann kann ich's von mir natürlich auch nicht wissen. Denn wie weiß ich, daß ich jetzt das Gleiche so nenne, wie früher, und daß ich das Gleiche "gleich" nenne?

1011. Nun, wie sieht es alles in der dritten Person aus? Und was für die dritte Person gilt, gilt dann, so seltsam das scheinen mag, auch für die erste.

1012. Denk dir eine physiologische Erklärung dafür, daß ich *eines* (A) als Variation des *andern* (B) sehe. Es könnte sich zeigen, daß, wenn ich A als B sehe, auf meiner Retina gewisse Vorgänge stattfinden, die sich sonst zeigen, wenn ich wirklich B sehe. Und dies könnte nun manches in meinem Benehmen erklären. Man könnte z.B. sagen, daß ich mich darum beim Anblick von A benehme, als sähe ich B, wie ich's gewöhnlich nicht tue, wenn ich A nicht als B sehe. Aber diese Erklärung meines Benehmens ist für uns überflüssig. Ich nehme das Benehmen eben so hin, wie einen Vorgang auf der Retina, oder im Gehirn.

Ich will sagen: Die physiologische Erklärung ist zuerst scheinbar eine Hilfe, zeigt sich aber dann als bloßer Katalysator der Gedanken. Ich führe sie nur ein, um sie gleich wieder los zu werden.

1013. Denk nur ja nicht, du wüßtest im vorhinein, was "Zustand des Sehens" in diesem Falle bedeutet! Laß dich die Bedeutung durch den Gebrauch *LEHREN*.

1014. Hätte ich mir das Phänomen der Vorstellung erklären können, wenn mir gesagt worden wäre: es sähe Einer mit offenen Augen etwas, was nicht vor ihm ist, und zugleich auch, was vor ihm ist, und es wären die beiden Gesichtsobjekte einander nicht im Wege?!

1015. Und es wäre nun natürlich ganz falsch, zu sagen: "Und doch geschieht das Seltsame" oder "das Unglaubliche". Vielmehr ist eben, was geschieht, *nicht* seltsam und nur falsch als Seltsames gesehen.

1016. Die alte Ansicht von der Rolle der *Anschauung* in der Mathematik. Ist diese Anschauung eben das Sehen der Komplexe in verschiedenen Aspekten?

1017. Muß man unter den Aspekten nicht rein optische von andern unterscheiden?

Daß sie von einander sehr verschieden sind, ist klar: Es tritt z.B. in ihre Beschreibung manchmal die Tiefendimension ein, manchmal nicht; manchmal ist der Aspekt eine bestimmte 'Gruppierung', wenn man aber Striche als Gesicht sieht, so hat man sie nicht nur visuell zu einer Gruppe zusammengefaßt; man kann die schematische Zeichnung eines Würfels als offene Kiste, oder als soliden Körper sehen, auf der Seite liegend, oder stehend; die Figur  kann nicht nur auf zwei, sondern auf sehr viele verschiedene Arten gesehen werden.

1018. Man hängt Bilder, stellt Photographien auf von Landschaften, Innenräumen, Menschen, und betrachtet sie nicht, wie Werkzeichnungen. Man liebt, sie anzusehen, wie die Gegenstände selbst; man lächelt die Photographie an, wie den Menschen, den sie zeigt. Wir lernen nicht, eine Photographie verstehen, wie eine Blaupause. – Es wäre freilich möglich, daß wir eine Abbildungsart erst mit Mühe verstehen lernen müssen, um sie später als natürliches Bild gebrauchen zu können. Dies mühsame Lernen wäre später nur noch *Geschichte*, und das Bild würden wir nun ebenso betrachten, wie jetzt unsere Photographie.

1019. Es könnte doch auch Menschen geben, die Photographien nicht, wie wir, verstünden, sähen; die zwar verstünden, daß auf diese Weise ein Mensch dargestellt werden kann, die seine Formen auch ungefähr nach einer Photographie beurteilen könnten, die aber das Bild doch nicht als Bild *sähen*. *Wie* würde sich das äußern? Was würden wir als Äußerung dessen betrachten?? Das ist vielleicht nicht leicht zu sagen.

Diese Leute hätten vielleicht nicht Freude an Photographien wie wir. Sie würden nicht sagen "Schau, wie er lächelt!" und dergleichen; sie würden eine Person oft nicht gleich nach dem Bild erkennen; müßten die Photographie *lesen lernen* und *lesen*; sie hätten Schwierigkeiten, zwei gute Aufnahmen desselben Gesichts als Bilder etwas verschiedener Stellungen zu erkennen.

1020. Wenn mir Einer sagte, er habe die Figur eine halbe Stunde lang ohne Unterbrechung als umgekehrtes F gesehen, so müßte ich annehmen, er habe fortwährend an diese Interpretation *gedacht*, sich damit *beschäftigt*.

1021. Es ist, als wäre der Aspekt etwas, was nur aufleuchtet, aber nicht stehen bleibt; und doch muß dies eine *begriffliche* Bemerkung sein, keine psychologische.

1022. Beim Umschnappen des Aspekts erlebt man die zweite Phase in akuter Weise (entsprechend etwa dem Ausruf "Ach, es ist ein . . .!") und hier *beschäftigt* man sich ja mit dem Aspekt. Im chronischen Sinne ist er nur die Art und Weise, wie wir die Figur wieder und wieder behandeln.

1023. 'Ding' und 'Hintergrund' sind visuelle Begriffe, wie rot und rund – will Köhler sagen. Die Beschreibung des *Gesehenen* schließt die Angabe, was Ding und was Hintergrund ist, nicht weniger ein, als die Angabe der Farbe und der Form. Und die Beschreibung ist ebenso unvollständig, wenn nicht gesagt wird, was Ding, was Grund ist, wie sie es ist, wenn Farbe oder Form nicht angegeben wurden. Ich sehe das eine ebenso unmittelbar, wie das andere – will man sagen. Und was ist dagegen einzuwenden? Zuerst: wie sich das erkennen läßt, – ob durch Introspektion, und ob Alle darin übereinstimmen müssen. Denn es handelt sich offenbar um die Beschreibung des *subjektiv Gesehenen*. Aber wie lernt man nur, das Subjektive durch Worte wiedergeben? Und was können uns diese Worte bedeuten?

Denk, statt um Worte handelte sich's um zeichnerische Wiedergabe; und den Wörtern "dinglich" und dergleichen entspräche in dieser Wiedergabe die Reihenfolge, Ordnung, in der wir die Zeichnung anfertigen. (Ich nehme an, wir könnten außerordentlich rasch zeichnen.) Und nun sagte jemand: "Zur Darstellung des Gesehenen gehört die Reihenfolge ebenso, wie Farben und Formen." – Was hieße das?

Man kann wohl sagen: Es gibt Gründe, zum zeichnerischen Beschreiben des Gesehenen nicht nur das gezeichnete Bild, sondern auch die Phrasierung beim Zeichnen zu rechnen. Es gehörten diese Reaktionen des Beschreibenden irgendwie zusammen. In gewisser Beziehung gehören sie zusammen, in anderer nicht.

1024. Denkt man an Ströme in der Netzhaut (oder dergleichen), so möchte man sagen: "Also ist der Aspekt so gut 'gesehen', wie Form und Farbe." Aber wie konnte uns denn so eine Hypothese zu dieser Überzeugung helfen? Nun, sie kommt der Tendenz entgegen, hier zu sagen, wir *sähen* zwei verschiedene Gebilde. Aber diese Tendenz, wenn sie zu begründen ist, muß ihren Grund woanders haben.

1025. Der Ausdruck des Aspekts ist der Ausdruck einer Auffassung (also einer Behandlungsweise, einer Technik); aber gebraucht als Beschreibung eines Zustands.

1026. Wenn es scheint, es wäre für eine solche logische Form kein Platz, so mußt du sie in einer andern Dimension aufsuchen. Wenn hier kein Platz ist, so ist er eben in einer andern Dimension. [Vgl. PU, S. 200f.]

1027. In diesem Sinne ist auch auf der Zahlenlinie nicht für imaginäre Zahlen Platz. Und das heißt doch: Die Anwendung eines imaginären Zahlbegriffs ist *grund*verschieden von der des Begriffs der Anzahl etwa; verschiedener, als die mathematischen Operationen allein es offenbaren. Man muß also, um Platz für sie zu gewinnen, zu ihrer Anwendung hinuntersteigen und dann finden sie einen, sozusagen *ungeahnt*, verschiedenen Platz. [Vgl. PU, S. 201a.]

1028. Wenn diese Konstellation für mich stets und ständig ein Gesicht ist, dann habe ich damit keinen Aspekt bezeichnet. Denn *das* hieße, daß ich ihr immer als Gesicht *begegne*, sie als Gesicht behandle; während das Eigentümliche des Aspekts ist, daß ich etwas in ein Bild hineinsehe. So daß man sagen könnte: ich sehe etwas, was garnicht da ist, was nicht in der Figur liegt, so daß es mich überrascht, daß ich's sehen kann (mindestens, wenn ich später darüber reflektiere).

1029. Wenn das Sehen eines Aspekts einem Gedanken entspricht, dann kann es nur in einer *Welt* von Gedanken ein Aspekt sein.

1030. Wenn ich einen Aspekt beschreibe, so setzt die Beschreibung Begriffe voraus, die nicht zur Beschreibung der Figur selbst gehören.

1031. Ist es nicht merkwürdig, daß man bei der Beschreibung eines Gesichtseindrucks so ungemein selten das Wandern des Blicks in die Beschreibung einbezieht?! Es wird so gut wie nie einbezogen, wenn der Gegenstand klein, z.B. ein Gesicht ist; obgleich doch auch da der Blick fortwährend in Bewegung ist.

1032. Der Aspekt kann plötzlich wechseln und es folgt dem Wechsel dann ein neues Betrachten. Man ist sich, z.B., des Gesichtsausdrucks bewußt, *betrachtet* ihn.

1033. Ich kann z.B. eine Photographie anschauen und mich mit dem Ausdruck des Gesichts beschäftigen, ihn mir sozusagen zu Gemüt führen, ohne mir, oder einem Andern, dabei etwas zu sagen.

Ich lasse die Augen der Photographie zu mir sprechen. Ich sehe das Bild vielleicht zum ersten Mal, als wirkliches Gesicht. 'Gehe auf den Ausdruck ein.' Frage nicht "Was geht dabei vor?", sondern "Was tut man mit dieser Äußerung?"

1034. Wir werden uns des Aspekts nur im Wechsel bewußt. Wie wenn sich Einer nur des Wechselns der Tonart bewußt ist, aber kein absolutes Gehör hat.

1035. Wenn man das Mittelmeer auf der Karte bei anderer Kolorierung nicht erkennt, so zeigt *das* nicht, daß hier *wirklich* ein anderer visueller Gegenstand vorliegt. (Köhlers Beispiel.)[1] Es könnte das höchstens einen plausiblen Grund für eine bestimmte *Ausdrucksweise* abgeben. Es ist eben nicht das Gleiche, zu sagen "Das zeigt, daß hier wirklich zweierlei gesehen wird" – und "Unter diesen Umständen wäre es besser, von 'zwei verschiedenen Gesichtsobjekten' zu reden".

[1] Köhler, *Gestalt Psychology*, S. 195ff. (*Herausg.*)

1036. Daß man einen Aspekt durch Gedanken hervorrufen kann, ist äußerst wichtig, obwohl es das Hauptproblem nicht löst.

Ja, es ist, als wäre der Aspekt ein unartikulierter Fortklang eines Gedankens.

1037. Ich höre zwei Leute reden, verstehe nicht, was sie sagen, höre aber das Wort "Bank". Nun nehme ich an, sie sprächen von Geld. (Das kann sich als richtig oder unrichtig herausstellen.) Habe ich damit das Wort "Bank" in *der* Bedeutung *gehört*?

Anderseits: Es spricht Einer in einer Art Spiel doppeldeutige Wörter ohne Zusammenhang; ich höre "Bank" und höre es in jener Bedeutung. Es ist beinahe, als wäre dies letztere ein wertloses Überbleibsel des ersten Vorgangs.

1038. Warum soll nicht die überwältigende Neigung, ein gewisses Wort in unserer Äußerung zu gebrauchen, bestehen? Und warum sollte dies Wort nicht dennoch irreführend sein, wenn wir über unser Erlebnis nachdenken?

Ich meine: Warum sollen wir nicht "sehen" sagen wollen, obwohl der Vergleich mit dem Sehen in mancher Weise nicht stimmt. Warum sollen wir nicht von einer Analogie beeindruckt sein, zum Nachteil aller Verschiedenheiten. Aber darum kann man sich auch nicht auf die Worte der Äußerung berufen.

Die physiologische Betrachtung verwirrt hier nur. Weil sie von dem logischen, begrifflichen Problem ablenkt.

1039. Die Verwirrung in der Psychologie ist nicht damit zu erklären, daß sie eine "junge Wissenschaft" ist. Ihr Zustand ist mit dem der Physik, z.B., in ihrer Frühzeit garnicht zu vergleichen. Eher mit dem gewisser Zweige der Mathematik. (Mengenlehre.) Es besteht da nämlich einerseits eine gewisse experimentelle Methode, anderseits Begriffsverwirrung, so wie in manchen Teilen der Mathematik Begriffsverwirrung und Beweismethoden. Während man aber in der Mathematik ziemlich sicher sein kann, daß ein Beweis von Wichtigkeit sein wird, auch wenn er noch nicht recht verstanden ist, ist man in der Psychologie der Fruchtbarkeit der Experimente durchaus nicht sicher. Vielmehr besteht in ihr Problematisches, und Experimente, die man für die Methode der Lösung der Probleme ansieht, auch wenn sie an dem, was uns beunruhigt, ganz vorbeigehen. [Vgl. PU, S. 232a.]

1040. Man könnte dazu verführt werden zu glauben, es gäbe eine bestimmte Art und Weise, wie man Jahreszahlen ausspricht, einen bestimmten Tonfall oder dergleichen. Denn eine Zahl, etwa eine

Hausnummer, wie 1854 kann für mich etwas Jahreszahlhaftes an sich haben. Man könnte glauben, unser Erlebnis sei das einer bestimmten Einstellung des Geistes, die ihn für eine bestimmte Tätigkeit bereit macht; zu vergleichen also der Stellung des Körpers vor dem Sprung. Hier ist ein sehr verlockender Irrtum. Es ist Erfahrungstatsache, daß *diese* Stellung eine häufige, oder zweckmäßige Vorbereitung für *diese* Tätigkeit ist. Wir aber haben nicht gelernt, daß dies Gefühl, diese Erfahrung, eine zweckdienliche Vorbereitung der und der Anwendung der Figur, Zahl, etc. ist. Ausdrücke wie "Es ist, als zitterte in dem Erlebnis bereits die künftige Verwendung", "Es ist, als innervierten wir schon die Muskeln zu dieser bestimmten Tätigkeit", etc. etc. sind nur paraphrasierte *Äußerungen* des Erlebnisses. (Als sagte man "Die Liebe zu . . . glüht mir im Herzen.") – Hier haben wir übrigens eine Andeutung des Ursprungs der Innervationsempfindung, die das Bewußtsein des Willensakts ausmachen soll.

1041. Ich sage beim Erkennen eines Menschen: "Jetzt seh ich's – es sind dieselben Züge, nur . . ." – und es folgt eine Beschreibung der tatsächlichen Veränderungen. – Denk dir, ich sagte "Das Gesicht ist runder, als es war" – soll ich sagen, es ist eine Eigentümlichkeit des Gesichtsbildes, des Gesichtseindrucks, die mir das zeigt? Freilich, man wird sagen: "Nein; hier kommt ein Gesichtsbild und eine Erinnerung zusammen." Aber wie kommen diese zusammen? Ja – es ist *als ob* hier zwei Bilder verglichen würden. Aber es werden nicht zwei Bilder verglichen; und würden sie's, so müßte man noch immer eines als das des früheren Gesichts anerkennen.

1042. Ich kann doch sagen: Ich sehe, daß diese Figur in jener enthalten ist, kann sie aber nicht darin sehen. Diese Beschreibung paßt wohl für diese Figur, aber doch kann ich die Figur nicht der Beschreibung gemäß *sehen*.

Und "sehen" heißt hier auch nicht "mit einem Schlag erkennen". Denn es könnte wohl sein, daß jemand nicht im Stande wäre, auf den ersten Blick die eine Figur in der andern zu sehen, daß er dies aber könnte, *nachdem* er das Enthaltensein, sozusagen stückweise, erkannt hätte.

1043. Teile ich ihm mittels der beiden Bilder mit, die eine Figur sei in der andern enthalten, oder, ich erkenne, daß es so sei, so teile ich ihm damit nicht mit, ich sehe die eine in der andern. Worin liegt der Unterschied der beiden Mitteilungen? (Ihr Wortausdruck muß sich nicht unterscheiden.)

1044. Ich kann die Figur 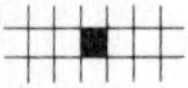 nicht als Vereinigung von und sehen, die zusammengeschoben sind, daß sie sich halb überdecken, so daß das mittlere schwarze Feld gleichsam doppelt gilt. Wenn nun Einer sagte, er könne die Figur so sehen, könnte ich dies nicht verstehen? Könnte ich es glauben? Sollte ich sagen, dies sei möglich – auch wenn mir derlei noch nie vorgekommen ist? Müßte ich sagen "Du meinst eben mit 'so-sehen' etwas anderes als ich"? – Und wenn ich es annähme, was wüßte ich nun, was könnte ich damit anfangen? (Eine physiologische Verwendung ist natürlich wieder vorstellbar.)

1045. Hierher gehört die Frage "Was würde mir Einer mitteilen, der sagte, er könne ein regelmäßiges 50-Eck als solches *sehen*"? Wie würde man seine Aussage prüfen? Was als Prüfung gelten lassen?

Mir scheint, es könnte nun sein, daß man *gar nichts* als Bestätigung dieser Aussage annehmen würde.

1046. "Für mich ist es jetzt *dieses* Ornament." Das "dieses" muß erklärt werden durch Hinweis auf eine *Klasse* von Ornamenten. Man kann etwa sagen "Es sind weiße Bänder auf etwas Schwarzem". Ja – anders ist es nicht zu erklären. Obgleich man sagen möchte: "Es muß doch einen einfacheren Ausdruck für das geben, was ich sehe!" Und vielleicht gibt es ihn auch. Denn vor allem könnte man den Ausdruck "hervortreten" benützen. Man kann sagen "Diese Teile treten hervor". Und nun kann man sich ja eine primitive Reaktion eines Menschen denken, der dies nicht durch Worte ausdrückt, sondern etwa auf die 'hervortretenden' Teile mit dem Finger und einer besondern Gebärde deutet. Aber dieser primitive Ausdruck wäre damit noch nicht *äquivalent* dem Wortausdruck "weißes Bandornament".

1047. Es wäre aber auch *das* möglich: daß eine große Menge von Ausdrücken, Begriffen, für jemand in diesem Fall ganz gleichbedeutend wären. Und sollte man in *diesem* Fall sagen, der beschriebene Aspekt sei rein optisch?

1048. Es ist aber die Frage: warum die primitive Reaktion des Deutens mit dem Finger ein Ausdruck des so-Sehens genannt werden soll. Ohne weiteres wird man sie doch so nicht nennen können. Nur wenn sie sich mit andern Ausdrücken vereinigt.

1049. Denke, es drückte Einer das so-Sehen immer durch eine Erinnerung aus! Er sagte z.B., jetzt erinnere ihn die Figur an dies, jetzt an jenes, was er einmal gesehen habe. Was könnte ich mit *dieser* Mitteilung anfangen?

Kann mich etwas eine halbe Stunde lang an diesen Gegenstand erinnern? Es sei denn, daß ich mich mit dieser Erinnerung beschäftige.

1050. Wenn es sich nun so verhält, daß es ein Bedeutungserlebnis zwar gibt, dies aber etwas nebensächliches ist, – wie kann es dann so sehr wichtig scheinen? Kommt das daher, daß dies Phänomen einer gewissen primitiven Deutung unserer Grammatik (Sprachlogik) entgegenkommt? So wie man sich oft vorstellt, es müsse die Erinnerung an ein Ereignis ein inneres Bild sein, und wie ja so ein Bild manchmal wirklich existiert.

1051. Wie verschwommen auch mein Gesichtsbild sein mag, so muß es doch *eine bestimmte* Verschwommenheit haben, so muß es doch ein bestimmtes Gesichtsbild sein. Das heißt wohl, es muß einer genau passenden Beschreibung fähig sein, wobei eben die Beschreibung die gleiche Vagheit haben müsse, wie das Beschriebene. – Aber nun wirf einen Blick auf das Bild und gib eine in diesem Sinne passende Beschreibung! Diese Beschreibung sollte eigentlich ein *Bild*, eine Zeichnung sein! Aber hier handelt sich's eben nicht um eine verschwommene Kopie eines verschwommenen Bildes. Was wir sehen, ist in ganz anderm Sinne unklar. Und ich glaube, die Lust, von einem privaten Gesichtsobjekt zu reden, könnte einem vergehen, wenn man öfter an dies Gesichtsbild dächte.

Die Abbildungsweise, die sonst möglich ist, ist eben hier nicht möglich.

1052. Wenn ich sage "Er hat sich im Park auf die Bank gesetzt", so ist es freilich schwierig, dabei an eine Geldbank zu denken, sich eine vorzustellen; aber das beweist nicht, daß man sich sonst eine andere Bank vorgestellt hätte.

Es könnte uns z.B. leicht fallen, während des Redens gewisse Bilder zu zeichnen, die der Rede entsprechen, und sehr schwer, dabei Bilder zu zeichnen, die der Absicht, oder dem Zusammenhang der Rede zuwider sind. Aber das würde nicht beweisen, daß wir beim Reden immer zeichnen.

1053. Wenn ich jetzt beim Überlegen dieser Frage allein den Satz ausspreche "Du mußt das Geld in die Bank legen" und ihn so und so meine, – heißt das, daß in mir beim Aussprechen des Satzes das Gleiche vorgeht, wie wenn ich den Satz bei einer wirklichen Gelegenheit jemand in dieser Bedeutung sage? Was könnte so eine Annahme rechtfertigen? Höchstens, daß ich danach sage "Ich habe das Wort ... jetzt in der Bedeutung ... gemeint". Und hier handelt sich's doch um eine Art optischer Täuschung! Denn, was mich im praktischen Gebrauche zu dieser Feststellung berechtigt, ist ja nicht ein das Sprechen begleitender Vorgang. Wenn auch Vorgänge das Sprechen begleiten können, die auf diese Bedeutung hinweisen. (Die Richtung des Blicks z.B.)

1054. Die Schwierigkeit ist, sich unter den Begriffen der 'psychologischen Erscheinungen' auszukennen.

Sich unter ihnen zu bewegen, ohne immer wieder gegen ein Hindernis anzurennen.

D.h., man muß die Verwandtschaften und Unterschiede der Begriffe *beherrschen*. Wie Einer den Übergang von jeder Tonart in jede beherrscht, von der einen in die andere moduliert.

1055. "Ich habe jetzt das Wort ... in der Bedeutung ... ausgesprochen" – Wie weißt du, daß du's getan hast? Wie, wenn du dich geirrt hast? Wie hast du denn gelernt, es in der Bedeutung auszusprechen?

Wer sagt "Ich habe jetzt das Wort in *der* Bedeutung isoliert gesprochen", der spielt ein gänzlich anderes Sprachspiel, als der, welcher mir mitteilt, er habe mit dem Wort in jenem Bericht, oder Befehl, *das* gemeint.

Und nun ist es also wesentlich, oder unwesentlich, daß er auch im ersten Falle das Wort "meinen" gebraucht. Ist es wesentlich, dann ist dies erste Sprachspiel sozusagen eine Spiegelung des zweiten.

Etwa, wie die Schachpartie auf der Bühne eine Spiegelung einer wirklichen Schachpartie genannt werden könnte.

1056. Schach in der Vorstellung mit dem Andern spielen: Beide Spieler spielen in der Vorstellung und stimmen miteinander darin überein, *dieser* habe gewonnen, dieser verloren. Sie können dann Beide aus dem Gedächtnis die Partie übereinstimmend reproduzieren, sie aufschreiben, erzählen. – Denke Tennis so gespielt. Es wäre möglich. Nur natürlich keine Übung für die Muskeln. (Obwohl sich auch das denken ließe.) Wichtig ist, daß man auch beim 'Tennis in der Vorstellung' wird sagen können "*Es ist mir gelungen*, den Ball ...".

1057. Ich könnte doch von einer Schachpartie träumen, der Traum hat mir aber vielleicht nur einen Zug des Spiels gezeigt. Dennoch hätte ich geträumt: ich habe eine Schachpartie gespielt. Man wird dann sagen "Du hast sie nicht wirklich gespielt, du hast es geträumt". Warum sollte man nicht auch sagen "Du hast das Wort nicht wirklich so gemeint, du hast es nur geträumt"?

1058. Vor Gericht, z.B., könnte die Frage erörtert werden, wie *Einer* ein Wort gemeint habe, und es kann auch aus gewissen Tatsachen geschlossen werden, er habe es *so* gemeint. Es ist eine Frage der *Absicht*. Könnte aber auch jenes andere geträumte *Meinen* diese Wichtigkeit haben? [Vgl. PU, S. 214e.]

1059. Aber wie ist es: Wenn ich ein Gedicht, oder ausdrucksvolle Prosa lese, besonders wenn ich sie laut lese, so geht doch beim Lesen etwas vor, was nicht vorgeht, wenn ich die Sätze nur ihrer Information wegen überfliege. Ich kann doch, z.B., einen Satz mehr, oder weniger eindringlich lesen. Ich bemühe mich den Ton genau zu treffen. Dabei sehe ich oft ein Bild, gleichsam eine Illustration, vor mir. Ja ich kann auch einem *Wort* einen Ton verleihen, der seine Bedeutung, beinahe als wäre das Wort ein Bild, hervortreten läßt. Man könnte sich selbst eine Schreibweise denken, in der gewisse Wörter durch bildliche Zeichen ersetzt und so hervorgehoben werden. Ja dies geschieht manchmal, wenn wir ein Wort unterstreichen, oder es im Satz förmlich auf ein Postament stellen. ((". . . there lay a something. . . .")) [Vgl. PU, S. 214g.]

1060. Wenn ich beim ausdrucksvollen Lesen dies Wort ausspreche, so ist es sozusagen mit seiner Bedeutung angefüllt. Und nun könnte man fragen: "Wie *kann* das sein?" [Vgl. PU, S. 215a.]

1061. "Wie kann das sein, wenn Bedeutung das ist, was du glaubst?" Der Gebrauch eines Wortes kann das Wort nicht begleiten, oder anfüllen. Und nun kann ich antworten: Mein Ausdruck war bildlich gebraucht. – Aber das Bild *drängte sich mir auf. Ich will sagen*: Das Wort war von seiner Bedeutung erfüllt. Wie ich dazu komme, das sagen zu wollen, ließe sich vielleicht erklären.

Warum aber soll ich dann nicht auch '*sagen wollen*': ich habe das Wort (isoliert) in *dieser* Bedeutung ausgesprochen? [Vgl. PU, S. 215a.]

1062. Warum soll mich eine bestimmte Technik der Verwendung der Worte "Bedeutung", "meinen" und anderer nicht dazu führen, diese Worte sozusagen in einem bildlichen, uneigentlichen Sinne zu gebrauchen? (So wie ich sage, der Laut *e* ist gelb.) Ich meine aber nicht: es sei ein *Irrtum* – ich habe das Wort nicht *wirklich* in dieser Bedeutung ausgesprochen, sondern mir's nur eingebildet. Nicht so ist es. Ich bilde mir ja auch nicht bloß ein, es werde im "Nathan"[1] Schach gespielt.

[1] Lessing: *Nathan der Weise*. (*Herausg.*)

1063. Das Denken in den Begriffen physiologischer Vorgänge ist für die Klarstellung der begrifflichen Probleme in der Psychologie höchst gefährlich. Das Denken in physiologischen Hypothesen spiegelt uns manchmal falsche Schwierigkeiten, manchmal falsche Lösungen vor. Die beste Kur dagegen ist der Gedanke, daß ich garnicht weiß, ob die Menschen, die ich kenne, wirklich ein Nervensystem haben.

1064. Der Fall der 'erlebten Bedeutung' ist *verwandt* dem des Sehens einer Figur als dies, oder jenes. Wir müssen diese begriffliche Verwandtschaft beschreiben; daß eigentlich beidemal das Gleiche vorliege, sagen wir nicht.

1065. Wenn du dein F so schreibst , meinst du es als 'verschobenes' F, oder als Spiegel-F? – *Willst* du, daß es nach rechts, oder daß es nach links schaue? – Die zweite Frage bezieht sich *offenbar* nicht auf einen Vorgang, der das Schreiben begleitet. Bei der ersten Frage *könnte* man so einen Vorgang denken.

1066. "Ich sehe, daß das Kind den Hund anrühren will, sich aber nicht recht traut." Wie kann ich das sehen? – Ist diese Beschreibung des Gesehenen auf gleicher Stufe mit einer Beschreibung sich bewegender Formen und Farben? Liegt ein Deuten vor? Nun, bedenke, daß du ja auch einen Menschen *nachmachen* kannst, der etwas angreifen möchte, sich aber nicht traut! Und was du nachmachst ist doch ein Benehmen. Aber du wirst dies Benehmen *charakteristisch* vielleicht nur in einem weiteren Zusammenhang nachahmen können.

1067. Man wird auch sagen können: Was diese Beschreibung sagt, wird sich irgendwie in der Bewegung und dem übrigen Benehmen des Kindes, aber auch in der räumlichen und zeitlichen Umgebung, ausdrücken.

1068. Soll ich nun aber sagen, daß ich die Furchtsamkeit in diesem Benehmen – oder den Gesichts*ausdruck* – eigentlich 'sehe'? Warum nicht? Aber damit ist ja der Unterschied zweier Begriffe des Wahrgenommenen nicht geleugnet. Ein Bild des Gesichts könnte die Gesichtszüge sehr genau, den Ausdruck aber nicht richtig wiedergeben; es könnte aber auch der Ausdruck ähnlich sein und die Züge nicht gut getroffen. "Ähnlicher Ausdruck" faßt Gesichter ganz anders zusammen, als "ähnliche Anatomie".

1069. Die Frage ist natürlich nicht: "Ist es richtig, zu sagen 'ich *sehe* sein schlaues Blinzeln'?" Was sollte daran richtig oder falsch sein, außer der Gebrauch der deutschen Sprache? Wir werden auch nicht sagen: "Der naive Mensch hat ganz recht, wenn er sagt, er *sähe* den Gesichtsausdruck"!

1070. Anderseits möchte man aber sagen: Wir können doch den Ausdruck, die Schüchternheit des Benehmens, etc. *nicht in demselben Sinne* 'sehen', wie die Bewegung, die Formen und Farben. Was ist nun daran? (Physiologisch ist die Frage natürlich nicht zu beantworten.) Nun, man sagt eben von der Bewegung und auch von der Freude des Hundes, man sähe sie. Schließt man die Augen, so kann man weder das eine noch das andere sehen. Sagt man aber von dem, er habe alles gesehen, was zu *sehen* ist, der die Bewegung des Hundes auf irgendeine Weise genau im Bilde wiedergeben könnte, dann müßte *der* die Freude des Hundes nicht erkennen. Ist also die ideale Darstellung des Gesehenen die photographisch (metrisch) genaue Wiedergabe im Bild, dann könnte man sagen wollen: "ich sehe die Bewegung, und *merke* irgendwie die Freude."

Aber bedenke doch, in welcher Bedeutung wir das Wort "sehen" gebrauchen lernen. Wir sagen doch gewiß, wir sehen diesen Menschen, diese Blume, während unser Gesichtsbild – die Farben und Formen – sich stetig und zwischen den weitesten Grenzen ändern. Nun, so gebrauchen wir eben das Wort "sehen". (Glaub nicht, du kannst einen bessern Gebrauch dafür finden, – einen phänomenologischen!)

1071. Lerne ich nun die Bedeutung des Wortes "traurig" – auf's Gesicht angewendet – ganz so, wie die Bedeutung von "rund" oder "rot"? Nein, nicht ganz so, aber doch ähnlich. (Ich reagiere ja auch anders auf die Traurigkeit des Gesichts, als auf die Röte.)

1072. Schau eine Photographie an; frag dich, ob du nur die Verteilung von dunklern und hellern Flecken, oder auch den Gesichtsausdruck siehst! Frag dich, was du siehst: Wie wäre es leichter darzustellen: durch eine Beschreibung jener Verteilung von Flecken, oder durch die Beschreibung eines menschlichen Kopfes; und wenn du nun vom Gesicht sagst, es lächle, – ist es leichter, die entsprechende Lage und Form der Gesichtsteile zu beschreiben, oder selbst zu lächeln?

1073. "Was ich *sehe*, kann nicht der Ausdruck sein, weil das Erkennen des Ausdrucks von meinem Wissen, meiner Kenntnis des menschlichen Benehmens im allgemeinen, abhängt." Aber ist dies nicht bloß eine geschichtliche Feststellung?

1074. Ist es hier, als nähme ich eine 'vierte Dimension' wahr? Nun, ja und nein. Seltsam ist es aber eben nicht. Woraus du lernen sollst, daß das nicht seltsam ist, was einem beim Philosophieren so vorkommt. Wir nehmen an: das Wort ... müßte doch eigentlich *so* gebraucht werden (*dieser* Gebrauch fällt uns als Prototyp ein) und dann finden wir den normalen Gebrauch höchst seltsam.

1075. "Was ich eigentlich *sehe*, muß doch das sein, was in mir durch Einwirkung des Objekts zustandekommt." – Das, was in mir zustandekommt, ist dann so etwas wie ein Abbild, etwas, was man selbst wieder *anschauen*, vor sich haben könnte. Beinahe so etwas wie eine *Materialisation*.

Und diese Materialisation ist etwas Räumliches und muß sich ganz in räumlichen Begriffen beschreiben lassen. Sie kann dann zwar lächeln, aber der Begriff der Freundlichkeit gehört nicht zu ihrer Darstellung, sondern ist dieser Darstellung *fremd* (wenn er ihr auch dienen kann). [Vgl. PU, S. 199g.]

1076. Wer z.B. imstande wäre, dieses Bildnis genau zu kopieren, – sollte ich von dem *nicht* sagen, er sähe alles, was ich sehe? Und er müßte den Kopf garnicht als Kopf, oder als etwas Räumliches ansprechen; und wenn auch das, so brauchte ihm der Ausdruck nichts zu sagen. Und wenn dieser nun zu mir spricht, – sollte ich sagen, ich sehe mehr, als der Andere?

Ich *könnte* es sagen.

1077. Aber ein Maler kann doch ein Auge malen, daß es starrt; so muß also sein Starren sich durch die Verteilung der Farbe auf der Fläche beschreiben lassen. Aber wer es malt, muß diese Verteilung nicht beschreiben können.

1078. Verstehen eines Musikstücks – Verstehen eines Satzes.

Man sagt, ich verstehe eine Redeweise nicht wie ein Einheimischer, wenn ich zwar ihren Sinn kenne, aber, z.B., nicht weiß, was für eine Klasse von Leuten sie verwenden würde. Man sagt in so einem Falle, ich kenne die genaue Schattierung der Bedeutung nicht. Wenn man aber nun dächte, man empfände beim Aussprechen des Wortes etwas anderes, wenn man diese Schattierung kennt, so wäre dies wieder unrichtig. Aber ich kann z.B. unzählige Übergänge machen, die der Andere nicht machen kann.

1079. Man möchte doch sagen: "Das Seelenleben des Menschen läßt sich garnicht beschreiben; es ist so ungemein kompliziert und voll von kaum greifbaren Erlebnissen. Es gleicht großenteils einem Brauen farbiger Nebel, in dem jede Form nur Durchgang zu anderen Formen, zu anderen Durchgängen ist. – Ja, nimm nur das visuelle Erlebnis! Dein Blick wandert beinahe unaufhörlich; wie könntest du es beschreiben?" – Und doch beschreibe ich's! – "Aber das ist nur eine ganz rohe Beschreibung, sie beschreibt dein Erlebnis eigentlich nur in den gröbsten Zügen." – Aber ist dies eben nicht, was ich Beschreibung meines Erlebnisses *nenne*? Wie komme ich denn zum Begriff einer Art Beschreibung, die ich unmöglich geben kann?

1080. Denk, du blickst auf strömendes Wasser. Das Bild der Oberfläche ändert sich fortwährend. Lichter und Dunkelheiten tauchen überall auf und verschwinden. Was würde ich eine 'genaue Beschreibung' dieses Gesichtsbildes nennen? Ich würde nichts so nennen. Sagt Einer, es läßt sich nicht beschreiben, so kann man antworten: Du weißt nicht, was eine Beschreibung zu nennen wäre. Denn die genaueste Photographie, z.B., würdest du nicht als *genaue* Darstellung deines Erlebnisses anerkennen. Genauigkeit gibt es in diesem Sprachspiel nicht. (Nämlich so, wie ein Rössel nicht im Damespiel.)

1081. Die Beschreibung des Erlebnisses beschreibt nicht einen Gegenstand. Sie kann sich der Beschreibung eines Gegenstands bedienen. Und dieser Gegenstand ist manchmal der, welchen man anschaut, manchmal (Photographie) nicht.

Der Eindruck – möchte ich sagen – sei kein Gegenstand.

1082. Wir lernen Gegenstände beschreiben, und dadurch, in anderm Sinne, unsere Empfindungen.

1083. Ich schaue in das Okular eines Instruments und zeichne, oder male ein Bild dessen, was ich sehe. Wer es ansieht, kann sagen: "Also *so* schaut es aus" – aber auch "Also *so* erscheint es dir".

Ich könnte das Bild eine Beschreibung des Angeschauten, aber auch eine Beschreibung meines Gesichtseindrucks, nennen.

1084. "Der Eindruck ist verschwommen" – 'also ist der Gegenstand in meinem Bewußtsein verschwommen'.

1085. Den Eindruck kann man nicht betrachten, darum ist er kein Gegenstand. (Grammatisch.) Denn man betrachtet den Gegenstand nicht, um ihn zu ändern. (Das ist eigentlich, was Leute damit meinen: die Gegenstände existierten 'unabhängig von uns'.)

1086. "Der Sessel ist der gleiche, ob ich ihn betrachte oder nicht" – das *müßte* nicht wahr sein. Menschen werden oft verlegen, wenn man sie anschaut. "Der Sessel fährt fort zu existieren, ob ich ihn anschaue oder nicht." Das könnte ein Erfahrungssatz, oder es könnte grammatisch aufzufassen sein. Man kann aber auch einfach an den begrifflichen Unterschied zwischen Sinneseindruck und Objekt dabei denken. [Vgl. Z 427.]

1087. Deutsche Hauptwörter in kleinem Druck bei gewissen modernen Dichtern. Ein deutsches Hauptwort in kleinem Druck sieht fremdartig aus, man muß es aufmerksam lesen, um es zu erkennen. Es soll uns *neu* vorkommen, als hätten wir es jetzt zum ersten Mal gesehen. – Was aber interessiert mich daran? Dies, daß der Eindruck zuerst nicht genauer beschrieben werden kann, als durch Worte wie "seltsam", "ungewohnt". Später erst folgen sozusagen Analysen des Eindrucks. (Die Reaktion des Zurückschreckens vor dem seltsam geschriebenen Wort.)

1088. Wir lehren Einen die Bedeutung des Wortes "unheimlich", indem wir es mit einem gewissen Benehmen in gewissen Situationen in Zusammenhang bringen (aber nicht: das Benehmen so nennen). Er sagt nun in solchen Situationen, es sei ihm unheimlich; und einmal auch, das Wort "ghost" habe etwas Unheimliches. – Inwiefern war das Wort "unheimlich" von Haus aus die Bezeichnung eines Gefühls? Wenn Einer davor zurückscheut, in ein dunkles Zimmer zu gehen, warum soll ich dies und Ähnliches die Äußerung eines Gefühls nennen? Denn "Gefühl" läßt uns ja doch an Empfindung und Sinneseindruck denken, und dies wieder sind die Gegenstände, die unsere Seele unmittelbar vor sich hat. ((Ich will hier einen logischen Schritt machen, der mir sehr schwer fällt.))

1089. "Was weiß ich von den Gefühlen des Andern, und was *weiß* ich von den meinen?" heißt, daß die Erfahrung, als *Gegenstand* aufgefaßt, aus der Betrachtung herausfiele.

1090. Kann denn etwas merkwürdiger sein, als daß der *Rhythmus* des Satzes für sein genaues Verständnis von Wichtigkeit sein soll!

1091. Es ist, als teilte uns der etwas mit, der den Satz als Mitteilung ausspricht, aber auch der Satz als bloßes *Beispiel*.

1092. Es ist ja klar, daß die Beschreibungen der Eindrücke die Form der Beschreibung *'äußerer'* Gegenstände haben – mit gewissen Abweichungen. (Einer gewissen Vagheit, z.B.)

Oder auch: Soweit die Beschreibung des Eindrucks der Beschreibung eines Gegenstandes gleichsieht, ist sie eine Beschreibung eines Gegenstandes der Wahrnehmung. (Darum sollte die Betrachtung des zweiäugigen Sehens den einigermaßen beunruhigen, der vom visuellen Gegenstand redet.)

1093. "Das Denken ist ein rätselhafter Vorgang, von dessen vollem Verständnis wir noch weit entfernt sind." Und nun stellt man Experimente an. Offenbar, ohne sich bewußt zu sein, *worin* das Rätselhafte des Denkens für uns liegt.

Die experimentelle Methode tut *etwas*; daß sie das Problem nicht löst, schiebt man darauf, daß sie noch in ihren Anfängen liegt. Es ist, als wollte man durch chemische Experimente feststellen, was Materie, und was Geist ist.

1094. Wer den Gesichtseindruck beschreibt, beschreibt die Ränder des Gesichtsfelds nicht. Ist dies eine Unvollkommenheit unserer Beschreibungen?

Schließe ich das linke Auge und drehe dann die Augen, soweit ich nur kann nach rechts, so sehe ich 'aus dem Augenwinkel' noch einen Gegenstand aufglänzen. Ja, ich könnte eine beiläufige Beschreibung von diesem Eindruck geben. Ich könnte auch eine Zeichnung von ihm herstellen, und sie würde vielleicht Dunkelheiten und einen dunkeln, verlaufenden Rand zeigen: aber richtig verstehen, verwenden könnte nur *der* dies Bild, der weiß, in welcher Situation es zu verwenden ist. D.h.: er könnte nun auch ein Auge schließen, soweit wie möglich nach rechts schauen, und sagen, auch er habe diesen Eindruck, oder: der seine weiche von meinem Bild in dieser oder jener Weise ab.

1095. Daß wir mit gewissen Begriffen *rechnen*, mit andern nicht, zeigt nur, wie verschiedener Art die Begriffswerkzeuge sind (wie wenig Grund wir haben, hier je Einförmigkeit anzunehmen). [Vgl. Z 347.]

1096. Turings 'Maschinen'. Diese Maschinen sind ja die *Menschen*, welche kalkulieren. Und man könnte, was er sagt, auch in Form von *Spielen* ausdrücken. Und zwar wären die interessanten Spiele solche, bei denen man gewissen Regeln gemäß zu unsinnigen Anweisungen gelangt. Ich denke an Spiele ähnlich dem "Wettrennspiel". Man erhielte etwa den Befehl "Setze auf die gleiche Art fort", wenn dies keinen Sinn ergibt, etwa, weil man in einen Zirkel gerät; denn jener Befehl hat eben nur an gewissen Stellen Sinn. (Watson.)

1097. Eine Variante des Cantor'schen Diagonalbeweises:

$N = F\ (k,n)$ sei die Form der Gesetze für die Entwicklung von Dezimalbrüchen. N ist die n-te Dezimalstelle der k-ten Entwicklung. Das Gesetz der Diagonale ist dann: $N = F(n,n) =$ Def. $F'\ (n)$.

Zu beweisen ist, daß $F'(n)$ nicht eine der Regeln $F(k,n)$ sein kann. Angenommen, es sei die 100ste. Dann lautet die Regel zur Bildung

von F'(1) $F(1,1)$
von $F'(2)$ $F(2, 2)$ etc.

aber die Regel zur Bildung der 100sten Stelle von $F'(n)$ wird $F(100, 100)$; d.h., sie sagt uns nur, daß die 100ste Stelle sich selber gleich sein soll, ist also für $n = 100$ *keine* Regel.

Die Spielregel lautet "Tu das Gleiche, wie...!" – und im besondern Fall wird sie nun "Tu das Gleiche, wie das, was du tust!" [Vgl. Z 694.]

1098. Der Begriff des 'Ordnens' der Rationalzahlen z.B. und der 'Unmöglichkeit', die Irrationalzahlen so zu ordnen. Vergleiche das mit dem, was man 'Ordnen' von Ziffern nennt. Gleichermaßen der Unterschied zwischen dem 'Zuordnen' einer Ziffer (oder Nuß) zu einer andern und dem 'Zuordnen' aller ganzen Zahlen zu den geraden Zahlen; etc. Überall Begriffsverschiebungen. [Vgl. Z 707.]

1099. Die Beschreibung des subjektiv Gesehenen ist nahe oder entfernt verwandt der Beschreibung eines Gegenstands, aber funktioniert nicht als Beschreibung eines Gegenstands. Wie vergleicht man Gesichtsempfindungen? Wie vergleiche ich meine mit des Andern Gesichtsempfindungen? [Vgl. Z 435.]

1100. Das menschliche Auge sehen wir nicht als Empfänger, es scheint nicht etwas einzulassen, sondern auszusenden. Das Ohr empfängt; das Auge blickt. (Es wirft Blicke, es blitzt, strahlt, leuchtet.) Mit dem Auge kann man schrecken, nicht mit dem Ohr, der Nase. Wenn du das Auge siehst, so siehst du etwas von ihm ausgehen. Du siehst den Blick des Auges. [Vgl. Z 222.]

1101. "Wenn du nur von deinen physiologischen Vorurteilen wegkommst, wirst du garnichts daran finden, daß das Blicken des Auges auch gesehen werden kann." Ich sage ja auch, ich sehe den Blick, den du dem Andern zuwirfst. Und wollte man mich verbessern und sagen, ich *sähe* ihn eigentlich nicht, so hielte ich das für eine Dummheit.

Anderseits habe ich mit meiner Redeweise nicht etwas *zugegeben*, und ich widerspreche dem, der mir sagt, ich sähe den Blick 'geradeso' wie die Gestalt und Farbe des Auges.

Denn das 'naive Sprechen', d.h. unsere naive, normale, Ausdrucksweise, enthält ja keine Theorie des Sehens – zeigt dir keine *Theorie*, sondern nur einen *Begriff* des Sehens. [Vgl. Z 223.]

1102. Und wenn Einer sagt "Ich sehe eigentlich nicht das Blicken, sondern nur Formen und Farben", – widerspricht der der naiven Ausdrucksweise? Sagt er, der war im Unrecht, der sagte, er habe meinen Blick wohl gesehen, gesehen, daß dieses Menschen Augen starren, ins Leere blicken, etc.? Doch gewiß nicht. Was wollte also der Purist tun?

Will er sagen, es sei richtiger, hier ein anderes Wort statt des Wortes "sehen" zu gebrauchen? Ich glaube, er will nur auf eine Scheide zwischen Begriffen aufmerksam machen. Wie stellt denn das Wort "sehen" die Wahrnehmungen zusammen? Ich meine: es kann sie zusammennehmen als Wahrnehmungen *mit dem Auge*; denn wir spüren ja das Sehen nicht *im* Auge. Aber eigentlich scheint der, der auf der *Richtigkeit* unserer normalen Ausdrucksweise besteht, zu sagen: daß im Gesichts*eindruck* das alles enthalten sei; daß das *subjektive Auge* sowohl Form als Farbe, als Bewegung, als Ausdruck und Blick (Richtung nach außen) habe. Daß man den Blick, sozusagen, nicht *woanders* spürt. Aber das heißt nicht: 'woanders als in den Augen', sondern: woanders als im Gesichtsbild. Aber wie wäre es denn, wenn's anders wäre? Etwa so, daß ich sagte: "Ich sehe in diesem Auge die und die Formen, Farben, Bewegungen, – das heißt, es blickt jetzt freundlich", als zöge ich also einen Schluß. – Man könnte also sagen: Der Ort des *wahrgenommenen* Blickes ist das *subjektive* Auge, das Gesichtsbild des Auges, selber.

1103. Vor allem kann ich mir sehr wohl jemand denken, der zwar ein Gesicht höchst genau sieht, es z.B. genau porträtieren kann, aber seinen lächelnden Ausdruck nicht als Lächeln erkennt. Zu sagen, sein Sehen sei mangelhaft, fände ich absurd. Und zu sagen, daß sein subjektiver Gesichtsgegenstand eben nicht lächle, obwohl er alle Farben und Formen des meinen hat, ebenso absurd.

1104. D.h.: wir ziehen hier eine begriffliche Grenze (und sie hat mit physiologischen Meinungen nichts zu tun).

1105. Der Glanz, oder die Spiegelung: Wenn ein Kind malt, so wird es diese nie malen. Ja es ist beinahe verblüffend, daß sie durch die gewöhnlichen Öl- oder Wasserfarben dargestellt werden können. [Vgl. Z 370.]

1106. Wer sieht, daß jemand die Hand ausstreckt, um etwas zu berühren, sich aber davor scheut, der sieht doch, in einem gewissen Sinne, dasselbe wie Einer, der die Bewegung der Hand in allen Einzelheiten nachahmen, oder durch Zeichnungen darstellen kann, sie aber nicht so zu deuten vermag.

1107. Wenn jemand sagt: Die Form, die Farbe, die Organisation, der Ausdruck, sind doch alle, offenbar, (für jeden Unvoreingenommenen) Eigenschaften, Züge, des subjektiv Gesehenen, des unmittelbaren Gesichtsobjekts, – so verrät ihn hier das Wort "offenbar". "Offenbar" ist es darum, weil's Jeder zugibt; und er gibt es nur durch den Sprachgebrauch zu. Man begründet also hier einen Satz durch ein *Bild*.

[1] Wenn Einer sagt: Die Form, die Farbe, die Organisation, der Ausdruck, sind doch alle, *offenbar*, Eigenschaften des unmittelbar Gesehenen (*meines* Gesichtsobjekts) – so stützt er seine Meinung auf ein *Bild*. – Denn, wenn Einer 'zugibt', alles dies sei eine Eigenschaft seines unmittelbaren Gesichtsobjekts, – was teilt er uns mit? Wenn er z.B. zu einem Andern sagt "Es geht mir auch so", was kann ich nun daraus schließen? (Wie, wenn diese volle Übereinstimmung auf einem Mißverständnis beruhte?)

1108. Jenes Bild ist ja nur eine *Illustration* zur Methodologie unserer Sprache. Wenn wir wirklich Alle geneigt sind, dies Bild treffend zu finden, so hat dies etwa psychologisches Interesse, ersetzt aber eine begriffliche Untersuchung nicht.

1109. "Methodologie" kann man *zweierlei* nennen: Eine Beschreibung der Tätigkeiten, die man, z.B., "Messen" nennt, einen Zweig der menschlichen Naturgeschichte, der uns die Begriffe des Messens, der Genauigkeit, etc. in ihren Varianten verständlich machen wird; oder aber einen Zweig der angewandten Physik, die Lehre davon, wie man am besten (genauesten, bequemsten, etc.) das und das unter den und den Umständen mißt. [Vgl. PU, S. 225a.]

1110. Ich sage ihm "Ändere deine Einstellung so: . . ." – er tut es; und nun hat sich *etwas* in ihm geändert. 'Etwas'? Seine Einstellung hat sich geändert; und diese Änderung kann man nun beschreiben. Die Einstellung 'etwas in ihm' zu nennen, ist irreführend. Es ist, als könnten wir nun dunkel ein Etwas sehen, oder fühlen, was sich geändert hat und 'die Einstellung' genannt wird. Während alles klar zu Tage liegt, – die Worte "eine neue Einstellung" aber eben nicht eine Empfindung bezeichnen.

[1] Alternative im MS. (*Herausg.*)

1111. Wie sieht die Beschreibung einer 'Einstellung' aus?

Man sagt z.B.: "Sieh von diesen Flecken ab und auch von dieser kleinen Unregelmäßigkeit, und schau es als Bild eines . . . an!"

"Denk dir das weg! Wär's dir auch ohne dieses . . . unangenehm?" Man wird doch sagen, ich ändere mein Gesichtsbild – wie durch Blinzeln, oder Weghalten eines Details. Dieses "Absehen von . . ." spielt doch eine ganz ähnliche Rolle, wie etwa die Anfertigung eines neuen Bildes. [Vgl. Z 204.]

1112. Nun wohl, – und das sind gute Gründe dafür, zu sagen, wir hätten durch unsre Einstellung unsern Gesichtseindruck geändert. D.h., es sind (dies) gute Gründe, den Begriff 'Gesichtseindruck' so zu begrenzen. [Vgl. Z 205.]

1113. Das Wort "Organisation" verträgt sich sehr gut mit dem Begriff 'Zusammengehörigkeit'. Es scheint hier eine Reihe einfacher Modifikationen des Gesichtseindrucks zu geben, die alle eigentlich '*optisch*' sind. Man kann aber eben in verschiedenen Aspekten noch ganz andere Dinge tun, als Teile trennen und zusammennehmen, oder unterdrücken und hervorheben.

1114. Ich kann doch etwas bestimmtes, eine bestimmte Eigentümlichkeit des Vorgangs des Kopierens einer Zeichnung "zusammenfassen" *nennen*. Ich kann dann sagen, Einer fasse bei der zeichnerischen Wiedergabe – oder bei der Beschreibung – die Figur *so* zusammen, organisiere sie so. (Freilich hätte es damit in manchen Fällen Schwierigkeiten; z.B. im Fall Hase-Ente.)

1115. Man sagt nun: Ich kann Striche beim Kopieren zusammennehmen, aber auch bloß durch die *Aufmerksamkeit*. Ähnlich, wie ich im Kopfe, so wie auf dem Papier, rechnen kann.

1116. Kann die Gestaltpsychologie die verschiedenen Organisationen, die sich ins unorganisierte Gesichtsbild einführen lassen, klassifizieren; kann sie die möglichen *Arten* der Modifikationen, die die Gestaltungsfähigkeit unseres Nervensystems hervorrufen kann, ein für allemal angeben? Wenn ich den Punkt als Auge sehe, das in *dieser* Richtung schaut, – in welches System von Modifikationen paßt dieser Aspekt? (System von Formen und Farben.)

1117. Es ist z.B. irreführend, glaube ich, wenn Köhler[1] die spontanen Aspekte der Figur 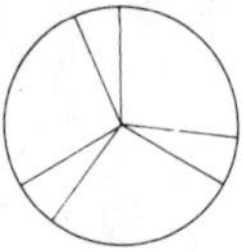 damit beschreibt: die Striche, die in einem Aspekt zum gleichen Arm gehören, gehören nun zu verschiedenen Armen. Das klingt, als handelte es sich hier wieder um ein Zusammennehmen dieser Radien. Während doch die Radien, die früher zusammengehörten, auch jetzt zusammengehören; nur umgrenzen sie einmal einen 'Arm', einmal einen Zwischenraum.

1118. Ja, du kannst wohl sagen: Zur Beschreibung dessen, was du siehst, deines Gesichtseindrucks, gehört nicht bloß, was die Kopie zeigt, sondern auch die Angabe z.B., du sähest dies 'solid', das andere 'als Zwischenraum'. Es kommt eben hier darauf an, *was wir wissen wollen*, wenn wir Einen fragen, was er sieht.

1119. "Aber ich kann doch offenbar im Sehen Elemente (Striche z.B.) *zusammennehmen*!" Aber warum nennt man es "zusammennehmen"? Warum braucht man hier ein Wort – *wesentlich* – das schon eine andere Bedeutung hat? (Es ist hier natürlich wie im Fall des Wortes "Kopf*rechnen*".) [Vgl. Z 206.]

1120. Wenn ich Jemandem sage: "Nimm diese Striche (oder anderes) zusammen!" was wird er tun? Nun, Verschiedenes, je nach den Umständen. Vielleicht soll er sie zu zwei und zwei zählen, oder in eine Lade legen, oder anblicken, etc. [Vgl. Z 207.]

1121. Ist denn die Zeichnung selber, die du ansiehst, organisiert? Und wenn du sie so und so 'organisiert' siehst, siehst du da mehr, als vorhanden ist?

1122. "Organisiere diese Dinge!" – Was heißt das? Etwa: "ordne sie". Es könnte heißen: bring Ordnung in sie, – oder auch: lern dich unter ihnen auskennen, lerne sie beschreiben; lerne sie durch ein System, durch eine Regel, beschreiben.

1123. Die Frage ist wieder: Was teile ich Einem durch die Worte mit "Ich nehme jetzt die Striche mit dem Blick *so* zusammen"? Man kann diese Frage auch so stellen: Zu welchem Zweck sage ich Einem "Nimm diese Striche mit dem Blick *so* zusammen!" – Es ist hier wieder eine Ähnlichkeit mit der Aufforderung "Stell dir *das* vor!"

[1] *Op. cit.*, S. 185. (*Herausg.*)

1124. Jedem Denken kleben die Eierschalen seines Ursprungs an. Man kennt es dir an, im Kampf *womit* du aufgewachsen bist. Welche Anschauungen die deinen gezeugt; von welchen du dich dann hast losmachen müssen.

1125. Das Bild organisiert sich unter unserm Blick nicht.

1126. Es ist vielleicht wichtig, zu bedenken, daß ich eine Figur heute so sehen, auffassen, kann, morgen anders, und kein 'Umschnappen' stattgefunden haben muß. Ich könnte z.B. eine Illustration in einem Buch heute *so* auffassen und gebrauchen, morgen der gleichen Illustration auf einer späteren Seite begegnen, wo sie anders aufzufassen ist, ohne daß ich merke, daß es wieder die gleiche Figur ist.

1127. Könnte Einer seine Zuverlässigkeit dartun, indem er sagte: "Es ist wahr; und sieh', ich glaube es!"

1128. Könnte man sagen: es spiegelt sich eine Auffassung, eine Technik, im Erleben? Was doch nur heißt: Wir verwenden den Ausdruck, den wir für eine Technik gelernt haben, in einem Erlebnisausdruck (*nicht*: als *Bezeichnung* eines Erlebnisses).

1129. Warum soll denn eine Sprechweise nicht für ein Erlebnis verantwortlich sein?

1130. Hätte es einen Sinn, einen Komponisten zu fragen, ob man eine Figur *so* oder *so* hören soll, wenn das nicht auch heißt, ob man sie auf diese, oder jene Weise *spielen* soll?

1131. Erinnerung: "Ich sehe uns noch an jenem Tisch sitzen." – Aber habe ich wirklich das gleiche Gesichtsbild – oder eines von denen, welche ich damals hatte? Sehe ich auch gewiß den Tisch und meinen Freund vom gleichen Gesichtspunkt wie damals, also mich selbst nicht?—Mein Erinnerungsbild ist nicht Evidenz jener vergangenen Situation; wie eine Photographie es wäre, die, damals aufgenommen, mir jetzt bezeugt, daß es damals so war. Das Erinnerungsbild und die Erinnerungsworte stehen auf *gleicher* Stufe. [Vgl. Z 650.]

1132. Warum sollte man nicht sich selbst widersprechende Sätze ausschließen: nicht, weil sie sich selbst widersprechen, sondern weil sie nutzlos sind?

Oder so. Darum, weil sie sich selbst widersprechen, braucht man sie ja nicht wie etwas Unreines scheuen; man schließe sie aus, weil sie zu nichts zu brauchen sind.

1133. Du mußt mit der Vorstellung Ernst machen, daß es ja wirklich in einer Sprache ein Wort geben könnte, welches Schmerzbenehmen, und *nicht* Schmerz, bezeichnet.

1134. Er fragt "Was hast du mit dem Wort gemeint?" – Ich beantworte die Frage und setze hinzu: "Hättest du mich früher gefragt, so hätte ich das gleiche geantwortet; meine Antwort war nicht eine *Deutung*, die mir jetzt eingefallen ist." So war sie mir schon früher eingefallen? Nein. – Und wie konnte ich dann sagen: "Hättest du mich früher gefragt, so hätte ich ..."? Woraus schloß ich es? Aus garnichts. Was teile ich ihm mit, wenn ich diesen Konditional ausspreche? Etwas, was manchmal von Wichtigkeit sein kann.

1135. Er weiß z.B. jetzt, daß keine Sinnesänderung in mir vorgegangen ist. Es macht auch einen Unterschied, ob ich antworte, ich hätte die Worte 'nur so vor mich hin gesagt', ohne etwas mit ihnen zu meinen; oder, ich habe den und den mit ihnen gemeint. Es hängt manches davon ab.

Es ist auch nicht gleichgültig, ob jemand mir sagt "Ich liebe sie", weil ihm die Worte eines Gedichts im Kopf herumgehen, oder ob er's sagt, mir seine Liebe zu gestehen.

1136. Ist es aber nicht sonderbar, daß es so eine Reaktion, so ein Geständnis der Intention gibt? Ist es nicht ein höchst merkwürdiges Sprachinstrument? Was ist eigentlich merkwürdig daran? Nun, – es ist schwer vorstellbar, wie der Mensch diesen Wortgebrauch lernt. Er ist gar so subtil. [Vgl. Z 39.]

1137. Aber ist er wirklich subtiler, als der der Worte "Ich habe mir ihn vorgestellt", z.B.? Ja, merkwürdig, sonderbar, ist jede solche Sprachverwendung, wenn man nur auf die Betrachtung der Beschreibungen physikalischer Gegenstände eingestellt ist. [Vgl. Z 40.]

INDEX

Die Nummern beziehen sich auf die Nummern der Bemerkungen.

Ludwig Wittgenstein
Bemerkungen über die Philosophie der Psychologie
Band 2

Herausgegeben von
G. H. von Wright und
Heikki Nyman

VORWORT

Die Unterlage dieses zweiten Bandes der *Bemerkungen über die Philosophie der Psychologie* ist das Typoskript Nr. 232. Es wurde von Wittgenstein wahrscheinlich im September oder Oktober 1948 diktiert. Die zugrundeliegenden Aufzeichnungen stammen aus der Zeit vom 19. November 1947 bis 25. August 1948 (MSS 135–137). Die Textstellen, die unrichtig oder unklar waren, haben wir auf Grund eines genauen Vergleichs mit den handschriftlichen Quellen zu berichtigen versucht. Bei dieser Arbeit haben uns die Übersetzer des deutschen Textes ins Englische, die Herren C. G. Luckhardt und M. A. E. Aue, wertvolle Ratschläge erteilt. Wir danken ihnen für ihre Bereitwilligkeit, uns zu helfen.

Helsinki

Georg Henrik von Wright
Heikki Nyman

1. 'Überraschung' und die *Empfindung* des raschen Einziehens des Atems.

2. "Ich hoffe unentwegt, ..." im Gegensatz zu "Ich hoffe, du wirst kommen!". Dies heißt ungefähr das Gleiche wie: "Du wirst doch kommen!"

3. Man sagt "Ich wünsche ..." normalerweise gewiß nicht auf Grund einer Selbstbeobachtung – es ist eben Wunschäußerung – es kann aber doch vorkommen, daß man einen Wunsch durch Beobachtung der eigenen Reaktionen erkennt, entdeckt. Wenn du nun fragst "Erkennst du in so einem Fall *dasselbe*, was du im andern durch die *Äußerung* ausdrückst, – so liegt in der Frage ein Fehler. (Als fragte man: Ist es derselbe Sessel, den ich sehen kann und auf dem ich sitzen kann?)

4. Ich sage "Ich hoffe, du wirst kommen", aber nicht "Ich glaube: ich hoffe, du wirst kommen"; wohl aber wäre es möglich zu sagen: "Ich glaube, ich hoffe noch immer, er werde kommen". [*Zettel* 79; in anderen Zusammenhängen wird der bloße Buchstabe Z *Zettel* vertreten.]

5. "Aber *erlebt* man nicht die Bedeutung?" "Aber hört man nicht das Klavier?" Jede der beiden Fragen kann sachlich und begrifflich gemeint sein, d.h.: gebraucht werden. (Zeitlich, oder zeitlos.)

6. Er sagt "Ich will jetzt ausgehen", plötzlich sagt er "Nein" und tut etwas anderes. Als er "Nein" sagte, fiel ihm plötzlich ein, er wolle zuerst ... – Er sagte "Nein"; aber *dachte* er auch "Nein"? Dachte er eben nicht an jene andere Angelegenheit? Man kann sagen, er dachte an sie. Er mußte dazu aber weder laut noch im Stillen einen Gedanken aussprechen. – Er könnte freilich später die Absicht in einen Satz kleiden. Zur Zeit des Wechsels mochte ihm ein Bild vorgeschwebt haben, oder aber er sagte nicht nur "Nein", sondern irgend *ein* Wort, das Äquivalent eines Bildes. Wollte er etwa zuerst den Schrank zuschließen, so sagte er vielleicht "Der Schrank!"; wollte er erst die Hände waschen, so sah er sie etwa an und verzog das Gesicht. "Aber ist das Denken?" – Ich weiß es nicht. Sagt man denn in so einem Falle nicht, Einer habe sich etwas 'überlegt', er habe sich anders 'besonnen'?

Aber muß er zu *diesem* Denken unbedingt eine Sprache beherrschen lernen? Könnte nicht ein 'intelligentes' Tier so handeln? Man hat es abgerichtet, einen Gegenstand von dort und dort zu holen und ihn dorthin zu bringen. Es geht nun, ohne den Gegenstand dem Ziele zu, kehrt plötzlich um (*als hätte es gesagt* "Ach, ich habe ... vergessen!") und holt den Gegenstand, etc. Sähen wir so etwas, so würden wir sagen: es sei in ihm, in seinem Geiste, damals etwas vorgefallen. Und was ist denn in *mir* vorgefallen, wenn ich so handle? "Nicht gar viel" möchte ich sagen. Und was innen vorgeht, ist nicht wichtiger, als was äußerlich, durch Sprechen, Zeichnen, etc. vorgehen kann. ((Woraus du lernen kannst, wie das Wort "denken" gebraucht wird.))

7. Denk dir nun, Einer habe einen Bau aufzuführen, mit Bausteinen, oder 'Mechano'. Er probiert nun verschiedene Stücke, versucht sie zusammenzupassen, macht vielleicht eine Skizze, etc. etc. Nun sagt man, er habe bei dieser Tätigkeit *gedacht!* – Gewiß, man unterscheidet so dies Tun von einem sehr anders gearteten. Aber ist es eine gute Beschreibung dieses Unterschieds: in einem Falle gehe mit dem manuellen Tun noch etwas anderes einher? Könnte man etwa dieses Andere isolieren, und es geschehen lassen, ohne die übrige Tätigkeit?

Es ist nicht wahr, daß Denken eine Art Sprechen ist, wie ich einmal sagte.[1] Der Begriff 'denken' ist vom Begriff 'sprechen' kategorisch verschieden. Aber natürlich ist das Denken keine Begleitung des Sprechens, noch sonst irgend eines Vorgangs.

Das heißt: man kann z.B. den 'Denkvorgang' nicht unbegleitet vor sich gehen lassen. Er hat auch nicht Abschnitte, die den Abschnitten der andern Tätigkeit (des Redens z.B.) entsprechen. D.h.: wenn man von einem 'Denkvorgang' redet, so ist er so etwas wie das Operieren (schriftlich oder mündlich) mit Zeichen. Das Schließen und Rechnen könnte man einen 'Denkvorgang' nennen.

8. Es wäre auch nicht ganz falsch, das Sprechen 'das Instrument des Denkens' zu nennen. Aber man kann nicht sagen, der Sprechvorgang sei ein Instrument des Denkvorgangs; oder die Sprache gleichsam der Träger des Gedankens, wie etwa die Töne eines Lieds die Träger der Worte genannt werden können.

9. Man kann das Wort "denken" so verwenden, daß es, beiläufig gesprochen, ein Reden zu einem Zweck bezeichnet, d.h. also, ein Sprechen oder Schreiben, ein Sprechen in der Vorstellung, sozusagen ein 'Kopfsprechen'.

[1] Vgl. *Tagebücher* 12.9.1916. (*Herausg.*)

10. Man sagt "Überleg dir, was du sagen willst, ehe du sprichst". *Eine* Form dies zu tun, ist: sich die Rede leise vorsagen oder aufschreiben und Korrekturen anbringen. Man sagt sich etwa einen Satz vor, schüttelt den Kopf, sagt "Das ist zu lang" etc.; sagt den Satz wieder in einer anderen Form.

11. Man könnte etwa, was Denken ist, beschreiben, indem man den Unterschied zwischen einem Geistesschwachen und einem normalen Kind, das zu denken anfängt, beschreibt. Wollte man die Tätigkeit angeben, die der Normale lernt, der Geistesschwache nicht lernen kann, man könnte sie nicht aus ihrem Benehmen herausklauben.

12. Das Wort "Denken" wird in gewisser Weise sehr anders gebraucht als zum Beispiel "Schmerzen haben", "traurig sein", etc.: Man sagt nicht "Ich denke" als Äußerung eines Seelenzustands. Höchstens "Ich denke nach". "Laß mich in Ruh; ich denke über . . . nach." Und damit meint man natürlich nicht "Laß mich in Ruh; ich benehme mich jetzt so und so." Also ist "Denken" kein Benehmen.

13. "Ich dachte 'der Stab ist zu lang, ich muß einen Andern probieren'." – Als ich das dachte, sagte ich mir vielleicht gar nichts, – vielleicht ein oder zwei Worte. Und doch ist der Bericht nicht unwahr (oder kann doch wahr sein). Er hat eine Verwendung. Man sagt z.B. "Ja, ich hab dir zugeschaut und hab mir gedacht, daß du dir das gedacht hast".

14. "Der Mensch denkt, fühlt, wünscht, glaubt, will, weiß." Das klingt wie ein vernünftiger Satz. So wie: "Der Mensch zeichnet, malt, modelliert." Oder: "Der Mensch kennt Saiteninstrumente, Blasinstrumente . . ." Der erste Satz ist eine Aufzählung alles dessen, was der Mensch mit seinem Geiste tut. Aber so, wie man zum Satz über die Instrumente die Frage stellen kann "Und kennt der Mensch nicht auch Instrumente, die aus quiekenden Mäusen bestehen?" und die Antwort darauf wäre: Nein—so müßte es zu der Aufzählung der Geistestätigkeiten auch eine Frage geben der Art: "Und können die Menschen nicht auch . . . ?"

15. Jemand sagt: "Der Mensch hofft." Wie hätte man das naturgeschichtliche Phänomen zu beschreiben? – Man könnte ein Kind beobachten und warten, bis es eines Tages Hoffnung äußert; und man könnte dann sagen: "Heut hat es zum ersten Mal gehofft." Aber das klingt doch seltsam! Obwohl es ganz natürlich wäre zu sagen "Heut hat es zum ersten Mal gesagt 'ich hoffe'". Und warum seltsam? Man

sagt doch nicht von einem Säugling, er hoffe . . ., und man sagt es doch vom Erwachsenen. – Nun, das tägliche Leben wird nach und nach zu dem, worin für Hoffnung Raum ist. [Z 469a.]

16. Ich habe in diesem Fall den Ausdruck "eingebettet" gebraucht, gesagt, die Hoffnung, der Glaube, etc. sei im menschlichen Leben, in allen den Situationen und Reaktionen, die das menschliche Leben ausmachen, eingebettet. Das Krokodil hofft nicht, der Mensch hofft. Oder: Vom Krokodil kann man nicht sagen, es hofft; aber vom Menschen.

Wie aber müßte sich ein Mensch verhalten, von dem man sagen würde: er hoffe nie? – Die erste Antwort ist: Ich weiß es nicht. Eher könnte ich schon sagen, wie ein Mensch sich benehmen müßte, der sich nie nach irgend etwas sehnt; oder der sich nie über irgend etwas freut; oder der nie erschrickt, oder sich vor nichts fürchtet.

17. Furchtbenehmen bei Furchtanlässen (etc.) ist ein Phänomen unseres Lebens. Aber Furcht? – Nun, man könnte sagen, statt "Ich fürchte mich": "Das Phänomen der Furcht zeigt sich in mir"; wobei man nicht an das eigene *Benehmen* denkt. Könnte man dann aber im gleichen Sinne sagen: "Das Phänomen der Furcht zeigt sich in ihm"?

18. Wenn ich jemandem sage: "Die Menschen denken, fühlen, . . .", so mache ich ihm, scheint es, eine *naturgeschichtliche* Mitteilung. Sie soll ihm etwa den Unterschied des Menschen von den Tierarten zeigen. Kann er sie aber exemplifizieren, indem er sagt "Ja; ich selbst z.B. sehe jetzt"? Ist denn "Ich sehe . . ." eine naturgeschichtliche Mitteilung über mich? Würde es nämlich nicht ebenso gut sein, wenn ich sagte "Ich sehe nicht"?

19. "Der Mensch denkt, fürchtet sich, etc. etc.": das könnte man etwa Einem antworten, der gefragt hat, welche Kapitel ein Buch über Psychologie enthalten soll. [Z 468.]

20. Woher nehmen wir den Begriff 'denken', den wir hier betrachten wollen? Aus der Alltagssprache. Was unsrer Aufmerksamkeit zuerst ihre Richtung gibt, ist das Wort "denken". Aber der Gebrauch dieses Worts ist verworren. Und wir können es nicht anders erwarten. Und das läßt sich natürlich von allen psychologischen Verben sagen. Ihre Verwendung ist nicht so klar, und so leicht zu übersehen, wie die der Wörter der Mechanik z.B. [Z 113.]

21. Es ist mit den psychologischen Wörtern etwa so, wie mit denen, die aus der Sprache des Alltags in die der Mediziner übergehen. ("Schock.")

22. Ich sage Einem: "Die Menschen denken." Er fragt mich: "Was ist *denken*?" – Nun erkläre ich ihm den Gebrauch dieses Worts. Aber ist danach jener erste Satz noch eine Mitteilung?

((Könnte nicht eine Ameise so zu einer Ameise sprechen?))

23. "Die Menschen denken, die Heuschrecken nicht." Das heißt etwa: Der Begriff 'denken' bezieht sich auf das Leben der Menschen, nicht der Heuschrecken. Und diese Mitteilung könnte man Einem machen, der das deutsche Wort "denken" nicht versteht und etwa irrtümlich glaubt, es beziehe sich auf etwas, was Heuschrecken tun.

24. "Heuschrecken denken nicht." Wohin gehört das? – Ist es ein Glaubensartikel, oder gehört es in die Naturgeschichte? Wenn das letztere, so sollte es etwa ein Satz sein wie: "Heuschrecken können nicht lesen und schreiben." Dieser Satz hat einen klaren Sinn, und wenn er vielleicht auch nie verwendet wird, so ist es doch leicht, sich eine Verwendung für ihn vorzustellen.

25. "Eine Dampfmaschine hat einen Kreuzkopf, eine Dampfturbine nicht." Wem, in welchem Zusammenhang, würde man das sagen?

26. "Kann ein Mensch verstehen, was 'lesen' ist, es sei denn, er könne selber lesen; kann er verstehen, was 'fürchten' ist, ohne Furcht zu kennen; u.s.w.?" Nun, ein Analphabet kann doch gewiß sagen, er könne nicht lesen, aber sein Sohn habe es gelernt. Ein Blinder kann sagen, er sei blind und die Leute um ihn seien sehend. "Ja, aber meint er nicht doch etwas anderes mit den Worten 'blind' und 'sehend', als der Sehende?" Worauf beruht es, daß man das sagen will? Nun, wenn Einer nicht wüßte, wie ein Leopard ausschaut, so könnte er doch sagen und verstehen "Dieser Ort ist sehr gefährlich, es gibt Leoparden dort". Man würde aber doch vielleicht sagen, er weiß nicht, was ein Leopard ist, also nicht, oder nur unvollständig, was das Wort "Leopard" bedeutet, bis man ihm einmal ein solches Tier zeigt. Nun kommt es uns mit den Blinden ähnlich vor. Sie wissen, sozusagen, nicht, wie sehen ist. – Ist nun 'Furcht nicht kennen' analog dem 'nie einen Leoparden gesehen haben'? Das will ich natürlich verneinen. [Z 618, von "Ein Blinder kann sagen" an.]

27. Die Frage ist: Was für Sprachspiele kann, der die Furcht nicht kennt, eo ipso, nicht spielen?

Man könnte da z.B. sagen: er würde einer Tragödie ohne Verständnis zuschauen. Und man könnte das so erklären: Wenn ich den Andern in einer furchtbaren Lage sehe, auch wenn ich selbst gar nichts zu fürchten habe, so kann ich schaudern, aus Mitgefühl schaudern. Wer aber die Furcht nicht kennte, täte das nicht. *Wir* fürchten uns *mit ihm*, auch wenn wir nichts zu fürchten haben; und *das* ist es, was Jener nicht kann. Wie ich mein Gesicht schmerzlich verziehe, wenn man dem Andern Schmerz zufügt.

28. Gut; aber wäre es nicht denkbar, daß Einer, der den Schmerz nie gefühlt hat, ihn in der Form des Mitleids dennoch empfände? Er würde also, was immer ihm geschähe, nicht stöhnen, wohl aber, wenn einem Andern Schmerz zugefügt wird.

Aber ob wir nun von Diesem sagen würden, er habe Mitleid? Ob wir nicht sagen würden: "Es ist eigentlich kein Mitleid, weil er ja eigenen Schmerz gar nicht kennt." – ? Oder man könnte sich in so einem Fall denken, daß die Leute sagten, diesem Menschen habe Gott ein Gefühl für das Leid, die Furcht des Andern gegeben. So etwas würde man vielleicht eine Intuition nennen.

29. "Die Menschen denken manchmal." Wie habe ich gelernt, was "denken" heißt? – Es scheint, ich kann es nur gelernt haben, indem ich mit Menschen lebte. – Man könnte sich freilich denken, daß Einem das Leben der Menschen im Film vorgeführt würde, oder daß er das Leben nur beobachten dürfte, ohne mitzutun. Er würde ihr Leben dann etwa verstehen, wie wir das Leben der Fische verstehen, oder gar der Pflanzen. Von Lust und Leid etc. der Fische können wir nicht reden.

30. Ich meine aber natürlich nicht: Er kann es, erfahrungsgemäß, nicht verstehen, wenn er das Leben nicht mitlebt (als sagte man: man kann Rudern nicht lernen, indem man bloß Andern beim Rudern zuschaut) – sondern gemeint ist: Ich würde von mir nicht (noch vom Andern) sagen, wir verstünden die Lebensäußerungen, die uns fremd sind. Und hier gibt es natürlich Grade.

31. Das Denken kann man keine Erscheinung nennen; wohl aber kann man von 'Erscheinungen des Denkens' reden, und Jeder wird wissen, was für Erscheinungen da gemeint sind.

32. Man kann offenbar sagen: "Denk an Zornanlässe und Zornerscheinungen (Zornbenehmen)."

Nenne ich aber den *Zorn* eine Erscheinung, so muß ich *meinen* Zorn, meine Zornerfahrung eine Erscheinung nennen. (Eine Erscheinung meines Innenlebens etwa.)

33. Sieh es einmal rein behaviouristisch an: Jemand sagt: Der Mensch denkt, wünscht, freut sich, ist zornig, etc. Denk, es sei hier nur von

gewissen Formen des Verhaltens bei gewissen Anlässen die Rede. Man könnte sich vorstellen, wer so vom Menschen redet, habe diese Verhaltungsweisen zuerst bei andern Wesen beobachtet und sage nun, beim Menschen ließen sich diese Erscheinungen auch beobachten. Das wäre also, wie wenn wir dies von einer Tierart sagten.—

34. Plötzlich lächle ich und sage ... Als ich lächelte, war mir der Gedanke gekommen.

Worin bestand er? Er bestand in gar nichts; denn das Bild, oder Wort, etc., das etwa auftauchte, war nicht der Gedanke.

35. Ich würde gerne sagen: Die Psychologie hat es mit bestimmten *Aspekten* des menschlichen Lebens zu tun.

Oder auch: mit gewissen Erscheinungen – aber die Wörter "denken", "fürchten", etc. etc. bezeichnen *nicht* diese Erscheinungen.

36. "Wie ist es aber möglich, daß man ein Ding einer *Deutung* gemäß *sieht*?" – Die Frage stellt diese als ein seltsames Faktum dar; als wäre hier etwas in eine Form gezwängt worden, was eigentlich nicht hineinpaßt. Aber es ist hier kein Drücken und Zwängen geschehen. [*Philosophische Untersuchungen* II, xi, S. 200, Absatz e.]

37. Und nun ist das Merkwürdige, daß man sozusagen nicht weiß, was man tut, wenn man die Figur einmal als *das*, einmal als *das* ansieht, oder sieht. Das heißt, man ist versucht, zu fragen "Wie mache ich das?", "Was sehe ich eigentlich anderes?" – Und darauf erhält man keine relevante Erklärung zur Antwort.

38. Denn nicht das ist die Frage: was ich mache, wenn ... (dies könnte nur eine psychologische Frage sein) – sondern, welche Bedeutung die Äußerung hat, was sich aus ihr entnehmen läßt, welche Folgen sie hat.

39. Wer den Aspektwechsel nicht empfände, wäre nicht geneigt zu sagen: "Jetzt sieht es ganz anders aus!" oder "Es ist als hätte sich das Bild verändert, und hat sich doch nicht verändert!" oder "Die Form ist gleich geblieben und doch hat sich etwas verändert; etwas, was ich die Auffassung nennen möchte und was man sieht!" –

40. Etwas einmal als *das*, einmal als *das* sehen, könnte ein bloßes *Spiel* sein. Man redet zum Kind einmal in dieser Weise – etwa: "Jetzt ist es ...! jetzt ...!" – und es reagiert; ich meine, es lacht, macht nun verschiedene solche Übungen (so, als hätte man es darauf auf-

merksam gemacht, daß die Vokale Farben haben). Ein anderes Kind empfindet weder diese Farben, noch versteht es, was mit jener Änderung gemeint ist.

41. Wie aber, wenn man *diesem* Kind die Aufgabe stellte, die Gestalt 4 in der Figur  aufzusuchen?[1] (Dies könnte eine Aufgabe im ersten Unterricht der Kinder sein.) Könnte es die Aufgabe nicht lösen (oder die, eine Reihe verschiedener Gestalten in jener Figur zu finden), wenn es sich einer Aspektänderung nicht bewußt wird, nicht sagen möchte, die Figur ändere sich irgendwie, werde zu einem anderen Gebilde, oder dergleichen?

42. Du sagst, der normale Mensch sähe die Figur 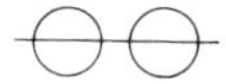 [2] als zwei Kreise von einer Geraden durchschnitten. Aber wie zeigt sich das? Wenn er die Figur etwa kopiert, soll ich sagen, es zeige sich darin, *wie* er's tut? Wenn er die Figur mit Worten beschreibt, zeigt es sich darin, welche Beschreibung er wählt? Diese Wahl könnte durch die Bequemlichkeit der Darstellung bestimmt sein. Ja, wenn das Kind auf verschiedene Arten der zeichnerischen Wiedergabe (Reihenfolgen der Striche) käme, wäre *das* unser Kriterium für den Wechsel des Aspekts? – Wenn es aber sagt "Jetzt ist es . . . – jetzt . . .", wenn es redet, als *sähe* es jedesmal einen anderen Gegenstand, dann werden wir sagen, es sieht die Figur auf verschiedene Weisen.

43. Das Wesentliche am Sehen ist, daß es ein *Zustand* ist, und ein solcher in einen anderen umschlagen kann. Aber wie weiß ich, daß er in einem solchen Zustand ist? nicht also in einem, der einer Disposition vergleichbar ist, wie das Wissen, das Verstehen oder eine Auffassung. Was ist das logische Charakteristikum so eines Zustands?

44. Denn, sagen, man erkenne ihn eben als solchen, wenn man ihn *habe*, ist Unsinn. Denn *woran* erkennt man ihn?

(Das Kriterium der Identität.)

45. Ich will von einem 'Bewußtseinszustand' reden, und das Sehen eines bestimmten Bildes, das Hören eines Tons, eine Schmerzempfindung, Geschmacksempfindung, etc. so nennen. Ich will sagen: Glauben, Verstehen, Wissen, Beabsichtigen, u.a. seien nicht Be-

[1] Das Typoskript enthält keine Figur. Wir haben sie dem entsprechenden Manuskript entnommen. (*Herausg.*)

[2] Wir haben die Figur der entsprechenden Manuskriptstelle entnommen. (*Herausg.*)

wußtseinszustände. Wenn ich diese letzteren für einen Augenblick "Dispositionen" nenne, so ist ein wichtiger Unterschied zwischen Dispositionen und Bewußtseinszuständen, daß eine Disposition durch eine Unterbrechung des Bewußtseins, oder eine Verschiebung der Aufmerksamkeit nicht unterbrochen wird. (Und das ist natürlich keine kausale Bemerkung.) Man sagt wohl überhaupt kaum, man habe etwas seit gestern "ununterbrochen" geglaubt, oder verstanden. Eine Unterbrechung des Glaubens wäre aber eine Periode des Unglaubens, nicht z.B. die Abwendung der Aufmerksamkeit von dem Geglaubten, oder z.B. der Schlaf.

(Der Unterschied zwischen 'knowing' und 'being aware of'.) [Z 85, von "Man sagt wohl überhaupt kaum" an.]

46. Das ist wohl der Punkt, an dem man sagt, man könne dem *Andern* eben nur die Form mitteilen, nicht aber den Inhalt. – So redet man also zu sich selbst *über den Inhalt!* und was heißt das? (Wie 'beziehen' sich meine Worte auf den mir bewußten Inhalt? und zu welchem Zweck?) [Z 87.]

47. Wir ziehen in diesen Betrachtungen oft, was man 'Hilfslinien' nennen kann. Wir machen Konstruktionen wie die des 'seelenlosen Stamms' – die am Schluß aus der Betrachtung herausfallen. Daß sie herausfielen, mußte gezeigt werden.

48. "Schmerz ist ein Bewußtseinszustand, Verstehen nicht." – "Nun, ich *fühle* eben das Verstehen nicht." – Aber diese Erklärung tut's nicht. Es wäre auch keine Erklärung zu sagen: Was man in irgend einem Sinne *fühlt*, ist ein Bewußtseinszustand. Das hieße ja nur: Bewußtseinszustand = Gefühl. (Man hätte nur ein Wort durch ein anderes ersetzt.) [Z 84.]

49. Beobachte dich beim Schreiben, und wie die Hand die Buchstaben formt, ohne daß du es eigentlich veranlaßt. Du fühlst wohl etwas in deiner Hand, allerlei Spannungen und Drücke, aber daß *die* dazu nötig sind, diese Buchstaben zu erzeugen, davon weißt du nichts.

50. Wo es echte Dauer gibt, da kann man Einem sagen: "Merk auf und gib mir ein Zeichen, wenn das Bild, das Geräusch, etc. sich ändert.

Es gibt da überhaupt ein Aufmerken. Während man nicht das Vergessen des Gewußten, u. dergl., mit der Aufmerksamkeit verfolgen kann. [Z 81.]

51. Denk an das Sprachspiel: Bestimm mit der Stoppuhr, wie lange der Eindruck dauert. Man könnte so nicht die Dauer des Wissens, Könnens, Verstehens bestimmen. [Z 82.]

52. "Aber die Verschiedenheit von Wissen und Hören liegt doch nicht einfach in so einem Merkmal, wie die Art ihrer Dauer. Sie sind doch ganz und gar grundverschieden!" Freilich. Aber man kann eben nicht sagen: "*Wisse* und *höre*, und du wirst den Unterschied merken!" [Z 83.]

53. Man kann nicht das Wissen und das Hören betrachten und sehen, wie verschieden sie sind. Wie man nicht Fichtenholz und einen Tisch betrachten kann, um einen Eindruck von ihrer Verschiedenheit zu kriegen.

54. Wenn ich, um mir den Unterschied der *Begriffe* Wissen und Sehen vorzuführen, das Sprachspiel mit der Stoppuhr z.B. anwende, so macht dies freilich den Eindruck, als zeigte ich eine äußerst dünne Unterscheidung, wo die wirkliche doch enorm ist.

Aber dieser enorme Unterschied liegt eben darin (so möchte ich immer sagen), daß die beiden Begriffe ganz anders in unsern Sprachspielen eingebettet sind. Und der Unterschied, auf den ich aufmerksam machte, war eben nur ein Hinweis auf diese durchgehende Verschiedenheit.

55. Das Kind lernt "Ich weiß das jetzt" und "Ich höre das jetzt"; aber Gott! wie verschieden die Anlässe, die Anwendung, Alles! Wie kann man den Gebrauch überhaupt vergleichen? Es ist schwer zu sehen, wie man sie zusammenstellen soll, um Unterschiede anzugeben.

Wo der Unterschied so groß ist, da ist es schwer auf eine Unterscheidung hinzuweisen.

56. Ich kann sagen "So und ähnlich wird dieses Wort verwendet, so und ähnlich jenes."

Die Vergleichbarkeit ist schwer zu sehen; nicht der Unterschied.

57. Der gemeinsame Unterschied aller Bewußtseinszustände von den Dispositionen scheint mir zu sein, daß man sich nicht durch Stichproben überzeugen muß, ob sie noch andauern. [Z 72.]

58. Man muß daran denken, daß es einen Zustand der Sprache geben kann (und wohl gegeben hat), in welchem sie den allgemeinen Begriff der Sinnesempfindung nicht besitzt, aber doch Wörter entsprechend unseren "sehen", "hören", "schmecken". [Z 473.]

59. Sinneswahrnehmungen nennen wir Sehen, Hören, ... Zwischen diesen Begriffen bestehen Analogien und Zusammenhänge, sie sind unsere Rechtfertigung für diese Zusammenfassung. [Z 474.]

60. Man kann also fragen: Was für Zusammenhänge und Analogien bestehen zwischen Sehen und Hören? Zwischen Sehen und Greifen? Zwischen Sehen und Riechen? – [Z 475.]

61. Und fragt man das, so rücken die Sinne so zu sagen gleich weiter auseinander, als sie auf den ersten Blick zu liegen scheinen. [Z 476.]

62. Die Begriffe der Psychologie sind eben Begriffe des Alltags. Nicht von der Wissenschaft zu ihren Zwecken neu gebildete Begriffe, wie die der Physik und Chemie. Die psychologischen Begriffe verhalten sich etwa zu denen der strengen Wissenschaften wie die Begriffe der wissenschaftlichen Medizin zu denen von alten Weibern, die sich mit der Krankenpflege abgeben.

63. Plan zur Behandlung der psychologischen Begriffe.

Psychologische Verben charakterisiert dadurch, daß die dritte Person des Präsens durch Beobachtung zu identifizieren ist, die erste Person nicht.

Satz in der dritten Person Präsens: Mitteilung, in der ersten Person Präsens Äußerung. ((Stimmt nicht ganz.))

Sinnesempfindungen: ihre inneren Zusammenhänge und Analogien.

Alle haben echte Dauer. Möglichkeit der Angabe des Anfangs und Endes. Möglichkeit der Gleichzeitigkeit, des zeitlichen Zusammenfallens.

Alle haben Grade und qualitative Mischungen. Grad: kaum merkbar – nicht auszuhalten.

In diesem Sinne gibt es nicht Lage- oder Bewegungsempfindung.

Ort der Empfindung am Leib: unterscheidet Sehen und Hören von Druck-, Temperatur-, Geschmacks-, und Schmerzempfindung.

(Wenn Empfindungen die Lage der Glieder und die Bewegungen charakterisieren, so ist ihr Ort jedenfalls nicht das Gelenk.)

Die Lage der Glieder und ihre Bewegungen *weiß* man. Man kann sie z.B. angeben, wenn man gefragt wird. So wie man auch den Ort einer Empfindung (Schmerz) am Leibe weiß.

Reaktion des Berührens der schmerzhaften Stelle.

Kein lokales Merkmal an der Empfindung. So wenig wie ein zeitliches am Erinnerungsbild. (Zeitliche Merkmale an der Photographie.)

Schmerz von andern Sinnesempfindungen unterschieden durch charakteristischen Ausdruck. Dadurch verwandt der Freude (die keine Sinnesempfindung).

"Sinnesempfindungen lehren uns die Außenwelt kennen."

Vorstellung:

Gehörsvorstellung, Gesichtsvorstellung, wie unterscheiden sie sich von den Empfindungen? Nicht durch "Lebhaftigkeit".

Vorstellungen belehren uns nicht über die Außenwelt, weder richtig noch falsch. (Vorstellungen sind nicht Halluzinationen, auch nicht Einbildungen.)

Während ich einen Gegenstand sehe, kann ich ihn mir nicht vorstellen.

Verschiedenheit der Sprachspiele: "Schau die Figur an!" und "Stell dir die Figur vor!"

Vorstellung dem Willen unterworfen.

Vorstellung nicht Bild. Welchen Gegenstand ich mir vorstelle, ersehe ich nicht aus der Ähnlichkeit des Vorstellungsbildes mit ihm.

Auf die Frage "Was stellst du dir vor" kann man mit einem Bild antworten. [Z 472, 483, 621.]

64. Man möchte sagen: Der vorgestellte Klang sei in einem andern *Raum* als der gehörte. (Frage – Warum?) [Z 622, Anfang von a.]

65. Ich lese ein Buch und stelle mir während des Lesens, also während des aufmerksamen Schauens, alles mögliche vor. [Z 623.]

66. Es könnte Leute geben, die nie den Ausdruck gebrauchen "etwas vor dem inneren Auge sehen", oder einen ähnlichen; und diese könnten doch im Stande sein, 'aus der Vorstellung', oder Erinnerung zu zeichnen, zu modellieren, das charakteristische Benehmen Anderer nachzuahmen, etc. Sie mögen auch, ehe sie etwas aus der Erinnerung zeichnen, die Augen schließen, oder wie blind vor sich hinstarren. Und doch könnten sie leugnen, daß sie dann vor sich *sehen*, was sie später zeichnen. [Z 624, Anfang.]

67. "Siehst du sie, wie sie zur Tür hereinkommt?" – und nun macht man's nach.

68. 'Sehen' ist nämlich mit 'Schauen' unzertrennlich verbunden.
((D.h., das ist *eine* Art der Begriffsbestimmung, die eine Physiognomie ergibt.))

Die Wörter, die beschreiben, was man sieht, sind Eigenschaften der Dinge, man lernt ihre Bedeutung nicht im Zusammenhang mit dem Begriff des 'inneren Sehens'.

69. Fragt man aber: "Was ist der Unterschied zwischen einem Gesichtsbild und einem Vorstellungsbild?" – so könnte die Antwort lauten: Die gleiche Beschreibung kann darstellen, was ich sehe, und was ich mir vorstelle.

Zu sagen, es sei ein Unterschied zwischen Gesichtsbild und Vorstellungsbild, heißt: man stellt sich etwas anders vor als es ausschaut.

70. Ich hätte früher auch sagen können: Der *Zusammenhang* zwischen Vorstellen und Sehen ist eng; eine *Ähnlichkeit* aber gibt es nicht. [Z 625a.]

71. Die Sprachspiele mit den beiden Begriffen sind grundverschieden, – hängen aber zusammen. [Z 625b.]

72. Unterschied: 'trachten, etwas zu sehen' – 'trachten, sich etwas vorzustellen'. Im ersten Fall sagt man etwa "Schau genau hin!", im zweiten "Schließ die Augen!" [Z 626.]

73. So weißt du also nicht, ob Gesehenes (z.B. ein Nachbild) und eine Vorstellung im übrigen nicht ganz gleich ausschauen? (Oder soll es heißen: *sind*?)—Diese Frage könnte nur eine empirische sein und etwa heißen: "Kommt es vor, oder gar oft vor, daß Einer eine Vorstellung längere Zeit ungestört vor der Seele erhalten, und sie so in allen Einzelheiten beschreiben kann, wie etwa ein Nachbild?"

74. "Kannst du den Vogel jetzt noch sehen?" – "Ich bilde mir ein, ich kann ihn noch sehen." Das heißt nicht: Ich stelle ihn mir vielleicht vor.

75. "Sehen und Vorstellen sind verschiedene Phänomene." – Die Wörter "sehen" und "vorstellen" werden ungleich verwendet. "Ich sehe" wird anders verwendet als "Ich stelle mir vor"; "Sieh!" wird anders verwendet als "Stell dir vor!"; "Ich versuche, es zu sehen" anders als "Ich versuche, mir's vorzustellen".—"Aber die Phänomene sind eben: daß die Menschen sehen und daß wir uns Dinge vorstellen." Ein Phänomen ist etwas, das man beobachten kann: Wie beobachtet man nun, daß die Menschen sehen?

Ich kann z.B. beobachten, daß die Vögel fliegen, oder Eier legen. Ich kann Einem sagen: "Siehst du, diese Geschöpfe fliegen. Schau, wie sie mit den Flügeln schlagen und sich in die Luft erheben." Ich kann auch sagen: "Siehst du, dieses Kind ist nicht blind; es sieht. Schau, wie es der Kerzenflamme folgt." Aber kann ich mich sozusagen davon überzeugen, *daß Menschen sehen?*

"Menschen sehen." – Im Gegensatz *wozu*? Dazu etwa, daß alle blind sind?

76. Kann ich mir den Fall vorstellen, daß ich sagte: "Ja, du hast Recht: Menschen sehen." – Oder: "Ja, du hast recht: die Menschen sehen, so wie ich auch."

77. "Sehen und Verstehen[1] sind verschiedene Phänomene." – Die Wörter "sehen" und "verstehen"[1] haben verschiedene Bedeutungen! Ihre Bedeutungen beziehen sich auf eine Menge wichtiger Arten und Weisen menschlichen Verhaltens, auf Phänomene des menschlichen Lebens.

Die Augen schließen, um sich etwas vorzustellen, ist ein Phänomen; mit verkniffenen Augen angestrengt schauen, ist ein Anderes; einem Ding in Bewegung mit den Augen folgen, wieder eins.

Denk, Einer sagte: "Der Mensch kann sehen oder blind sein"! "Sehen", "Vorstellen", "Hoffen" sind eben nicht Phänomenwörter, könnte man sagen. Das heißt aber natürlich nicht, daß der Psychologe nicht Phänomene beobachtet. [a: Z 629.]

78. Der Ausdruck, das Vorstellen unterstehe dem Willen, kann irreführen, weil er den Schein erweckt, als wäre der Wille eine Art Motor und die Vorstellungen mit diesem im Zusammenhang, so daß er sie hervorrufen, bewegen, abstellen könnte.

79. Aber wäre es nicht denkbar, daß bei einem Menschen das gewöhnliche Sehen dem Willen unterstünde? – Würde ihn das Sehen dann über die Außenwelt belehren? Hätten denn die Dinge Farben, wenn wir sie sehen könnten, wie wir wollten?

80. Weil die Vorstellung dem Willen untertan ist, unterrichtet sie uns eben nicht über die Außenwelt.

Insofern – aber nicht in anderer Weise – ist sie einer Tätigkeit wie dem Zeichnen verwandt.

Und doch ist es nicht leicht, das Vorstellen eine Tätigkeit zu nennen. [a: Vgl. Z 627.]

[1] Im MS hat Wittgenstein das Wort "Verstehen" durchgestrichen und durch "Vorstellen" ersetzt. Auch in *Zettel* kommt das Wortpaar "Sehen" – "Vorstellen" vor. (*Herausg.*)

81. Wie ist es aber, wenn ich dir sage: "Stell dir eine Melodie vor"? Ich muß sie mir 'innerlich vorsingen'. Das wird man ebenso eine Tätigkeit nennen, wie das Kopfrechnen.

82. Denk auch daran, daß man Einem befehlen kann "Zeichne den N.N. nach der Vorstellung" und daß, ob er dies tut, oder nicht, nicht nach der Ähnlichkeit des Bildnisses entschieden wird. Und dem ist analog, daß ich mir den N.N. vorstelle, auch wenn ich ihn mir falsch vorstelle.

83. Wenn ich sage, die Vorstellung sei dem Willen unterworfen, so heißt das nicht, sie sei gleichsam eine willkürliche Bewegung im Gegensatz zu einer unwillkürlichen. Denn dieselbe Bewegung, des Armes etwa, die jetzt willkürlich ist, könnte auch unwillkürlich sein. – Ich meine: Es hat *Sinn* einen Befehl zu geben: "Stell dir das vor", oder auch "Stell dir das nicht vor".

84.[1] Aber betrifft die Verbindung mit dem Willen nicht nur, so zu sagen, die Maschinerie, durch die die Vorstellung (das Vorstellungsbild) erzeugt, geändert wird? – Es wird hier kein Bild erzeugt; es sei denn, Einer fertige ein Bild, ein wirkliches Bild, an.

85. Der Dolch, den Macbeth vor sich sieht, ist kein vorgestellter Dolch. Eine Vorstellung kann man nicht für Wirklichkeit halten, noch Gesehenes für Vorgestelltes; aber nicht, weil sie einander so unähnlich sind.

86. Gegen die Willkürlichkeit der Vorstellung kann man sagen, daß Vorstellungen oft gegen unsern Willen sich uns aufdrängen und bleiben, sich nicht verscheuchen lassen.

Doch aber kann der Wille gegen sie ankämpfen. Ist aber, sie willkürlich zu nennen, nicht, als nennte ich eine Armbewegung willkürlich, zu der ein Anderer meinen Arm *gegen meinen Willen* zwingt?

87. Sag dir wieder, wenn Einer darauf besteht, was er "Gesichtsvorstellung" nennt, sei ähnlich dem Gesichtseindruck: daß er sich vielleicht *irrt*! Oder: Wie, wenn er sich darin irrte? Das heißt: was weißt du von der Ähnlichkeit seines Gesichtseindrucks und seiner Gesichtsvorstellung?! (Ich rede vom Andern, weil, was von ihm gilt, auch von mir gilt.)

[1] Auch diese Bemerkung trägt, fehlerhaft, die Ordnungsnummer 83. Wir haben die Numerierung korrigiert. (*Herausg.*)

Was weißt du also von dieser Ähnlichkeit? Sie äußert sich nur in den Ausdrücken, die er zu gebrauchen geneigt ist; nicht in dem, was er mit diesen Ausdrücken sagt.

"Es ist gar kein Zweifel: die Gesichtsvorstellung und der Gesichtseindruck sind von derselben Art!" Das mußt du aus deiner eigenen Erfahrung wissen; und dann ist es also etwas, was für dich stimmen mag und für Andere nicht. (Und das gilt natürlich auch für mich, wenn *ich* es sage.)

Nichts ist schwerer, als den Begriffen *vorurteilslos* gegenüberstehen. (Und das ist die Hauptschwierigkeit der Philosophie.) [a, b: Z 630; c: Z 631.]

88. Sich etwas vorstellen, ist zu vergleichen mit einer Tätigkeit. (Schwimmen.)

Wenn wir uns etwas vorstellen, beobachten wir nicht. Daß die Bilder kommen und vergehen, *geschieht* uns nicht. Wir sind nicht überrascht von diesen Bildern und sagen "Sieh da! . . ." [b: Z 632.]

89. Wir verscheuchen nicht Gesichtseindrücke, aber Vorstellungen. [Z 633 Anfang.]

90. Konnten wir die Eindrücke verscheuchen und vor unsere Seele rufen, sie könnten uns nicht über die Wirklichkeit informieren. – So unterscheiden sich Eindrücke von Vorstellungen nur dadurch, daß wir diese bewegen können und jene nicht? So ist also der Unterschied empirisch! So ist es eben nicht.

91. Aber ist es denn undenkbar, daß Gesichtseindrücke sich verscheuchen, oder zurückrufen ließen? Ja, ist es nicht wirklich möglich? Wenn ich meine Hand ansehe und dann bewege ich sie aus dem Gesichtsfeld, habe ich ihren Gesichtseindruck nicht willkürlich abgebrochen? – Aber, wird man mir sagen, so etwas nennt man doch nicht "das Bild der Hand verscheuchen"! Freilich nicht; aber wo ist der Unterschied? Man möchte sagen: der Wille bewegt die Vorstellungen unmittelbar.

Denn, wenn ich meinen Gesichtseindruck willkürlich ändere, so folgen die *Dinge* meinem Willen.

92. Wie aber, wenn die Gesichtseindrücke sich eben unmittelbar regieren ließen? Soll ich sagen: "Dann gäbe es keine Eindrücke, sondern nur Vorstellungen"? Und wie wäre das? Wie erführe ich z.B., daß der Andere eine bestimmte Vorstellung hätte? Er würde es mir sagen. – Aber wie würde er die dazu nötigen Worte lernen – sagen wir "rot" und "rund"? Denn ich könnte sie ihn doch nicht

lehren, indem ich auf etwas Rotes und Rundes zeige. Ich könnte mir nur die Vorstellung hervorrufen, daß ich auf etwas Derartiges zeige. Und ich könnte auch nicht prüfen, ob er mich versteht. Ja, ich könnte ihn natürlich auch nicht *sehen*, sondern ihn mir nur vorstellen.

Ist die Annahme nicht überhaupt so wie die, es gäbe in der Welt *nur* Dichtung und nicht Wahrheit?

93. Und ich selbst könnte natürlich auch keine Beschreibung meiner Vorstellungen lernen, noch sie auch selbst erfinden. Denn was hieße es, z.B., daß ich mir ein rotes Kreuz auf weißem Grunde vorstelle? Wie sieht denn ein rotes Kreuz aus? *So*?? – Aber könnte nicht ein höheres Wesen durch Intuition wissen, *was* ich mir vorstelle, und dies in seiner Sprache beschreiben, wenn sie *mir* auch unverständlich wäre? – Angenommen, dies höhere Wesen sagte "Ich weiß, was sich dieser Mensch jetzt vorstellt; es ist dies: . . ." – Aber wie konnte ich das "wissen" nennen? Es ist ja ganz anders, als das, was *wir* nennen "wissen, was sich der Andere vorstellt". Wie vergleicht man denn den gewöhnlichen Fall mit jenem erdichteten?

Wenn ich mich in diesem Fall als Dritten denke, so wüßte ich gar nicht, was das höhere Wesen damit meint: es wisse, welche Vorstellung der Mensch hat, der nur Vorstellungen und keine Eindrücke hat.

94. "Aber kann ich mir nicht doch so einen Fall vorstellen?" Vor allem kannst du über ihn *reden*. Aber das zeigt nicht, daß du ihn ganz durchgedacht hast. (5 Uhr auf der Sonne.)[1]

95. Man möchte davon reden, wie ein Gesichtseindruck und wie eine Vorstellung *ausschauen*. Und etwa fragen: "Könnte nicht etwas so ausschauen, wie z.B. mein gegenwärtiger Gesichtseindruck, sich aber im übrigen *benehmen* wie eine Vorstellung?" Und hier ist offenbar ein Fehler.

96. Aber denk dir dies: Wir lassen jemand durch ein Loch in eine Art Guckkasten schauen, und in diesem bewegen wir nun verschiedene Gegenstände, Figuren, und zwar durch Zufall, oder mit Absicht so, daß die Bewegung gerade die ist, die der Beobachter wollte; so daß er sich einbildet, was er sieht, gehorche seinem Willen. – Konnte der sich nun täuschen; glauben, seine Gesichtseindrücke seien Vorstellungen? Das klingt ganz absurd. Ich brauche ja den Guckkasten gar nicht, sondern muß nur, wie oben, meine Hand betrachten und sie bewegen. Könnte ich aber auch den Vorhang dort drüben

[1] S. *Philosophische Untersuchungen* I, §§ 350–351. (*Herausg.*)

willkürlich bewegen, oder zum Verschwinden bringen,[1] so würde ich das doch nicht als einen Vorgang in meiner Phantasie deuten. (?)

97. Ich kann eben von Haus aus einen Eindruck nicht für eine Vorstellung halten. Aber was heißt das? Könnte ich mir denn einen Fall denken, daß ein *Anderer* das täte? Wie kommt es, daß das nicht denkbar ist?

98. Wenn Einer wirklich sagte "Ich weiß nicht, sehe ich jetzt einen Baum, oder stelle ich mir einen vor", so würde ich zunächst glauben, er meine: "oder bilde ich mir nur ein, es stehe dort einer". Meint er das nicht, so könnte ich ihn überhaupt nicht verstehen. – Wollte mir aber jemand diesen Fall erklären und sagte "Er hat eben so außergewöhnlich lebhafte Vorstellungen, daß er sie für Sinneseindrücke halten kann" – verstünde ich's jetzt? [Z 634.]

99. Denk dir aber nun dennoch einen Menschen, der sagte "Meine Vorstellungen sind heute so lebhaft, wie wirkliche Gesichtseindrücke", – müßte der lügen, oder Unsinn reden? Nein, gewiß nicht. Ich müßte freilich erst von ihm erfahren, wie sich denn dies zeigt.

Sagte er mir aber "Ich weiß oft nicht, ob ich etwas sehe, oder es mir nur vorstelle", so würde ich das nicht einen Fall überlebhafter Vorstellung nennen.

100. Muß man aber hier nicht unterscheiden: sich, sagen wir, das Gesicht eines Freundes vorstellen, aber nicht im Raum, der mich umgibt – und andrerseits: sich an dieser Wand dort ein Bild, etwa, vorstellen?

Man könnte z.B. auf die Aufforderung "Stell dir dort drüben einen runden Fleck vor" sich einbilden, wirklich einen dort zu sehen. [Z 635.]

101. Freilich, wenn ich sage "Ist dort nicht wirklich ein Fleck?" und also etwa genauer hinschaue, so gehorcht, was ich hier Vorstellung nenne, *nicht* meinem Willen. Und eine *Einbildung* gehorcht ja nicht meinem Willen.

102. Man darf nicht vergessen, daß die materielle Implikation tatsächlich auch ihre Verwendung, ihre praktische Verwendung, hat; wenn sie auch nicht häufig vorkommt.

[1] Var. "Gehorchte aber auch der Vorhang dort drüben meinem Willen, so daß er sich bewegte oder verschwände".

103. Wer den Satz "Wenn p, so q" verneint, verneint einen Zusammenhang. Er sagt: "Es muß nicht so sein." Und das Wort "muß" deutet auf den Zusammenhang.

104. Aus "nicht p & nicht q" folgt *nicht* "Wenn p, so q". Es ist *nicht* aus "nicht p & nicht q" zu erschließen. Der Sinn von "Wenn p, so q" ist von dem des Satzes "p impliziert q" *grund*verschieden. Wenn auch ein *Zusammenhang* besteht. Dieser: "p & q", welches die Implikation wahr macht, tut dies auch für den Satz "Wenn ... so ...", oder spricht doch für seine Wahrheit. "p & nicht q" widerspricht der Implikation und auch dem Wenn-so-Satz, oder ist seiner Wahrheit nicht günstig. "Nicht p & q" und "nicht p & nicht q" bewahrheiten die Implikation und entscheiden nichts über die Wahrheit von "Wenn ..., so ...".

105. Wenn *dies* eintrifft, so wird *das* eintreffen. Habe ich Recht, so zahlst du mir einen Schilling, habe ich Unrecht, so zahle ich dir einen, bleibt es unentschieden, so zahlt keiner." Das könnte man auch so ausdrücken: Der Fall, in welchem die Prämisse *nicht* eintrifft, interessiert uns nicht, wir reden nicht von ihm. Oder auch: es ist uns hier nicht natürlich, die Wörter "ja" und "nein" so zu gebrauchen, wie in dem Falle (und solche Fälle gibt es), in welchem uns die materielle Implikation interessiert. Mit "Nein" wollen wir hier sagen "p & nicht q", mit "Ja" nur "p & q". [Vgl. Z 677.]

106. Es ist z.B. ganz gewöhnlich, auf die Wahrheit einer Vorhersage zu *wetten*. Wetten wir nun auf die Behauptung "Wenn p eintrifft, so wird q eintreffen", so wird man zwar auch sagen "Wenn du Recht hast, zahle ich dir ..., wenn nicht, ..."; aber beim Nicht-eintreffen von p wird die Wette nicht gelten. Es handelt sich doch hier um zwei verschiedene Arten der Verwendung der Verneinung eines Satzes. Und so, wie "nicht nicht p" nicht p ist, wenn die Verdoppelung der Verneinung eine Verstärkung der Verneinung bedeutet, so ist auch "p v nicht p", wie *wir* die Verneinung gebrauchen, nicht unbedingt eine Tautologie. In dem obigen Fall sollte die Behauptung, der Bedingungssatz sei wahr oder aber falsch, eigentlich das unbedingte Eintreffen des Ereignisses behaupten.[1] Denn jene Behauptung ist ja, der Bedingungssatz werde nicht unentschieden bleiben.

107. Der Satz "Die Vorstellung ist dem Willen unterworfen" ist kein Satz der Psychologie.

[1] Var. "In dem obigen Falle sollte die Behauptung, jener Bedingungssatz sei wahr, oder falsch, der Behauptung gleich kommen, p werde eintreffen."

108. Ich lerne den Begriff 'sehen' in Verbindung mit 'schauen'. Die Verwendung des einen Worts verbunden mit der des andern.

109. Wenn man sagt "Der Erlebnisinhalt des Sehens und des Vorstellens ist wesentlich derselbe", so ist *das* wahr daran, daß ein gemaltes Bild wiedergeben kann, was man sieht und wiedergeben kann, was man sich vorstellt. Nur darf man sich nicht vom Mythus des *inneren Bildes* täuschen lassen.

110. Das 'Vorstellungsbild' tritt nicht dort ins Sprachspiel ein, wo man es vermuten möchte. [Z 636.]

111. Ich lerne den Begriff 'sehen' mit dem Beschreiben dessen, was ich sehe. Ich lerne beobachten und das Beobachtete beschreiben. Ich lerne den Begriff 'vorstellen' in einer gänzlich andern Verbindung. Die Beschreibungen des Gesehenen und des Vorgestellten sind allerdings von derselben Art, und eine Beschreibung könnte sowohl das eine, wie auch das andere sein; aber sonst sind die Begriffe durchaus verschieden. Der Begriff des Vorstellens ist eher wie der eines Tuns, als eines Empfangens. Das Vorstellen könnte man einen schöpferischen Akt nennen. (Und nennt es ja auch so.) [Z 637.]

112. "Ja, aber die Vorstellung selbst, sowie der Gesichtseindruck, ist doch das innere Bild,[1] und *du* redest nur von den Verschiedenheiten der Erzeugung, Entstehung, Behandlung des Bildes." Die Vorstellung ist nicht ein Bild, noch ist der Gesichtseindruck eines. Weder 'Vorstellung' noch 'Eindruck' ist ein Bildbegriff, obwohl in beiden Fällen ein Zusammenhang mit einem Bild statt hat, und jedesmal ein anderer. [Z 638.]

113. "Aber könnte ich mir nicht einen Erlebnisinhalt denken von der Art der visuellen Vorstellung, aber dem Willen nicht unterworfen, in dieser Beziehung wie der Gesichtseindruck?" Hier ist das Irreführende das Reden vom Erlebnisinhalt. Wenn wir von einem fürs visuelle Vorstellen typischen Erlebnisinhalt reden, so muß der Inhalt in mir mit dem Inhalt in dir verglichen werden können. Und, so seltsam es klingt, müßte man, glaube ich, sagen, der Erlebnisinhalt – wenn man überhaupt diesen Begriff hier gebrauchen will – sei für visuelle Vorstellung und visuellen Eindruck *der Gleiche*. Und das klingt paradox, weil Jeder ausrufen möchte: Du willst mir doch nicht sagen, daß man je diese beiden, Vorstellung und Eindruck, mit einander verwechseln könnte! – So wenig, könnte ich antworten, wie

[1] Var. "das Bild vor dem inneren Auge".

z.B. Zeichnen und Sehen. Aber was gezeichnet und was gesehen wird, mag doch dasselbe sein. Vorstellung und Eindruck 'schauen' eben nicht verschieden 'aus'. [Der erste Satz: Z 640.]

114. Man könnte aber auch sagen, daß "Erlebnisinhalt" für Vorstellung und Eindruck nicht die gleiche Bedeutung hat, sondern nur verwandte Bedeutungen. Wenn ich mir z.B. ein Gesicht ganz genau so vorstelle, wie es ausschaut, wenn ich's später sehe, hatte mein Eindruck und meine Vorstellung den gleichen Erlebnisinhalt. Man kann *nicht* sagen, es sei nicht der Gleiche, da Vorstellung und Eindruck nie gleich aussähen.

Der Inhalt der Beiden ist also *dies* – (indem ich etwa auf ein Bild zeige). Aber ich *müßte* es nicht beide Male "den Inhalt" nennen.

115. Vorstellung und Intention. Auch insofern ist Vorstellen dem *Schaffen* eines Bildes zu vergleichen, als ich mir nicht den vorstelle, dem mein Vorstellungsbild ähnlich ist, sondern den, den ich mir vorstellen will.

116. Ich glaube, wenn man Vorstellen mit einer Körperbewegung vergleicht, wie das Atmen, das manchmal willkürlich, manchmal unwillkürlich geschieht, so darf man den Sinneseindruck *gar nicht* mit einer Bewegung vergleichen. Nicht so kann der Unterschied gefaßt werden, daß das eine geschieht, ob wir's wollen oder nicht, während wir das andere regieren. Vielmehr ist der eine Begriff dem einer Handlung ähnlich, der andre nicht. Der Unterschied ist eher wie der zwischen Sehen, daß meine Hand sich bewegt – und Wissen (ohne sie zu sehen), daß ich sie bewege.

117. "Wenn ich die Augen schließe, steht er vor mir." – Man könnte sich denken, daß solche Ausdrücke nicht gelernt, sondern poetisch spontan gebildete sind. Daß sie dem Einen 'treffend scheinen' und dann dem Andern auch.

118. "Ich sehe ihn deutlich vor mir!" – Nun, vielleicht steht er wirklich vor dir. – "Nein, dazu ist mein Bild zu wenig lebhaft."

119. Könnten wir uns nicht *diese* Erscheinung *denken*: Wir seien im Stande, indem wir einen Lichtschirm anschauen, auf ihm nach Willkür, 'durch den bloßen Willen', Bilder zu erzeugen, zu bewegen, verschwinden zu lassen, etc., Bilder, die nicht bloß der, der sie erzeugt, sondern auch der Andere sieht. – Wäre, was ich auf diesem Schirm sehe, so etwas wie eine Vorstellung? Oder vielleicht

richtiger gefragt: Hieße "ich sehe ... auf dem Schirm" etwas Ähnliches wie: "Ich stelle mir ... vor"? – oder soll ich sagen, der Satz "Auf dem Schirm zeigt sich jetzt ..." entspreche dem "Ich stelle mir ... vor"? – Nein; *so* ist es nicht. Die Schwierigkeit ist hier, daß ich keinen klaren Begriff davon habe: 'die Bilder durch den Willen zu erzeugen' etc. Denn eigentlich ist ja der Fall nicht ganz phantastisch: Ich kann mir ja wirklich auf einer fleckigen Wand alles mögliche vorstellen; und wenn der Andere, wenn er auf die Wand schaut, immer wüßte, was ich mir vorstelle, so wäre der Fall nun ähnlich dem oben beschriebenen. ((Könnte man aber nicht auch von dem sagen, er erzeuge Bilder auf der Wand durch den bloßen Willen, der sie auf die Wand zeichnet?))

"Durch den bloßen Willen bewegen" was heißt es? Etwa, daß die Bilder meinem Willen immer genau folgen, während meine zeichnende Hand, mein Bleistift, das nicht tut? Immerhin wäre es ja dann doch möglich zu sagen: "Für gewöhnlich stelle ich mir ganz genau vor, was ich will; heute ist es anders ausgefallen." Gibt es denn ein 'Mißlingen der Vorstellung'? [b: Z 643.]

120. Wenn nicht, so will man das etwa so erklären, daß das Vorstellungsbild masselos ist und dem Willen keinen Trägheits – oder andern Widerstand entgegensetzt.

Nein; "ich sehe auf dem Schirm ..." kann nicht meinem Vorstellen entsprechen. Auch nicht "ich projiziere auf den Schirm ..." – denn dann könnte es gelingen und mißlingen. Eher noch das: "Für mich ist, was auf diesem Schirm ist, jetzt ein Bild von ..."[1]

121. Es gibt freilich ein Sprachspiel mit dem Befehl "Stell dir ... vor!" – aber ist es denn wirklich ohne Weiteres gleich zu setzen dem "Dreh deinen Kopf nach rechts!"? Oder auch so: Hat es denn ohne Weiteres Sinn, zu sagen, Gesichtsbilder, innere Bilder, folgten meinem Willen? (Wohlgemerkt: *nicht* "meinem Wunsch".)

122. Denn das, wovon man normalerweise sagt, es folge, oder folge nicht, dem Willen, sind nicht 'innere Bilder'. Es ist also nicht klar, daß man den Begriff dieses Folgens ohne Weiteres auf die andere Kategorie anwenden kann.

123. (Daß man nämlich die 'Willkürlichkeit' der Vorstellung nicht mit der der Bewegung von Körpern vergleichen kann, ist klar; denn, ob die Bewegung stattgefunden hat, das zu beurteilen sind auch Andere befähigt; während es bei der Bewegung meiner Vor-

[1] Var. "Für mich stellt, was auf diesem Schirm ist, jetzt das dar."

stellungen immer nur darauf ankäme, was ich zu sehen behaupte, – was immer irgend ein Anderer sieht. Es würden also die sich bewegenden wirklichen Gegenstände aus der Betrachtung herausfallen, da es auf sie gar nicht ankäme.) [Z 641.]

124. Sagte man also: "Vorstellungen sind innere Bilder, ähnlich, oder ganz so, wie meine Gesichtseindrücke, nur meinem Willen untertan" – so hätte das bis auf Weiteres noch keinen Sinn.

Denn wenn Einer zu berichten gelernt hat, was er dort sieht, oder was ihm dort zu sein *scheint*, so ist es doch nicht klar, was der Befehl bedeute, er solle jetzt *das* dort sehen, oder es solle ihm jetzt *das* dort zu sein scheinen. [Z 642.]

125. Es ist freilich eine gewisse Verwandtschaft zwischen dem Vorstellen und einer Handlung, die sich eben in der Möglichkeit des Befehls ausdrückt; aber der *Grad* dieser Verwandtschaft muß erst untersucht werden.

126. "Bewege dein inneres Bild!" könnte heißen: bewege den Gegenstand.

127. "Bewege, was du siehst."

Es könnte auch heißen: Nimm etwas ein, was deine Gesichtseindrücke beeinflußt.

128. Welches merkwürdige Phänomen, daß ein Kind wirklich die menschliche Sprache lernen kann! Daß ein Kind, ohne irgend etwas zu wissen, anfangen kann und, auf sicherem Wege, diese ungeheuer komplizierte Technik erlernt.

Dieser Gedanke kam mir, als mir, in einem bestimmten Fall, zum Bewußtsein kam, wie ein Kind *mit nichts* anfängt, und eines Tages die Negation gebraucht wie wir!

129. Mit dem Satz "Vorstellungen sind willkürlich, Empfindungen nicht" unterscheidet man nicht Empfindungen von Vorstellungen, sondern die Sprachspiele, in denen wir's mit diesen Begriffen zu tun haben.

130. Es gibt, was man Erscheinungen des Sehens und Erscheinungen des Vorstellens nennen kann; und den Begriff des Sehens und den Begriff der Vorstellung. Man kann von *'Unterschieden'* innerhalb dieser Paare reden.

131. Wenn man sagt "Die Vorstellung hat es mit dem Willen zu tun", so meint man dieselbe Art des Zusammenhangs, die man mit dem Satz meint "Die Vorstellung hat es nicht mit der Beobachtung zu tun".

132. Ich sagte, es gebe Phänomene des Sehens, – was meinte ich damit? Nun etwa alles das, was sich auf Bildern darstellen läßt und mit "sehen" beschrieben würde. Das genaue Beobachten; das Anschauen einer Landschaft; ein Mensch vom Licht geblendet; der freudig überraschte Blick; das Wegwenden um nicht sehen zu müssen. Alle die Arten des Benehmens, die den sehenden Menschen vom Blinden unterscheiden. (Es hat doch einen Grund, warum mir gerade *diese* Bilder aus dem menschlichen Leben hier einfallen.)

133. Phänomene des Sehens, – das ist, was der Psychologe beobachtet.

134. Einer sagt: "Ich sehe ein Haus mit grünen Fensterläden." Und du: "Er *sieht* es nicht, er stellt es sich nur vor. Er schaut ja gar nicht; siehst du, wie er vor sich hinstarrt?" – Man könnte sich *sehr beiläufig* auch so ausdrücken: "So sieht es nicht aus, wenn jemand etwas sieht; sondern wenn er sich etwas vorstellt." Hier vergleichen wir Erscheinungen des Sehens mit Erscheinungen des Vorstellens. So auch, wenn wir zwei Leute eines fremden Stammes beobachteten, die während einer bestimmten Tätigkeit ein Wort gebrauchen, welches wir für ein Äquivalent unseres "sehen" erkannt haben. Und wie wir nun ihren Gebrauch jenes Worts bei dieser Gelegenheit verfolgen, schließen wir, es müßte hier "vor dem innern Auge sehen" bedeuten. (Ebenso könnte man auch zu dem Schluß kommen, das Wort müsse hier *verstehen* bedeuten.)

135. Was heißt es z.B., daß 'sehen' mit 'beobachten' zusammenhängt? – Wenn wir "sehen" gebrauchen lernen, so lernen wir es zugleich und in Verbindung mit "schauen" gebrauchen, mit "beobachten", etc.

136. Wie wir den Schachkönig in Verbindung mit den Bauern gebrauchen lernen und das Wort "König" zusammen mit dem Wort "Schachmatt".

137. Ein Sprachspiel umfaßt ja doch den Gebrauch *mehrerer* Wörter. [Z 644.]

138. Nichts kann falscher sein, als zu sagen, Sehen und Vorstellen seien verschiedene Tätigkeiten. Das ist, als sagte man, im Schach Ziehen und Verlieren seien verschiedene Tätigkeiten. [Z 645.]

139. Die Worte "Vorstellen ist willkürlich, sehen nicht", oder ähnliche, können Einen irreleiten.

Wenn wir als Kinder lernen, die Worte "sehen", "schauen", "vorstellen" gebrauchen, so spielen dabei Willenshandlungen, Befehle hinein. Aber in anderer Weise für jedes der drei Wörter. Das Sprachspiel mit dem Befehl "Schau!" und mit dem Befehl "Stell dir ... vor!" – wie soll ich sie nur vergleichen? – Wenn wir jemand abrichten wollen, daß er auf den Befehl "Schau ...!" reagiert und wenn wir ihn dazu abrichten wollen, daß er den Befehl "Stell dir ... vor!" versteht, so müssen wir ihn doch offenbar ganz Anderes lehren. Reaktionen, die zu diesem Sprachspiel gehören, gehören zu jenem nicht. Ja, ein enger Zusammenhang der Sprachspiele ist natürlich da, aber eine Ähnlichkeit? – Stücke des einen sind Stücken des andern ähnlich, aber die ähnlichen Stücke sind nicht homolog. [b: Z 646].

140. Ich könnte mir etwas Ähnliches für wirkliche Spiele denken. Es könnte etwa in zwei wesensverschiedenen Spielen – Spielen, die in wichtigem Sinne einander viel unähnlicher wären, als Dame und Schach – ein und dasselbe Brett mit denselben Zügen vorkommen, nur, wenn ich so sagen darf, in einer andern Stellung. Im einen Spiel könnte es z.B. die Aufgabe sein, den Andern mattzusetzen;[1] im andern wäre der ganze Verlauf des Mattsetzens[2] im voraus gegeben, und die beiden Spieler hätten mit Bezug auf ihn eine Aufgabe ganz anderer Art. Es wären den Spielern z.B. zwei Wege des Mattsetzens[2] gegeben und sie müßten die beiden in psychologischer Hinsicht vergleichen. So gibt es ein Spiel: ein Kreuzworträtsel auflösen, und ein anderes: mehrere mir gegebene Auflösungen eines Kreuzworträtsels in irgend einem Sinne auf ihre Güte zu prüfen. [Der erste Satz: Z 647.]

141. Das Sehen untersteht dem Willen *in anderer Weise*, als das Vorstellen.

Oder: 'sehen' und 'vorstellen' haben zum 'wollen' verschiedene Beziehungen.

[1] Im Typoskript "nachzusetzen". Im MS "mattzusetzen". Dies kommt hier natürlicher vor. (*Herausg.*)

[2] Im Typoskript "Nachsetzens", im MS "Mattsetzens". (*Herausg.*)

142. Nun scheint es aber doch, als wären Vorstellungen matte Spiegelungen der Sinneseindrücke. Wann scheint es so, und wem? Es gibt natürlich ein klar und unklar in den Vorstellungen. Und wenn ich sage "Mein Vorstellungsbild von ihm ist viel unbestimmter als mein Gesichtseindruck, wenn ich ihn sehe", so ist das wahr, denn ich kann ihn aus der Vorstellung auch nicht annähernd so genau beschreiben, als wenn ich ihn vor mir habe.[1] Es kann aber doch geschehen, daß eines Menschen Gesicht sich so trübt, daß er einen Andern viel unschärfer sieht, als er sich ihn vorstellen kann.

143. Wenn ich mir, und ein Andrer sich, einen Schmerz vorstellen kann, oder wir doch sagen, daß wir's können, – wie kann man herausfinden, ob wir ihn uns richtig vorstellen, und wie genau? [Z 535.]

144. Könnte es nicht Leute geben, die die Züge eines Menschen aus dem Gedächtnis höchst genau beschreiben könnten, ja, die auch sagen, jetzt wüßten sie plötzlich, wie er ausschaut, – die aber die Frage, ob sie den Menschen in jenem Augenblick in irgendeinem Sinn 'vor sich sähen' (oder dergleichen) unbedingt verneinten? Leute also, denen der Ausdruck "ich sehe ihn vor mir" *durchaus nicht passend vorkäme*?

Dies scheint mir eine sehr wichtige Frage. Oder auch: die wichtige Frage ist, ob diese Frage Sinn hat. – Denn, was für einen Grund habe ich, zu glauben, daß das nicht unser Aller Fall ist? Oder, wie kann ich die Frage entscheiden, ob der Andere (ich nehme mich einstweilen aus) sich jemand wirklich 'visuell vorstellt', oder nur im Stande ist, ihn visuell zu beschreiben (zu zeichnen, etc.) – plus dem Faktum, daß er, wenn ich so sagen darf, eine 'Erleuchtung' kennt, oder einen Zustand der Erleuchtung, ähnlich dem 'Jetzt weiß ich's'. ((Echte Dauer.))

145. Die *visuelle* Vorstellung ist eben *nicht* nur durch das Zeichnenkönnen und dergleichen charakterisiert, sondern auch durch feinere Abschattungen des Benehmens.

Zu dem Sprachspiel mit "vorstellen" gehört jedenfalls die *Beschreibung* der Vorstellung. (Das heißt nicht, daß nicht in Grenzfällen eine Äußerung vorkommen kann: "Ich kann mir's genau vorstellen, aber absolut nicht beschreiben." Ein Spiel läßt Grenzfälle zu – eine Regel Ausnahmen. Aber Ausnahme und Regel könnten nicht ihre Rolle vertauschen, ohne das Spiel zu vernichten. Der 'Übergang von der Quantität zur Qualität'?)

[1] Var. "als nach der Natur."

146. "Wenn Ausnahme und Regel ihre Rolle vertauschen, so ist es eben nicht mehr dasselbe!" – Aber was heißt das? Etwa, daß sich dann mit einem Schlage unsere Einstellung zu dem Spiel ändern wird? Ist es, als kippte nach einem allmählichen Beschweren der einen und Erleichtern der andern Schale der Waagebalken, *nicht* allmählich, um?

147. Wie könnte nun die Beschreibung der Vorstellung einer Bewegungsempfindung ausschauen?

148. Fortsetzung der Klassifizierung der psychologischen Begriffe.

Gemütsbewegungen. Ihnen gemeinsam echte Dauer, ein Verlauf. (Zorn flammt auf, läßt nach, verschwindet; ebenso: Freude, Depression, Furcht.)

Unterschied von den Empfindungen: sie sind nicht lokalisiert (auch nicht diffus!).

Gemeinsam: sie haben ein charakteristisches Ausdrucksbenehmen. (Gesichtsausdruck.) Und daraus folgt schon: auch charakteristische Empfindungen. So geht die Trauer oft mit dem Weinen einher, und mit ihm charakteristische Empfindungen. (Die tränenschwere Stimme.) Aber die Empfindungen sind nicht die Gemütsbewegungen. (In dem Sinne, wie die Ziffer 2 nicht die Zahl 2 ist.)

Unter den Gemütsbewegungen könnte man gerichtete von ungerichteten unterscheiden. Furcht *vor* etwas, Freude *über* etwas.

Dies Etwas ist das Objekt, nicht die Ursache der Gemütsbewegung.

Das Sprachspiel "Ich fürchte mich" enthält schon das Objekt.

Angst könnte man ungerichtete Furcht nennen, insofern ihre Äußerungen verwandt mit denen der Furcht sind.

Der *Inhalt* einer Gemütsbewegung – darunter stellt man sich so etwas vor wie ein *Bild*, oder etwas, wovon ein Bild gemacht werden kann. (Die Finsternis der Depression, die sich auf Einen herniedersenkt, die Flammen des Zornes.)

Man könnte auch das menschliche Gesicht ein solches Bild nennen und den *Verlauf* der Leidenschaft durch seine Veränderungen darstellen.

Zum Unterschied von den Empfindungen: sie unterrichten uns nicht über die Außenwelt. (Grammatische Bemerkung.)

Liebe und Haß könnte man Gemütsdispositionen nennen; auch Furcht in einem bestimmten Sinne.

Es ist eines, akute Furcht empfinden, und ein anderes, jemand 'chronisch' fürchten. Aber Furcht ist keine Empfindung.

'Schreckliche Furcht': sind es die *Empfindungen*, die so schrecklich sind?

Typische Ursachen des Schmerzes einerseits, der Depression, Trauer, Freude anderseits. Ursache dieser zugleich ihr Objekt.

Das Benehmen des Schmerzes und das Benehmen der Traurigkeit. – Man kann diese nur mit ihren äußeren Anlässen beschreiben. (Wenn die Mutter das Kind allein läßt, mag es vor Trauer weinen; wenn es hinfällt, vor Schmerz.) Benehmen und Art des Anlasses gehören zusammen. [a–f: Z 488; g–i: Z 489; j: Z 490; k–l: Z 491; m–p: Z 492.]

149. Vielleicht wird man sagen: Wie kann man den Begriff 'Schmerz' durch die Schmerzanlässe charakterisieren? Schmerz ist doch, was er ist – was immer ihn veranlaßt! – Frage jedoch: Wie identifiziert man Schmerz?

Der Anlaß bestimmt den Nutzen des Schmerzsignals.

150. Der Schmerzbegriff ist eben auf eine bestimmte Weise in unserm Leben eingebettet. Ist charakterisiert durch ganz bestimmte Zusammenhänge.

Wie es einen Zug mit dem Schachkönig nur in einem bestimmten Zusammenhang gibt. Er läßt sich aus diesem Zusammenhang nicht lösen. – Denn dem Begriff entspricht eine Technik. (Das Auge[1] lächelt nur in einem Gesicht.) [a: Vgl. Z 532, 533.]

151. Nur inmitten gewisser normaler Lebensäußerungen gibt es eine Schmerzäußerung. Nur inmitten von noch viel weitgehender bestimmten Lebensäußerungen den Ausdruck der Trauer, oder der Zuneigung. U.s.f. [Z 534.]

152. Gemütseinstellungen (Liebe z.B.) kann man prüfen, Gemütsbewegungen nicht. [Vgl. Z 504.]

153. Ich möchte sagen: Gemütsbewegungen können die Gedanken *färben*; der Körperschmerz nicht. Und darum rede man von traurigen Gedanken, nicht aber in analoger Weise von zahnschmerzlichen. Es ist, als könnte man sagen: Furcht, oder gar Hoffnung, könne geradezu aus Gedanken bestehen, aber doch nicht Schmerz. Nun, Schmerz hat vor allem die Merkmale der Empfindung und Furcht nicht. Furcht hängt mit Befürchtungen zusammen, und Befürchtungen sind Gedanken.

[1] Var. "Der Mund". Vgl. PU I, 583.

154. Die Hoffnung kann man eine Gemütsbewegung nennen. D.h., sie mit Furcht, Zorn, Freude zusammenstellen. Sie ist verwandt mit dem Glauben, der *keine* Gemütsbewegung ist. Es gibt keinen typischen Körperausdruck des Glaubens.

Vergleiche die Bedeutung von "ununterbrochener Schmerz" mit: "ununterbrochener Zorn", Jubel, Trauer, Freude, Furcht, und anderseits "ununterbrochener Glaube" oder "ununterbrochene Hoffnung".

Aber auch Furcht, Hoffnung, Sehnsucht, Erwartung sind schwer mit einander zu vergleichen. Die Sehnsucht ist eine Beschäftigung in Gedanken mit einem bestimmten Objekt. Die Furcht vor einem *Ereignis* (apprehension) scheint von ähnlicher Art zu sein; nicht aber die Furcht vor dem Hund, der mich anbellt. Es könnten hier zwei verschiedene Worte gebraucht werden. Ebenso kann "erwarten" bedeuten: glauben, das und das werde geschehen – aber auch: die Zeit mit erwartenden Gedanken und Tätigkeiten hinbringen, also *harren*.

155. Der Glaube ist keine Beschäftigung mit dem Gegenstand des Glaubens. Die Furcht, die Sehnsucht, die Hoffnung aber beschäftigen sich mit ihrem Objekt.

Wir sagen in einer wissenschaftlichen Untersuchung alles mögliche, machen viele Aussagen, deren Rolle wir in der Untersuchung nicht verstehen. Denn wir sagen ja nicht etwa alles mit einem bewußten Zweck, sondern unser Mund geht eben. Wir gehen durch herkömmliche Gedankenbewegungen, machen, automatisch, Gedankenübergänge gemäß den Formen, die wir gelernt haben. Und nun müssen wir erst, was wir gesagt haben, sichten. Wir haben eine ganze Menge unnütze, ja zweckwidrige Bewegungen gemacht, müssen nun unsere Gedankenbewegungen philosophisch klären. [b: *Vermischte Bemerkungen*, zweite Ausgabe, S. 125.]

156. Wenn ich erzähle "Ich habe mich den ganzen Tag vor seinem Kommen gefürchtet" – da könnte ich doch ins Einzelne gehen: Ich habe gleich beim Erwachen gedacht ... Dann überlegte ich mir ... Ich sah immer wieder zum Fenster hinaus, etc. etc. Das könnte man einen Bericht über die Furcht nennen. Wenn ich aber damals zu jemand sprach "Ich fürchte mich ..." – ist das gleichsam ein Stöhnen der Furcht, oder eine Betrachtung über meinen Zustand? – Es könnte das eine, oder auch das andere sein: Es mag einfach ein Stöhnen der Furcht sein; es mag aber auch sein, daß ich dem Andern berichten will, wie ich den Tag verbracht habe. Wenn ich ihm nun sagte: "Ich habe den ganzen Tag in Furcht verbracht (nun folgen vielleicht

Einzelheiten) und auch jetzt bin ich voll Angst" – was sollen wir nun über dieses Gemisch von Bericht und Äußerung sagen – nun was sollen wir sagen, als daß wir hier die Verwendung des Wortes "Furcht" vor uns sehen.

157. Wenn es Leute gäbe, die in den Fällen, wo wir Befürchtungen mit Angstgefühlen aussprechen, einen stechenden Schmerz in der linken Seite empfinden, – würde dies Stechen bei ihnen den Platz unsres Furchtgefühls einnehmen? – Wenn wir also diese Leute beobachteten, und, so oft sie eine Befürchtung aussprächen, d.h., etwas sagten, was bei uns jedenfalls eine Befürchtung wäre, und sie zuckten dabei zusammen und hielten sich die linke Seite, – würden wir sagen: Diese Leute empfinden ihre Furcht als stechenden Schmerz? Offenbar nicht. –

158. Warum verwendet man aber das Wort "Leiden" für die Furcht und auch für den Schmerz? Nun, es sind ja Verbindungen genug. – [Z 500.]

159. Denke, man sagte: Fröhlichkeit wäre ein Gefühl, und Traurigkeit bestünde darin, daß man *nicht* fröhlich ist. – Ist denn die Abwesenheit eines Gefühls ein Gefühl? [Z 512.]

160. Wenn ich sage "Ich habe immer mit Furcht daran gedacht" – hat die Furcht meine Gedanken *begleitet*? – Wie stellt man sich die Trennung des Begleitenden von der Begleitung vor?

Man könnte fragen: Wie durchdringt die Furcht den Gedanken? Denn sie scheint nicht nur mit ihm einherzugehen. Wenn ich sage "Ich denke mit Beklemmung daran", so könnte es allerdings so scheinen, als ob der Gedanke, etwa die Worte, mit einem besondern Gefühl in der Brust einhergingen und *darauf* angespielt würde. Aber die Verwendung dieses Satzes ist eben anders.

Man sagt auch: "Es beklemmt mir den Atem, daran zu denken" und meint nicht nur, daß erfahrungsgemäß die und die Empfindung und Reaktion diesen Gedanken begleiten.

161. Auf die Äußerung "Ich kann nicht ohne Furcht daran denken..." antwortet man etwa: "Es ist kein Grund zur Furcht, denn...." Das ist jedenfalls *ein* Mittel, Furcht zu beseitigen, im Gegensatz zu Schmerzen

Ist Ekel eine Empfindung? – Hat er einen Ort? – Und er hat einen Gegenstand, wie die Furcht. Und es gibt hier charakteristische Empfindungen. [a: Z 501]

162. Ja, du mußt dich immer fragen: Was wird durch diese Sätze dem Andern mitgeteilt? und das heißt: welche Verwendung kann er nun davon machen?

163. Ich *konstatiere*, ich habe Furcht. – Besinne ich mich dazu meiner Gedanken in der letzten halben Stunde, oder lasse ich mir rasch einen Gedanken an den Zahnarzt durch den Kopf gehen, um zu sehen, wie er mich affiziert; oder konnte mir ein Zweifel kommen, ob es wirklich Furcht vor dem Zahnarzt ist und nicht ein anderes organisches Unwohlgefühl?

164. Oder ist das Konstatieren, ich hätte Furcht, wie ein äußerst gemildertes Stöhnen der Furcht? Nein; denn mit dem Stöhnen will ich dem Andern nicht unbedingt das mitteilen. Die Konstatierung ist, sozusagen, ein Teil eines *Gesprächs*.

165. Kann man sagen: "Ich fürchte mich vor der Operation nur, während ich gerade an sie denke"? Und heißt das: während ich über sie nachdenke? Kann mir nicht vor etwas grauen, auch während ich nicht, sozusagen, ausdrücklich darüber nachdenke. Kann ich Einem nicht sagen "Mir graut vor diesem Zusammentreffen", obwohl ich das Ereignis sozusagen nur aus dem Augenwinkel sehe.

166. Vergessen wir doch einmal ganz, daß uns der Seelenzustand des Fürchtenden interessiert. Gewiß ist, daß uns auch sein Benehmen unter gewissen Umständen als Anzeichen für künftiges Verhalten interessieren kann. Warum sollten wir also nicht dafür ein Wort haben. Es kann dies ein Verbum oder Adjektiv sein.

Man könnte nun fragen, ob dies Wort sich wirklich einfach auf das Benehmen, einfach auf die Veränderungen des Körpers bezöge. Und das wollen wir verneinen. Es liegt uns ja nichts daran, den Gebrauch dieses Worts derart zu vereinfachen. Es bezieht sich auf das Benehmen unter gewissen äußeren Umständen. Wenn wir diese und jenes beobachten, sagen wir, Einer sei. . . .

Wenn das Wort in der *ersten* Person gebraucht wird, ist die Analogie mit dem Gebrauch in der dritten Person dieselbe wie die zwischen "ich schiele" und "er schielt". [a, b – außer dem letzten Satz von a und den zwei letzten Worten von b: Z 523.]

167. Ich will nun sagen, daß Menschen, welche einen solchen Begriff gebrauchen, seinen Gebrauch *nicht* müßten beschreiben können. Und sollten sie's versuchen, so könnten sie eine ganz unzulängliche Beschreibung geben. (Wie die meisten, wenn sie versuchen wollten, die Verwendung des Papiergelds richtig zu beschreiben.) [Vgl. Z 525.]

168. Es ist z.B. möglich, daß sie diese Aussage von einem Menschen machen, ohne doch recht sagen zu können, *welches* Benehmen in ihm sie dazu veranlaßt. Sie könnten sagen "Ich sehe es; aber ich weiß nicht genau, *was* ich sehe". Wie wir sagen: "Es hat sich etwas an ihm verändert, aber ich weiß nicht genau, was." Die künftige Erfahrung mag ihnen Recht geben.

169. Es könnte nun sein, daß Leute ein Verbum hätten, dessen dritte Person sich *genau* mit unserem "Er fürchtet sich" deckt; dessen erste Person aber nicht mit unserem "Ich fürchte mich". Denn die Behauptung in der ersten Person würde sich auf Selbstbeobachtung stützen. Sie wäre nicht die *Äußerung* der Furcht, und es gäbe ein "Ich glaube, ich . . .", "Es kommt mir vor, ich . . .". Diese erste Person hätte nun, so scheint es mir, keine, oder eine sehr seltene Verwendung. Würde mein Benehmen in einer bestimmten Situation gefilmt, so könnte ich, wenn mir der Film vorgeführt wird, sagen: "Mein Benehmen macht den Eindruck . . .".

170. Das "Ich glaube, er fühlt, was ich unter solchen Umständen fühle" gibt es hier noch nicht: Die Interpretation, daß ich in mir etwas sehe, was ich in ihm vermute.

Denn in Wahrheit ist das eine rohe Interpretation. Ich vermute – im allgemeinen – die Furcht nicht in ihm, – ich *sehe* sie. Es ist mir nicht, als schlösse ich aus einem Äußeren auf die wahrscheinliche Existenz eines Inneren; sondern als sei das menschliche Gesicht quasi durchscheinend, und ich sähe es nicht im reflektierten, sondern im eigenen Licht.

171. "Mir graut davor." – Das ist nicht eine Abbildung von etwas, was ich sehe. Ja, so wie ich *schaue*, sehe ich nichts, oder nicht eigentlich, was ich meinte. Es ist dann, als wäre dies ein so feiner Schleier, daß man von ihm wissen, aber ihn nicht eigentlich sehen könnte. Als wäre das Grauen ein ganz feines dumpfes Geräusch neben den Tagesgeräuschen, das ich nur *merken* und nicht eigentlich hören könnte.

Denk dir ein Kind, das lange nicht recht sprechen lernen konnte, gebrauche plötzlich den Ausdruck, den es von den Erwachsenen gehört hatte, "Mir graut vor . . .". Und sein Gesicht und die Umstände und was folgt lassen uns sagen: Es hat das wirklich gemeint. (Man könnte ja immer sagen: "Eines schönen Tages gebraucht nun das Kind das Wort.") Ich habe den Fall des Kindes gewählt, weil hier, was in ihm vorgeht, uns noch fremder erscheint als im Erwachsenen. Was weiß ich – so möchte ich sagen – von einem *Hintergrund* der Worte "Mir graut . . ."? Läßt das Kind mich plötzlich in sich hineinschauen?

172. Diese Sache erinnert auch an das Hören eines Geräusches *aus einer bestimmten Richtung*. Es ist beinahe, als fühlte man die Beschwerde in der Magengegend aus der Richtung der Furcht. D.h. eigentlich, daß "Mir ist schlecht vor Furcht" nicht eine *Ursache* der Furcht angibt. [Vgl. Z 496.]

173. Gibt es psychologische Konglomerate; und ist das Erwarten eines? Vielleicht das Harren, aber nicht das Erwarten.

174. Daß es ein Furchtkonglomerat, z.B., gibt, heißt nicht, daß Furcht ein Konglomerat ist. [Vgl. Z 502.]

175. Sage ich "Ich erwarte sehnsüchtig sein Kommen", so heißt das: ich *beschäftige* mich mit seinem Kommen (in Gedanken, und man kann auch sagen: in Gedanken und Handlungen). Den Zustand des sehnsüchtigen Erwartens kann man also ein Konglomerat nennen. Aber es ist nicht, sozusagen, ein Konglomerat von Handlungen einer bestimmten Art, sondern es geht um die Intention der Handlungen, also um ein *Motiv*, nicht eine *Ursache*.

176. Wenn ich sage, ich verwende die Worte "Ich habe Schmerzen", "Ich sehne mich nach ihm", etc. etc. als Mitteilung, nicht als Naturlaut,[1] so charakterisiert dies meine Intention. Ich will z.B., daß der Andere darauf in bestimmter Weise reagiere.

Hier bin ich aber noch die Erklärung des Begriffs der Intention schuldig, und die Intention ist nun nicht etwa eine Art Empfindung, auf die ich alles reduzieren will; der ich, sozusagen, alles in die Schuhe schiebe. (Denn die Intention ist *keine* Empfindung.)

177. Wenn wir Furcht, Trauer, Freude, Zorn, etc. Seelenzustände nennen, so heißt das, daß der Furchtvolle, Trauervolle, etc. die Mitteilung machen kann: "Ich bin im Zustand der Furcht", etc., daß diese Mitteilung – ganz wie die primitive Äußerung – nicht auf einer Beobachtung beruht.

178. Absicht, Intention, ist weder Gemütsbewegung, Stimmung, noch Empfindung, oder Vorstellung. Sie ist kein Bewußtseinszustand. Sie hat nicht echte Dauer. Die Absicht kann man eine seelische Disposition nennen. Dieser Ausdruck ist insofern irreführend, als man eine solche Disposition in sich nicht durch Erfahrung wahrnimmt. Die *Neigung* zur Eifersucht dagegen ist eine Disposition im eigentlichen Sinne. Erfahrung lehrt mich, daß ich sie habe. [Die ersten Sätze: Z 45.]

[1] Var. "nicht als Naturlaut, sondern zur Mitteilung, zum Bericht".

179. “Ich beabsichtige” ist nicht die Äußerung eines Erlebnisses.

Es gibt keinen Schrei der Absicht, so wenig wie des Wissens, oder Glaubens.

Wohl aber könnte man den *Entschluß*, mit welchem oft eine Absicht beginnt, ein Erlebnis nennen.

180. Ist Entschluß ein Gedanke? Er kann das Ende eines Gedankenganges sein.

181. Einer sagt mir etwas; ich schaue ihn erstaunt an; er erklärt ... Mein fragender Blick war gleichbedeutend der Frage: “Wieso?” Oder “Was meinst du?” oder “Warum?” oder “*Das* willst du tun, wo du doch immer ...?” – Der plötzliche Gedanke.

182. Absichtlich – unabsichtlich. Willkürlich – unwillkürlich.

Was ist der Unterschied zwischen einer Handbewegung ohne besondere Absicht und der gleichen Handbewegung, die als Zeichen gemeint ist?

183. Denken wir uns, daß Einer eine Arbeit verrichtet, in der es ein Vergleichen, Versuchen, Wählen gibt. Er stellt etwa einen Gebrauchsgegenstand aus gewissen Materialstücken mit gegebenen Werkzeugen her. Immer wieder entsteht das Problem “Soll ich *dies* Stück dazu nehmen?” – Das Stück wird verworfen, ein anderes versucht. Stücke werden versuchsweise zusammengestellt, auseinandergenommen; es wird nach einem passenden gesucht, etc. etc. Ich denke mir nun diesen ganzen Hergang gefilmt. Der Arbeitende gibt etwa auch Laute von sich, wie “Hm” oder “Ha!”. Sozusagen, Laute des Zögerns, des plötzlichen Findens, des Entschlusses, der Zufriedenheit, der Unzufriedenheit. Aber kein Wort wird geredet. Jene Laute mögen im Film aufgenommen werden. Der Film wird mir vorgeführt; und ich erfinde nun ein Selbstgespräch des Arbeitenden, welches zu seiner Arbeitsweise, dem Rhythmus seiner Arbeit, seinem Mienenspiel, seinen Gebärden und Naturlauten paßt, welches all dem entspricht. Ich lasse ihn also manchmal sagen “Nein, das Stück ist zu lang, vielleicht paßt ein anderes besser”. – Oder “Was soll ich jetzt tun? – Ich hab’s!” – Oder “Das ist ganz gut” etc.

Wenn der Arbeitende reden kann, – wäre es eine Verfälschung des wirklichen Vorgangs, wenn er ihn genau beschriebe und etwa sagte: “Dann dachte ich: Nein, das geht nicht; ich muß es anders versuchen.” usw. – obwohl er während der Arbeit nicht gesprochen, und sich auch diese Worte nicht vorgestellt hatte?

Ich will sagen: Kann er nicht seine wortlosen Gedanken später in Worten wiedergeben? So zwar, daß wir, die den Arbeitsvorgang sähen, mit dieser Wiedergabe einverstanden sein könnten? – Umsomehr, wenn wir dem Mann nicht nur einmal, sondern öfters bei der Arbeit zugesehen hätten? [Z 100.]

184. Wir könnten natürlich sein 'Denken' von der Tätigkeit nicht trennen. Das Denken ist eben keine Begleitung der Arbeit; so wenig, wie der denkenden Rede. [Z 101.]

185. Denk dir, Einer pausiert in der Arbeit, blickt, wie nachdenkend, vor sich hin, in einer Situation, in der wir uns eine Frage vorlegen, Möglichkeiten erwägen würden, – würden wir von ihm unbedingt sagen, er überlege? Ist dazu nicht auch nötig, daß er eine Sprache *beherrscht*, also nötigenfalls die Überlegung auch aussprechen könnte?

186. Nun, wenn wir Wesen bei der Arbeit sähen, deren Arbeits-*rhythmus*, deren Mienenspiel, etc. dem unsern ähnlich wäre, nur daß diese Leute nicht *sprächen*, dann würden wir vielleicht sagen, sie dächten, überlegten, machten Entscheidungen. Das heißt: es wäre eben in so einem Falle *viel* dem der gewöhnlichen Menschen ähnlich. Und es ist nicht klar, *wieviel* ähnlich sein muß, damit wir den Begriff 'Denken', der in *unserm* Leben zu Hause ist, auch bei ihnen anzuwenden ein Recht hätten.[1] [Vgl. Z 102.]

187. Und wozu sollen wir auch diese Entscheidung fällen?

Wir werden einen wichtigen Unterschied machen zwischen Wesen, die eine Arbeit, selbst eine komplizierte, 'mechanisch' zu verrichten lernen können, und solchen, die bei der Arbeit probieren, vergleichen. – Was aber "probieren" und "vergleichen" zu nennen ist, kann ich nur wieder an Beispielen erklären, und diese Beispiele werden unserm Leben, oder einem, das dem unsern ähnlich ist, entnommen sein. [Z 103.]

188. Nähme nun das Probieren gar die Form an des Herstellens einer Art von Modell (oder gar einer Zeichnung), so würden wir, ohne zu zweifeln, sagen, diese Wesen dächten. Freilich könnte man hier auch von einem Operieren mit Zeichen reden.

[1] Var. "Und wie soll man entscheiden, wie genau die Analogie sein muß, damit wir ein Recht haben, für diese Leute den Begriff 'Denken' zu verwenden, der in *unserm* Leben seine Heimat hat?"

189. "Aber könnte nicht das Operieren mit Zeichen auch mechanisch sein?" – Freilich; d.h., auch dies muß in einer bestimmten Umgebung sein, damit man sagen könne, es sei nicht mechanisch.

190. Es ist also, als wären unsere Begriffe, als wäre die Verwendung unserer Worte, bedingt durch ein Gerüst von Tatsächlichem. Aber wie *kann* das sein?! Wie könnten wir denn das Gerüst beschreiben, wenn wir nicht die Möglichkeit von etwas Anderem zuließen? – Du machst ja, möchte man sagen, Unsinn aus jeder Logik!

191. Das Problem, das uns hier beunruhigt, ist das Gleiche wie das in der Betrachtung: "Menschen könnten nicht zählen lernen, wenn alle Gegenstände um sie im schnellen Entstehen und Vergehen begriffen wären."

192. Du kannst doch auch sagen: "Hast du keine Stäbchen, Steinchen, etc. zur Hand, so kannst du Einen nicht rechnen lehren." Ganz so wie: "Hast du keine Schreibfläche noch Schreibmaterial zur Hand, so kannst du ihn die Differentialrechnung nicht lehren" (oder: so kannst du die Division 76570: 319 nicht ausführen).

Man sagt vom Tisch und Stuhl nicht, daß sie denken, auch von der Pflanze nicht, auch vom Fisch nicht, kaum vom Hund; aber vom Menschen. Und auch nicht von allen Menschen.

Wenn ich aber sage "Ein Tisch denkt nicht", so ist das nicht ähnlich einer Aussage wie "Ein Tisch wächst nicht". Denn ich wüßte gar nicht, 'wie das wäre, wenn' ein Tisch dächte. Und hier gibt es offenbar einen graduellen Übergang zu dem Fall des Menschen. [b, c: Vgl. Z 129.]

193. "Denken ist eine geistige Tätigkeit." – Denken ist *keine* körperliche Tätigkeit. Ist Denken eine Tätigkeit? Nun, man kann Einem befehlen "Denk darüber nach!". Wenn aber nun Einer in Befolgung dieses Befehls zu sich selbst oder auch zum Andern spricht, verrichtet er da *zwei* Tätigkeiten? Also ist Denken doch wieder nicht recht einer Tätigkeit zu vergleichen. Denn man kann auch nicht sagen, Denken sei: in der Vorstellung sprechen. Dies kann man tun auch ohne zu denken. [Z 123 – bis "Also ist Denken . . .".]

194. Man darf nie vergessen, daß "denken" ein Wort der Alltagssprache ist, so wie auch alle andern psychologischen Bezeichnungen.

Es ist von diesem Wort nicht zu erwarten, daß es eine einheitliche Verwendung habe; es ist vielmehr zu erwarten, daß es sie nicht habe. [a: Vgl. Z 113; b: Z 112.]

195. Wenn Einer über ein Problem nachdenkt und ich zeige ihm plötzlich eine gewisse Zeichnung, so wird er vielleicht ausrufen "Ach, *so* ist es!" oder "Jetzt weiß ich's". Und gefragt, was dabei in ihm vorgegangen ist, wird er in diesem Falle wohl einfach sagen "Ich habe die Zeichnung gesehen". Ich beschreibe diesen Fall, um einen Vorgang in der Vorstellung durch einen des Sehens zu ersetzen. Wird er nun sagen: "In dem Augenblick, als ich die Zeichnung sah, stand mir die ganze Lösung vor Augen"? Er könnte auch, wenn ich ihm mit der Zeichnung zu Hilfe komme, sagen: "Ja, jetzt ist es leicht!"

196. "Mir stand die Benützung des Wortes vor der Seele" – wird man das auch dann sagen, wenn Einem mit dem Wort ein für seine Bedeutung charakteristisches Bild gezeigt wird?

((Das Bedeutungserlebnis scheint hier vom Gesehenen übertönt zu werden.))

197. Wir sagen: Gras ist grün, Kreide weiß, Kohle schwarz, Blut rot, etc. – Wie wäre es in einer Welt, in der dies unmöglich wäre, in der also die übrigen Eigenschaften eines Dings mit seiner Farbe nicht zusammenhingen?[1] Dies ist, ob richtig oder falsch gestellt, eine wichtige Frage, und nur ein Exempel unzähliger ähnlicher Fragen.

198. Denk dir, ich käme in ein Land, wo die Farben der Dinge, wie ich sagen würde, unaufhörlich wechselten, etwa durch eine Eigenheit der Atmosphäre. Die Einwohner sehen nie ruhige Farben. Ihr Gras sieht bald grün, bald rot, etc. aus. Könnten diese Leute ihren Kindern die Farbwörter beibringen?—Vor allem einmal könnte es sein, daß ihrer Sprache die Farbwörter *fehlten*. Und wenn wir dies fänden, so würden wir's vielleicht damit erklären, daß sie für gewisse Sprachspiele wenig, oder keine Verwendung hätten.

199. Wie könnten denn Leute, in einem Land, wo alles nur *eine* Farbe hätte, den Gebrauch der Farbworte lernen?

Kann ich aber nun sagen: "Nur weil in unserer Umgebung Dinge verschiedener Farbe existieren und weil . . ., können wir Farbnamen gebrauchen."?? Es wird hier zwischen logischer und physischer Möglichkeit der Unterschied nicht gesehen. – Nicht das interessiert uns: unter welchen Umständen das Sprachspiel mit den Farbnamen physisch nicht möglich – also eigentlich, nicht wahrscheinlich ist.

Ohne Schachfiguren kann man nicht Schach spielen – das ist die Unmöglichkeit, die uns interessiert.

[1] Var. "aus seiner Farbe nicht erschlossen werden könnten?"

200. Man lernt das Wort "denken", d.i. seinen Gebrauch, unter gewissen Umständen, die man aber nicht beschreiben lernt. [Z 114.]

201. Man lernt es etwa nur vom Menschen sagen, es von ihm behaupten, oder leugnen. Die Frage "Denkt ein Fisch?" existiert unter seinen Sprachanwendungen nicht, *wird nicht gestellt* (Was kann natürlicher sein, als so ein Zustand; als so eine Sprachverwendung!) [Z 117.]

202. "An *diesen* Fall hat niemand gedacht" kann man sagen. Ich kann zwar nicht die Bedingungen aufzählen, unter denen das Wort "denken" zu gebrauchen ist, – aber, wenn ein Umstand den Gebrauch zweifelhaft macht, so kann ich's sagen, und auch, *wie* die Lage von der gewöhnlichen abweicht. [Z 118.]

203. Und hier müßte man etwas über mein Sprachspiel No. 2[1] sagen. – *Unter welchen Umständen* würde man die Laute des Bauenden, etc., wirklich eine Sprache nennen? Unter *allen*? Gewiß nicht!—War es nun falsch, ein Sprachrudiment zu isolieren und es Sprache zu nennen? Soll man etwa sagen, daß dies Rudiment nur in der Umgebung des Ganzen, was wir unsere Sprache zu nennen gewohnt sind, ein Sprachspiel ist?? [Vgl. Z 98.]

204. Nun, vor allem ist die *Umgebung* nicht die geistige Begleitung des Sprechens, nicht das 'Meinen' und 'Verstehen', das man sich als der Sprache wesentlich vorzustellen geneigt ist.

205. Gefährlich wäre es mir nur, wenn Einer sagte: "Du setzt eben stillschweigend schon voraus, daß diese Menschen *denken*; daß sie in *dieser* Beziehung den uns bekannten Menschen gleichen; daß sie jenes Sprachspiel nicht rein mechanisch betreiben. Denn stelltest du dir vor, sie täten's, so würdest du's selbst nicht ein Sprechen nennen."

Was soll ich nun dem antworten? Es ist natürlich wahr, daß das Leben jener Menschen dem unsern in vieler Beziehung gleichen muß, und daß ich über diese Ähnlichkeiten nichts gesagt habe. Das Wichtige aber ist eben, daß ich mir ihre Sprache, wie auch ihr Denken primitiv vorstellen kann; daß es ein 'primitives Denken' gibt, welches durch ein primitives *Verhalten* zu beschreiben ist. [Vgl. Z 99.]

206. Ich sage von jemandem: er vergleicht zwei Gegenstände. Ich weiß, wie das ausschaut, wie man das macht. Ich kann es Einem

[1] *Philosophische Untersuchungen I*, § 2.

vorführen. Aber was ich so vorführe, würde ich dennoch nicht unter *allen* Umständen ein 'Vergleichen' nennen.

Ich kann mir nun etwa Fälle vorstellen, in welchen ich nicht geneigt wäre zu sagen, daß verglichen wird; aber die Umstände, unter welchen dies ein Vergleichen ist, beschreiben, das könnte ich nicht. – Aber ich *kann* einen Menschen den Gebrauch des Wortes *lehren*! denn dazu ist ein Beschreiben jener Umstände nicht nötig. [Der letzte Satz: Z 115.]

207. Ich lehre ihn eben das Wort *unter bestimmten Umständen.*[1] [Z 116.]

208. Manchmal ist es wirklich, als ob ein Denken neben dem Reden (Lesen z.B.) einherliefe. Nicht aber, daß man's dann von dem Lesen isolieren könnte. Vielmehr ist, was die Worte begleitet, wie eine Reihe kleiner Nebenbewegungen. Es ist, als werde man eine Straße entlang geführt, würfe aber Blicke rechts und links in alle Nebengäßchen.

209. Denk dir, ich zeigte jemand eine Liste von den Gängen, Besorgungen, die er für mich zu machen hat. Wir kennen uns gut und er braucht nur Andeutungen, um zu wissen, was er zu tun hat. Die Liste enthält nun lauter solche Andeutungen. Er liest sie durch und sagt nach jeder solchen Andeutung "Ich verstehe". Und er versteht; er könnte jeden dieser Punkte erklären, wenn er gefragt würde.

Ich könnte ihn dann fragen: "Hast du alles verstanden?" Oder: "Geh die Liste genau durch und sieh, ob du alles verstehst." Oder: "Weißt du, was du hier zu machen hast?" – Was hatte er zu tun, um sich davon zu überzeugen, daß er die Andeutungen verstanden hat? Ist es hier, als müßte er bei jedem Punkt eine Kopfrechnung machen? Wäre das nötig, so könnte er später von der Rechnung laut Rechenschaft geben und man würde sehen, ob er richtig gerechnet hat. – Aber das ist im allgemeinen *nicht* nötig. Wir schreiben also nicht vor, was der Andere beim verständnisvollen Durchgehen der Liste zu tun hat; und ob er wirklich verstanden hat, ersehen wir aus dem, was er später tut, oder aus der Erklärung, die wir etwa von ihm verlangen.

210. Wir könnten nun sagen: Wer sich so prüft, ob er verstanden habe, geht immer ein Stück Weges der Straße nach, die er später gehen soll. Und das könnte ja so sein. Obwohl kein Grund ist, anzunehmen, daß es so ist. Denn, wenn er doch nur ein Stück des

[1] Var. "Den Gebrauch des Worts lernt er eben *unter bestimmten Umständen*."

Weges geht, – warum soll er dann nicht ohne zu gehen erkennen können, daß er weiß, welchen Weg er zu gehen hat? Damit ist aber nicht gesagt, daß nicht wirklich die Wege ein Stück begangen werden. Aber es kommt auch vor, daß, was wir später als den *'Keim'* des Gedankens oder der Tat ansehen, dies, seiner Natur nach, nicht ist.

211. Wenn nun Einer sagte: Das heißt eben nur, daß "denken" das heißt, was einen bestimmten Enderfolg hat, einen bestimmten Zweck erfüllt. *Wie* Jeder es macht, und ob heute so wie das vorige Mal, ist gleichgültig. – So könnte ich antworten: Und wenn es zum richtigen Enderfolg führt, gar nichts zu tun, so bestünde also hier das Denken darin, daß Einer nichts tut.

Man sagt: "Überzeug dich, daß du jeden Punkt verstehst!"

Wenn ich nun fragte: "Wie soll ich mich überzeugen?" Welchen Rat würde man mir geben? Man würde mir sagen: "Frag dich, ob ..."

212. Ist es hier nicht wie beim Kunstrechner? – Er hat richtig gerechnet, wenn das Richtige herauskam. Was in ihm vorging, kann er vielleicht selbst nicht sagen. Und hörten wir's, so erschiene es vielleicht wie ein seltsames *Zerrbild* einer Rechnung. [Vgl. Z 89b.]

213. Wenn Einer sagt "Man kann auch wortlos denken", so ist das irreleitend. Es handelt sich hier nicht darum, daß man im Stande ist, etwas Bestimmtes zu tun, ohne dabei das und das Andere zu tun; wie z.B. "Man kann auch lesen, ohne die Lippen zu bewegen".

214. Wenn es z.B. nur ganz wenige Menschen gäbe, die die Antwort auf eine Rechenaufgabe finden könnten, ohne zu sprechen, oder zu schreiben, könnte man diese nicht zum Zeugnis dafür anführen, daß man auch ohne Zeichen rechnen könne. Weil es nämlich nicht klar wäre, daß diese Leute überhaupt 'rechnen'. Ebenso kann auch das Zeugnis des Ballard[1] (bei James) Einen nicht davon überzeugen, daß man denken könne, ohne Sprache.

Ja, warum soll man, wo keine Sprache gebraucht wird, von 'denken' reden? Tut man's, so zeigt das eben etwas über den *Begriff* des Denkens. [Z 109.]

215. Man könnte z.B. zwei (oder mehr als zwei) verschiedene Wörter besitzen: eines fürs 'laute Denken', eines fürs denkende Sprechen in der Vorstellung, eines fürs Innehalten, wobei irgend

[1] Sowohl im TS als auch im MS fehlerhaft "Barnard", Vgl. PU I, 342. (*Herausg.*)

etwas uns vorschwebt (oder auch nicht), woraufhin wir aber die Antwort mit Sicherheit geben können.

Wir könnten zwei Wörter haben: eines für den Gedanken, der im Satz ausgedrückt ist; eines für den Gedankenblitz, den ich später 'in Worte kleiden' kann. [Vgl. Z 122.]

216. Wenn man auch das denkende Arbeiten, ohne alles Reden, in unsere Betrachtung einbezieht, so sieht man, daß unser Begriff 'denken' ein weitverzweigter ist. Wie ein weitverzweigtes Verkehrsnetz, das viele entlegene Orte mit einander verbindet.

In allen diesen weitentlegenen Fällen reden wir von einem 'Denken'.

217. In allen diesen Fällen sagen wir, der Geist sei nicht untätig, es gehe etwas in ihm vor; und unterscheiden sie dadurch von einem Zustand der Dumpfheit, des mechanischen Tuns.

218. 'Denken', ein weitverzweigter Begriff. Könnte man dasselbe nicht auch vom 'glauben', 'tun', 'sich freuen', sagen?

Und wo gehört die Bemerkung eigentlich hin, dieser Begriff sei weitverzweigt? – Nun, man wird sie dem sagen, der darangeht, sich die Verzweigungen dieses Begriffs zu überlegen.

219. Es ist doch sehr merkwürdig, daß man keinerlei Schwierigkeit hat in einer Figur wie dieser[1]  ein Gesicht zu sehen, obwohl doch die Unähnlichkeit des einen Winkels mit einer Nase, des andern mit einer Stirn etc. unglaublich groß ist, oder eine Ähnlichkeit kaum vorhanden. Man hat – wie gesagt – keinerlei Schwierigkeit, in diesen Strichen ein menschliches Gesicht zu sehen; man möchte sagen: "So ein Gesicht *gibt* es." Oder auch: "Es ist dies zwar die Karikatur eines menschlichen Gesichts, aber eben eines in der Wirklichkeit möglichen." – Ganz so, wie man keine Schwierigkeit hat, im Grau und Weiß der Photographie das menschliche Gesicht zu sehen.—Und was heißt das? Nun, wir betrachten z.B. einen Film und folgen allen Vorgängen mit Anteilnahme; als hätten wir wirkliche Menschen vor uns.

220. 'Denken', ein weitverzweigter Begriff. Ein Begriff, der viele Lebensäußerungen in sicht begreift. Die Denk*phänomene* liegen weit auseinander. [Z 110.]

[1] Die Figur haben wir dem MS entnommen. (*Herausg.*)

221. Und willst du nicht sagen, du sähest doch *ein* Gesicht in allen diesen Wortverwendungen, einen einheitlichen, echten Begriff? – Aber was will das sagen? Kann nicht Gewohnheit all das zusammenschweißen?

222. Wer mir etwa irgend einen Vorfall erzählt, oder eine gewöhnliche Frage an mich richtet (wieviel Uhr es ist, z.B.), den werde ich nicht fragen, ob er dabei gedacht habe. Oder so: Es wäre nicht ohne Weiteres klar, unter welchen Umständen man gesagt hätte, er hätte dies ohne zu denken getan – obwohl sich solche Umstände ausdenken lassen. (Hier ist eine Verwandtschaft mit der Frage, was eine 'willkürliche' Handlung zu nennen sei.)

223. Der denkende Gesichtsausdruck, der Gesichtsausdruck des Idioten. Das Stirnrunzeln des Nachdenkens, der Aufmerksamkeit.

224. Nun denke dir einen Menschen, oder einen von Köhlers Affen, der eine Banane von der Decke holen will, sie nicht erreichen kann, auf Mittel und Wege sinnt, endlich zwei Stöcke aneinander setzt, etc. Denk, man fragte "Was muß dazu in ihm vorgehen?" Die Frage scheint irgendeinen Sinn zu haben. Und es könnte vielleicht Einer antworten, der Affe, wenn er nicht durch Zufall, oder aus einem Instinkt heraus handelte, müsse den Vorgang vor dem geistigen Aug gesehen haben. Aber das wäre nicht genug, und anderseits wieder zu viel. Ich will, der Affe solle sich etwas *überlegen*. Zuerst springt und langt er vergebens nach der Banane, dann gibt er's auf und ist etwa niedergeschlagen – aber diese Phase kann wegbleiben. Wie kann er nun *innerlich* dazu kommen, überhaupt einen Stock zu ergreifen? Es könnte ihm ja ein Bild gezeigt werden, das so etwas darstellt, und er könnte daraufhin so handeln; oder so ein Bild könnte ihm einfach vorschweben. Aber das wäre doch wieder Zufall. Er hätte dieses Bild nicht durch Nachdenken gewonnen. Und hilft es uns, wenn wir sagen, er brauche nur seinen Arm und den Stock irgendwie als eine Einheit gesehen haben? Aber nehmen wir doch einmal einen günstigen Zufall an! Die Frage ist dann: wie kann er aus dem Zufall *lernen*? Vielleicht hatte er also den Stock zufällig in der Hand und berührte mit ihm zufällig die Banane. – Und was muß nun weiter in ihm vorgehen? Er sagt sich, gleichsam, "So geht's!" und tut es nun mit den Zeichen des vollen Bewußtseins.—Hat er etwa spielend eine Kombination gemacht, und verwendet sie nun als Methode, das und jenes zu tun, so werden wir sagen, er denke. – Beim *Uberlegen* würde er Mittel und Wege an seinem geistigen Auge vorbeiziehen lassen. Aber dazu muß er schon welche im Vorrat haben. Das Denken gibt

ihm die Möglichkeit zur *Vervollkommnung* seiner Methoden. Oder vielmehr: Er 'denkt', wenn er in bestimmter Art und Weise seine Methoden vervollkommnet. [Z 104 – von "Hat er etwa spielend" an.]

225. Man könnte auch sagen: er denkt, wenn er in bestimmter Weise *lernt*. [Z 105.]

226. Und auch dies könnte man sagen: Wer bei der Arbeit *denkt*, der wird *Hilfstätigkeiten* in sie einschalten. Das Wort "denken" nun bezeichnet nicht diese Hilfstätigkeiten, wie Denken ja auch nicht Reden ist. Obwohl der Begriff 'denken' nach Art einer imaginären Hilfstätigkeit gebildet ist. (So wie man sagen könnte, der Begriff des Differentialquotienten sei nach Art eines imaginären Quotienten gebildet.) [Z 106.]

227. Diese Hilfstätigkeiten sind nicht das Denken; aber man stellt sich das Denken vor, als dasjenige, was unter der Oberfläche dieser Hilfsmittel strömen muß, wenn sie nicht doch nur mechanische Handlungen sein sollen. [Z 107.]

228. Denken ist die imaginäre Hilfstätigkeit; der unsichtbare Strom, der alle diese Arten des Handelns trägt und verbindet. – Die Grammatik von "denken" aber gleicht sich der von "sprechen" an.

229. Man könnte also zwei Schimpansen mit Bezug auf ihre Arbeitsweise unterscheiden, und vom einen sagen, er denkt, vom andern, er denke nicht.

230. Aber hier hätten wir freilich nicht die volle Verwendung von "denken". Das Wort bezöge sich auf ein Benehmen. Die Bedeutung der seelischen Tätigkeit erhält er erst durch die besondere Verwendung in der ersten Person.

231. Es ist, glaube ich, wichtig zu bemerken, daß das Wort eine erste Person der Gegenwart (in der Bedeutung, auf die es uns ankommt) nicht hat. Oder soll ich sagen: daß seine Verwendung in der Gegenwart nicht mit der z.B. des Verbums "Schmerz fühlen" parallel läuft?

232. "Ich dachte . . ." kann man sagen, wenn man den Ausdruck der Gedanken wirklich gebraucht hat; aber auch, wenn diese Worte gleichsam die Entwicklung aus einem Denkkeim sind.

233. Nur unter ganz speziellen Umständen tritt die Frage auf,[1] ob *denkend* geredet wurde, oder nicht. [Z 95.]

234. Die Verwendung so eines Wortes wie "denkend" ist eben viel erratischer, als es zuerst den Anschein hat.

Man kann das auch so sagen: der Ausdruck dient einem viel spezielleren Zweck, als man's seiner Form ansieht. Denn diese ist eine einfache, regelmäßige Bildung: Wenn das Denken oft, oder zumeist, mit dem Reden zusammengeht, so ist natürlich die Möglichkeit vorhanden, daß es einmal nicht mit ihm geht.

235. Ich lerne eine fremde Sprache und lese Satzbeispiele in einem Übungsbuch. "Meine Tante hat einen schönen Garten." Er hat ein Übungsbuch-Aroma. Ich lese ihn und frage mich "Wie heißt 'schön' auf . . .?" dann denke ich an den Casus. – Nun, wenn ich jemandem mitteile, meine Tante habe . . ., so denke ich an diese Dinge nicht. Der Zusammenhang, in dem der Satz stand, war ein ganz anderer. – Aber konnte ich nicht jenen Satz im Übungsbuch lesen und bei ihm trotzdem an den Garten meiner Tante denken? Gewiß. Und soll ich nun sagen, die Denkbegleitung ist jedesmal eine andere, je nachdem ich den Satz einmal als reine Übung sehe, einmal als Übung mit dem Gedanken an einen Garten, einmal wenn ich ihn jemand einfach als Mitteilung sage?—Und ist es unmöglich, daß mir Einer mitten im Gespräch diese Mitteilung macht und in ihm ganz das Gleiche stattfindet, wie wenn er den Satz als Sprachübung behandelt? Kommt es mir denn darauf an, was in ihm geschieht? Erfahre ich's denn?

Und wie kann ich denn überhaupt mit irgendwelcher Sicherheit darüber schreiben, denn, während ich dies tue, lerne ich ja keine Sprache und mache niemand jene Mitteilung. Wie kann ich dann also wissen, was in einem solchen Falle in Einem vorgeht? Erinnere ich mich denn jetzt an das, was in diesen Fällen in mir vorging? Nichts dergleichen. Ich glaubte nur, mich jetzt in diese Lagen hineindenken zu können. Aber da mag ich doch ganz und gar irregehen.

Und dies ist ja die Methode, die man in solchen Fällen *immer* anwendet! Was man dabei an sich erfährt, ist charakteristisch nur für die Situation des Philosophierens.

236. Was weiß ich von den inneren Vorgängen Eines, der mit Aufmerksamkeit einen Satz liest? Und kann er mir sie beschreiben, nachdem er's getan hat, und ist, was er etwa beschreibt, eben der charakteristische Vorgang der Aufmerksamkeit? [Z 90.]

[1] Var. "hat die Frage einen Sinn,".

237. Welche Wirkung will ich denn erzielen, wenn ich Einem sage "Lies aufmerksam!"? Etwa, daß ihm das und jenes auffällt, er davon berichten kann. – Wieder könnte man, glaube ich, sagen, daß, wer einen Satz mit großer Aufmerksamkeit liest, dann von Vorgängen in seinem Geist, Vorstellungen etwa, im allgemeinen wird berichten können. Aber das heißt nun nicht, daß diese Vorgänge die Aufmerksamkeit ausmachten. [Z 91.]

238. Was tue ich mit einer Mitteilung, er habe beim Lesen des Satzes an etwas ganz Anderes gedacht? Welche Schlüsse, die mich interessieren, kann ich aus so einer Mitteilung ziehen? Nun, etwa, daß ihn jene Sache beschäftigt; daß ich nicht zu erwarten habe, er wisse, wovon das Gelesene gehandelt hat; daß ihm das Gelesene keinen Eindruck irgend welcher Art gemacht hat; und dergleichen.

Darum hätte es ja auch keinen Sinn, wenn jemand, der mit mir ein angenehmes Gespräch[1] gehabt hatte, mich danach versicherte, er habe ganz ohne zu denken geredet. Und zwar nicht, weil es aller Erfahrung widerspricht, daß Einer, der so reden kann, es ohne die Begleitvorgänge des Denkens tue. Sondern, weil es sich hier zeigt, daß uns die Begleitvorgänge überhaupt nicht interessieren und nicht das Denken ausmachen. Wir kümmern uns den Teufel um seine Begleitvorgänge, wenn er mit uns ein Gespräch in normaler Weise führt.

239. "Es zuckte mir durch den Sinn: ..." Nun, diesen Ausdruck lernt der Mensch gebrauchen. Fast nie fragt man Einen "*Wie* zuckte es dir durch den Sinn? Hast du dir gewisse Worte gesagt, hast du etwas in der Vorstellung vor dir gesehen; kannst du *überhaupt* sagen, was in dir vorging?"

240. Wenn man erkennen will, wie Verschiedenes "Gedanke" heißt, braucht man ja nur einen Gedanken der reinen Mathematik mit einem nicht-mathematischen vergleichen. Denk nur, was alles "Satz" heißt!

241. Das Kind *muß* nicht zuerst einen primitiven Ausdruck gebrauchen, den wir dann durch den gebräuchlichen ersetzen. Warum soll es nicht sogleich den Ausdruck der Erwachsenen gebrauchen, den es öfters gehört hat. Wie es "errät", daß dies der richtige Ausdruck ist, oder wie es darauf kommt, ihn zu gebrauchen, ist ja gleichgültig. Hauptsache ist: es gebraucht ihn – nach welchen Präliminarien immer

[1] Im Manuskript: "angeregtes Gespräch". (*Herausg.*)

– so, wie die Erwachsenen ihn gebrauchen: d.h., bei denselben Anlässen, in der gleichen Umgebung. Er sagt[1] auch: der Andere habe gedacht . . .

242. Wie wichtig ist das Erleben der Bedeutung im sprachlichen Verkehr? Was wichtig ist, ist, daß wir beim Aussprechen eines Worts intendieren. Ich sage z.B. "Bank!" und will damit jemand erinnern, er solle auf die Bank gehen, und ich meine dabei in der einen, und nicht in der andern Bedeutung. – Aber die Intention ist eben kein Erlebnis.

243. Was unterscheidet sie aber vom Erlebnis? – Nun, sie hat keinen Erlebnisinhalt. Denn die Inhalte (Vorstellungen z.B.), die mit ihr oft Hand in Hand gehen, sind nicht die Intention selbst.[2] – Und doch ist sie auch nicht eine Disposition, wie das Wissen. Denn die Intention war vorhanden, als ich es sagte; sie ist jetzt nicht mehr vorhanden; aber ich habe sie nicht vergessen.

244. Es ist wahr: ich konnte mich mehr, oder weniger intensiv mit dem beschäftigen, was ich sagte. Und hier handelt sich's offenbar nicht um bestimmte Erlebnisse während des Aussprechens der Worte. D.h., man könnte nicht sagen "Beim Aussprechen des Wortes 'Bank' mußte das und das vor sich gehen, wenn es wirklich *so* gemeint war".

245. Daß man nun doch das Wort isoliert, fern von jeder Intention, 'einmal mit einer, einmal mit einer andern Bedeutung aussprechen' kann, das ist ein Phänomen, das nicht auf das Wesen der Bedeutung reflektiert; so daß man sagen könnte "Siehst du, auch *dies* kann man mit einer Bedeutung machen".—So wenig, wie man sagen könnte: "Schau, was man mit einem Apfel alles machen kann: man kann ihn essen, sehen, zu haben wünschen, sich vorzustellen versuchen." So wenig wie es für den Begriff 'Nadel' und 'Seele' charakteristisch ist, daß wir fragen können, wieviele Seelen auf einer Nadelspitze Platz haben. – Es handelt sich hier, sozusagen, um einen *Auswuchs* des Begriffs.

246. Statt "Auswuchs des Begriffes" hätte ich auch sagen können "Anbau an den Begriff". In dem Sinne, in welchem es auch nicht

[1] Var. "errät."
[2] Var. "die sie oft, gleichsam, illustrieren, sind nicht die Intention selbst."

zu dem Wesen des Personennamens gehört, daß er die Eigenschaften seines Trägers zu haben scheint. – ((Zitat aus Grillparzer.))[1]

247. Wie kann man den Geisteszustand dessen, der einen Befehl halb automatisch gibt, von dem unterscheiden, in welchem er mit *Nachdruck*, eindringlich, gegeben wird? "Es geht in dieses Menschen Geist etwas anderes vor." Denke an den Zweck der Unterscheidung. Was sind die Zeichen des Nachdrucks?

248. Wenn ein sonst normaler Mensch unter den und den normalen Umständen ein normales Gespräch führt, und ich gefragt würde, wie sich in so einem Falle der Denkende vom Nichtdenkenden unterschiede, – ich wüßte nicht zu antworten. Und ich könnte *gewiß nicht* sagen, daß der Unterschied in etwas liegt, was während des Sprechens vor sich ginge, oder nicht vor sich ginge. [Z 93.]

249. Die Grenzlinie zwischen 'denken' und 'nicht denken', die hier gezogen würde, liefe zwischen zwei Zuständen, die sich durch nichts einem Spiel der Vorstellungen auch nur Ähnliches unterschieden. Denn das Spiel der Vorstellungen bleibt ja doch das, was man sich als das Charakteristikum des Denkens denkt. [Vgl. Z 94.]

250. "Ich habe diese Worte gesagt, aber mir *gar nichts* bei ihnen gedacht", das ist eine interessante Äußerung, weil die Folgen interessant sind. Du kannst dir aber immer denken, daß, wer dies sagte, sich bei der Introspektion geirrt hat; aber das würde nichts machen.

251. Was aber soll ich nun sagen: Ist dem, der gedankenlos geredet hat, ein Erlebnis abgegangen? Waren es z.B. Vorstellungen?—Aber wenn ihm die abgegangen wären, hätte das für uns *dasselbe Interesse* wie dies, daß er ohne zu denken gesprochen hat? Sind es die Vorstellungen, die uns in diesem Falle interessieren? Haben wir in seiner Äußerung nicht eine Art Signal von ganz anderer Bedeutung?

252. Soll ich sagen: "Wenn du nicht automatisch gesprochen hast (was immer das heißen mag) und wenn du deine Absicht nicht erst später erhalten, oder geändert hast, so hattest du sie, als du sprachst"?

253. "Ich habe mit dem Satz nichts gemeint, ich hab ihn nur vor mich hin gesagt." Wie merkwürdig, daß ich damit auf kein Erlebnis

[1] Im MS an dieser Stelle: "Schubert heiß ich, Schubert bin ich." (*Herausg.*)

während des Sprechens anspiele, und daß ich trotzdem nichts Bezweifelbares ausspreche.

Es ist sehr merkwürdig, daß die *Vorgänge* beim Denken uns so gut wie nie interessieren. (Aber natürlich sollte ich nicht sagen, es sei merkwürdig.) [b: Vgl. Z 88.]

254. Die Frage "Was hast du gemeint" und ähnliche können in zweifacher Weise verwendet werden. Im einen Fall wird einfach eine Sinn- oder Bedeutungserklärung verlangt, damit man mit dem Sprachspiel fortfahren kann. Im andern Fall interessiert uns etwas, was zur Zeit, als der Satz gesprochen wurde, geschah. Im ersten Falle würde uns ein psychologischer Bericht, wie dieser "Zuerst sagte ich's nur zu mir selbst, dann wendete ich mich an dich und wollte dich erinnern ..." nicht interessieren.

255. Hast du *das* gemeint? Ja, es war der Anfang dieser Bewegung.

256. Denken wir uns diesen Fall: Ich soll um 12 Uhr jemand daran erinnern, er solle auf die Bank gehen, Geld holen. Mein Blick fällt um 12 Uhr auf die Uhr und ich sage "Bank!" (zu ihm gewendet, oder auch nicht), vielleicht mache ich eine Gebärde, die man manchmal macht, wenn man sich plötzlich einer Sache, die zu tun ist, entsinnt. – Gefragt "Meinst du die ... Bank?" werde ich's bejahen. – Gefragt "Hast du beim Sprechen die ... Bank gemeint", auch. – Wie, wenn ich das Letztere verneinte? Was würde das dem Andern mitteilen? Etwa, daß ich beim Sprechen den Satz anders gemeint, ihn aber dann doch für diesen Zweck verwenden wollte. Nun, das kann vorkommen. Es könnte auch sein, daß ich, als mein Blick auf die Uhr fiel, in seltsamer automatischer Weise das Wort "Bank" ausspreche, so daß ich dann berichte "Ich hörte mich plötzlich das Wort sagen, ohne mit ihm irgend eine Bedeutung zu verbinden. Erst nach einigen Sekunden erinnerte ich mich daran, daß du zur Bank solltest". – Die Antwort, ich hätte zuerst das Wort anders gemeint, bezog sich offenbar auf die Zeit des Sprechens; und ich hätte mich auch so ausdrücken können: "Ich habe beim Sprechen an *diese* Bank gedacht, nicht an ...". – Die Frage ist nun: ist dieses 'Denken an ...' ein Erlebnis? Es geht häufig, vielleicht immer, mit einem Erlebnis zusammen, möchte man sagen. Zu sagen, man habe damals an *diese* Sache gedacht, auf die man nun zeigen, die man beschreiben kann, etc., ist förmlich als sagte man: Dieses Wort, dieser Satz, war der Anfang von diesem Gedankengang, von dieser Bewegung. Nicht aber so, als ob ich dies durch nachträgliche Erfahrung wüßte; sondern die Äußerung "Ich habe bei diesen Worten an ... gedacht" knüpft eben selber an jenen Zeitpunkt an. Und wenn ich sie in der Gegenwart statt in der Vergangenheit machte, *hieße sie etwas anderes*.

257. Warum aber will ich sagen, jenes Denken sei kein Erlebnis? – Man kann an die 'Dauer' denken. Wenn ich statt des einen Wortes einen ganzen Satz gesprochen hätte, könnte ich nicht von einem Zeitpunkt im Sprechen sagen, er sei der Anfang des Denkens gewesen, noch auch der Augenblick, in dem es stattgefunden hat. Oder, wenn man Anfang und Ende des Satzes Anfang und Ende des Gedankens nennt, dann ist es nicht klar, ob man von dem Erlebnis des Denkens sagen soll, es sei während dieser Zeit einförmig, oder es sei ein Vorgang, wie das Sprechen des Satzes selbst.

Ja, wenn man von einer *Erfahrung* des Denkens spricht, so ist die Erfahrung des Redens so gut wie jede andere. Aber der Begriff 'denken' ist kein Erfahrungsbegriff. Denn man vergleicht Gedanken nicht, wie man Erfahrungen vergleicht. [b: Z 96.]

258. Man kann Einen im Denken stören; – aber im Beabsichtigen? – Wohl aber im Planen. Auch im Festhalten einer Absicht, nämlich im Denken oder Handeln. [Z 50.]

259. "Sag 'a b c d e' und meine: Das Wetter ist schön." Soll ich also sagen, daß das Erlebnis des Aussprechens eines Satzes einer uns geläufigen Sprache ein ganz anderes ist, als das des Aussprechens uns nicht in bestimmten Bedeutungen geläufiger Zeichen? Wenn ich also jene Sprache lernte, in welcher "a b c d e" den Sinn . . . hat, würde ich nach und nach das uns bekannte Erlebnis beim Aussprechen eines Satzes kriegen? Oder soll ich sagen, wie ich geneigt bin zu sagen, die Hauptverschiedenheit der beiden Fälle liegt darin, daß ich mich im einen nicht bewegen kann. Es ist, als wäre eines meiner Gelenke in Schienen und ich wäre noch nicht an sie gewöhnt und hätte daher noch nicht ihre möglichen Bewegungen inne, stieße also sozusagen in einem fort an. (Gefühl des Weichen.) [Vgl. Z 6.]

260. Denk dir, ich wäre mit einem Menschen beisammen, der diese Sprache spricht, und mir wäre gesagt worden, "a b c d e" heiße das und das, und ich solle dies sagen, weil es höflich sei. Ich würde es also mit einem freundlichen Lächeln, mit einem Blick zum Fenster hinaus sagen. Wäre das nicht allein genug, um mir diese Zeichen näherzubringen?

261. Man könnte von *'Anteilnahme'* reden. Und worin liegt meine Anteilnahme an einem Satz, den ich spreche? An dem, wird man sagen, was dabei in mir vorgeht. *Ich* möchte sagen: An den Verbindungen, Zusammenhängen, die ich mache. Es ist nämlich die Frage: Was immer beim Anteilnehmen in mir vor sich geht, – wodurch ist es ein Anteilnehmen an dem Inhalt dieses Satzes? Warum

ist es z.B. nicht eine pathologische Aufregung in mir, die das Sprechen begleitet? [Vgl. Z 124.]

262. Kann ich wirklich sagen, es sei beim 'gedankenlosen' Lesen des Übungsbuchsatzes in mir etwas ganz anderes, oder einfach etwas anderes geschehen, als beim verständnisvollen Lesen des Satzes in anderem Zusammenhang? Ja – Unterschiede sind da. Ich werde z.B. auf den gleichen Satz in gewissem Zusammenhang sagen "Ja, *so* war es?", ich werde überrascht, enttäuscht, gespannt, befriedigt sein, etc.

263. "Hast du den Satz denkend gelesen?" – "Ja, ich habe ihn denkend gelesen; jedes Wort war mir wichtig."

"Ich habe sehr angestrengt dabei gedacht." Ein Signal.

Ist dabei nichts vorgegangen? Doch, allerlei. Aber *darauf* bezog sich das Signal nicht.

Und doch bezog sich das Signal auf die Zeit des Redens. [a: Z 92a.]

264. James könnte vielleicht sagen: "Ich lese jedes Wort mit dem ihm entsprechenden Gefühl. "Aber" mit dem Abergefühl", u.s.w. Und selbst wenn das wahr ist, – was bedeutet es eigentlich? Was ist die Grammatik des Begriffs 'Abergefühl'? Es wird ja nicht ein Gefühl dadurch, daß ich es "Gefühl" nenne. [Vgl. Z 188.]

265. Wie seltsam, daß etwas beim Sprechen vorgegangen ist, und ich doch nicht sagen kann, *was*!—Am besten: ich sage, es war eine Illusion, und es ist nichts vorgegangen; und nun untersuche ich den Nutzen der Äußerung.

Und es wird sich auch fragen, welches der Nutzen des Bezugs auf den vergangenen Zeitpunkt ist.

266. Ja; "Ich habe bei diesen Worten gedacht ..." bezieht sich allerdings auf die Zeit des Redens; aber wenn ich nun den 'Vorgang' charakterisieren soll, so kann ich ihn nicht als ein Geschehen in diesem Zeitraum beschreiben, z.B. nicht sagen, die und die Phase des Vorgangs habe in *diesem* Zeitabschnitt stattgefunden. Also *nicht*, wie ich z.B. das Sprechen selbst beschreiben kann. Das ist der Grund, warum man das Denken nicht wohl einen Vorgang nennen kann. ((Noch eine Begleitung des Redens.))

267. Mit 'denkend reden' müßte ich eigentlich meinen: reden und verstehen, was man sagt, und nicht erst nachträglich verstehen.

Das Schreiben ist gewiß eine willkürliche Bewegung, und doch eine automatische. Und von einem Fühlen der Schreibbewegungen ist natürlich nicht die Rede. D.h. man fühlt etwas, aber könnte das Gefühl unmöglich zergliedern. Die Hand schreibt; sie schreibt nicht, weil man will, sondern man will, was sie schreibt.

Man sieht ihr nicht erstaunt oder mit Interesse beim Schreiben zu; denkt nicht "Was wird sie nun schreiben". Aber nicht, *weil* man eben wünschte, sie solle *das* schreiben. Denn, daß sie schreibt, was ich wünsche, könnte mich ja erst recht in Erstaunen versetzen. [b, c: Z 586.]

268. Wie prüfen wir, ob jemand versteht, was es heißt, die Muskeln des Armes entspannen, schlaff lassen? Doch dadurch, daß wir prüfen, ob sie entspannt sind, wenn er sagt, er habe sie entspannt (etwa auf unsern Befehl). Was würden wir nun zu dem sagen, der uns mitteilt, er spanne seine Muskeln nicht an, während sein Arm ein Gewicht hebt und es mit allen den gewöhnlichen Anzeichen der gewollten Bewegung tut? Wir würden hier von Lüge oder von einer merkwürdigen Illusion reden. Ich weiß nicht, ob es Verrückte gibt, die ihre normalen Bewegungen für ungewollt erklären. Wenn es aber jemand tut, so erwarte ich mir von ihm, daß er der Bewegung seines Arms in ganz anderer als der normalen Weise mit seiner Aufmerksamkeit folgt; so nämlich, wie der Bewegung des Zeigers eines Instruments etwa.

269. Das Kind lernt gehen, kriechen, spielen. Es lernt nicht, willkürlich und unwillkürlich spielen. Aber was macht die Bewegungen des Spiels zu willkürlichen Bewegungen? Nun, wie wäre es denn, wenn sie unwillkürlich wären? – Ich könnte auch fragen: Was macht denn diese Bewegungen zu einem Spielen? – Daß sie Reaktionen auf gewisse Bewegungen, Laute, etc. des Erwachsenen sind, daß sie einander *so* folgen, mit *diesen* Mienen und Lauten (dem Lachen z.B.) zusammengehen. [Vgl. Z 587.]

270. Kurz, macht es die Bewegungen SO, so sagen wir sie seien willkürlich. Bewegungen in solchen Syndromen heißen "willkürlich".

271. Ich gebe Einem mit den Augen ein Zeichen. Ich kann, was es bedeutet hat, später erklären. Wenn ich sage "Ich hatte dabei *diese* Intention", so ist das, als bezeichnete ich den Ausdruck als Anfang einer Bewegung. Ich erkläre ihn nicht mit Hilfe von *hergebrachten* Regeln, noch durch eine Definition, die den zukünftigen Gebrauch des Zeichens regeln soll. Ich sage weder "Dies Zeichen bedeutet bei uns *das*", noch "Es soll in Hinkunft *das* bedeuten". Ich gebe also *keine* Definition.

272. Denk nun aber an den Unterschied, den es macht, wenn ich jenen Ausruf in seiner bestimmten Situation nicht aus eigenem mache, sondern ihn in einer Geschichte, oder einem Schauspiel lese. Ich nehme an: mit *Verständnis* lese. Bin ich aber da noch immer geneigt, von einer Intention (ich meine von *meiner* Intention) bei diesem Wort zu reden?

273. Kann ich aber sagen, es geht beim Lesen etwas anderes in mir vor sich, als beim spontanen Ausruf? Nein. Ich weiß *nichts* von so einer Verschiedenheit der Vorgänge; obwohl die Art und Weise, wie ich mich ausdrücke, auf so etwas schließen ließe.

Aber, wenn Einer ins Zimmer käme, gerade wenn ich den Ausruf lese, und er fragte mich, ob ich das und das wolle, würde ich ihm sagen, ich hätte es nicht so gemeint und bloß etwas gelesen.

274. Ich sagte früher, die Intention habe keinen Inhalt. Nun, ihren Inhalt kann man das nennen, was ihr Wortausdruck erklärt. Aber eben davon kann man weder sagen, es sei ein gleichförmiger Zustand, der von diesem Zeitpunkt bis zu jenem andauert; also etwa vom Anfang des ersten, bis zum Ende des letzten Wortes; noch kann man Phasen in ihm unterscheiden und diese dem Ablaufen des Wortausdrucks zuordnen. Wäre dagegen der Satz von einem Spiel der Vorstellungen begleitet, so könnte man eben dies tun.

275. Unterschied zwischen 'die Absicht haben' und 'an die Absicht denken'.

Wenn ich mir sage "Ich will diesem Gespräch ein Ende machen", so ist das doch der Ausdruck einer Absicht und zwar im Moment ihres Entstehens; es ist eigentlich der Ausdruck des *Entschlusses*. Und dem Entschluß als einem Bejahen der Absicht entspricht auch ein Hin- und Herschwanken zwischen Entscheidungen, ein Ringen mit dem Entschluß.

276. Wenn ich bei mir denke "Ich halt es nicht mehr aus; ich will gehen!", so denke ich doch eine Absicht. Es ist aber das Denken des Ausbruchs einer Absicht. Während man von dem, der erzählt "Ich beabsichtige im nächsten Jahr ...", auch sagen kann, er denke eine Absicht, aber in ganz anderem Sinne.

277. Man sagt nicht "Ich weiß, daß es regnet" einfach als Mitteilung, es regne; sondern etwa, wenn diese Aussage angezweifelt wurde; oder auf die Frage, ob ich auch sicher sei. Aber ich könnte dann auch sagen "Es ist ganz gewiß: es regnet".

278. Ich kann mit einer Meldung eine Reihe von Sprachspielen spielen. Eines ist z.B.: nach ihr handeln; ein anderes: durch sie den Meldenden prüfen.

Aber ist nicht das erste sozusagen das ursprünglichere Sprachspiel, das, wozu eine Meldung eigentlich da ist?

279. Man muß sich sagen, daß es die erste Person "ich glaube" sehr wohl auch ohne eine dritte geben könnte.

Warum sollte nicht in der Sprache ein Verbum gebildet worden sein, das nur eine erste Person der Gegenwart hat? Es ist gleichgültig, was dazu geführt hat, welche Vorstellungen.

280. Aber was heißt das: "Es regnet und ich glaube es nicht" habe Sinn, wenn ich es als Annahme *meine*, und keinen Sinn, wenn ich es als Behauptung, oder Meldung meine.

Man stellt sich das so vor, daß, wenn der Satz auf die erste Art intendiert wird, etwas von ihm ausgeht, etwas aufleuchtet, wogegen alles finster bleibt, wenn man ihn auf die zweite Art intendiert. Und etwas ist ja wahr daran: Denn sagt mir Einer diese Worte und ich verstehe sie als Annahme, so leuchtet etwa Verständnis in meinem Gesicht auf; deute ich aber den Satz als Meldung, so werde ich am Sinn irre und das Verständnis bleibt aus.

"Es regnet und ich glaube es nicht" ist eine Annahme, aber keine Meldung.

281. Man möchte auch sagen: Die Annahme, ich glaube das, ist die Annahme, ich sei *so* disponiert. Während ich von der Meldung "Ich glaube . . ." nicht sagen möchte, sie berichte von meiner Disposition. Vielmehr ist sie eine Äußerung dieser Disposition.

282. Alles das hängt damit zusammen, daß man sagen kann "Ich glaube, er glaubt . . .", "Ich glaube, ich habe geglaubt . . .", aber nicht "Ich glaube, ich glaube . . .".

283. In dem Falle eines obligatorischen "Ich glaube" zu Anfang jeder Behauptung hieße zwar "Ich glaube, es sei so" dasselbe wie "Es ist so", aber "Angenommen, ich glaubte, es sei so" *nicht* dasselbe wie "Angenommen, es sei so".

284. Ich habe mich von etwas überzeugt, nun weiß ich es. "Ich weiß, daß die Erdkugel in den letzten 10 Minuten existiert hat" sagt man nicht; wohl aber "Man weiß, daß die Erde viele tausende von Jahren existiert hat". Und das nicht, weil es unnötig ist, so etwas zu versichern.

285. "Ich weiß, daß dieser Weg dorthin führt."
"Ich weiß, wohin dieser Weg führt."

Im zweiten Falle sage ich, ich besitze etwas; im ersten versichere ich eine Tatsache. In *diesem* könnte das Wort "wissen" auch wegbleiben. In jenem wäre es möglich fortzusetzen, "aber ich sag's nicht".

286. Auf die Aussage "Ich weiß, daß es so ist" folgt die Frage "Wie weißt du das?", die Frage nach der Evidenz.

287. In dem Sprachspiel der Meldung gibt es den Fall, daß die Meldung angezweifelt wird, daß man annimmt, der Meldende vermute nur, was er meldet, habe sich nicht überzeugt. Hier sagt er dann etwa: "Ich *weiß* es." D.h.: Es ist nicht bloß Vermutung.—Soll ich da sagen, er teile mir die Sicherheit mit, die er bei seiner Meldung fühlt? Das möchte ich nicht sagen. Er spielt einfach das Meldungssprachspiel, und "Ich weiß es" ist die Form einer Meldung.

288. Kann man nur wissen, was wahr ist? Nun, man sagt ja auch "Ich glaube, es zu wissen" und hier kann dem Glauben keine Unsicherheit anhaften. Es heißt nicht "Ich bin nicht sicher: weiß ich's, oder weiß ich's nicht."

289. Mancher wird sagen, daß mein Reden über den Begriff des Wissens irrelevant sei, da zwar dieser Begriff, wie die Philosophen ihn auffassen, allerdings nicht mit dem der alltäglichen Rede übereinstimmt, aber eben ein wichtiger, interessanter Begriff sei, der durch eine Art Sublimierung aus dem landläufigen und nicht sehr interessanten gebildet ist. Aber der philosophische Begriff ist aus dem landläufigen durch allerlei Mißverständnisse gewonnen worden und er befestigt diese Mißverständnisse. Er ist durchaus nicht interessant; es sei denn als Warnung.

290. Du darfst wieder nicht vergessen, daß "Ein Widerspruch hat keinen Sinn" nicht heißt: der Sinn des Widerspruchs ist ein Unsinn. – Den Widerspruch schließen wir aus der Sprache aus; wir haben für ihn keine klare Verwendung und wollen ihn nicht verwenden. Und wenn "Es regnet, aber ich glaube es nicht" sinnlos ist, so wieder, weil eine Verlängerung gewisser Linien zu dieser Technik führt. Aber unter andern als den normalen Umständen könnte jener Satz einen klaren Sinn erhalten.

291. Wenn es ein 'automatisches' Reden gäbe, so könnten wir z.B. nicht mit einer solchen Äußerung streiten, den, der sie ausspricht,

nicht eines Irrtums überweisen wollen. Wir würden also nicht die gleichen Sprachspiele mit dem automatischen, wie mit dem normalen Reden spielen.

292. Wenn ich ein Reden "automatisch" nenne, so stellt man sich dabei etwas Inflexionsloses, Maschinelles vor. Aber das ist für uns gar nicht wesentlich. Man braucht nur anzunehmen, daß *zwei* Personen durch einen Mund reden. Und wir haben dann, was gesagt wurde, auch als die Äußerung zweier Menschen zu behandeln. Es könnten also beide Sätze mit der Intention der Mitteilung gesprochen werden. Und es würde sich nur fragen, wie ich auf diese Mitteilungen reagieren sollte.

293. Einerseits kann man sagen, daß Schwarz und Weiß in Grau koexistieren können; und anderseits wird man sagen: "Aber wo Grau ist, ist natürlich weder Weiß, noch Schwarz. Was grau ist, ist natürlich nicht wirklich weiß.

294. Aber wie ist es mit "Hellrot" und "Dunkelrot"? Wird man auch sagen wollen, daß diese irgendwo zugleich sind? oder Lila und Violett? – Nun, denk dir den Fall, Hellblau und Dunkelblau, und zwar ganz bestimmte Töne, umgäben uns ständig, und wir können nicht (wie es tatsächlich der Fall ist) leicht beliebige Farbtöne erzeugen. Es wäre aber unter Umständen möglich, die hellblaue Substanz mit der dunkelblauen zu mischen, und dann erhielten wir einen seltenen Farbton, den wir nun auffassen als eine Mischung von Hellblau und Dunkelblau.

295. "Aber wären dann unsere Farbbegriffe die gleichen wie sie heute sind?" Sie wären diesen sehr ähnlich. Ungefähr wie die Zahlbegriffe der Völker, die nur bis 5 zählen können, den unseren.

296. Man kann sagen: Wem ein Wort durch Hinweisen auf einen färbigen Fleck erklärt wird, der weiß nur insofern, *was* gemeint ist, als er weiß, *wie* das Wort anzuwenden ist. Das heißt: Es gibt hier kein Erfassen, Auffassen des Gegenstandes, außer durch ein Erfassen einer Technik.

Anderseits könnte man doch sagen, ein Erfassen, Ergreifen des Gegenstandes *vor* jedem Erfassen einer Technik sei möglich, denn wir können Einem einfach den Befehl geben "Kopiere *dies*!" und er kann nun z.B. die Farbe kopieren, oder die Gestalt und Größe, oder nur die Gestalt, oder die Farbe, aber nicht den genauen Ton, etc. Und hier tut das Kopieren, was bei einem Körper etwa ein in die Hand Nehmen tut. – Es ist uns da, als könnten wir, was gemeint ist, die Farbe etwa, mit einer eigenen feinen geistigen Zange auffassen, ohne irgendetwas anderes mit zu nehmen.

297. Der Verstand, sage ich, ergreift *den einen Gegenstand*; und dann reden wir von *ihm*, und seinen Eigenschaften, seiner Natur gemäß.

298. Wie aber weiß ich, daß dein Geist den gleichen Gegenstand ergreift, wie meiner? Doch eben z.B. dadurch, wie du auf meinen Befehl, "Kopiere die Farbe" z.B., reagierst. Aber hier, wirst du sagen, können wir nur das Wesentliche dieser Reaktion erkennen, indem wir ihn öfters Farben kopieren heißen. Das heißt wohl, ich werde nach einigen dieser Reaktionen andere vorhersehen können; und dies erkläre ich, indem ich sage: ich weiß nun, *'was'* er eigentlich kopiert. Also die Farbe, oder die Form z.B. – aber es gibt hier mehr solche *was*, als wir für gewöhnlich anzunehmen geneigt sind; d.h. man kann auch Begriffe bilden, die uns ganz ungewohnt sind.

Es kann auch sein, daß ich allerdings nach einigen Reaktionen des Kopierens andere richtig voraussehe und nun mit ihnen rechnen kann – also sage, wir hätten einander nun verstanden – daß ich aber in einer etwas andern Situation eine Überraschung erlebe.—Und was soll ich nun sagen: Ich hätte ihn die ganze Zeit mißverstanden? oder, ich habe ihn zum Teil mißverstanden? Wenn du ans Ergreifen eines Gegenstandes denkst, wirst du vielleicht das erste sagen, gemäß dem Bild, er habe eben *nicht* den Gegenstand ergriffen, den ich glaubte. Denken wir aber an Methoden des Gebrauchs von Worten, so werden wir sagen, es seien hier ungleiche, aber ähnliche, Methoden.

299. Hier ist es nun freilich wichtig, daß eine Technik für uns eine Physiognomie hat. Daß wir z.B. von einer einheitlichen und einer uneinheitlichen Verwendung sprechen können.

300. Wissen in einem Sinn ist ein gelernt und nicht vergessen haben. Es hängt so mit dem Gedächtnis zusammen. – Nun kann ich also sagen: "Ich weiß, wieviel 97 × 78 ist" oder "Ich weiß, daß 97 × 78 432 ist". Im ersten Falle, so wollte ich sagen, teile ich jemand mit, ich könne etwas, habe einen gewissen Besitz; im zweiten versichere ich den Andern einfach, 97 × 78 sei 432. Heißt denn "97 × 78 ist ganz bestimmt 432" nicht, *ich wisse*, es sei so? Man kann auch sagen: Der erste Satz ist sicher kein arithmetischer, noch kann ihn ein solcher irgendwie ersetzen; statt des zweiten aber könnte man einen arithmetischen Satz verwenden. [Vgl. Z 406.]

301. Der Unterschied ist der: Im Satze "Ich weiß, wie es sich verhält" kann das "Ich weiß" nicht wegbleiben. Den Satz "Ich weiß, daß es sich so verhält" kann man ersetzen durch "Es verhält sich so".

302. "Es wird regnen." – "Du glaubst, es wird regnen?" – "Ich weiß, es wird regnen." Sagt der dritte Satz mehr als der erste? Er ist die Wiederholung des ersten und eine Abwehr des zweiten.

303. Aber gibt es nicht ein Phänomen des Wissens, sozusagen ganz abgesehen vom Sinn der Worte "Ich weiß"? Ist es nicht merkwürdig, daß ein Mensch etwas *wissen* kann, die Tatsache gleichsam in sich selbst haben kann? Aber das ist eben ein falsches Bild. Denn, sagt man: wissen ist es nur, wenn es sich wirklich verhält, wie er sagt. Aber das ist nicht genug. Es darf sich nicht nur zufällig so verhalten. Er muß nämlich wissen, daß er weiß; das Wissen ist ja sein eigener Seelenzustand; er kann darüber, außer durch eine besondere Verblendung, nicht im Zweifel oder Unrecht sein. Wenn also das Wissen, daß es so ist, nur ein Wissen ist, wenn es wirklich so ist; und wenn das Wissen in ihm ist, so daß er darüber, daß es ein Wissen ist, unfehlbar ist; dann ist er also auch darüber unfehlbar, daß es ist, wie es das Wissen weiß; und also muß die Tatsache, die er weiß, so wie das Wissen, in ihm sein.

Also: Wenn ich, ohne zu lügen, sage "Ich weiß, daß es so ist", so kann ich nur durch eine besondere Verblendung im Unrecht sein. [Z 408a, c.]

304. Heißt 'das Bild nicht SO sehen': *es anders sehen*?

305. Denk dir diesen Fall: Ein Vexierbild wird mir gezeigt; ich sehe darin Bäume, Leute, etc. Ich untersuche es, und plötzlich sehe ich eine Gestalt in den Kronen der Bäume. Wenn ich es danach ansehe, sehe ich jene Striche nicht mehr als Zweige, sondern zur Gestalt gehörig. Nun stelle ich das Bild in meinem Zimmer auf und sehe es tagtäglich, und da vergesse ich zumeist die zweite Interpretation und es ist nun einfach ein Wald. Ich sehe es also, wie jedes andere Bild eines Waldes. (Du siehst die Schwierigkeit.) – Ich sage nun von jenem Bild einmal: "Ich habe es schon lange nicht mehr als Vexierbild gesehen, beinahe vergessen, daß es eins ist." Da kann man natürlich fragen "Wie hast du's denn gesehen?" und ich werde sagen "Nun, als Bäume . . ." und das ist auch ganz richtig; aber hab ich also nicht nur das Bild gesehen und gewußt, was es darstellt, sondern es auch immer gemäß einer bestimmten Deutung wahrgenommen? Lieber möchte ich sagen: Für mich waren's jetzt einfach immer Bäume, ich habe nie in anderm Sinne an das Bild gedacht.

306. Wer etwas bereut, der denkt doch daran. Ist also die Reue eine Art von Gedanken? Oder eine Färbung von Gedanken?

Es gibt reuevolle Gedanken, wie es z.B. furchtvolle gibt. Wenn ich aber sage "Ich bereue es", sage ich, "Ich habe reuevolle Gedanken"? Nein, denn das könnte auch sagen, wer es gerade jetzt nicht bereut. Aber könnte ich nicht, statt "Ich bereue es", sagen: "Ich denke mit Reue daran"?

307. Was interessiert mich an der Reue des Andern? Seine Einstellung zu der Handlung. Die Zeichen der Reue sind die Zeichen des Widerwillens, der Trauer. Der Ausdruck der Reue bezieht sich auf die Handlung.

Man nennt die Reue einen Schmerz der Seele, weil die Zeichen des Schmerzes denen der Reue ähnlich sind.

Wollte man aber ein Analogon zum Ort des Schmerzes finden, so wäre es natürlich nicht die Seele (wie ja der Ort des Körperschmerzes nicht der Körper ist), sondern der *Gegenstand* der Reue. [c: Z 511.]

308. Warum kann der Hund Furcht, aber nicht Reue empfinden? Wäre es richtig zu sagen "Weil er nicht sprechen kann"? [Z 518.]

309. Nur wer über die Vergangenheit nachdenken kann, kann bereuen. Das heißt aber nicht, daß nur so einer erfahrungsgemäß des Gefühls der Reue fähig ist. [Z 519.]

310. Es ist ja auch nichts so Erstaunliches, daß ein Begriff nur auf ein Wesen anwendbar sein sollte, das z.B. eine Sprache besitzt. [Z 520.]

311. Die Behandlung aller dieser Erscheinungen des Seelenlebens ist mir nicht darum wichtig, weil's mir auf Vollständigkeit ankommt. Sondern, weil jede für mich auf die richtige Behandlung *aller* ein Licht wirft. [Z 465.]

312. Wenn er zuerst die Farbnamen lernt, – was wird ihm beigebracht? Nun, er lernt z.B. beim Anblick von etwas Rotem "Rot" ausrufen. – Ist das eine richtige Beschreibung, oder hätte es heißen sollen: "Er lernt 'rot' nennen, *was auch wir* 'rot' nennen"? Beide Beschreibungen sind richtig.

Wie unterscheidet sich davon das Sprachspiel "Wie kommt es dir vor?"?

Man könnte Einem doch die Farbwörter beibringen, indem man ihn auf weiße Gegenstände durch farbige Brillen schauen läßt. Was ich ihn aber lehre, muß ein *Können* sein. Er *kann* also jetzt auf Befehle etwas Rotes bringen; oder Gegenstände nach ihren Farben ordnen. Aber was ist denn etwas Rotes? "Nun *das* (zeigend)." Oder hätte er sagen sollen: "*Das*; weil es die Meisten von uns 'rot' nennen"? Oder einfach: "*Das* nennen die Meisten von uns 'rot'"?

Dieses Auskunftsmittel nützt uns nichts. Die Schwierigkeit, die wir für "rot" hier empfinden, tritt dann bei "gleich" wieder auf. [Z 421 – bis "Nun *das* (zeigend)".]

313. Ich beschreibe eben das Sprachspiel "Bring etwas Rotes" dem, der es schon selbst spielen kann. Den Andern könnt' ich's nur *lehren*. (Relativität.) [Z 432.]

314. Es ist hier ein tiefer und wichtiger Punkt, den ich gerne ganz klar auszudrücken verstünde. Man täuscht sich irgendwie über den Zweck der Beschreibung. Oder will das Begründen fortsetzen, weil man seine Funktion mißversteht.

315. Warum lehrt man das Kind nicht zuerst gleich das Sprachspiel "Es scheint mir rot"? Weil es noch nicht im Stande ist, den feineren Unterschied zwischen Schein und Sein zu verstehen? [Z 422.]

316. Die rote Gesichtsempfindung ist ein neuer *Begriff*. [Z 423.]

317. Das Sprachspiel, was wir ihm dann beibringen, ist: "Mir scheint es ..., dir scheint es ..." Im ersten Sprachspiel kommt eine Person als wahrnehmendes Subjekt nicht vor. [Z 424.]

318. Du gibst dem Sprachspiel ein neues Gelenk. Was aber nicht heißt, daß nun davon immer Gebrauch gemacht wird.

Das Sprachspiel "Was ist das?" – "Ein Sessel." – ist nicht das Gleiche wie: "Wofür hältst du das?" – "Es dürfte ein Sessel sein." [a: Z 425; b: Z 417.]

319. Wir lehren das Kind im Anfang nicht "Das ist wahrscheinlich ein Sessel", sondern "Das ist ein Sessel". Bilde dir ja nicht ein, man lasse das Wort "wahrscheinlich" aus, weil das Verstehen desselben dem Kind noch zu schwierig ist; man vereinfache die Dinge für das Kind; lehre es also etwas, was nicht *streng* richtig ist.

320. Man spricht von einem Gefühl der Überzeugung, weil es einen *Ton* der Überzeugung gibt. Ja, das Charakteristikum aller 'Gefühle' ist, daß es einen Ausdruck, d.i. eine Miene, Gebärde, des Gefühls gibt. [Z 513.]

321. James sagt, man könne sich eine Gemütsbewegung, oder Stimmung nicht ohne die entsprechenden (sie zusammensetzenden) Körperempfindungen denken. Denke man sich diese hinweg, so finde man, daß man dadurch die Existenz der Gemütsbewegung selbst aufhebe. Das geschieht etwa so: Ich stelle mir mich selbst trauernd vor und nun versuche ich, mich zugleich jubelnd in der Vorstellung zu sehen und zu empfinden. Dazu hole ich etwa tief Atem und ahme ein strahlendes Gesicht nach. Und nun kann ich mir allerdings die Trauer nicht gut vorstellen; denn, sie mir vorstellen, hieß, sie spielen. Aber daraus folgt nun nicht, daß, was wir dabei im Körper fühlen, die Trauer oder etwas ähnliches wie die Trauer ist. – Der Trauernde kann ja allerdings nicht überzeugend lachen und jubeln, und könnte er's, so wäre, was wir den Ausdruck der Trauer nennen, nicht Ausdruck der Trauer, und das Jubeln nicht Ausdruck einer andern Gemütsbewegung. – Wenn der Tod des Freundes und die Genesung des Freundes uns gleichermaßen jubeln oder – dem Benehmen nach – trauern ließen, so wären diese Formen des Benehmens nicht, was wir den Ausdruck der Freude oder der Trauer nennen. Ist es *a priori* klar, daß, wer die Freude nachahmt, Freude fühlen wird? Kann es nicht sein, daß der bloße Versuch, in der Trauer zu lachen, diese noch ungeheuer verschärft?

322. Dabei darf ich aber doch nicht vergessen, daß Freude mit körperlichem Wohlbefinden zusammengeht und Trauer, oder doch Depression, oft mit körperlichem Unbehagen. – Wenn ich spazieren gehe und mich über alles freue, so ist es wohl wahr, daß dies nicht geschähe, wenn ich unwohl wäre. Wenn ich aber nun meiner Freude Ausdruck gebe, z.B. sage "Wie herrlich Alles ist!" – wollte ich sagen, daß all diese Dinge in mir angenehme körperliche Gefühle hervorrufen?

Ja selbst wenn ich meine Freude so ausdrückte "Die Bäume und der Himmel und die Vögel geben mir ein herrliches Gefühl im ganzen Körper" – so wäre hier nicht von Verursachung die Rede, nicht von dem erfahrungsmäßigen Zusammentreffen etc. etc.

323. Man sagt doch "Jetzt, wo er wieder gesund ist, atme ich freier", holt auch einen tiefen Atemzug der Erleichterung.

Es wäre ja möglich, daß man traurig ist, weil man weint, aber natürlich nicht *darüber*, daß man weint. Es wäre doch möglich, daß Menschen, die man etwa mit Hilfe von Zwiebeln weinen macht, traurig würden; daß sie entweder im allgemeinen deprimiert würden, oder anfingen, an bestimmte Geschehnisse zu denken und über sie zu trauern. Aber die *Empfindungen* des Weinens wären doch damit nicht ein Teil des 'Gefühls' der Trauer geworden

324. Wer sich unter den und den Umständen so und so benimmt, von dem sagen wir, er sei traurig. (Auch vom Hunde.) Insofern kann man nicht sagen, das Benehmen sei die *Ursache* der Trauer; sie ist ihr Anzeichen. Sie die Wirkung der Trauer zu nennen, wäre auch nicht einwandfrei. – Sagt er's von sich (er sei traurig), so wird er im allgemeinen dafür als Grund nicht sein trauriges Gesicht u.s.w. angeben. Wie aber wäre es, wenn er sagte: "Erfahrung hat mich gelehrt, daß ich traurig werde, sobald ich anfange, traurig dazusitzen, etc."? Das könnte zweierlei heißen. Erstens: "Sobald ich, etwa einer leichten Neigung folgend, es mir gestatte, mich so und so zu halten und zu benehmen, gerate ich in den Zustand, in diesem Benehmen verharren zu müssen." Es könnte ja sein, daß Zahnschmerzen durch Stöhnen ärger würden. Zweitens aber könnte jener Satz eine Spekulation enthalten über die Ursache der menschlichen Trauer. Etwa des Inhalts, daß, wer im Stande wäre auf irgend eine Weise gewisse Körperzustände hervorzurufen, den Menschen traurig machen würde. Hier ist aber die Schwierigkeit, daß wir einen Menschen, der unter allen Umständen traurig *aussähe* und sich *benähme*, nicht traurig nennen würden. Ja, wenn wir einem solchen den Ausdruck "Ich bin traurig" beibrächten und er sagte das *die ganze Zeit* mit dem Ausdruck der Trauer, so hätten diese Worte, so wie die übrigen Zeichen, ihren normalen Sinn verloren. [Z 526.]

325. Fast möchte ich sagen: Man fühlt die Trauer so wenig im Körper, wie das Sehen im Auge. [Z 495.]

326. Einen im Anfang lehren "Das scheint rot" hat ja gar keinen Sinn. Das muß er ja spontan sagen, wenn er einmal gelernt hat, was "rot" heißt, d.i. die Technik der Wortverwendung. [Z 418.]

327. Die Grundlage jeder Erklärung ist die Abrichtung. (Das sollten Erzieher bedenken.) [Z 419.]

328. "Nur für den *ganzen* Menschen gelten also diese Begriffe?" – Nein; denn manche haben ihre Anwendung auch für Tiere.

329. "Wer im allgemeinen *so* handelt und dann manchmal *so* handelt, von dem sagen wir..." Das ist eine legitime Art der Worterklärung.

330. Wir neigen dazu, uns die Sache so zu denken, als wäre die Gesichts*empfindung* ein neuer *Gegenstand*, den das Kind kennen lernt, nachdem es die ersten primitiven Sprachspiele mit Gesichtswahr-

nehmungen gelernt hat. "Es scheint mir rot." – "Und wie ist rot?" – "*So*." Dabei muß auf das richtige Paradigma gezeigt werden. [Von "Es scheint mir rot." an: Z 420.]

331. Wenn ich in einem bestimmten Zimmer eine bestimmte Tätigkeit auszuführen gelernt habe (das Aufräumen des Zimmers etwa) und diese Technik beherrsche, so folgt doch nicht, daß ich bereit sein müsse, die Einrichtung des Zimmers zu beschreiben; auch wenn ich jede Veränderung in ihr gleich merken würde und auch sofort beschreiben könnte. [Z 119.]

332. "Dieses Gesetz wurde nicht in Voraussicht solcher Fälle gegeben." Ist es darum sinnlos? [Z 120.]

333. Man könnte sich doch einen Furchtbegriff, z.B., denken, der nur auf Tiere, also rein das Benehmen betreffend, Anwendung fände. – Du willst doch nicht sagen, daß so ein Begriff keinen Nutzen hätte. [Z 524, die ersten zwei Sätze.]

334. Kann man sagen, es existiere zwischen der Gemütsbewegung und ihrem Ausdruck eine *Ähnlichkeit*, insofern z.B. beide aufgeregt seien? (Ähnliches hat, glaube ich, Köhler gesagt.) Und wie weiß man, daß die Gemütsbewegung selbst aufgeregt sei? Der sie hat, merkt es und sagt's. – Und wenn nun Einer einmal das Gegenteil sagte? – "Aber nun sei offen und sag, ob du nicht wirklich die innere Aufregung erkennst!" – Wie habe ich nur die Bedeutung des Worts "Aufregung" gelernt?

335. Die falsche Auffassung, daß dieses Wort *sowohl* etwas Inneres, *als auch* etwas Äußeres bedeutet. Und leugnet man dies, so wird es dahin mißverstanden, man leugne die innere Aufregung. (Zeitliche und zeitlose Sätze.)

336. Denke, ein Kind wäre ganz besonders gescheit, so gescheit, daß man ihm gleich die Zweifelhaftigkeit der Existenz aller Dinge beibringen kann. Es lernt also von Anfang: "Das ist wahrscheinlich ein Sessel."

Und wie lernt es nun die Frage: "Ist das auch wirklich ein Sessel?"? [Z 411.]

337. Betreibe ich Kinderpsychologie? – Ich bringe den Begriff des Lehrens mit dem Begriff der Bedeutung in Verbindung. [Z 412.]

338. Einer sei ein überzeugter Realist, der Andere ein überzeugter Idealist und lehrt seine Kinder dementsprechend. In einer so wichtigen Sache wie der Existenz oder Nichtexistenz der äußern Welt wollen sie ihren Kindern nichts Falsches beibringen.

Was wird man sie nun lehren? Auch dies, zu sagen "Es gibt physikalische Gegenstände", beziehungsweise das Gegenteil?

Wenn Einer an Feen nicht glaubt, so braucht er seine Kinder nicht lehren "Es gibt keine Feen", sondern er kann es unterlassen, sie das Wort "Fee" zu lehren. Bei welcher Gelegenheit sollen sie sagen "Es gibt ..." oder "Es gibt nicht ..."? Nur wenn sie Leute treffen, die entgegengesetzten Glaubens sind. [Z 413.]

339. Aber der Idealist wird den Kindern doch das Wort "Sessel" beibringen, denn er will sie ja lehren, gewisses zu tun, z.B. einen Sessel zu holen. Wo wird sich also, was die idealistisch erzogenen Kinder sagen, von dem, was die realistischen sagen, unterscheiden? Wird der Unterschied nicht nur der der Schlachtrufe sein? [Z 414.]

340. Fängt denn nicht das Spiel "Das ist wahrscheinlich ein ..." mit der Enttäuschung an? Und kann die erste Einstellung die auf die mögliche Enttäuschung sein? [Z 415.]

341. "So muß man ihm also zuerst eine falsche Sicherheit beibringen?"

Es ist bei ihrem Sprachspiel von Sicherheit oder von Unsicherheit noch nicht die Rede. Erinnere dich: sie lernen ja etwas *tun*. [Z 416.]

342. Wie äußert sich denn also der Zweifel? ich meine: im Sprachspiel, nicht einfach in gewissen *Redensarten*. Etwa im nähern Hinsehen, also in einer ziemlich komplizierten Tätigkeit. Aber diese Äußerung des Zweifels hat gar nicht immer Sinn, Zweck.

Man vergißt eben, daß auch das Zweifeln zu einem Sprachspiel gehört.

343. Wie kommt es, daß der Zweifel nicht der Willkür untersteht? – Und wenn es so ist, – könnte nicht ein Kind durch seine merkwürdige Veranlagung an allem zweifeln?

Man kann erst zweifeln, wenn man Gewisses gelernt hat; wie man sich erst verrechnen kann, wenn man rechnen gelernt hat. Dann ist es allerdings unwillkürlich. [a: Z 409; b: Z 410.]

344. Wenn ich daran zweifle, daß dies ein Sessel ist, – was tue ich? – Ich besehe und befühle ihn von allen Seiten und dergleichen. Ist aber diese Handlungsweise immer der Ausdruck des Zweifels? Nein.

Wenn ein Affe oder ein Kind dies täte, wäre es keiner. Zweifeln kann der, der schon einen 'Grund zum Zweifeln' kennt.

345. Ich kann mir wohl vorstellen, daß ein bestimmtes primitives Benehmen sich später zum Zweifel auswächst. Es gibt z.B. ein *primitives* Untersuchen. (Ein Affe, der z.B. eine Zigarette zerpflückt. Einen intelligenten Hund sehen wir dergleichen nicht tun.) Das bloße Hin- und Herwenden und Beschauen eines Gegenstandes ist eine primitive Wurzel des Zweifels. Aber Zweifel ist erst da, wenn die typischen Antezedentien und Konsequenzen des Zweifels da sind.

346. "Es schmeckt wie Zucker." Man erinnert sich genau und mit Sicherheit, wie Zucker schmeckt. Ich sage nicht "Ich glaube, so schmeckt Zucker". Welch merkwürdiges Phänomen. Eben das Phänomen des Gedächtnisses. – Aber ist es richtig, es ein merkwürdiges Phänomen zu nennen?

Es ist ja nichts weniger als merkwürdig. Jene Sicherheit ist ja nicht um ein Haar merkwürdiger, als es die Unsicherheit wäre. Was ist denn merkwürdig? Das, daß ich mit Sicherheit sage "Das schmeckt wie Zucker", oder, daß es dann wirklich Zucker ist? Oder, daß Andere dasselbe finden?

Wenn das sichere Erkennen des Zuckers merkwürdig ist, so wäre es also das Nichterkennen weniger. [Z 660.]

347. Wenn Leute (plötzlich) aufhörten, in ihren Urteilen über Geschmäcke übereinzustimmen, – würde ich noch sagen: Jeder wisse jedenfalls, was er schmecke? – Würde es dann nicht klar, daß das Unsinn sei?

348. Verwirrung der Geschmäcke: Ich sage "Das ist süß", der Andere "Das ist sauer", u.s.f. Einer kommt daher und sagt: "Ihr habt Alle keine Ahnung, wovon ihr sprecht. Ihr wißt gar nicht mehr, was ihr einmal einen Geschmack genannt habt." Was wäre das Zeichen dafür, daß wir's noch wissen? [Z 366.]

349. Aber könnten wir nicht auch in dieser 'Verwirrung' ein Sprachspiel spielen? – Aber ist es noch das Frühere? – [Z 367.]

350. Aber hier ist doch ein Paradox! Soll denn die Verläßlichkeit meiner Geschmacksäußerung von den Veränderungen in der Außenwelt abhängen? – Es kommt doch hier auf den Sinn des Urteils, nicht auf die Nützlichkeit an.—Wir sehen hier die Verwandtschaft mit dem ursprünglichen Sprachspiel der Wahrnehmung.

351. "Es schmeckt genau wie Zucker." Wie kommt es, daß ich dessen so sicher sein kann? Aber auch, wenn es sich dann als falsch herausstellt. – Und was erstaunt mich daran? Daß ich den Begriff 'Zucker' in eine so *feste* Verbindung mit der Geschmacksempfindung bringe. Daß ich die Substanz Zucker direkt im Geschmack zu erkennen scheine.

Aber statt des Ausdrucks "Es schmeckt genau . . ." könnte ich ja primitiver den Ausruf "Zucker!" verwenden. Und kann man denn sagen, bei dem Wort 'schwebe mir die Substanz Zucker vor'? Wie tut sie das? [Z 657.]

352. Kann ich sagen, dieser Geschmack brächte gebieterisch den Namen "Zucker" mit sich; oder aber das Bild eines Stücks Zucker? Keines von beiden scheint richtig. Ja, gebieterisch ist das Verlangen nach dem Begriff 'Zucker' allerdings und zwar ebenso, wie nach dem Begriff 'rot', wenn wir ihn zur Beschreibung des Gesehenen verwenden. [Z 658.]

353. Ich erinnere mich, daß Zucker so geschmeckt hat. Es kommt mir das Erlebnis zurück ins Bewußtsein. Aber natürlich: Wie weiß ich, daß es das frühere Erlebnis ist? Das Gedächtnis hilft mir da nicht mehr. Nein, diese Worte, das Erlebnis komme zurück . . ., sind nur eine Umschreibung, keine Erklärung des Erinnerns.

Aber wenn ich sage "Es schmeckt genau wie Zucker", so findet in einem wichtigen Sinne gar kein Erinnern statt. Ich *begründe* also mein Urteil, oder meinen Ausruf, *nicht*. Wer mich fragt, "Was meinst du mit 'Zucker'?" – dem werde ich allerdings ein Stück Zucker zu zeigen trachten. Und wer fragt "Wie weißt du, daß Zucker so schmeckt", werde ich allerdings antworten "Ich habe tausende Male Zucker gegessen" – aber das ist nicht eine Rechtfertigung, die ich mir selbst gebe. [Z 659.]

354. "Selbstbeobachtung lehrt mich: ich glaube das, – aber Beobachtung der Außenwelt, daß es nicht so ist."

355. Nehmen wir nun an, ich habe das F eines Menschen gesehen, welches er so schreibt: ꟻ ,[1] und habe es immer für ein Spiegel-F *gehalten*; d.h. ich habe einen *gewissen* Zusammenhang zwischen seinem Buchstaben und dem regelrecht geschriebenen angenommen. Nun machst du mich aufmerksam, daß dieser Zusammenhang *nicht* besteht,

[1] An dieser Stelle im Typoskript kommt kein Buchstabe vor. Wir haben das Vorbild der entsprechenden Manuskriptstelle benutzt. (*Herausg.*)

sondern ein anderer (der der verschobenen Striche). Dies verstehe ich, und sage nun: "Dann sieht es freilich auch anders aus." Gefragt "*Wie* anders?" sage ich etwa: "Früher sah es ungeschickt aus, jetzt aber kühn und energisch." [Vgl. Z 208.]

356. Sag dir,[1] es hätte Einer Gesichter immer nur mit *einem* Ausdruck, sagen wir lächelnd, gesehen. Und nun sieht er zum ersten Mal ein Gesicht seinen Ausdruck verändern. Könnte man da nicht sagen, jetzt erst bemerke er einen Ausdruck des Gesichts? Erst der Wechsel machte den Ausdruck bedeutsam; früher gehörte er eben zur Anatomie des Gesichts. – Ist es so auch mit dem Aspekt des Buchstabens? Ausdruck, könnte man sagen, gibt es nur im Mienenspiel.

357. Wie mir ein Buchstabe vorkommt, hängt also davon ab, ob er streng nach der Norm gebildet ist, oder ob, und wie er von ihr abweicht. Dann ist auch das begreiflich, daß es einen Unterschied macht, ob wir nur eine oder zwei Erklärungen einer Buchstabenform kennen.

358. Wie konnte ich denn sehen, daß diese Stellung zaghaft war, ehe ich wußte, daß sie eine Stellung und nicht die Anatomie dieses Wesens war. [Vgl. PU II, xi, S. 209b.]

359. Die Frage ist nun: Wenn man eine Figur einer Interpretation gemäß sehen kann, sieht man sie *immer* einer Interpretation gemäß? Und ist da ein scharfer Unterschied zwischen dem Sehen, das mit keiner Interpretation verbunden ist und jenem andern?

360. Ich will sagen: Das Sehen einer Figur in dieser Interpretation ist ein Denken an die Interpretation. Denn soll ich sagen, es sei möglich, dies als ein Spiegel-F zu sehen und dabei nicht an die besondere *Beziehung* zu denken, die das Wort "Spiegel-F" bedeutet? Ich sehe doch eine Deutung und eine Deutung ist ein Gedanke.

361. Man könnte das Vexierbild vor und nach der Lösung *beiläufig* kopieren; und dann würde der Fehler beim Kopieren des ersten Aspekts verschieden sein von dem beim Kopieren des Zweiten. Ich könnte also sagen: "Vor der Lösung sah ich ungefähr *das* (und zeichne einen Wald)—nach der Lösung ungefähr *das*" (und zeichne einen Menschen in den Baumkronen).

[1] Im Manuskript "Denke dir.". (*Herausg.*)

362. Du mußt bedenken, daß, was Einer sieht, in der wichtigsten Klasse von Fällen, in einer Meldung über das betrachtete Objekt zum Ausdruck kommt. Und zu dieser Meldung gehört natürlich auch die räumliche Anmeldung.[1]—Wie ist es nun, wenn Einer zu melden hat, was er auf einer Fläche sieht und wenn die Zeichnung auf ihr den Charakter des Vexierbildes hat? Erstens, was das Räumliche anbelangt, so kann er, was er auf der Fläche sieht, auch räumlich beschreiben; ja, das ist vielleicht die einzige Art der Beschreibung, die er geben kann.

363. Eine wichtige Meldung wird z.B. sein: "Es hat sich in dieser ganzen Zeit nichts verändert." Sie beruht eben auf andauernder Beobachtung.

364. Wenn ich die Lösung des Vexierbildes entdecke, mache ich über das Bild selbst eine Entdeckung. Die Entdeckung z.B., daß durch diese Camouflage ein Schiff verborgen wurde. Ich will Einem etwa geheim mitteilen, wie ein gewisser Mensch ausschaut und verberge meine Mitteilung, nämlich sein Porträt, in einem Vexierbild.

365. Wenn ich die Figur eine Gedankenhilfe nennte, so könnte ich sagen, ich sehe sie als *diese* Gedankenhilfe.

366. Was für eine seltsame Frage ist es, ob ich nicht an den N.N. *gedacht* haben müsse – als ich sein Gesicht plötzlich in dem seines Sohnes sah! Ich wollte natürlich nicht fragen, ob ich nicht *gleichzeitig* mit jenem Vorstellen an ihn gedacht haben müßte, sondern ob das Vorstellen kein Denken war. Wie entscheidet man das aber?

Ich sage z.B. "Ich habe gerade daran gedacht, ob er wohl auch in ... angekommen ist". Dieser Gedanke drückt sich in einem Satz aus. Jener andere etwa in einem Ausruf.

367. Kann ich jetzt in seinem Gesicht das seines Vaters sehen und doch dabei nicht an seinen Vater *denken*? In seinem Gesicht das seines Vaters sehen, war doch offenbar eine Art des Vorstellens dieses Gesichts. Und da muß man sich erinnern, daß man die Vorstellung eines Menschen nicht als die seine *erkennt*.

368. Erinnere dich daran, daß du ja auch das Wandern des Blicks durch ein Bild (oder Modell) nicht wiedergeben kannst! Und würde man den Eindruck, den das erzeugt, nicht sehr natürlich zum

[1] Im Manuskript "Anordnung". (*Herausg.*)

Gesichtsausdruck rechnen? Es wird, oder kann, sich auch der Aspekt in der Art und Weise ausdrücken, wie ich die Figure kopiere, also doch, in *einem* Sinne, in der Kopie. Ich werde auch ein Gesicht, je nachdem ich's *auffasse*, anders in der Zeichnung wiedergeben, obwohl die Photographie jedesmal das Gleiche zeigt. Also hier wieder ein Grund vom "sehen" zu reden.

369. Daß ich eine andere Kopie (ein anderes Resultat) hervorbringe, das stimmt mit dem Begriff des Sehzustandes zusammen. Daß ich die gleiche Kopie erzeuge, sie aber *anders* erzeuge – die Striche in anderer Reihenfolge ziehe – weist auf den Begriff des *Denkens*.

370. Mit welchem Recht gebraucht er da das Wort "sehen"? Oder hat er keine Berechtigung, und ist es nur eine Sprachdummheit? Oder liegt die einzige Berechtigung darin, daß ich auch geneigt bin, zu sagen: "einmal sehe ich es als das", "einmal sehe ich es als jenes"? Es könnte so sein. Aber ich bin durchaus abgeneigt, das anzunehmen; ich fühle, ich *muß* sagen "ich sehe etwas". Was soll das aber heißen? – Ich habe doch das Wort "sehen" *gelernt*. Was paßt, ist doch nicht das *Wort*, der Klang, oder das geschriebene Bild. Der Gebrauch des Worts ist es, was mir die Idee aufnötigt, ich *sehe* dies.

Was ich über den Gebrauch des Worts gelernt habe, muß mich hier zwingen, es hier zu gebrauchen.

371. "Das *ist* doch: etwas sehen – " möchte ich sagen. Und es ist ja wirklich so: die Situation ist ganz die, in welcher dieses Wort auch sonst gebraucht wird; – nur ist die Technik hier etwas verschieden.

372. Der Gebrauch des Wortes "sehen" ist ja durchaus kein einfacher. – Man stellt sich ihn manchmal wie den eines Tätigkeitswortes vor, – und es sei nur schwer auf die Tätigkeit geradezu zu *deuten*. – Man stellt sich ihn daher einfacher vor, als er wirklich ist, das Sehen sozusagen als ein Eintrinken von etwas mit den Augen. Wenn ich also etwas mit den Augen eintrinke, so könne kein Zweifel mehr bestehen, ich sehe etwas (wenn mich nicht Vorurteile täuschen).

373. Man könnte sagen: Ich sehe die Figur einmal als den Grenzwert dieser Reihe, einmal als den Grenzwert jener. Dieser *Wert* könne der Grenzwert verschiedener Funktionen sein.

374. Das, als was ich die Figur sehe, das kann sie immer, in einem gewissen Sinne, *sein*. Wenn das auch nicht im anderen Sinne 'sichtbar' wäre. Denn eine Figur kann ja ihrem Gebrauch, oder ihrer

Entstehungsweise nach Grenzwert verschiedener Reihen sein. Ein Dreieck kann wirklich gebraucht werden, einen Berg darzustellen, oder als Pfeil, um in *dieser* Richtung zu zeigen, etc. etc. Die Beschreibung des Aspekts ist also immer eine richtige Beschreibung der Sehwahrnehmung.

375. Es kann doch eine Figur, sagen wir ein Schriftzeichen, das korrekt geschriebene, oder, in verschiedenen Weisen, ein fehlerhaft geschriebenes sein. Und diesen Auffassungen der Figur entsprechen Aspekte. – Hier haben wir die größte Ähnlichkeit mit dem Erleben der Bedeutung beim Aussprechen eines isolierten Worts.

376. Man kopiert es anders, – aber die Kopie ist dieselbe.

Aber ich will sagen: Wenn etwas Anderes *gesehen* wird, muß die *Kopie* eine andere sein.

377. Was ist z.B. eine Kopie des 'Würfelschemas'? Eine Zeichnung, oder ein Körper? Und warum nur das erstere?! Und wenn ein Körper, – welcher Körper: ein Raumeck, ein solider Würfel, ein Drahtgestell?

378. Wenn ich ihm mitteile: "Ich sehe die Figur jetzt als . . .", so mache ich ihm eine Mitteilung in mancher Beziehung *ähnlich* der einer Gesichtswahrnehmung, aber auch ähnlich der eines Auffassens, oder einer Deutung, oder eines Vergleichens, oder eines Wissens.

379. "Ich sehe jetzt ein weißes Kreuz auf schwarzem Grunde und dann ein schwarzes Kreuz auf weißem Grunde." Aber was ist denn das: ein weißes Kreuz auf schwarzem Grunde? erklär es doch! und was ist ein schwarzes Kreuz auf weißem Grunde? Du darfst doch für beide nicht etwa die gleiche Erklärung geben! Und erklärt müßten sie doch werden!

Die Erklärung könnte doch ungefähr so lauten: "Ein weißes Kreuz auf schwarzem Grunde, das ist *so* etwas –" und nun folgt eine Figur. Es darf aber natürlich *nicht* die doppeldeutige sein. Daher kann man dann statt zu sagen "Ich sehe die Figur einmal als ein weißes Kreuz auf . . ., einmal als . . ." auch sagen: "Ich sehe die Figur einmal *so* (folgt eine Figur), einmal *so* (folgt eine andere Figur)." Und war der erste Satz ein erlaubter Ausdruck, so war es dieser auch.

380. Und heißt das nicht, daß nun jene zwei Figuren eine *Art* von Kopien der doppeldeutigen Figur waren?

381. Einerseits sind diese beiden Darstellungen Kopien des Gesehenen, anderseits bedarf es auch noch einer begrifflichen Erklärung. – Wenn ich z.B. die Kreuzfigur[1] + einmal als liegendes Kreuz, einmal als stehendes Kreuz, einmal als schiefgestelltes Diagonalkreuz sehe, – was sind die entsprechenden Kopien?

Ein liegendes Kreuz ist eines, das umgelegt worden ist und stehen sollte. Die Kopie wird also etwas sein, was Kreuzform hat und wovon wir wissen, ob es liegt oder steht. Es wäre daher auch möglich, als Kopie ein Bild zu gebrauchen, worin die Kreuzform vorkommt und die oder die Rolle spielt. D.h., es gibt ein Bild, welches, was ich als Aspekt sehe, zum Ausdruck bringt. Und das gibt dem Aspekt Ähnlichkeit mit etwas durch Sehen Wahrgenommenen.

382. Oder: Es gibt ein Bild, das für den Aspekt eine *ähnliche* darstellende Rolle spielt, wie das Bild als Mitteilung des Wahrgenommenen. Denk dir ein Gemälde, eine Kreuzabnahme etwa; was wäre es uns, wenn wir nicht wüßten, welche *Bewegungen* hier festgehalten wurden. Und das Bild zeigt uns diese Bewegungen und es zeigt sie uns auch nicht. (Das Bild der Kavallerieattacke, wenn der Betrachter nicht weiß, daß die Pferde nicht so stehen bleiben.)

383. "Was ich sehe, schaut *so* aus." Denk dir, das sagte jemand, der das Bild eines rennenden Pferdes betrachtet und als Kopie davon ein ausgestopftes Pferd benützt, welches in laufender Stellung *steht*! Wäre nicht die richtige Kopie ein laufendes Pferd?

384. Ist mir nun mit dem Aspekt ein *Gedanke* vorm Auge? Ist mir mit dem *Gemälde* einer vor Augen? (Denn die als das und das gesehene Figur ist ja wie der allein noch sinnlose Bestandteil eines Gemäldes.)

385. Man kann doch ein Gemälde beschreiben, indem man *Vorgänge* beschreibt; ja so würde man es beinahe immer beschreiben. "Er steht im Schmerz versunken, sie ringt die Hände, . . ." Ja, wer es so nicht beschreiben könnte, ob er es auch als Verteilung von Farbflecken auf der Fläche haarscharf beschreiben könnte, verstünde es nicht. ((Bild vom Mann, der den Berg hinaufgeht.))

386. Du siehst es also so, wie wenn du *das* davon wüßtest.

Und wenn dies eine närrische Ausdrucksweise erscheint, so muß man eben im Auge behalten, daß der *Begriff* des Sehens durch sie modifiziert wird.

[1] Es kommt keine Figur im Typoskript vor. Wir haben diese Figur nach der entsprechenden Manuskriptstelle kopiert. (*Herausg.*)

387. Kann ich aber auch sagen: "Er würde das Bild (der Schlacht etwa) anders sehen, wenn er nicht wüßte, was hier vor sich geht"? Wie würde sich das äußern?! Er würde nicht so über das Bild reden wie wir; er würde nicht sagen: "Man sieht förmlich, wie diese Pferde dahinbrausen" oder "So läuft doch ein Pferd nicht!" etc. Er würde unzähliges nicht aus dem Bild entnehmen, was wir daraus entnehmen.

388. Wir könnten uns doch entscheiden, das, was wir jetzt "die Figur als ... sehen" nennen, sie als das und das "*auffassen*" zu nennen. – Hätten wir das nun getan, so wären dadurch die Probleme natürlich nicht zur Seite geschafft; sondern wir würden nun den Gebrauch von "auffassen" studieren, und insbesondere die Eigentümlichkeit, daß dieses Auffassen etwas Stationäres ist, ein Zustand, der *jetzt* anfängt, *jetzt* endet.

389. Es ist mir also zumute – könnte ich sagen – als müßte ich im Stande sein, diese Auffassung durch ein *Bild* der angeschauten Figur wiederzugeben. – Und das ist doch wirklich so: ich kann doch sagen, das Bild, das Einer von ihr macht, drücke eine Auffassung des Gegenstands aus. Ganz so, wie man eben sagen kann: Hör dieses Thema *so* ... und spiel es entsprechend.

390. Es ist ein Sehen, *insofern* ...
Es ist ein Sehen nur insofern, *als* ...
(Das scheint mir die Lösung.)

391. Insofern aber unterscheiden sich die Aspekte, die sozusagen gesehene Deutungen der Figur sind, von den Aspekten der räumlichen Erscheinung. Denn man kann eine Figur für einen Körper *halten*. Und auch, wenn von einer solchen Täuschung nicht die Rede ist, so teilt "Ich sehe diese Figur jetzt als Pyramide" anders mit, hat andere Konsequenzen, als, daß ich die Figur jetzt als schwarzes Kreuz auf weißem Grunde sehe etc. (Die Konsequenzen des räumlichen Sehens in der darstellenden Geometrie.) Es scheint aber auch der Zusammenhang des Aspekts mit dem Denken geändert oder gelöst. Denn ist hier nicht die Kopie, die dem Andern zeigt, wie ich die Figur sehe, von andrer Art? Und man darf nicht vergessen, daß das Wort "Kopie" in dieser ganzen Betrachtung eine schwankende Bedeutung hat.

392. "Es ist, als wären unsere Begriffe bedingt durch ein Gerüste von Tatsachen."

Das hieße doch: Wenn du dir gewisse Tatsachen anders denkst, sie anders beschreibst, als sie sind, dann kannst du die Anwendung gewisser Begriffe dir nicht mehr vorstellen, weil die Regeln ihrer Anwendung kein Analogon unter den neuen Umständen haben. – Was ich sage, kommt also *darauf* hinaus: Ein Gesetz wird für Menschen gegeben und ein Jurist mag wohl fähig sein, Konsequenzen für jeden Fall zu ziehen, der ihm gewöhnlich vorkommt, das Gesetz hat also offenbar seine Verwendung, einen Sinn. Trotzdem aber setzt seine Gültigkeit allerlei voraus; und wenn das Wesen, welches er zu richten hat, ganz vom gewöhnlichen Menschen abweicht, dann wird z.B. die Entscheidung, ob er eine Tat mit böser Absicht begangen hat, nicht etwa schwer, sondern einfach unmöglich werden. [Z 350.]

393. "Wenn die Menschen nicht im allgemeinen über die Farben der Dinge übereinstimmten, wenn Unstimmigkeiten nicht Ausnahmen wären, könnte es unsern Farbbegriff nicht geben." Nein; *gäbe* es unsern Farbbegriff nicht. Heißt das also: Was als Regel denkbar ist, muß es nicht als Ausnahme sein? [Z 351 – bis "Heißt das also:".]

394. Der Fall ist doch ähnlich diesem: Ich habe gelernt, Versuchsresultate durch eine Kurve darzustellen und werde, wenn die aufgenommenen Punkte *so*[1] liegen, wissen, ungefähr welche Kurve zu ziehen ist und werde weitere Schlüsse aus den Experimenten ziehen können. Liegen aber die Punkte *so*,[2] so wird, was ich gelernt habe, mich im Stiche lassen; ich weiß gar nicht mehr, welche Linie ich ziehen soll. Und käme ich zu Leuten, die, ohne mir verständlicher Methode und ohne Bedenken, eine Kurve durch diese Konstellation legten, so könnte ich ihre Technik nicht nachahmen; sollte ich aber sehen, daß bei ihnen *irgend* eine plausible Linie als die Richtige anerkannt wird und diese dann zur Basis weiterer Folgerungen dient; und, wenn diese Folgerungen, wie wir sagen würden, mit der Erfahrung in Widerspruch kämen, die Leute sich irgendwie darüber hinwegsetzten, – dann würde ich sagen, es sei dies gar nicht mehr die mir bekannte Technik, sondern eine 'äußerlich' ähnliche, im Wesen

[1] Im Manuskript folgt hier eine Zeichnung

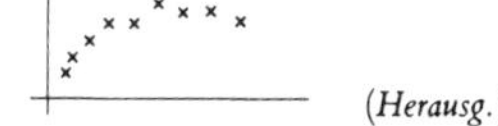

(*Herausg.*)

[2] Im Manuskript folgt eine Zeichnung

(*Herausg.*)

aber ganz verschiedene. Sage ich das aber, so gebe ich mit den Worten "äußerlich" und "Wesen" ein Urteil ab.

395. Was heißt das: "Das ist doch ein ganz anderes Spiel!" Wie verwende ich diesen Satz? Als Mitteilung? Nun, etwa als Einleitung zu einer Mitteilung, die die Unterschiede aufzählt und ihre Folgen erklärt. Aber auch, um auszudrücken, daß ich eben darum hier nicht mehr mittue, oder doch eine andere Stellung zu dem Spiel einnehme. [Z 330.]

396. Wenn ich sagte "Ich würde es nicht mehr . . . nennen", so heißt das eigentlich: die Waage meiner Stellungnahme schlägt nun um.

397. Ich könnte doch auch sagen: "Ich kann mich mit diesen Menschen nicht mehr verständigen."

398. Ich sagte einmal, es könnte einen Begriff geben, der links von einer gewissen wichtigen Linie unserm 'Rot', rechts von ihr unserm 'Grün' entspräche. Und es kam und kommt mir vor, als könnte ich mich in diese Begriffswelt hineindenken; als könnte ich wohl geneigt sein, Rot auf der einen Seite, das Gleiche zu nennen, wie Grün auf der andern. (Und zwar geht es mir besonders so mit einem ziemlich dunkeln Rot und einem ziemlich dunkeln Grün.) Als wäre ich also nicht ungeneigt, das Grün nur einen Aspekt des Rot zu nennen; als liefe, was ich "Farbe" nenne, unverändert weiter, und nur die 'Schattierung' änderte sich. Es besteht also hier die Neigung zu einer Ausdrucksweise, die, unter gewissen Umständen, für Grün und für Rot dasselbe Eigenschaftswort, mit einem Bestimmungswort wie "beschattet"/"unbeschattet" verwendet. "Aber willst du also wirklich sagen, daß hier nicht zwei verschiedene Farben vorliegen?" Ich will sagen: Ich sehe genug Ähnlichkeit in der von mir beschriebenen Ausdrucksweise mit dieser und jener, die wir tatsächlich verwenden, daß ich die ungewöhnliche unter Umständen sehr wohl hinnehmen könnte. – Aber würden also die Leute die Ähnlichkeit oder Gleichheit nicht sehen, die wir sehen: nämlich zwischen Grün links und (nach unserer Ausdrucksweise) Grün rechts? – Wie wenn sie sagten, diese seien 'äußerlich gleich'. Ich stelle mir die Lage ähnlich vor, wie in der Zeichnung[1] 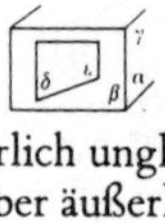 , wo ich die Winkel α, β, γ einander gleich, obwohl äußerlich ungleich nennen kann; die Winkel $\delta + \alpha$, sowie $\varepsilon + \gamma$ ungleich, aber äußerlich gleich.

[1] Keine Zeichnung im Typoskript. Wir haben die Zeichnung nach der entsprechenden Manuskripstelle kopiert. (*Herausg.*)

399. Ich könnte auch sagen: Rot links und Grün rechts sei die gleiche Natur, aber eine andere Erscheinung.

400. Bei allem dem habe ich aber doch eine Verwirrung angerichtet. Das Wichtige an der Sache war doch, zu zeigen, daß man in einer Folge (von Ziffern etwa) so fortschreiten kann, daß man, für *unsere* Begriffe, sie nach dem einen Reihengesetz abbricht und nach einem neuen fortsetzt; daß aber nach einer andern Auffassung sich ihr Gesetz *nicht* ändert, die scheinbare Änderung aber durch eine Änderung der Umstände begründet wird.

401. Aber das kommt eigentlich darauf hinaus, daß, was das *folgerechte* Weitergehen in einer Reihe ist, nur durch das *Beispiel* gezeigt werden kann.

402. Und hier ist man immer wieder in der Versuchung, mehr zu reden, als noch Sinn hat. Weiter zu reden, wo man Halt machen sollte.

403. Ich kann Einem sagen: "*Diese* Zahl ist die folgerechte Fortsetzung dieser Folge"; dadurch kann ich ihn dazu bringen, daß er in Zukunft das "folgerechte Fortsetzung" nennt, was ich so nenne. D.h., ich kann ihn eine Reihe (Grundreihe) fortsetzen lehren, ohne einen Ausdruck des 'Gesetzes der Reihe' zu verwenden; ja vielmehr, um ein Substrat zu erhalten für die Bedeutung algebraischer Regeln, oder was ihnen ähnlich ist. [Vgl. Z 300.]

404. Er muß *ohne Grund* so fortsetzen. Aber nicht, weil man ihm den Grund noch nicht begreiflich machen kann, sondern weil es – in *diesem* System – keinen Grund gibt. ("Die Kette der Gründe hat ein Ende.") Und das *so* (in "so fortsetzen") ist durch eine Ziffer, einen Wert, bezeichnet. Denn auf *dieser* Stufe wird der Regelausdruck durch den Wert erklärt, nicht der Wert durch die Regel. [Z 301.]

405. Denn dort, wo es heißt "Aber *siehst* du denn nicht . . .!" nützt ja eben die Regel nichts, sie ist Erklärtes, nicht Erklärendes. [Z 302.]

406. "Er erfaßt die Regel intuitiv." – Warum aber die Regel? und nicht, wie er jetzt fortsetzen soll? [Z 303.]

407. "Hat er nur das Richtige gesehen, diejenige der unendlich vielen Beziehungen, die ich ihm nahezubringen trachte, – hat er sie nur einmal erfaßt, so wird er jetzt ohne weiteres die Reihe richtig fortsetzen. Ich gebe zu, er kann diese Beziehung, die ich meine, nur

erraten (intuitiv erraten) – ist es aber gelungen, dann ist das Spiel gewonnen." – Aber dieses 'Richtige' von mir Gemeinte, gibt es gar nicht. Der Vergleich ist falsch. Es gibt hier nicht quasi ein Rädchen, das er erfassen soll, die richtige Maschine, die ihn, einmal gewählt, automatisch weiterbringt. Es könnte ja sein, daß sich in unserm Gehirn so etwas abspielt, aber das interessiert uns nicht. [Z 304.]

408. "Tu dasselbe!" Aber dabei muß ich ja auf die Regel zeigen. Die muß er also schon *anzuwenden* gelernt haben. Denn was bedeutet ihr Ausdruck sonst für ihn? [Z 305.]

409. Die Bedeutung der Regel erraten, sie intuitiv zu erfassen, könnte doch nur heißen: ihre *Anwendung* erraten. Und das kann nun nicht heißen: die *Art*, die *Regel* ihrer Anwendung erraten. Und vom Erraten ist hier überhaupt keine Rede. [Z 306.]

410. Ich könnte z.B. erraten, welche Fortsetzung dem Andern *Freude* machen wird (etwa nach seinem Gesicht). Die Anwendung der Regel erraten könnte man nur, sofern man bereits aus verschiedenen Anwendungen eine wählen kann. [Z 307.]

411. Man könnte sich ja dann auch denken, daß er, statt die 'Anwendung der Regel zu erraten', sie *erfindet*. Nun, wie sähe das aus? – Soll er etwa sagen: "Der Regel '+1' folgen, möge einmal heißen, zu schreiben: 1, 1 + 1, 1 + 1 + 1, u.s.w."? Aber was meint er damit? Das "u.s.w." setzt ja eben schon das Beherrschen einer Technik voraus. [Z 308.]

412. Wie kann man denn, was jemand tut, der jene Regel fortsetzt, beschreiben? – Man kann die Regel angeben; dem nämlich, der sie schon gebrauchen kann. Und wer kann sie gebrauchen? Der, welcher auf 1 + 1   1 + 1 + 1 schreibt, und darauf 1 + 1 + 1 + 1. – Und kann ich jetzt enden "u.s.f."? Das würde ja heißen: "und überhaupt nach dieser Regel weitergeht."

413. Ich kann nicht beschreiben, wie eine Regel (allgemein) zu verwenden ist, als indem ich dich *lehre*, *abrichte*, eine Regel zu verwenden. [Z 318.]

414. Ich kann nun z.B. einen solchen Unterricht im Sprechfilm aufnehmen. Der Lehrer wird manchmal sagen "So ist es recht". Sollte der Schüler ihn fragen "Warum?" – so wird er nichts, oder doch nichts Relevantes antworten, auch nicht das: "Nun, weil wir's Alle so machen"; das wird nicht der Grund sein. [Z 319.]

415. Man sagt nicht "Es dürfte sich so verhalten; verhält sich aber anders". Oder: "Ich nehme an, er kommt morgen; er wird aber tatsächlich nicht kommen."

416. Die Linie liegt schon in der *Annahme* anders, als du denkst.

Ich möchte sagen: In den Worten "Angenommen, ich glaube das" setzt du schon die ganze Grammatik des Wortes "glauben" voraus. Du nimmst nicht etwas an, was dir, sozusagen, eindeutig durch ein Bild gegeben ist, so daß du dann eine andere als die gewöhnliche Behauptung an diese Annahme anstückeln kannst. *Du wüßtest gar nicht*, was du hier annimmst, wenn dir nicht schon die Verwendung von "glauben" geläufig wäre. [Vgl. PU II, x, S. 192e.]

417. Es ist die unsichtbare Anwendung, die hier ihr Gesicht zeigt.

Der besondern Technik sind wir uns nicht bewußt, sie fließt sozusagen unterirdisch, ohne daß wir sie merken, dahin; und wir werden uns ihrer nur dort plötzlich bewußt, wo sie mit unsrer falschen Vorstellung offen in Widerspruch tritt. Wo wir etwa merken, ein Satz habe keinen Sinn, wir wissen gar nicht, was wir mit ihm anfangen sollten, ein Satz von dem dies nicht ohne weiteres zu vermuten war. Kann man dem Arzt als Symptom einer geistigen Erkrankung mitteilen "Ich glaube ..."? – Wohl aber etwa: "Ich glaube immer Stimmen zu hören."

"Ich nehme immer an, er sei mir untreu, er ist es aber nicht."

Die Linie des Begriffs scheint jäh abgebrochen! –

418. "Der Satz 'Ich glaube es, und es ist nicht wahr' *kann doch die Wahrheit sein*. Wenn ich es nämlich wirklich glaube, und sich dieser Glaube als falsch herausstellt."

419. Ich sage vom Andern "Er scheint zu glauben ..." und Andere sagen es von mir. Nun, warum sage ich's nie von mir, auch wenn die Andern es *mit Recht* von mir sagen? Ebenso: "Es ist offenbar, er glaubt ..." Sehe ich mich selbst denn nicht? – Man kann es sagen. [PU II, x, S. 191f.]

420. A: "Ich glaube, es regnet." – B: "Ich glaube es nicht." – Nun, sie widersprechen einander ja nicht; Jeder sagt bloß etwas über sich selbst aus.

421. "Es gibt kein bläuliches Gelb." Ähnlich dem Satz "Es gibt kein regelmäßiges Zweieck"; eine Aussage der Farbengeometrie könnte man es nennen, d.h. ein begriffsbestimmender Satz.

422. Wenn ich Einen gelehrt hätte, die sechs primären Farbnamen zu gebrauchen und die Silbe "lich", so könnte ich ihm Befehle geben, wie "Male hier ein grünliches Weiß!" – Einmal aber sage ich ihm "Mal ein rötliches Grün!" Ich beobachte seine Reaktion. Vielleicht wird er Grün und Rot mischen und von dem Resultat nicht befriedigt sein; vielleicht endlich sagen: "Es gibt kein rötliches Grün." – Analog hätte ich ihn dazu bringen können, mir zu sagen "Ein regelmäßiges Zweieck gibt es nicht!" oder "Eine Quadratwurzel aus –25 gibt es nicht".

423. Zwischen Grün und Rot, will ich sagen, sei eine *geometrische* Leere, nicht eine physikalische. [Z 354.]

424. Aber entspricht dieser also nichts Physikalisches? Das leugne ich nicht. (Und wenn es bloß unsre Gewöhnung an *diese* Begriffe, an diese Sprachspiele wäre. Aber ich sage nicht, daß es so ist.) Wenn wir einem Menschen die und die Technik durch Exempel beibringen, – daß er dann mit einem bestimmten neuen Fall *so* und nicht *so* geht, oder daß er dann stockt, daß für ihn also dies und nicht jenes die 'natürliche' Fortsetzung ist, ist allein schon ein höchst wichtiges Naturfaktum. [Z 355.]

425. "Aber wenn ich mit 'bläulichgelb' grün meine, so fasse ich eben diesen Ausdruck anders als nach der ursprünglichen Weise auf. Die ursprüngliche Auffassung bezeichnet einen andern und eben *nicht gangbaren* Weg."

Was ist aber hier das richtige Gleichnis? das vom physisch nicht gangbaren Weg, oder vom Nicht-Existieren des Weges? Also das Gleichnis der physikalischen, oder der mathematischen Unmöglichkeit? [Z 356.]

426. Wir haben ein System der Farben wie ein System der Zahlen.

Liegen die Systeme in *unserer* Natur, oder in der Natur der Dinge? Wie soll man's sagen? – *Nicht* in der Natur der Zahlen oder Farben. [Z 357.]

427. Hat denn dieses System etwas Willkürliches? Ja und nein. Es ist mit Willkürlichem verwandt und mit Nicht-Willkürlichem. [Z 358.]

428. Es leuchtet auf den ersten Blick ein,[1] daß man nichts als Zwischenfarben von Rot und Grün anerkennen will. (Und ob es dem

[1] Im Typoskript vielleicht fehlerhaft: "Es leuchtet aus dem ersten Bild ein," (*Herausg.*)

Menschen immer so einleuchtet, oder erst nach Erfahrung und Erziehung, ist hier gleichgültig.) Was würden wir von Menschen denken, die ein 'Rötlichgrün' kennten (etwa Olivgrün so nennen)? Und was heißt *das*: "Die haben dann überhaupt einen andern Begriff der Farbe"? Als wollten wir sagen: "Es wäre eben dann nicht *dieser*, sondern ein anderer" – indem wir auf unsern zeigen. Als gäbe es also einen *Gegenstand*, dem der Begriff eindeutig angehörte. [Die ersten zwei Sätze: Z 359.]

429. Die Leute kennen ein Rötlichgrün. Aber es *gibt* doch gar keins! – Welcher sonderbare Satz. – (Wie weißt du's nur?) [Z 362.]

430. (Das Bild, das den Begriff charakterisiert, wäre etwas wie eine algebraische Formel.)

431. Sagen wir's doch so: Müssen denn diese Leute die Diskrepanz merken? Vielleicht sind sie zu stumpf dazu. Und dann wieder: vielleicht auch nicht.—[Z 363.]

432. Ja aber hat denn die Natur hier gar nichts mitzureden?! Doch – nur macht sie sich auf andere Weise hörbar.

"Irgendwo wirst du doch an Existenz und Nichtexistenz anrennen!" – Das heißt aber doch an *Tatsachen*, nicht an Begriffe. [Z 364.]

433. Es ist eine Tatsache von der höchsten Wichtigkeit, daß eine Farbe, die wir (z.B.) "rötlichgelb" zu nennen geneigt sind, sich wirklich durch Mischung (auf verschiedene Weise) von Rot und Gelb erzeugen läßt. Und daß wir nicht im Stande sind, eine Farbe, die durch Mischen von Rot und Grün entstanden ist, ohne Weiteres als eine zu erkennen, die sich so erzeugen läßt. (Was aber bedeutet "ohne Weiteres" hier?)

Es könnte Leute geben, die ein regelmäßiges 97-Eck ohne zu zählen auf einen Blick als solches erkennen. [a: Z 365.]

434. Begriffe mit einer Malweise verglichen: Ist denn auch nur unsere Malweise willkürlich? Können wir uns einfach entscheiden, die der Ägypter anzunehmen? Oder handelt sich's da nur um hübsch und häßlich? [Vgl. PU II, xii, S. 230c.]

435. Haben wir denn die menschliche Sprache *erfunden*? So wenig, wie das Gehen auf zwei Beinen. Es ist eine wichtige Tatsache, wenn sich's so verhält, daß Menschen, die, den großen Bären etwa in Strichen wiedergeben sollen, dies, wenn sie sich selbst überlassen sind,

immer, oder meistens, auf eine bestimmte Weise und nie auf eine bestimmte andere tun.

Aber heißt *das*: die Konstellation so sehen? Liegt darin z.B. schon die Möglichkeit eines Umschlagens des Aspekts? Denn es ist ja das Umschlagen, dessen Ähnlichkeit mit einem Wechseln des Gesichtsobjekts wir empfinden.

436. Wenn nicht der Wechsel des Aspekts vorläge, so gäbe es nur eine *Auffassung*, nicht ein so oder so *sehen*.

437. Das scheint absurd. Als wollte man sagen "Wenn ich nur immer mit Kohle heize, und nicht auch manchmal mit etwas anderem, so heize ich auch nicht mit Kohle".

Aber kann man nicht sagen: "Wenn es nur *eine* Substanz gäbe, so hätte man keinen Gebrauch für das Wort 'Substanz'"? Aber das heißt doch: Der Begriff 'Substanz' setzt den Begriff 'Unterschied der Substanz' voraus. (Wie der des Schachkönigs den des Schachzuges, oder wie der der *Farbe* den der *Farben*.) [b: Z 353.]

438. Ich teile Einem etwas anderes mit, wenn ich ihm sage:

(a) daß in der Zeichnung, die er nicht sieht, die und die Form enthalten ist –

(b) daß in der Zeichnung, die er sieht, die Form enthalten ist, die er noch nicht bemerkt –

(c) daß ich gerade entdeckt habe, die Zeichnung, die mir wohlbekannt war, enthielte diese Form –

(d) daß ich jetzt gerade die Zeichnung in diesem Aspekt sehe.

Jede dieser Mitteilungen hat ein anderes Interesse.

439. Die erste ist eine teilweise Beschreibung eines wahrgenommenen Gegenstands, etwa analog der "Ich sehe dort etwas Rotes".

Die zweite ist, was ich eine "geometrische Mitteilung" nennen will. Sie ist im Gegensatz zur ersten zeitlos. Die Entdeckung, daß es sich so verhält, ist von der Art mathematischer Entdeckungen.

440. Aber könnte die Mitteilung nicht auch in temporaler Form gemacht werden? Etwa so: "Wenn du diese Zeichnung hin und her wendest, wirst du *diese* Form in ihr sehen, ohne daß sich die Linien bewegt zu haben scheinen." Daß wir dies Faktum begriffsbestimmend verwenden, ist damit noch nicht gesagt.

441. Wie macht man denn die *Entdeckung*? Etwa so: Man zieht auf durchscheinendem Papier – vielleicht rein zufällig – gewisse Linien

der Zeichnung nach. Dann sieht man: das ist ja ein Gesicht! Oder man macht diesen Ausruf einmal beim Anblick der Zeichnung und zieht dann jenen Linien nach. – Und wo ist hier die *Entdeckung*? – Dies muß erst als Entdeckung, und insbesondere als *geometrische Entdeckung*, interpretiert werden.

442. Ein Aspekt kann mir dadurch erscheinen, daß mich Einer auf ihn *aufmerksam macht*. Wie sehr unterscheidet das doch *dieses* 'Sehen' vom Wahrnehmen der Farben und Formen.

443. Bemerken und Sehen. Man sagt nicht "Ich habe es fünf Minuten lang bemerkt".

444. "Aber sehen wir die menschlichen Gestalten auf dem Bild *wirklich*?" Wonach fragt man nur??

Es geht hier offenbar eine Störung eines Begriffs durch einen etwas verschiedenen vor sich. Ich sollte etwa fragen: "Sehe ich denn die Gestalten wirklich in demselben Sinne wie ...?" Oder auch: "Welchen Grund habe ich, hier von 'sehen' zu sprechen? und was lehnt sich etwa in mir dagegen auf?"

445. Ich möchte etwa die Frage stellen: "Bin ich mir der Räumlichkeit (Tiefe) dieses Buches, z.B., während ich es sehe, *immer bewußt*?" *Fühle* ich sie sozusagen die ganze Zeit? – Aber stell die Frage in der dritten Person. Wann würdest du sagen, er *sei* sich ihrer immer bewußt, wann das Gegenteil? – Angenommen, du fragtest ihn, – aber wie hat er gelernt, dir auf diese Frage zu antworten? – Nun, er weiß z.B., was es heißt, ununterbrochen Schmerzen zu fühlen. Aber das wird ihn hier nur verwirren, wie es auch mich verwirrt. [Vgl. PU II, xi, S. 210–211.]

446. Wenn er mir nun sagt, er sei sich der Tiefe fortwährend bewußt, – glaub ich's ihm? Und wenn er sagt, er sei sich ihrer nur von Zeit zu Zeit bewußt, wenn er etwa von ihr redet, – glaub ich ihm *das*? Es wird mir vorkommen, als ruhten diese Antworten auf falscher Grundlage. – Anders aber, wenn er mir sagt, der Gegenstand käme ihm manchmal räumlich, manchmal aber flach vor. [PU II, xi, S. 211a.]

447. Ich könnte Einem eine wichtige Botschaft zukommen lassen, indem ich ihm das Bild einer Landschaft übersende. Liest er dieses, wie eine Werkzeichnung; ich meine: *entziffert* er es? Er sieht es an und richtet sich danach. Er sieht darauf Felsen, Bäume, ein Haus, etc.

448. (Die Situation ist hier die der praktischen Notwendigkeit, aber das Verständigungsmittel eines, dem nichts von Verabredung, Definition, und dergleichen anhängt, und das sonst nur quasi poetischen Zwecken dient. Aber es dient eben auch die gewöhnliche Wortsprache poetischen Zwecken.)

449. Die Aspekte des F: Es ist quasi, wie wenn eine *Vorstellung* mit dem Gesichtseindruck in Berührung käme und für eine Zeit in Berührung bliebe. [Vgl. PU II, xi, S. 207b.]

450. Der Fall des schwarzen und weißen Kreuzes aber ist anders und ähnlicher dem der *räumlichen* Aspekte (z.B. der Prismenzeichnung).

451. Die Versuchung, zu sagen "Ich sehe es *so*", indem man bei "es" und "so" auf das Gleiche zeigt. [Vgl. PU II, xi, S. 207e.]

452. Der Begriff 'sehen' macht einen wirren Eindruck. Nun, so ist er. – Ich sehe in die Landschaft; mein Blick schweift, ich sehe allerlei klare und unklare Bewegung; *dies* prägt sich mir klar ein, *jenes* nur ganz verschwommen. Wie gänzlich zerrissen uns doch erscheinen kann, was wir sehen! Und nun sieh, was eine "Beschreibung des Gesehenen" heißt! Aber das ist es, was wir so nennen. Wir haben nicht einen wirklichen, respektablen Fall so einer Beschreibung und sagen: "Nun, das Übrige ist eben noch unklarer, harrt noch der Klärung, oder muß einfach als Abfall in den Winkel gekehrt werden." [PU II, xi, S. 200a.]

453. Es ist hier für uns die ungeheure Gefahr, feine Unterschiede machen zu wollen. Ähnlich ist es, wenn man den Begriff des physikalischen Körpers aus dem 'wirklich Gesehenen' erklären will. Es ist vielmehr das uns wohlbekannte Sprachspiel *hinzunehmen*, und *falsche* Erklärungen sind als solche zu kennzeichnen. Das primitive, uns ursprünglich beigebrachte Sprachspiel bedarf keiner Rechtfertigung, falsche Versuche der Rechtfertigung, die sich uns aufdrängen, bedürfen der Zurückweisung. [Vgl. PU II, xi, S. 200b.]

454. Die Begriffsverhältnisse liegen sehr kompliziert.

455. Es ist immer zu trennen der Ausdruck von der Technik. Und der Fall, wenn wir die Technik angeben können, von dem, wenn wir sie nicht angeben können.

456. Ich könnte wohl sagen: "Meine Gedanken gehen von *diesem* Bild natürlich zu wirklichem Gras, zu wirklichen Tieren hin: von jenem Bild nie."

457. Man sagt beim Anschauen des Bildes: "*Siehst du* nicht ein Eichhörnchen!" – "*Fühlst* du nicht die Weichheit dieses Pelzes!" – Und man sagt dies bei gewissen Bildern, bei andern nicht.

458. Auf die Idee des Bildwesens, welche nicht unähnlich einer mathematischen Idee ist, komme ich durch *gewisse* Darstellungsweisen, unter *gewissen* Umständen. Wenn jemand ein von mir geschriebenes Blatt sieht, so wird er, wenn er Lateinschrift lesen und schreiben kann, es leicht ziemlich genau kopieren können. Er braucht es nur lesen und wieder schreiben. Trotz der Abweichungen der Handschrift wird er mit Leichtigkeit ein halbwegs gutes Bild der Linien auf meinem Blatte hervorbringen. Hätte er Lateinschrift nicht lesen und schreiben gelernt, so wäre es ihm nur mit größter Mühe gelungen, jene verschlungenen Linien zu kopieren. Soll ich nun sagen: wer dies gelernt hat, *sähe* das beschriebene Blatt ganz anders, als ein Anderer? – Was wissen wir davon? Es könnte ja sein, daß wir Einem, ehe er schreiben und lesen gelernt hatte, jenes Blatt zu kopieren gaben; und dann wieder, nachdem er schreiben und lesen gelernt hatte. Und er wird uns dann vielleicht sagen: "Ja, jetzt sehe ich diese Linien ganz anders." Er wird auch vielleicht erklären: "Jetzt sehe ich eigentlich nur die Schrift, die ich gerade lese; alles andere ist Drum und Dran, was mich nichts angeht und ich kaum bemerke." Nun, das heißt: er sieht das Bild anders – wenn er nämlich wirklich auch anders darauf reagiert.

Ebenso wird, wer lesen gelernt hat, von dem Blatt, das nach der Länge und Quere beschrieben ist, einen andern Bericht geben können, als wer nicht lesen kann. Und Analoges gilt vom Sprechen und den begleitenden Geräuschen.

459. Es gibt da die Antwort "Ich habe ein J[1] noch nie daraufhin angeschaut."

460. Denke, Einer antwortete: "Für mich schaut es *immer* in dieser Richtung." – Würden wir seine Antwort nun annehmen? Sie würde uns zu behaupten scheinen, er denke, wann immer er diesen Buchstaben sieht, an solche Zusammenhänge (ganz so, wie man sagt: "Wenn immer ich diesen Menschen sehe, muß ich daran denken, wie er . . .").

[1] Im Typoskript kommt kein Buchstabe an dieser Stelle vor. Wir haben diesen Buchstaben nach der entsprechenden Manuskriptstelle kopiert. (*Herausg.*)

461. Aber wenn wir nun das Bild eines Gesichts, oder ein wirkliches Gesicht sehen, – kann man hier auch sagen: Ich sehe es nur solange in dieser Richtung schauen, als ich mich *so* damit beschäftige? – Was ist der Unterschied? Die Mitteilung "Dieses Gesicht schaut nach rechts" ist, für gewöhnlich, eine über die Lage des Gesichts. Ich mache sie Einem, der selbst das Gesicht nicht sieht. Es ist die Mitteilung einer Wahrnehmung.

462. Zeigt dies nun aber, daß es sich in diesen Fällen um ein 'Sehen' nicht handeln kann – sondern etwa um ein Denken? Dagegen spricht schon, daß man überhaupt von einem Sehen reden will. – Soll ich also sagen, es ist hier ein Phänomen zwischen Sehen und Denken? Nein; aber ein Begriff, der zwischen dem des Sehens und dem des Denkens liegt, d.h., mit beiden Ähnlichkeit hat; und Phänomene, die mit denen des Sehens und Denkens verwandt sind (z.B. das Phänomen der Äußerung "Ich sehe das F nach rechts schauen").

463. Wie merkt man, daß die Menschen räumlich *sehen*? Ich frage Einen, wie das Terrain liegt, das er überschaut. "Liegt es *so*?" (räumliche Geste) – "Ja." – "Woher weißt du das?" – "Es ist nicht neblig, ich sehe ganz klar." – Es werden keine Gründe für die *Vermutung* angegeben. Es ist uns einzig natürlich, das Geschaute räumlich darzustellen; während es für die ebene Darstellung, sei es durch Zeichnung oder durch Worte, besonderer Übung und eines Unterrichts bedarf. Die Sonderbarkeit der Kinderzeichnungen. [PU II, xi, S. 198d.]

464. Was fehlt dem, der die Frage nicht versteht, nach welcher Seite der Buchstabe F schaue, wo ihm etwa eine Nase zu malen wäre?

Oder dem, der nicht findet, beim öftern Wiederholen eines Wortes gehe diesem etwas verloren; seine Bedeutung; und es werde nun ein bloßer Klang?

Wir sagen "Zuerst war etwas da wie eine Vorstellung".

465. Ist es dies, daß er einen Satz nicht wie die Verstehenden genießen, beurteilen kann; daß der Satz für ihn nicht lebt (mit allem, was das in sich schließt); daß das Wort nicht das Aroma seiner Bedeutung hat? Daß er sich also in vielen Fällen anders zu einem Wort verhält als wir? – Es *könnte* so sein.

466. Wenn ich aber eine Melodie mit Verständnis höre, geht da nicht etwas Besonderes in mir vor – was nicht vorgeht, wenn ich sie verständnislos höre? Und *was*? – Es kommt keine Antwort; oder was

mir einfällt, ist abgeschmackt. Ich kann wohl sagen: "Jetzt habe ich sie verstanden", und nun etwa über sie reden, sie spielen, sie mit andern vergleichen, etc. *Zeichen* des Verständnisses mögen das Hören begleiten. [Z 162.]

467. Es ist falsch, das Verstehen einen Vorgang zu nennen, der das Hören begleitet. (Man könnte ja auch die Äußerung davon, das ausdrucksvolle Spiel, nicht eine Begleitung des Hörens nennen.) [Z 163.]

468. Denn wie läßt sich erklären, was 'ausdrucksvolles Spiel' ist? Gewiß nicht durch etwas, was das Spiel begleitet. – Was gehört also dazu? Eine Kultur, möchte man sagen. – Wer in einer bestimmten Kultur erzogen ist, – dann auf Musik so und so reagiert, dem wird man den Gebrauch des Wortes "ausdrucksvolles Spiel" beibringen können. [Z 164.]

469. Das Verstehen eines Themas ist weder eine Empfindung, noch eine Summe von Empfindungen. Es ein Erlebnis zu nennen, ist aber dennoch insofern richtig, als *dieser* Begriff des Verstehens manche Verwandtschaften mit andern Erlebnisbegriffen hat. Man sagt "Ich habe diese Stelle diesmal ganz anders erlebt". Aber doch 'beschreibt' dieser Ausdruck 'was geschah' nur für den, der mit einem besondern Begriffssystem vertraut ist. (Analogie: "Ich habe die Partie gewonnen.")[1] [Z 165.]

470. Beim Lesen schwebt mir *das* vor. So geht also etwas beim Lesen vor sich . . .? Diese Frage führt ja nicht weiter. [Z 166.]

471. Wie kann mir doch das vorschweben? Nicht in den Dimensionen, an die du denkst. [Z 167.]

472. Gewisses am Sehen kommt uns rätselhaft vor, weil uns das ganze Sehen nicht rätselhaft genug vorkommt. [PU II, xi, S. 212f.]

473. Daß jemand einen deutlich gemalten Würfel räumlich sieht, wissen wir Alle. Er kann, was er sieht, vielleicht nicht einmal anders als räumlich beschreiben. Und, daß Einer so ein Bild auch flach sehen *könnte*, ist klar. Wenn er nun abwechselnd das Bild einmal so, einmal so sieht, hat er das Erlebnis eines Wechsels des Aspekts. Was ist dann

[1] Var. "Aber doch sagt dieser Ausdruck *'was geschah'* nur für den (also auch nur für den Sprecher), der in einer besondern, diesen Situationen angehörigen Begriffswelt zu Hause ist."

daran das Staunenerregende? – Ist es dies: daß hier der Bericht "Ich sehe jetzt..." nicht mehr Bericht über den wahrgenommenen Gegenstand sein kann. Denn früher war ja "Ich sehe auf diesem Bild einen Würfel" der Bericht über den Gegenstand, welchen ich anblicke.

474. Das Unbegreifliche ist ja doch, daß sich *nichts* geändert hat, und sich doch *Alles* geändert hat. Denn nur so kann man es ausdrücken. Nicht *so*: es habe sich in *einer* Beziehung nicht verändert, wohl aber in einer andern. Daran wäre nichts Seltsames. "Es hat sich nichts geändert" heißt aber: Ich habe kein Recht, meinen Bericht über das Gesehene zu ändern, ich sehe nach wie vor dasselbe – bin aber, auf unbegreifliche Weise, gezwungen ganz verschiedenes zu berichten.

475. Und es ist nicht *so*: Ich sehe das Bild eben als einen der unendlich vielen Körper, dessen Projektion es ist; – sondern *nur* als *diesen* – oder als *diesen*. Das Bild *ist* also abwechselnd der eine und der andere.

476. Wir haben jetzt ein Sprachspiel, das in merkwürdiger Weise *gleich*, und in merkwürdiger Weise *verschieden* von dem frühern ist. Die Konsequenzen aus dem Ausdruck "Ich sehe jetzt..." sind nun gänzlich andere; obwohl doch wieder enge Verwandtschaft der Sprachspiele besteht.

477. Daß das Auge (der Punkt in unserm Bild) in einer Richtung blickt, hätte uns gar nicht in Staunen versetzt – bis es die Blickrichtung *geändert* hatte.

478. Die Frage liegt nahe: Könnten wir uns Menschen denken, die nie etwas *als etwas* sähen? Würde diesen ein wichtiger Sinn fehlen; ähnlich als wären sie farbenblind oder als fehlte ihnen absolutes Gehör? Nennen wir solche Menschen einmal "gestaltblind" oder "aspektblind".

479. Da wird es sich fragen, für welche *Art* von Aspekt Einer blind ist. Soll ich z.B. annehmen, daß er das Würfelschema nicht einmal *so*, einmal anders im Raum sehen kann? Ist es so, so werde ich konsequenterweise annehmen müssen, er könne das Bild eines Würfels nicht als Würfel, also das Bild eines räumlichen Gegenstandes nicht als solchen sehen. Er hätte also zu Bildern überhaupt eine andere Einstellung als wir. Es könnte die sein, die wir zu einer

Blaupause haben. Er wäre z.B. im Stande, nach einer bildlichen Darstellung zu arbeiten. – Aber hier ist die Schwierigkeit, daß er ein Bild dann nie für einen räumlichen Gegenstand halten dürfte, wie wir z.B. manchmal eine Scheinarchitektur. Und *das* könnte man nicht wohl eine 'Blindheit' nennen; eher das Gegenteil. (Diese Untersuchung ist keine psychologische.)

480. Es läßt sich ja natürlich vorstellen, daß Einer nie einen Wechsel des Aspekts sieht; indem der räumliche Aspekt eines jeden Bildes für ihn immer stabil bleibt. Aber diese Annahme *interessiert uns nicht.*

481. Es ist aber denkbar, und für uns auch wichtig, daß Leute ein von dem unsern ganz verschiedenes Verhältnis zu Bildern haben könnten.

482. Wir könnten uns also Einen denken, der nur ein gemaltes Gesicht als Gesicht sähe, aber nicht eines, das aus einem Kreis und vier Punkten besteht. Der also das Hasen–Entenbild nicht als Bild eines Tierkopfes sieht, und daher auch nicht den Aspektwechsel, welchen wir kennen.

483. Einer soll das Bild eines Laufenden nicht als Bild der Bewegung sehen können: Wie würde es sich zeigen? Ich nehme an, er habe *gelernt*, daß so ein Bild einen Läufer darstellt. So kann er also sagen, es sei ein Läufer; wie wird er sich dann von den normalen Menschen unterscheiden? Er wird für die Darstellung der Bewegung in einem Bild überhaupt nicht Verständnis zeigen, – werde ich annehmen. Und was würden wir Zeichen dieses mangelnden Verständnisses nennen? – Das können wir uns unschwer ausmalen. (Wenn aber ein Solcher nun jedes Bild sehen und genau kopieren könnte, so würden wir gewiß von ihm nicht sagen, sein Gesichtssinn sei mangelhaft.)

Es ist ja klar, daß der Schüler, der nur eben erst mit dem Begriff 'Spitze', 'Grundlinie', etc. Bekanntschaft gemacht hat, daß für den die Worte "Ich sehe jetzt *das* als Spitze – jetzt *das*" keinen Sinn haben werden. Aber das meinte ich nicht als einen Erfahrungssatz. [b: Vgl. PU II, xi, S. 208e.]

484. Nur von dem würde man sagen, er sehe es jetzt *so*, jetzt *so*, der *im Stande ist*, mit Geläufigkeit allerlei Anwendungen von der Figur zu machen. [PU II, xi, S. 208e.]

485. Wie seltsam aber, daß dies die Bedingung sein soll, daß er das und das *erlebt*! Du sagst doch nicht, daß nur der Zahnschmerzen hat,

der das und das zu tun im Stande sei. Woraus eben folgt, daß wir's hier nicht mit dem selben Erlebnisbegriff zu tun haben.

Der Erlebnisbegriff ist jedesmal ein anderer, wenn auch ein verwandter. [PU II, xi, S. 208f.]

486. Wir sprechen, machen Äußerungen, und erst *später* erhalten wir ein Bild von ihrem Leben. [PU II, xi, S. 209a.]

487. Man könnte sich aber diese Art und Weise denken, dem Schüler jenes Sehen beizubringen: Man zeichnet zu dem Dreieck ein zweites hin, welches das noch nicht umgestürzte ist.[1]  Später läßt man dies aus und er kann nun das Dreieck als umgefallen sehen. – Muß er denn aber diese Illustration verstehen, oder doch richtig sehen? – Es könnte sein, daß sie ihn nur noch verwirrt.

Wem jene Illustration nichts sagt, zu dem werden auch andere Bilder nicht sprechen wie zu uns, er wird auf sie nicht so reagieren wie wir. (Nicht erfahrungsmäßig.) Analogie mit dem Bild des laufenden Pferdes.

488. Es ist nichts weniger als selbstverständlich, daß wir mit zwei Augen 'räumlich' sehen. Wenn die beiden Gesichtsbilder in eins verschmelzen, könnte man sich als Resultat ein verschwommenes erwarten, analog einer verwackelten Photographie. [PU II, xi, S. 213b.]

489. Eine Geheimsprache, die ich mit Einem vereinbare, worin "Bank" Apfel bedeutet. Gleich nach der Vereinbarung sage ich ihm "Schaff diese Bänke fort!" – Er versteht mich und tut es; aber das Wort "Bank" kommt ihm in dieser Verwendung noch immer fremdartig vor, und er mag bei ihm die Vorstellung von einer Bank haben. [Vgl. PU II, xi, S. 214f.]

490. Was würde man von dem sagen, der das Würfelschema nicht einmal als stehende, einmal als liegende Schachtel sehen kann? Ist dies nicht, wenn es ein Defekt ist, eher einer der Phantasie, als des Gesichtssinns?

[1] Im Typoskript kommt kein Bild vor. Dieses Bild haben wir dem Manuskript entnommen. (*Herausg.*)

491. Aber welch merkwürdige Methode! – Ich bilde einen Begriff und frage mich, wie er konsequent durchzuführen wäre. Was "seine konsequente Durchführung" für uns zu heißen verdiente. Wir sehen ein Gemälde zwar räumlich, es wäre uns nicht leicht, es als Aggregat ebener Farbflächen zu beschreiben, aber was wir im Stereoskop sehen, schaut noch ganz anders räumlich aus. Wer eine Photographie betrachtet, von Menschen, Häusern, Bäumen etwa, dem scheint Räumlichkeit an ihr nicht abzugehen! ((Zu der Bemerkung über das räumliche Sehen mit beiden Augen.)) [Vgl. PU II, xi, S. 213a.]

492. Ich kann das Würfelschema als Schachtel sehen, aber *nicht*: einmal als Papier-, einmal als Blechschachtel. – Was sollte ich dazu sagen, wenn jemand mich versicherte, er könnte die Figur als *Blech*schachtel sehen? Sollte ich antworten, das sei kein *Sehen*? Aber, wenn nicht sehen, könnte er es also *empfinden*?

Es wäre natürlich plausibel, zu antworten: nur was in Wirklichkeit gesehen werden könnte, könne man sich so *visuell* vorstellen. ((Das Wissen im Traum.)) [Vgl. PU II, xi, S. 208b.]

493. Die Erfahrung, wenn man aus dem Kino auf die Straße tritt, und Straße und Menschen sieht, als wären sie auf dem Lichtschirm und Teil einer Filmhandlung. Woran liegt es? *Wie* sieht man die Straße und die Menschen? Ich könnte nur sagen: ich habe z.B. den flüchtigen Gedanken "Vielleicht wird *dieser* Mann eine Hauptperson im Stück sein". Aber das allein ist es nicht. Meine Einstellung ist irgendwie die zu den Vorgängen auf der Leinwand. Etwa wie eine milde Neugierde, ein Vergnügen. – Aber das alles kann ich zuerst gar nicht sagen.

494. Gehört dazu, etwas als Variation eines bestimmten Themas zu hören, nicht Phantasie? Und doch nimmt man dadurch etwas wahr. [PU II, xi, S. 213c.]

495. "Stell dir *das* so geändert vor, so hast du das andere." Im allgemeinen möchte man sagen, die Vorstellungskraft könne ein Bild, eine Demonstration ersetzen. [Vgl. PU II, xi, S. 213d.]

496. Die Aspekte des doppelten Kreuzes kann man einfach dadurch ausdrücken, daß man einmal auf ein weißes Kreuz, einmal auf ein schwarzes zeigt, darauf also, worauf man auch bei der Frage wiese "Ist in der Figur auf diesem Papier *dies* enthalten?" – Die gleiche Frage könnte man bezüglich des Hasen-Enten-Bildes stellen. Es ist aber auch klar, daß hier jeder Fall etwas von dem andern abweicht.

Denn, um die Aspekte dieses Bilds auszudrücken, zeigt man z.B. auf etwas, was nicht im Bild enthalten ist, wie das schwarze Kreuz im Doppelkreuz.

497. Du redest doch vom *Verstehen* der Musik. Du verstehst sie doch, *während* du sie hörst! Sollen wir davon sagen, es sei ein Erlebnis, welches das Hören begleite? [Z 159.]

498. Ich gebe Zeichen des Entzückens und des Verständnisses.

Ist es Wortklauberei: Freude, Genuß, Entzücken seien nicht Empfindungen? – Fragen wir uns einmal: Wieviel Analogie besteht denn zwischen dem Entzücken und dem, was wir z.B. "Sinnesempfindungen" nennen? [a: Z 515; b: Z 484.]

499. Das Bindeglied zwischen ihnen wäre der Schmerz. Denn sein Begriff ähnelt dem der Tastempfindung, z.B. (durch die Merkmale der Lokalisierung, echten Dauer, Intensität, Qualität) und zugleich dem der Gemütsbewegungen durch den Ausdruck (Mienen, Gebärden, Laute). [Z 485.]

500. Wie weiß ich, daß Einer entzückt ist? Wie lernt man den sprachlichen Ausdruck des Entzückens? Woran knüpft er sich? An den Ausdruck von Körperempfindungen? Fragen wir Einen, was er in der Brust, in den Gesichtsmuskeln spürt, um herauszufinden, ob er Genuß empfindet? [Z 168.]

501. Heißt das aber, es gäbe nicht doch Empfindungen, die oft beim Genießen der Musik wiederkehren? Durchaus nicht. (Bei manchen Stellen mag ihm das Weinen kommen und er spürt es im Kehlkopf.)

Ein Gedicht macht uns beim Lesen einen Eindruck. "Fühlst du dasselbe, während du es liest, wie wenn du etwas Gleichgültiges liest?" – Wie habe ich auf diese Frage antworten gelernt? Ich werde vielleicht sagen: "Natürlich nicht!" – was soviel heißt wie: mich ergreift *dies*, und das andere nicht. "Ich erlebe dabei etwas anderes." – Und welcher Art ist dies? – Ich kann nichts Befriedigendes antworten. Denn, was ich angebe, ist nichts Wichtiges. – "Hast du aber nicht *während* des Lesens genossen?" Freilich – denn die entgegengesetzte Antwort hieße: ich hätte es früher, oder später genossen; und das will ich nicht sagen.

Aber nun erinnerst du dich an gewisse Empfindungen und Vorstellungen und Gedanken beim Lesen, und zwar solche, die für das Genießen, für den Eindruck nicht irrelevant waren. – Aber von denen möchte ich sagen, sie hätten ihre Richtigkeit nur durch ihre Umgebung erhalten: durch das Lesen des Gedichts, durch meine

Kenntnis der Sprache, des Metrums und unzähliger anderer Dinge. (Diese Augen lächeln nur in *diesem* Gesicht und in *diesem* zeitlichen Zusammenhang.)

Du mußt dich doch fragen, wie haben wir den Ausdruck "Ist das nicht herrlich!" (z.B.) überhaupt gelernt? – Niemand erklärte ihn uns, indem er sich auf Empfindungen, Vorstellungen, oder Gedanken bezog, die das Hören begleiten! Ja, wir würden nicht bezweifeln,[1] daß er's genossen hat, wenn er keine solchen Erlebnisse anzugeben wüßte; wohl aber, wenn es sich zeigte, daß er gewisse Zusammenhänge nicht versteht. [a: Vgl. Z 169; b, c, d: Vgl. Z 170.]

502. Aber zeigt sich das Verständnis nicht z.B. darin, mit welchem Ausdruck Einer das Gedicht liest, die Melodie singt? Gewiß. Aber was ist nun hier das Erlebnis während des Lesens? Da müßte man ja sagen: der genieße und verstehe es, der es gut gelesen hört, oder in den Sprechorganen fühlt. [Z 171.]

503. Man kann auch vom Verstehen einer musikalischen Phrase sagen, es sei das Verstehen einer *Sprache*. [Z 172.]

504. Ich denke an eine ganz kurze von nur zwei Takten. Du sagst "Was liegt nicht alles in ihr!" Aber es ist nur, sozusagen, eine optische Täuschung, wenn du denkst, beim Hören gehe vor, was in ihr liegt. (Denk doch daran, daß wir manchmal sagen, und ganz mit Recht: "Es kommt drauf an, *wer's* sagt.") (Nur in dem Fluß der Gedanken und des Lebens haben die Worte Bedeutung.) [Z 173.]

505. Nicht *das* enthält die Täuschung: "*Jetzt* habe ich's verstanden." – und nun folgt vielleicht eine lange Erklärung dessen, was ich verstanden habe. [Z 174.]

506. Wie hängt das Sehen eines Aspekts zusammen mit der Fähigkeit zu operieren (z.B. in der Mathematik)? Denk an das räumliche Sehen in der darstellenden Geometrie und das Operieren in der Zeichnung. Er bewegt sich mit dem Stift auf der Zeichenfläche, als bewegte er sich im wirklichen Körper. Wie aber kann das ein Beweis des *Sehens* sein?

Nun, ist es uns nicht auch ein Beweis des Sehens, wenn sich Einer mit Sicherheit im Zimmer umherbewegt? Es gibt eben verschiedene Kriterien des Sehens. Frag dich: Muß Einer, der Tiere, Menschen, und allerlei Gegenstände gut nach Vorstellung oder Erinnerung zeichnen kann, sie dazu vor dem innern Auge sehen? Die Antwort könnte sein: "In so einem Fall *sagen* wir eben . . ." – aber auch: "Man muß den Zeichner fragen, ob er's tut oder nicht."

[1] Im TS: "verzweifeln". (*Herausg.*)

507. Es ist nun ein Zusammenhang zwischen Aspekt und Phantasie.

508. Die Aspekte von Mantel und Grundfläche. Was fehlt dem, der für sie blind wäre? – Es ist nicht unsinnig, zu antworten: Vorstellungskraft.

509. Bedenke, daß es für einen Aspekt oft ein 'treffendes' Wort gibt.

Läßt man z.B. Einen das Doppelkreuz ansehen und berichten, welchen der *beiden* Aspekte (schwarzes Kreuz oder weißes Kreuz) er sehe, so mag es uns gleichgültig sein, ob er sagt, er sehe das eine Mal etwas wie ein weißes Windmühlchen mit vier Flügeln, das andere Mal ein stehendes schwarzes Kreuz, oder ob er das weiße Kreuz als vier gegen die Mitte gefaltete Spitzen eines Papiers sieht. Das Kreuz, welches 'jetzt' gesehen wird, kann auch als kreuzförmige *Öffnung* gesehen werden. Aber auf *diese* Unterschiede müßte es uns nicht ankommen; und man könnte also eine Unterscheidung machen zwischen 'rein optischen' und 'begrifflichen' Aspekten. ((Ähnlich könnte es bei der Erzählung eines Traums auf die besondern Worte, mit welchen die Traumsituationen beschrieben werden, ankommen, oder nicht ankommen.))

510. Man könnte nicht verstehen "Sieh F als ꟻ "[1], solange nicht noch etwas ganz anderes gesagt ist. Denn verstünde ich "Sieh dieses Dreieck als jenes Dreieck"?[2] Es muß erst eine begriffliche Verbindung bestehen.

511. "Es sieht jetzt für mich nach links – und nun wieder nach rechts." Also so, wie schon vorher? Nein; früher hatte es für mich keine *Richtung*. Ich umgab es früher nicht mit dieser Welt der Vorstellungen.

512. Die Aufmerksamkeit ist dynamisch, nicht statisch – möchte man sagen. Ich vergleiche das Aufmerken zuerst mit einem Hinstarren: das ist es aber nicht, was ich Aufmerksamkeit nenne; und will nun sagen, ich finde, man *könne* nicht statisch aufmerken. [Z 673.]

513. Einer könnte beim Anblick eines Felsens ausrufen "Ein Mann!" und nun vielleicht dem Andern zeigen, wie er in dem Felsen den Mann sieht, – wo das Gesicht, wo die Füße sind, etc. (Ein anderer könnte in der gleichen Form einen Mann in anderer Weise sehen.)

[1] Den Buchstaben haben wir nach dem Vorbild der entsprechenden Manuskriptstelle kopiert. (*Herausg.*)

[2] Im Manuskript: "Sieh △ als ◺ "? (*Herausg.*)

Man wird sagen, es sei dazu Phantasie erforderlich. Nicht aber dazu, das naturgetreue Bild eines Hundes als solches zu erkennen.

514. "Er vergleicht den Felsen mit einer menschlichen Gestalt", "Er sieht in ihm eine menschliche Gestalt" – aber nicht im gleichen Sinne: er vergleiche jenes Bild mit einem Hund, oder diese Paßphotographie mit einem Gesicht.

515. Ich sage mir beim Anblick der Photographie nicht "Das könnte man als einen Menschen ansehen". Noch beim Anblick des F: "Das könnte man als ein F ansehen."

516. Wer mir die Figur zeigte und mich fragte "Was ist das?", dem könnte ich nur *so* antworten. – Auch nicht: "Ich halte das für ein . . .", oder "Es ist wohl ein . . .". So wenig, wie ich beim Lesen in einem Buch die Buchstaben für das oder das *halte*.

517. "Ich sehe es als ein . . ." geht zusammen mit "Ich versuche es als . . . zu sehen", oder "Ich kann es noch nicht als ein . . . sehen". Du kannst aber nicht versuchen, das gewöhnliche F als dies zu sehen.

518. Einen im Geist um Rat fragen. Die Zeit schätzen, indem man sich eine Uhr *vorstellt*.

519. Im Aspekt ist eine Physiognomie vorhanden, die nachher vergeht. Es ist beinahe, als wäre da ein Gesicht, welches ich zuerst *nachahme* und dann hinnehme, ohne es nachzuahmen. – Und ist das nicht eigentlich genug der Erklärung? – Aber ist es nicht zu viel? [PU II, xi, S. 210e.]

520. Wenn ich in einem bestimmten Fall sage: die Aufmerksamkeit besteht in der Bereitschaft, jeder kleinsten Bewegung, die sich zeigen mag, zu folgen, – so siehst du schon, daß die Aufmerksamkeit nicht das starre Hinschauen ist, sondern ein Begriff anderer Art. [Z 674.]

521. Nicht den Aspektwechsel sieht man, sondern den Deutungswechsel. [Z 216.]

522. Du siehst es nicht einer Deutung, sondern einem Deuten gemäß. [Z 217.]

523. Wen man fragte "Kannst du F als ein ꟻ sehen?", der würde uns nicht verstehen. Die Frage "Kannst du es als ein Spiegel-F sehen?"

aber würde er verstehen. Und auch die: "Und kannst du es jetzt wieder als ein gewöhnliches ef sehen?" – Warum?

"Kannst du es als . . . sehen?" oder "Sieh es jetzt als ein . . .!" geht zusammen mit: "Faß es jetzt als ein . . . auf."

Nur wo dieser Befehl Sinn hat, hat jene Frage Sinn.

524. Denk, jemand sagte, auf ein gewöhnliches Druck-F zeigend, "Jetzt ist es ein ef". – Was heißt das? Hat es einen Sinn? Es hat einstweilen noch keinen. Inwiefern ist es JETZT dies? Etwa insofern es immer dies ist? Und im Gegensatz wozu? – Ich schaue auf eine Lampe und sage "Jetzt ist es eine Lampe" – was kann ich meinen?

525. Du brauchst eine neue Begriffsbrille.

526. Wer sagt "Jetzt ist es für mich ein Gesicht", den kann man fragen: "Auf welche Art der Verwandlung spielst du an?" [PU II, xi, S. 195d.]

527. Der Ausruf "Ein Hase!" ist ja verwandt mit der *Meldung* "Ein Hase".

528. Was ist denn die Äußerung des Staunens? Kann es eine stationäre Haltung sein? Kann also das Staunen ein Zustand der Ruhe sein?

529. Denk dir, man fragte: "Warum ist das Erlebnis der Überraschung nicht festzuhalten?"

530. "Das ef verschwindet und es ist ein Kreuz da; das Kreuz verschwindet und es ist ein Spiegel-F da; etc." Das ist doch der Ausdruck der Änderung der Wahrnehmung.

531. *Vergiß*, vergiß, daß du diese Erlebnisse selber hast! [Z 179.]

532. Es ist uns doch, als zeichnete unser Auge jedesmal eine andere Figur in diese Striche (auf dem Papier).

533. Verschiedene Bilder erscheinen mir. Aber *wie* verschieden? Worin verschieden? Das kann ich nur durch eine Genesis erklären.

534. Ich sage etwas; und es ist richtig; – aber nun mißverstehe ich die Verwendung, der diese Aussage gehören würde.

535. Wie spielt man denn das Spiel "Es könnte auch *das* sein"? *Das*, was die Figur auch sein könnte – und das ist das, als was sie gesehen werden kann – ist nicht einfach eine andere Figur. Es hatte darum keinen Sinn, zu sagen: F könnte auch ein ꟻ [1] sein. Oder auch: – dies könnte ganz verschiedenerlei heißen.

Jenes Spiel aber könnte man z.B. mit einem Kind spielen. Zusammen betrachten wir eine Figur; oder einen beliebigen Gegenstand (ein Möbelstück) – und nun heißt es: "Das soll jetzt ein Haus sein" – und es wird nun von ihm berichtet und erzählt, und man stellt sich zu ihm, als wäre es ein Haus, und es wird ganz als dies ausgedeutet. Dann stellt das gleiche Ding etwas anderes vor, eine andere Erfindung wird darum gewoben. [a: Vgl. PU II, xi, S. 206d; b: Vgl. PU, S. 206e.]

536. Wie wirst du wissen, ob das Kind das Ding als das *sieht*? Nun, vielleicht wird es dies spontan sagen. Etwa sagen: "Ja, *jetzt* sehe ich es als . . .". Und in *dieser* Situation, bei der lebhaften Teilnahme an der Erdichtung, wird es uns allerdings das Sehen des Aspekts bedeuten.

537. Ich will sagen: dieses Spiel ist mit dem des Sehens der Aspekte des F z.B. *verwandt*.

Daß Einer mit den Dingen, gleichsam, Theater spielen kann, ist für uns eine Vorbedingung dessen, daß er mit den Worten "Jetzt sehe ich es als . . ." das meint, was wir meinen.

538. Wie lehrst du ein Kind etwa beim Rechnen: "Jetzt nimm diese Punkte zusammen!" oder "Jetzt gehören *die* zusammen"? Offenbar muß "zusammennehmen" und "zusammengehören" ursprünglich eine andere Bedeutung für ihn gehabt haben, als die, etwas so oder so *sehen*. – Und das war eine Bemerkung über Begriffe, nicht über Unterrichtsmethoden. [PU II, xi, S. 208c.]

539. Man kann allerdings sagen "Sieh die Figur jetzt für fünf Minuten als ein . . .", wenn dies heißt: Erhalte, balanciere sie in diesem Aspekt.

540. Was verstehst du, wenn dir Einer sagt "Ich sehe es (nämlich das gewöhnliche F) als ein ef"? – Daß er es mit Aspekten zu tun hat; daß es ein labiler Zustand ist. Daß er denkt 'es könnte auch das sein'.

[1] Im Typoskript kommt kein Zeichen hier vor. Wir haben diesen Buchstaben nach der entsprechenden Manuskriptstelle kopiert. (*Herausg.*)

541. Das Sehen der Aspekte ist auf anderen Spielen aufgebaut.

542. Man redet ja von einem Rechnen in der Vorstellung. Es ist also nichts Überraschendes, daß die Vorstellungskraft der Erkenntnis dienen kann.

543. Ich will aber nicht sagen, daß der Aspekt eine Vorstellung ist. Aber daß 'einen Aspekt sehen' und 'sich etwas vorstellen' verwandte Begriffe sind. [Vgl. PU II, xi, S. 213c.]

544. Vom Sehen des Aspekts möchte man fragen: "Ist es ein Sehen? ist es ein Denken?" Der Aspekt untersteht dem Willen: schon das macht ihn dem Denken verwandt.

545. "Der Aspekt untersteht dem Willen." Er ist nicht Erfahrungssatz.[1] Es hat Sinn, zu sagen "Sieh diesen Kreis als Loch, nicht als Scheibe"; aber nicht "Sieh ihn als Viereck", oder "Sieh ihn rot".

546. Sehe ich wirklich jedesmal etwas anderes, oder deute ich nur, was ich sehe, auf verschiedene Weise? Ich bin geneigt, das erste zu sagen. Aber warum? – Deuten ist ein Denken, ein Handeln. [PU II, xi, S. 212d.]

547. Die Fälle, in welchen wir *deuten*, was wir sehen, sind leicht zu erkennen. Deuten wir, so machen wir eine Hypothese, die sich als falsch erweisen mag. "Ich sehe diese Figur als ein . . ." kann so wenig (oder nur in dem Sinne) verifiziert werden, wie die Aussage "Ich sehe ein leuchtendes Rot". Hier besteht also eine Ähnlichkeit der Verwendungen des Wortes "sehen" in beiden Zusammenhängen.

548. Denken wir, es fragte jemand: "Sehen wir Alle ein F auf die gleiche Weise?" Was könnte damit gemeint sein? – Wir könnten diesen Versuch machen: wir zeigen verschiedenen Leuten F und stellen die Frage "Wohin schaut ein F, nach rechts, oder links?" Oder: "Wenn du ein F mit einem Gesicht im Profil vergleichst, wohin schaut das Gesicht?"

Mancher aber würde vielleicht diese Frage nicht verstehen. Wie Mancher auch die Frage nicht versteht "Welche Farbe hat für dich der Vokal *a*?" – Wenn Einer sie nicht verstünde, wenn er erklärte, sie sei Unsinn, – könnten wir sagen, er verstehe nicht deutsch, oder nicht die Bedeutungen der Wörter "Farbe", "Vokal", etc.?

Im Gegenteil: Wenn er diese Worte verstehen gelernt hat, dann kann er auf jene Fragen 'mit Verständnis' oder 'ohne Verständnis' reagieren. [b: Z 185.]

[1] Im MS: '"Der Aspekt untersteht dem Willen" ist kein Erfahrungssatz.' (*Herausg.*)

549. Denk, nicht die Frage wäre gestellt worden "In welcher Richtung schaut der Buchstabe ...?" – sondern die: "Wenn du einem F oder J ein Aug und eine Nase malen solltest, wohin würde es schauen?" Dies wäre doch auch eine psychologische Frage. Und in ihr ist von einem 'so, oder anders *sehen*' nicht die Rede. Statt dessen aber von einer *Neigung*, das eine oder andere zu tun. (Es ist aber zu bedenken, wie er zu seiner Antwort auf diese Frage gelangt.) – Also ist jenes Sehen mit einer Neigung verwandt. Die Neigung kann sich ändern, oder ganz fehlen.

550. "Mit dieser Verteilung der Fenster schaut die Fassade *dorthin*."
"Die Fenster waren früher so verteilt, daß die Fassade *dorthin* sah."
Der erste Satz ist ähnlich einem geometrischen. Im zweiten dient der Begriff der 'Richtung, in welcher sie schaut' der Beschreibung der Fassade. So wie man ein Gesicht mittels der Begriffe 'fröhlich', 'mürrisch', 'mißtrauisch' beschreibt, oder eine Bewegung mit 'furchtsam', 'zögernd', 'sicher'. Und insofern dies Beschreibungen des visuell Wahrgenommenen, des Beobachteten sind, sind es auch Beschreibungen des visuellen Eindrucks. Man kann also sagen: man *sähe* das Zögern. (Wer ein Bild kopiert, dem kann man sagen "Das Gesicht ist noch nicht richtig, es ist nicht traurig genug".)

551. Wer einen Blick für Familienähnlichkeiten hat, kann erkennen, daß zwei Leute mit einander verwandt sind, auch ohne sagen zu können, worin die Ähnlichkeit besteht. (Denke an den Fall des Rechenkünstlers.)

552. Es könnte sprachunrichtig sein, zu sagen "Ich sehe Furcht in diesem Gesicht". Es würde uns gelehrt: ein furchtsames Gesicht könne man *'sehen'*; die Furcht in ihm, die Ähnlichkeit, oder Verschiedenheit zweier Gesichter *'bemerke'* man.

553. Die Verwandtschaft der beiden Begriffe zeigt sich ja in dieser Erklärung; um ihre Verschiedenheit zu erkennen, bedenke man, welchen Sinn es haben könnte zu sagen, Einer habe die Ähnlichkeit zweier Gesichter von diesem Glockenschlage bis zum nächsten gesehen. Oder denk an den Befehl: "Bemerke die Ähnlichkeit von ... bis ...!"

554. Die Beschreibung des Gesichtseindrucks kann eine Zeichnung sein. Was in der Zeichnung oben, was unten ist, ist meistens von der größten Wichtigkeit. Es könnte aber auch festgesetzt werden, in

welcher Entfernung vom Auge wir sie halten sollten. Ja auch, auf welchen Punkt der Zeichnung wir zu blicken haben, oder wie unser Blick auf ihr zu wandern habe.

555. Ich fange an, die Ähnlichkeit zu sehen, wenn sie mir 'auffällt'; und sehe ich sie dann, solange ich die ähnlichen Gegenstände sehe? Oder nur solange ich mir der Ähnlichkeit *bewußt* bin? – Fällt mir die Ähnlichkeit auf, so nehme ich etwas wahr; ich brauche mir ihrer aber nicht bewußt zu bleiben, um wahrzunehmen, daß sie sich nicht ändert.

556. Zwei Verwendungen des Berichtes "Ich sehe ...". Ein Sprachspiel: "Was siehst du dort?" – "Ich sehe ..." und es folgt eine Beschreibung des Gesehenen mit Worten, durch eine Zeichnung, ein Modell, Gebärden, etc. – Ein anderes Sprachspiel: Wir betrachten zwei Gesichter, und ich sage zum Andern: "Ich sehe eine Ähnlichkeit in ihnen."

Im ersten Sprachspiel hätte die Beschreibung z.B. lauten können: "Ich sehe zwei Gesichter, die einander ähnlich sind wie Vater und Sohn." – Man kann dies eine weit unvollständigere Beschreibung nennen, als die durch eine Zeichnung es wäre. Aber Einer könnte diese vollständigere Beschreibung geben und doch jene Ähnlichkeit nicht bemerken. Ein Anderer könnte die Zeichnung des Ersten sehen und die Familienähnlichkeit in ihr entdecken; und in gleicher Weise auch eine Ähnlichkeit des Gesichtsausdrucks. [a: Vgl. PU II, xi, S. 193a.]

557. "Als ich das Wort jetzt aussprach, bedeutete es für mich ...". Warum sollte das nicht einfach Wahnsinn sein? Weil *ich* das erlebte? Das ist kein Grund. [Z 182.]

558. Es sind ganz *besondere* Fälle: in denen das Innere mir verborgen erscheint. Und die Unsicherheit, die sich so ausdrückt, ist nicht eine philosophische, sondern eine praktische und primitive.

559. Es ist dann, als ob ich mir erst bewußt würde, daß das Innere eigentlich immer verborgen ist.

560. (Man sagt auch: Der Mensch ist mir vollkommen durchsichtig.) So ist mir also ein Mensch manchmal durchsichtig, manchmal undurchsichtig.

561. "Ich kann nie wissen, was in ihm vorgeht." – Aber muß denn etwas in ihm vorgehen? Und warum soll ich mich darum kümmern?

– Es ist aber eine wirkliche, nicht erträumte, Unsicherheit, welche uns dieses Bild nahelegt.

562. Was ist die Wichtigkeit davon, daß Einer das und das Geständnis macht? muß er denn seinen Zustand richtig beurteilen können? – Es kommt eben nicht auf einen inneren Zustand an, den er beurteilt, sondern gerade auf sein Geständnis.

(Sein Geständnis kann Gewisses erklären. Es kann z.B. meinen Verdacht von einem Andern abziehen.)

563. Die prinzipielle Unsicherheit: Ich weiß nicht, was er denkt, wenn er es nicht ausdrückt. Aber stell dir vor, er drückte es wohl aus, aber in einer Sprache, die du nicht verstehst. Er könnte es mit dem Finger einer Hand auf den Handrücken der andern klopfen, in Morsezeichen oder ähnlichen. Dann ist es doch auch geheim, und nicht *ebenso* sehr, als wäre es nie ausgedrückt worden? Die Sprache könnte ja auch von einer Art sein, wie ich sie nie lernen könnte, z.B. mit einer außerordentlich komplizierten Regelmäßigkeit.

564. Es kann Einer also seine lauten Gedanken vor mir verbergen, indem er sie in einer mir fremden Sprache ausspricht. Wo ist aber hier das verborgene Seelische?

565. Ich kann die Sprache wählen, in welcher ich denke. Nicht aber als dächte ich, und wählte die Sprache, in welche ich meine wortlosen Gedanken übertragen will.

566. Du kannst der Empfindung des Andern so *sicher* sein, wie *irgend* eines Faktums. Damit sind aber die Sätze "Er ist beglückt" und "$2 \times 2 = 4$" nicht zu ähnlichen Instrumenten geworden. Zu sagen "Die Sicherheit ist eine andere" liegt nahe, behebt aber die Unklarheit nicht. [Vgl. PU II, xi, S. 224c.]

567. "Aber schließt du eben nicht einfach vor dem Zweifel die Augen, wenn du *sicher* bist?" – Sie sind mir geschlossen.

Es ist wohl wahr: Jener Zweifel wird auf einem ganz anderen Weg erreicht, als der an einem arithmetischen Satz. Vor allem ist da die völlige Gewißheit der Grenzfall eines nach Graden verschiedenen *Glaubens*. – Und es ist eben *alles* anders. [a: PU II, xi, S. 224d.]

568. Und nun – möchte ich sagen – gibt es hier allerdings den Fall des hoffnungslosen Zweifels. Wenn ich sage: "Ich habe keine Ahnung, was er wirklich denkt –". Er ist mir ein verschlossenes Buch. Wenn das einzige Mittel, den Andern zu verstehen, wäre, die

gleiche Erziehung wie er durchzumachen, – was unmöglich ist. Und hier ist keine Verstellung. Denk dir aber Leute, deren Erziehung dahin geht, den Ausdruck der Gemütsbewegung im Gesicht und in den Gebärden zu unterdrücken, und diese Leute machen sich mir unzugänglich, indem sie laut denken in einer mir unverständlichen Sprache. Nun sage ich "Ich habe keine Ahnung von dem, was in ihnen vorgeht", und doch liegt es als äußere Tatsache vor.

569. "Ich kann nicht wissen, was in ihm vorgeht" ist vor allem ein *Bild*. Es ist der überzeugende Ausdruck einer Überzeugung. Es gibt nicht die Gründe der Überzeugung an. Diese sind nicht etwas, was man unmittelbar *sieht*. [PU II, xi, S. 223g.]

570. "Man *sieht* Gemütsbewegung." – Im Gegensatz wozu? – Man sieht nicht die Gesichtsverziehungen und *schließt* nun, er fühle Freude, Trauer, Langeweile. Man beschreibt sein Gesicht unmittelbar als traurig, glückstrahlend, gelangweilt, auch wenn man nicht im Stande ist, sonst irgend eine Beschreibung der Gesichtszüge zu geben. – Die Trauer ist im Gesicht personifiziert, möchte man sagen. Dies ist dem, was wir 'Gemütsbewegung' nennen, wesentlich. [Vgl. Z 225.]

571. Der, den ich bedeutungsblind nenne, wird wohl den Auftrag verstehen: "Sag ihm, er solle zur Bank gehen, und ich meine die Gartenbank", aber nicht: "Sag das Wort Bank und meine damit Gartenbank."

Er wird auch nicht melden können: es sei ihm beinahe gelungen, das Wort sei aber in die falsche Bedeutung ausgerutscht. Es kommt ihm auch nicht vor, als habe das Wort etwas in sich, was förmlich wie eine Schreibweise die Bedeutung fixiert; und auch nicht, daß die Schreibweise gleichsam ein Bild der Bedeutung sei. – Man ist z.B. stark versucht, zu meinen, daß der andern Schreibweise wenigstens ein geringer Unterschied der Aussprache entspricht, auch wo es gewiß nicht so ist. Es ist hier der für viele andere als Beispiel dienende Fall: daß man sich die beiden Wörter (z.B. "für" und "führ") vorspricht und sie wirklich etwas verschieden ausspricht, obwohl man es natürlich im Fluß der Rede, wenn man nichts solches denkt, nicht tut; schon darum, weil man dann jedes der beiden Wörter bei verschiedenen Anlässen ungleich ausspricht. (a: Vgl. Z 183a.]

572. Verschiedene Menschen empfinden es sehr verschieden stark, wenn die Rechtschreibung eines Worts geändert wird. Und die Empfindung ist nicht nur Pietät für einen alten Gebrauch. Wem die Orthographie nur eine praktische Frage ist, dem geht ein Gefühl ab, ähnlich wie das, welches dem "Bedeutungsblinden" mangeln würde. [Z 184.]

573. Wie konnte er das Wort in der Bedeutung hören? Wie war es möglich?! – Gar nicht – in *diesen* Dimensionen. [Z 180.]

574. Aber ist es also nicht wahr, daß das Wort für mich jetzt das bedeutet? Warum nicht? Es kommt ja dieser Sinn mit der übrigen Verwendung des Wortes nicht in Konflikt.

Es sagt Einer: "Gib ihm den Befehl . . . und *meine* damit . . .!" Was kann das heißen?

Aber warum gebrauchst du für dein Erlebnis gerade diesen Ausdruck? einen schlecht sitzenden Anzug! – Das ist der Ausdruck des Erlebnisses, wie "Der Vokal *e* ist gelb" und "Ich wußte im Traume, daß . . ." Ausdrücke anderer Erlebnisse. Ein schlecht sitzender Anzug ist es nur, wenn du ihn falsch auffaßt.

Dieser Ausdruck gehört zum Erlebnisse ebenso, wie die primitive Schmerzäußerung zum Schmerz. [a, b: Z 181.]

575. W. James: der Gedanke sei schon am Anfang des Satzes fertig. Wie kann man das wissen? Aber die *Absicht*, ihn auszusprechen, kann schon bestehen, ehe das erste Wort gesagt ist. Denn fragt man Einen "Weißt du, was du sagen willst?", so wird er es oft bejahen.

Ich habe die Absicht, dieses Thema zu pfeifen: habe ich es damit in irgendeinem Sinne, etwa in Gedanken, schon gepfiffen? [a: Z 1; b: Z 2b.]

576. Wer die Frage bejaht "Weißt du schon, was du sagen willst?", dem wird vielleicht irgend etwas vorschweben; aber wäre dies auch etwas objektiv Hörbares oder Sichtbares, so könnte man doch meistens das Beabsichtigte nicht mit Sicherheit daraus entnehmen. (Aufzeigen.)

577. Nicht Jeder, der eine Absicht hat, hat darum einen *Plan* gemacht.

578. Welche Formen geistiger Defekte wirklich existieren, kümmert *uns* nicht; aber wohl die Möglichkeiten solcher Formen. Nicht, ob es Menschen gibt, die nicht des Gedankens "Ich wollte damals . . ." fähig sind, wohl aber: wie dieser Begriff sich durchführen läßt. [Vgl. Z 183a.]

579. Wie ließe sich diese Annahme konsequent durchführen? Was würden wir eine konsequente Durchführung nennen? – Wenn du annimmst, daß Einer *das* nicht kann, wie ist es dann mit *dem*? kann er es auch nicht? – Wohin führt uns dieser Begriff? [Von "Wenn du annimmst" an Vgl. Z 183b.]

580. "Du mußt es dir ernstlich versprechen, dann wirst du's auch tun." Zum ernstlichen Versprechen gehört z.B., daß man über die Sache nachdenkt, es gehört eine bestimmte Vorbereitung dazu. Am Schluß erfolgt dann vielleicht wirklich ein förmliches Versprechen, vielleicht auch mit lauter Stimme, aber das ist nur *ein* Stein dieses Gebäudes. (Gelübde.)

581. Das Gelübde könnte man eine Zeremonie nennen. (Taufe, auch wenn sie kein christliches Sakrament ist.) Und eine Zeremonie hat eine eigene Wichtigkeit.

582. "Ich hatte die Absicht . . ." drückt nicht die Erinnerung an ein Erlebnis aus. (So wenig wie "Ich war im Begriffe, . . .".) [Z 44.]

583. "Welcher seltsame und furchtbare Laut. Ich werde ihn nie vergessen." Und warum sollte man das nicht vom Erinnern sagen können ("Welche seltsame . . . Erfahrung . . ."), wenn man zum ersten Mal in die Vergangenheit gesehen hat? – [Z 661.]

584. Könnte er sich nicht nur einbilden, dies gerechnet zu haben? (Damit soll nicht im Widerspruch sein, daß er jetzt das Resultat der Rechnung weiß. Und er könnte sich ja auch verrechnet haben.) Und *gibt* es hier keinen Irrtum, dann nicht darum, weil Gewißheit besteht.

585. Es sagt mir Einer, er habe gerade im Kopfe gerechnet, wieviel . . . × . . . sei. Er gibt ein offenbar falsches Resultat, und auf die Frage, wie er es erhalten habe, sagt er die Rechnung her; sie ist völliger Unsinn, wie er auch jetzt einsieht, kam ihm aber damals, sagt er, ganz richtig vor. (Im Traum geschieht ähnliches.) Kann das nicht vorkommen? Seine Kopfrechnung, will ich sagen, muß sich doch erst bewähren.

586. 'Er versteckt etwas vor mir, kann es so verstecken, daß ich's nicht nur nie finden werde, sondern daß Finden gar nicht denkbar ist.' Das wäre ein metaphysisches Verstecken. – Aber wie, wenn er ohne es zu wissen, Zeichen gäbe, die ihn verrieten? Das wäre doch möglich. – Aber ob ihn jene Zeichen wirklich verraten haben, – kann nicht nur *er* das entscheiden? – Aber könnte ich nicht darauf bestehen, er habe vergessen, was in ihm vorgegangen ist – seine Aussage nicht gelten lassen? (Ohne sie für eine Lüge zu erklären.) Das heißt also: sie für wertlos erklären; oder ihr Wert nur als ein Phänomen zuzugestehen, woraus etwa Schlüsse auf seinen Zustand gezogen werden können.

587. Wenn etwas versteckt ist, – ist es nicht, als wäre eine Schrift versteckt, oder vielmehr etwas, was einer Schrift ähnlich sieht; dessen Bedeutung nur darin liegt, was er einmal herauslesen, oder hineinlesen, wird?

588. Er kann mich natürlich *irreführen*, zu falschen Schlüssen bringen. Aber daraus folgt es nicht, daß er etwas versteckt hat; obgleich sich seine Handlungsweise mit einem Verstecken vergleichen läßt.

589. Bin ich etwa nicht *mit Recht* überzeugt, daß er sich gegen mich nicht verstellt? – Und kann ich also einen Andern nicht von meinem Recht überzeugen?

590. Erzähle ich ihm, wie sich mein Freund benommen hat, im Großen und Kleinen, – wird er vernünftigerweise an der Echtheit der Gefühle meines Freundes zweifeln?

Zweifelt Einer an der Echtheit der Gefühle Lears?

591. Ist es Gedankenlosigkeit, nicht doch die *Möglichkeit* der Verstellung im Auge zu behalten?

592. Erinnern: ein Sehen in die Vergangenheit. *Träumen* könnte man so nennen, wenn es uns Vergangenes vorführt. Nicht aber Erinnern; denn auch wenn es uns Szenen mit halluzinatorischer Klarheit zeigte, so lehrt es uns doch erst, daß dies das Vergangene sei. [Z 662.]

593. Aber wenn uns nun das Gedächtnis die Vergangenheit zeigt, wie zeigt es uns, daß es die Vergangenheit ist?

Es zeigt uns eben *nicht* die Vergangenheit. So wenig, wie unsere Sinne die Gegenwart. [Z 663.]

594. Man kann auch nicht sagen, sie teile uns die Vergangenheit mit. Denn selbst, wäre das Gedächtnis eine hörbare Stimme, die zu uns spräche, – wie könnten wir sie verstehen? Sagt sie uns z.B. "Gestern war schönes Wetter", wie kann ich lernen, was "gestern" bedeutet? [Z 664.]

595. Ich führe mir selbst nur *so* etwas vor, wie ich es auch dem Andern vorführe. [Z 665.]

596. Ich kann dem Andern mein gutes Gedächtnis vorführen, und auch mir selbst vorführen. Ich kann mich selbst ausfragen. (Vokabeln, Daten.) [Z 666.]

597. Aber wie führe ich mir das Erinnern vor? Nun, ich frage mich "Wie verbrachte ich den heutigen Morgen?" und antworte mir darauf. – Aber was habe ich mir nun eigentlich vorgeführt? War es das Erinnern? nämlich, wie das ist, sich an etwas erinnern? Hätte ich denn damit einem *Andern* das Erinnern vorgeführt? [Z 667.]

598. "Sich etwas vornehmen ist ein besonderer innerer Vorgang." – Aber was für ein Vorgang – auch wenn du ihn erdichten dürftest – könnte denn das leisten, was wir vom Vorsatz verlangen? [Z 192.]

599. Denk dir Menschen, die nur dann Mitgefühl zeigen, wenn sie den Andern bluten sehen; sonst lachen sie über seine Schmerzäußerungen. So ist es bei ihnen. Manche nun beschmieren sich mit Tierblut, um bemitleidet zu werden. Kommt man ihnen darauf, so werden sie schwer bestraft.

600. Die Frage "Könnte er aber nicht dennoch Schmerzen haben?" stellen sie nicht.

601. Diese Leute dürfen gewisse Skrupel nicht haben.

602. Kümmere ich mich um sein Inneres, wenn ich ihm *traue*? Wenn ich's nicht tue, sage ich "ich weiß nicht, was in ihm vorgeht"; vertraue ich ihm aber, so nicht: ich wisse, was in ihm vorgeht.

603. Mißtraue ich ihm nicht, so kümmere ich mich nicht um das, was in ihm vorgeht. (Worte und ihre Bedeutung. Die Bedeutung der Worte, was hinter ihnen steht, bekümmert mich im normalen sprachlichen Verkehr nicht. Sie fließen dahin und es werden die Übergänge gemacht von Worten zu Handlungen und von Handlungen zu Worten. Niemand denkt, wenn er rechnet, daran, ob er 'gedankenvoll' oder 'papageihaft' rechne. (Frege.))

604. Es mag Menschen geben, die viel mit sich selbst sprechen, ehe und während sie handeln, und solche, die nur sehr wenig zu sich selbst sagen, die gleichsam auch mit sich selbst sehr schweigsam sind. Wenn man ihn fragt "Was hast du gedacht, als du das tatest?", gesteht er vielleicht ganz ehrlich "Gar nichts", obgleich seine Handlung uns wohlüberlegt, ja vielleicht listig scheint. Ich sage, ich wisse nicht, was in ihm vorgeht, und es geht in einem wichtigen Sinne nichts in ihm vor. Ich kenne mich bei ihm nicht aus: Ich mache z.B. leicht falsche Vermutungen und werde von Zeit zu Zeit hart in meinen Erwartungen getäuscht.

Ich könnte mir von diesem Menschen ein Bild machen, indem ich mir vorstellte, er spreche zu allen seinen Handlungen Monologe, die seine Gesinnung zum Ausdruck brächten. Die Monologe wären eine Konstruktion, eine Arbeitshypothese, mittels derer ich mir seine Handlungen verständlich zu machen suche. Muß ich nun annehmen, daß in ihm *außer* jenen Monologen noch ein Denken vor sich geht? Sind die Monologe nicht ganz genug? Können sie nicht alles leisten, was das Innenleben leisten soll?

605. Man kann sich leicht Ereignisse vorstellen und in alle Einzelheiten ausmalen, die, wenn wir sie eintreten sähen, uns an allem Urteilen irrewerden ließen.

Sähe ich vor meinen Fenstern statt der altgewohnten eine ganz neue Umgebung, benähmen sich die Dinge darin, wie sie sich nie benommen haben, so würde ich etwa die Worte äußern "Ich bin wahnsinnig geworden"; aber das wäre nur ein Ausdruck dafür, daß ich es aufgebe, mich auszukennen. Und das Gleiche könnte mir auch in der Mathematik zustoßen. Es könnte mir *z.B. scheinen*, als machte ich immer wieder Rechenfehler, so daß keine Lösung mir verläßlich erschiene.

Das Wichtige aber für mich daran ist, daß es zwischen einem solchen Zustand und dem normalen keine scharfe Grenze gibt. [Z 393.]

606. Worin liegt die Wichtigkeit des genauen Ausmalens von Anomalien? Kann man es nicht, so zeigt das, daß man sich in den Begriffen noch nicht auskennt. [*Vermischte Bemerkungen*, S. 139.]

607. Es gibt wohl dies: sich Menschenkenntnis zu erwerben; man kann Einem auch dabei helfen, also quasi einen Unterricht erteilen, aber man deutet nur auf Fälle, weist auf gewisse Züge hin, gibt nicht feste Regeln.

608. Ich kann vielleicht sagen "Laß mich mit diesem Menschen reden, die und die Zeit mit ihm verbringen, und ich werde wissen, ob ihm zu trauen ist" und später: "Ich habe den *Eindruck* . . .". Aber hier handelt sich's um eine Prognose. Die Zukunft mag lehren, ob mein Eindruck richtig war. Menschenkenntnis kann uns davon überzeugen, daß dieser Mensch wirklich fühlt, was er zu fühlen vorgibt; aber überzeugt *sie* uns davon, daß andere Menschen etwas fühlen?

609. "So *kann* man sich nicht verstellen." – Und das kann eine Erfahrung sein, – daß nämlich niemand, der sich *so* benimmt, sich

später so und so benehmen werde; aber auch eine begriffliche Feststellung; und die beiden können zusammenhängen.

(Denn man hätte nicht gesagt, die Planeten *müssen* sich in Kreisen bewegen, wenn es nie geschienen hätte, *daß* sie sich in Kreisen bewegen.) [a: Z 570a; b: Z 570c.]

610. Ich kann beim Unterricht auf Einen zeigen und sagen "Siehst du, *der* verstellt sich nicht". Und der Schüler kann daraus lernen. Aber wenn er mich fragte "Woraus wird es eigentlich erkannt?" – so wüßte ich nichts anderes zu antworten, als etwa: "Schau, wie er daliegt, schau auf seine Züge" und dergleichen.

611. Könnte das nun bei andern Wesen anders sein? – Wenn sie z.B. alle dieselbe Gestalt und dieselben Gesichtszüge hätten, wäre schon *vieles* anders.

612. Und Verstellung ist natürlich nur ein besonderer Fall davon, daß Einer eine Schmerzäußerung von sich gibt, und nicht Schmerzen hat. Wenn dies überhaupt möglich ist, warum sollte denn dabei immer Verstellung statthaben, – dieser sehr spezielle psychologische Vorgang? (Und mit einem "psychologischen" meine ich nicht einen "innern".) [Vgl. PU II, xi, S. 228(f)–229.]

613. Ja, es könnte ein Fall eintreten, in welchem wir sagen würden: "Er *glaubt* sich zu verstellen."

(Pilgrim's Progress: Er *glaubt*, die Flüche zu äußern, die der Böse äußert.) [a: PU II, xi, S. 229c.]

614. Die zureichende Evidenz geht ohne eine Grenze in die unzureichende über. Eine natürliche Grundlage dieser Begriffsbildung ist das komplizierte Wesen und die Mannigfaltigkeit der menschlichen Fälle.

So müßte also bei einer geringeren Mannigfaltigkeit eine scharf begrenzte Begriffsbildung natürlich erscheinen. Warum aber scheint es so schwer, sich den vereinfachten Fall vorzustellen?

Ist es so, als wollte man sich einen Gesichtsausdruck vorstellen, der nicht allmählicher, zarter Veränderungen fähig wäre; sondern, sagen wir, nur fünf Stellungen hätte; bei einer Veränderung ginge die eine mit einem Ruck in die andere über. Wäre nun dies starre Lächeln wirklich ein Lächeln? Und warum nicht? – Ich könnte mich vielleicht nicht so dazu verhalten, wie zu einem Lächeln. Es würde mich vielleicht nicht selber zum Lächeln bringen. [a, b: Z 439; c: Vgl. Z 527.]

615. Ein vollkommen starrer Gesichtsausdruck könnte kein freundlicher sein. Zum freundlichen Ausdruck gehört die Veränderlichkeit und die Unregelmäßigkeit. Die Unregelmäßigkeit gehört zur Physiognomie.

616. Die Wichtigkeit für uns der feinen Abschattungen des Benehmens.

617. Zu meinem Begriff gehört hier mein Verhältnis zur Erscheinung. [Z 543.]

618. Denk dir *dies* Argument: Schmerzen haben doch einen Grad. Nun wird aber niemand behaupten, ich wisse je den genauen Grad der Schmerzen des Andern; also könnten sie auch den Grad 0 haben.
Aber kennt denn er den 'genauen Grad' seiner Schmerzen? Und was heißt es: ihn kennen?

619. "Nun, weiß er denn nicht, wie stark seine Schmerzen sind?" Er hat darüber keinen Zweifel.

620. Aber ich weiß doch z.B. nicht, daß sein Schmerz jetzt ein klein wenig abgenommen hat. Doch, ich weiß es, wenn er mir's sagt. Was er sagt, ist ja auch eine Äußerung.

621. Die Unsicherheit hat ihren Grund nicht darin, daß er seine Schmerzen nicht außen am Rock trägt. Und es ist auch gar keine Unsicherheit *im besondern Fall*. Wenn die Grenze zwischen zwei Ländern strittig wäre, würde daraus folgen, daß die Landesangehörigkeit jedes einzelnen Bewohners fraglich wäre? [Z 556.]

622. 'Sandhaufen' ist ein unscharf begrenzter Begriff—aber warum verwendet man statt seiner nicht einen scharf begrenzten? Liegt der Grund in der Natur der Haufen? Welches Phänomens Natur bestimmt unsern Begriff? [Vgl. Z 392.]

623. "Ein Hund ist einem Menschen ähnlicher, als ihm ein Wesen von menschlicher Gestalt wäre, das sich 'mechanisch' benähme." Nach einfachen Regeln benähme?

624. Wir beurteilen eine Handlung nach ihrem Hintergrund im menschlichen Leben, und dieser Hintergrund ist nicht einfärbig, sondern wir könnten ihn uns als ein sehr kompliziertes filigranes Muster vorstellen, das wir zwar nicht nachzeichnen könnten, aber nach seinem allgemeinen Eindruck wiedererkennen.

625. Der Hintergrund ist das Getriebe des Lebens. Und unser Begriff bezeichnet etwas in *diesem* Getriebe.

626. Und schon der Begriff 'Getriebe' bedingt die Unbestimmtheit. Denn nur durch ständige Wiederholung ergibt sich ein Getriebe. Und für 'ständige Wiederholung' gibt es keinen bestimmten Anfang.

627. Die Variabilität selbst ist ein Charakter des Benehmens, der ihm nicht fehlen kann, ohne es für uns zu etwas ganz anderem zu machen. (Die charakteristischen Gesichtszüge der Trauer, z.B., sind nicht bedeutsamer als es ihre Beweglichkeit ist.)[1]

628. Es ist dort unnatürlich, eine Begriffsgrenze zu ziehen, wo für sie nicht eine besondere Rechtfertigung besteht, wo Ähnlichkeiten uns über die willkürlich gezogene Linie immer hinüberzögen.

629. Wie könnte man die menschliche Handlungsweise beschreiben? Doch nur, indem man die Handlungen der verschiedenen Menschen, wie sie durcheinanderwimmeln, zeigte. Nicht, was *Einer jetzt* tut, sondern das ganze Gewimmel ist der Hintergrund, worauf wir eine Handlung sehen, und bestimmt unser Urteil, unsere Begriffe und Reaktionen. [Z 567.]

630. Wie könntest du erklären, was es heißt 'Schmerzen heucheln', 'sich stellen, als habe man Schmerzen'. (Natürlich fragt es sich: *Wem?*) *Sollst du's vormachen?* Und warum ließe sich so eine Demonstration so leicht mißverstehen? Man möchte sagen: "Leb einige Zeit unter uns und du wirst es verstehen lernen."

631. Man könnte ihn doch einfach lehren, den Schmerz (z.B.) zu mimen (nicht in der Absicht zu betrügen). Aber wäre es Jedem beizubringen? Ich meine: Er könnte ja wohl erlernen, gewisse rohe Schmerzzeichen von sich zu geben, ohne aber je aus eigenem, aus seiner eigenen Einsicht eine feinere Nachahmung zu geben. (Sprachtalent.) (Man könnte vielleicht sogar einen gescheiten Hund eine Art Schmerzgeheul lehren; aber es käme doch nie seinerseits zu einer bewußten Nachahmung.) [Z 389.]

632. Ich will eigentlich sagen, daß die gedanklichen Skrupel im Instinkt anfangen (ihre Wurzeln haben). Oder auch so: Das

[1] Var. "sind für unsere Reaktion nicht wichtiger, als . . .".

Sprachspiel hat seinen Ursprung nicht in der *Überlegung*. Die Überlegung ist ein Teil des Sprachspiels.

Und der Begriff ist daher im Sprachspiel zu Hause. [Z 391.]

633. "Könntest du dir keine weitere Umgebung denken, in der auch das noch als Verstellung zu deuten wäre?"

Aber was heißt es: daß es noch immer Verstellung sein könnte? Hat denn Erfahrung uns das gelehrt? Und wie können wir anders über Verstellung unterrichtet sein? [Vgl. Z 571.]

634. Liegt hier nicht etwas Ähnliches vor, wie das Verhältnis der euklidischen Geometrie zur Gesichtserfahrung? (Ich meine: es sei eine tiefgehende Ähnlichkeit vorhanden.) Denn auch die euklidische Geometrie entspricht ja der Erfahrung nur in sehr eigentümlicher Weise, und nicht etwa nur 'bloß annähernd'. Man könnte vielleicht sagen, sie entspreche ebensosehr unserer Methode des Zeichnens, wie andern Dingen, oder auch, sie entspreche gewissen Bedürfnissen des *Denkens*. Ihre Begriffe haben ihre Wurzeln in weit verstreuten und entlegenen Gebieten. [Bis "Man könnte vielleicht sagen" Vgl. Z 572.]

635. Denn, so wie das Verbum "glauben" konjugiert wird wie das Verbum "schlagen", so werden Begriffe für das eine Gebiet nach Analogie weit entfernter Begriffe gebildet. (Die Geschlechter der Hauptworte.)

636. Die Begriffsbildung hat z.B. Grenzenlosigkeit, wo in der Erfahrung keine scharfen Grenzen zu finden sind. (Grenzenlose Approximation.)

637. Man könnte manchmal sagen, die Begriffe seien einer Denkbequemlichkeit gemäß gebildet. (Wie ja auch der Meterstab nicht nur den zu messenden Dingen, sondern auch dem Menschen gemäß ist.) Aber zum Teufel: es weiß doch Jeder, ob er Schmerzen hat! – Wie könnt's denn *Jeder* wissen? Dazu müßte er doch vor allem wissen, daß sie Alle das Gleiche haben.

638. Ein Stamm hat zwei Begriffe, verwandt unserm 'Schmerz'. Der eine wird bei sichtbaren Verletzungen angewandt und ist mit Pflege, Mitleid, etc. verknüpft. Den andern wenden sie bei Magenschmerzen, z.B., an und er verbindet sich mit Belustigung über den Klagenden. "Aber merken sie denn wirklich nicht die Ähnlichkeit?" – Haben wir denn überall einen Begriff, wo eine Ähnlichkeit besteht? Die Frage ist: Ist ihnen die Ähnlichkeit *wichtig*? Und muß sie's ihnen sein? [Z 380.]

639. Wenn du dir überlegst, aus welchen Gründen Einer Schmerzen verbeißen, oder simulieren könnte, werden dir unzählige einfallen. Warum gibt es nun diese Vielheit? Das Leben ist sehr kompliziert. Es gibt sehr viele Möglichkeiten.

Aber könnten nicht andere Menschen viele dieser *Möglichkeiten* beiseite lassen, gleichsam die Achsel über sie zucken?

640. Aber übersieht dieser dann nicht etwas, was da ist? – Er nimmt davon keine Notiz; und warum sollte er? – Aber dann ist ja eben sein Begriff grundverschieden von dem unsern. – *Grund*verschieden? Verschieden. – Aber es ist dann doch, als ob sein Wort nicht *dasselbe bezeichnen* könnte wie unseres. Oder nur einen Teil davon. – Aber so muß es ja auch ausschauen, wenn sein Begriff verschieden ist. Denn die Unbestimmtheit unseres Begriffs kann sich ja für uns in den *Gegenstand* projizieren, den das Wort bezeichnet. So daß, fehlte die Unbestimmtheit, auch nicht 'dasselbe gemeint' wäre. Das Bild, das wir verwenden, versinnbildlicht die Unbestimmtheit. [Z 381.]

641. In der Philosophie darf man keine Denkkrankheit *abschneiden*. Sie muß ihren natürlichen Lauf gehen, und die *langsame* Heilung ist das Wichtigste. [Z 382.]

642. "Man kann nie wissen, was in seiner Seele vorgeht" – das scheint eine Selbstverständlichkeit zu sein. Und ist es auch in dem Sinne, daß hier eben das gebrauchte Bild den Satz schon enthält. Aber man muß ihn eben zugleich mit dem Bild in Frage ziehen.

643. Das "Wer weiß, was in ihm vorgeht!" Das Interpretieren der äußern Ereignisse als Folgen von unbekannten, oder nur geahnten, innern. Das Interesse, das sich auf dies Innere richtet, wie auf die chemische Struktur, aus der das Verhalten hervorgeht.

Denn man braucht ja bloß sagen "Was gehen mich die inneren Vorgänge, was immer sie sind, an?!" um zu sehen, daß sich eine andere Einstellung denken läßt. – "Aber jeden wird doch immer *sein* Inneres interessieren!" Unsinn. Wüßte ich denn, daß der Schmerz, etc. etc. etwas Inneres ist, wenn's mir nicht gesagt würde?

644. Der Zweifel am inneren Vorgang ist ein *Ausdruck*. Der *Zweifel* aber ist ein instinktives Verhalten. Ein Verhalten gegen den Andern. Und es rührt nicht daher, daß ich von mir selbst her weiß, *was* Schmerz, etc., ist: weiß, daß es etwas Inneres ist und daß es mit irgend einem Äußern zusammengehen kann. Ich weiß alles eher!

645. Erinnere dich: Die meisten sagen, man spüre in der Narkose nichts. Manche aber sagen doch: Man *könnte* ja doch etwas fühlen und es nur völlig vergessen.

Wenn es also hier solche gibt, die zweifeln und solche, denen kein Zweifel kommt, so könnte die Zweifellosigkeit doch auch viel allgemeiner bestehen. [Z 403.]

646. Oder der Zweifel könnte doch eine andere, und viel weniger unbestimmte Form haben, als in unserer Gedankenwelt. [Z 404.]

647. Bedenke: Wir gebrauchen das Wort "Ich weiß nicht" oft in seltsamer Weise; wenn wir z.B. sagen: wir wissen nicht, ob Dieser wirklich mehr fühlt als der Andere, oder es nur stärker zum Ausdruck bringt. Es ist dann nicht klar, welche Art der Untersuchung die Frage entscheiden würde. Natürlich ist die Äußerung nicht ganz müßig: Wir wollen sagen, daß wir wohl die Gefühle des A und des B miteinander vergleichen können, aber uns die Umstände an einem Vergleich des A mit dem C irrewerden lassen. [Z 553.]

648. Nur Gott sieht die geheimsten Gedanken. Aber warum sollen diese so wichtig sein? Und müssen alle Menschen sie für wichtig halten? [Z 560.]

649. 'Denk dir Menschen, die nur laut denken.' Es ist ja doch nicht selbstverständlich, daß Wesen von der körperlichen Natur[1] denken; so sollen sie also bloß redend denken, d.h., nichts anderes, was wir auch denken nennen würden, tun. (Ihre geheimen Gedanken sind Monologe.)

650. Die Stufen zwischen instinktiver Schlauheit und durchdachter. Ein Idiot könnte schlau handeln, so würden wir's bezeichnen, und wir würden nicht glauben, daß er fähig sei, etwas zu *planen*.

Gefragt "Was wohl in ihm vorgeht?" sagen wir "Es geht gewiß sehr wenig in ihm vor". Aber was wissen wir davon?! Wir machen uns nach seinem Benehmen, seinen Äußerungen, seiner Denkfähigkeit, ein Bild.

651. Wir stellen Verschiedenes zu einer 'Gestalt' (Muster) zusammen, zu der des Betruges z.B.

Das Bild des Innern vervollständigt die Gestalt.

652. Wenn ein Begriff von einem Lebensmuster abhängig ist, so muß in ihm eine Unbestimmtheit liegen. Denn weicht dann ein Muster vom Normalen ab, so wird fraglich, was wir hier sagen wollen.

[1] Im MS: "Wesen von der körperlichen Natur des Menschen". (*Herausg.*)

653. Könnte also Bestimmtheit nur dort sein, wo regelmäßige Lebensläufe sind? Was tun sie aber, wenn ihnen ein unregelmäßiger Fall unterläuft? Vielleicht zucken sie nur die Achseln.

654. "Er sagte mir – und es war nicht der geringste Zweifel an seiner Glaubwürdigkeit möglich – daß ..." Unter welchen Umständen ist kein Zweifel an seiner Glaubwürdigkeit möglich? Kann ich sie angeben? Nein.

655. Du mußt an den Zweck der Worte denken.
Was hat die Sprache mit Schmerzen zu tun?

656. Im Falle, den ich mir vorstelle, haben die Leute ein Wort, das einen ähnlichen Zweck erfüllt (eine ähnliche Funktion hat) wie das Wort "Schmerz". Man kann nicht sagen, es "bezeichne" etwas Ähnliches. Es greift anders, und doch ähnlich, in ihr Leben ein.

657. "Man kann aber doch den Schmerz nicht mit *Sicherheit* nach dem Äußern erkennen." – Man kann ihn *nur* nach dem Äußern erkennen und die Unsicherheit ist eine konstitutionelle. Sie ist kein Mangel.

Es liegt in unserm Begriff, daß diese Unsicherheit besteht; in unserm Instrument. Ob dieser Begriff praktisch, oder unpraktisch ist, darum handelt's sich eigentlich nicht.

658. Die Farben könnten in einer andern Welt eine andere Rolle spielen als in der unsern. Denk an verschiedene Fälle.

(1) Bestimmte Farben an bestimmte Formen gebunden. Kreisförmiges Rot, viereckiges Grün, etc.

(2) Farbstoffe nicht herstellbar. Man kann Dinge nicht färben.

(3) *Eine* Farbe immer an einen üblen Geruch oder an Giftigkeit gebunden.

(4) Farbenblindheit weit häufiger als bei uns.

(5) Verschiedene Töne von Grau sind häufig; alle andern Farben äußerst selten.

(6) Wir können aus dem Gedächtnis eine große Anzahl von Farbtönen reproduzieren.

Wenn unser Zahlensystem mit der Zahl unserer Finger zusammenhängt, warum dann nicht unser System der Farben mit der besondern Art des Auftretens der Farben.

(7) Eine Farbe tritt immer nur in graduellem Übergang in eine andere auf.

(8) Farben treten immer im Farbverlauf des Regenbogens auf.

659. Denke an die Unsicherheit, ob Tiere, besonders niedere Tiere, Fliegen z.B., Schmerzen fühlen.

Die Unsicherheit, ob eine Fliege Schmerz fühlt, ist eine philosophische; aber könnte sie nicht auch eine instinktive sein? Und wie würde sich das zeigen?

Ja, gibt es eben nicht eine Unsicherheit im Benehmen gegen die Tiere? Einer weiß nicht: Ist er grausam oder nicht.

660. Denn es gibt ja Unsicherheit des Benehmens, die nicht auf einer Unsicherheit in den Gedanken beruht.

661. Sieh die Frage der Unsicherheit, ob der Andere Schmerz empfindet, in der Beleuchtung durch die Frage, ob ein Insekt Schmerz empfindet.

662. Es gibt doch im Benehmen Vertrauen und Mißtrauen!

Klagt Einer z.B., so kann ich mit völliger Sicherheit, vertrauensvoll, reagieren, oder unsicher und wie Einer, der Verdacht hat. Es braucht dazu keine Worte, noch Gedanken. [Z 573.]

663. Die Unvorhersehbarkeit des menschlichen Benehmens. Wäre sie nicht vorhanden, – würde man dann auch sagen, man könne nie wissen, was im Andern vorgeht? [Z 603.]

664. Aber wie wär's, wenn das menschliche Benehmen nicht unvorhersehbar wäre? Wie hat man sich das vorzustellen? (D.h.: wie auszumalen, welche Verbindungen anzunehmen?) [Z 604.]

665. "Ich weiß nicht, was jetzt in ihm vorgeht!" das könnte man von einem komplizierten Mechanismus sagen; etwa einer Kunstuhr, die nach sehr komplizierten Gesetzen verschiedene äußere Bewegungen auslöst. Man denkt sich dann bei ihrer Betrachtung vielleicht: Wenn ich wüßte, wie es in ihr ausschaut, was jetzt vorgeht, wüßte ich, was zu erwarten ist.

666. Beim Menschen aber ist angenommen, daß man in den Mechanismus keinen Einblick gewinnen *kann*. Es ist also die Unbestimmtheit postuliert.

667. Wenn ich aber zweifle, ob eine Spinne wohl Schmerz empfindet, dann ist es nicht, weil ich nicht weiß, was ich mir zu erwarten habe. [Z 564.]

668. Wir können aber nicht umhin, uns das Bild vom seelischen Vorgang zu machen. Und *nicht*, weil wir ihn von uns her kennen! [Z 565.]

669. *Eine* Art der Unsicherheit wäre die, die wir auch einem uns unbekannten Mechanismus entgegenbringen könnten. Bei der andern würden wir uns möglicherweise an eine Begebenheit in unserm Leben erinnern. Es könnte z.B. sein, daß Einer, der gerade der Todesangst entronnen ist, sich davor scheuen würde, eine Fliege zu erschlagen und es sonst ohne Bedenken täte. Oder, anderseits, daß er mit diesem Erlebnis vor Augen, das zögernd tut, was er sonst ohne Zögern täte. [Z 561.]

670. Auch wenn ich 'nicht sicher in meinem Mitleid ruhe', muß ich nicht an die Ungewißheit seines spätern Benehmens denken. [Z 562.]

671. Die eine Unsicherheit geht sozusagen von dir aus, die andere von ihm.

Von der einen könnte man also doch sagen, sie hinge mit einer Analogie zusammen; von der andern nicht. Aber nicht, als ob ich aus der Analogie einen Schluß zöge! [Z 563.]

672. Wenn das Leben ein Teppich wäre, so ist dies Muster (der Verstellung z.B.) nicht immer vollständig und vielfach variiert. Aber wir, in unserer Begriffswelt, sehen immer wieder das Gleiche mit Variationen wiederkehren. So fassen's unsere Begriffe auf. Die Begriffe sind ja nicht für *ein*maligen Gebrauch. [Z 568.]

673. Und das Muster ist im Teppich mit vielen andern Mustern verwoben. [Z 569.]

674. Ich *sage* z.B. "Er könnte sich ja doch verstellen" – was *denke* ich mir dabei? – d.h. welche Erklärung gäbe ich von dem Wort "verstellen"; was für Exempel kämen mir in den Sinn?

675. Wie *verwende* ich den Satz?

(Denn es ist hier wie in gewissen Gebieten der Mathematik, wo es eine 'phantastische Anwendung' gibt.)

676. Ich rufe ein Bild herauf, das dann zu einem Zweck dienen kann. (Ich könnte geradezu auf ein gemaltes Bild schauen.)

677. Manchmal behandle ich ihn so, wie ich mich behandle und behandelt werden möchte, wenn ich Schmerzen habe, und manchmal nicht.

678. Wir sind an eine bestimmte Einteilung der Sachen gewöhnt.
Sie ist uns mit der Sprache, oder den Sprachen, zur Natur geworden.

679. Dies sind die festen Schienen, auf denen all unser Denken verläuft, und also nach ihnen auch unser Urteilen und Handeln. [Z 375.]

680. Muß der Begriff der Bescheidenheit, oder der Prahlerei überall bekannt sein, wo es bescheidene und prahlerische Menschen gibt? Es liegt ihnen vielleicht dort nichts an dieser Unterscheidung.
Uns sind ja auch manche Unterschiede unwichtig, und könnten uns wichtig sein. [Z 378.]

681. Und Andere haben Begriffe, die unsere Begriffe durchschneiden. Und warum sollte nicht ihr Begriff unsern Begriff 'Schmerz' schneiden? [Der erste Satz: Z 379. Der zweite Satz: Z 380, der letzte Satz.]

682. Die 'Unsicherheit' bezieht sich eben nicht auf den besondern Fall, sondern auf die Methode, auf die Regeln der Evidenz. [Z 555.]

683. Festbegrenzte Begriffe würden eine Gleichförmigkeit des Verhaltens fordern. Es ist aber so, daß wo ich *sicher* bin, der Andere unsicher ist. Und das ist eine Naturtatsache. [Z 374.]

684. Wenn man sagt "Die Evidenz kann die Echtheit des Gefühlsausdrucks nur wahrscheinlich machen", so heißt das *nicht*, daß statt völliger Sicherheit immer nur eine mehr oder weniger zuversichtliche Vermutung da ist. "Nur wahrscheinlich" kann sich nicht auf den Grad unsrer Zuversicht beziehen, sondern nur auf die Art ihrer Begründung, auf den Charakter des Sprachspiels: Das muß doch die Konstitution unsres Begriffs bestimmen helfen: daß unter den Menschen in Bezug auf die Sicherheit ihrer Überzeugung nicht Übereinstimmung besteht. (Vergleiche die Bemerkung über die Übereinstimmung in den Farburteilen und in der Mathematik.)

685. Es kann der Eine vollkommen überzeugt sein und der Andere, bei gleicher Evidenz, nicht. Und wir schließen darum weder diesen noch jenen als urteilsunfähig, oder als unzurechnungsfähig, aus der Gesellschaft aus.

686. Aber könnte eine Gesellschaft nicht eben dies tun?

687. Denn die Wörter haben eben nur im Fluß des Lebens Bedeutung.

688. Ich bin sicher, *sicher*, daß er sich nicht verstellt; aber der Andere ist's nicht. Kann ich ihn überzeugen? Und wenn nicht, – sag ich, er kann nicht denken? (Die Überzeugung davon könnte man 'intuitiv' nennen.) [Vgl. PU II, xi, S. 227f.]

689. Der Instinkt ist das Erste, das Raisonnement das Zweite. Gründe gibt es erst in einem Sprachspiel.

690. Sage ich etwa "und die Seele ist auch nur etwas am Leibe"? Nein. (Ich bin nicht so arm an Kategorien.)

691. Du kannst den Begriff variieren, aber dann veränderst du ihn vielleicht bis zur Unkenntlichkeit.

692. Wenn wir den Begriff der Verstellung variieren, müssen wir seine Innerlichkeit, d.h. die Möglichkeit des Geständnisses beibehalten. Wir müssen aber dem Geständnis nicht immer Glauben schenken, und das falsche Geständnis muß nicht Betrug sein.

693. Andere, obgleich den unsern verwandte Begriffe könnten uns *sehr* seltsam erscheinen: nämlich eine Abweichung vom Gewohnten in ungewohnter *Richtung*. [Z 373.]

694. "Du verstehst ja nichts!" so sagt man, wenn Einer bezweifelt, daß das echt sei, was wir klar als echt erkennen.

"Du verstehst ja nichts" – aber wir können nichts beweisen. [Vgl. PU II, xi, S. 227g.]

695. Der seelenvolle Ausdruck in der Musik, – er ist doch nicht nach Regeln zu erkennen. Und warum können wir uns nicht vorstellen, daß er's für andere Wesen wäre? [Z 157.]

696. Schon das würde uns einen fremden und tiefen Eindruck machen, wenn wir zu Menschen kämen, die nur Spieluhrmusik kennten. Wir würden uns vielleicht eine Art Gebärden erwarten, die wir nicht verstünden, auf die wir nicht zu reagieren wüßten.

697. 'Die Echtheit des Ausdrucks läßt sich nicht beweisen.' 'Man muß sie fühlen.' Aber was geschieht nun weiter damit? Wenn Einer sagt "Voilà, comment s'exprime un coeur vraiment épris", und wenn

er auch einen Andern zu seiner Ansicht bekehrt, – welche weitere Folgen hat es?

Es lassen sich in vager Weise Folgen vorstellen. Die Aufmerksamkeit des Andern wird anders gelenkt. [Vgl. PU II, xi, S. 228a.]

698. Könnte man sich nun vorstellen, daß bei andern Wesen, was bei uns sich nicht beweisen läßt, sich beweisen ließe?

Oder würde es eben dadurch sein Wesen bis zur Unkenntlichkeit ändern?

699. Was für uns wesentlich ist, ist doch die spontane Zustimmung, die spontane Sympathie.

700. 'Diese Menschen hätten nichts Menschenähnliches.' Warum? – Wir könnten uns unmöglich mit ihnen verständigen. Nicht einmal so, wie wir's mit einem Hund können. Wir könnten uns nicht in sie finden.

Und doch könnte es ja solche, im übrigen menschliche, Wesen geben. [Z 390.]

701. "*Wissen* kann man es doch nicht. Man kann es *glauben*. Mit ganzer Seele glauben, aber nicht wissen." Dann liegt der Unterschied *nicht* in der Sicherheit des Überzeugten.

Er muß wo anders liegen; in der *Logik* der Frage.

702. Denke, Leute könnten das Funktionieren des Nervensystems im Andern beobachten. Sie unterschieden dann echte und geheuchelte Empfindung in sicherer Weise. Oder könnten sie doch wieder daran zweifeln, daß der Andere bei diesen Zeichen etwas spürt? – Man könnte sich jedenfalls vorstellen, daß, was sie da sehen, ihr Verhalten ohne alle Skrupel bestimmt.

Und nun kann man dies doch auf das äußere Benehmen übertragen. [Z 557a, b.]

703. Es gibt wohl den Fall, daß Einer mir später sein Innerstes durch ein Geständnis aufschließt: aber, daß es so ist, kann mir nicht das Wesen von Außen und Innen erklären, denn ich muß ja dem Geständnis doch Glauben schenken.

Das Geständnis ist ja auch etwas Äußeres. [Z 558.]

704. Die Menschen, die das Funktionieren der Nerven sehen können: *Muß* ich mir denken, das Innere könne sie doch zum besten haben? Das heißt aber: Kann ich mir nicht doch äußere Zeichen denken, die mir zum *sicheren* Urteil über das Innere ausreichend schienen?

705. Aber nun sag: "Es könnte ja doch Einer etwas fühlen, auch wenn die physiologischen Zeichen ganz dagegen sprächen." Nun, dann haben eben die einen andern Begriff, die *diese* Skrupel nicht kennen.

706. Denk dir, es würden die Leute eines Stammes von früher Jugend dazu erzogen, *keinerlei* Gemütsausdruck zu zeigen. Er ist für sie etwas Kindisches, das abzutun sei. Die Abrichtung sei streng. Man redet von 'Schmerzen' nicht; schon erst recht nicht in der Form einer Vermutung "Vielleicht hat er doch . . .". Klagt jemand, so wird er verlacht oder gestraft. Den Verdacht der Verstellung gibt es gar nicht. Abrichtung zum ausdruckslosen, monotonen Reden, zu regelmäßigen Bewegungen. [Außer dem letzten Satz: Z 383.]

707. Ich will sagen: eine ganz andere Erziehung, als die unsere, könnte auch die Grundlage ganz anderer Begriffe sein. [Z 387.]

708. Denn es würde hier das Leben anders verlaufen. – Was uns interessiert, würde *sie* nicht interessieren. Andere Begriffe wären da nicht mehr unvorstellbar. Ja, wesentlich andere Begriffe sind nur so vorstellbar. [Z 388.]

709. Nicht darauf sehen wir, daß die Evidenz das Gefühl des Andern nur wahrscheinlich macht, sondern darauf, daß wir *dies* als Evidenz für irgend etwas betrachten, daß wir auf *diese* verwickelte Art der Evidenz eine Aussage bauen, daß *sie* also in unserm Leben eine besondere Wichtigkeit hat und durch einen Begriff herausgehoben wird. [Vgl. Z 554.]

710. "Verstellen", könnten jene Leute sagen, "was für ein lächerlicher Begriff!" [Z 384, der erste Satz.]

711. Der feste Glaube (an eine Verheißung z.B.) – ist er weniger sicher als die Überzeugung von einer mathematischen Wahrheit? – (Aber werden dadurch die Sprachspiele ähnlicher!) [*Vermischte Bemerkungen*, S. 142.]

712. Könnte nicht das Verhalten, Benehmen, des Vertrauens ganz allgemein unter einer Gruppe von Menschen bestehen? So daß ihnen ein Zweifel an Gefühlsäußerungen ganz fremd ist? [Z 566.]

713. Aber überlege: Warum soll sich Einer verstellen müssen, gibt es nicht andere Möglichkeiten? Kann er nicht träumen? Kann sich die Sache nicht anders verwirren? (*Couvade*.)

Denk daran, wie oft es unmöglich ist, zu sagen: Einer sei ehrlich, oder unehrlich; aufrichtig, oder unaufrichtig. (Ein Politiker z.B.) Wohlmeinend, oder das Gegenteil. Wieviel dumme Fragen werden darüber gestellt! Wie oft *passen die Begriffe nicht*!

714. Es ist für unsere Betrachtung wichtig, daß es Menschen gibt, von denen jemand fühlt, er werde nie wissen, was in ihnen vorgeht. Er werde sie nie verstehen. [*Vermischte Bemerkungen*, S. 142.]

715. Wir sind gewiß *geneigt*, zu sagen, die Klage sei nur ein Zeichen, ein Symptom des wichtigen Phänomens, welches nur erfahrungsmäßig mit jenem verbunden sei. Und wenn wir hier auch einen Fehler machen: so muß diese starke Versuchung doch ihre Begründung haben und zwar im Gesetz der Evidenz, welche wir zulassen.[1]

716. Man könnte die Frage stellen: Welcher Art muß das Gesetz der zugelassenen Evidenz sein, damit diese Auffassung uns naheliegt?

717. Man möchte die Antwort geben: die Evidenz müsse schwankend sein. Vielgestaltig?

718. Es gibt verstellten Ausdruck; aber auch für die Verstellung muß es ja Evidenz geben.

Wenn wir auch oft einfach nicht wissen, was wir sagen sollen, so müssen wir doch manchmal einer Meinung zuneigen, manchmal Gewißheit haben.

Es muß also doch das Äußere evident[2] sein.

719. Du sagst, du pflegst den Stöhnenden, weil Erfahrung dich gelehrt hat, daß du selbst stöhnst, wenn du das und das fühlst. Aber da du ja doch keinen solchen Schluß ziehst, so können wir die Begründung durch Analogie weglassen. [Z 537.]

720. Daß der und der Satz keinen Sinn hat, ist in der Philosophie von Bedeutung, aber auch, daß er komisch klingt. [Z 328.]

721. Kann man das 'sich auskennen' ein Erlebnis nennen? Nicht doch. Aber es gibt Erlebnisse charakteristisch für den Zustand des Sich-auskennens und des Sich-nicht-auskennens. (Sich nicht auskennen und lügen.) [Z 516.]

[1] Var. "so muß doch dieser Fehler begründet sein im Gesetz der Evidenz, das wir zulassen." / "so muß eben doch der Fehler begründet sein, und zwar durch die Natur der Evidenz, welche wir zulassen."

[2] Im MS "Evidenz". (*Herausg.*)

722. Ist "Ich hoffe ..." eine Beschreibung eines Seelenzustandes? Ein Seelenzustand hat eine Dauer. Sage ich also "Ich habe den ganzen Tag gehofft ...", so ist das eine solche Beschreibung. Sage ich aber Einem "Ich hoffe, du kommst" – wie, wenn er mich fragte "Wie lange hoffst du es?"? Ist die Antwort: "Ich hoffe, während ich's sage"? Angenommen, ich hätte auf diese Frage irgendeine Antwort, wäre sie nicht für den Zweck der Worte "Ich hoffe, du wirst kommen" ganz irrelevant? [Z 78.]

723. Ein Schrei ist nicht die Beschreibung eines Seelenzustandes, obwohl man aus ihm auf einen Seelenzustand schließen kann. [Vgl. PU II, ix, S. 189b, c.]

724. Man schreit nicht Hilfe, weil man auf den eigenen Angstzustand aufmerksam ist.

725. Zum 'Beschreiben' gehört das 'Aufmerken'.

726. Beschreibungen sind die Sätze: "Ich fürchte ihn jetzt weniger als früher", "Ich wünsche schon seit langem ...", "Ich hoffe immer wieder ...". (Man beschreibt einen Verlauf.)

727. Will ich also sagen, gewisse Tatsachen seien gewissen Begriffsbildungen günstig; oder ungünstig? Und lehrt das die Erfahrung? Es ist Erfahrungstatsache, daß Menschen ihre Begriffe ändern, wechseln, wenn sie neue Tatsachen kennenlernen; wenn dadurch, was ihnen früher wichtig war, unwichtig wird, und umgekehrt. (Man findet z.B.: was früher als Artunterschied galt, sei eigentlich *nur* ein Gradunterschied.)

((Zur Betrachtung über den Farbbegriff und anderes.)) [a: Z 352.]

728. Ist der Schrei keine Beschreibung, dann ist es auch nicht der Wortausdruck, der ihn ersetzt. Die Äußerungen von Furcht, Hoffnung, Wunsch, sind keine Beschreibungen. Wohl aber sind das die Sätze: "Ich fürchte ihn jetzt weniger als früher", "Ich wünsche schon seit langem ...", ...

729. Was ist die Vergangenheitsform von "Nicht wahr, du kommst!"?[1] [Z 80.]

[1] Var. "Nicht wahr, du wirst kommen!"

730. Der verworrene Gebrauch der psychologischen Begriffswörter ("denken" z.B.). Wenn das Wort "Violine" nicht bloß das Instrument, sondern manchmal auch den Geiger, die Geigenstimme, den Geigenklang, das Geigenspiel bezeichnete.

731. "Wenn p eintrifft, so trifft q ein" könnte man eine bedingte Vorhersage nennen. D.h.: für den Fall nicht-p mache ich *keine* Vorhersage. Aber darum wird, was ich sage, durch "nicht-p & nicht-q" auch nicht wahrgemacht.

Oder auch *so*: Es gibt bedingte Vorhersagen, und "p impliziert q" ist *keine* solche. [Z 681.]

732. Den Satz "Wenn p eintrifft, so trifft q ein" will ich "S" nennen. – "S oder nicht-S" ist eine Tautologie: aber ist es auch der Satz vom ausgeschlossenen Dritten? – Oder auch so: Wenn ich sagen will, daß die Vorhersage "S" richtig, falsch, oder unentschieden sein kann, wird das durch den Satz ausgedrückt "nicht (S oder nicht-S)"? [Z 682.]

733. Die Verwendung des Wortes "betrachten", "beobachten". Und nun des Ausdrucks "sich selbst betrachten"!

734. "Ich fürchte mich vor ihm" und "Ich pflege mich vor ihm zu fürchten". Aber auch der Ausdruck "Ich pflege ..." könnte hier *mancherlei* bedeuten. Es könnte aber eine Sprache geben, in deren Konjugationen *viel* mehr Unterschiede als in den uns bekannten Sprachen berücksichtigt werden.

735. Unterschied des *Zwecks* zwischen der Furchtäußerung "Ich fürchte mich!" und dem Furchtbericht "Ich fürchte mich".

736. "Wissen" kann etwas Ähnliches bedeuten, wie "können" (auswendig wissen z.B.), oder aber wie "sicher sein".

737. Niemand außer ein Philosoph würde sagen "Ich weiß, daß ich zwei Hände habe"; wohl aber kann man sagen: "Ich bin nicht im Stande, zu bezweifeln, daß ich zwei Hände habe."

"Wissen" aber wird gewöhnlich nicht in diesem Sinn gebraucht. [a: Z 405; b: Z 406, der erste Satz.]

INDEX

Die Nummern beziehen sich auf die Nummern der Bemerkungen.

Ludwig Wittgenstein
Letzte Schriften über die Philosophie der Psychologie

Vorstudien zum zweiten Teil der philosophischen Untersuchungen

Herausgegeben von
G. H. von Wright und Heikki Nyman

VORWORT DER HERAUSGEBER

Im Unterschied zu den zwei Bänden von Wittgensteins *Bemerkungen über die Philosophie der Psychologie* (*BPP*), liegen diesen zwei Bänden von letzten Schriften über die Philosophie der Psychologie keine Typoskripte zugrunde. (Vgl. das Vorwort zum Band I der *BPP*.) Die Thematik der Bemerkungen ist aber im großen und ganzen dieselbe.

Der erste dieser Bände besteht aus Aufzeichnungen, die in der Zeit vom 22. Oktober 1948 bis 22. März 1949 geschrieben wurden – mit Ausnahme der letzten Bemerkung, die auf den 20. Mai datiert ist. Sie setzen die Aufzeichnungen in den dem Typoskript für Band II der *BPP* zugrundeliegenden Manuskriptbüchern fort. Soweit bekannt ist, hat Wittgenstein kein Typoskript aufgrund jener Aufzeichnungen hergestellt. Wahrscheinlich hat er aber im Frühjahr 1949 eine Auswahl aus allen seinen im Zeitraume 1946–1949 geschriebenen Bemerkungen über Gegenstände der Philosophie der Psychologie handschriftlich ins reine geschrieben (MS 144) und dann aufgrund dieses neuen Manuskripts ein Typoskript hergestellt. Dies war das Typoskript für Teil II der *Philosophischen Untersuchungen*. (Es ist leider später, nach der Drucklegung, verloren gegangen.) Mehr als die Hälfte der Bemerkungen in diesem Typoskript – und somit auch im zweiten Teil der *Philosophischen Untersuchungen* sind den Manuskripten von Oktober 1948 bis März 1949 entnommen. Diese Manuskripte, die zweite Hälfte des MS 137 und das MS 138, werden hier, mit Ausnahme einer nicht unbeträchtlichen Anzahl von Bemerkungen 'allgemeiner' Natur, die fast alle schon in den *Vermischten Bemerkungen* gedruckt wurden, *in toto* veröffentlicht. Jene Bemerkungen allgemeiner Art waren meistenteils von Wittgenstein selbst durch Striche || vom übrigen Text klar abgesondert.

Weil der in diesem Bande der Spätschriften veröffentlichte Text direkt auf den handschriftlichen Aufzeichnungen und nicht auf einem vom Verfasser selbst aufgrund der Manuskripte hergestellten Typoskript fußt, hat er einen mehr vorläufigen und improvisierten Charakter als die *Bemerkungen über die Philosophie der Psychologie*. (Darum haben wir ihn nicht als dritten Band jener Bemerkungen veröffentlichen wollen.) Wiederholungen sind häufig; manchmal tritt eine ganze Bemerkung in fast denselben Worten von neuem auf. Hätte Wittgenstein aufgrund dieser Manuskripte je ein Typoskript diktiert, so hätte er bestimmt derartige Wiederholungen vermieden und auch viele andere Änderungen vorgenommen. Auch die Anzahl der Varianten ist viel größer als in den den *BPP* zugrundeliegenden Typoskripten. Die Herausgeber haben es sich im allgemeinen zugetraut, eine Wahl zwischen den Varianten zu treffen; wenn wir unsicher waren, haben wir die Variante(n) in einer Fußnote wiedergegeben.

Der Leser sei daran erinnert, daß Worte in spitzen Klammern < > von den Herausgebern herrühren. Auch die Numerierung der Bemerkungen und alle Fußnoten samt allen Hinweisen auf die gedruckten Werke von Wittgenstein rühren von den Herausgebern her. Diese Hinweise geben wir im Text in eckigen Klammern an.

Wir danken Herrn Dr. Joachim Schulte sowie den beiden Übersetzern, den Herren Professoren C. G. Luckhardt und Maximilian A. E. Aue, für ihre wertvollen Ratschläge und Vorschläge, die uns bei der Herstellung eines fehlerfreien Textes von großem Nutzen waren.

Georg Henrik von Wright
Heikki Nyman

Vorstudien zum zweiten Teil der *Philosophischen Untersuchungen*

MSS 137–138
(1948–1949)

1. Eine Sprache, in der es ein Wort "sich fürchteln" gibt, welches bedeutet: sich mit Furchtgedanken quälen. – Und nun könnte man z.B. annehmen, daß dies Zeitwort keine erste Person des Präsens hat. Das Englische "I am . . . ing".

2. Wenn ich Einem sage "Ich hoffe, du wirst kommen", ist es weniger dringend, wenn das Hoffen nur 30 Sekunden gedauert hat, als wenn es 2 Minuten gedauert hätte?

"Ich freue mich, daß es dir gelungen ist!" – "Wie lange freut es dich?" Eine seltsame Frage. Aber sie könnte Sinn haben. Die Antwort könnte sein: "Immer, wenn ich dran denke", oder "Zuerst hab ich mich nicht darüber gefreut, aber dann doch" oder "Ich denke immer wieder daran und freue mich" oder "Es fällt mir nur für Augenblicke ein, aber dann freue ich mich", etc.. Man sagt auch "Es ist mir eine dauernde Freude", und "Für einen Augenblick freute ich mich über sein Unglück".

3. "Ich ziehe mit dem Läufer." – "Wie lange ziehst du?"

4. Als Beispiel der Satzform "Wenn p, so q" bedenke: "Wenn er kommt, werde ich's ihm sagen." Wenn er nun *nicht* kommt, – habe ich damit mein Versprechen gehalten? – habe ich's gebrochen? —

Kann man aber sagen, jener Satz behaupte einen 'Zusammenhang'? Würde ich auf ihn antworten "Es *muß* nicht sein"? Es ist nicht, wie wenn der Satz gewesen wäre: "Wenn *diese* beiden sich treffen, gibt's eine Rauferei." Hier wäre jene Antwort möglich.

5. Wie, wenn aber die materielle Implikation behauptet würde (und diesen Fall gibts!) – kann ich da auf "$p \supset q$" auch antworten "Es muß nicht sein"? Und was bedeutet es hier?

6. "Wenn sich die beiden Pole nahekommen, springt ein Funke über." – Was betrachtet man als eine Verifikation des Satzes? Die Beobachtung, daß sie sich nie nahekommen? – Läßt sich, was wir hier sagen wollen, mit der materiellen Implikation ausdrücken? Gewiß nicht; aber vielleicht mit der 'formalen'? Doch ebensowenig. – Was wir aussagen wollen, ist doch eine Art von Naturgesetz; die Art von Beobachtung, die dazu führt, ist leicht genug vorzustellen. Man hat beobachtet, *daß* immer ein Funke überspringt, wenn sie einander nahekommen. – Ist der Satz vielleicht von der Art "$(x).\phi x \supset \psi x : (\exists x).\phi x$"? Wenn nicht, so muß *dieser* Satz doch eine Anwendung haben, wenn auch nicht die gleiche.

7. "Wenn er kommt, werde ich ihm sagen . . ." ist ein *Vorsatz*, ein *Versprechen*. Wenn es kein falsches Versprechen sein soll, darf es sich nicht auf die Gewißheit stützen, daß er nicht kommen wird. Es ist weder eine materielle noch eine formale Implikation.

8. Bei einer wissenschaftlichen bedingten Vorhersage könnte man *Berechtigung* und *Richtigkeit* unterscheiden. Man könnte sie "berechtigt" nennen, wenn sie aus einer so und so begründeten Theorie folgt, hervorgeht. Wenn also der Vordersatz nicht zutrifft, so kann man dann sagen: *Wäre* er zugetroffen, so *wäre* . . . Nicht das aber gibt mir dazu ein Recht, daß der Vordersatz sich nicht bewahrheitet hat.

9. Ein Satz wie der "Jeder Körper bewegt sich . . ." (Trägheitsgesetz), muß er in der Form "wenn–so" gefaßt werden? "Wenn etwas ein Körper ist, so bewegt es sich – – – –." – Oder muß es heißen: "Es gibt Körper; und wenn etwas ein Körper ist, so . . ."? (Niemand würde daran denken, es so auszudrücken.)

10. Es ist offenbar, daß man *einen* Furchtbegriff einfach zur Anwendung auf Tiere haben könnte, und daß dem Begriffswort die erste Person fehlen würde.

Seine dritte Person würde sehr ähnlich der dritten Person von "fürchten" verwendet.

11. Erinnere dich, daß der Konjunktiv keinen Sinn hat, außer im Konditionalsatz. Wenn Einer sagt "Ich *hätte* dieses Spiel gewonnen", wird man fragen: "*Wenn* – ?"

12. [Zu 'fürchten' etc.] Nichts schwerer, als die Begriffe vorurteilsfrei betrachten. Denn das Vorurteil ist ein Verständnis. Und darauf verzichten, wenn uns eben daran so viel liegt, —.

13. Das Englische "I'm furious" ist kein Ausdruck der Selbstbetrachtung. Ähnlich im Deutschen "Ich bin wütend"; aber nicht "Ich bin zornig". ("Entsetzlich wechselt mir der Grimm im Busen . . .". Es ist ein Zittern des Grimms.)

14. Man fragt sich "Was bedeutet 'ich fürchte mich' eigentlich? Was denke ich dabei?" Und es kommt natürlich keine Antwort, oder eine, die offenbar nicht genügt.

Die Frage ist: "In welcher Art Zusammenhang steht es?" [Vgl. *Philosophische Untersuchungen* (*PU*) II, ix, S. 188h]

15. Man könnte auch mit einem gewissen Recht sagen: "Ich sage es einfach." Denn dies heißt nur: Kümmre dich nicht um etwas, was das Reden begleitet.

16. Kann nun die Äußerung nicht in verschiedenen Zusammenhängen stehen? die ihr einmal das eine, einmal ein anderes Gesicht geben?

17. Ich sage "Ich fürchte mich . . .", der Andre fragt mich "Was wolltest du damit? War es wie ein Ausruf; oder hast du auf deinen Zustand in den letzten Stunden angespielt; wolltest du mir einfach eine Mitteilung machen?" Kann ich ihm immer eine klare Antwort geben? kann ich ihm nie eine geben? – Ich werde manchmal sagen müssen: "Ich habe daran gedacht, wie ich den heutigen Tag verbracht habe und gleichsam unwillig meinen Kopf über mich geschüttelt" – manchmal aber: "Es hieß: O Gott! wenn ich mich nur nicht so fürchtete!" – oder: "Es war nur ein Schrei der Furcht" – oder: "Ich wollte, daß du weißt, wie mir zu Mute ist." – Es folgen der Äußerung ja wirklich manchmal solche Erläuterungen. Aber man könnte sie doch nicht *immer* geben. [Bis "Ich werde manchmal sagen müssen", vgl. *PU* II, ix, S. 187g]

18. Man könnte sich Menschen denken, die gleichsam viel bestimmter dächten als wir, und eine Menge verschiedener Wörter verwendeten, einmal das eine, einmal das andere. [Vgl. *PU* II, ix, S. 188a]

19. Nichts ist doch wichtiger, als die Bildung von fiktiven Begriffen, die uns die unseren erst verstehen lehren. [*Vermischte Bemerkungen* (*VB*), zweite Ausgabe, S. 143]

20. "Was ist Furcht?" – "Nun, die *Erscheinungen* und Anlässe der Furcht sind *diese*: – – – " – "Was bedeutet "sich fürchten"?" – "Das Wort 'sich fürchten' wird *so* verwendet: – – –".

"Ist also "Ich fürchte mich – – –" eine Beschreibung meines Zustandes?" Es kann in einem solchen Zusammenhang und mit einer solchen Absicht gebraucht werden. Aber wenn ich Einem z.B. einfach meine Befürchtung mitteilen will, so ist es keine solche Beschreibung.

21. "Ich fürchte mich" kann z.B. einfach zur Erklärung meiner Handlungsweise gesagt werden. Es ist dann weit entfernt, ein Stöhnen zu sein, kann sogar lächelnd gesagt werden.

22. Man fragt sich "Was bedeutet 'ich fürchte mich' eigentlich, worauf ziele ich damit?" Und es kommt natürlich keine Antwort, oder eine, die nicht genügt.

Die Frage ist: "In welcher Art Zusammenhang steht es?" [*PU* II, ix, S. 188b; vgl. Bemerkung Nr. 14)

23. Es kommt keine Antwort, wenn man die Frage "Worauf ziele ich", "Was denke ich dabei", etc. dadurch beantworten will, daß ich die Worte sage und dabei auf mich achtgebe, aus dem Augenwinkel gleichsam dabei meine Seele beobachte. Ich kann aber allerdings in einem wirklichen Fall fragen: "Warum habe ich das gesagt, was wollte ich damit?" und könnte die Frage auch beantworten, aber nicht auf Grund einer Beobachtung von Begleiterscheinungen des Sprechens. Und meine Antwort würde die frühere Äußerung ergänzen, paraphrasieren. [*PU* II, ix, S. 188c]

24. Was ist Furcht? Was heißt "sich fürchten"? Wenn ich's mit *einem* Zeigen erklären wollte – würde ich die Furcht *spielen*. [*PU* II, ix, S. 188d]

25. Könnte ich Hoffen auch so darstellen? Kaum. Oder gar Glauben? [*PU* II, ix, S. 188e]

26. "Ich glaube, er wird kommen."

"Ich sage mir immer wieder: 'Er wird kommen'." Für das zweite könnten Leute ein eigenes Verbum haben.

27. Meinen Seelenzustand (der Furcht etwa) beschreiben, das tue ich in einem ganz bestimmten Zusammenhang. (Wie eine bestimmte Handlung nur in einem bestimmten Zusammenhang ein Experiment ist.)

Ist es denn so erstaunlich, daß ich den gleichen Ausdruck in verschiedenen Spielen verwende? Und manchmal auch gleichsam zwischen den Spielen?

"Ich dachte an ihn" und "Ich dachte über ihn nach" bedeutet doch sehr Verschiedenes. [a, b: *PU* II, ix, S. 188f]

28. Und rede ich denn immer mit sehr bestimmter Absicht? – Und ist darum, was ich sage, sinnlos? [*PU* II, ix, S. 188g]

29. "Now you mention it: I think he'll come."

"Ich glaube jetzt, du hast recht: er wird kommen."

"Nein. Ich bin davon überzeugt: er wird kommen." Man kann

sich <zu> allen solchen Ausdrücken einen charakteristischen Zusammenhang ausdenken.

30. Was gehört dazu, daß man einen Seelenzustand beschreibt? – Oder könnte ich fragen: Was gehört dazu, daß man einen Seelenzustand beschreiben *will*?

31. Man könnte auch fragen: "Worauf muß es mir dann ankommen?"

32. "Ich wollte dir meinen Seelenzustand beschreiben" – etwa im Gegensatz dazu "Ich wollte nur meinen Gefühlen Luft machen". Ich wollte also, daß er weiß 'wie mir's zumute ist'. (In diesem Zusammenhang redet man oft über die Dauer des Zustands.)

33. Es ist doch etwas anderes: die Furcht ruhig *gestehen* – und ihr ungehemmten *Ausdruck geben*. Die Worte können dieselben sein, der Ton und die Gebärden verschieden.

34. Wenn es in einer Leichenrede heißt "Wir trauern um unsern . . .", so soll das doch der Trauer Ausdruck geben; nicht den Anwesenden etwas mitteilen. Aber in anderer Umgebung sind diese Worte eine Mitteilung. In einem *Gebet* am Grabe könnten sie auch eine *Art* von Mitteilung sein. [*PU* II, ix, S. 189a]

35. Wir sagen doch nicht unbedingt von Einem, er *klage*, weil er sagt, er habe Schmerzen. Also können die Worte "Ich habe Schmerzen" eine Klage und auch etwas anderes sein. (Und ähnlich ist es mit dem Ausdruck der Furcht und anderer Gemütsbewegungen.) [*PU* II, ix, S. 189d]

36. Ist aber "Ich fürchte mich" nicht immer, und doch manchmal etwas einer Klage Vergleichbares, warum soll es dann *immer* eine Beschreibung meines Seelenzustands sein?[1] [*PU* II, ix, S. 189e]

37. Denn wodurch unterscheidet sich die Klage "Ich habe Schmerzen" von der bloßen Mitteilung? Doch durch die Absicht. Und die wird sich vielleicht auch im Ton ausdrücken.

38. Die Zusammenhänge, in denen ein Satz steht, sind am besten in einem Drama dargestellt, daher das beste Beispiel für einen Satz in

[1] Mehrere Varianten im MS. – Am Rande der Seite befindet sich ein Zusatz: "Was ist denn eine Klage?"

einer bestimmten Bedeutung ein Zitat aus einem Drama ist. Und wer fragt die Person im Drama, was sie während des Sprechens erlebt?

39. "Du mußt wissen, – ich fürchte mich."
"Du mußt wissen, – mir graut davor."
Ja, man kann es auch in *lächelndem* Ton sagen.
Und willst du mir sagen, er spürt das nicht? Wie *weiß* er's denn sonst? – Aber auch wenn es eine Mitteilung ist, liest er's doch nicht von seinem Innern ab. Er könnte auch dann nicht zum Beweis seiner Aussage seine *Empfindungen* anführen. *Sie* lehren ihn's nicht. [*PU* II, i, S. 174e]

40. Denn denk dir die Empfindungen hervorgerufen durch die *Gebärden* des Grauns: die Worte "mir graut davor" sind ja auch so eine Gebärde, und wenn ich ihre Äußerung höre und fühle, gehört dies zu jenen übrigen Empfindungen. Warum soll denn die ungesprochene Gebärde die gesprochene begründen? [*PU* II, i, S. 174f]

41. Wir lernen das Wort "denken" gebrauchen *unter bestimmten Umständen*.
Sind die Umstände andere, so wissen wir's nicht zu gebrauchen. – Darum müssen wir aber jene Umstände nicht beschreiben können. [a: vgl. *Zettel* (*Z* 114; b: vgl. *Z* 115]

42. "Wenn die Menschen in ihren Farbaussagen stark auseinandergingen, könnten sie unsern Farbbegriff nicht verwenden." – Wenn die Menschen in ihren Farbaussagen stark auseinandergingen, dann würden sie, eben dadurch, *unsern Farbbegriff* nicht verwenden.
Sie würden nicht unser Sprachspiel spielen: Denn bedenk doch, wie man das ihre und das unsre zu vergleichen hätte!

43. Wenn ich also Einen sagen höre "Ich fürchte mich", wie kann ich erfahren, ob dies die 'Beschreibung eines Seelenzustands', oder was sonst ist? Soll ich ihn fragen, und wird er die Frage gewiß verstehen? – Aber er könnte sie doch beantworten. Wie? Z.B. *so*: "Nein; ich habe mir nur Luft gemacht", oder "Ja; ich will, daß du weißt, wie ich mich fühle".
Aber so eine Frage wird man doch so gut wie nie stellen. Ist es nicht, weil der Ton und der Zusammenhang uns die Antwort geben müssen? Denn aus diesen wird man ersehen, ob er sich etwa über seine eigene Furcht lustig macht; ob er sie, sozusagen, in sich entdeckt; ob er sie mir unwillig, aber um der Offenheit willen, gesteht; ob er sie wie einen Schrei äußert, etc. – Und unterrichten

mich die Worte, wie immer sie geäußert sind, nicht über denselben Sachverhalt, nämlich seinen Seelenzustand?

44. Hat denn der Satz "Napoleon wurde im Jahr 1804 gekrönt" einen andern Sinn, jenachdem ich ihn Einem zur Information sage; oder in der Geschichtsprüfung um zu zeigen, was ich weiß; oder etc. etc.? Um ihn zu verstehen, müssen mir doch für alle diese Zwecke die Bedeutungen seiner Wörter auf die gleiche Art erklärt werden. Und wenn also die Bedeutung der Wörter und ihre Zusammenstellung den Sinn des Satzes ausmachen, – – –.

45. Das Problem ist doch dies: Der Schrei, den man keine Beschreibung nennen kann, der primitiver ist als jede Beschreibung, tut gleichwohl den Dienst einer Beschreibung des Seelenzustands. [*PU* II, ix, S. 189b]

46. Wer schreien kann, der kann damit noch nicht Einem etwas im Gespräch mitteilen.

47. Ich höre die Worte "Ich fürchte mich". Ich frage: "In welchem Zusammenhang hast du das gesagt? War es ein Stoßseufzer, war es ein Geständnis, war es Selbstbeobachtung, . . .?"

48. Will, wer "Hilfe!" ruft, beschreiben, wie's ihm zumute ist?
Nichts ist ihm ferner, als etwas zu beschreiben.

49. Aber es gibt Übergänge von dem, was wir nicht Beschreibung nennen würden, zu dem, was wir Beschreibung nennen würden.

50. Das Wort "Beschreibung des Seelenzustands" charakterisiert ein gewisses *Spiel*. Und wenn ich bloß die Worte "ich fürchte mich" höre, so mag ich zwar *erraten*, welches Spiel hier gespielt wird (aus dem Ton etwa), aber ich werde es erst wissen, wenn ich den Zusammenhang kenne.

51. Denn zu dem, was wir "beschreiben" nennen, gehört eines oder das andere einer Klasse von Merkmalen. Das beobachtende, überlegende, erinnernde Verhalten, ein Trachten nach Genauigkeit, die Fähigkeit sich zu verbessern, das Vergleichen.

Ein Schrei ist keine Beschreibung. Aber es gibt Übergänge. Und die Worte "Ich fürchte mich" können näher und weiter von einem Schrei sein. Sie können ihm ganz nahe liegen und *ganz* weit von ihm entfernt sein. [b: *PU* II, ix, S. 189c]

52. Wenn ein feines Aufhorchen mir zeigt, daß ich in jenem Spiel das Wort "weiche" bald *so*, bald *so* erlebe, – zeigt es mir nicht auch, daß ich, im Zusammenhang eines ganzen Satzes, den ich verstehe und in irgend einem Sinne erlebe, jenes Wort selbst oft gar nicht erlebe? [Vgl. *PU* II, xi, S. 215h–216a]

53. "Mir stand die Bedeutung des Wortes vor der Seele." – Wird man denn das sagen, wenn das Wort im unzweideutigen Zusammenhang vorkommt?

54. Eine Schrift,[1] in der das durchgestrichene Wort, der durchgestrichene Satz ein Zeichen ist.

55. Du versicherst doch, das Wort, wie du es jetzt ausgesprochen hast, so 'gemeint' erlebt zu haben: Dann sag doch auch mit dem gleichen feinen Gefühl, ob du dieses Wort im rechten Zusammenhang, *in diesem Sinne*, '*so* meinst'. Denn daß du's in anderm Sinne *so* und nicht *so* meinst, intendierst, später wohl auch erklärst, ist ja klar. [Der letzte Satz vgl. *PU* II, xi, S. 216a]

56. Aber es bleibt nun die Frage, warum wir bei dem *Spiel* des Meinens auch von einem *'meinen'* reden. – Das ist eine Frage anderer Art. Es gehört eben zu der Erscheinung des Spiels, daß wir in *dieser* Situation das Wort "Meinen" gebrauchen.[2] [Vgl. *PU* II, xi, S. 216b]

57. Ist es denn ein Mißverständis?

Ich verwende ja nun das Wort nicht *für* etwas anderes; sondern in einer anderen Situation. [Wie ich auch nicht zweierlei mit dem Worte "Wissen" bezeichne, wenn ich sage "Ich wußte im Traum". Vergl<eiche> auch Gefühl d<er> Unwirklichkeit.] Sollte mir denn die Technik seiner Anwendung hier anders beigebracht werden?

58. Denk, ich höre ein Beethoven'sches Werk und sage "Beethoven!" – Hat das Wort hier eine andere Bedeutung, als in dem Satz "Beethoven wurde im Jahre 1770 zu Bonn geboren"? (Wer den Ton

[1] Var.: "Notation".

[2] Var.: "Aber es bleibt nun die Frage, warum wir bei jenem *Spiel* des Meinens dann auch von einem '*Meinen*' reden. Das ist eine Frage von anderer Art als du denkst. — Es ist (eben) die Erscheinung dieses Sprachspiels, daß wir in *dieser* Situation sagen, wir hätten das Wort *so* gemeint und diesen Ausdruck aus einem andern Sprachspiel herübernehmen. *Es muß eine Frage vorhergegangen sein.*

Das ist eine Frage fremder Art. Das ist eine ungehörige Frage; gleichsam anderer *Rasse.*"

des Ausrufs nicht verstünde, könnte man ihn etwa erklären: "So schreibt[1] nur Beethoven".)

59. Wäre es richtiger zu sagen, dem *e* 'entspreche' gelb, als "*e* ist gelb"? ist es nicht eben der Witz des Spiels, daß wir uns dahin äußern, *e sei* gelb?

Ja, wenn es Einen gäbe, der *geneigt* ist zu sagen, dem *e 'entspreche'* gelb, und nicht, es sei gelb, wäre der nicht vom Andern beinahe so verschieden, wie Einer, für den Vokale und Farben nicht zusammenhängen? Und ähnlich für das Erleben der Bedeutung.[2]

60. Wenn ich beim Erlernen der Sprache und um mir die doppelte Bed<eutung> des Wortes "Bank" einzuprägen, abwechselnd auf ein Bild der Sitzbank und der Geldbank schaute und immer sagte "Bank", oder "Das ist eine Bank", – fände hier das 'Bedeutungserlebnis' statt? Da gewiß nicht, möchte ich sagen. Wenn es mir aber z.B. im Ton der Aussprache zu liegen schiene, daß ich das eine, oder andere meine, – dann schon.

61. Es is ja nicht, als würden da zwei Dinge hartnäckig mit demselben Wort bezeichnet, und man fragte: Warum tut man das, wenn sie *wirklich* verschieden sind? – Der neue Gebrauch besteht ja gerade darin, daß der alte Ausdruck in einer neuen Situation verwendet wird; nicht zur Bezeichnung für etwas Neues.

62. Das Erlebnis des 'treffenden Worts'. Ist dies dasselbe, wie das Erleben des 'Meinens'?

63. "Warum nennt man *dies* im Traum ein 'Wissen'?" – Man nennt ja nichts im Traum ein Wissen, sondern sagt "ich wußte im Traume . . ."

Warum nennt man dies "meinen" und "bedeuten", wenn es sich nicht um meinen und bedeuten handelt? – Was nenne ich denn im Spiel ein 'Meinen' (oder 'Bedeuten'): ich *sage* "ich habe mit dem Wort jetzt . . . gemeint".

Aber was nenne ich denn so? – Ein Erlebnis? Und welches Erlebnis?

Kann ich's denn anders beschreiben, als eben durch den Ausdruck: ich 'meine' jetzt dieses Wort *so*?

[1] Var. "spricht".

[2] Am Rande der Seite steht: "Es ist als stellte man in einem Buch über reine Mathematik eine Frage der Physik als die, die du stellen wolltest."

64. Ich kann also nicht sagen: Ich benenne eben zwei verwandte Dinge mit demselben Wort. (Denn sonst wäre ja das Problem nie entstanden.)

65. "Warum reden wir bei jenem Spiel auch von einem 'Meinen'?" – Wonach frage ich? Nach einem Grund, nach einer Ursache? – Gewiß nicht nach einer Überlegung, die mich bestimmt, so zu reden; noch nach einer Rechtfertigung; denn um nichts solches handelt es sich.

66. Nenn es einen Traum![1] [Vgl. *PU* II, xi, S. 216b]

67. Aber es bleibt dann die Frage, warum verwendet Einer im *Spiel* des 'Meinens' dasselbe Wort? – Kann er denn ein anderes verwenden? Verwendet er denn dasselbe Wort *für* etwas Anderes? Könnte er eine andere Erklärung davon geben?

68. Nenn es einen Traum. Es ändert nichts. [*PU* II, xi, S. 216b]

69. "Schubert" – Es ist, als ob der Name ein Eigenschaftswort wäre.

Man kann ja auch nicht sagen: "Sieh, was alles *'paßt'*. Es paßt auch z.B. der Name zum Träger."[2]

Ein Anbau wäre doch eine Erweiterung; und eine Erweiterung ist ja hier gerade *nicht*. Denn man nennt ja nicht ein 'Zusammenpassen', was *eigentlich* kein Zusammenpassen ist. Als dehnte man nur diesen Begriff aus. Sondern es liegt hier gleichsam eine *Täuschung* vor, eine Spiegelung. Wir glauben das zu sehen, was nicht da ist. Aber es ist nur *gleichsam* so. – Wir wissen sehr wohl, daß der Name "Schubert" zu seinem Träger und zu Schuberts Werken in keiner Beziehung des Passens steht; und doch sind wir unter einem Zwang, uns so auszudrücken.[3] [Vgl. *PU* II, xi, S. 215f]

70. Man sieht etwas unter dem Bild, unter dem Begriff, des Passens.

Ich kann doch Eins als Variation eines Andern ansehen. Und nun könnte im äußersten Fall doch das, was ich *als* Variation sehe, mit dem, als dessen Variation ich's sehe, gar keine Ähnlichkeit mehr

[1] Vor der Bemerkung in eckigen Klammern: "Zum obersten Satz S. 82r." Dies bezieht sich auf das Ende der Bemerkung Nr. 56.

[2] Vor diesem Absatz im MS steht in eckigen Klammern: "Zu Tscr. S. 667 unten". – Dies bezieht sich auf die Seite 667 des TS 232 – und auf seine Fortsetzung auf der nächstfolgenden Seite. Siehe *Bemerkungen über die Philosophie der Psychologie (BPP)* II, §246.

[3] Vor dem Absatz in eckigen Klammern: "Von T.S. S. 667v". – Siehe die Fußnote oben.

haben. – Sagen wir's so: Erst ist *diese* Figur eine einfache Projektion *jener*. Dann krümmen sich die Projektionsstrahlen etwas; aber es ist für mich doch noch eine Projektion. Endlich verbiegen sie sich bis zur Unkenntlichkeit, aber ich sehe noch immer eine Projektion. (Wie Manche einen alten Menschen noch immer als den jungen sehen, den völlig veränderten noch immer als den frühern.)

Es ist vielleicht seltsam, den Fall des Personennamens damit in Zusammenhang zu bringen. Aber man kann einen Zusammenhang machen. Nämlich den: Man *sehe* eben den Personennamen als Bildnis.

71. Nehmen wir an, ich sehe ein Dreieck als Quadrat, indem ich es als das Ende dieser Art von Veränderung sehe: □ ⏢ ⏢ △ – Dann gehört die Art des Variierens zum gesehenen Aspekt. Aber so etwas liegt ja eben nicht vor, wenn uns der Name das Bildnis des Trägers zu sein scheint.

72. Ich sage etwas (z.B. "Der Name 'Schubert' paßt doch vollkommen zum Schubert") – es heißt nichts.[1]

73. Der Satz "Der Name . . . paßt auf . . ." ist, wie wir ihn gebrauchen, keine Mitteilung über den Namen, oder seinen Träger. Er ist eine pathologische Mitteilung über den Mitteilenden. – Man lehrt ein Kind nicht, daß dieser Name auf den Menschen paßt.

74. Einer winkt (mir) mit der Hand. "Was wolltest du? – "Ich wollte, daß du kommst."

Das ist die Absicht zur Zeit des Winkens.

Das Zeichen war der Ursprung einer Bewegung. War es also nicht auch der Ursprung der Erklärung? Könnte nun diese Erklärung selber *lauten*: "Das Winken mit der Hand war der Ursprung der Erklärung, die ich dir jetzt gebe: Komm zu mir"?

75. Man konnte hier nicht sagen "Er [der Name] *paßt* nicht geradezu", oder "Er scheint nicht geradezu zu *passen*".

Es ist nicht, als ob "passen" nicht *ganz* das rechte Wort wäre.

Man könnte allerdings auch andere Wörter gebrauchen; z.B. "Es ist eine Verwandtschaft da".

76. "Das, was immer assoziiert ist, hält man leicht für verwandt." Ist *das* der richtige Ausdruck? Nicht ganz. Aber es ist, als wären sie verwandt.

Es ist nicht so: "Ich halte sie für verwandt, obwohl sie's nicht sind" – denn ich brauche, gleichsam, nur aufzuwachen, um zu wissen, daß

[1] Am Ende der Bemerkung in eckigen Klammern: "Fortsetz<un>g verloren".

sie's nicht sind. Aber ich sehe sie unter dem Bild der Verwandtschaft.

Ich gebrauche das Wort, das Bild.

Man kann freilich erklären: Zusammenpassen und Assoziation gehen oft zusammen; und daher jene Täuschung (wenn man es Täuschung nennen soll).

77. Ich denke mir, eine physiologische Erklärung des seltsamen Phänomens ist gefunden worden. Man sieht jetzt, wie die Täuschung zu Stande kam. Es geht nämlich dann im Gehirn manchmal das vor, was auch vorgeht, wenn. . . . Freudige Aufregung: Jetzt verstehen wir, warum man immer sagte . . . ! Und wenn nun die Erklärung gegeben, das Rätsel gelöst ist,[1] – in welcher Lage läßt uns das zurück? Es hat nur eine Frage weggeräumt, die uns nicht interessiert hat und es läßt uns mit der Tatsache zurück, daß wir jenen Ausdruck, jenes Bild gebrauchen, gebrauchen möchten, wo die normale Veranlassung fehlt.

78. Aber es bleibt dann die Frage, warum wir bei jenem *Spiel* des Meinens auch von einem *'Meinen'* reden. Die Frage gehört gar nicht her. Wir gebrauchen hier das Wort: weil es *diese* Bedeutung hat. Kein anderes, keine andere Bedeutung täte es für uns. Es ist die Tatsache hinzunehmen.[2]

79. Aber wird nun das Wort in zwei Bedeutungen gebraucht? Nein. (Sonst wären wir ja eine Erklärung schuldig.) Lehrt man den Gebrauch auf zwei verschiedene Arten?

80. Aber hat für uns eine Erklärung des seltsamen Phänomens nicht doch Interesse?

Denk an andere verwandte Phänomene, und was ihre Erklärung leistet. Ja, es ist freilich interessant zu verstehen, *warum* ich auf diesem Spaziergang unter dem Eindruck stehe, die Stadt müsse *dort* liegen; obwohl eine einfache Überlegung mich davon überzeugen kann, daß es nicht so ist. Ich will nun annehmen, ich wisse, wie die Täuschung zustande kam: Ich zog falsche Schlüsse aus Ähnlichkeiten der Gegend mit einer andern Gegend, und dergl.. – Aber ich hatte ja den falschen Schluß nicht ausdrücklich gezogen, und es ist auch nicht erklärt, warum jene Ähnlichkeiten mich zu diesem vorschnellen Schluß verleitet haben. Die Erklärung läßt die Seltsamkeit bestehen. (Ebenso für das Phänomen Laute farbig zu sehen, etc.)

[1] Var.: "wenn sich der Staub verzogen hat".

[2] Vor der Bemerkung in eckigen Klammern: "Von S. 82v, unten". Dies bezieht sich auf die Bemerkung Nr. 56.

81. Wenn Einer auf die Frage "Wird N. wiederkommen" wieder und wieder bejahend antwortet, kann man das so ausdrücken, er sei in einem *Zustand* des Dafürhaltens. Aber niemand wird sagen, daß die Antwort "N. wird wiederkommen" den Zustand des Gefragten beschreibt.

82. Wenn "Ich glaube p" aussagt, ich sei in einem bestimmten Zustand, dann auch die Behauptung "$\vdash p$".

Denn die Anwesenheit der Worte "Ich glaube" kann's nicht machen, kann es höchstens andeuten. [Vgl. *PU* II, x, S. 191d].

83. Sprache, in der "Ich glaube, daß p" nur durch den Tonfall der Behauptung "$\vdash p$" ausgedrükt wird. Statt "Er glaubt . . ." heißt es dort "Er ist geneigt zu sagen . . ." und es gibt auch die Annahme "Angenommen, ich sei geneigt, zu sagen . . .", aber nicht eine Äußerung "Ich bin geneigt, zu sagen . . .". [*PU* II, x, S. 191e]

84. Anomalien gibt es ja auch sonst. Man sagt "Es wird vielleicht regnen", aber nicht: "Angenommen, es werde vielleicht regnen, . . ."

85. Moore's Paradox gäbe es in jener Sprache nicht; statt dessen gäbe es ein Verbum, das keine erste Person des Präsens hat. [*PU* II, x, S. 191e]

86. Das aber sollte uns nicht überraschen. Denk daran, daß man die eigene künftige Handlung in der Äußerung der Absicht vorhersagen kann. [*PU* II, x, S. 191e]

87. Denk an den Ausdruck "Ich sage, . . ." – z. B. "Ich sage, es wird heute regnen", welches einfach der Behauptung "Es wird heute . . ." gleichkommt. "Er sagt, es wird . . ." heißt beiläufig "Er glaubt, es wird . . .". "Angenommen, ich sage . . ." heißt *nicht* "Angenommen, es werde heute . . .". [*PU* II, x, S. 192f]

88. Verschiedene Begriffe berühren sich hier und laufen ein Stück Wegs miteinander. Man muß eben nicht glauben, daß die Linien alle *Kreise* sind.

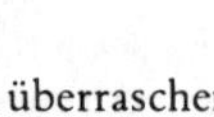

[*PU* II, x, S. 192g. Keine Zeichnung in *PU*]

89. Wer etwas einer Deutung gemäß sieht, erlebt deswegen nicht eine Deutung.

90. Jeder, der denkt, weiß, wie Notizen, Bilder, die einem Andern nichts sagen würden, und die man auch selbst nicht zu erklären weiß, für Gedanken, oder einzelne Züge von Gedanken stehen können.[1] (Die Notation des Kunstrechners.)

91. "Hast du, als du das Wort sagtest, *das* gemeint?" – "Nein; ich hab dabei an etwas anderes gedacht." – Ist das ein Erlebnis? Nein. Ein Erlebnis hätte nicht das gleiche Interesse. Ein Erlebnis könnte vielleicht den Psychologen über die *unbewußte* Absicht belehren.[2] [Vgl. *PU* II, xi, S. 217d]

92. D.h.: Wenn ich z.B. erführe, er habe beim Aussprechen des Wortes das und das vor sich gesehen, so wäre es möglich, daß ich daraus einen Schluß auf eine Tendenz in seinem Unbewußten zöge — was ihm vorschwebte war nicht seine Absicht beim Aussprechen des Worts, sein Gedanke bei dem Wort.

93. "Diese Pflanze wächst aus dem Keim, nicht jene Pflanze." Denk dir, man würde sich in einer Sprache wirklich so ausdrücken!

94. Aber was ist der Keim? – Das Erlebnis zur Zeit des Sprechens. (Also etwa eine Vorstellung – wie sie ja freilich oft vorhanden ist.) Aber es ist doch nicht, seiner Natur nach, der Keim. Noch wird etwas durch die spätere Entwicklung zum Keim. So bleibt also nur, daß sich das Bild vom Keim uns aufdrängt. (Ganz natürlich; denn wir wollen im Erlebnis den Kern der Sache sehen.)

95. Die Frage, die uns interessieren muß, ist also: Wozu dient der Bezug auf den Zeitpunkt des Redens? Was teilt er Einem mit?[3]

96. "Ich *dachte* mir, daß du dabei an ihn denken würdest." Es lag nicht in dem Bild, das er vor sich sah (das war nicht genau zu erkennen), noch am Namen, den er sich vorsagte (der konnte auch einem Andern gehören). Es war die Kette von Deutungen, von Erklärungen.

Denn wenn er sagt "Ich dachte dabei an . . .", "Ich meinte damit

[1] Mehrere Varianten im MS. Am Ende der Bemerkung in eckigen Klammern: "Noch nicht gelungen."

[2] Vor der Bemerkung im MS in eckigen Klammern: "Zu Tscr. S. 670". – S. *BPP* II, §256

[3] Vor der Bemerkung in eckigen Klammern: "Schwatzhaft".

. . .", so knüpft er ja *dadurch* an jenen Zeitpunkt an.

(Er erinnert sich also nicht z.B. eines Vorstellungsbildes, welches er vor sich sah und nun zeigt es ihm, daß er an . . . gedacht hat.)

97. Er liest es nicht vom Vorstellungsbild ab, woran er gedacht hat.

98. Es sagte etwas, und ich mußte dabei an N. denken. Wann fiel mir N. ein? In welchem Augenblick, bei welchem seiner Worte? – Wenn ich weiß, bei welchem, – was geschah mir bei diesem Wort?

Die Gedanken nahmen von dem Wort ihren Ausgang. Da fing die Kette an. Was aber macht sie zur Kette? Daß ich es sage?

99. "Ich habe bemerkt, daß du bei diesem Wort nachdenklich geworden bist."

100. "Wie ich dies Wort hörte, fiel er mir ein." Was ist die praktische Bedeutung dieses Zeitpunkts? — Denn ich will einmal sagen: "*Es kam mir vor*, als fiele er mir bei diesem Wort ein" – so macht das Subjektive daran ja keinen Unterschied. Die Frage ist dann noch immer dieselbe: "Welche Folgen hat so eine Mitteilung?"

101. "Ich habe bei diesem Wort an ihn gedacht." Wo liegt das Interesse dieser Mitteilung? Was ist die primitive Reaktion, die solchen Worten entspricht?

102. "À propos . . ."

"Wie bist du plötzlich auf ihn gekommen?" – "Du sagtest . . . und das hat mich an ihn erinnert."

103. Wann sagt man, ich schreibe an *diesen* Menschen? Wie zeigt es sich? Wie weiß ich's selbst?! – Schreibe ich an *ihn*, während ich schreibe?

104. Es wäre beinahe seltsam, zu sagen: "Ich dachte an ihn, während ich an ihn schrieb."

105. "Wir haben gerade von *ihm* geredet", von diesem Menschen, auf den ich jetzt zeige. Wie hing die Rede mit ihm zusammen? Machte ich nicht, gerade durch diese Worte den Zusammenhang mit ihm?

106. "Ich wußte, von wem ihr geredet habt." – Wie konnte ich's wissen? Und was war *das* für ein Seelenzustand, das 'Wissen, daß von *diesem* Menschen die Rede ist'?

107. "Von wem habt ihr gesprochen?" – "Vom N." – "Von meinem Freund N." – "Von dem Menschen auf dieser Photographie." – "Von dem, der jetzt zur Tür hereinkommt."

108. Gott, wenn er in unsre Seelen geblickt hätte, hätte dort nicht sehen können, von wem wir sprachen. [*PU* II, xi, S. 217f]

109. In der Philosophie muß man unterscheiden: zwischen Sätzen, die unsere Denkneigung ausdrücken, und denen, die das Problem *lösen*.

110. Die unheilbare Krankheit ist die Regel, nicht die Ausnahme.

111. Du beziehst dich mit dieser Äußerung auf den Zeitpunkt des Redens. Es macht einen Unterschied, ob du dich auf diesen, oder auf jenen Zeitpunkt beziehst.

(Die Worterklärung bezieht sich auf keinen Zeitpunkt.)

Wie fängt man an, das zu sagen? (Worin liegt die Wichtigkeit dieser Frage?) [a, b: *PU* II, xi, S. 217h]

112. "Warum hast du mich bei diesem Wort angeschaut; hast du an . . . gedacht?"

Es gibt also eine Reaktion in diesem Zeitpunkt, "Ich dachte an . . ." erklärt die Reaktion. [Vgl. *PU* II, xi, S. 217g]

113. "Wir haben bei diesem Wort Beide an ihn gedacht."

Nehmen wir an, jeder von uns hätte dabei die gleichen Worte zu sich selbst gesagt – und MEHR kann es doch nicht heißen.

Aber wären eben diese Worte nicht auch nur ein *Keim*? Sie müssen doch zu einer Sprache gehören und zu einem Zusammenhang, um wirklich der Ausdruck des Gedankens an ihn zu sein. [*PU* II, xi, S. 217e]

114. Es kommt doch vor, daß ein laut gesprochenes Wort in der Mitte eines nicht ausgesprochenen Gedankenganges steht. Und dies könnte man doch melden. So wie man überhaupt melden kann, man habe sich zu dieser Zeit das und das im Stillen überlegt. Was immer das Interesse *dieser* Meldung ist, muß es auch jener Meldung sein; und also auch: man habe bei dem Wort . . . an . . . gedacht.

115. "Ich habe damals gedacht: ob er wohl kommen werde –."

"Du hast so zweifelhaft dreingeschaut; was hast du gedacht?" – "Ich habe gedacht: ob er wohl kommen wird –". —— "Hast du dir dabei diese, oder ähnliche Worte im Geist gesagt?" – "Nein. Ich habe dabei seltsamerweise an Piccolomini[1] gedacht, an die Scene, in der . . .".

116. Das Reden in der Vorstellung ist in wichtiger Weise nicht mit dem Reden zu vergleichen, aber unsre Sprachspiele mit den beiden sind ähnlich. (Das Tennis mit Ball und das Tennis ohne Ball.) Und auch irgend ein Vorstellungsbild spielt in ihnen die Rolle eines wirklichen Bildes, das ja auch im *Zusammenhang* von Sätzen und Erklärungen stehen kann.

117. D.h.: Unser Sprachspiel bezieht sich auf ein Vorstellungsbild ungefähr so, wie auf einen laut ausgesprochenen Satz. Denn dieser ist auch nur eine Lautreihe und bezieht sich auch, so ohne weiteres, noch auf gar nichts.

118. Es wäre nun die Frage: Wenn ein Wort in einem bestimmten Zusammenhang steht, so kann ich dennoch dabei im Gedanken einen *andern* Zusammenhang machen – tu ich das nun nicht, geschieht nichts Abnormales, – geht dann mein Denken meiner Rede entlang?

119. Wenn mein Denken einmal vom Weg der Rede abweicht, geht es im normalen Fall dem Weg entlang.

120. Wenn alles seinen normalen Gang geht, denkt niemand an den innern Vorgang, der die Rede begleitet.

121. Philosophie ist nicht Beschreibung des Sprachgebrauchs, und doch kann man sie durch ständiges Aufmerken auf alle Lebensäußerungen der Sprache lernen.

122. Wissen, Glauben, Hoffen, Fürchten (u.a.) sind so sehr verschiedenartige Begriffe, daß eine Klassifikation, ein Einordnen in verschiedene Laden, für uns keinen Nutzen hat. Wir wollen aber die Verschiedenheiten und Ähnlichkeiten unter ihnen erkennen.

123. Vergleiche: "Als du vom N. sprachst, glaubte ich, du meintest den . . ." und "Als du vom N. sprachst, wußte ich, daß du den . . . meintest."

[1] Hinweis auf Schillers *Wallenstein*.

Gehört zum Zweiten ein bestimmtes Erlebnis? Und warum also zum Ersten?

124. Der Ausdruck: "Mir ist . . . durch den Kopf gegangen."
"Beim Lesen ging mir unser gestriges Gespräch durch den Kopf." Geht mir beim aufmerksamen Lesen auch das, was ich lese, durch den Kopf?

125. "Nein, als ich 'Bank' sagte, ging mir für einen Augenblick unsre Gartenbank durch den Kopf." – Würde ich auch sagen, es wäre mir die Kreditbank 'durch den Kopf gegangen', wenn sich alles ganz normal abgespielt hätte?

126. Stell dir vor, jemand würde, sowie er eine Äußerung tut, uns (immer) von dem, was sich in seinem Geist dabei abgespielt hat, unterhalten. (Es ist eine Gewohnheit.) Würde uns das unter allen Umständen interessieren?

127. "Ich meinte, als ich 'Bank' sagte, natürlich die Bank, in der du Geld wechseln sollst." Mußte ein Bedeutungserlebnis das Wort begleiten? (Unsinn!) Warum aber dann, wenn ich – gegen den Zusammenhang – an unsre Gartenbank dabei dachte?

128. "Ich habe mich heute schon dreimal daran erinnert, daß ich an ihn schreiben muß." Welche Wichtigkeit hat, was dabei geschah?! – Aber anderseits, welche Wichtigkeit, welches Interesse hat der Bericht selbst?
Er läßt gewisse Schlüsse zu. [Vgl. *PU* II, xi, S. 217j–218a]

129. "Es war mir nicht ganz entfallen; ich hab mich heute dreimal daran erinnert." – "Ja, ich weiß: Du bist einmal zusammengezuckt, wie ich von . . . sprach." – Sein Geisteszustand wird beleuchtet, und es hat gewisse Folgen. Andere z.B. als der Sachverhalt: "Es war mir *gänzlich* entfallen; ich habe nicht mehr dran gedacht."

130. Ich bin bei dem Wort in *dieser* Richtung gegangen. (Es ist also, als ob man die Tangente an eine Kurve in diesem Punkte angäbe.)
Aber das ist wieder nur ein Bild. (Wie wenn man das Tennis ohne Ball durch das Tennis mit Ball beschreibt.)

131. Das Sprachspiel "Ich meine (oder meinte) *das*" (nachträgliche Worterklärung) ist ein ganz anderes als das Sprachspiel: "Ich

dachte dabei an . . ." Dies ist verwandt mit: "Es erinnerte mich an . . .". [*PU* II, xi, S. 217i]

132. Hier ist *zur Zeit* des Meinens, Gedenkens, Erinnerns eine charakteristische Reaktion möglich.

133. Was ist die primitive Reaktion, mit der das Sprachspiel anfängt? die dann in Worte wie "Ich dachte bei diesem Wort an . . ." umgesetzt werden kann.[1] Wie kommt es dann dazu, daß Menschen diese Worte gebrauchen? [Vgl. *PU* II, xi, S. 218b]

134. "Du sagtest das Wort, als wäre dir dabei plötzlich etwas Anderes eingefallen." Diese Reaktion hat man nicht gelernt.

Die primitive Reaktion konnte auch eine Wortreaktion sein.

135. Nimm an, ich bin mit jemand im Gespräch über Dr N.. Inmitten des Gesprächs sage ich "Ich dachte beim Namen 'N' jetzt an Dr N." – der Andre wird mich nicht verstehen.

Hätte ich gesagt "Ich meinte mit 'N' jetzt den Dr N., der . . .", so wäre die Antwort vielleicht gewesen: "Freilich. Wen hättest du sonst meinen können!"

Hätte ich gesagt "Beim Namen 'N' habe ich den Dr N. jetzt vor mir gesehen", so wäre das vielleicht nicht zur Sache gewesen.

136. "Ich dachte bei dem Wort an . . ." – Wenn Einer auf die Frage "Was ging dabei in dir vor?" *nichts* zu antworten wüßte, – war seine Äußerung ungültig? – Er hätte ja antworten können "Ich hab's vergessen", und es *kam ihm nur so vor*, als hätte er es je gewußt.

137. Ist "Ich wollte dir mit dem Zeichen zu verstehen geben . . ." vergleichbar mit: "Wie ich früher den Mund geöffnet habe, wollte ich sagen . . ."? D.h.: Ist jener Satz also – nicht eine Definition, vielmehr – die Äußerung einer vergangenen Absicht?

138. "Warum hast du mich angeschaut?" – "Ich wollte dir zu verstehen geben . . ." Dies drückt keine Zeichenregel aus (keine Übereinkunft); sondern den Zweck meiner Handlung. Ich konnte freilich ein für diesen Zweck festgesetztes Zeichen verwenden. [Vgl. *PU* II, xi, S. 218c]

139. "*Diese* Zahl ist die folgerechte Fortsetzung dieser Reihe." Mittels dieser Worte könnte ich Einen dazu bringen, daß er in

[1] Mehrere Varianten im MS.

Zukunft das und das die "folgerechte Fortsetzung" nennt. Was 'das und das' ist, kann ich nur an Beispielen zeigen. – D.h., ich lehre ihn eine Reihe (Grundreihe) bilden, ohne einen Ausdruck für das Gesetz der Reihe zu verwenden; vielmehr als ein Substrat für die Verwendung algebraischer Regeln, oder was ihnen ähnlich ist.[1] [*Z* 300]

140. Ich kann nun allerdings beim Lehren der Grundreihe das Wort "gleich" verwenden, welches er etwa in andern Zusammenhängen, d.h. in anderer, wenn auch verwandter Bedeutung, schon kennt: Es kann sich zeigen, daß er die Grundreihe leichter bilden lernt, wenn ich ihm dabei sage "Du mußt immer wieder das tun, immer wieder 1 dazugeben", also eine Regel ausspreche; aber sie fungiert hier (noch) nicht als Regel, es gibt noch keine Algebra.

141. Gäbe es ein Verbum mit der Bedeutung: fälschlich glauben, so hätte das keine erste Person im Indikativ des Präsens. [*PU* II, x, S. 190g]

142. "Ich glaube, er wird kommen, aber er wird gewiß nicht kommen." Wenn ich das jemandem sage, so ist es die Mitteilung, er werde nicht kommen, und ich sei trotzdem durchdrungen vom Gegenteil, werde mich also entsprechend diesem Glauben verhalten. Aber freilich tu ich das schon dadurch nicht, daß ich dem Andern mitteile, er werde nicht kommen.

143. "Ich glaube bestimmt, er wird kommen, aber er wird bestimmt nicht kommen."

Wozu teilt man Einem mit, man glaube etwas? Um ihn von dem, was man glaubt, zu überzeugen, oder nur, um ihn über mein Verhalten in der Sache zu informieren?

144. Betrachte: "Er wird nicht kommen, aber ich werde mich ganz so stellen, als glaubte ich, er werde kommen." Das könnte ich Einem sagen, aber in Wirklichkeit zu dieser Verstellung pathologisch gezwungen sein, so daß sie nicht eigentlich Verstellung wäre.

Man könnte das so ausdrücken: Es ist nicht so, aber ich *muß* es glauben.

145. Ich sagte, der Satz "Ich glaube, es ist so, und es ist nicht so" könne wahr sein; wenn ich es nämlich wirklich fälschlich glaube; was doch wohl möglich ist. Aber was macht den Satz wahr? Wie kann ein Andrer sehen, daß er wahr ist? Wie weiß er, daß ich es glaube? Nicht aus meinem Betragen; denn das ist widerspruchsvoll.

[1] Vor der Bemerkung in eckigen Klammern: "Zu Tscr. S. 708/4". S. *BPP* II, §403.

146. Wenn ich sage: "Schau! in diesem Bild ist *diese* Figur enthalten" – mache ich eine geometrische Bemerkung? — Ist 'dieses Bild' nicht das, wovon *dies* die genaue Kopie ist? was mit diesen bestimmten Worten zu beschreiben wäre? Hätte es also Sinn, zu sagen, es enthalte jene Figur *jetzt*? oder *habe* sie enthalten? – Die Bemerkung ist also zeitlos und man kann sie "geometrisch" nennen.

147. Was folgt aber daraus für's Wahrnehmen so eines Sachverhaltes?

Denk dir, Einer sieht ein Vexierbild an und findet darin die versteckte Figur. Er bildet sich aber nun ein, das Bild habe sich so verändert, daß die Figur jetzt enstanden ist. Er sagt etwa "Hier ist jetzt diese Figur".

Oder es konnte, umgekehrt, das Bild sich unbemerkt verändert haben, und er *glaubt* nur, etwas darin entdeckt zu haben, was immer darin gelegen hatte.

148. "Eigentlich sollte man bei den Worten 'Ich sehe dies' auf den eigenen Gesichtseindruck zeigen, dann würde man wirklich auf das zeigen, was man sieht." Ein Resultat der Kreuzung verschiedener Sprachspiele. (Ähnlich: " 'dieses' ist der eigentliche Name.")

149. "Ich sehe jetzt, daß diese Gesichter nicht ganz gleich sind." (Zeitloser Satz.) Dazu sind doch auch die Augen da! Denk dir, Einer wollte sagen: "Ja, das ist eine Wahrnehmung mittels des Gesichtssinnes; aber es beschreibt nicht meine Gesichtseindrücke." Was wären diese? Nun, ich schaute von einem Gesicht zum andern, um sie zu vergleichen, dabei erhielt ich eine Menge Gesichtseindrücke; oder einen sich kontinuierlich verändernden Gesichtseindruck, etwas, was man durch einen Film darstellen möchte. Könnten wir aber, um die Sache zu vereinfachen, aus allen diesen nicht zwei herausheben, könnten's zwei Gesichtseindrücke im extremen Fall nicht tun? Und könnten diese zwei nun darstellen, was ich bemerkt hatte, nämlich die Ungleichheit?

Haben wir hier nicht eben ein ganz anderes Spiel?

150. Es ist nicht Zufall, daß ich in diesem Buch soviele Fragesätze verwende.

151. Soll ich nun hier sagen, der Gesichts*eindruck*, das Sinnesdatum, der visuelle Gegenstand sei ein anderer? Dieser Begriff scheint hier nicht recht zu passen. Wollte man sich vorstellen, man sähe Ähnlichkeit oder die Verschiedenheit als etwas Bildartiges, so dächte man sie sich etwa im Bild *betont*; so wie man, um Einem zu zeigen,

wo die Verschiedenheit zweier Bilder liegt, was verschieden ist, stark nachziehen kann. Aber wer das Nachgezogene in beiden sieht, bemerkt damit noch nicht die Verschiedenheit der Bilder.

Du mußt das Spiel als Ganzes anschauen, dann siehst du den Unterschied.

152. "Ich sehe, daß die Beiden ähnlich sind" kann zeitlich und zeitlos gebraucht werden, jenachdem wie 'die Beiden' definiert sind. Aber *sehe* ich darum auch jedesmal etwas Anderes? "Ich sehe" ist immer zeitlich, aber "Die beiden sind ähnlich" kann unzeitlich sein.

153. Aber ist es im praktischen Gebrauch auch immer klar, ob der Satz zeitlich, oder zeitlos gemeint ist? – Es handelt sich um zwei Brüder; ich treffe sie und sage dann "Ja, ich sehe, daß sie einander ähnlich sind". Meinte ich: diese beiden Menschen, M und N, sind einander jetzt ähnlich? (Waren es vielleicht früher nicht, etc.) – Oder: Ich bemerke, daß diese beiden menschlichen Erscheinungen, die z.B. ein Bild festhalten kann, einander ähnlich sind. – Hätte ich die Äußerung getan und wäre gefragt worden, welches ich meine, könnte ich es unbedingt beantworten?

154. "Du sollst sein Gesicht nicht zeichnen" könnte heißen: Du sollst das Gesicht dieses Menschen nicht zeichnen, wie immer es ausschaut – oder: Du sollst diese Gesichtszüge nicht zeichnen, die jetzt zufällig die seinen sind. Es kommt jedesmal auf etwas anderes an. Und das Verbot, so, oder so aufgefaßt, hat verschiedene Konsequenzen.

155. Auch wenn ich sage "Es besteht eine Ähnlichkeit zwischen diesen beiden Gesichtern" kann's mir auf verschiedenerlei ankommen. Es könnte z.B. heißen: Es besteht eine Ähnlichkeit zwischen *dieser* Art von Gesicht und *dieser* Art von Gesicht. Wo die beiden Arten durch Beschreibungen charakterisiert werden. Es können mich die Gesichter *dieser Menschen* interessieren, oder diese Gesichts*formen*, woimmer ich sie antreffe.

Der Unterschied, der mir vorschwebt, ist natürlich der zwischen dem Sinn: Diese beiden Striche haben ähnliche Form – und dem: Kreis, Ellipse, Parabel und Hyperbel haben eine Ähnlichkeit mit einander.

156. Der Unterschied ist der zwischen externer und interner Ähnlichkeit.

157. Wenn ich nun von zwei Gesichtern sage, sie seien ähnlich, – hat es Sinn zu fragen "Meinst du die externe, oder die interne Ähnlichkeit"?

158. "Interessiert es dich, daß du in diesen scheinbar ganz verschiedenen *Formen* eine Ähnlichkeit bemerken kannst?"

"Willst du sagen, diesen *Formen* ist etwas gemeinsam, – oder diesen *Menschen*?" – Aber wo ist der Unterschied? – Interessieren dich die *Formen*, oder die *Menschen*? Wenn die Formen, so wirst du sie vielleicht genau nachzeichnen, die Ähnlichkeit der Linien studieren und die Menschen ganz vergessen. Entsteht darüber eine Diskussion, so wird es eine geometrische sein, eine über Typen von Linien.

159. Angenommen, ich zeichnete die Gesichtsformen nach, um jemand die Ähnlichkeit zu erklären und er sagte "Ja diese Linien haben eine Ähnlichkeit, das seh ich; aber so schauen diese Gesichter nicht aus, . . ." – so könnte ich antworten: "Vielleicht hast du recht, aber darauf kommts mir nicht an. Ich wollte sagen, daß eine *solche* Form und eine *solche*, so verschieden sie ausschauen, . . ." Hier handelte sich's mir um eine geometrische Frage.

Hätte ich aber geantwortet: "Du hast recht, ich habe mich geirrt" – so wär's mir auf die Ähnlichkeit *dieser Menschen* angekommen.

160. "Das sind Geschwister, aber ganz unähnlich." – "Ich kann eine Ähnlichkeit in ihnen sehen." Worauf kommts mir da an?

161. Denke, es gäbe eine ästhetische Regel, nach der zwischen Gesichtern auf einem Gemälde eine Ähnlichkeit bestehen muß. Ich zeige nun auf zwei Leute und sage Einem "Nimm diese als Modelle für dein Bild; sie haben eine Ähnlichkeit".

162. Der Satz ist unzeitlich, wenn ich für "Sie haben eine Ähnlichkeit" nicht setzen kann "Sie haben jetzt eine Ähnlichkeit".

Aber wenn ich ihn bei einer bestimmten Gelegenheit ausspreche, ist da immer klar, ob ich die Ersetzung zulassen wollte, oder nicht? Muß ich mir's überlegt haben?

163. Es kann mir drauf ankommen, daß ich in diesen Linien, denen scheinbar nichts gemeinsam ist, doch etwas Gemeinsames sehe. Also auf meinen analytischen Blick.

164. "Ich sehe in einem viel wichtigern Sinne Verschiedenes, als dasselbe."

165. Eine Bildergeschichte. In einem ihrer Bilder kommen Enten vor, in einem andern Hasen; aber einer der Entenköpfe ist genau so gezeichnet wie einer der Hasenköpfe. Jemand schaut sich die Bilder an und es fällt ihm nicht auf. Wenn er sie beschreibt, beschreibt er unbedenklich diese Form einmal als das eine, einmal als das andere. Erst wenn wir ihm die Gleichheit der Figuren zeigen, folgt das Erstaunen.

166. Er sah also beide Aspekte und doch nicht den Aspektwechsel.

167. Hätte er, beim Kopieren der beiden Bilder, den Kopf jedesmal anders nachgezeichnet? Nicht daß ich wüßte! Er sah sie also beidemal genau gleich.

168. Aber stellte er sich beidemal das Gleiche darunter vor? – Soweit ich diese Frage verstehe – *nein.*

169. Im Aspektwechsel wird man sich des Aspekts *bewußt.*

170. War es aber richtig zu sagen "Er sah die beiden Aspekte, aber nicht den Aspektwechsel"? Hätte ich nicht sagen sollen "Er deutete also das Bild auf zweierlei Weise, sah aber nicht den Aspektwechsel"?

Für ihn war ja zuerst das Bild wie irgendeines einer Ente: und sah er hier einen Aspekt, so überhaupt in jedem Bild, und dann auch in jedem Gegenstand. Denn habe ich jedes Bild daraufhin untersucht, ob man es nicht noch anders sehen könnte? – Ich werde also sagen: er *sah* den Aspekt nicht; er deutete das Bild so und so.

171. Das Erleben des Aspekts äußert sich *so*: "*Jetzt* ist es . . ."

172. Was ist die philosophische Wichtigkeit dieses Phänomens? Ist es denn soviel seltsamer, als die alltäglichen Gesichtserlebnisse? Wirft es ein unerwartetes Licht auf sie? – In seiner Beschreibung spitzen sich (die) Probleme, den Sehbegriff betreffend, zu.

173. Und man kann da die Frage stellen: Wenn Einer sagt "Jetzt ist es eine Ente — jetzt ist es ein Hase!" – was geschah denn da im Anfang? Er hatte ja den Wechsel da noch nicht erlebt, und doch sagt er schon "*Jetzt* ist es . . .". Es '*geschah*' eben nichts; aber er spielte schon jenes Spiel.

Du müßtest nach etwas suchen, was das Seherlebnis bei den Worten "Jetzt ist es eine Ente" von dem Seherlebnis bei den Worten

"Das ist eine Ente" (wenn Einer gar nichts von Aspekten weiß) unterscheidet. Und natürlich ist nichts zu finden.

Denn was soll ich sagen? – *Wann* geht das Erlebnis, das mich interessiert, bei seinen Worten "Jetzt — jetzt —" vor sich? (Haben wir hier *zwei* außerordentliche Erlebnisse? oder *drei*?)

174. Das Seltsame ist eigentlich das Staunen; das Fragen "Wie ist es möglich!"

Der Ausdruck davon ist etwa: "*Dasselbe* – und *doch* nicht dasselbe."

175. Das Paradoxe äußert sich etwa im Lachen. Aber man könnte sich doch auch Einen denken, der hier nicht lachen würde; dem nichts paradox erschiene.

Und der würde doch auch den Aspektwechsel erleben. Er würde das Bild jetzt *so*, jetzt *so* ansprechen: und das wäre alles.

176. Und was tut er? Er sagt jetzt als Erlebnisäußerung, was sonst sein Bericht der Wahrnehmung ist. (Die große Ähnlichkeit mit dem Erleben der Bedeutung.)

177. Worin liegt die Ähnlichkeit des Aspektsehens mit dem Denken? Daß dieses Sehen nicht die Folgen des Wahrnehmens hat; daß es darin einem Vorstellen ähnlich ist.

178. Nimm an, es gäbe eine Zeichensprache, in der ein Entenkopf eine gewisse Nachricht ist, ein Hasenkopf eine andere. Jemand, der diese Chiffre benützt, zeichnet, unabsichtlich, einen Entenkopf so, daß er auch als Hasenkopf gesehen werden kann. Der Empfänger der Nachricht gibt ihm die falsche Deutung: das wird sich an seinen Handlungen zeigen.

Kommt er aber darauf, daß man ihn *so* und *so* sehen kann, so wird er nun nicht je nach dem Aspekt, den er gerade sieht,(auch) anders handeln.

179. "Ist es ein Denken? ist es ein Sehen?" – Heißt das nicht soviel wie "Ist es ein *Deuten*? ist es ein Sehen?" Und das Deuten ist ein Denken; und es bewirkt oft ein Umschlagen des Aspekts.

Kann ich sagen: Das Sehen des Aspekts ist *verwandt* einem Deuten? – Die Neigung war ja, zu sagen "Es ist, als *sehe* ich eine *Deutung*". Nun, der Ausdruck dieses Sehens *ist* verwandt dem Ausdruck des Deutens.

180. Zwei Verwendungen des Berichts "Ich sehe . . ." – Das eine Sprachspiel: Der Beobachter meldet, was er von seinem Posten sieht. – Das andere: Die gleichen Gegenstände werden von Mehreren betrachtet; Einer sagt: "Ich sehe eine Ähnlichkeit zwischen ihnen".

Im ersten Sprachspiel hätte die Meldung z.B. sein können "Ich sehe zwei Leute, die einander ähnlich sind, wie Vater und Sohn". Das ist eine weit unvollständigere Beschreibung, als z.B. die durch eine genaue Zeichnung es wäre. Aber jemand könnte diese vollständigere Beschreibung geben und doch die Ähnlichkeit nicht bemerken.

Und ein Anderer könnte die Zeichnung dieses sehen und die Ähnlichkeit in ihr entdecken.[1] [Vgl. *PU* II, xi, S. 193a, b]

181. Es gibt ein Spiel: Gedanken erraten. Eine Variante davon wäre die: Ich sage einen Satz in einer Sprache, die A versteht, B nicht versteht. B soll raten, was ich gesagt habe.

Eine andere Variante: Ich schreibe einen Satz nieder, den der Andre nicht sehen kann. Er muß ihn erraten; oder erraten, wovon er handelt. [Vgl. *PU* II, xi, S. 223b Anfang]

182. Die Absicht erraten: Ich schreibe auf einen Zettel, den der Andre nicht sieht, ich werde, wenn die Uhr schlägt, den linken Arm heben. Der Andre soll erraten, was ich um diese Zeit tun werde.

183. "Nur ich kann *wissen*, was ich tun werde." Aber kann ich mich nicht irren; und kann's der Andere nicht richtig vorhersagen?

Aber für gewöhnlich weiß es der Andre *nicht*, und ich weiß es oft.

Ebenso weiß der Andre nicht, an wen ich schreibe, – wenn er's nicht sieht, oder von mir erfährt; aber ich kann's sagen.

Um die Motive meiner Handlung fragt man meistens *mich*, nicht einen Andern. Ebenso auch darum, ob ich Schmerzen habe. Das liegt im Sprachspiel.

184. Wäre es aber richtig zu sagen, meine Schmerzen seien versteckt?

185. Ist z.B. die Zukunft versteckt?

186. "Nichts ist so gut versteckt, wie die Ereignisse der Zukunft. Man *kann* sie nicht wissen. Nur was jetzt geschieht, kann man wissen."

[1] Vor der Bemerkung in eckigen Klammern "Zu Tscr. S. 740". – Dies bezieht sich auf *BPP* II, §556.

187. Man kann sich freilich über die unmittelbare Erfahrung nicht täuschen: aber nicht, weil sie so gewiß ist. Das Sprachspiel läßt die sinnlose Äußerung zu, – wenn auch nicht die 'falsche'.[1]

188. "Die Zukunft kann man nicht wissen" ist eine grammatische Bemerkung über den Begriff 'wissen'. Es heißt etwas ähnliches wie: "Das ist nicht wissen." Und nun könnte man fragen: Warum soll Einer versucht sein, *diese* Begriffsgrenze zu ziehen? Und die Antwort könnte sein: Wegen der Unsicherheit der Vorhersagen.

189. "Die Zukunft kann man nicht wissen? – Wie ist es mit den Sonnen- und Mondesfinsternissen?" – "*Wissen* kann man sie eigentlich auch nicht." – "Wissen? – wie *was* z.B?" [Vgl. *PU* II, xi, S. 223d]

190. Wenn ein Löwe sprechen könnte, wir könnten ihn nicht verstehn.[2] [*PU* II, xi, S. 223h]

191. Wenn Einer auch alles ausspräche, 'was in seinem Innern ist', wir müßten ihn nicht verstehn.

192. Er wird also zornig, wenn wir keinen Grund dafür sehen; was uns erregt, läßt ihn ruhig. – Wäre der wesentliche Unterschied, daß wir seine Reaktionen nicht voraussehen könnten? – Könnte es nicht sein, daß wir sie zwar nach einiger Erfahrung wüßten, aber doch nicht mitkönnten?

193. Er benimmt sich wie Einer, in dem verzwickte Denkprozesse vor sich gehen; und wenn ich sie nur verstünde, verstünde ich ihn. — *Denken* wir uns diesen Fall; und er spricht nun seine Gedanken vor sich hin, und ich verstehe in gewissem Sinne sein Handeln. D.h., ich sehe die Gedankenketten und weiß, wie sie zu den Handlungen führen.

194. Er hörte dadurch vielleicht auf, mir ein Rätsel zu sein.

195. Denke an die Rätselhaftigkeit des Traumes. Ein solches Rätsel *muß* keine Lösung haben. Es intriguiert uns. Es ist, *als wenn* hier ein Rätsel wäre. Dies könnte doch eine primitive Reaktion sein.

196. Es ist, als wenn hier ein Rätsel wäre; aber es muß doch kein Rätsel sein.

[1] Var.: "wenn auch nicht den Irrtum."

[2] Vor der Bemerkung in eckigen Klammern: "Zu S. 742 Tscr." S. *BPP* II, §§566–569.

("Alle Formen sind ähnlich und keine gleichet der andern, und so deutet das Chor auf ein geheimes Gesetz.")

197. Ich weiß nicht, was in ihm vorgeht. Ich könnte mir sein Benehmen nicht durch Gedanken ergänzen.

198. Er ist mir unverständlich, heißt: ich kann nicht mit ihm verkehren, wie mit Andern.

199. Wer gegen ein mathematisches Resultat mißtrauisch ist, der wird die *Rechnung* verdächtigen. Aber ist dies nicht nur eine Methode? Wer gegen den unmittelbaren Ausdruck der Erfahrung mißtrauisch ist und nicht meint, der Andre lüge, wird sagen, er wisse nicht, was er sagt, er träume, oder sei nicht bei Sinnen.

200. Aber wie weiß ich, was ich täte, *wenn* . . . ? Vielleicht, wenn ich auf die Straße hinaus träte und fände Alles anders, als ich es *je* gesehen habe, täte ich ganz lustig mit. Benähme mich also auch ganz anders, als ich mich je benommen habe.

Und doch ist etwas Wichtiges an meiner Bemerkung.[1]

201. Schon in Menschen, die sämtlich die gleichen Gesichtszüge hätten, konnten wir uns nicht finden. [*VB*, S. 145]

202. Ein Volk: mit einer herrschenden Klasse, deren Individuen (bis auf sexuelle Merkmale) alle gleich ausschaun, und einer unterdrückten Klasse, die unsere Variabilität der Gestalt und Gesichtszüge hat.

203. Ein Stamm, der den Begriff der geheuchelten Schmerzen nicht kennt. Wer bei ihnen Schmerz äußert, wird bemitleidet. Die mißtrauische Einstellung zu der Schmerzäußerung kennen sie nicht. Der Reisende, der von uns zu ihnen kommt, denkt oft, daß ein Klagen übertrieben ist, ja auch daß es nur den Zweck hat, Mitleid zu erzeugen; die Eingeborenen scheinen nicht so zu denken. (Sie haben in ihrer Sprache einen Ausdruck, der, wenigstens einigermaßen, dem unsern: "Schmerzen haben" entspricht.) Ein Missionär lehrt die Leute unsere Sprache; dabei erzieht er sie auch, und bei ihm lernen sie zwischen echtem und geheucheltem Schmerzausdruck unterscheiden. Denn er mißtraut mancher Schmerzäußerung und unterdrückt sie, und lehrt die Leute mißtrauisch sein. – Sie lernen unsern Ausdruck "Schmerzen haben", auch den "Schmerzen heucheln",

[1] Vor der Bemerkung in eckigen Klammern: "Zu Tscr. S. 750". S. *BPP* II, §§605–608.

und es ist die Frage: hat man ihnen einen neuen Schmerzbegriff beigebracht? Ich werde doch gewiß nicht sagen, sie wissen jetzt erst, was Schmerzen sind. Denn das hieße, sie hätten früher nie Schmerzen gehabt.[1]

204. Hatten diese Leute etwas übersehen, und hat der Lehrer sie auf etwas aufmerksam gemacht?

205. Und wie konnte ihnen denn der Unterschied nicht zum Bewußtsein kommen, wenn sie einmal mit Schmerzen und einmal ohne Schmerzen klagten? Soll ich sagen: sie haben immer gedacht, es ist dasselbe? – Gewiß nicht. Oder: es sei ihnen kein Unterschied aufgefallen? – Aber warum nicht: es sei ihnen nicht darauf angekommen?[2]

206. "Bezieht sich ein Begriff auf eine bestimmte Lebensschablone, so muß in ihm eine Unbestimmtheit liegen." Dabei denke ich so: Wir hätten auf einem Streifen ein regelmäßig fortlaufendes Bandmuster und *auf* diesem Muster als Grund eine unregelmäßige Zeichnung oder Malerei, die wir mit Beziehung auf das Muster beschreiben, da uns diese Beziehung das Wichtige ist. Wenn das Muster liefe: a b c a b c a b c etc., so hätte ich z.B. einen besonderen Begriff dafür, daß etwas Rotes auf ein *c* fällt und etwas Grünes auf das nächste *b*.

Wenn nun einmal Anomalien in dem Muster auftreten, so werde ich im Zweifel darüber sein, welches Urteil zu fällen ist. Aber könnte dafür in meiner Instruktion nicht vorgesehen sein? Oder *nehme ich eben an*, daß bei der Abrichtung, die uns den Begriff beibringt, das besondere Muster Voraussetzung war und selbst nie beschrieben wurde.[3]

[1] Wittgenstein wiederholt diese Bemerkung ungefähr in denselben Worten auf derselben Seite des MS. Das Ende dieser Variante lautet: "Aber sie mußten für den Gebrauch unserer Worte eine neue Abrichtung erhalten. Diese (Abrichtung) war ähnlich, aber nicht gleich der alten."

[2] Die Bemerkung ist offenbar eine "verbesserte" Variante zu der Bemerkung auf der vorigen Seite im MS, die teils durchgestrichen zu sein scheint. Diese Bemerkung lautet: "Und wie konnte ihnen denn der Unterschied nicht zum Bewußtsein kommen, wenn sie einmal mit Schmerzen klagten und einmal ohne Schmerzen? Aber mußte der Unterschied für sie so wichtig sein, wie für uns? (Mancher erzählt in Gesellschaft unwahre Geschichten, die Andern wissen, daß sie unwahr sind, lassen sie aber gelten, wie die wahren. Sie nehmen von dem Unterschied keine Notiz.)"

[3] Vor der Bemerkung in eckigen Klammern: "Zu Tscr. S. 759". S. *BPP* II, §§648–653.

207. Wenn die Farben in der Welt des Menschen eine andere Rolle spielten, als in der unsern, welche Folgen hätte das für die Farbbegriffe? Das ist eigentlich eine naturwissenschaftliche Frage, und eine solche will ich nicht stellen. Eher die: Welche Folgen kämen uns plausibel vor? Welche Folgen würden uns nicht überraschen?[1]

208. Wenn die Farben in der Welt des Menschen eine andere Rolle spielten als in der unseren, was für, von den unsern verschiedene, Farbbegriffe würden uns dann nicht befremdlich erscheinen? Überlege verschiedene Fälle.

Die Frage ist noch nicht richtig gestellt; aber was ist ihr Zweck? –

209. Andere Begriffe, als die unseren sind darum so schwer vorzustellen, weil uns gewisse sehr allgemeine Naturtatsachen nie bewußt werden. Es fällt uns nicht ein, sie uns anders vorzustellen, als sie sind. Tun wir es aber, so kommen auch andere Begriffe als die gewohnten uns nicht mehr unnatürlich vor.

210. Unser Begriff der reinen Zukunft "Es wird geschehen" – im Gegensatz zu "Es will geschehen" und "Es soll geschehen". Muß jedes Volk diesen Begriff haben, der gleichsam die Zeit räumlich auffaßt?

211. Wenn ein Lebensmuster die Grundlage für eine Wortverwendung ist, so muß in ihr eine Unbestimmtheit liegen. Das Lebensmuster ist ja nicht genaue Regelmäßigkeit.

212. Wer nur an seinen Fingern zählt, für wen 5 die Hand, 10 der ganze Mensch ist und wer dann die Menschen wieder an seinen Fingern abzählt, etc., für den wird das Dezimalsystem nicht ein beliebiges Zahlensystem sein. Es ist für ihn nicht eine Methode des Zählens, sondern das Zählen.

213. Sechs reine Farben. Muß es uns so vorkommen? – Braun gehört nicht zu ihnen.

Aber was teilt uns das überhaupt mit? Wo brauchen wir dergleichen? Wenn wir Dinge nach ihren Farben beschreiben? – Doch; wenn wir's z.B. in einer allgemeinen Weise tun.

"Braun gehört nicht zu ihnen" kann ja der Ausdruck einer instinktiven Ablehnung einer Farbenzusammenstellung sein.

214. "Das *Licht* ist weiß. Farben sind schon ein Schatten." – Aber ist denn wirklich alles 'Licht' weiß? Gibt die Lampe nicht Licht? –

[1] Vor der Bemerkung in eckigen Klammern: "Zu Tscr. S. 760". S. *BPP* II, §658.

Woher dann dieser erste Satz, der doch so einleuchtend klingt? (Und warum klingt er einleuchtend?) – Das Hellste nennen wir immer das Weiße. Ist von zwei Farben eine die hellere, so kann nur sie die weiße sein. Und Helligkeit und Licht sind hier gleichgesetzt.

215. Es scheint uns einen Begriff der Farbenmischung zu geben, der über dem aller physikalischen Methoden der Farbenmischung steht. So daß wir also von so einer Methode sagen können: sie bewirkt noch am ehesten die 'reine' Farbenmischung, z.B..

216. Wir beurteilen also, ob nach unserem Begriff die beiden Farben a und b wirklich die Farbe c geben *sollen*.

217. Wie kamen wir zu diesem Begriff? Das ist eigentlich gleichgültig.

218. "Mehrere Schatten geben zusammen das Licht." – Diese Idee könnte schon wie eine höllische Verdrehung der Wahrheit erscheinen.

219. Könnte man auch alle Farben als Mischungen von Weiß und Schwarz empfinden? – Wenn z.B. das weiße und das schwarze Pigment unter bestimmten Umständen rot, grün, etc., gäben, vielleicht. Man würde vielleicht sagen: "Das Licht bringt aus dem Schwarz das Rot hervor." (Denkt sich also die Farbe im Schwarz versteckt.)

220. Rot und Grün das Gleiche. Ich stelle mir vor, es gibt nur *einen* Ton von Rot und von Grün. Die beiden gehen in der Natur (wie im Herbst in gewissen Blättern) immer in einander über. Sie werden überall mit einander angetroffen, das eine eine Variation des andern. Ihr Unterschied spielt keine größere Rolle als der von heller und dunkler.

Aber sehen die Leute den Unterschied nicht?! Freilich. Aber sie haben etwa ein Wort "Blattfarbe", welches einigermaßen analog unsern Farbnamen gebraucht wird und rot *oder* grün bezeichnet, und zwei Bestimmungsworte, "scharf" und "stumpf", analog etwa unsern "hell" und "dunkel", welche rot von grün trennen. Und nun fragt es sich: Welcher ihrer Begriffe ist ähnlicher einem unsrer Farbbegriffe, ihr Begriff 'Blattfarbe', oder ihr Begriff 'scharfe Blattfarbe' (d.h. rot) z.B.?

(Wenn es sich um das Färben, Anstreichen eines Gegenstandes handelt, sagen sie etwa, sie wünschen ihn blattfärbig. Gefragt, ob scharf oder stumpf, anworten sie vielleicht, es ist ihnen gleichgültig.) Oder wären diese Leute dann farbenblind? Nun, wenn wir sie unsre Sprache lehren, so erweisen sie sich als normal.

221. Der Unterschied zwischen Rot und Grün hat bei ihnen nur nicht die *Wichtigkeit* wie bei uns.

222. Wenn wir sie mit einer größern Mannigfaltigkeit von Farben bekannt machen, werden sie vielleicht unser System als das einzig natürliche empfinden, d.h., zu ihm übergehn und das andre ohne Schwierigkeit verlassen. Vielleicht aber nicht.

223. Eine Malerei, in welcher die Lichtseite der Körper immer grün, die Schatten rot gemalt werden.

224. Könnten wir uns denken, daß Leute einen sich mit dem unsern nicht deckenden Begriff der Verstellung hätten? – Aber wäre es dann der Begriff der Verstellung? – Nun, es könnte ein dem unsern verwandter Begriff sein.

225. Aber gibt es nicht wesentlichere und unwesentlichere Züge eines (solchen) Begriffs? D.h.: Ändert man *dies*, so wird man es noch "Verstellung" nennen, – ändert man *dies*, so nicht mehr. Und das *Benennen* bedeutet hier eine Einstellung.

226. Leute, deren Gesicht ihre Empfindungen dem Andern sogleich verraten, verbergen es, wenn sie heucheln wollen.

227. Die Leute sagen nicht, man könnte in das Innere, in das Herz, nicht schauen, sondern, man könne die Züge nicht lesen, wenn sie verhüllt sind.

228. "Man kann nicht in sein Herz sehen." Die Frage ist: Kann *er*'s? (*Das* bestimmt den Begriff.)

229. "Man kann dem Menschen nicht in das Herz schauen." Dabei ist eigentlich angenommen, daß er selbst es kann. – Ist es Erfahrung, die uns das lehrt?

Ja und nein – möchte ich antworten.

230. Und das muß einen Grund haben.

231. "Er könnte mir über sich sagen, was ich sonst nicht wüßte."

232. Dies ist sicher: Er kann Bewegungen seines Körpers vorhersagen, die ich nicht vorhersagen kann. Und sag ich seine Handlungen voraus, dann auf andere Weise.

233. Und ist *das* Erfahrungstatsache? oder: Von *welcher* rede ich hier?

Ich kann z.B. seinen Arm nicht willkürlich bewegen, wie den meinen. Was damit aber gemeint ist, ist nicht ganz einfach zu erklären.

234. Ich kann nicht wissen, was er in seinem Innern plant. Aber angenommen, er machte immer geschriebene Pläne; von welcher Wichtigkeit wären sie? Wenn er sich z.B. nie nach ihnen richtete. –

235. Vielleicht sagt man: Dann sind's eigentlich keine Pläne. Aber so wären's also auch keine, wenn sie *in* ihm wären, und in ihn zu sehen würde uns nichts nützen.

236. "Siehst du nicht, er hat Schmerzen!" – "Schmerzen *dort*? Wieso?"

Er würde nicht verstehen, was es heißt, der Andre *habe* Schmerz.

237. Wie, wenn Einem in der Jugend beigebracht worden wäre, die Pflanzen empfänden Schmerz; später aber glaubt er es nicht mehr. – Wie ginge dieser Übergang vor sich?

Er wirft die Idee ab, wie eine Hülle, die nicht mehr paßt.

238. Wie würde Einer handeln, der nicht 'glaubt', der andre Mensch fühle Schmerzen? Man kann sich das vorstellen. Er würde den Andern wie etwas Lebloses behandeln, oder so, wie Viele die menschenunähnlichsten Tiere. (Quallen z.B.)

239. Wir Alle kennen die Frage des Doktors "Hat er Schmerzen"; auch die Unsicherheit, ob der Narkotisierte, welcher stöhnt, Schmerz empfindet; aber die philosophische Frage, ob der Andre Schmerzen hat, ist von ganz anderer Art; es ist nicht der Zweifel im bestimmten Fall auf jeden Einzelnen angewandt. [Die Pointe dieses Satzes ist nicht herausgekommen.][1]

[1] Auf derselben und der unmittelbar folgenden Seite des MS befindet sich die folgende Variante des Endes dieser Bemerkung: "Aber die philosophische Frage, ob der Andre Schmerz empfindet, ist von ganz anderer Art; nicht der Zweifel im bestimmten Fall auf *jeden* Einzelnen angewandt; sie muß also eine andere Logik haben."

240. Kommt uns dieser Zweifel im täglichen Leben unter? Nein. Aber vielleicht etwas ihm entfernt Verwandtes: die Gleichgültigkeit gegen die Schmerzäußerung des Andern.

241. Sind die fiktiven Fälle, mit denen ich mich auseinanderzusetzen versuche, nicht wie Rechenexempel? (Und wie würdest du *diese* Gleichung lösen? und wie diese?)

242. Glauben, der und der habe keine Schmerzen, weil er keine äußert, – oder weil er sie nur heuchelt, – oder weil er in der Narkose ist, – hat andre *Gründe* als der Glaube, eine Amöbe habe keine Schmerzen, und auch andre, als der des fiktiven Unmenschen, welcher die Schmerzäußerungen der Umgebung wie Erscheinungen an den leblosen Dingen betrachtet.

Würde dieser aber überhaupt sagen: er *glaube*, sie haben keine Schmerzen? – Vielleicht. Aber würde er dasselbe meinen, wie der Doktor z.B., der uns über den Zustand des Kranken beruhigt? Die Äußerung – wie immer er sie gelernt haben mag – steht bei ihm in einem andern Zusammenhang; wenn auch manche ihrer Folgen ähnlich sind.

243. "Die *Unsicherheit*, ob der Andre Schmerzen hat" – liegt sie darin, daß er er ist und ich ich? (Aber frag dich doch: "Kann er's wissen? Er hat ja keinen Vergleichsgegenstand.") Nein; *hier* täuscht mich ein Bild. Die Unsicherheit ist eine von Fall zu Fall und das Schwanken des Begriffes. Aber das ist unser Spiel – wir spielen es mit einem *elastischen* Werkzeug.

244. Könnte es nicht Menschen geben, die nie in den Fall gekommen sind, diese Unsicherheit zu spüren?

245. "Darum soll ich unsicher sein, weil er er ist und ich ich? Was meinst du nur?" würden sie sagen.

246. Und könnten Leute es mit einem starren Begriffe spielen? – Dann wäre es von dem unsern in einer befremdlichen Weise verschieden. Denn dort, wo alle unsre Begriffe elastisch sind, in dem Wechsel des Lebens, könnten wir uns in einen starren Begriff nicht finden.

247. Muß nicht auch jeder Begriff des Benehmens allein unscharf gefaßt sein, um ungefähr dem Spiele mit solchen Begriffen dienen zu können?

248. Es könnte ja Einen geben, der den Andern gegenüber in einem ernsten, hoffnungslosen Zweifel wäre. Aber wie würde der handeln? (Wie ein Geistesgestörter.) Er würde etwa sagen: Manchmal fühle ich, der Andre und ich seien dasselbe, und manchmal wieder nicht. Und dementsprechend würde er manchmal Mitgefühl zeigen, manchmal keines, manchmal aber den Zweifel.

249. Das Benehmen des Menschen nicht vorhersehbar, nicht berechenbar. Angenommen, es wär's. Ich hätte die Berechnung angestellt und nun beobachtete ich ihre Handlungen (wie die Bewegungen komplizierter Maschinen).

Wenn das vorkäme, – wäre es möglich, daß er sie mit Teilnahme betrachtete? Wäre es unmöglich, daß er sagte "Man kann nicht wissen, was in ihnen vorgeht"?

Wenn er sich z.B. sagt "So ist der Mensch. Ganz so bin ich auch."

Es wäre ja möglich, daß er dann seine *Rechnung* mit neuen Augen betrachten würde.

250. Warum *spielen* wir nur dieses Spiel! – Aber wonach fragt man da? Nach seiner Umgebung, nicht nach seinen Ursachen.

251. "Wo ich sicher bin, ist er unsicher." Wenn das auch bei einer Rechnung geschähe –.

252. "Konnte er sich nicht verstellen?" – Aber könnte er sich nicht nur *einbilden*, er verstellte sich? (Wäre dies nicht denkbar? Und auf die Denkbarkeit kommt es uns hier an, nicht auf die Wahrscheinlichkeit.)

Verstellung ist ja eben nur ein besonderer Fall; nur unter besondern Umständen können wir ein Benehmen als Verstellung deuten.[1]

253. Der Begriff 'Verstellung' hat es mit den Fällen der Verstellung zu tun; also mit sehr besondern Vorgängen und besondern Situationen im menschlichen Leben. Und damit meine ich äußere, nicht innere, Vorgänge etc.

Also kann nicht alles Benehmen, unter allen Umständen Verstellung sein.

254. Aber ist der Begriff nicht eben solcher Art, daß man sich zu jedem Benehmen, etc., eine noch weitere Umgebung denken

[1] Vor der Bemerkung steht: "Tscr. S. 751". S. *BPP* II, §§609–612.

(konstruieren) kann, in der auch dies ein Benehmen der Verstellung wäre? Ist nicht z.B. darauf das Problem jeder Detektivgeschichte gegründet?

255. Man könnte auch sagen: Der Begriff der Verstellung hat es mit einem *praktischen* Problem zu tun. Und die verschwommene Grenze des Begriffs ändert daran nichts.

256. Schon das Erkennen des philosophischen Problems als eines logischen ist ein Fortschritt. Es kommt die rechte Einstellung mit ihm, und die Methode.

257. Was aber heißt dies: "Alles Benehmen könnte, theoretisch, Verstellung sein."

258. Es muß doch heißen: der *Begriff* der Verstellung ließe es zu.

259. Und *das* heißt: Wenn ich nun noch das und das und das erführe, würde ich vielleicht sagen, es sei Verstellung (gewesen).

(Euklidische Geometrie.)

Aber wo steht es denn, daß man das sagen würde; oder woraus schließe ich's denn?

'Soweit dieser Begriff *bestimmt* ist, läßt er auch *das* zu.'

260. Aber hier machen wir uns ein falsches Bild unseres Begriffes.

261. Der Begriff 'Verstellung' dient praktischen Zwecken.

262. – – – Also kann nicht alles Benehmen, unter allen Umständen Verstellung sein.[1]

(Zur 'Verstellung' gehört der Anlaß, das Motiv, etc.)

263. Wie Fälle von Verstellung ausschauen, zeigt dir z.B. ein Drama.

264. Die typischen Erscheinungen der Verstellung könnte man sich natürlich variiert denken.

Die Dramen solcher anderer Menschen verliefen dann ganz anders. Und wir würden sie gar nicht verstehn.

Was bei uns ganz unmotiviert wäre, schiene ihnen natürlich.

[1] Vor der Bemerkung in eckigen Klammern: "Von der vorigen Seite". S. Bemerkung Nr. 253.

265. (So könnte die Art, wie Orest sich dem König gegenüber ausweist, indem er auf sein Schwert weist etc., Menschen gänzlich unsinnig erscheinen.)

266. Ein Schauspiel dieser Leute wäre uns unverständlich. (Und *ist* uns die griechische Tragödie verständlich?) Und was *heißt* hier 'verstehen'?

267. Ein schärferer Begriff wäre nicht derselbe Begriff. Das heißt: der schärfere Begriff hätte für uns nicht den *Wert* des unscharfen. Eben weil wir Leute, die dort mit voller Sicherheit handeln, wo wir zweifeln und unsicher sind, nicht verstehen würden.

268. Könnte Einer nicht, um zu zeigen, daß er versteht, was 'Verstellung' ist, Geschichten erfinden, worin Verstellung vorkommt? Um nun den Begriff der Verstellung zu entwickeln, erfindet er immer kompliziertere Geschichten. Was z.B. wie ein Geständnis ausschaut ist nur eine weitere Verstellung; was wie die Verstellung ausschaut, ist nur eine Front um die eigentliche Verstellung zu verbergen; etc. etc. etc..

Der Begriff ist also in einer Art von Geschichten niedergelegt.

269. Und die Geschichten sind nach dem Prinzip konstruiert, daß *alles* Verstellung sein kann.

Dazu gehört natürlich, daß in jeder Geschichte etwas als der wahre Urgrund charakterisiert wird. Und wie ist der wahre Urgrund als solcher zu charakterisieren? Etwa in Form von Monologen. Diese dürfen nicht hörbar sein, sonst könnten sie zum Betrug gehören. – Aber könnte nicht Einer gedankliche Monologe halten, nur weil sie ihm eine gewisse Erscheinung geben, die er zum Betrug verwenden will? — So ist also die *Absicht* der Urgrund? Und wie kann die in der Geschichte herauskommen?

270. Der Begriff der Verstellung dient praktischen Problemen. D.h.: Wenn der, welcher die finstern Ränke schmiedet, nichts als Gutes und Herrliches hervorbringt, bis er dann einmal die finstere Tat begeht, so wird das auch nur 'theoretisch' eine Verstellung sein; denn es sieht nicht mehr wie Verstellung aus und die Schlüsse, die man im normalen Fall aus finstern Anschlägen ziehen würde, treffen hier nicht zu.

271. Und was hab ich nun mit allem dem erreicht?

In der Erklärung des Begriffs den Gebrauch an die Stelle des Bildes gesetzt.

272. "Das Wort W. hat zwei Bedeutungen" heißt: es hat zwei Arten der Verwendung. Was teilt Einem dieser Satz mit? Unter welchen Umständen wird er gebraucht?

Jemand kennt das Wort "Bank" nur in *einer* Verwendung; ich teile ihm mit: es hat noch eine andere. (Nämlich: . . .)

Er beherrscht schon jede Verwendung des Wortes, wird aber plötzlich stutzig, kennt sich nicht aus, und ich erkläre ihm: "Das Wort hat zwei Verwendungen: . . ."

273. In diesem Begriff von der Bedeutung ist manche Unbestimmtheit.

274. Man sagt z.B. nicht: "gehe" und "gehst" haben verschiedene Bedeutung.

Sie bedeuten ganz dasselbe, würde man Einem sagen; nämlich *das* — und nun würde man ihm das Gehen vormachen.

275. Du kommst zu einem Stamm; sie haben eine Sprache; in dieser Sprache hörst du ein Wort (einen Laut) — hat er *eine* Bedeutung, oder mehrere? Wie wirst du es herausbringen, wie entscheiden?

276. Manchmal wird die Entscheidung jedenfalls ganz leicht und klar sein. [Aber immer?]

277. "Ich weiche um kein Haar."

"Er hat kein Haar auf dem Kopf." Hat "Haar" in beiden Sätzen die gleiche Bedeutung? – Und bedeutet "ein bißchen" einen kleinen Bissen? – "Man ist sich in einem Fall noch der alten Bedeutung bewußt, im andern nicht." Und dieser Satz bezieht sich nicht auf ein Bewußtsein beim Aussprechen des Worts, sondern etwa auf eine Erklärung, welche man gäbe, oder nicht gäbe, wenn . . . Also auf Verbindungen, welche gemacht, oder nicht gemacht würden.

278. Was ist die korrekte Übersetzung eines englischen Wortspiels in's Deutsche? Vielleicht ein ganz anderes Wortspiel.

279. Was willst du mit der Entscheidung, das Wort habe nur eine, oder nicht nur eine, Bedeutung?

Du kannst ja seinen Gebrauch lernen, ohne das zu entscheiden (ohne darüber nachzudenken).

280. Sagst du, es hat zwei Bedeutungen, so mußt du sie nun durch die Erklärung trennen. (Das kann verschiedenen Zweck haben.)

281. Aber die Unterscheidung kann in's Auge springen, oder auch nicht.

282. Sie mag schon beim ersten Sprechenlernen gemacht werden, oder auch erst von Einem, der die Grammatik der Sprache erforscht.

283. (Du mußt ja hier von der lebenden Sprache ausgehen.)

284. Die Unterscheidung von Verwendungsweisen hat verschiedene Zwecke.

285. Ich schaue die Sprache an und sage "Verschiedene Wörter werden ganz verschieden gebraucht".

Dann aber auch: "Diese haben ähnliche Verwendung." Ja: "Diese (hier) haben die gleiche." Und ferner: "Dieses Wort hat zwei ganz verschiedene Verwendungen." Aber auch: "Es hat zwei verschiedene, und doch ähnliche Verwendungen." – Und soweit beschreibe ich, was mir auffällt. (D.h., es ist hier noch kein Problem.) (Soweit bin ich noch ganz naiv.)

Zu jeder Bedeutung gehört hier immer eine Erklärung der Bedeutung. Und die Erklärungen können ihrer Art nach ungemein von einander verschieden sein und wieder in verschiedener Weise mit einander ähnlich sein.

[Eine Erklärung von "gehen", und von "gegangen.]

Die Unterschiede können primitiver, und weniger primitiv sein.

286. Du kommst in eine neue Lage, wenn du *mehrere* Sprachen betrachtest und mit einander vergleichst.

287. Die Erklärung mancher Wortverwendung wird uns einfach, lapidar, ursprünglich, vorkommen; einer andern: künstlich, willkürlich, zwecklos.

288. "Wir *brauchen* ein Wort, um diesen Gegenstand, dies Werkzeug, zu bezeichnen; aber wozu ein Wort, das dieses jeden Montag, jenes jeden Dienstag, etc., bezeichnet?" Hat dieses Wort überhaupt *eine* Bedeutung, oder sieben?

289. Nicht jeder *Gebrauch*, willst du sagen, ist eine Bedeutung.

290. Hat dieses Wort *eine* Funktion in unserm Leben, oder hat es sieben Funktionen?

Eine Funktion: dafür hat man gewisse Vorbilder. Und was diesen verwandt ist, heißt so. (Ein unscharfer Begriff.)

291. Bedeutung, Funktion, Zweck, Nutzen, – zusammenhängende Begriffe.

292. Denk dir die Hypothese: der Mensch erinnere sich eines Traums nie richtig, er vergäße beim Erwachen sofort den Gedanken des Traumes und behielte nur die Bilder im Gedächtnis, die denselben begleiten. Die Geschichte geht verloren und nur die Illustrationen bleiben.

293. Denk dir: in einer Erzählung ersetzten wir jedes zehnte Wort durch das Wort "Tisch". – Und nun hätte in einer Sprache ein Wort die Verwendung, die das Wort "Tisch" in jener Geschichte hat.

Wie könnten wir die Verwendung eines solchen vagierenden Wortes beschreiben?

Oder was hieße: "Einen den Gebrauch dieses Wortes lehren"?

294. Worauf will ich hinaus? Doch darauf, daß die Beschreibung eines Wortgebrauchs die Beschreibung eines Systems, oder von Systemen ist. – Aber was ein System ist, dafür habe ich keine Definition.

295. Ich komme zu Leuten, die in ihrer Sprache ein vagierendes Wort benützen.

296. Hätten sie *nur* vagierende Worte — dann wäre es eben keine Sprache.

297. Ich denke mir hier einen Menschen, der ganz naiv (ohne philosophische Hintergedanken) die Varietäten der Wortverwendung anschaut und für sich beschreibt.

Er könnte z.B. das Wort, das jeden Tag der Woche etwas andres bedeutet, wie das normale Substantiv klassifizieren, und es käme ihm nicht die Frage "Hat dies *eine* Funktion, oder mehrere?"

298. Die Frage kommt ihm gar nicht: "Haben 'non' und 'ne' die gleiche Bedeutung?"[1]

[1] Vgl. *Bemerkungen über die Grundlagen der Mathematik* (dritte Ausgabe), Teil I, Anhang I.

299. Aber nun vergleicht er auch seine Sprache mit der primitiven, die Einer lernt, wenn er als Fremder unter Leute kommt, die ihn nicht verstehen. So einer nämlich lernt einzelne wichtige Worte durch Demonstrationen verschiedener Art. Zu jedem Wort gehört ein Zeigen, ein Vormachen (eine Szene). – Auch die Bedeutung der Verneinung wird natürlich vorgemacht. (Sei es im Befehl "Tu das nicht!", oder in der Mitteilung.)

300. In dieser Sprache wird es z.B. auf die genauen Endungen der Worte nicht ankommen. (Oder auch: diese Sprache hat keine Flexion.)

Die Demonstrationen unterscheiden zwar die Verwendung eines Wortes von der Verwendung eines andern, aber sie unterscheiden z.B. nicht "geht" von "gehst".

301. Und wir könnten nun in unsre Sprachbeschreibung einen Begriff 'Bedeutung' einführen solcher Art, daß zwei Worte die gleiche Bedeutung haben, wenn in jener primitiven Sprache die gleiche Demonstration sie erklären würde.

302. Man kann also fragen: Wenn ein Fremder zu den Leuten kommt, die "non" und "ne" sagen, auf welcher Stufe wird ihm der Unterschied beigebracht werden?

Anfänglich gewiß nicht; er wird eine Verneinung lernen, die den Unterschied nicht kennt.

303. Denke, ich sagte, 'Bedeutung' sei die primitive Funktion eines Worts – würde das stimmen?

304. Und natürlich ist dieser Begriff äußerst vag.

Ist aber z.B. die primitive Funktion der Verneinung im Bericht und der Abwehr im Befehl ("Tu das nicht!") die gleiche? – Was man die gleiche Funktion, und was nicht, nennen wird, wird von der menschlichen Natur abhängen. Sowie natürlich auch: was Notwendigkeit[1] ist, und was nicht.

305. Die Worte "die Rose ist rot" sind sinnlos, wenn das Wort "ist" die Bedeutung von "ist gleich" hat. – Heißt dies: Wenn du jenen Satz sprichst und "ist" darin als Gleichheitszeichen *meinst*, so zerfällt dir der Sinn? [*PU* II, ii, S. 175c]

[1] Var.: "primitives Bedürfnis".

306. Wir nehmen einen Satz und erklären Einem die Bedeutung jedes seiner Wörter; er lernt damit, sie anzuwenden und also auch jenen Satz. Hätten wir statt des Satzes eine Wortreihe ohne Sinn gewählt, so würde er *sie* nicht verwenden lernen. Und erklärt man das Wort "ist" als Gleichheitszeichen, – dann lernt er nicht die Wortfolge "die Rose ist rot" zu verwenden. [*PU* II, ii, S. 175d]

307. Und dennoch ist es wahr, daß Einem, der beim Wort "ist" an "gleich" denkt, der Sinn jenes Satzes zu zerfallen scheint. Ähnlich wie wenn jemand beim Ausrufe Ei, ei! an zwei Eier dächte. – Man könnte Einem sagen: Wenn du den Ausruf "Ei, ei!" ausdrucksvoll sprechen willst, darfst du nicht an Eier dabei denken![1] [*PU* II, ii, S. 175d]

308. Was macht meine Vorstellung von ihm zu einer Vorstellung von *ihm*?

Wenn ich sage "Ich stelle ihn mir jetzt vor, wie er ...", so wird hier nichts als sein Portrait bezeichnet.

Aber kann ich nicht daraufkommen, daß ich ihn mir ganz falsch vorstellte?

Ist meine Frage nicht wie *die*: "Was macht diesen Satz zu einem, der von *ihm* handelt"?

"Daß wir von ihm sprachen." – "Und was macht unser Gespräch zu einem über *ihn*?" – Gewisse Übergänge, die wir gemacht haben, oder machen würden. [a: *PU* II, iii, S. 177a]

309. Was macht dies Bild zu *seinem* Portrait? – Es ist im Katalog als das bezeichnet.

310. Angenommen, statt mir etwas vorzustellen, skizzierte ich auf einem Stück Papier. Ich rede also von N. und mein Bleistift skizziert dabei eine Figur auf dem Papier. Da kann man mich fragen "Stellt das den N. vor?" Und es mag ihn vorstellen, ob es ihm ähnlich ist, oder nicht.

Ist es richtig zu sagen: So ähnlich ist es mit der Vorstellung. Gewiß; insofern man manchmal zeichnen kann, was man sich vorgestellt hat.

[1] Var.: "Und dennoch hat es auch mit dem 'Zerfallen des Sinnes' seine Richtigkeit. Sie liegt in diesem Beispiel: Man könnte Einen instruieren: Wenn du die Worte "Ei, ei!" ausdrucksvoll sprechen willst, darfst du nicht an Eier dabei denken!"

311. Die Frage "Was macht *dies* zu einer Vorstellung von ihm?" tritt normalerweise nicht auf, wenn ich mir etwas vorstelle. Und zeichne ich, was ich mir vorgestellt habe, und man fragt "Was macht dieses Bild zu *seinem* Bild?", so könnte ich antworten: "Meine Vorstellung".

312. "Was macht die Bemerkung, die ich jetzt machte, zu einer Bemerkung über ihn?"

313. Was läßt sich darauf sagen?

Nichts, was in ihr liegt, oder mit ihr gleichzeitig ist. Wenn du wissen willst, wen er gemeint hat, frag ihn!

314. "Was macht meine Vorstellung von ihm . . . ?" Gibt es hier etwas, was ich daraufhin untersuchen könnte, ob es meine Vorstellung von ihm war?

315. Denn wenn ich sage "Ich sehe ihn jetzt lebhaft vor mir, wie er . . .", so gilt ja von diesem Satz und vom Vorstellungsbild die gleiche Frage.

316. Anderseits könnte mir ein Gesicht vorschweben, ja ich könnte im Stande sein es zu zeichnen, und wüßte nicht, wem es angehört, wo ich es gesehen habe. [Vgl. *PU* II, iii, S. 177a]

317. Was macht meine Vorstellung von ihm zu einer Vorstellung von *ihm*?

Nicht die Ähnlichkeit des Bildes.

Von der Äußerung "Ich sehe ihn jetzt lebhaft vor mir" gilt ja die gleiche Frage wie von der Vorstellung. Was macht meine Äußerung zu einer Äußerung über *ihn*? Nichts, was in ihr liegt, oder mit ihr gleichzeitig ist ('hinter ihr steht'). Wenn du wissen willst, wen er gemeint hat, frag ihn! [*PU* II, iii, S. 177a]

318. Wenn aber jemand beim Vorstellen, oder statt des Vorstellens zeichnete; wenn auch nur mit dem Finger in der Luft. (Man könnte das "motorische Vorstellung" nennen.) Da könnte man ihn fragen "Wen stellt das vor?" Und seine Antwort würde entscheiden. Sie würde uns eine Intention mitteilen. [*PU* II, iii, S. 177b]

319. Die Linie, die ich zeichnete, war wie eine Beschreibung.

320. Man muß sich eigens daran erinnern, daß ein Gesicht mit

seelenvollem Ausdruck *gemalt* werden kann, um zu glauben, daß bloße Farben und Formen so auf uns einwirken.

321. "Ich glaube, daß er leidet." – *Glaube* ich auch, daß er kein Automat ist?

Mit Widerstreben nur könnte ich das Wort in diesen beiden Zusammenhängen aussprechen.

(Oder ist es so: "Ich glaube, daß er leidet; ich bin sicher, daß er kein Automat ist."? Unsinn!) (Das wäre Philosophenunsinn.) [*PU* II, iv, S. 178a]

322. Denke, ich sage von einem Bekannten "Er ist kein Automat". – Was würde das mitteilen? und für wen wäre es eine Mitteilung? Für einen *Menschen*, der ihn unter gewöhnlichen Umständen sieht? Was *könnte* ihm das mitteilen?! (Doch höchstens, daß er sich immer wie ein Mensch und nicht manchmal wie eine Maschine benimmt.) [*PU* II, iv, S. 178b]

323. "Ich glaube, daß er kein Automat ist" hat so ohne weiteres noch gar keinen Sinn. [*PU* II, iv, S. 178c]

324. Meine Einstellung zu ihm ist eine Einstellung zur Seele. Ich habe nicht die Meinung, daß er eine Seele hat. [*PU* II, iv, S. 178d]

325. Es drängt sich uns freilich ein Bild auf, das vom Unkörperlichen, was das Gesicht belebt (wie eine zitternde Luft). Man muß eigens daran denken, daß ein Gesicht mit seelenvollem Ausdruck gemalt werden kann, um zu glauben, daß Farben und Formen allein so auf uns einwirken können.[1]

326. Der Begriff 'Bedeutung' wird dazu dienen, das, was man die kapriziösen Bildungen der Sprache nennen könnte, von den wesentlichen, in der Natur ihres Zweckes gelegenen zu unterscheiden.

327. Der Begriff der 'Bedeutung' wird in die Beschreibung der Wortverwendung einen neuen Gesichtspunkt einführen.

328. Beispiel: Ein Verbum, das in der ersten Person *schreiben* bedeutet, in der zweiten *lieben*, in der dritten *essen*.

[1] Var.: "Es drängt sich uns freilich ein Bild auf: vom Unkörperlichen, das wir spüren, vom Lebenden des Gesichts. Man muß sich dran erinnern, daß ein Gesicht mit seelenvollem Ausdruck zu *malen* ist, um zu glauben, daß Farben und Formen allein (auch) so auf uns wirken können."

329. Was kapriziös ist entscheidet die menschliche Natur.

330. Aber die Natur Eines, der schon eine Sprache kennt, oder dessen, der noch keine kennt (z.B. also des einjährigen Kindes)?

331. Ist es kapriziös, oder nicht, daß ein Wort an jedem Wochentag etwas anderes bedeutet? oder in der ersten Person etwas andres, als in der zweiten.[1]

332. 'Bedeutung' ist ein primitiver Begriff. Es gehört zu ihm die Form: "Das Wort bedeutet *das*"; d.i., die Erklärung einer Bedeutung durch ein Zeigen. Dies funktioniert gut unter gewissen Umständen und bei gewissen Wörtern. Sowie man den Begriff auf andere Wörter ausdehnt, entstehen aber Schwierigkeiten.

333. Die Definition eines Worts ist nicht eine Analyse dessen, was in mir vorgeht (oder vorgehen soll), wenn ich es ausspreche.

334. "Auf je zwei Meter stehen zwei Soldaten."
"Er saß in der Bank auf einer Bank."

335. "Für dieses Wort unsrer Sprache will ich zwei setzen; das eine erkläre ich *so*: . . . , das andre *so*: . . ." Ich hätte auch sagen können: "Dieses Wort unsrer Sprache hat zwei Bedeutungen: . . ." Hier könnte man nicht fragen: "Aber sind das wirklich zwei Bedeutungen?" — Oder doch — wenn das heißen soll: "Ist diese Unterscheidung nicht ganz willkürlich, ganz zwecklos?"

"Warum unterscheidest du sie, was ist der Witz dieser Unterscheidung?"

336. "Ich sehe ihren Zweck nicht ein." Wie schaut aber die Erklärung eines Zwecks aus? Ich kann darauf keine allgemeine Antwort geben.

337. Du stellst dir Aufgaben und löst sie dann; wie ein Mathematiker.

Die Aufgabe: non und ne.

338. Der, welcher die Wortverwendungen naiv beschreibt, wird auch die von "non" und die von "ne" beschreiben, und er kann auch die Bemerkung machen, daß sie beinahe die gleichen sind. – Aber

[1] Var.: ", oder ein Zeitwort in der ersten Person *eine* Tätigkeit bezeichnet, in der zweiten eine andre?"

das ist nicht alles: Kann er nicht sagen, daß die beiden Wörter nur in sehr speziellen Sprachspielen verschiedene, und sonst die gleiche Verwendung haben?

339. Muß er nicht sagen können, daß in einem bestimmten Sprachspiel ein Wort durch ein anderes ersetzbar ist?

340. Wenn das Sprachspiel, die Tätigkeit, z.B. das Bauen eines Hauses (wie in No 2)[1], die Verwendung eines Wortes fixiert, so ist der Begriff der Verwendung elastisch mit dem der Tätigkeit. Das aber liegt im *Wesen* der Sprache.

341. Denken wir uns also *diesen* Gebrauch von "non" und "ne": Die beiden Wörter werden wie unser "nicht" gebraucht; bei dem gleichen Anlaß wird einmal das eine, einmal das andre verwendet, sie verhalten sich darin ganz wie synonyme Wörter; nur in dem seltenen Fall der Verdopplung wird unterschieden.

Ich werde also versucht sein, die Wortverwendung 'als *ganze*' von einer Teilverwendung zu unterscheiden. Ja, hier wird die Teilverwendung wichtiger scheinen als die 'ganze'.

342. Ich sage also: "Die Verwendung hier und hier und hier ist dieselbe. In allen diesen Fällen kann man das eine für das andre setzen." Aber was heißt das eigentlich?

343. Der naive Beschreiber, – kennt er den Begriff 'ein Wort durch ein andres ersetzen *können*'? – Er kennt gewiß den der gemischten Verwendung zweier Wörter.

344. Oder auch so: Der Reisende, welcher das Land, wo "non" und "ne" gebraucht wird, bereist und die Sprache in die seine zu übersetzen trachtet, wird keinen Grund haben, jedes durch ein besondres Wort seiner Sprache zu übersetzen, – bis er einmal zu einem Fall der doppelten Verneinung kommt (dann *mag* er in seiner Sprache ein Äquivalent finden).

345. Der Reisende könnte doch sagen: "Die Verwendung, soweit ich sehen kann, ist die gleiche."

346. " 'ne' und 'non' hat in allen diesen Fällen genau die gleiche Bedeutung." Das könnte man z.B. sagen, wenn von den Leuten selbst die Worte in diesen Fällen wie Synonyme *behandelt* werden.

[1] S. *PU* I, §2.

(Und wir wissen, wie das ausschaut.) – Es könnte aber auch sein, daß der Stamm sie zwar nicht wie Synonyme behandelt, sie nicht '*vermischt*', und sie für uns dennoch Synonyme wären.

347. Die größte Schwierigkeit in diesen Untersuchungen ist, eine Darstellungsweise für die Vagheit finden.

348. Man kann von der Funktion des Worts im Satz, im Sprachspiel, in der Sprache, reden. Aber "Funktion" heißt in jedem dieser Fälle *Technik*. Bezieht sich also auf eine *allgemeine* Erklärung und Abrichtung.

349. Wer Einen ein Verneinungszeichen lehrt, richtet ihn so und so ab. (Die doppelte Verneinung braucht in der Abrichtung gar nicht zu erscheinen.) Nun kann er sie aber einmal gebrauchen, oder hören und sie dabei so, oder so auffassen. Die Auffassung müßte nicht mit seiner frühern Abrichtung im Zusammenhang stehen, obwohl sich so einer denken läßt. Soll ich aber sagen: die Abrichtung hat ihn den Sinn der doppelten Verneinung gelehrt? Das muß ich nicht sagen. Und hat sie mich gelehrt zwei Wörter in gleicher Weise als Negation zu gebrauchen, so gewiß nicht, zwischen ihnen dann im Fall der Verdoppelung zu diskriminieren.

Diese Unterscheidung habe ich gewiß durch die Abrichtung nicht gelernt. Ich habe aber eine Bedeutung durch sie gelernt, und also *die selbe*.

350. Man kann in einer Abrichtung (wieder) Abrichtungen unterscheiden. Und also in einer Wortverwendung Verwendungen.

351. So handelt die Psychologie vom Benehmen; nicht vom Seelischen?

Was berichtet der Psychologe? – Was beobachtet er? Nicht das Benehmen der Menschen und insbesondre ihre Äußerungen? Aber diese handeln nicht von ihrem Benehmen. [*PU* II, v, S. 179b]

352. Der Arzt fragt "Wie geht es ihm?". Die Krankenschwester sagt "Er stöhnt". *Ein* Bericht über's Benehmen. Aber muß die Frage überhaupt auftauchen, ob das Stöhnen echt sei? Kann es nicht sein, als ob diese Frage gar nicht existierte? Kann nicht z.B. der Schluß gezogen werden: "Wenn er stöhnt, so müssen wir ihm noch ein schmerzstillendes Mittel geben"? Kann in dieser Gedankenwelt der

Bericht über das Benehmen nicht eben *als* Bericht über das Seelische *verwendet* werden. Kann es nicht zu diesem Dienst verwendet werden, und kommt es eben nicht auf den Dienst an?[1] [*PU* II, v, S. 179d]

353. "Aber diese machen dann eben eine stillschweigende Voraussetzung." Dann ist die Technik der Verwendung unsrer Worte immer stillschweigende Voraussetzung. [*PU* II, v, S. 179e]

354. "Wir machen dabei immer eine Voraussetzung; wenn sie nicht stimmt, so ist natürlich alles anders." Sagen wir das z.B., wenn wir Einen einkaufen schicken. Ist die Voraussetzung, daß er ein Mensch ist und das Geschäft keine Fata Morgana? Die Voraussetzungen haben ein Ende.

355. Aber könnte, was hier nicht 'Voraussetzung' ist, dies in einem andern Falle nicht sein? Ist Voraussetzung nicht, wo ein *Zweifel* ist? Und der Zweifel kann gänzlich fehlen; und er kann im geringsten Grade und bis zum größten vorhanden sein.[2] [Vgl. *PU* II, v, S. 180b]

356. Denk dir, es sagte Einer "Es gruselt mir, es gruselt mir die ganze Zeit", – er meint aber damit, er könne Schach spielen. Er gibt einer Fähigkeit einen Ausdruck eines Erlebnisses.

Auch wenn Einer nur dann und nur solange das und das könnte, als er das und das fühlt, wäre das Gefühl nicht die Fähigkeit. [b: vgl. *PU* II, vi, S. 181b]

357. Wie vergleicht sich das Benehmen des Zornes, der Freude, der Hoffnung, des Erwartens, des Glaubens, der Liebe, des Verstehens? – Stelle einen zornigen Menschen dar! Das ist leicht. Einen Freudigen, – da käme es drauf an: was für eine Freude? Die Freude des Wiedersehns, oder die Freude beim Hören einer Musik . . . ? – Die Hoffnung? Das wäre schwer. Warum? Es gibt nicht Gebärden der Hoffnung. Wie drückt Hoffnung sich aus, daß er wiederkommen wird?

358. Es ist leicht sich ein Tier zornig, furchtsam, traurig, freudig, erschrocken vorzustellen. Aber hoffend? [*PU* II, i, S. 174a]

[1] Var.: "Aber muß die Frage für die Beiden überhaupt existieren, ob dieses Stöhnen wirklich echt, wirklich der Ausdruck von etwas ist? Können sie nicht z.B. den Schluß ziehen . . . ohne ein Mittelglied zu verschweigen? Kommt es denn nicht auf den Dienst an, in welchen sie die Beschreibung des Benehmens stellen?"

[2] Var.: "Und der Zweifel kann gänzlich fehlen. Das Zweifeln hat ein Ende."

359. Hoffen ist doch ein ruhiges, freudiges Erwarten. (Obwohl so eine Analyse etwas abstoßendes hat.)

360. Ein Hund kann seinen Herrn erwarten, aber kann er erwarten, sein Herr werde übermorgen kommen? Und was kann er nun nicht? – Wie mache denn ich's? Was soll ich darauf antworten? [*PU* II, i, S. 174a]

361. Die 'Bedeutung' ist nicht das Erlebnis beim Aussprechen oder Hören des Worts; und der 'Sinn' des Satzes nicht der Komplex der Erlebnisse, die zu den Worten gehören.

Wie ist der Sinn von "Ich habe ihn noch immer nicht gesehen" aus den Bedeutungen der Wörter zusammengesetzt? Der Satz ist aus den Wörtern zusammengesetzt, und das ist genug. [*PU* II, vi, S. 181c]

362. Das Wortgefühl. Denk dir, wir fänden einen Menschen, der uns beim Sprechen über die Wortgefühle sagte, für ihn hätte "wenn" und "aber" das *gleiche* Gefühl. Dürften wir ihm das nicht glauben? – Oder sollen wir einfach sagen, er spiele nicht unser Spiel. Es wäre das ähnlich, wie wenn jemand nicht mit jedem Vokal eine eigene Farbe verbände, sondern, sagen wir, eine mit a, e, i und eine andre mit o und u. Vielleicht gibt es solche. [Vgl. *PU* II, vi, S. 182b]

363. Sie wären, möchte man sagen, von uns viel verschiedener, als die, welche gar keine Farben mit den Vokalen verbinden. Beinahe möchte man sie farbenblind nennen.

364. Und würde jener darum im Gebrauch "wenn" und "daß" verwechseln?

365. Kann nur hoffen, wer sprechen kann? Nur der, der die Anwendung der Sprache beherrscht. Die Zeichen des Hoffens sind Modifikationen eines komplizierteren Lebensmusters.[1] (Wenn ein Begriff seine Anwendung auf den Charakter der Handschrift hat, dann hat er keine Anwendung auf Wesen, die nicht schreiben.) [*PU* II, i, S. 174a]

366. Der Blick, den das Wort uns in einem bestimmten Zusammenhang zuwirft.

Die Art und Weise, wie es uns anschaut, hängt natürlich von der Umgebung ab, in der es steht.

[1] Var.: "D.h., die Erscheinungen des Hoffens sind Modifikationen dieses sehr komplizierten Musters."

367. Ist nicht das Wenn-Gefühl *dieses* Wort, in *diesem* Ton und *dieser* Umgebung?

368. Das Wenn-Gefühl kann nicht etwas sein, was das Wort "wenn" *begleitet*. [Vgl. *PU* II, vi, S. 182e]

369. Sonst könnte es auch etwas anderes begleiten.

370. Denk dir, ich redete von einer Wenn-Geste.
Könnte ein anderes Wort dieselbe Geste machen? – Oder 'wäre es dann nicht dieselbe'?

371. Zur Wenn-Geste gehört eben auch der Klang des Wortes "wenn".

372. Können zwei Gesichter den *gleichen* Ausdruck haben? (Ja und Nein.)

373. Das Wenn-Gefühl müßte zu vergleichen sein dem besondern 'Gefühl', das uns eine musikalische Wendung gibt. (Es könnte Einer von einem 'Halbschluß-*Gefühl*' reden wollen.) [Vgl. *PU* II, vi, S. 182f]

374. Aber kann man dies Gefühl von der Phrase trennen? Und doch ist es nicht die Phrase selbst; denn Einer kann sie hören ohne dies Gefühl. [*PU* II, vi, S. 182g]

375. Ist es darin ähnlich dem 'Ausdruck', mit welchem sie etwa gespielt wird? [*PU* II, vi, S. 182h]

376. Denn man *meint* nicht ein Gefühl, das sie begleitet, höchstens die Phrase *mit* dem Gefühl.

377. "Er sah mich mit einem eigentümlichen Lächeln an." – Mit was für einem? – Zur Antwort muß ich vielleicht sein Gesicht zeichnen.

378. Das Wenn-Gefühl ist nicht ein Gefühl, das das Aussprechen des Wortes "wenn" begleitet. [*PU* II, vi, S. 182e]

379. Wir sagen, diese Stelle gibt uns ein ganz besonderes Gefühl. Wir singen sie uns vor, und machen dabei eine gewisse Bewegung, haben vielleicht auch irgend eine besondere Empfindung. Aber diese Begleitungen – die Bewegung, die Empfindung – würden wir in

einem andern Zusammenhang gar nicht wiedererkennen. Sie sind ganz leer, und sind's nur nicht, wenn wir diese musikalische Phrase singen. [*PU* II, vi, S. 182i]

380. Sagen wir "Ich singe sie mit einem ganz bestimmten Ausdruck", dann bezeichnet "Ausdruck" nicht etwas, was ich von ihr trennen kann.

Man könnte sich schon denken, daß, in einem andern Sinne, ich eine *andere* Phrase mit demselben Ausdruck spielen könnte. [Vgl. *PU* II, vi, S. 183a]

381. Das besondere Gefühl, das mir die Stelle gibt, gehört zur Stelle, ja zu ihr in diesem Zusammenhang.

382. Ich kann doch von dem Ausdruck reden, mit welchem Einer eine Stelle spielt, auch ohne dran zu denken, daß eine andre Stelle den gleichen Ausdruck haben könnte. Dieser Begriff dient hier nur zur Vergleichung von Wiedergaben dieser Stelle.

383. Daß wir einen Satz verstehen, zeigt uns, daß wir ihn unter Umständen verwenden könnten (wenn auch nur in einem Märchen), aber es zeigt uns nicht *was*, und *wieviel* wir mit ihm anfangen können.

384. [non und ne.] Es hat denselben Zweck, dieselbe Verwendung – bis auf *eine* Bestimmung.

385. So gibt es also zwischen Wortverwendungen wesentliche und unwesentliche Unterschiede? Erst wenn man vom *Zweck* des Wortes redet, taucht diese Unterscheidung auf.

386. Meine kinaesthetischen Empfindungen belehren mich über die Bewegungen und Lagen meiner Glieder.

Ich lasse jetzt meinen Zeigefinger eine leichte Pendelbewegung vor- und rückwärts machen. Ich spüre sie kaum, oder gar nicht. Vielleicht ein wenig in der Fingerspitze, wie ein Spannen der Haut (gar nicht im Gelenk). Und diese Empfindung belehrt mich über die Bewegung? Denn ich kann sie genau beschreiben. [*PU* II, viii, S. 185a]

387. "Du mußt die Bewegung eben doch fühlen, sonst könntest du nicht wissen, wie sich der Finger bewegt." Aber, es "wissen", heißt nur: es beschreiben können. – Ich mag die Richtung, aus der ein Schall kommt, nur angeben können, weil er das eine Ohr stärker

affiziert als das andre; aber das *höre* ich nicht. Es bewirkt nur: ich *weiß* von wo der Schall kommt, ich blicke z.B. in dieser Richtung. [*PU* II, viii, S. 185b]

388. So geht es auch mit der Idee, ein Merkmal der Schmerzempfindung müsse uns über den Ort des Schmerzes belehren; oder ein Merkmal des Erinnerungsbildes über den Zeitpunkt, auf den es sich bezieht. [*PU* II, viii, S. 185c]

389. Eine Empfindung *kann* uns über die Bewegung, oder Lage eines Gliedes belehren. (Wer z.B. nicht, wie der Normale, im Stande wäre mit geschlossenen Augen zu sagen, ob sein Arm gestreckt sei, könnte durch ein Druckgefühl im Ellbogen darüber belehrt werden.) – Und es *kann* auch der Charakter eines Schmerzes uns über den Sitz der Verletzung belehren. [*PU* II, viii, S. 185d]

390. Wie weiß ich, daß den Blinden sein Tastgefühl und den Sehenden sein Gesicht über die Gestalt und Lage der Dinge belehren?

391. *Weiß* ich's nur aus eigener Erfahrung, und vermute es nur bei den Andern?

392. Die Evolution der höheren Tiere und des Menschen und das Erwachen des Geistes, Erwachen des Bewußtseins auf einer bestimmten Stufe. Das Bild aber ist etwa dies: Die Welt ist, trotz aller Ätherschwingungen, die sie durchziehen, dunkel. Eines Tages aber macht der Mensch sein sehendes Auge auf, und es wird hell.

Unsere Sprache beschreibt zuerst einmal ein Bild. Was mit dem Bild zu geschehen hat, wie es zu verwenden, bleibt im Dunkeln. Aber es ist ja klar, daß dies erforscht werden muß, wenn man den Sinn unsrer Aussagen verstehen will. Das Bild aber scheint uns dieser Arbeit zu überheben; es deutet ja schon auf eine (ganz) bestimmte Verwendung. Dadurch hat es uns zum besten. [*PU* II, vii, S. 184d]

393. Was ist das Kriterium dafür, daß mich ein Sinneseindruck über die Form und Farbe belehrt? [*PU* II, viii, S. 185e]

394. *Welcher* Sinneseindruck? Nun, *dieser*: Ich kann ihn beschreiben: "Er ist derselbe, wie der, . . ." – oder ihn an einem Bild zeigen.

Und nun: was fühlst du, wenn deine Finger in dieser Lage sind? – "Wie soll man ein Gefühl erklären? Man kann es nur in sich selbst kennen." Aber den Gebrauch der Worte muß man doch lehren können! [*PU* II, viii, S. 185f]

395. Ich suche nun nach dem grammatischen Unterschied. [*PU* II, viii, S. 185g]

396. Farbe, Klang, Geschmack, Temperatur, diese haben eine subjektive und eine objektive Seite. Das heißt doch wohl: sie geben manchmal an, was ich fühle, manchmal beschreiben sie die Außenwelt. – Nun, das subjektive Zwischenglied scheint in meiner Kenntnis der Körperstellung zu fehlen.

397. Man kann ein Gefühl nicht beschreiben? Freilich kann man es. Man tut es alle Tage. Aber wie? Nun, wir müssen uns auf die besondern Fälle besinnen.

398. Wenn Einer mir sagte, er hätte damals das gefühlt, was man fühlt, wenn man seine Finger in *dieser* Lage hält, oder *so* bewegt, so würde ich die Lage oder Bewegung nachahmen und ihn dann vielleicht fragen "Meinst du das Gefühl in den Fingerspitzen, oder in den Muskeln, oder an *dieser* Stelle?" D.h., es müßte mir noch nicht klar sein, von welchem Gefühl er spricht; ja ich könnte ihm sogar sagen "Ich fühle jetzt gar nichts bei dieser Bewegung". Bedenk: ich könnte ihn auch fragen "Ist es ein starkes Gefühl, oder ein sehr schwaches?" (Aber diese Bemerkung ist erst am Rande, noch nicht im Zentrum der Sache.)

399. Und was ist der *Ort* des K.-Gefühls?[1] Kannst du auf ihn deuten? (Denn die Lage der Rezeptoren geht uns nichts an.)

400. Sehen wir einmal vom K.-Gefühl ab! – Ich will Einem ein Gefühl beschreiben, und sage ihm "Mach's *so*, dann wirst du's haben", dabei halte ich meinen Arm, oder meinen Kopf, in bestimmter Lage. Ist das nun eine Beschreibung eines Gefühls, und wann werde ich sagen, er habe verstanden, was für ein Gefühl ich gemeint habe? Er wird daraufhin noch eine *weitere* Beschreibung des Gefühls geben müssen. Und welcher Art muß die sein? — Angenommen, er sagt mir "Ja, ich hab's. Es ist ein sehr eigentümliches Gefühl". Auf die Frage "Was für eins? Wo?" sagt er, das könne er nicht sagen, – es sei ganz eigenartig. Wie wüßten wir, daß es ein Gefühl ist? [Bis "Angenommen, er sagt" *PU* II, viii, S. 185h–186a]

401. Die 'weitere Beschreibung' wird das Gefühl mit andern

[1] D.h.: des kinaesthetischen Gefühls.

Gefühlen in Zusammenhang bringen: Es wird einen Ort haben, es wird gleichbleiben, oder sich ändern, stärker oder schwächer werden.

402. "Mach's *so*, dann wirst du's haben." Dabei halte ich meinen Arm, oder meinen Kopf in bestimmter Lage. Kann da nicht ein Zweifel sein? muß nicht einer sein, wenn ein Gefühl gemeint ist? [Vgl. *PU* II, viii, S. 186b]

403. Was würden wir sagen, wenn jemand uns mitteilt, er sähe an einem bestimmten Ding eine Farbe, die er nicht beschreiben könne? Muß er sich richtig ausdrücken? Muß er eine Farbe meinen?

404. *Das* schaut *so* aus; *das* schmeckt *so*; *das* fühlt sich *so* an: "das" und "so" müssen verschieden erklärt werden. [*PU* II, viii, S. 186c]

405. Ein 'Gefühl' hat für uns ein ganz *bestimmtes* Interesse. Und dazu gehört z.B. der 'Grad des Gefühls', die Übertäubbarkeit eines Gefühls durch ein anderes. [*PU* II, viii, S. 186d]

406. "Kummer" beschreibt eine Art wiederkehrendes Muster im Lebensteppich. Nun, zu diesem Muster gehört auch ein *Verlauf*. Wenn der *Körperausdruck* des Grames und der Freude bei einem Menschen, etwa mit dem Ticken eines Metronoms, wechselten, so ergäbe das nicht das Gram- oder das Freudemuster. (Das heißt nicht, Freude oder Kummer sei ein Benehmen.) [Vgl. *PU* II, i, S. 174b]

407. Wer den eigenen Kummer beobachtet, mit welchen Sinnen beobachtet er ihn? Mit einem besondern Sinn? Mit einem, der den Kummer *fühlt*? So fühlt er ihn *anders*, wenn er ihn beobachtet? Und welchen beobachtet er nun, den welcher nur da ist, während er beobachtet wird? – 'Beobachten' erzeugt nicht das Beobachtete. (Das ist eine begriffliche Feststellung.) [*PU* II, ix, S. 187a]

408. Aber ich kann doch meinen Kummer beobachten. Ich frage mich z.B. "Bin ich heute so betrübt, wie gestern?" und antworte darauf.

409. Ich sage (zu mir selbst) z.B.: "Vor einem Monat hätte ich noch nicht ohne Grauen daran denken können."

410. Wen man abgerichtet hätte, beim Anblick von etwas Rotem einen bestimmten Laut auszustoßen, beim Anblick von etwas Gelbem einen andern, und so fort für andere Farben, von dem würde

man dennoch nicht sagen, er könne Gegenstände ihrer Farbe nach beschreiben. Obwohl er uns zu einer Beschreibung verhelfen könnte. Um zu beschreiben, muß er nach irgend einer Projektionsregel Bilder von Farbverteilungen im Raume machen können. (Sprachsp<iel>?)[1] [*PU* II, ix, S. 187d]

411. Ich lasse meinen Blick (in einem Zimmer) umherschweifen, plötzlich fällt er auf einen Gegenstand von auffallender roter Färbung und ich rufe aus "Rot!" – damit habe ich nichts beschrieben; obgleich ich eine Beschreibung geben könnte. [*PU* II, ix, S. 187e]

412. Sind die Worte "Ich fürchte mich" eine Beschreibung eines Seelenzustandes?

Es kommt drauf an, in welchem Spiel sie stehen. [a: *PU* II, ix, S. 187f]

413. Wir setzen bei dem, der Furcht ausdrückt, natürlich gewisse physiologische Begleiterscheinungen voraus, denn er soll ja ein Mensch sein. Den schnellen Puls, den keuchenden Atem, vielleicht erhöhten Blutdruck und eine Reihe schwerer beobachtbare Erscheinungen des Nervensystems; alles das wieder begleitet von manchen charakteristischen Gefühlen. Wenn Einem der Angstschweiß ausbricht, dann hat er die charakteristischen Empfindungen des Schwitzens.

414. Und ferner: es ist wohl möglich, daß der, welcher gewisse typische Mienen, Gebärden, Laute, der Furcht nachahmt, und eben dadurch das eine oder andre typische Gefühl, welches diese Gebärden erzeugen, erhält, – daß dieser dadurch in seinem Körper andere der physiologischen Furchterscheinungen induziert und mit diesen noch weitere Furchtempfindungen erhält.

415. Ja, es *kann* auch sein, daß Furcht spielen Furcht erzeugt. (Es *muß* nicht sein, es liegt nicht im Wesen der Furcht.)

416. Das Sprachspiel der Meldung kann so gewendet werden, daß die Meldung uns nicht über den Gegenstand der Meldung unterrichten soll, sondern über den Meldenden.

So ist es z.B., wenn der Lehrer den Schüler prüft. (Man kann messen, um den Maßstab zu prüfen.) [a: *PU* II, x, S. 190i; b: *PU* II, x, S. 191a]

[1] Vgl. *PU* I, §48.

417. "Wenn mich meine Sinne nicht täuschen, so kommt er dort."
"Wenn ich mich nicht irre, so kommt er dort."
Wie heißt davon die Annahmeform?

418. Man kann sehr wohl sagen "Mir scheint es, er käme, aber er kommt nicht".

419. Man kann den eigenen Sinnen mißtraun, aber nicht dem eigenen Glauben. [*PU* II, x, S. 190f]

420. Man kann sogar sagen: "Es macht auf mich den Eindruck, er kommt, aber er kommt nicht."

421. Angenommen, ich führte einen Ausdruck, z.B. "Ich glaube", so ein: Er soll dort der Meldung vorgesetzt werden, wo sie dazu dient, über den Meldenden Auskunft zu geben. (Es braucht dem "Ich glaube" keine Unsicherheit anzuhangen. Bedenke auch, daß die Unsicherheit sich auch unpersönlich ausdrücken läßt: "Er dürfte heute kommen.")

Was hieße dann: "Ich glaube, es ist so, und es ist nicht so."? [*PU* II, x, S. 191b]

422. "Ich glaube . . ." beleuchtet meinen Zustand. Es lassen sich aus dieser Äußerung Schlüssse auf mein Verhalten ziehen. Also ist hier eine Ähnlichkeit mit den Äußerungen der Gemütsbewegung, der Stimmung, etc. [*PU* II, x, S. 191c]

423. Gäbe es ein Verbum "zu glauben scheinen", dann fehlte ihm eine sinnvolle erste Person im Indicativ Präsentis. (Unserm Worte "träumen" könnte sie auch fehlen.)

424. Das beste Beispiel für einen Ausdruck in ganz bestimmter Bedeutung ist eine Stelle in einem Drama.

425. Die augenblickliche Bewegung. Wer eine Bewegung sieht, sieht überhaupt nicht Lagen in Zeitpunkten. Er könnte sie nicht abbilden, nachahmen.

426. "Ich glaubte damals, die Erde sei eine Scheibe." Ein Glaube hat einen Grund; die Erfahrungen, Berichte, Beziehungen, auf denen er fußt. Er steht auf einem Boden.

427. Die Linie "x ist im Irrtum" hat keinen reellen Punkt für x=ich.
Die Linie taucht hier in's Dunkel.

428. Man kann z.B. fragen: Ist ein Zustand, den ich aus den Äußerungen des Menschen entnehme, wirklich derselbe wie der, den Einer auf diese Weise nicht erkennt? Und die Antwort ist eine Entscheidung.

429. Das Phänomen, wovon wir reden, ist das Aufleuchten des Aspekts.

430. Man sagt sich z.B. "Es könnte auch *das* sein" (gibt eine neue Deutung) und der Aspekt mag aufleuchten.

431. Zwei Verwendungen von "*sehen*". Die eine: "Ich sehe *dies*" – wobei ich auf eine Beschreibung anspiele, oder auf ein Bild, eine Kopie zeige. Damit mag ich einem Andern mitteilen: dort, wo seine Blicke nicht hinreichen, befinde sich das und das. Ein Beispiel der andern Verwendung: "Ich sehe eine Ähnlichkeit in diesen beiden Gesichtern." Der, dem ich die Mitteilung mache, mag die Gesichter so deutlich sehen, wie ich. [Vgl. *PU* II, xi, S. 193a]

432. Der Eine könnte die Gesichter genau portraitieren, der Andre in diesen Bildnissen ihre Ähnlichkeit bemerken, die der erste nicht sah. [Vgl. *PU* II, xi, S. 193b]

433. Ich mag zwei Gesichter, die sich nicht ändern, betrachten: auf einmal leuchtet eine Ähnlichkeit in ihnen auf. Ich nenne diese Erfahrung das Aufleuchten eines Aspekts. [Vgl. *PU* II, xi, S. 193c]

434. Seine Ursachen interessieren den Psychologen, nicht mich. [*PU* II, xi, S. 193d]

435. Uns interessiert der Begriff und seine Stellung in den Erfahrungsbegriffen.[1] [*PU* II, xi, S. 193e]

436. Man kann das Aufleuchten des Aspekts hervorrufen, indem man z.B. gewissen Linien des Gesichts (mit dem Blicke) folgt.

437. Was ist der charakteristische Ausdruck des Aufleuchtens? Wie weiß ich, daß jemand diese Erfahrung hat? – Der Ausdruck ist ähnlich der der Überraschung.

438. Ein Aspekt leuchtet auf und verhallt. Soll er uns bewußt bleiben, so müssen wir ihn immer wieder anschlagen.

[1] Var.: "Erlebnisbegriffen".

439. Ich sehe plötzlich die Lösung eines Vexierbilds. Wo früher Äste und Zweige waren, ist jetzt eine menschliche Gestalt. Mein Gesichtseindruck hat sich geändert, und ich erkenne jetzt, daß er nicht nur Farbe und Form, sondern auch eine ganz bestimmte Organisation hat. – Mein Gesichtseindruck hat sich geändert; – wie war er früher; wie ist er jetzt? – Stelle ich ihn durch eine genaue Kopie dar – und ist das keine gute Darstellung? – so zeigt sich keine Änderung. [*PU* II, xi, S. 196b]

440. Und sag nur ja nicht "Mein Gesichtseindruck ist doch nicht die *Zeichnung*! er ist *dies*, was ich niemand zeigen kann." Freilich ist er nicht die Zeichnung, aber auch nichts von der gleichen Kategorie, das ich in mir trage. [*PU* II, xi, S. 196c]

441. Kann also die Kopie den Aspekt nicht wiedergeben? – Man nennt sehr verschiedenes "Kopie". – Die Art des Kopierens *kann* den gesehenen Aspekt anzeigen. Sie kann z.B. 'Zusammengehöriges' zusammennehmen. Auch die besondern *Fehler*, die Einer beim Kopieren macht, können den Aspekt, den er sah, anzeigen.

442. Der Begriff des 'innern Bildes' ist irreführend, denn das Vorbild dieses Begriffs ist das *äußere* Bild, und doch sind ihre Anwendungen nicht näher verwandt als die von 'Zahlzeichen' und 'Zahl'. Wer die Zahl z.B. das 'ideale Zahlzeichen' nennen wollte, könnte eine ähnliche Verwirrung anrichten.[1] [*PU* II, xi, S. 196d]

443. Wer die Organisation des Gesichtseindrucks mit Formen und Farben zusammenstellt, geht vom Gesichtseindruck als einem innern Gegenstand aus. Dieser Gegenstand wird dadurch freilich ein Unding, ein seltsam schwankendes Gebilde. Denn die Ähnlichkeit mit dem Bild ist nun gestört. [*PU* II, xi, S. 196e]

444. Wer eine Reihe äquidistanter Punkte als Reihe von Punktpaaren sieht, deren innere Entfernungen kleiner sind als die äußeren, der kann sagen, er sieht die Reihe in besondrer Weise organisiert, denn das Bild, das er von der Reihe entwürfe, hätte eben eine besondere Organisation. Es könnte sich ja hier auch um einen Irrtum handeln: er *hält* die Reihe für so organisiert.

445. Die Organisation: das sind etwa die räumlichen Beziehungen. Die Darstellung der räumlichen Beziehungen im Gesichtseindruck sind räumliche Beziehungen in der Darstellung des Gesichtseindrucks.

[1] Mehrere Varianten im MS.

Die Änderung des Aspekts *kann* sich durch eine Änderung räumlicher Beziehungen in der Darstellung des Gesehenen darstellen. Beispiel: die Aspekte des Würfelschemas. Die gezeichnete Kopie ist immer die gleiche, die räumliche verschieden.

446. Der Begriff der Darstellung des Gesehenen, der Kopie ist sehr dehnbar, und *mit ihm* der Begriff des Gesehenen. Aber die beiden hängen innig zusammen. (D.h. *nicht*, daß sie einander ähnlich sind.) [*PU* II, xi, S. 198c]

447. Wer bei der Betrachtung des Würfelschemas sich so ausdrückte: "Ich sehe jetzt einen Würfel in *dieser* Lage – jetzt einen in *dieser*" – der könnte sehr Verschiedenes sagen wollen. Etwas Subjektives; oder etwas Objektives. Seine Worte allein lassen das nicht erkennen. – Der Bericht des Aspektwechsels hat wesentlich die Form eines Berichts über den wahrgenommenen Gegenstand. Aber seine weitere Anwendung ist verschieden.

448. Ist der Aspekt eine Art Organisation, und die Organisation vergleichbar den Charakteristiken der Form und Farbe, dann wäre der Wechsel des Aspekts wie ein Wechsel der scheinbaren Farbe.

449. Die Farben- und Formbegriffe müssen objectiv gelernt werden.

450. Der Ausdruck des Aspekts folgt dann dem Ausdruck der Wahrnehmung, wie der der *Vorstellung* dem der Wahrnehmung. Aber hier muß man sich daran erinnern, daß die visuelle Vorstellung sich nicht immer durch die Beschreibung eines Gesichtseindrucks darstellen läßt. Ich stelle mir z.B. eine geschlossene Schachtel vor, aber das *Bild* der geschlossenen Schachtel könnte manches Andere auch darstellen. (Dies erinnert an den Ausdruck in der Traumerzählung: "Und ich wußte, daß . . .")

451. Das *Sehen* des Aspekts eine Willenshandlung. Man kann Einen auffordern: Schau es jetzt *so* an. Trachte die Ähnlichkeit wieder zu sehen. Hör das Thema *so*, etc. Aber ist damit das Sehen eine Willenshandlung? nicht vielmehr die Art der Anschauung, die dies Sehen hervorruft?

Ich kann z.B. das Würfelschema *so* sehen, indem ich den Blick auf *diese* Kanten besonders richte. Wenn ich es tue, dann folgt das Umschlagen des Aspekts. Hier *weiß* ich, wie ich es *herbeiführe*.

Anderseits, wenn ich 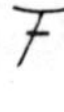 so, und so betrachte, so bin ich mir dessen nicht bewußt.

452. Der Aspekt ist vom Willen abhängig. Darin gleicht er der Vorstellung. [Vgl. *PU* II, xi, S. 213e]

453. Aber es ist doch auch die visuelle *Wahrnehmung* vom Willen abhängig! Schau ich genauer hin, so sehe ich etwas anderes, und ich kann den andern Gesichtseindruck nach Willkür hervorrufen. Das macht den Eindruck freilich nicht zu einem Aspekt, – aber ist er nicht auch vom Willen abhängig?

454. Wer eine Figur immer als ein Druck-F aufgefaßt hat, braucht nie die Erfahrung gehabt haben, deren Ausdruck die Worte "Jetzt seh ich's als ein F" sind.

Dieser Aspekt mußte nicht 'aufgeleuchtet' haben.

455. Wer das H<asen>-E<nten->Bild betrachtet und über den Gesichtsausdruck des H. nachdenkt, etwa trachtet, das richtige Wort dafür zu finden, der betrachtet das Bild im H-Aspekt, aber dieser H-Aspekt leuchtet nicht auf.

Ist es aber richtig zu sagen, dieser *sehe* das Bild die ganze Zeit in diesem Aspekt?

Nun, er beschreibt, was er sieht, als einen H-Kopf, denn so redet er z.B. über das, was er sieht.

456. Frage dich nun nicht "Wie geht es mit *mir*?" Frage "Was weiß ich vom Andern?" [*PU* II, xi, S. 206c]

457. Frage dich nicht "*Sah* ich es in so einem Fall?" – sondern "Was macht mich sagen, *er* sieht es in diesem Fall?".

458. Hörte ich Einen über das H-E. Bild reden, und jetzt in gewisser Weise über den besondern Ausdruck des H-Gesichts, so würde ich sagen "Er betrachtet das Bild jetzt als H-Kopf", oder "im H-Aspekt". [*PU* II, xi, S. 206h]

459. Die größte Gefahr ist, hier sich selbst beobachten wollen.

460. Wenn ich sage "Diese beiden Formen schienen mir auch keine *Ähnlichkeit* miteinander zu haben", kann ich einen stärkern Ausdruck dafür gebrauchen, daß ich jedesmal etwas andres *sah*?

461. Er sieht z.B. zwei Bilder; in dem einen den H-E. Kopf umgeben von Hasen, im andern von Enten. Er bemerkt die Gleichheit nicht. *Folgt* daraus, daß er beidemal etwas andres *sieht*? –

Es gibt uns einen Grund, diesen Ausdruck hier zu gebrauchen. [*PU* II, xi, S. 195e]

462. Und wie ist es mit der Äußerung "Ich hab es ganz anders *gesehen*!"? Nun die zeigt etwa, daß einem dieser Begriff hier naheliegt und das ist auch begreiflich.

Ich hatte es also so 'gesehen'; obwohl dieser Aspekt nie aufgeleuchtet hatte.

463. Und wie vergleicht sich nun dieses chronische[1] 'so-sehen' mit Farben und Formen? Hatte also mein Gesichtsbild immer: diese Farben, diese Formen, diese Organisation? Soweit ist es ja nur eine Ausdrucksform; aber wie ähnlich sind diese Begriffe?

Man kann natürlich sagen "Es gibt gewisse Dinge, die sowohl unter den Begriff 'Bildhase' als 'Bildente' fallen. Und so ein Ding ist ein Bild, eine Zeichnung." – Aber der *Eindruck* ist nicht zugleich der von einer Bildente und von einem Bildhasen. [b: *PU* II, xi, S. 199f]

464. Du hattest gelernt: *das* ist 'rot'; *das* ist 'rund'; *das* ist ein 'Hase'.

465. Ich lernte nun die Begriffe 'rot', 'rund', 'Bildhase', 'Bildente', – soweit sind sie ungefähr auf *einer* Stufe. Ich kann sie an Mustern lernen.

466. Ein Bildhase ist *so etwas*: und nun zeige ich Beispiele. Eine Bildente ist also etwas *anderes*, wenn auch *ein* Beispiel das gleiche ist.

467. Wenn ich also den H-E. Kopf als H. sah, so sah ich: Diese Form und Farbe (ich gebe sie *genau* wieder) – und außerdem noch so etwas: dabei nun zeige ich eine Menge verschiedene H. Bilder. Diese Demonstration zeigt die Verschiedenheit der Begriffe. [*PU* II, xi, S. 196h–197a]

468. "Ich habe es *ganz* anders gesehen, ich hätte es nie erkannt!" Nun, das ist ein Ausruf. Und er hat auch eine Rechtfertigung. [*PU* II, xi, S. 195f]

469. Du hättest es all diese Zeit durch <als> dieses Gesicht (die Imitation eines Hasen) kopiert, also sahst du es doch in *einem* Sinne *so*.

470. Und wenn ich's nun einmal als H (und) einmal als E sehe, so

[1] Var.: "statische".

sehe ich's *so*, und *so* (wobei ich jedesmal ein andres Tier nachmache und in andrer Richtung schaue).

471. Von wem sagt man, er genieße den sprechenden Ausdruck dieses Bilds? Nun, wer es so anschaut, so und so darüber redet, so darauf reagiert.

472. Ich habe es immer als Hasen gesehen, könnte sogar heißen: es war für mich immer ein Hase, ich habe immer dazu wie zu einem Hasen gesprochen. Ein Kind tut dies.

Ich hab es immer als Hasen *behandelt*, heißt das.

473. Wenn nun das Kind das Hasenbild als einen wirklichen Hasen behandelt, zeigt das etwas über die Organisation des Gesichtsbilds? Ist *das* ein Beweis, daß das Kind nicht nur Farben und Formen sieht?

474. Und nun der Aspektwechsel.

Das Erlebnis des *neuen* Aspekts. Oder: des *Erscheinens* des Aspekts. Und sein Ausdruck ein Ausruf. Ein H! etc.

475. "Du würdest doch sagen, daß sich das Bild jetzt gänzlich geändert hat!" [*PU* II, xi, S. 195i]

476. Aber was ist anders: mein Eindruck? meine Stellungnahme? – Kann ich's sagen? Ich *beschreibe* die Änderung, wie eine der Wahrnehmung; ganz als hätte sich der Gegenstand vor meinen Augen geändert. [*PU* II, xi, S. 195i]

477. Denk dir den H-E. Kopf ausgeschnitten und ein Kind behandelt ihn als Puppe, einmal *so*, einmal *so*.

478. Man zeigt mir einen Bildhasen und fragt mich, was das sei; ich sage "Das ist ein H.". Nicht "Das ist jetzt ein H.". Ich teile die Wahrnehmung mit. Man zeigt mir den H-E. Kopf und fragt mich, was das sei; da *kann* ich sagen "Das ist der H-E. Kopf". Aber ich kann auch ganz anders auf die Frage reagieren. – Sage ich, es sei der H-E. Kopf, so ist es wieder die Mitteilung der Wahrnehmung; sage ich aber "Jetzt ist es ein H.", dann nicht. Hätte ich gesagt "Es ist ein Hase", so hätte ich die Doppeldeutigkeit nicht bemerkt und hätte die Wahrnehmung berichtet. [*PU* II, xi, S. 195h]

479. Ist aber nicht auch dann ein Unterschied zwischen dem *ersten* "Jetzt ist es ein Hase" und dem neu entstehenden Aspekt?

480. Eine fleckige Wand; und ich beschäftige mich damit, Gesichter in ihr zu sehen; aber nicht um die Natur des Aspekts zu studieren, sondern weil mich jene *Gestalten* interessieren und das Verhängnis, das mich von einer zur andern führt.

Aspekte leuchten immer wieder auf, andre vergehen, manchmal 'starre ich wie blind' auf die Wand.

481. Unter den Flecken könnte auch das Doppelkreuz und der H-E. Kopf sein und sie könnten wie die andern und mit ihnen in verschiedenen Aspekten gesehen werden.

482. Der Aspekt *scheint* zur Struktur der innern Materialisation zu gehören.

483. Wir lernen Sprachspiele. Wir lernen Gegenstände nach ihren Farben ordnen, die Farben von Dingen melden, Farben erzeugen, Formen vergleichen, messen, etc. etc. – Lernen wir aus[1] sie uns vorstellen?

484. Es gibt ein Sprachspiel: "Melde, ob (auch "wie oft" und "wo") diese Figur in jener vorkommt." Was du meldest ist eine Wahrnehmung.

485. Man könnte also auch sagen: "Melde, ob hier ein Spiegel-F vorkommt", und es kann einem plötzlich auffallen. Dies könnte von großer Wichtigkeit sein.

486. Die Meldung aber "Jetzt seh ich's als . . ." meldet keine Wahrnehmung.

487. "Du kannst dabei einmal an *das* denken, einmal an *das*, einmal es als *das* ansehen, einmal als *das*, und dann wirst du's einmal *so* sehen, einmal *so*." *Wie* denn? Es gibt ja keine weitere Bestimmung. [*PU* II, xi, S. 200d]

488. Ich kann die Aspekte des F wechseln und mir keiner andern Willenshandlung dabei bewußt sein.

489. Es ist nützlich in diesen Betrachtungen den Begriff 'Bild-Hase', 'Bild-Mensch' etc. einzuführen. Ein Bild-Gesicht, z.B., ist die *Figur*  . [Vgl. *PU* II, xi, S. 194c]

[1] So im MS. Vielleicht fehlerhaft "aus". Möglichweise hat Wittgenstein "auch" gemeint.

490. "Ich sehe ja jetzt *das*", könnte ich sagen. Es ist die Meldung einer *neuen* Wahrnehmung.[1] [*PU* II, xi, S. 196a]

491. Wie aber, wenn ich erst das Wahrgenommene genau zeichnete; dann sagte: "Ich sehe jetzt, es ist ein Hase", oder "Ach, es ist ein Hase!" Nun äußere ich ein Erlebnis zur Zeit des Ausrufs.

492. Das Wahrnehmen der internen Relation und das Aufleuchten des Aspekts der internen Relation.

Wer den H-E. Kopf zuerst immer als H gesehen hat und ihn dann einmal als E sieht, der mag dadurch lernen, daß ein H-Kopf und ein E-Kopf die gleiche Kontur haben können. Das kann unter bestimmten Umständen eine wichtige Entdeckung sein. (Ich denke an eine Chiffre, in der ein Hasenkopf ein Zeichen ist.) – Aber das Aufleuchten des H-Aspekts ist nicht das Wahrnehmen jener Relation.

Wäre es nicht möglich, daß Einer sie wahrnimmt, ohne das Umschlagen des Aspekts erleben zu können, oder das Aufleuchten?

493. Einmal heißt es: "Was ich vor mir habe, ist *das* [Kopie]. Ich kann es auch als einen Hasen beschreiben." – Das andremal: Früher sah ich etwas andres, jetzt einen Hasen.

494. Der Ausdruck des Aspektwechsels ist der Ausdruck einer *neuen* Wahrnehmung zugleich mit dem Ausdruck der unveränderten Wahrnehmung. [*PU* II, xi, S. 196a]

495. Die Kopie beschreibt die Wahrnehmung *gänzlich*. Das Modell, worauf ich noch deute, eine Art *meiner* Anschauung. Man könnte also auch sagen: das Seherlebnis. – Als eine Meldung der Wahrnehmung ist die Kopie dann genauer. Wenn aber der Aspekt *aufleuchtet*, dann ist der Ausdruck davon (das Zeigen auf's Modell z.B.) *wesentlich* der Ausdruck einer neuen Wahrnehmung.

496. So also, als müßte diesem Ausdruck jetzt eine neue Kopie entsprechen. Was aber nicht der Fall ist.

497. Ich frage: "Was siehst du?" Der Andre fängt an zu zeichnen; dann gibt er's auf und sagt "Ich kann's nicht gut zeichnen; es ist ein sitzender Hase". Darauf könnte ich vielleicht seine Zeichnung verbessern.

498. "Ich sehe einen Bild-Hasen. Und das ist *genau*, was ich sehe [und jetzt zeichne ich's]."

[1] Var.: "Es ist die Form der Meldung einer neuen Wahrnehmung."

499. Ist nun die Kopie eine *unvollkommene* Beschreibung meines Seherlebnisses? Nein. Es kommt doch auf die Umstände an, welche näheren Bestimmungen ich zu machen brauche. Es *kann* eine unvollkommene sein; wenn eine Frage übrigbleibt. (Beispiel: Würfelschema.) [*PU* II, xi, S. 199e]

500. Also mag das Zeigen auf's Modell, noch *außer* der Kopie, zur Beschreibung des Seherlebnisses gehören. Zur Beschreibung der visuellen Wahrnehmung gehört es dann nicht.

501. Wenn ich weiß, daß es verschiedene Aspekte des Würfelschemas gibt, kann ich den Andern, um zu erfahren, was er sieht, das Würfelschema nicht nur abzeichnen, sondern ihn außerdem auch noch auf einen Würfel zeigen lassen; auch wenn *er* gar nicht weiß, warum. *Mir* beschreibt es, was er sieht.[1] [*PU* II, xi, S. 196f]

502. Beim Aspektwechsel aber verschiebt sich's. Es wird das der einzig mögliche Erlebnisausdruck, was früher nach der Kopie vielleicht eine unnütze Bestimmung schien, oder (auch) war. [*PU* II, xi, S. 196f]

503. Und das allein eliminiert für uns den Vergleich der 'Organisation des Gesichtseindrucks' mit Farbe und Form. [*PU* II, xi, S. 196g]

504. Ja, ich gestehe, nichts scheint mir möglicher, als daß die Menschen einmal zur bestimmten Ansicht kommen werden, dem *einzelnen* Gedanken, der *einzelnen* Vorstellung, Erinnerung, entspreche keinerlei Abbild im Physiologischen, im Nervensystem.

505. Wie wäre es, wie sähe es aus, wenn der Aspekt gänzlich der Willkür entzogen wäre?

506. Heißt "den Aspekt sehen": die interne Relation wahrnehmen? Was spricht in mir dagegen?

507. Wer nach einer Figur (1) in einer andern (2) sucht, und sie dann findet, der sieht (2) nun anders, kann man sagen. Er kann nicht nur eine neue Art der Beschreibung von ihr geben, sondern jenes Bemerken war ein neues Seherlebnis. [*PU* II, xi, S. 199b]

[1] Var.: "Wenn ich weiß, daß es verschiedene Aspekte des Würfelschemas gibt, kann ich den Andern, um zu erfahren, was er sieht, außer der Kopie auch noch ein Modell des gesehenen herstellen oder zeigen lassen; auch wenn *er* gar nicht weiß, was diese zweifache Demonstration soll."

508. Aber es muß nicht geschehen, daß er sagen möchte: "Die Figur (2) sieht nun ganz anders aus; sie hat auch keine *Ähnlichkeit* mit der frühern; obwohl sie mit ihr kongruent ist!" [*PU* II, xi, S. 199c]

509. "Das innere Bild hat Farben, Formen, und überdies eine bestimmte Organisation." Daraus würde folgen: es schaut *so* aus, und nicht *so* aus.

510. Du *bemerkst* eine Organisation des *Objekts* (des Gegenstands der Wahrnehmung). Oder vielmehr: Du bemerkst etwas an seiner Organisation; einen Zug dieser Organisation.

511. Das Bemerken ist ein Seherlebnis.

512. Man kopiert die Farbe und die Form. Man zeigt ein Muster der Farbe und Form. Man zeigt kein Muster der Organisation des Gesichtseindrucks.

513. Aber man könnte etwa sagen: "Um den Eindruck zu erhalten, den ich habe, mußt du auf diese Figur schauen, insbesondere auf diesen Teil, und so, daß dir *dies* an ihr auffällt." Aber man tut das nicht. So etwas nennt man nicht "den Gesichtseindruck beschreiben", wie man auch zu diesem Zweck nicht vorschreibt, wie der Blick des Andern über den Gegenstand zu wandern hat. Das zeigt uns<, daß> "Gesichtseindruck" etwas wie "Gesichts*bild*" bezeichnen soll, und dies etwas einem Bild Verwandtes.

514. Fragst du mich, was ich gesehen habe, so werde ich vielleicht eine Skizze herstellen können, die es zeigt, aber daran, wie mein Blick gewandert ist, werde ich mich in den meisten Fällen überhaupt nicht erinnern. [*PU* II, xi, S. 199h]

515. Der Farbe des Objekts entspricht die Farbe im Gesichtseindruck, der Form des Objekts die Form im Gesichtseindruck. Aber der Organisation des Objekts entspricht nicht der Aspekt des Gesichtseindrucks, denn *der* kann sich ändern, während die gleiche Organisation betrachtet wird. Im Aspekt bemerke ich einen Zug der Organisation.

516. Der Farbe des Objekts entspricht die Farbe im Gesichtseindruck (dies Fließpapier scheint mir rosa, und es ist rosa) – der Form des Objekts die Form im Gesichtseindruck (es scheint mir rechteckig, und es ist rechteckig) — aber was ich im Aufleuchten des

Aspekts wahrnehme, ist nicht eine Eigenschaft des Objekts, es ist eine interne Relation zwischen ihm und andern Objekten. [*PU* II, xi, S. 212a]

517. Denk dir den H-E. Kopf in einer Menge von Strichen versteckt. Einmal aber bemerke ich ihn in dem Bild und zwar einfach als H . . Später einmal schaue ich das gleiche Bild an und bemerke die gleiche Linie, aber als E., und dabei brauche ich noch gar nicht zu wissen, daß es beidemal dieselbe Linie ist. Wenn ich später nun den Aspekt wechseln sehe, kann ich sagen, daß dabei die Aspekte H. und E. ganz anders gesehen werden, als da ich sie einzeln im Gewirr der Striche erkannte? Nein.

Aber der Wechsel ruft ein Staunen hervor, den das Erkennen nicht hervorrief. [*PU* II, xi, S. 199a]

518. Der Aspekt leuchtet nur auf, er bleibt nicht stehn. Und das muß eine begriffliche Bemerkung sein, keine psychologische.

Der Ausdruck des Sehens des Aspekts ist der Ausdruck der *neuen* Wahrnehmung.

519. (Ich mache scheinbar 'Gedankenexperimente'. Nun, es sind eben keine Experimente. Viel eher Rechnungen.)

520. Der Ausdruck des Aufleuchtens des Aspekts ist: "Jetzt ist es *das* – jetzt ist es *das*." Der Ausdruck des Bemerkens des H-Kopfes in dem Gewirr der Striche ist: "Es ist hier ein H-Kopf." Wir hatten etwas nicht bemerkt und bemerken es jetzt; daran ist nichts Paradoxes. Wir wollen nicht sagen: das Alte sei verschwunden, – es sei etwas Neues da; und doch ganz das Alte.

521. "Jetzt ist es *das*" sagt man nicht *vor* dem ersten Wechsel des Aspekts.

522. Die zaghafte Behauptung ist nicht eine Behauptung der Zaghaftigkeit. [Vgl. *PU* II, x, S. 192i]

523. Denk an den zaghaften Befehl.

524. Und man muß sich davor hüten zu sagen: "Es dürfte regnen" heiße *eigentlich* "Ich glaube, es wird regnen". Warum soll es dann nicht umgekehrt sein? [*PU* II, x, S. 192h]

525. Die Aristotelische Logik stempelt den Widerspruch als einen

Unsatz, der aus der Sprache auszuschließen ist. Diese Logik aber behandelt nur ein ganz kleines Gebiet der Logik unsrer Sprache. (Es ist, als wäre das erste System der Geometrie eine Trigonometrie gewesen; und als glaubten wir nun, die Trigonometrie sei der eigentliche Grundstock, wenn nicht vielleicht sogar die ganze Geometrie.)

526. Betrachte nicht die zaghafte Behauptung als Behauptung der Zaghaftigkeit. [*PU* II, x, S. 192i]

527. "Ich bemerkte die Ähnlichkeit der Beiden vielleicht fünf Minuten lang." Das sagt man etwa, wenn sie sich änderten. – Das hieße: sie fiel mir fünf Minuten lang auf, sie beschäftigte mich 5 Min<uten> lang, ich mußte während dieser Zeit immer wieder an sie denken.

"Sie fiel mir nur für fünf Min<uten> auf, dann nicht mehr." "Die Ähnlichkeit verblüffte mich fünf Minuten lang. Ich mußte immer wieder ausrufen . . ." Das heißt nicht: ich beobachtete sie 5 Min<uten> lang, dann verschwand sie.

"The similarity struck me for 5 min<utes>."

"Die Ähnlichkeit verblüffte mich 5 Mi<nuten> lang. Danach bemerkte ich sie nicht mehr."[1] [a: vgl. *PU* II, xi, S. 210f]

528. "Ich beobachtete diese Ähnlichkeit für 5 Min<uten>" würde heißen: Ich beobachtete die sich ändernden Gesichter auf ihre Ähnlichkeit hin.

529. Die Organisation des Gesichtsbilds: *das* gehört zusammen, *das* nicht. Organisiert wird also durch ein Zusammennehmen und ein Trennen. Nun, beim Zeichnen kann man das z.B. tun.

530. Es gibt sehr verschiedene Arten der 'Aspekte'. Eine Art könnte man "Organisationsaspekte" nennen. [Vgl. *PU* II, xi, S. 208d]

531. Die Linien hängen anders zusammen. Was früher zusammengehörte, gehört jetzt nicht zusammen.

532. Ich konnte also den H-E.-K<opf> von vornherein als Bild-H. sehen. D.h.: Gefragt: "Was ist das?" oder "Was siehst du da?" hätte ich die Antwort gegeben "Einen Bild-H.". Hätte man mich weiter gefragt, was ein B-H. sei, so hätte ich zur Erklärung auf verschiedene Hasenbilder, und auf wirkliche Hasen zeigen müssen, hätte von dem Leben dieser Tiere reden und sie nachmachen können. [*PU* II, xi, S. 194d]

[1] Var.: "vergaß ich sie".

533. Ich hätte nicht gesagt "Ich sehe das als B-H." oder "Ich sehe das jetzt als B-H.". Ich hätte einfach die Wahrnehmung beschrieben; nicht anders, als hätte ich gesagt "Ich sehe dort einen roten Kreis". Dennoch hätte ein Andrer von mir sagen können "Er sieht diese Figur als H.". (Vgl. *PU* II, xi, S. 194e–195a]

534. Zu sagen "Ich sehe das jetzt als . . ." hätte für mich sowenig Sinn gehabt als wie beim Anblick einer Flasche Wein zu sagen "Ich sehe das jetzt als Flasche". Man würde diese Äußerung nicht verstehen. Ebensowenig wie die Äußerung aus <heiler>[1] Haut "Jetzt ist es für mich eine Flasche" oder auch die "Das kann auch eine Flasche sein". [Vgl. *PU* II, xi, S. 195b]

535. Man könnte auch normalerweise nicht sagen "Ich halte das für Messer und Gabel".

536. Man *hält* auch nicht, was man bei Tisch als Messer und Gabel erkennt, für Messer und Gabel; sowenig wie man beim Essen für gewöhnlich zu essen versucht, oder zu essen trachtet. [Vgl. *PU* II, xi, S. 195c]

537. *Denkt* der Hund an den Hasen, den er plötzlich gewahr wird?

538. Wenn nun ein Mensch spazieren geht, und es läuft ihm plötzlich ein Tier über den Weg: ich sehe ihn überrascht schauen – was weiß ich von seinem Erlebnis?

Gefragt, könnte er sagen "Es hat mich plötzlich etwas erschreckt; ich weiß nicht was." Oder auch: "Ich sah plötzlich etwas vorbeihuschen – das war alles." Oder: "Es war ein Hase!"

539. Denk dir, er hätte nie ein Tier gesehen: Wäre sein Seherlebnis dann ein anderes, als das eines, dem die Tiergestalt des Vorbeihuschenden vertraut ist? (Ich möchte gerne die Frage bejahen, weiß aber nicht, warum.)

540. Man kann die Frage auch anders stellen: Jemand sieht plötzlich einen Gegenstand vor sich, den er nicht erkennt; (es mag ein ihm wohlvertrauter Gegenstand sein, aber in ungewöhnlicher Lage, oder Beleuchtung); das nicht-Erkennen dauert vielleicht nur sekundenlang. Ist es richtig: er habe ein anderes Seherlebnis, als der, dem der Gegenstand gleich bekannt ist? [*PU* II, xi, S. 197e]

[1] Unklare Stelle im MS.

541. Können wir uns denn nicht vorstellen, daß Einer die vor ihm auftauchende, gänzlich unbekannte Form ebenso *genau* beschreiben kann, wie ich, dem sie vertraut ist? Und ist das nicht die Antwort? Freilich, im allgemeinen wird es so nicht sein. Auch wird seine Beschreibung ganz anders lauten. (Ich werde z.B. sagen "Das Tier hatte lange Ohren" – er: "Es waren da zwei lange Fortsätze" und nun zeichnet er sie.) [*PU* II, xi, S. 197f]

542. Man muß sich hüten, hier in den hergebrachten psychologischen Kategorien zu denken. Etwa das Erlebnis einfach in ein Sehen und ein Denken zu zerlegen; oder dergl..

543. Man will fragen "Ist Erkennen ein Teil des Sehens?" und die Frage ist falsch gestellt.

Was sind die Zeichen des Erkennens – was sind die Zeichen des Sehens?

Wer den Freund plötzlich in der Menge sieht und seinen Namen ausruft, wovon gibt der ein Zeichen?

544. Oder ich sehe Einen, den ich jahrelang nicht gesehen habe, ich sehe ihn deutlich, erkenne ihn aber nicht. Plötzlich erkenne ich ihn, sehe in seinem veränderten Gesicht sein altes. Ich glaube, ich könnte ihn jetzt anders portraitieren. [*PU* II, xi, S. 197g]

545. Es ist klar, es ist hier eine Verwandtschaft der Begriffe.

546. Ist es nicht möglich, daß Einer ein ihm ganz fremdes Gesicht genauer beschreiben kann, als ich ein mir alt bekanntes?

547. (Und hier muß man zwischen dem Erlebnis des Wiedererkennens unterscheiden und dem Erkennen, welches einfach ein mir-vertraut-sein ist.)

548. Versuche nicht, in dir selbst das Erlebnis zu analysieren! [*PU* II, xi, S. 204e]

549. Ich schaue auf ein Tier im Käfig. Man fragt mich: "Was siehst du?" Ich antworte: "Einen Hasen." – Ich schaue in die Landschaft; plötzlich läuft ein Hase vorbei. Ich rufe aus: "Ein Hase!"

Beides, die Meldung und den Ausruf, kann man den Ausdruck der Wahrnehmung und des Seherlebnisses nennen. Aber der Ausruf ist es in anderm Sinn, als die Meldung; er entringt sich uns. Er verhält sich zum Erlebnis ähnlich, wie der Schrei zum Schmerz. [*PU* II, xi, S. 197b]

550. Aber ist es nicht einfach so: Der Ausruf d.h. der besondere Ton der Worte ist einfach ein Ausdruck der Überraschung. Die Worte selbst sind, ganz wie die der Meldung, der Ausdruck der visuellen Wahrnehmung, etc..

Die Überraschung hätte sich auch in einem unartikulierten Laut ausdrücken können; gefragt "Warum bist du erschrocken?", sage ich dann: "Ein Hase ist über den Weg gelaufen."

551. Ein anderer Ausruf wäre gewesen: "Was war das?!"

552. Aber ist es auch das gleiche Erlebnis, dessen Ausdruck der unartikulierte Laut, und dessen Ausdruck der Ausruf "Ein Hase!", war? Wie soll ich's beurteilen? (*Ich* meinte nicht das Gleiche.)

553. Aber da er (der Ausruf) die Beschreibung einer Wahrnehmung ist, kann man ihn auch den Ausdruck eines Gedankens nennen. Und man kann also sagen, daß wer den Gegenstand anschaut und sieht, nicht an ihn denken muß; wer aber das Seherlebnis hat, dessen Ausdruck der Ausruf ist, der denkt auch an das, was er sieht. [*PU* II, xi, S. 197c]

554. Und darum scheint das Erlebnis des Aspektwechsels[1] halb Seh-, halb Gedankenerlebnis. [2] [*PU* II, xi, S. 197d]

555. Beim Sehen des Aspektwechsels muß ich mich mit dem Objekt beschäftigen.

556. Mit dem, was ich jetzt bemerke, was mir auffällt, beschäftige ich mich. Insofern ist das Erleben des Aspektwechsels auch gleich einem Tun.

557. Drückt der Ausruf "Was war das?" ein besondres Seherlebnis aus?

558. Könnte man nicht antworten: Ja und Nein?

559. "Ich sah nur einen Schatten vorbeihuschen." Ist das nicht der Ausdruck des Seherlebnisses?

[1] Var.: "das Aufleuchten des Aspekts".
[2] Var.: "halb Seherlebnis, halb Gedanke."

560. Ich sehe eine 'fragwürdige' Gestalt.

561. Aber kannst du wirklich sagen, daß die Fragwürdigkeit *und* die Gestalt gesehen wird?

562. Frage: *Was spricht dafür?*

Nun, daß die Beschreibung, die ich von der Erscheinung gebe, auch durch die Fragwürdigkeit gemodelt wird.

563. Was ist das Kriterium des Seherlebnisses? Was soll das Kriterium sein?

Die Wiedergabe dessen, 'was gesehen wird'. [*PU* II, xi, S. 198b]

564. Kann ich nun beim Aufleuchten des Aspekts ein Seherlebnis von einem Denkerlebnis trennen? – Wenn du es trennst, dann scheint das Aufleuchten des Aspekts verloren zu gehen.

565. Ich glaube, man könnte es auch so sagen: Dem Aspektwechsel wesentlich ist ein *Staunen*. Und Staunen ist Denken.

566. Aber ist denn das nicht nur MEINE Auffassung des Aspektwechsels?

567. *Was* leuchtet denn auf? Der Aspekt des H., z.B.. Und darin, daß man es nur so ausdrücken konnte, lag der Gedanke.

568. Etwas Vorbeifliegendes könnte mich überraschen, sozusagen *körperlich* überraschen, und ich doch nicht daran *denken*. D.h., ich könnte z.B. in einem Gedankengang fortfahren, obgleich ich zusammenzuckte.

569. Denke nun aber an die Aspekte der rotierenden Trommel. Wenn sie wechseln, ist es, als ob die *Bewegung* gewechselt hätte. Man weiß hier nicht notwendigerweise, ob die Bewegungsweise oder der Aspekt sich geändert hat. Hier haben wir also auch nicht im gleichen Sinne das Erlebnis des Aspektwechsels.

570. Denk dir, zwei Lichter, blau und rot, wechseln vor meinen Augen ab. Es ist meine Aufgabe, beim Aufleuchten des blauen auf einen Knopf zu drücken, beim Aufleuchten des andern, auf einen andern Knopf. Das könnte Einer doch gewiß ganz mechanisch tun. – Und nun denk dir dies Spiel gespielt mit den beiden Aspekten des Schwarz-weiß-Kreuzes. Ist es denn unmöglich, daß es da ein ebenso mechanisches, gedankenloses, Reagieren gibt?

571. Wenn ich nun diesen Menschen in der Menge erkenne, nachdem ich vielleicht schon längere Zeit in seiner Richtung geschaut habe, – ist es ein Sehen? ein Denken? Der Ausdruck des Erlebnisses ist "Schau, da ist der . . .!" – aber er könnte natürlich auch eine Skizze sein. Auch in der Skizze und im Skizzieren mag es sich ausdrücken, daß ich diesen Menschen erkenne. (Aber das plötzliche Erkennen drückt sich darin nicht aus.)[1]

Derselbe Ausdruck, der sonst Meldung des Gesehenen war, ist jetzt Ausruf des Erkennens. [a: vgl. *PU* II, xi, S. 197h; b: S. 198a]

572. Nimm an, das Kind erkennt plötzlich einen Menschen. Es sei das erste Mal, daß es jemand plötzlich erkennt. – Es ist als wären ihm plötzlich die Augen aufgegangen.

Man kann z. B. fragen:[2] Wenn es den N. N. plötzlich erkennt, – könnte es dasselbe Seherlebnis haben, aber ohne ihn zu erkennen? Es könnte ihn doch z. B. *falsch* wiedererkennen.

573. Denk Einer fragte: "Tu ich denn das mit den Augen?"

574. Es läuft ein Hase über den Weg. Einer kennt ihn nicht und sagt: "Etwas Seltsames ist vorbeigesaust" und beschreibt nun die Erscheinung. Ein Andrer ruft "Ein Hase!" und kann ihn nicht so genau beschreiben.

Und warum will ich nun dennoch sagen, daß der, der ihn erkennt, ihn anders sieht, als der ihn nicht erkennt?

575. Sieht Einer ein Lächeln, das er nicht als Lächeln erkennt, nicht so versteht, anders, als der es versteht? Er macht es z. B. anders nach. (Verstehen der Kirchentonarten.) [*PU* II, xi, S. 198e]

576. *Was ist dafür zu sagen*, daß er es anders sieht?

577. "Wenn man weiß, was es ist, schaut's anders aus." – Wieso?

578. Wie wäre es, wenn Einer das Vorüberhuschende zwar nicht kennt, sich aber gleich darin auskennt? Sieht er's dann wie der, der es kennt?

[1] Var.: ", – ist das ein besonderes Sehen? oder ist es ein Sehen und Denken? oder eine Verschmelzung der beiden – wie ich beinahe sagen möchte? – Die Frage ist: *Warum* will man das sagen? Nun, wenn man *so* fragt, ist es nicht so schwer zu beantworten."

[2] Vor dem Absatz in eckigen Klammern: "Keine rechte Fortsetz<un>g."

579. Es ist eine Frage der Begriffsbestimmung.

580. Ich erwähne diese Arten der Aspekte, um zu zeigen, mit welcher Art der Vielheit man es hier zu tun hat.

581. Es gibt hier eine Unmenge mit einander verwandter Erscheinungen und möglicher Begriffe. [*PU* II, xi, S. 199d]

582. Manchmal ist im Aspekt das Begriffliche vorherrschend. D.h.: Manchmal ist der Ausdruck des Aspekterlebnisses nur durch eine begriffliche Erklärung möglich. Und diese kann wieder sehr verschiedener Art sein.

583. Die verschiedenen Arten der Aspekte.

584. Das Hören einer Melodie und die Bewegungen, mit denen man sie in einer bestimmten Weise auffaßt, oder hört.[1]

585. Warum scheint hier *Tun* und Erleben so schwer zu trennen?

586. Es ist, als ob Tun und Eindruck nicht nebeneinander hergingen, sondern das Tun den Eindruck formte.

587. Ich höre es anders, ich kann es jetzt anders spielen. Also anders wiedergeben.

588. Es gibt viele Arten des Aspekterlebnisses. Es ist ihnen gemeinsam der Ausdruck: "Ich sehe es jetzt als *das*"; oder "Ich sehe es jetzt *so*"; oder "Jetzt ist es *das*, – jetzt *das*"; oder "Ich höre es jetzt als . . .; früher hörte ich es als . . .". Die Erläuterung aber dieser "*das*" und "*so*" ist in verschiedenen Fällen die denkbarst verschiedene.

589. Wie wäre es aber, wenn ich im Freien plötzlich einen Löwen gewahr würde? Ich nehme an, ich sehe nur ein Stück seines Kopfes, erkenne es aber sogleich und schreie "Ein Löwe!". Das Stärkste in mir ist die Furcht. – Und nun frage ich wieder: Wie war es mit dem Gesichtseindruck? War *er* von andrer Art als der, den ich im zoologischen Garten empfange? (Abgesehen davon, daß dieser viel vollständiger ist. –)

590. (Ich kann mich noch nicht über die Masse der Erscheinungen erheben.)

[1] Var.: "phrasiert und sozusagen den Eindruck formen hilft."

591. Es ist hier *schwierig* zu sehen, daß es sich um Begriffsbestimmungen handelt.

Ein *Begriff* drängt sich auf. (Das darfst du nicht vergessen.) [*PU* II, xi, S. 204h]

592. Der Gesichtseindruck scheint sich zu dieser Form zu organisieren.

593. Das heißt doch eigentlich: er änderte sich, und er änderte sich nicht.

594. Als ich ihn plötzlich erkannte, schien aus meinem Gesichtseindruck plötzlich *das* zu werden.

595. War es ein Verstehen? war es ein Sehen?

596. Was, wenn überhaupt etwas, rechtfertigt mich, von einem Sehen hier zu reden?

597. Denk, Einer erzählte mir: "Es war, als ob sich mein Gesichtseindruck zu diesem Gesicht und seiner Umgebung plötzlich organisierte." Ich würde ihn verstehen. Ich würde begreifen, warum er sich so ausdrückt. D.h., ich wäre auch geneigt, dieses Bild zu brauchen.

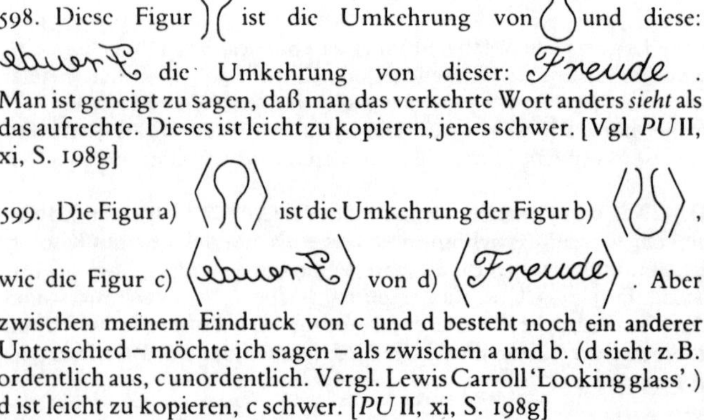

598. Diese Figur ist die Umkehrung von und diese: die Umkehrung von dieser: *Freude* . Man ist geneigt zu sagen, daß man das verkehrte Wort anders *sieht* als das aufrechte. Dieses ist leicht zu kopieren, jenes schwer. [Vgl. *PU* II, xi, S. 198g]

599. Die Figur a) ist die Umkehrung der Figur b) , wie die Figur c) von d) ⟨*Freude*⟩. Aber zwischen meinem Eindruck von c und d besteht noch ein anderer Unterschied – möchte ich sagen – als zwischen a und b. (d sieht z.B. ordentlich aus, c unordentlich. Vergl. Lewis Carroll 'Looking glass'.) d ist leicht zu kopieren, c schwer. [*PU* II, xi, S. 198g]

600. Was früher im Gesichtseindruck auseinanderfiel, gehört jetzt zusammen.

601. Wie wäre diese Erklärung: "Ich kann etwas als *das* sehen, wovon es ein *Bild* sein kann"? – Aber ist das eine Erklärung, oder ein Pleonasmus? – [*PU* II, xi, S. 201b]

602. Es heißt doch: Die Aspekte im Aspektwechsel sind *die*, die die Figur unter Umständen *statisch* in einem Bild haben könnte. [*PU* II, xi, S. 201b]

603. Ein Dreieck kann ja wirklich in einem Bild stehen, in einem andern hängen, in einem dritten etwas Umgefallenes darstellen. – So zwar, daß ich, der Betrachter, nicht sage "Das kann auch etwas Umgefallenes darstellen", sondern "Dieser Krug ist umgefallen und liegt in Scherben". So reagieren wir auf das Bild. [*PU* II, xi, S. 201c]

604. Könnte ich sagen, wie ein Bild beschaffen sein muß, um dies zu bewirken? Nein. Es gibt z. B. Malweisen, die mir nichts in dieser unmittelbaren Weise mitteilen, aber doch einem Andern. Ich glaube, daß Gewohnheit und Erziehung etwas damit zu tun haben. [*PU* II, xi, S. 201d]

605. Betrachte nun als Beispiel die Aspekte des Dreiecks. Das Dreieck △ kann gesehen werden als dreieckiges Loch, als Körper, als geometrische Zeichnung; auf seiner Basis stehend, von seiner Spitze hängend; als Berg, als Keil, als Pfeil oder Zeiger; als ein umgefallener Körper, der (z. B.) auf der kürzeren Kathete stehen sollte, als ein halbes Parallelogram, und verschiedenes andres. [*PU* II, xi, S. 200c]

606. Was heißt es nun, daß ich auf dem Bild die Kugel schweben sehe?

Liegt es schon darin, daß ich das Bild so beschreibe? Daß mir diese Beschreibung die nächstliegende, natürlichste ist? Nein; das könnte sie aus verschiedenen Gründen sein. Sie könnte z. B. einfach die herkömmliche sein. [*PU* II, xi, S. 201e]

607. Was aber ist der Ausdruck dafür, daß ich das Bild nicht nur, z. B., so verstehe (weiß, was es darstellen *soll*), sondern so *sehe*?

Ein solcher Ausdruck ist: "Die Kugel scheint zu schweben", "Man sieht sie schweben", oder auch in besonderem Tonfall "Sie schwebt!"

Das ist also der Ausdruck des Dafürhaltens. Aber nicht als solcher verwendet. [*PU* II, xi, S. 201e]

608. Wir fragen uns hier nicht, was die Ursachen sind und was in einem besondern Fall diesen Eindruck hervorruft. [*PU* II, xi, S. 201f]

609. Und *ist* es ein anderer Eindruck? – "Ich sehe doch etwas *anderes*, wenn ich die Kugel schweben, als wenn ich sie bloß daliegen sehe." – Das heißt eigentlich: Dieser Ausdruck ist gerechtfertigt! (Denn wörtlich genommen ist es ja nur eine Wiederholung.) [*PU* II, xi, S. 201g]

610. (Und doch ist mein Eindruck auch nicht der einer wirklichen schwebenden Kugel. Vergleiche verschiedene Arten des 'räumlichen' Sehens; Räumlichkeit der gewöhnlichen Photographie und dessen, was man durch's Stereoskop sieht.) [*PU* II, xi, S. 202a]

611. "Und ist es wirklich ein anderer Eindruck?" Um es zu beantworten, möchte ich mich fragen, ob wirklich etwas anderes in mir existiert. Aber wie kann ich mich davon überzeugen? — Ich *beschreibe*, was ich sehe, anders. [*PU* II, xi, S. 202b]

612. Den Wechsel des Aspekts können wir hervorrufen, und er kann auch gegen unsern Willen eintreten.
Er kann unserm Willen folgen wie unser Blick.

613. Wenn man nachts im Omnibus fährt und er eine Kurve macht und man schaut dabei die Vorderwand des Omnibusses an (die sich relativ zum Fahrgast nicht bewegt), so glaubt man, man *sehe sie* die Biegung machen. Man spürt natürlich, daß das Gefährt die Biegung macht und möglicherweise sieht man auch irgend ein Anzeichen davon an der äußern Dunkelheit, die man noch aus dem Augenwinkel sieht, wenn auch unbewußt. Aber man meint, die Vorderwand die Kurve beschreiben zu sehen und *zugleich* natürlich sich nicht gegen uns zu verändern.

614. (Rhees) Wenn jemand seine gegenwärtige Stimmung beschreibt, z.B. sagt, sie gleiche einer grauen Wolke, – beobachtet er sie nicht, auch wenn sie vielleicht durch dies Beobachten modifiziert wird? und gilt für diese Beschreibung, was ich von 'Beschreibungen' allgemein sagte?

615. Schaue ich nicht in mich und sage: "Was ist nur das richtige Wort für dies Gefühl, diese Stimmung?" – Und ist es klar, daß sie durch mein Schauen nicht z.B. verstärkt wird?

Kann ich nicht in einer Stimmung *schwelgen*? Und kann Selbstbeobachtung nicht zum Schwelgen gehören?

616. Ist dem ähnlich, daß ich einen Körperschmerz (auf welche Weise immer) in mir hervorrufe und dann seinen Charakter genau zu beschreiben trachte.

617. Denke, ich sage in so einem Fall: "Ja, dieser Schmerz ist wie eine lodernde Flamme."

618. In welcher Weise und in welchem Sinne beobachte ich den Schmerz? (Denn es scheint mir da keinen Unterschied zu machen, ob Einer seine Traurigkeit oder seinen eignen Schmerz beobachtet.) Ich setze mich in den Stand, ihn zu fühlen. Aber *welchen*? den *so* gearteten, – oder den, der auf *diese* Weise hervorgerufen wird?

Sage ich "Ich möchte wieder diesen selben lodernden Schmerz erzeugen, um zu sehen, *wie* er ist?"[1] Wozu soll ich ihn beobachten, wenn ich ihn so identifizieren kann? Nun, man könnte sagen: "Wenn ich nur diesen selben Schmerz wieder und wieder fühle, werde ich endlich das rechte Wort oder gar das rechte farbige Bild (etwa das einer Flamme) für ihn finden."

Und nun kann ich den Fall vereinfachen. Er braucht ja den Schmerz nicht absichtlich hervorrufen; sondern es sei ein andauernder Schmerz (im Kopf, oder Magen) und er denkt über die richtige Beschreibung seines Gefühls nach.

619. Was ich sagen will, ist doch das, daß ich durch's Schauen nicht den *Gesichtseindruck* beobachte, sondern das Angeschaute.

620. Wenn ich also in irgend einem Sinn auf meinen Kummer schaue, so beobachte ich nicht den Eindruck, den ich so erhalte.

621. Aber denk dir, ich schaue starr auf einen Gegenstand und frage mich "Was für ein Rot sehe ich da?" Es interessiert mich dabei gar nicht die Farbe des Gegenstandes, sondern ich suche (etwa) nur nach einem Namen für meinen gegenwärtigen Eindruck von ihm.

Kann ich sagen: Über einen Eindruck nachdenken ist nicht 'ihn beobachten'?

622. Was teilt uns der mit, der sagt "Jetzt seh ich es als . . ."? Das heißt: Welche Folgen hat diese Mitteilung, welche Art von Verwendung kann sie haben? Sie könnte verschiedenerlei Folgen haben.

[1] Var.: "was ich da fühle? – "

Wer z.B. den H<asen>-E<nten>-Kopf jetzt als H. sieht, wird nicht den Ausdruck des E.-Gesichts beschreiben können.

Raumvorstellung in der darstellenden Geometrie. Wer das Würfelschema jetzt flach sieht, wird verschiedene zeichnerische Operationen mit ihm nicht vornehmen können. [Stimmt nicht ganz.]

623. Verbindung mit dem Spiel "Das könnte ein . . . sein".

624. Was teilst du mir mit den Worten . . . mit? Was kann ich mit dieser Äußerung anfangen? Welche Folgen hat sie?

625. Gewisse Zeichnungen sieht man immer flach, andere manchmal oder auch immer räumlich. [*PU* II, xi, S. 202c]

626. Da möchte man nun sagen: Der Gesichtseindruck der räumlich gesehenen Zeichnungen ist räumlich; ist für's Würfelschema z.B. ein Würfel. (Denn die Beschreibung des Eindrucks ist die Beschreibung eines Würfels.) [*PU* II, xi, S. 202c]

627. "Ich sehe es jetzt immer als . . .". Ich habe auf dem Bild dies früher fälschlich als . . . gesehen; jetzt aber nicht mehr. Ich sehe es jetzt immer, wie es gemeint ist. – Wie äußert sich das?

628. Und es ist dann merkwürdig, daß unser Eindruck für manche Zeichnung etwas Flaches, für manche etwas Räumliches ist. Man fragt sich: "Wo soll das enden?" [Das Bild eines Läufers.] [*PU* II, xi, S. 202d]

629. "An was erinnert mich diese Farbe?" – Wer einen Gegenstand anschaut und sich das fragt, – beobachtet der den Gesichts*eindruck*?[1]

630. Was teilt mir Einer mit, der sagt "Ich sehe es jetzt als . . ."? Welche Folgen hat diese Mitteilung? Was kann ich mit ihr anfangen? [*PU* II, xi, S. 202f]

631. Menschen assoziieren oft Farben mit Vokalen. Es könnte sein, daß für Manchen ein Vokal, wenn er mehrere Male hintereinander ausgesprochen wird, seine Farbe wechselt. Der Vokal *a* wäre 'jetzt blau – jetzt rot'.

"Ich sehe es jetzt als . . ." könnte uns nicht mehr bedeuten, als "a ist jetzt rot".

[1] Am Ende der Bemerkung steht in eckigen Klammern: "Zur vorigen Seite". Vgl. die Bemerkungen 619–621.

(Gekuppelt mit physiologischen Beobachtungen könnte auch dieser Wechsel uns wichtig werden.) [*PU* II, xi, S. 202g]

632. Wenn ich mich nach der Verwendung, nach dem Interesse, jener Mitteilung frage, fällt mir ein, wie oft in ästhetischen Betrachtungen[1] gesagt wird: "Du mußt es *so* sehen, so ist es gemeint", "Wenn du es *so* siehst, siehst du, wo der Fehler liegt", "Du mußt diese Takte als Einleitung hören", "Du mußt nach dieser Tonart hinhören", "Du mußt das Thema *so* phrasieren" (und das kann sich auf's Hören und auf's Spielen beziehen). [*PU* II, xi, S. 202h]

633. Die Figur 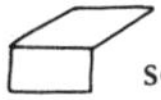 soll eine konvexe Stufe vorstellen und zur Demonstration irgend welcher räumlicher Vorgänge verwendet werden. Wir ziehen dabei etwa die Linie *a* durch die Mittelpunkte der beiden Flächen. – Wenn nun Einer die Figur nur auf Augenblicke räumlich sähe, und auch dann vielleicht manchmal als eine konkave Stufe, dann könnte es ihm schwer werden, der Demonstration zu folgen. (Wie dem die darstellende Geometrie schwer wird, der die Projektionen nicht räumlich zu sehen im Stande ist.) (Rolle der Anschauung in der Mathematik.) Und wenn für ihn der flache Aspekt mit einem räumlichen wechselt, so ist es nicht anders, als zeigte ich ihm während der Demonstration abwechselnd gänzlich verschiedene Gegenstände (einmal etwas Flaches, einmal ein Modell, einmal ein anderes). [*PU* II, xi, S. 203a]

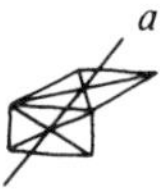

634. Aber die Verwendungen in der Ästhetik und in der darstellenden Geometrie sind doch grundverschieden. Ist es in der Ästhetik nicht wesentlich, daß das Bild, das Musikstück, etc., seinen Aspekt für mich wechseln kann? – denn für jene Darstellung räumlicher Vorgänge ist es das natürlich nicht.

635. "Wenn ich es *so* sehe, so paßt es, aber wenn ich es *so* sehe, dann nicht."

636. Spiel: "Es kann auch . . . sein."

637. "Das ist doch kein *Sehen*!" — "Das ist doch ein *Sehen*!" – Beide müssen sich begrifflich rechtfertigen lassen. [*PU* II, xi, S. 203c]

[1] Var.: "Auseinandersetzungen".

638. Die Frage ist: *Inwiefern* ist es ein Sehen? [*PU* II, xi, S. 203d]

639. "*Siehst* du dies Blatt immer *grün*, solange du es nämlich anschaust und auf die Frage, welche Farbe es hat, ohne zu lügen "grün" antworten würdest?" Hat diese Frage einen klaren Sinn? Eine Antwort wäre vielleicht: "Nun, ich sage mir beim Ansehen des Blattes nicht die ganze Zeit 'Ach, wie *grün*!' ".

640. Was ist der Ausdruck davon, daß ich dies Bild als Bild beschneiter Bäume sehe? daß ich nicht nur *weiß*, daß es solche vorstellt, daß ich es nicht wie eine Blaupause *lese*? – Ich behandle es anders. (Kind und Puppe.)

641. Wenn ich in einem Bild ein Tier von einem Pfeil durchbohrt sehe, *weiß* ich nur, daß die Pfeilspitze mit den Federn zusammenhängt, oder *sehe* ich's – Ich *verhalte* mich zu diesen Stücken, wie zu einem Pfeil, d.h.: ich sage nicht nur, als wär's die Zeichnung einer Maschine, die ich entziffere, "Diese beiden Stücke gehören zusammen, es geht hier ein Stab durch"; sondern, gefragt "Was sahst du auf dem Bild?", antworte ich gleich: "Ein Tier von einem Pfeil durchbohrt." [Vgl. *PU* II, xi, S. 203b]

642. "Die Erscheinung nimmt einen zuerst wunder, aber es wird gewiß eine physiologische Erklärung dafür gefunden werden." –

Unser Problem ist kein kausales, sondern ein begriffliches.

Die Frage ist: *Inwiefern* ist es ein Sehen? [*PU* II, xi, S. 203d–e]

643. Ich sehe oft eine Kontur weitergehen, wenn sie in der Zeichnung unterbrochen ist.

644. Ich sehe, daß auf dem Bild der Pfeil das Tier durchdringt. Er hat es in den Hals getroffen und ragt noch beim Genick heraus. Denk dir das Bild als Silhouette. – *Siehst* du den Pfeil, – *weißt* du nur, daß diese beiden Stücke Teile eines Pfeils sein sollen? [*PU* II, xi, S. 203b]

645. Vergleiche Köhlers Figur der einander durchdringenden Sechsecke. [*PU* II, xi, S. 203b]

646. Das ist doch ein Sehen! *Inwiefern* ist es ein Sehen? [*PU* II, xi, S. 203d]

647. Würde mir das Bild nur für einen Augenblick gezeigt und ich sollte es beschreiben, wäre *das* die Beschreibung; sollte ich's danach

zeichnen, so würde ich gewiß zwei gleiche einander durchdringende Sechsecke zeichnen und in *dieser* Beziehung würde ich in der Kopie nicht irregehen, wenn auch sonst manches an ihr falsch sein könnte. [*PU* II, xi, S. 203f–204a]

648. Ist es ein Wissen oder ein Sehen? – Wie wär's, wenn es *bloß* ein Wissen wäre? In welchen Fällen würde ich sagen, es sei bloß ein Wissen? Wenn ich eine Blaupause lese, etwa.

649. Was heißt es, wenn ich, eine Zeichnung in der darstellenden Geometrie betrachtend, sage: "Ich weiß, daß es hier weitergeht, aber ich kann es nicht so *sehen*"? Heißt es einfach, daß mir die Geläufigkeit des 'Auskennens' fehlt? Nun, diese Geläufigkeit ist gewiß eines unserer Kriterien. Das Kriterium ist eine gewisse ART des sich Auskennens. (Gewisse Gesten z.B., die die räumlichen Verhältnisse andeuten. Feine Abschattungen des Verhaltens.) [*PU* II, xi, 203b]

650. Du mußt an die Rolle denken, welche Bilder (im Gegensatz zu Werkzeichnungen) in unserm Leben spielen. Und diese Rolle ist durchaus nicht etwas Gleichförmiges. [Vgl. *PU* II, xi, S. 205c]

651. Von dem, der die Zeichnung als . . . sieht, werde ich mir andres erwarten als von dem, der nur weiß, was sie darstellen soll. [*PU* II, xi, S. 205d]

652. [Bemerk<un>g über die *dritte* Person.]

653. Man hängt sich manchmal Sprüche an die Wand. Aber nicht Lehrsätze der Geometrie.[1] Unser Verhältnis zu diesen beiden. [*PU* II, xi, S. 205c]

654. "Wenn ich es *so* sehe, so paßt es wohl *dazu*, aber nicht *dazu*." Dies ist ein ganz bestimmtes Sprachspiel mit dem Ausdruck "etwas *so* sehen". Und das Kriterium des '*so* sehens' ist hier ein andres als im Fall der darstellenden Geometrie.

655. Was ist das Kriterium dafür, daß er es so *sieht*, wenn er etwa sagt "Wenn ich es *so* sehe, dann paßt es zu *diesem*"? – Daß er z.B. gewisse Änderungen an dem Bild, Gebäude, etc., machen oder vorschlagen kann, die eine gewisse Wirkung auf den Beschauer haben.

[1] Var.: "Mechanik".

656. Wie wenn Einer sagte: Die Traumerzählung[1] ist eine seltsame Gedächtnisstörung; sie nimmt eine Menge von Erinnerungen vom Vortag, aus früheren Tagen, ja aus der Kindheit zusammen und macht daraus eine Erinnerung an ein Ereignis während der Zeit des Schlafs.

Wir alle kennen ja Fälle, in denen wir die Erinnerungen mehrerer Tage zu *einer* vermischen.

657. Wann würde ich's denn ein bloßes Wissen, kein Sehen, nennen? – Etwa wenn Einer das Bild wie eine Werkzeichnung behandelte. Das, was es darstellt, aus ihm heraus*läse*. (Feine Abschattungen des Benehmens.) [*PU* II, xi, S. 204i]

658. Ich erkenne die 6-Ecke gleich als solche. Nun schau ich sie an und frage mich: "Seh ich sie wirklich *als* Sechsecke?" – und zwar: die ganze Zeit, während welcher ich sie sehe? – Und ich möchte antworten: Ich denke nicht die ganze Zeit an sie als Sechsecke. [Vgl. *PU* II, xi, S. 204b]

659. Das erste, was an diesem Bild in die Augen springt, ist: es sind Sechsecke. [*PU* II, xi, S. 204b]

660. Einer sagt mir: "Ich habe es sofort als zwei Sechsecke gesehen. Ja, das war *alles*, was ich daran gesehen habe." Aber wie versteh ich das? Ich denke, er hätte auf die Frage "Was siehst du?" gleich geantwortet "zwei Sechsecke". Er hätte diese Antwort auch nicht als eine von vielen möglichen behandelt. Sie ist darin gleich der Antwort "Ein Tier" – wenn ich ihm das Bild eines solchen gezeigt hätte; oder "Ein Gesicht" – wenn ich ihm die Figur  gezeigt hätte. [*PU* II, xi, S. 204c]

661. Ich *erkenne* es sofort als Gesicht, bin bereit, es als das zu behandeln.

662. Es hätte ja auch sein können, daß ich das Bild zuerst als etwas andres sah, und mir dann sagte "Ach, es sind 2 Sechsecke!". Aber dies geschah nicht. Der Aspekt hätte sich also geändert. Und beweist das nun, daß ich's tatsächlich in einem besondern Aspekt sah?

(Nun, wie du willst!) [*PU* II, xi, S. 204f]

663. "Ist es ein *echtes* Seherlebnis?"

Die Frage ist: In wiefern ist es eins? [*PU* II, xi, S. 204g]

[1] Var.: "Die Traumillusion".

664. [Es ist schwer zu sehen . . .]
[Das Auge "Sieh wie es schaut!"]

665. "Es ist für mich ein Tier, vom Pfeil durchbohrt." Ich behandle es als das, dies ist meine *Einstellung* zur Figur. Das ist eine Bedeutung davon: es ein Sehen zu nennen. [*PU* II, xi, S. 205a]

666. Kann ich aber auch im gleichen Sinne sagen: "Dies sind für mich zwei Sechsecke"? Nicht im gleichen Sinne, aber in einem ähnlichen. – [*PU* II, xi, S. 205b]

667. So seh ich es, in diesem Sinne, also nur so lange *so*, als ich diese *Einstellung* dazu habe? Man könnte es sagen.

668. "Dieser Zug des Bildes fiel mir in die Augen."

669. Die beste Beschreibung, die ich von dem geben kann, was mir auf einen Augenblick gezeigt wurde, ist *das*: . . .
"Der Eindruck war der von einem stehenden Tier." Es kam also *eine ganz bestimmte* Beschreibung. – War das das *Sehen*, oder war es ein Gedanke?
Wie soll ich's entscheiden? [*PU* II, xi, S. 204d]

670. Aber sehe ich also das Bild nur so lange in diesem Aspekt, als ich diese Einstellung dazu habe? – Man kann es sagen.

671. Könnte man aber nicht auch sagen: "Ich sehe es immer als das, wenn ich's nie als etwas anderes sehe"?

672. [Zu 'Darstellende Geometrie', etc.] "Er sieht es räumlich und kennt sich daher so gut in der Zeichnung aus, als operierte er in dem räumlichen Modell." Aber ist nicht eben sein besonderes Manipulieren in der Zeichnung das Kriterium dafür, daß er's räumlich sieht? (Denn was weiß ich sonst von seinem Eindruck?)

673. Ich sehe es doch nicht nur als ein Tier, während ich dies sage.
Ein Körper hat auch sein Gewicht nicht nur während er gewogen wird. (Begriffsbestimmung.)

674. Es ist für mich ein Löwe. Wie lange ist es für mich ein Löwe?

675. Aber halt! Sage ich denn wirklich je von dem gewöhnlichen Bild (eines Löwen), ich sehe es als Löwen? Ich habe das doch nie gehört.[1]

676. Und doch habe ich hier über so ein Sehen geredet!

677. Ich könnte von einem Bild von Picasso sagen, ich *sehe* es nicht als Menschen. Oder von manchem: ich hätte es lange nicht als das, was es darstellt, sehen können, tue es aber jetzt. Das ist doch ähnlich dem: ich war lange nicht im Stande dies als Einheit zu hören, jetzt aber hör ich's so. Früher schien es mir wie lauter kurze Stücke, die immer wieder abreißen, – jetzt hör ich's als Organismus. (Bruckner.)

678. Würdest du's verstehen, wenn ich sagte "Wir *betrachten* die Photographie, das Bild an unsrer Wand, als die Menschen und andren Dinge, welche auf ihnen dargestellt sind"? [Vgl. *PU* II, xi, S. 205e]

679. Dies müßte nicht sein. Wir könnten uns leicht Menschen vorstellen, die zu unsern Bildern nicht dieses Verhältnis hätten. (Menschen z.B., die unsre Photographien abstießen, weil ein Gesicht ohne Farbe unheimlich und häßlich sei.) [*PU* II, xi, S. 205f]

680. Von dem konventionellen Bild eines Menschen sagen wir nicht "Ich sehe das als einen Menschen". "Ich sehe es als ein . . ." geht zusammen mit . . . ("Geht zusammen" in der Technik des S<prachspiels>.)[2]

681. Wenn ich nun sage "Wir betrachten ein Portrait als Menschen", – wann und wie lange tun wir dies? Immer, wenn wir es überhaupt sehen (und es nicht etwa als etwas *andres* sehen)?

Ich könnte dies bejahen, und dadurch würde ich den Begriff des Betrachtens bestimmen. – Die Frage wäre, ob noch ein anderer Begriff des so-Sehens für uns wichtig wird: ein Begriff des so-Sehens, das nur statt hat, während ich mich mit dem Bild als diesem Gegenstand *beschäftige*. [*PU* II, xi, S. 205g]

682. Der Begriff des Bemerkens. Ich kann sagen, ich bemerke manchmal die Ähnlichkeit dieses Bildes mit . . ., und dergleichen;

[1] Am Ende der Bemerkung in eckigen Klammern: "Dazu gehört die Bemerk<un>g auf S. 733 Tscr." S. *BPP* II, §§515–522.

[2] Nach den Worten "geht zusammen mit . . ." steht in eckigen Klammern: "S. 733 Tscr." S. *BPP* II, §517.

aber ich sage nicht, ich bemerke manchmal, daß diese Photographie ein Gesicht ist.

Ich könnte sagen: Ein Bild *lebt* nicht immer für mich, während ich es sehe. [b: *PU* II, xi, S. 205h]

683. Aber die Frage ist nun: Ist dies "Leben" ein "sehen", oder: mit welchem Recht könnte ich es ein "sehen" nennen? Welche Verwandtschaft besteht zwischen diesem Begriff und andern Sehbegriffen?

684. Nun sagen wir aber nicht, wir 'sähen' das konventionelle Bild, eines Löwen z.B., *als* Löwen.

685. "Ihr Bild lächelt mich von der Wand an." Das muß es nicht immer tun, wenn ich es sehe. Aber dieser Ausdruck ist auch eine Rechtfertigung des andern, daß ich es nicht immer 'so sehe'. [Vgl. *PU* II, xi, S. 205h]

686. Ich strebe mit allen diesen Beispielen nicht irgend eine Vollständigkeit an. Nicht eine Klassifikation aller psychologischen Begriffe. Ich will nur meinen Leser in den Stand setzen, sich in begrifflichen Unklarheiten zu helfen. [*PU* II, xi, S. 206a]

687. Das Kind sagt "Jetzt ist es ein Haus" – das kann auch in dem Spiel, in dem die Kiste ein Haus ist, in mancherlei Art und in mancherlei Situationen gesagt werden. Jemand kommt ins Zimmer, während das Spiel im Gang ist; es wird ihm mitgeteilt "Jetzt ist es ein Haus". Dies heißt nicht: "*Jetzt* wurde es für mich ein Haus", nicht das Aufleuchten des Aspekts. Damit es das ist, müssen Ton und Situation von besondrer Art sein und es handelt sich wieder um feine Unterschiede des Benehmens.

688. 'Feine Abschattungen des Benehmens.' – Wenn sich mein Verstehen eines Themas darin äußert, daß ich es mit dem richtigen Ausdruck pfeife, so ist das ein Beispiel dieser feinen Abschattungen.

Wenn aber "Jetzt ist es ein Haus" auch nicht das *Aufleuchten* des Aspekts ausdrückt, kann es nicht den stabilen Aspekt berichten? [a: *PU* II, xi, S. 207a]

689. "Er vergißt ganz, daß es eine Kiste ist; es ist für ihn tatsächlich ein Haus." (Dafür gibt es bestimmte Anzeichen.) Von wem man das sagen würde, wäre es von dem nicht auch richtig zu sagen er *sehe* sie als Haus? [*PU* II, xi, S. 206f]

690. Und wer nun so spielen könnte und in einer bestimmten Situation mit besonderm Ausdruck[1] ausriefe "Jetzt ist es ein Haus!", dessen Worte würden das Aufleuchten des Aspekts ausdrücken. [*PU* II, xi, S. 206g]

691. Der Ausdruck der Stimme und Gebärde aber ist der gleiche, als hätte sich das Objekt geändert und wäre nun endlich zu diesem oder jenem *geworden*. [*PU* II, xi, S. 206i]

692. Ich möchte sagen, daß dasjenige, was hier aufleuchtet, nur so lange stehen bleibt, als eine bestimmte Beschäftigung mit dem Objekt dauert. ("Sieh, wie es blickt!") (Das Bemerken der Familienähnlichkeit dieses Gesichts mit einem jetzt nicht anwesenden.) — 'Ich möchte sagen' – und *ist* es so? — Frage dich: "Wie lange fällt mir etwas auf?" – Wie lange is es mir *neu*? [*PU* II, xi, S. 210d]

693. Wäre es richtig zu sagen, daß im Aspektwechsel der rotierenden Trommel die Wahrnehmung des *Gleichbleibens* des Objektes fehlt? Weil man hier ja wirklich zweifeln kann, ob sich nicht die Bewegungsweise geändert habe.

694. Du mußt bedenken, daß die Beschreibung der wechselnden Aspekte in jedem Falle von andrer Art sind. [*PU* II, xi, S. 207d]

695. Ich will die Aspekte 'schwarzes Kreuz', 'weißes Kreuz' zur Abkürzung die Hauptaspekte des Doppelkreuzes nennen. Ebenso von 2 Hauptaspekten der Stufe reden.

Es ist ein fundamentaler Unterschied zwischen ihnen und dem Aspekt des Dreiecks z.B. als umgefallenes Dreieck.[2]

696. Der Unterschied liegt in der Beschreibung zur Mitteilung des Aspekts.

697. Den Aspekterlebnissen ist gemeinsam die Form des Ausdrucks: "Ich sehe es jetzt als *das*" oder "Ich sehe es jetzt *so*" oder "Jetzt ist es *das* – jetzt *das*" oder "Ich höre es jetzt als . . .; früher hörte ich es als . . .". Die Erklärung aber dieser '*das*' und '*so*' ist in verschiednen Fällen von ganz verschiedner Art.

698. Zum Sehen des Dreiecks als halbem Parallelogramm gehört Vorstellungskraft, zum Sehen der Hauptaspekte des Doppelkreuzes nicht.

[1] Var.: "mit besonderer Gebärde".

[2] Diese Bemerkung ist die erste von Band "S" (MS 138).

699. Diese scheinen fundamentalerer Art, als jener.

700. Den 'H<asen-> und E<nten-> Aspekt sehen' kann nur, wer die Gestalten jener Tiere innehat; die Hauptaspekte des D.-Kreuzes könnten sich in primitiven Reaktionen des Kindes ausdrücken, das noch nicht sprechen kann.

701. — Jene beiden Aspekte des Doppelkreuzes (ich will sie die Aspekte *A* nennen) ließen sich z.B. einfach dadurch mitteilen, daß der Betrachter abwechselnd auf ein freistehendes weißes und auf ein freistehendes schwarzes Kreuz zeigt.

Ja, man könnte sich denken, daß dies eine primitive Reaktion eines Kindes wäre, das noch nicht sprechen kann.

Bei der Mitteilung der Aspekte A wird also auf einen Teil der Doppelkreuzfigur hingewiesen.

Den H. und E. Aspekt könnte man auf analoge Weise nicht beschreiben. [*PU* II, xi, S. 207f]

702. Nur der 'sieht die Aspekte H. und E', der die Gestalten jener beiden Tiere innehat. Analoge Bedingungen gibt es für die Aspekte A nicht. [*PU* II, xi, S. 207g]

703. Den H-E. Kopf kann jemand für das Bild eines Hasen halten, das Doppelkreuz für das Bild eines schwarzen Kreuzes, aber die bloße Dreiecksfigur nicht für das Bild von etwas Umgefallenen. Diesen Aspekt des Dreiecks zu sehen, braucht es Vorstellungskraft. [*PU* II, xi, S. 207h]

704. Wer das Würfelschema für einen Würfel *hält*, der sieht es vor allem als diesen Würfel, ob er es auch später anders zu sehen versuchen, und es ihm auch gelingen kann. (Vergleich mit dem Doppelkreuz.)

705. Die Aspekte *A* sind nicht wesentlich räumliche Aspekte. Ein schwarzes Kreuz auf weißen Grunde ist nicht notwendigerweise ein schwarzes Kreuz, das auf einer weißen Fläche liegt. Man könnte Einem diesen Begriff beibringen, ohne ihm je andere, als auf Papier gemalte schwarze Kreuze zu zeigen; vorausgesetzt daß die Umgebung dieser Kreuze wechselt und das Kreuz das *Wichtige* an dem Wahrgenommenen ist: Läßt man es z.B. kopieren, so wird immer, oder vor allem, das Kreuz kopiert, etc..

Die Aspekte A hängen nicht in gleicher Weise mit einer *Täuschung* zusammen, wie die räumlichen Aspekte des Würfelschemas.[1] [Vgl. *PU* II, xi, S. 208a]

706. Von einem beliebigen Schriftzeichen – diesem etwa

– kann ich mir vorstellen, es sei ein streng korrekt geschriebener Buchstabe irgend eines fremden Alphabets. Oder aber, es sei ein fehlerhaft geschriebener Buchstabe; und zwar fehlerhaft in einer von mehreren verschiedenen Weisen: Es kann z.B. schleuderhaft geschrieben sein, oder typisch kindisch-ungeschickt, oder bürokratisch verschnörkelt. Es könnte in verschiedener Weise vom korrekt geschriebenen abweichen. – Und je nach der Erdichtung, mit der ich es umgebe, kann ich es in verschiedenen Aspekten sehen. – Hier besteht enge Verwandtschaft mit dem Erleben einer Bedeutung eines isolierten Wortes. [*PU* II, xi, S. 210c]

707. "Ich bemerkte die Ähnlichkeit zwischen ihm und seinem Vater vielleicht 5 Minuten lang, dann nicht mehr." Das kann man sagen, wenn sich das Gesicht ändert und nur während dieser 5 Minuten seinem Vater ähnlich sah. Aber es kann auch heißen: seine Ähnlichkeit mit dem Vater fiel mir nur für wenige Minuten auf, danach vergaß ich sie. [*PU* II, xi, S. 210f]

708. "Sie fällt mir nicht mehr auf" – aber was geschieht da, wenn sie mir auffällt? – Nun, ich schaue das Gesicht an, mit dem Ausdruck des Staunens etwa in meiner Miene, vielleicht auch in Worten. – Aber ist das das Auffallen der Ähnlichkeit? Nein; das sind die Erscheinungen des Auffallens, aber diese *sind* 'was geschieht'. 'Auffallen' ist ein anderer Begriff. — [Vgl. *PU* II, xi, S. 211d]

709. 'Denken' und 'in der Vorstellung sprechen' (ich sage nicht: "zu sich selbst sprechen") sind verschiedene Begriffe. [*PU* II, xi, S. 211f]

710. Ist das Auffallen Schauen + Denken? Nein. Viele unsrer Begriffe *kreuzen* sich hier. [*PU* II, xi, S. 211e]

711. "Wenn man die Bedeutung der Wörter nicht *erlebte*, wie könnte man dann über Wortwitze lachen?" [Hairdresser and sculptor.][2] – Man lacht über solche Witze: und insofern (z.B.) könnte man sagen, man erlebe die Bedeutung.

[1] Var.: "der Stufe."

[2] Der englische Witz: "What is the difference between a hairdresser and a sculptor? – A hairdresser curls up and dyes, and a sculptor makes faces and busts".

712. Denk nur an die Worte, die Liebende zu einander sprechen! Sie sind mit Gefühlen 'geladen'. Und sie sind gewiß nicht – wie Fachausdrücke – durch beliebige andere Laute auf eine Vereinbarung hin zu ersetzen. Ist das nicht, weil sie *Gebärden* sind? Und eine Gebärde muß nicht angeboren sein; sie ist anerzogen, aber eben *assimiliert*. – Aber ist das nicht Mythus?! – Nein. Denn die Merkmale der Assimilation sind eben, daß ich *dies* Wort gebrauchen und lieber keines, als ein aufgedrungenes verwenden will, und ähnliche Reaktionen.

713. Ein Wort ist uns z.B. der Träger eines *Tons* geworden; und wir können nicht, auf Befehl, ein anderes Wort im selben gefühlten Ton aussprechen.

714. Die Ähnlichkeit (z.B.) fällt mir auf, – und das Auffallen erlischt.

Sie fiel mir nur für wenige Minuten auf, dann nicht mehr. [*PU* II, xi, S. 211d]

715. Was geschah da? Zuerst blickte ich das Gesicht mit einem eigentümlichen Ausdruck in meinem an, und hätte mich jemand gefragt "Warum schaust du ihn so interessiert an?", so hätte ich geantwortet "Weil er *so* seinem Vater ähnlich sieht". Vielleicht spricht er zu mir und ich gebe gar nicht recht auf das acht, was er sagt, weil ich nur an diese Ähnlichkeit denke. — Das ist etwa, was mir auf die Frage, was da geschah, einfällt.

716. Aber in dieser Antwort steht ein heterogenes Element: "und hätte man mich gefragt . . .". Das ist doch nichts, was 'geschah', als mir die Ähnlichkeit auffiel. – Ja, auch meine Zerstreutheit ist nicht von gleicher Art, wie mein Gesichtsausdruck. – Es bleiben also nur meine Mienen, Gebärden, vielleicht Worte, die ich zu mir selbst oder Andern sage.

717. Das Auffallen ist dem Denken verwandt.

718. Was geschah da? – Wessen kann ich mich entsinnen? Mein *eigener* Gesichtsausdruck kommt mir in den Sinn, ich könnte ihn nachmachen. Hätte Einer, der mich kennt, mein Gesicht gesehen, er hätte gesagt "Es ist dir jetzt etwas an seinem Gesicht aufgefallen". – Auch Worte fallen mir ein, die ich bei so einer Gelegenheit, laut, oder zu mir selbst spreche. Und das ist alles. Und ist das das Auffallen? Nein. [*PU* II, xi, S. 211d]

719. Bemerken, auf etwas aufmerksam werden, die Aufmerksamkeit auf etwas richten.

720. "*Siehst* du dies Blatt immer *grün*, solange du es siehst, und sich die Farbe für dich nicht ändert?" Hat diese Frage einen klaren Sinn? Eine Antwort darauf wäre vielleicht: "Nun, ich sage mir nicht die ganze Zeit 'Ach, wie *grün*!'"

721. "Bist du dir seiner Farbe die ganze Zeit *bewußt*?" Da möchte ich zuerst sagen: "Gewiß nicht!" Aber wann und (auf) wie lange bin ich mir ihrer bewußt? Darüber scheine ich nichts Rechtes sagen zu können; ich weiß nicht, welche Kriterien da anzuwenden sind. Soll ich sagen: "Nur so lange, als ich an sie *denke*"?

722. Es erzählt mir Einer: "Ich sah die Blume an, dachte aber an etwas anderes und war mir ihrer Farbe nicht bewußt." Versteh ich das? – Ich kann mir einen sinnvollen Zusammenhang dazu denken; es würde etwa weitergehen: "Dann plötzlich *sah* ich sie und erkannte, daß es die war, welche . . .". [*PU* II, xi, S. 211b]

723. Wie ist es aber mit dieser Antwort: "Hätte ich mich damals abgewandt und hätte man mich gefragt, welche Farbe sie hatte, ich hätte es nicht sagen können"?

"Er blickte ihn an, ohne ihn zu sehen." Das gibts. Aber was ist das Kriterium dafür? Es gibt da eben verschiedene Fälle. [*PU* II, xi, S. 211b]

724. "Ich habe jetzt mehr auf die Form, als auf die Farbe geschaut." Laß dich durch solche Wendungen des Ausdrucks nicht verwirren. Vor allem, denk nicht "Was mag da wohl im Aug, oder im Gehirn vor sich gehen?" [*PU* II, xi, S. 211c]

725. "Ein im Sehen nachhallender Gedanke" – möchte man sagen. [*PU* II, xi, S. 212b]

726. "Das Wort hat eine Atmosphäre." – Ein bildlicher Ausdruck; aber ganz verständlich in gewissen Zusammenhängen. Z.B.: Das Wort "Sabel" hat eine andre Atmosphäre als das Wort "Säbel". Sie haben die gleiche Bedeutung, *insofern* als beide Namen der gleichen Art von Gegenständen sind.

Aber was soll man hier sagen? *Haben* sie die gleiche, oder nicht die gleiche Bedeutung?

727. Soll ich nun so und so viele Arten des Bedeutens unterscheiden? Das will ich *nicht* tun. So eine Klassifikation könnte nützlich sein für einen bestimmten praktischen Zweck. Denn für einen solchen wäre dann eine – der unzähligen möglichen Einteilungen – geeigneter als eine andere.

728. Der Botaniker klassifiziert die Pflanzen. Aber um die unendliche Vielgestaltigkeit der Pflanzen zu zeigen und die Vielfältigkeit der feinen Übergänge braucht es keine Klassifikation.

729. Ich sah sein Gesicht so klar (vor mir) wie früher, – aber die Ähnlichkeit mit dem andern merkte ich nicht mehr.

730. Es konnte auch die eine Ähnlichkeit für mich zurücktreten und eine andere mir zum Bewußtsein kommen.

731. Mach einmal – als Hilfskonstruktion – die Annahme, gewisse Erinnerungen wechselten, während ich sein Gesicht anschaue, würden bald mehr bald weniger lebhaft, und *dies* sei für den Aspektwechsel verantwortlich. Soll ich dann dennoch sagen, ich *sehe* jetzt das eine, jetzt das andre?

732. *Ist* also das Bemerken der Ähnlichkeit ein Sehen, oder nicht? Wie soll ich's entscheiden? Es sind hier ungleiche, aber verwandte Begriffe.

733. Man nimmt durch das Bemerken des Aspekts eine interne Relation wahr und dennoch ist es dem *Vorstellen* verwandt.

734. Nur von Einem, der das und das *kann*, gelernt hat, beherrscht, hat es Sinn, zu sagen, er habe Gewisses erlebt. [*PU* II, xi, S. 209a]

735. — Und *sieht* man nun die Zaghaftigkeit, oder sieht man sie nicht?

Mit dem Begriff 'zaghaft' kann man das visuell Wahrgenommene beschreiben, wie mit dem Begriff 'dur', oder 'moll' die Melodie, die ich höre. [Vgl. *PU* II, xi, S. 209b, c]

736. Wie könnte ich sehen, daß der Gesichtsausdruck gemein, furchtsam, kühn, ist, wenn ich nicht wüßte, daß dies ein *Ausdruck*, nicht die Anatomie des Wesens ist?

Aber heißt das nicht nur, daß ich *diese* Begriffe, die sich eben *nicht nur* auf Visuelles beziehen, dann nicht zur Beschreibung des

Gesehenen anwenden könnte? Könnte ich nicht dennoch einen *rein* visuellen Begriff, sagen wir, des furchtsamen Gesichts, haben? (Ich könnte dann ein andres Wort gebrauchen.) [Vgl. *PU* II, xi, S. 209b]

737. Ich muß schon *viel wissen*,[1] um eine Schrift als "kindisch" beschreiben zu können. Aber kann ich auch sagen: "um sie als 'kindisch' *sehen* zu können"?

"Kindisch" kann eine Schrift beschreiben, also das was ich sehe, aber 'kindisch' ist nicht ein rein visueller Begriff.

738. Ist es nun richtig zu sagen: "Wir *könnten* einen rein visuellen Begriff haben, der sich ganz mit dem visuellen Teil des Begriffs 'gemein' (z.B.) deckt"?

739. Ein solcher Begriff wäre dann wirklich mit den Begriffen 'dur' und 'moll' zu vergleichen, die ja auch einen Gefühlswert haben, aber auch einzig zur Beschreibung der Struktur des Wahrgenommenen gebraucht werden können. [*PU* II, xi, S. 209c]

740. 'Dur' und 'moll' ist also hier verglichen mit 'schiefwinkelig' und 'rechtwinkelig', z.B. .

741. Aber wäre es nicht auch richtig zu sagen, daß wer nicht unsern Begriff des 'zaghaften', 'kindischen', 'gemeinen', hätte, die Schrift, den Gesichtsausdruck, nicht so *empfinden* könnte wie wir, selbst wenn er einen Begriff hat, der immer dort anwendbar ist, wo 'zaghaft' z.B. es ist? Könnte ich also nicht sagen:[2] Die Beiden *sehen* das Gleiche, *empfinden* es aber anders? Wie sie beide Dur hören, aber es verschieden empfinden können.

742. Denk nur an den Ausdruck "Ich hörte eine *klagende* Melodie"! Und nun die Frage: "*Hört* er das Klagen?" [*PU* II, xi, S. 209f]

743. Und wenn ich nun antwortete: "Nein, er hört es nicht; er empfindet es (nur)" – was ist damit getan? Man kann ja nicht einmal ein Sinnesorgan dieser 'Empfindung' angeben.

Mancher möchte nun antworten: "Freilich hör ich's!" – Mancher: "Ich *höre* es eigentlich nicht." – Es lassen sich aber Begriffsunterschiede feststellen. [*PU* II, xi, S. 209g]

744. (Es läßt sich eine Begriffsgrenze ziehen. Aber woher dann überhaupt die Idee des 'Empfindens' des Gemeinen, Furchtsamen

[1] Var.: "gesehen haben".
[2] Var.: "Soll ich also sagen:"

etc.?) Wir *reagieren* anders auf den zaghaften Gesichtsausdruck, als der, der ihn nicht als zaghaft (im *vollen* Sinne des Wortes) erkennt. – Nun will ich aber *nicht* sagen, wir *spüren* in den Muskeln und Gelenken diese Reaktion. – Nein, wir haben hier einen modifizierten *Empfindungs*begriff. [*PU* II, xi, S. 209h]

745. Aber was ist hier *Empfindungsartiges*?

746. "Du mußt die Traurigkeit dieses Gesichts *empfinden*." (Bei der Betrachtung eines Bilds.) —

Wer sie empfindet macht oft das Gesicht mit dem seinen nach. Er ist beeindruckt. Das Bild bringt diese Wirkung in ihm hervor. Am ehesten könnte ich diese 'Empfindung' der Schmerzempfindung vergleichen, die auch einen charakteristischen Ausdruck im Mienen- und Gebärdenspiel hat.

Und doch ist sie auch dem Sehen verwandt, weil sie (?) – – –

747. Was ist der Ausdruck, das Kriterium, dieser Empfindung? Doch z.B., wie, mit welchem *Ausdruck*, Einer die Melodie nachsingen wird. Auch vielleicht, mit welchem Gesicht. Oder: was er über sie sagen wird. Das ist doch wohl die besondere Beschreibung, die er von ihr gibt.

748. Die Wahrheit ist doch die: 'Klagen' ist ein Begriff, der nicht rein akustisch ist. Ich kann ihn aber zur Beschreibung von rein Akustischem verwenden. ("Die Dampfpfeife gibt einen klagenden Ton.") Das Wort "klagen" könnte auch alle seine nicht-akustischen Beziehungen verlieren und zu einer rein akustischen Bezeichnung werden. (Etwa wie die Worte "to travel" und "travailler" ursprünglich eine Beziehung zum Qualvollen hatten, die sie dann verloren.)

749. Man könnte nun gegen die Bezeichnung "*rein* akustisch" Einspruch erheben.

Wer sagt, was das "rein" Akustische ist? – Nun, "rein akustisch" ist eine Beschreibung, wenn man nach ihr das Gehörte reproduzieren kann und alle andern Beziehungen aus dem Spiel gelassen werden.

750. Ich kann doch einen Sessel beschreiben durch den Begriff "Stil Ludwig XIV.", und dem entgegensetzen eine Beschreibung, die, etwa durch Zeichnungen, u.a., die Gestalt, Farbe, etc. notiert, ohne Bezug auf eine historische Periode, einen König, etc.

751. Denke, man fragte: "*Siehst* du den Stil Ludwig XIV., wenn du den Sessel anschaust?"

752. Es ist schwer Begriffsböschungen zu verstehen und darzustellen.

753. Man kann doch die Frage beanworten, "Wie sieht ein Sessel im Stil Ludwig XIV. aus?" – oder die, "Wie klingt eine klagende Melodie?" – Zeig mir solche Sessel, sing mir solche Melodien vor!

754. Das Epitheton "traurig", auf das Strichgesicht angewendet, z.B., charakterisiert die Gruppierung von Strichen im Oval. (Dur, Moll.) Angewendet auf den Menschen hat es eine andere, obgleich verwandte, Bedeutung. (Das heißt aber *nicht*, daß der Gesichtsausdruck dem Gefühl der Traurigkeit *ähnlich* sei!) [*PU* II, xi, S. 209d]

755. Bedenke auch dies: Rot und Grün kann ich nur sehen, aber nicht hören, – die Traurigkeit aber, soweit ich sie in seinem Gesicht sehen kann, kann ich sie auch in seiner *Stimme* hören. [*PU* II, xi, S. 209e]

756. Viele Knoten entwirren, das ist die Aufgabe des Philosophen.

757. Dieses Gesicht ist unverschämt, dieses Gesicht widert mich an, dieser Geruch ist abscheulich. Gehört die Abscheulichkeit zur Geruchsempfindung? Wie entscheidet man's? Man könnte z.B. so fragen: "Können zwei Menschen die *gleiche* Geruchsempfindung haben, aber einer sie abscheulich finden, der andre nicht?" – Und was wäre das Kriterium der Gleichheit? – Sie könnten ihn z.B. mit den gleichen Gerüchen vergleichen. – Aber es *gibt* hier kein anerkanntes Kriterium.

Sehe ich also die Unverschämtheit? Ja und Nein. Beides läßt sich rechtfertigen.

758. Einen Geruch abscheulich zu finden, dazu braucht es kein *Wissen*.

759. "Siehst du, wenn du diese Linien ziehst, wird das Gesicht traurig." In welche Kategorie gehört dieser Satz? Wie verwendet man ihn? Ich sagte einmal, er sei ähnlich einem geometrischen. Man könnte aber meinen, er sei ein psychologischer, also ein Erfahrungssatz. (Etwa vergleichbar dem: Wenn du diese Ingredienzien hinzufügst, wird die Substanz gelb.)

760. Man sagt einem Kind etwa "Siehst du, wenn du diese beiden Steine zusammengibst, so wird ein Kreis daraus".  .

Lernt es einen Erfahrungssatz? (Ich rede hier absichtlich vom Kind, nicht vom Erwachsenen.)

761. (Könnte der Satz nicht wieder 'zwischen mehrere Spiele' hineinfallen?)

762. Jener Satz müßte kein geometrischer sein. Sein Zweck könnte sein, festzustellen, daß das Gesicht mit *diesen* Strichen *mir jetzt* einen traurigen Eindruck macht. Aber er könnte auch ungefähr die Rolle eines geometrischen (unzeitlichen) spielen.

763. Man könnte von Einem sagen, er sei für den *Ausdruck* in einem Gesicht blind. Aber fehlte deshalb seinem Gesichtssinn etwas?

Aber das ist natürlich nicht einfach eine Frage der Physiologie. Das Physiologische ist hier ein Symbol für das Logische. [*PU* II, xi, S. 210a]

764. 'Er hat das Auge eines Malers', 'das Ohr des Musikers'.

765. Ist nun, vom Empfinden des Ausdrucks als einem Sehen zu reden einfach eine Begriffsverschiebung, wie wenn man vom Heiraten des Geldes redet? Ist hier also ein bloßes Mißverständnis, oder eine allmähliche Abböschung des Begriffs 'Sehen'?

766. Wer nur *einen* Gesichtsausdruck gesehen hätte, könnte den Begriff des 'Gesichtsausdrucks' nicht besitzen. 'Gesichtsausdruck' gibts nur im Mienenspiel. Wer nur 'traurige' Gesichter gesehen hätte, könnte sie nicht als traurig *empfinden*.

767. Aber er könnte sie doch *sehen*, wie ich und du. – Aber das Wort "empfinden" ist doch auch nicht einwandfrei. – Was nehme ich denn mit der Empfindung wahr? Nehme ich, außer der sogenannten Traurigkeit der Gesichtszüge, auch die traurige Stimmung des Menschen wahr? Oder *schließe* ich diese aus dem Gesicht? Sage ich: "Seine Züge und sein Benehmen waren traurig, also war wohl auch er traurig"?

768. Hierher gehört, glaube ich, die Frage. Macht 'traurige Musik' uns *traurig*? Es scheint, Ja und Nein. Wir machen z.B. ein trauriges Gesicht, oder doch ein Gesicht, welches Trauer *spiegelt*.

769. Man sieht die Trauer, insofern man z.B. den traurigen Gesichtsausdruck sieht, aber man sieht doch nicht den traurigen Klang seiner Stimme.

770. Man sieht ja auch das Weinen. Und sieht nun der es anders, der nur das physiologische Phänomen beobachtet, als der darin den Ausdruck des Grams sieht? – Er *beobachtet* es anders.

771. Ja, ich möchte fragen: Habe ich auch nur eine *Entschuldigung*, da von einem andern 'Sehen' zu reden?

772. Nun, was wäre das Anzeichen dafür, daß er es anders sieht? Doch nur seine Stellungnahme dazu.

Und freilich: wer anders beobachtet, sieht auch etwas Anderes.

773. Denk dir, Einer fragte dich ganz trocken und ernst "Warum sagst du, er *sieht* es anders?" (Was könntest du antworten?)

Zuerst möchte ich sagen "Er *schaut* auf etwas anderes", dann etwa "Er wird andere Vergleiche ziehen". Es mag ja auch sein, daß das bloße Faktum, daß der Mensch *nicht* weint, oder klagt, sein Gesicht trauriger aussehen läßt.

774. Ich höre die Melodie ganz anders, nachdem ich den Stil dieses Meisters kenne. Ich hätte sie z.B. als heiter beschrieben, nun aber empfinde ich sie als den Ausdruck eines großen Leidens. Ich beschreibe sie jetzt anders, stelle sie mit ganz anderem zusammen.

775. Wer den Ernst einer Melodie empfindet, was nimmt der wahr? – Nichts, was man durch Wiedergabe des Gehörten erklären kann. [*PU* II, xi, S. 210b]

776. Wie könnte ich den Ausdruck des Gesichts erkennen, wenn ich nicht wüßte, daß es ein Ausdruck, nicht die Anatomie dieses Wesens ist?

Wie könnte ich Traurigkeit, Ernst, Grausamkeit in dem Gesicht sehen, ohne das zu wissen?

777. Denk dir eine physiologische Erklärung für dies Erlebnis. Es sei die: beim Ansehen der Figur bestreicht der Blick das Objekt wieder und wieder entlang einer bestimmten Bahn. Diese Bahn entspricht einer bestimmten periodischen Bewegung der Augäpfel.

Es kann geschehen, daß eine solche Bewegungsart in eine andere überspringt und die beiden mit einander abwechseln (Doppelkreuz). Gewisse Bewegungsformen sind physiologisch unmöglich, daher kann ich den H-E. Kopf nicht als Bild eines Hasenkopfes und eines hinter ihm liegenden Entenkopfes sehen, oder das Würfelschema als das zweier einander durchdringender Prismen. U.s.f.. – Nehmen wir an, dies sei die Erklärung. – "Ja, nun weiß ich, daß es eine Art Sehen ist." Du hast jetzt ein *neues*, ein physiologisches Kriterium des Sehens eingeführt. Und das kann das alte Problem verdecken, aber nicht lösen. – Der Zweck dieser Bemerkung ist aber, dir vor Augen zu führen, was geschieht, wenn uns eine physiologische Erklärung dargeboten wird. Der psychologische Begriff schwebt über der physiologischen Erklärung unberührt. Und die Natur unsres Problems wird dadurch klarer. [*PU* II, xi, S. 212c]

778. Es drängt sich uns nun die Frage auf: Könnte es Menschen geben, die nicht etwas *als etwas* sehen können? – oder: Wie wäre es, wenn einem Menschen diese Fähigkeit fehlte? Was für Folgen hätte es? Wäre dieser Defekt vergleichbar dem der Farbenblindheit etwa, oder mit dem Fehlen des absoluten Gehörs? Wir wollen ihn (einmal) "Aspektblindheit" nennen – und uns nun überlegen, was damit gemeint sein könnte. (Eine begriffliche Untersuchung.) [*PU* II, xi, S. 213f]

779. Soll er also z.B. das Würfelschema nicht als Würfel sehen können? Daraus würde nicht folgen, daß er es nicht als Darstellung (z.B. Werkzeichnung) eines Würfels erkennen könnte. Es würde aber nicht von einem Aspekt in den andern überspringen. Frage: Könnte er es, wie wir, für einen Würfel *halten*? Wenn nicht, so wird man das keine *Blindheit* nennen.

Er wird zu Bildern überhaupt ein anderes Verhältnis haben als wir. (Und Abweichungen vom Normalen *dieser* Art lassen sich leicht vorstellen.) [*PU* II, xi, S. 213g–214a, b]

780. Soll er für die Ähnlichkeit zweier Gesichter blind sein? Aber also auch für die Gleichheit, oder angenäherte Gleichheit? *Das* möchte ich nicht sagen. – Wer Gestaltgleichheit nicht erkennen könnte, würden wir "geistesschwach", nicht "blind" nennen. [Vgl. *PU* II, xi, S. 213f]

781. Der Aspektblinde soll die Aspekte A nicht wechseln sehen. Soll er aber nicht erkennen, daß das Doppelkreuz ein schwarzes Kreuz enthält? Soll er also die Aufgabe "Zeig mir unter diesen Figuren solche, die ein schwarzes Kreuz enthalten" nicht bewältigen können?

Nein; er soll nur nicht sagen: "Jetzt ist es ein schwarzes Kreuz auf weißem Grund!" [*PU* II, xi, S. 213f]

782. Man sagt, Einer habe 'das Auge des Malers', 'das Ohr des Musikers', aber wer es nicht hat, dessen Defekt ist kaum eine Art der Blindheit oder Taubheit.

783. Man sagt, Einer habe kein 'musikalisches Gehör', und 'Aspektblindheit' ist (etwa) mit dieser Art Gehörlosigkeit zu vergleichen. [Vgl. *PU* II, xi, S. 214c]

784. Die Wichtigkeit des Begriffs der 'Aspektblindheit' liegt in der Verwandtschaft des Sehens eines Aspekts mit dem Erleben der Bedeutung eines Wortes. Denn wir wollen fragen: "Was geht dem ab, der die Bedeutung eines Wortes nicht *erlebt*?" – Der z. B. das Wort Bank nicht einmal in einer, einmal in der andern Bedeutung isoliert aussprechen könnte, oder der nicht fände, daß wenn man das Wort zehnmal nach einander ausspricht, es gleichsam seine Bedeutung verliert und ein bloßer Klang wird.[1] [*PU* II, xi, S. 214d]

785. Die Mitteilung "Das Wort . . . war mit seiner Bedeutung angefüllt" hat ja eine ganz andere Verwendung, ganz andere Folgen, als ⟨die⟩ "Es hatte die Bedeutung . . .".

786. "Wie weiß der Chemiker, daß ein Na Atom an *dieser* Stelle der Struktur sitzt?"

Vergleiche damit: "Wie weiß Herr N., daß ein Na Atom an *dieser* Stelle etc.?" – Die Antwort könnte sein: "Ein Chemiker hat es ihm gesagt."

Die Frage "Wie weiß der Chemiker . . ." ist der typische Ausdruck der Frage nach dem *Kriterium*.

787. Denke hier an eine besondere Art der Täuschung, die auf diese Dinge ein Licht wirft. – Ich gehe mit einem Bekannten in der Umgebung der Stadt spazieren. Im Gespräch zeigt es sich, daß ich mir die Stadt zu unsrer Rechten liegend vorstelle. Für diese Idee habe ich nicht nur *keinen* mir bewußten Grund, sondern eine ganz einfache Überlegung konnte mich davon überzeugen, daß die Stadt in unserm Rücken liegt. Gefragt, *warum* ich mir denn die Stadt in

[1] Var. "– – – Was ginge Einem ab, der z. B. nicht verstünde, was es heißt: "Sag das Wort 'Bank' und mein damit Sitzbank" – oder: "Sag das Wort 'sondern' und mein es als Verbum, nicht als Bindewort", – oder dem, der nicht fände, daß das Wort, wenn man es zehnmal nach der Reihe wiederholt, seine Bedeutung verliert und ein bloßer Klang wird."

dieser Richtung vorstellte, kann ich zuerst keine Antwort geben. Ich hatte *keinen Grund*, das zu glauben. Obgleich aber keinen *Grund*, scheine ich doch gewisse psychologische Ursachen zu sehen, oder zu ahnen. Und zwar sind es gewisse Assoziationen und Erinnerungen. Z.B. diese: Wir gehen einem Kanal entlang, und ich war auch einmal einem gefolgt, der in der von mir vermuteten Richtung lief. Ich könnte die Ursachen meiner Überzeugung gleichsam psychoanalytisch erforschen. [*PU* II, xi, S. 215d]

788. "Aber was ist das für ein seltsames Erlebnis?" – Es ist natürlich nicht seltsamer, als jedes andere; es ist nur von andrer Art als diejenigen Erlebnisse, die wir als die fundamentalsten betrachten, die Sinneseindrücke etwa. [*PU* II, xi, S. 215e]

789. Aber wie soll nun der, welcher fühlt, die Stadt liege in dieser Richtung, sein Erlebnis korrekt ausdrücken? Ist es z.B. richtig zu sagen, er fühle es? Sollte er eigentlich ein neues Wort dafür prägen? Aber wie könnte Einer denn dies Wort lernen? Der *primitive* Ausdruck des Erlebnisses konnte es ja nicht enthalten. Seine Neigung wäre vielleicht zu sagen "Es ist mir, als ob ich wüßte, die Stadt liege dort". Nun, daß er dies, oder ähnliches, unter diesen Umständen sagt, ist eben der Ausdruck dieses eigentümlichen Erlebnisses.

790. Der Name, das Bild des Trägers.

791. "Mir ist als wüßte ich, daß die Stadt dort liegt." – "Mir ist als paßte der Name Schubert zu Schuberts Werken und seinem Gesicht." [*PU* II, xi, S. 215f]

792. Es ist für die Mathematik eine Untersuchung möglich ganz analog der philosophischen Untersuchung der Psychologie. Sie ist ebensowenig eine *mathematische*, wie die andre eine psychologische. In ihr wird *nicht* gerechnet, sie ist also z.B. nicht Logistik. Sie könnte den Namen einer Untersuchung der "Grundlagen der Mathematik" verdienen. [*PU* II, xiv, S. 232b]

793. Ich spreche mir das Wort "weiche" vor und 'meine' es einmal als Imperativ, einmal als Adjektiv. Und nun sag "Weiche!" und dann "Weiche *nicht* vom Platz!" Bist du sicher, daß beidemal das *gleiche* Erlebnis das Wort begleitet? [*PU* II, xi, S. 215g]

794. Wer sich etwas vorstellt, könnte sich primitiv so ausdrücken: "Mir ist, als ob ich . . . vor mir sähe." – Kann man nun sagen, er nenne "sehen", was eigentlich kein Sehen ist? sondern etwa nur etwas ähnliches?

795. Gegeben die beiden Worte "dick" und "dünn", – würdest du eher geneigt sein, zu sagen Mittwoch sei dick und Dienstag dünn, oder Dienstag dick und Mittwoch dünn. (Ich neige entschieden zum erstern.) Haben nun hier "dick" und "dünn" eine andere Bedeutung, als die gewöhnliche? Sie haben eine andere Verwendung. Hätte ich also eigentlich andere Wörter gebrauchen sollen? Doch gewiß nicht. Ich will *diese* Wörter (mit den mir geläufigen Bedeutungen) *hier* gebrauchen. Nun sage ich nichts über die Ursachen der Erscheinung. Sie *könnte* z.B. sein, daß ich als Kind an jedem Mittwoch von einem dicken Lehrer und an Dienstagen von einem dünnen unterrichtet wurde. Aber das ist Hypothese. Was immer die Erklärung, – jene Neigung besteht.[1] [*PU* II, xi, S. 216c]

796. Wenn du ihn fragtest "Was meinst du hier eigentlich mit 'dick' und 'dünn'?", da könnte er es nur auf die ganz gewöhnliche Weise erklären. Er könnte nicht auf Dienstag und Mittwoch zeigen, und was er meint an *ihnen* klar machen. [*PU* II, xi, S. 216d]

797. Könnte man hier von 'primärer' und 'sekundärer' Bedeutung eines Worts reden? – Die Worterklärung ist beidemal die der primären Bedeutung. Nur für den, der das Wort in jener Bedeutung kennt, kann es diese haben. D.h. die sekundäre Verwendung besteht darin, daß ein Wort, mit *dieser* primären Verwendung, nun in dieser neuen Umgebung gebraucht wird. [Vgl. *PU* II, xi, S. 216e]

798. Insofern könnte man die sekundäre eine 'übertragene' Bedeutung nennen wollen.

799. Aber das Verhältnis ist hier nicht, wie das zwischen dem 'Abschneiden eines Fadens' und 'Abschneiden der Rede', denn hier *muß* man ja nicht den bildlichen Ausdruck gebrauchen. Und wenn man sagt "Der Vokal e ist gelb", so ist ja das Wort gelb *nicht* bildlich gebraucht.

800. Man sagt nur von solchen Kindern, sie spielen Eisenbahn, die von einer wirklichen Eisenbahn wissen. Und das Wort Eisenbahn

[1] Vor der Bemerkung steht in eckigen Klammern: "Zu M.S. "R" S. 83". Siehe die Bemerkung Nr. 69.

im Ausdruck "Eisenbahn spielen" ist nicht bildlich gebraucht, oder im übertragenen Sinn.

801. Wer sagt, er rechne im Kopf, rechnet der eigentlich nicht, meint er mit rechnen etwas anderes? Man könnte Einem gar nicht begreiflich machen, was man mit "Kopfrechnen" meint, wenn man ihm nicht vorher den Begriff des Rechnens beigebracht hätte.

802. Nur mittels des Begriffs des Rechnens (schriftlichen, lauten Rechnens) kann man Einem begreiflich machen, was "Kopfrechnen" bedeutet. [Vgl. *PU* II, xi, S. 216f]

803. Ich könnte Einem weder den Befehl begreiflich machen, etwas lautlos zu lesen, noch den Bericht, er habe es lautlos gelesen, wenn ich ihm nicht zuerst den Begriff des lauten Lesens beibringe. Und diese Unmöglichkeit ist eine logische.

804. Nur wenn Einer rechnen gelernt hat, schriftlich oder mündlich rechnen, – kann man ihm, mittels dieses Begriffs des Rechnens, begreiflich machen, was Kopfrechnen ist. [*PU* II, xi, S. 216f]

805. Denk aber an die Bilder, die ein Gesicht zugleich von vorn und im Profil darstellen. Man könnte sagen: "So schaut doch ein Gesicht nicht aus!" Aber auch: Es ist ein irreführendes Bild, – es sei denn, du läßt deinen Blick so schweifen, daß du es gar nicht mehr, im gewöhnlichen Sinne, als *ein* Bild siehst, sondern als mehrere Bilder, von denen jedes seine eigene Anwendung hat.

806. Das Gehirn schaut aus wie eine Schrift, die uns auffordert, sie zu lesen, und ist doch keine Schrift.

Denke, Menschen würden um so gescheiter, je mehr Bücher sie besäßen – das sei eine Tatsache, es käme aber gar nicht drauf an, was in den Büchern steht.

807. Nützt der Fortschritt der Wissenschaft der Philosophie? Gewiß. Die entdeckten Wirklichkeiten erleichtern dem Philosophen die Aufgabe, Möglichkeiten zu erdenken.[1]

808. "Ich sah ihn bei diesen Worten vor mir." Ist das kein Erlebnis? Und doch, daß ich *ihn* sah, konnte in dem Bild, das mir vorschwebte, nicht liegen. War da also ein Bild *und* ein Gedanke; und war das Bild ein Erlebnis, der Gedanke aber nicht?

[1] Var.: "Wirklichkeiten sind für den Philosophen soviele Möglichkeiten."

809. Man '*erlebt*' den *Ausdruck* des Gedankens.

810. Den Gedanken kann ich kein Erlebnis nennen, denn sonst müßte ich sagen, daß dies Erlebnis z.B. das Sprechen begleitet.

811. "Aber wie wußtest du, daß er's war, dessen Bild dir vorschwebte?" – Ich wußte es nicht. Ich sagte es.

812. Wenn ich sage, ich erlebe den Ausdruck des Gedankens, so muß ich hier unter "Ausdruck" auch den *vorgestellten* Ausdruck verstehen.

813. Der *Zweck* eines Zeichens. – "Wenn du willst, daß er komme, wink ihm mit der Hand *so*." "Wenn du willst, ich soll aufhören, mach *dieses* Zeichen." – Kann man also z.B. von einem 'Zweck' der Verneinung (des Wortes "nicht") reden?

Das könnte man doch nur, wenn jeder Satz, worin man es verwendet, einen Zweck hätte. – Dennoch könnte man von (den) Zwecken des Wortes "nicht" reden.

814. Und man könnte z.B. sagen: "non" und "ne" erfüllen im Großen und Ganzen dieselben Zwecke, und auch: "*Dieses* Wort hat so gut wie gar keinen Zweck. Du kannst ganz leicht ohne es auskommen."

815. Wer z.B. eine Kunstsprache (Esperanto, Basic English) konstruiert, wird ihre Wörter nach gewissen Gesichtspunkten auswählen, und aus diesen Gesichtspunkten könnte man dann wieder *unsre* Sprache betrachten.

Er könnte z.B. sagen: "Ich werde nicht *zwei* Wörter, eins für "gehen", eins für "schreiten", zulassen, denn für alle wichtigen Zwecke genügt hier *ein* Wort." Und also auch: "'gehen' und 'schreiten' haben wesentlich die *gleiche* Bedeutung."

816. Man kann die Sprache aus verschiedenen Gesichtspunkten betrachten. Und sie spiegeln sich in dem jeweiligen Begriff der 'Bedeutung'.

817. "Ich habe dabei an *ihn* gedacht." Worin liegt es, daß ich an *ihn* dachte? Wie hätte sich, was dabei geschah, geändert, wenn ich, statt an DIESEN, an einen Andern gedacht hätte?

Mußte ich überhaupt einen 'Keim' angeben können, der sich dann zum Wortausdruck auswuchs? Nein.

818. "Als du von 'einem Freund' sprachst, wen hast du da gemeint?" – "Ich habe . . . gemeint." Was geschah während deiner Worte, das sie zu einer Anspielung auf *diesen* Menschen machte? Nichts, was sie dazu machte. Denn auch wäre mir beim Sprechen sein Bild mit allen Einzelheiten vorgeschwebt (oder was immer du an die Stelle dieses Bildes setzen willst), so hätte das doch nicht mehr leisten können, als hätte ich bei meinen Worten ihn angeschaut, und ihn anschauen heißt doch nicht ihn meinen. – Es gibt *Zeichen* dafür, daß ich *ihn* meinte, und ein Blick konnte so ein Zeichen sein. Auch eine Vorstellung ist nicht mehr als so ein Zeichen.

819. Vergleiche die Frage "Was geschah, als du bei diesem Wort an ihn dachtest?" mit "Was geschah, als du plötzlich weiter wußtest?" –

820. Das Meinen ist kein Vorgang, der die Worte begleitet. Denn kein '*Vorgang*' könnte die besondern *Folgen* des Meinens haben. [*PU* II, xi, S. 218d]

821. Wenn ich mit den Worten "mein Freund" ihn meinte, mußte ich bei den Worten an ihn denken? Wo ist der Unterschied? Aber es ist ein Unterschied zwischen "Ich habe mit dem Wort ihn gemeint" und "Er ist mir bei dem Wort eingefallen".

822. Es gibt wichtige Begleitvorgänge des Redens, die dem gedankenlosen Reden oft fehlen. Aber diese sind nicht das Denken. [*PU* II, xi, S. 218e]

823. Ich habe also an *diesen* Menschen gedacht, – aber doch nicht an alle Aspekte dieses Menschen.

824. Es schwebte mir der Garten dieser Tante vor. Ich sah ein Stück von ihm in der Vorstellung, aber doch z.B. nicht, daß er dieser Frau gehörte.

Es war da etwas wie ein Zeichen, das ich dann weiter *dahin* ausdeutete. Oder *las*?

Nein, ein Lesen ist es nicht, aber ein Deuten auch nicht.

825. "Jetzt weiß ich's!" Was ging da vor? — Wußte ich's also *nicht*, als ich versicherte, jetzt wüßte ich's?

Du siehst es falsch an.

(Wozu dient das Signal?) [*PU* II, xi, S. 218f]

826. Und konnte man das 'Wissen' eine Begleitung des Ausrufs nennen? [*PU* II, xi, S. 218f]

827. (Der Keim konnte ein Wort oder ein Vorstellungsbild, oder verschiedenes andere sein.)

828. "Mir liegt das Wort auf der Zunge." Was geht da in meinem Bewußtsein vor? Darauf kommt's gar nicht an. Was immer vorging, meinte ich nicht mit jenen Worten. Interessanter ist, was in meinem *Benehmen* dabei vorging. Was ich sagte, welche Bilder ich verwendete, wie ich dreinschaute. – "Mir liegt das Wort auf der Zunge" ist ein Wortausdruck dessen, was sich auch in ganz anderer Weise durch ein charakteristisches Benehmen ausdrückt. Frage wieder nach der primitiven Reaktion, die der Äußerung zu Grunde liegt. [Vgl. *PU* II, xi, S. 219c]

829. Die Absicht hat keinen Ausdruck in Miene, Gebärde, oder Stimme, aber der Entschluß.

830. Die Philosophen legen sich für manches Wort eine *ideale* Verwendung zurecht, die dann aber nichts taugt.

831. "Ich weiß . . ." bedeutet zumeist "Ich habe mich davon überzeugt, daß . . .". Niemand sagt, er habe sich davon überzeugt, er habe zwei Hände.

832. Ich weiß, wie man sich davon überzeugt, man habe zwei Münzen in der Tasche. Aber ich kann mich nicht davon überzeugen, ich habe zwei Hände, weil ich nicht daran zweifeln kann.

833. Aber was heißt es "sich von etwas überzeugen"? Um es zu verstehen, muß man sich einfache Sprachspiele mit diesem Wort vorführen. – Wie überzeugt Einer sich im Sprachspiel 8,[1] daß dort so und so viele Platten liegen? Wie überzeugt man sich davon, daß 6+6=12 ist? Usf.

834. Man sagt "Ich weiß . . .", wo man zweifeln kann, während die Philosophen gerade dort sagen, man wisse etwas, wo es keinen Zweifel gibt und wo daher die Worte "Ich weiß" als Einleitung der Aussage überflüssig sind.

835. Es ist hier wie mit dem Schluß "Alle Menschen sind sterblich;

[1] S. *PU* I, §8.

Sokrates ist ein Mensch; etc.", von dem es auch nicht klar ist, wie, unter welchen Umständen, er anzuwenden wäre.

836. Wie wäre z.B. der Gesichtseindruck dessen, der eine Druckseite liest, zu beschreiben.

837. "Ja, jetzt weiß ich, was 'bremseln' ist." (Er hat etwa zum erstenmal einen elektrischen Schlag gespürt.) – Fühlt er ein andres Mal dasselbe, so wird er vielleicht nach den gleichen Begleiterscheinungen ausschauen. Das Bremseln lehrt ihn die Außenwelt kennen. – Lehrt uns das Erinnern auf gleiche Weise, das und das Ereignis sei vergangen? – Dann müßte man es mit vergangenen Ereignissen *in Zusammenhang bringen*. (Photographie und Moden.) Während es doch das *Kriterium* des Vergangenen ist. [Vgl. *PU* II, xiii, S. 231c]

838. Und wie wird er in Zukunft wieder wissen, wie Erinnern tut? [*PU* II, xiii, S. 231c]

839. Wie weiß er, daß *dies* Gefühl 'Erinnern' ist? Vergleiche "Ja, jetzt weiß ich, was 'Bremseln' ist" (er hat etwa zum erstenmal einen elektrischen Schlag gekriegt). – Weiß er, daß es Erinnern ist, weil er damit die Vergangenheit erkennt? Und wie weiß er, was *Vergangenheit* ist? Den Ausdruck der Vergangenheit lernt ja der Mensch, indem er sich erinnert. [*PU* II, xiii, S. 231c]

840. Dagegen könnte man z.B. von einem Gefühl "Lang, lang ist's her" sprechen, denn es gibt einen Ausdruck der Stimme und Miene, der Erzählungen aus vergangenen Tagen eigen ist. [*PU* II, xiii, S. 231c]

841. James will eigentlich sagen: "Was für ein merkwürdiges Erlebnis! Das Wort ist noch nicht da und ist doch, in einem Sinne, schon da, oder etwas ist da, was nur zu diesem Wort heranwachsen *kann*." – Aber das ist gar kein Erlebnis. Die Worte "Es liegt mir auf der Zunge" drücken kein Erlebnis aus und James gibt ihnen nur die seltsame Deutung. [Vgl. *PU* II, xi, S. 219d]

842. Sie drücken ebensowenig ein Erlebnis aus, wie die Worte "Jetzt hab ich's!" – Wir gebrauchen sie in *gewissen Situationen* und sie sind umgeben von einem Benehmen besonderer Art, auch von manchen charakteristischen Erlebnissen. Insbesondre folgt ihnen häufig das *Finden* des Wortes. (Frage dich: "Wie wäre es, wenn Menschen *nie*

das Wort fänden, das ihnen 'auf der Zunge liegt'?") [*PU* II, xi, S. 219e]

843. Es gibt hier, wie in vielen verwandten Fällen, was man ein *Keimerlebnis* nennen kann: eine Vorstellung, Empfindung, die dann nach und nach zur vollen Erklärung *heranwächst*. Und man möchte sagen, es sei ein *logischer* Keim, etwas, was sich mit *logischer* Notwendigkeit so auswachsen mußte.

Mir fällt bei irgend einem Anlaß der und der Mensch ein. Wie geschah es? – Zuerst sah ich ein Bild vor mir, etwa bloß graue Haare – dann sagte ich, ich sehe den N. vor mir (aber dieser Name kann auch noch vielen Menschen angehören) – aber ich erkläre, ich meine *den* N., welcher . . . etc. . – Und ferners habe ich den Namen nicht von dem Vorstellungsbild *abgelesen*, und ich habe ihn auch nicht nachträglich so und so *gedeutet*; denn auf die Frage, ob ich erst später gewußt oder entschieden hätte, wem die grauen Haare und der Name N. gehören, werde ich's verneinen und sage, ich hätte es von Anfang an gewußt. Aber Wissen ist kein Erlebnis. – "Ich habe es von Anfang an gewußt" heißt eigentlich nur: Ich habe den Namen vom Bild nicht abgelesen, denn ich habe mir z.B. nicht überlegt "Wem gehören diese Haare, wer schaut so aus?" – noch sagte ich mir "Der Name 'N' soll einmal für *diesen* Menschen stehn". Man könnte sagen, ich wurde immer expliziter.

Aber woher nun die Idee vom logischen Keim? D.h. eigentlich: Woher die Idee "Es war alles schon im Anfang da und im ersten Erlebnis enthalten"? Hat es nicht einen ähnlichen Grund wie James's Behauptung, der Gedanke sei schon zu Anfang des Satzes fertig? Dies behandelt die Absicht als ein Erlebnis. [c: vgl. *Z* 1]

844. Ich schreite von Erklärung zu Erklärung (weiter). Scheine aber nur zu sagen, was schon von Anfang an da war. Freilich. Denn "Es ist nicht von Anfang an dagewesen" wäre falsch.

"Der Gedanke ist *nicht* von Anfang an fertig gewesen" heißt: Ich habe erst später herausgefunden oder entschieden, was ich sagen wollte. Und *das* will ich *nicht* sagen.

845. Der Eindruck, dies Erlebnis sei ein Keim, entsteht allerdings durch einen logischen Prozeß. Es wird *in einem logischen Sinne* zum Keim. Durch eine logische Deutung.[1]

846. Könnte ich nicht auch so sagen: Daß mir zuerst die grauen Haare vorschwebten, dann der Name, ist ganz unwesentlich. Es hätte mir ebensogut der Name zu Anfang einfallen können.

[1] Var.: "Durch eine grammatische Auslegung."

847. Ich wußte gleich von Anfang, wer es war. "Ich wußte es nicht gleich von Anfang" würde ja heißen: ich bin später erst draufgekommen. So war es gewiß nicht.

848. Wenn ich (normalerweise) schreibe, gehe, esse, rede, dahin und dorthin schaue, *trachte* ich ebensowenig diese Handlungen auszuführen, als mir das Gesicht eines alten Freundes 'bekannt *vorkommt*'.

Aber Versuchen, Trachten, sich entschließen, sind die Willens*akte*, das worin sich der Wille für uns ausspricht, sie sind das, woran wir denken, wenn wir vom Willen reden.

849. (Ähnlich könnte man, glaube ich, sagen: Eine Multiplikation ist kein Experiment, denn kein Experiment könnte die besondern Konsequenzen einer Multiplikation haben.) [*PU* II, xi S. 218d][1]

850. Aber 'kommt' das Wort, das dir *einfällt*, nicht in etwas besonderer Weise? Gieb doch acht! – Das genaue Achtgeben nützt mir nichts. Ich könnte damit doch nur entdecken, was in mir jetzt vorgeht.

Und wie kann ich beim Philosophieren überhaupt drauf achtgeben? Ich müßte dazu doch abwarten, bis mir wieder (einmal) ein Wort einfällt. Aber das Seltsame ist (ja), daß es scheint, als müßte ich (gar) nicht auf so eine Gelegenheit warten. Als könnte ich mir den Fall vorführen, auch wenn er mir nicht wirklich passiert. Und wie? – Ich *spiele* ihn. – Aber was kann ich auf diese Weise erfahren? Was mache ich denn nach? – Gebärden, Mienen, einen Tonfall. (Diese Bemerkung hat sehr allgemeine Anwendung.) [*PU* II, xi, S. 219a]

851. – – – Als Erlebnis *gedeutet* sieht es freilich seltsam aus. (Nicht anders, als das 'Meinen', gedeutet als die Begleitung des Sprechens, oder -1 als Kardinalzahl.)[2] [*PU* II, xi, S. 219d]

852. Das stille Reden 'im Innern' ist kein halb-verborgenes schwer klar zu sehendes Phänomen[3] und wir müssen nun trachten es deutlicher zu sehen und darüber sagen, soviel wir wissen. – Es ist *gar nicht* verborgen, aber sein Begriff ist verwirrend.[4]

[1] Vor der Bemerkung in eckigen Klammern: "Zu S. 15v/3". – Dies bezieht sich augenscheinlich auf die Bemerkung Nr. 825.

[2] Var.: "(Nicht anders als die Absicht gedeutet als Vorgang beim Handeln, . . .)."

[3] Mehrere Varianten in MS.

[4] Var.: "aber sein Begriff kann uns leicht verwirren, denn er läuft eine lange Strecke hart am Begriff eines 'äußern' Vorgangs entlang ohne sich doch mit ihm zu decken. (Tennis ohne Ball.)"

Wir können es einen artikulierten Vorgang nennen: denn es geht in einer *Zeitspanne* vor sich, kann einen 'äußeren' Vorgang *begleiten*.

(Die Frage, ob beim stillen Reden immer, oder zumeist Kehlkopfbewegungen etc. stattfinden, mag großes Interesse haben, aber nicht für uns.) [a, c: *PU* II, xi, S. 220a]

853. Ich soll nicht sagen "das stille Reden zu mir selbst", denn man kann innerlich reden, ohne zu sich selbst zu reden.

854. Denk dir *dieses* Spiel – ich nenne es "Tennis ohne Ball": Die Spieler bewegen sich auf einem Tennisplatz ganz wie im Tennis, sie haben auch Schläger, aber keinen Ball. Jeder reagiert auf des Andern stroke so, oder ungefähr so, als hätte ein Ball ihre Reaktion verursacht. (Manöver.) Der Schiedsrichter, der einen 'Blick' für das Spiel haben muß, beurteilt strittigenfalls, ob ein Ball in's Netz gegangen ist, etc. etc. . Das Spiel hat offenbar große Ähnlichkeit mit dem Tennis und ist doch anderseits *grund*verschieden.)

855. Aber es ist hier ein Unterschied: Reden in der Vorstellung kann nur der, der *reden* kann. Denn zum Reden in der Vorstellung gehört, daß es sich später mitteilen läßt, *was* ich im Stillen geredet habe. – Dagegen könnte das Tennis ohne Ball (theoretisch) auch der lernen, der das andre Tennis nicht kennt. [Vgl. *PU* II, xi, S. 220b]

856. "Aber Reden im Stillen ist doch eine gewisse Tätigkeit, die ich lernen muß!" Wohl; aber was ist hier 'tun' und was ist hier 'lernen'?

Laß dich die Bedeutung der Worte von ihrer Verwendung lehren! [*PU* II, xi, S. 220c]

857. "So rechne ich nicht *wirklich*, wenn ich im Kopf rechne?!" – Du unterscheidest doch auch Kopfrechnen von wahrnehmbarem Rechnen! Und du kannst jenen Begriff nicht haben, ehe du diesen hast, und jene Tätigkeit nur lernen, indem du diese lernst. (Ihre Begriffe sind so nah verwandt und soweit entfernt wie die der Kardinalzahl und der Rationalzahl.) [*PU* II, xi, S. 220d]

858. Du könntest lernen, nach dem Metronom *im Kopf* zu rechnen. [Vgl. *PU* II, xi, S. 220b]

859. Nicht jedes Wesen, das Furcht, Freude, Schmerz, äußern kann, kann sie *heucheln*.

860. Es wäre etwa so: Nur *im Gesicht* kann ein Auge lächeln, aber nur in der ganzen Gestalt kann es – – –

861. Nur in einer ganz gewissen Umgebung kann etwas Schmerzäußerung sein; aber nur in einer noch viel weitgehender bestimmten kann es ein Schmerzheucheln geben. [Vgl. *Z* 534]

862. Denn Heucheln ist ein (bestimmtes) Muster im Lebensteppich. Es kehrt in unendlichen Variationen wieder.

Ein Hund kann nicht Schmerzen heucheln, weil sein Leben dazu zu einfach ist. Es hat nicht die nötigen Gelenke zu diesen Bewegungen.

863. Du kannst doch den Heuchler auf dem Theater darstellen. Es gibt also eine *Erscheinung* des Heuchelns, sie ist weit komplizierter als die Erscheinung des Leidens z.B.. Sonst könnte man Heuchelei nicht entlarven.

864. Es ließe sich auch denken, daß Menschen bewußt im Kehlkopf rechneten, wie sie ja auch z.B. mit den Fingern rechnen könnten. Willst du denn sagen, es sei eine *Täuschung*, wenn sie sich einbilden, sie *hörten* im Innern die Rede; oder ein bloßer Trick der Sprache? [Vgl. *PU* II, xi, S. 220e]

865. Die Hypothese, daß beim stillen Reden gewisse physiologische Vorgänge stattfinden, ist für uns nur insofern von Interesse, als sie uns eine mögliche Anwendung des Berichts "Ich sagte mir im Stillen . . ." zeigt; nämlich die, von der Äußerung auf den physiologischen Vorgang zu schließen. [Vgl. *PU* II, xi, S. 220f]

866. Was muß das Kind lernen, ehe es heucheln kann?

Z.B. die Verwendung von Worten wie: "Er glaubt, ich habe Schmerzen, aber ich habe keine."

867. Das Kind macht die Erfahrung, es werde freundlich behandelt, wenn es, z.B. bei Schmerzen, schreit; es schreit nun, um so behandelt zu werden. *Das* ist kein Heucheln. Nur eine Wurzel des Heuchelns.

868. Ein Kind muß allerlei lernen, ehe es heucheln kann. [Vgl. *PU* II, xi, S. 229b]

869. Es muß ein kompliziertes Muster des Benehmens lernen, ehe es heucheln oder aufrichtig sein kann.

870. Ein Hund heuchelt nicht; aber er ist auch nicht aufrichtig. [*PU* II, xi, S. 229b]

871. Das Kind lernt auch den Schmerz mimen. Es lernt das Spiel: sich stellen, als habe man Schmerzen.

872. "Wenn das Kind nur einmal weiß, was Schmerzen sind, so weiß es natürlich auch, daß man sie heucheln kann."

873. ". . . Und eines Tages *glaubt* nun das Kind etwas." Warum ist das falsch? "Eines Tages sagt es 'Ich glaube . . .'" ist richtig. "Heute hat es zum ersten Mal etwas geglaubt." Nun, was ist dabei? – es ist eben heute zum erstenmal *das* in seinem Innern vorgegangen. – Aber wie zeigte es sich? Nun, er sagte heute zum erstenmal "Ich glaube, sie hat Schmerzen". Das aber ist nicht genug. Ich muß also annehmen, er zeigte in der Folge, daß er die Worte nicht nur nachgesprochen hatte. Kurz, jene Äußerung fing ein Spiel an, und er konnte es *fortsetzen*. Heute, so schien es, war ihm das Spiel aufgegangen.

Aber wie kann dem Kind plötzlich ein Sprachspiel aufgehn? Gott weiß es. – Es fängt eines Tages an, etwas zu *tun*. Denk dir etwas Analoges im Lernen eines Brettspiels, das das Kind täglich gespielt sieht.

874. Er lernt nicht nur den Gebrauch des Ausdrucks "Schmerzen haben" in all seinen Personen, Zeiten und Anzahlen, sondern auch in Verbindung mit der Negation und den Verben des Dafürhaltens. Denn: glauben, bezweifeln etc., daß der Andre Schmerzen hat, sind natürliche Arten unsres Verhaltens gegen den Andern. (Er lernt "Ich glaube, er hat . . .", "Er glaubt, ich habe . . ." etc. etc., – aber *nicht* "Ich glaube, ich habe.")

(Hat der Raum da ein Loch? Nein, er scheint nur eins zu haben.)

875. Ändert dabei das Wort 'Schmerz' seine Bedeutung?

876. Das 'Heucheln' macht im Schmerzbegriff keine Schwierigkeit. Es macht ihn komplizierter. (Gebrauch des Geldes.)

877. Die *Unsicherheit*, ob der Andre . . ., sie ist ein (wesentlicher) Zug aller dieser Sprachspiele. Aber dies bedeutet nicht, daß jeder im hoffnungslosen Zweifel darüber ist, was der andre fühlt.

878. Die Teile einer Maschine sind elastisch, ja auch biegsam. Aber heißt das nun, daß es eigentlich keinen Mechanismus gibt, da sich die Maschinenteile benehmen, als wären sie aus Butter hergestellt?

(Und denk dir nun Mechanismen, Uhrwerke etwa, aus Materialien hergestellt, die weit nachgiebiger wären als die unsern, so daß die Bewegungen seltsam unregelmäßig würden, – müßte so ein Mechanismus unbrauchbar sein, könnte er nicht, tatsächlich, gebraucht werden?)

(Und wir haben ja unsre Begriffe nicht, weil sie *praktisch* sind. Oder doch nur einige aus diesem Grund.) [c: vgl. *Z* 700]

879. Denk dir Unsicherheit in ein Spiel eingeführt! Das könnte auf vielerlei Weise geschehen. Denk dir's so: [Tennis ohne Ball]. Wenn du fändest, daß Leute dies Spiel spielen, würdest du sagen, dies *sei* kein Spiel? Nun, verglichen mit den unsern wäre es von weit verschiedenem Charakter. (It takes many kinds . . .)

880. Daß das, was der Andre innerlich redet, mir verborgen ist, es sei denn, er teile es mir mit, liegt, im *Begriff* 'innerliches Reden'. Nur ist "verborgen" hier das falsche Wort; denn ist es mir verborgen, so sollte es ihm selbst offenbar sein, er müßte es *wissen*. Aber er 'weiß' es nicht, obwohl es für ihn meinen Zweifel nicht gibt. [*PU* II, xi, S. 220g–221a]

881. "Ich weiß, was ich will, wünsche, glaube, hoffe, sehe etc. etc." (durch alle psychologischen Verben) ist entweder Philosophenunsinn, oder aber *nicht* ein Urteil a priori. [*PU* II, xi, S. 221c]

882. "Ich weiß . . ." mag heißen "Ich zweifle nicht . . ." – aber es heißt nicht, die Worte "Ich zweifle" seien hier *sinnlos*,[1] der Zweifel logisch unmöglich. [*PU* II, xi, S. 221d]

883. Man sagt "Ich weiß . . .", wo man sich überzeugen kann. [*PU* II, xi, S. 221e]

884. Der Fall läßt sich denken, in dem ich mich davon überzeugen könnte, daß ich zwei Hände habe. Normalerweise aber kann ich's *nicht*. "Aber du brauchst sie dir ja nur vor die Augen zu halten." – Wenn ich *jetzt* zweifeln könnte, daß ich zwei Hände habe, so hätte ich auch keinen Grund meinen *Augen* zu trauen. (Ebensogut könnte ich dann meinen Freund fragen.) [*PU* II, xi, S. 221f]

885. "*Seine* Schmerzen sind mir verborgen", das wäre, als sagte ich: "Diese Klänge sind meinem Auge verborgen."

[1] Mehrere Varianten im MS.

886. Die Unsicherheit, in der mich all sein Benehmen über das läßt, was in seiner Seele ist. Aber läßt es mich denn immer unsicher?

887. "Es ist hier freilich nicht immer subjektive Unsicherheit, aber *objektive.*" (Aber was heißt das?)

888. 'Objektive Unsicherheit' ist eine Unbestimmtheit im Wesen des Spiels, der zugelassenen Evidenz.

889. "Was er innerlich redet, ist mir verborgen" könnte freilich auch heißen, ich kann es zumeist nicht *erraten*, noch (wie es ja möglich wäre) aus seinen Kehlkopfbewegungen z.B. entnehmen. [*PU* II, xi, S. 221b]

890. Von Ausdrucksformen aber, wie "Nur du kannst wissen, was in dir vorgeht", sehe ich ab.[1] Wer mir aber vorhalten wollte, man sage manchmal "Ich muß doch wissen, ob ich Schmerzen habe", "Nur du kannst wissen, was du denkst" u.a., soll die Anlässe und den Zweck solcher Redensarten überlegen.[1] ("Krieg ist Krieg" ist auch nicht ein Beispiel des Identitätsgesetzes.) [Vgl. *PU* II, xi, S. 221e]

891. Bin ich weniger sicher, daß dieser Mann Schmerzen hat, als daß $2 \times 2 = 4$ ist? – Aber ist darum das erste *mathematische* Sicherheit? – 'Mathematische Sicherheit' ist kein *psychologischer* Begriff. [*PU* II, xi, S. 224e]

892. Die *Art* der Sicherheit ist die Art des Sprachspiels. [*PU* II, xi, S. 224e]

893. Es gibt hier zwei verschiedene Fakten: Das eine Faktum, daß ich meine Handlungen im allgemeinen sicherer voraussehe als der Andre; das andre, daß meine Voraussage nicht auf der selben Evidenz beruht wie die des Andern und daß sie andere Schlüsse zuläßt. [Vgl. *PU* II, xi, S. 224b][2]

894. Nicht das ist wichtig, daß ich irgendwelche Vorgänge in meinem Geist *weiß*, nicht *darum* frägt man *mich* nach meinen Motiven. Sondern weil hier die Evidenz und die Folgen der Aussage von andrer Art sind.

[1] Alternativen.
[2] Am Ende der Bemerkung in eckigen Klammern: "Zu M.S. "R" S. 96". Siehe die Bemerkung Nr. 183.

895. “Der Physiker rechnet darum, weil Papier und Tinte zuverlässiger sind als seine Apparate.”

896. Nehmen wir an, es gebe einen Menschen, der immer richtig erriete, was ich im Gedanken zu mir selbst sage. (Wie ihm das gelingt, ist gleichgültig.) – Aber was ist das Kriterium dafür, daß er es *richtig* errät? Nun, ich bin wahrheitsliebend und gestehe, er habe es richtig erraten. – Aber könnte ich mich nicht irren, könnte mich mein Gedächtnis denn nicht täuschen? Und kann es das nicht (überhaupt) immer, wenn ich – ohne zu lügen – ausspreche, was ich bei mir gedacht habe? – – – Aber so scheint es ja, es könnte gar nicht drauf ankommen, daß ich weiß ‘was in meinem Innern geschehen ist’. (Ich mache hier eine Hilfskonstruktion.) [*PU* II, xi, S. 222e]

897. Für das ‘wahrheitsgemäße’ Geständnis, ich hätte das und das gedacht, sind die Kriterien nicht die, wie für die Beschreibung eines vergangenen Vorgangs. Und die Wichtigkeit des wahrheitsgemäßen Geständnisses liegt nicht darin, daß es irgend einen Vorgang mit Sicherheit richtig wiedergibt. Sie liegt vielmehr in den besondern Anzeichen der subjektiven Wahrheit und in den besondern Konsequenzen des wahrheitsgemäßen Geständnisses.[1] [*PU* II, xi, S. 222f]

898. (Angenommen, daß die Träume der Menschen uns wichtige Aufschlüsse über den Träumer geben können, so wäre das, was den Aufschluß gibt, die wahrhaftige Traumerzählung. Die Frage, ob den Träumer sein Gedächtnis manchmal, oft, oder immer täuscht, kann sich gar nicht erheben, es sei denn, wir führten ein gänzlich neues Kriterium für die ‘Richtigkeit’ der Traumerzählung ein.) [Vgl. *PU* II, xi, S. 222g–223a]

899. Das Kind, das den ersten primitiven Wortausdruck des eigenen Schmerzes lernt, – das dann anfängt (auch) von einem vergangenen Schmerz zu erzählen, – es kann eines schönen Tages erzählen: “Wenn ich Schmerzen habe, kommt der Arzt”. Hat nun in diesem Prozeß des Lernens das Wort “Schmerz” seine Bedeutung geändert? – Ja; es hat seine Verwendung geändert.

Aber bezieht sich das Wort im primitiven Ausdruck und im Satz

[1] Var.: “Für die Wahrheit des *Geständnisses*, ich hätte das und das gedacht, sind die Kriterien nicht die der wahrheitsgemäßen *Beschreibung* eines Vorgangs. Und die Wichtigkeit des wahrhaften Geständnisses liegt nicht darin, daß es irgend einen Vorgang mit (absoluter) Sicherheit richtig wiedergibt. Sie liegt vielmehr in den besondern Konsequenzen, die sich aus einem Geständnis ziehen lassen, dessen Wahrhaftigkeit durch die besondern Kriterien der Wahrhaftigkeit verbürgt ist.”

nicht auf *dasselbe*, nämlich dasselbe Gefühl? Doch; aber nicht auf die gleiche Technik.[1]

900. Ich kann einen Satz aussprechen oder aufschreiben, der eine Absicht (in der ersten Person) ausdrückt. Der Satz sei: "Ich werde in 2 Minuten den linken Arm heben." Aber es ist doch ein Unterschied, ob das wirklich meine Absicht ist, oder ob ich es nur so, wie gerade jetzt, als Satzbeispiel hinschreibe.

901. Nicht nur auf die Schmerzen, sondern auch auf die Verstellung schließt man ja aus dem Benehmen.

902. Eine Form des Gedankenerratens: Einer stellt ein Jigsaw-puzzle zusammen, der Andre kann ihn nicht sehen, aber er sagt von Zeit zu Zeit: "Jetzt kann er etwas nicht finden", "Jetzt denkt er 'Wo habe ich nur ein solches Stück gesehen?'", "Jetzt ist er sehr befriedigt'", "Jetzt denkt er 'jetzt weiß ich, wo es hingehört!'", "Jetzt denkt er 'Es paßt nicht recht'" – und dabei braucht der Andre weder laut noch zu sich selber sprechen. [Vgl. *PU* II, xi, S. 223b]

903. Alles dies ist Erraten von Gedanken, und daß es tatsächlich nicht geschieht, macht den Gedanken nicht verborgener als den physischen Vorgang, den ich nicht wahrnehme. [*PU* II, xi, S. 223c]

904. Man kann sich ein Erraten der Absicht denken, ähnlich einem Erraten des Gedankens, aber auch ein Erraten dessen, was Einer tatsächlich *tun wird*.

Zu sagen "Nur er kann *wissen*, was er beabsichtigt" ist Unsinn. Zu sagen "Nur er kann wissen, was er tun wird" ist falsch. Denn seine Vorhersage, die im Ausdruck der Absicht liegt (z.B. "So wie es 5 Uhr schlägt, gehe ich nach Hause") mag nicht zutreffen, und ich mag wissen, was er wirklich tun wird. [*PU* II, xi, S. 223i–224a]

905. Zwei Dinge aber sind wichtig. Daß er in vielen Fällen meine Handlungen nicht voraussehen kann, in denen ich sie durch die Absicht voraussehe. Und daß die Vorhersage, die im Ausdruck meiner Absicht liegt, nicht auf der gleichen Grundlage ruht, wie des Andern Vorhersage meiner Handlung, und (daß) die Konsequenzen aus diesen Vorhersagen verschieden sind.[2] [*PU* II, xi, S. 224b]

[1] Am Ende der Bemerkung in eckigen Klammern: "Dazu der §: "Ich bin nicht sicher . . .".".

[2] Var.: "Und daß die Voraussicht, die in meiner Absicht liegt, nicht auf derselben Grundlage ruht, wie des Andern Vorhersage meiner Handlungen."

906. Vom Glauben, von der Sicherheit möchte man manchmal sagen, sie seien Tönungen des Gedankens: Und sie drücken sich ja wirklich oft im *Ton* der Rede aus. Denk aber nicht an sie als 'Gefühle', die unsre Worte begleiten.[1] [*PU* II, xi, S. 225b]

907. Wäre es richtig, zu sagen, daß das Sprachspiel des Aussprechens des Motivs von der Seite des 'Andern' gleich dem des Aussprechens der Ursache ist, aber nicht von der Seite dessen, der sein Motiv gesteht?

908. Was ist der Unterschied zwischen Motiv und Ursache? – Wie *findet* man das Motiv, und wie die Ursache?

[Bemerkung über die 'Methoden' der Längenmessung.] [a: *PU* II, xi, S. 224i; b: vgl. *PU* II, xi, S. 225a]

909. Die unsägliche Verschiedenheit aller unsrer tagtäglichen Sprachspiele kommt uns gar nicht zu Bewußtsein, weil die äußern Formen unsrer Sprache alles gleichmachen. [Vgl. *PU* II, xi, S. 224h]

910. Denke, Menschen würden das Wetter beurteilen; und zwar sagt Einer "Es schaut im Westen gelb aus, das ist ein gutes Zeichen. Es wird schön bleiben." Und er handelt dementsprechend. Ein Andrer sagt "Nein. Im Norden ist es grau. Ich bin überzeugt, es kommt Regen" – und handelt danach. Ein Dritter hat wieder andere Kriterien für seine Prognose, etc. etc. . Alle diese Leute können doch ihrer Sache *sicher* sein. Und die Sicherheit wird sich in ihren Handlungen ausdrücken. Ja hätten sie, statt aller Kriterien, nicht einfach den Himmel anschaun, und sagen können: "Ich habe den *bestimmten* Eindruck, es wird . . ."?

911. Und nun: Mehrere Leute betrachten einen Kranken (oder, der sich krank stellt); der Eine hat den Eindruck, er sei wirklich krank, der Andre den entgegengesetzten; jeder sagt a) er habe den bestimmten Eindruck, daß . . ., und handelt danach b) er gibt Gründe für diesen Eindruck an, die aber nur Gründe für *ihn* sind.

"Was geschieht da, wenn Einer den Eindruck hat . . .?" – Unsinn! Wie, wenn die Leute einfach sagten: "Ich wette . . ., er ist krank", "Ich wette . . ., er verstellt sich"?

912. Wenn ich nun glaube, Einer heuchle Schmerz, so glaube ich nicht nur, er habe keinen. Es ist hier ein bestimmter *Verdacht*.

[1] Var.: "Frag nicht "Was geht da in uns vor, wenn wir sicher sind, . . .?" – sondern: Wie äußert sich die Sicherheit in unserm Handeln?"

Ich will sagen: Wenn die *natürliche* Einstellung der Menschen gegen den, der Schmerz äußert, *verschieden* ist, – die eine kühl und gleichgültig, die andre mitleidsvoll, etc., – so heißt *das* noch nicht, Einer glaube, der Mensch *verstelle* sich.

913. Wenn nun *Einer* sagt "Ich glaube, er heuchelt" – was meint er damit? – Nun, er *gebraucht ein Wort*, welches man in den und den Lagen gebraucht. Er wird das Spiel manchmal so weiterspielen, daß er Vermutungen über das künftige Benehmen des Andern anstellt; das muß aber nicht geschehn.

Es geht einiges Benehmen und einige Konversation vor sich. Ein paar Sätze, hin und her; und ein paar Handlungen. Das kann alles sein.

[Nur im Fluß des Lebens haben die Worte ihre Bedeutung.][1]

914. Es kommt mir so vor, als stünde irgendwo ein leeres Schachbrett und daneben liegen Schachfiguren. Wenn ein paar Leute dran vorbeikommen, so stellt etwa der eine 2 oder 3 Figuren auf und der Andre auch; einer macht einen Zug, es folgt ein Gegenzug, sie machen Gesichter dabei, oder sagen so etwas wie "Das war dumm!", "Siehst du!" etc. und lassen's dann. Das Ganze wäre unmöglich, wenn sie nicht *Schach spielen* könnten; was vor sich geht aber, ist ein Fragment, oder mögliches Fragment einer Schachpartie.

915. Vergleiche nun das 'Urteil eines Fachmanns' mit jenen Urteilen über das Wetter.

Jenes hat für einen Andern als den Urteilenden Wert, – dieses ist nur eine Äußerung der Stellungnahme des Urteilenden; – es mag dadurch freilich auch auf Andre wirken. Die Sprachspiele sind verschieden.

916. Und natürlich gibt es auch hier Übergänge.

917. Man könnte fragen: "Gibt es über die Echtheit des Gefühlsausdrucks ein 'fachmännisches' Urteil?" Und die Antwort wäre: Es gibt auch *hier*, was man 'Menschen mit besserem' und 'Menschen mit schlechterem Urteil' nennt. [Vgl. *PU* II, xi, S. 227h]

[1] Vgl. Norman Malcolm, *Ludwig Wittgenstein: A Memoir*, S. 93. – Im MS 169, S. 47v, sagt Wittgenstein: "Auch was im Innern vorgeht hat nur im Fluß des Lebens Bedeutung."

918. Aber es gibt z.B. keine Fachprüfung in Menschenkenntnis.
(Wie wäre es, wenn's eine gäbe?) [Vgl. *PU* II, xi, S. 227h]

919. Aber worin zeigt es sich, daß Einer das richtige Urteil hat? Das ist *schwer* zu sagen. Ich könnte manches anführen; aber es wären nur Fetzen einer Beschreibung.

920. Man kann einen auch durch *Evidenz* von dem und dem Seelenzustand des Andern überzeugen.[1]

Und doch gibt es hier kein Fachstudium. [Vgl. *PU* II, xi, S. 228b]

921. Wie ist es damit: wenn man *gewisse* Regeln geben kann, aber doch nur wenige und solche, die Einer durch Erfahrung ohnehin zumeist erlernt, – wenn aber das wichtigste Übrige *unwägbar* ist??

922. Was heißt "*unwägbare* Evidenz"? (Seien wir ehrlich!) [Vgl. *PU* II, xi, S. 228c, d]

923. Ich sage Einem, ich habe Gründe für diese Behauptung, oder Beweise für sie, aber sie seien 'unwägbar'.

Nun, ich habe *z.B.* den Blick gesehen, den der eine dem andern zugeworfen hat. Ich sage "Hättest *du* ihn gesehen, so würdest du dasselbe sagen". [Aber es ist hier noch eine Unklarheit.] Ich kann vielleicht ein andermal diesen Blick sehen lassen und er ist dann überzeugt. Das wäre *eine* Möglichkeit.

Ich mache *zum Teil* Vorhersagen des Benehmens ("Sie werden heiraten, sie wird ihn dazu bringen"), zum Teil auch nicht.

924. Die Frage ist: Was *leistet* die unwägbare Evidenz? Mit welchem Rechte nennt man sie "Evidenz"?

(Vergleiche den Fall der Wetterbeurteiler mit dem des Menschen, der das Leiden eines andern beurteilt.) [Vgl. *PU* II, xi, S. 228c]

925. Ein wichtiges Faktum ist hier, daß wir gewisses nur durch lange Erfahrung lernen und nicht durch einen Kurs in einer Schule. Wie entwickelt man z.B. einen Kennerblick? Es sagt Einer z.B.: "Dieses Bild ist nicht von dem und dem Meister" – er macht also eine Aussage, die kein ästhetisches Urteil ist, sondern vielleicht durch

[1] Var.: "Man kann Einen auch *durch Evidenz* davon überzeugen, er sei über den Seelenzustand eines Menschen im Irrtum gewesen. Man kann ihn durch Evidenz eines Bessern belehren."

Dokumente bewiesen werden kann. Er mag nicht im Stande sein, sein Urteil klar zu begründen. – Wie hat er es gelernt? Konnte jemand es ihn lehren? O ja. – Nicht *so*, wie man rechnen lehrt. Es bedurfte langer *Erfahrung*. D.h., der Lernende mußte vielleicht wieder und wieder eine Menge Bilder verschiedener Meister betrachten und vergleichen. Dabei konnte man ihm *Winke* geben. Nun das war der Prozeß des *Lernens*. Dann aber betrachtete er ein Bild und gab ein Urteil ab. Er konnte in den meisten Fällen Gründe für sein Urteil abgeben, aber *sie* waren in den meisten Fällen nicht überzeugend.

926. Betrachte das *Lernen* – und das *Resultat* des Lernens.

927. Der *Kenner* könnte sich z.B. einer Jury nicht verständlich machen. D.h. sie würden seinen Ausspruch, aber nicht seine Gründe verstehen. Dem andern Kenner kann er die Andeutungen geben, die dieser versteht.

928. Aber will ich etwa sagen, die Sicherheit der Mathematik beruhe auf der Zuverlässigkeit von Tinte und Papier? *Nein*. (Das wäre ein Circulus vitiosus.) – Ich habe nicht gesagt, *warum* es zwischen den Mathematikern nicht zum Streit kommt, sondern nur, *daß* es nicht zum Streit kommt. [*PU* II, xi, S. 226b]

929. Es ist wohl wahr, daß man mit gewissen Arten von Papier und Tinte nicht rechnen könnte, wenn sie nämlich gewissen seltsamen Änderungen unterworfen wären, aber daß sie sich ändern, könnte ja doch wieder nur durch das Gedächtnis und den Vergleich mit andern Rechenmitteln sich ergeben. Und diese kann man ja nicht wieder an etwas anderm prüfen.[1] [*PU* II, xi, S. 226c]

930. Hat es Sinn zu sagen, die Menschen stimmen in Bezug auf ihre Farburteile im allgemeinen überein?? Wie wäre es, wenn's anders wäre? Der Eine würde sagen, die Blume sei rot, die der andre für blau hält etc. – Aber mit welchem Recht könnte man nun die Wörter "rot" und "blau" dieser Menschen *unsere* Farbwörter nennen? Warum sollen wir sagen, sie hätten die gleiche Bedeutung? Wir können das eine und das andere sagen.

Der Begriff ist nun geändert und es gibt Gründe, ihn noch als denselben anzusprechen, und Gegengründe. [Vgl. *PU* II, xi, S. 226e]

[1] Var.: "Und wie will man *diese* wieder prüfen?"

931. Aber wie ist es damit: "Es kommt über Farburteile im allgemeinen nicht zum Streit"? Es gibt 'Farbenblindheit' und Mittel sie festzustellen.

Ist jener Satz nicht einer über den *Begriff* des Farburteils? [Vgl. *PU* II, xi, S. 227d]

932. Wenn nicht Übereinstimmung in den Farburteilen bestünde, wie erlernten Menschen denn die Farbwörter gebrauchen? Mit welchem Recht könnten wir den Wortgebrauch, den sie lernen, den der 'Farbnamen' nennen?

Aber hier gibt es natürlich Übergänge.

933. Und diese Überlegung muß für die Mathematik gelten. Gäbe es unsere mathematische Sicherheit nicht, so würden die Menschen auch nicht die gleiche Technik lernen, die wir erlernen. Sie wäre von der unsern mehr, oder weniger verschieden, und im Grenzfalle bis zur Unkenntlichkeit. [*PU* II, xi, S. 226f]

934. "Die mathematische Wahrheit ist doch unabhängig davon, ob Menschen sie erkennen, oder nicht!" – Gewiß: "Die Menschen glauben, daß 2 × 2 = 4 ist" und "2 × 2 = 4" haben nicht den gleichen Sinn. Dieser ist ein mathematischer Satz, jener, wenn er überhaupt einen Sinn hat, kann etwa heißen, daß die Menschen auf den mathematischen Satz gekommen sind. Die Beiden haben gänzlich verschiedene *Verwendung*. – Aber was würde nun *das* heißen: "Wenn auch alle Menschen glaubten, 2 × 2 sei 5, so wäre es doch 4!"? – Wie sähe denn das aus, wenn alle Menschen dies glaubten? Nun, ich könnte mir nur vorstellen, es wäre ein andrer Kalkül. Wäre es *falsch*? Ist eine Königskrönung *falsch*? Höchstens nutzlos. Und vielleicht auch das nicht. [*PU* II, xi, S. 226g–227a]

935. Mathematik ist freilich, in einem Sinne, eine Lehre, aber doch auch ein Tun. Und einen 'falschen Zug' kann es nur als Ausnahme geben; denn würde, was wir jetzt so nennen, die Regel, so hörte damit das Spiel auf, worin es ein falscher Zug war. [*PU* II, xi, S. 227b]

936. Zur 'unwägbaren Evidenz' gehören die Feinheiten des Tons, des Blicks, der Gebärde.

Ist es hier nicht wirklich, als sähe man das Arbeiten des Nervensystems. Denn ich möchte wohl, daß meine geheuchelte Gebärde ganz einer echten gleicht, aber es geschieht eben *doch* nicht das Gleiche. [a: *PU* II, xi, S. 228d]

937. Ich kann den echten Blick der Liebe erkennen, ihn vom verstellten unterscheiden. Und ich kann ihn doch dem Andern auf keine Art beschreiben. Hätten wir etwa einen großen Maler hier, so wäre es denkbar, daß dieser in Bildern einen echten und einen geheuchelten darstellte, oder es ließe sich eine Darstellung im Film denken, und auf sie gestützt vielleicht eine Beschreibung in Worten. [Vgl. *PU* II, xi, S. 228d]

938. Leg dir die Frage vor: Wie lernt der Mensch, einen 'Blick' für etwas kriegen? Und wie läßt sich dieser Blick verwenden? [*PU* II, xi, S. 228e]

939. Mit welchem Recht kann man sagen, ein Kind müsse manches lernen, ehe es heucheln kann? (. . . ehe es einen Rechenfehler machen kann.)

940. Jemand sagt von seinem Kind "Heute hat es zum ersten Mal geheuchelt". Das kann man sich leicht vorstellen. Aber nicht, wenn er sagt "Heute war es zum ersten Mal aufrichtig" – obwohl man doch vom Neugeborenen nicht sagen könnte, es sei aufrichtig. Und doch *kann* man wieder sagen "Mein Kind ist jetzt schon entschieden aufrichtig".

941. Wenn man nun fragt "Was muß es lernen, um aufrichtig sein zu *können*?" – erhält man vielleicht so eine Antwort wie: "Es muß eingesehen haben, daß Unaufrichtigkeit schlecht ist" – oder irgend eine Antwort, die das Innere des Kindes beschreibt, die inneren Requisiten.

942. Auch boshaft, freundlich, dankbar, kann ja das neugeborne Kind nicht sein. Erst in einem komplizierten Muster des Benehmens gibt es Dankbarkeit.

Wenn eine Figur nur aus drei Geraden besteht, so kann sie weder ein regelmäßiges noch ein unregelmäßiges Sechseck sein.

943. Wir sagen doch gewiß normalerweise nur von dem, er sei aufrichtig, der sprechen kann. Und wenn daraus auch nicht folgt, daß der Begriff 'aufrichtig' dort *unanwendbar* wäre, wo keine Sprache ist, so doch das, daß dieser Begriff dort nicht ohne jede Schwierigkeit anzuwenden ist.

944. Der Erwachsene kann freilich, ohne ein Wort zu sprechen, durch Mienen, Gebärden und unartikulierte Laute heucheln, oder aufrichtig sein.

945. Denk dir ein neugebornes Kind, das zwar freilich nicht reden könnte, aber das Mienen- und Gebärdenspiel der Erwachsenen hätte!

946. Erst in einem komplizierten *Ausdrucksspiel* gibt es Heuchelei und ihr Gegenteil. (Wie erst *in* einem *Spiel* einen falschen, oder richtigen Zug.)

947. Und wenn sich das *Ausdrucks*spiel entwickelt, so kann ich freilich sagen, es entwickle sich eine Seele, ein *Inneres*. Aber es ist nun[1] das Innere nicht mehr die Ursache des Ausdrucks.[2] (Sowenig wie das mathematische Denken das Rechnen erzeugt, die Triebkraft des Rechnens ist. Und dies ist eine Bemerkung über Begriffe.)

948. Einen dreifachen Kontrapunkt gibt es nur in einer ganz bestimmten musikalischen Umgebung. [*VB*, S. 157]

949. Denk dir, Einer verstecke seine Absicht, indem er einen geschriebenen Plan versteckt.

950. 'Der Schmerz das Wichtige – die Klage das Unwichtige.' – Nun, ich will, daß er von meinen Schmerzen Notiz nimmt, nicht von den Klagelauten. Und wie nimmt er von meinen Schmerzen Notiz?

951. Es scheint: hier ist ein Inneres, worauf ein Äußeres nur unbestimmte Schlüsse zuläßt. Es ist ein Bild und was das Bild rechtfertigt ist offenbar. Die scheinbare Sicherheit der ersten Person, die Unsicherheit der dritten.

952. Die zureichende Evidenz ist von der unzureichenden durch keine klare Grenze geschieden. Und doch gibt es hier Evidenz.

953. Die Beurteilung der Fälle ist *schwankend*, wie unsre natürliche Stellungnahme zum Andern.

954. Der seelenvolle Ausdruck in der Musik. Er ist nicht nach Graden der Stärke und des Tempos zu beschreiben. Sowenig wie der seelenvolle Gesichtsausdruck durch räumliche Maße. Ja er ist auch nicht durch ein Paradigma zu erklären, denn das gleiche Stück kann auf unzählige Arten mit echtem Ausdruck gespielt werden. [*VB*, S. 157]

[1] Var.: "es erscheint hier".

[2] Var.: "als das primum movens des Ausdrucks."

955. Und wie sähe nun das Gegenteil aus? – Man könnte die Traurigkeit z.B. mit derselben Sicherheit feststellen, mit der man eine Halsentzündung etwa feststellt. – Aber was wäre nun das für ein Begriff der Traurigkeit? Der unsere?

956. Warum nicht? Wer bei einem bestimmten Anlaß *dieses* Gesicht macht, sich *so* hält, etc., von dem können wir all das mit Bestimmtheit voraussagen, was wir (in der Welt, wie sie jetzt ist) von einem wahrhaft Traurigen erwarten.

957. Worin besteht unsre Unwissenheit über die Seelenzustände und Vorgänge im Andern? Denn sie ist aus mehrerem zusammengesetzt.[1] Wir können nicht an seinem Äußern ablesen, was er zu sich selbst sagt. Wir können das, was er sagt, oft nicht verstehen. Wir können seine Absichten nicht erraten. Wir wissen oft nicht, in welcher Stimmung er sich befindet.

Die Unwissenheiten sind von verschiedener *Art*; und wenn man sie sich behoben denkt, dann würden sie auf verschiedene *Weise* behoben.

958. Was heißt es z.B., die Stimmung des Andern mit Sicherheit kennen?

Nun, man denkt sich, Einer könnte sie nur vom Gesicht ablesen. – Aber die Absicht auch?! Warum dann nicht ebensogut an den Händen, oder Kleidern? – Aber man könnte sich ein Mittel denken, die Absicht zu erfahren. Man fragt ihn nach seiner Absicht und kann mit Sicherheit erkennen, wenn er lügt und etwa auch, was ihm dann durch den Kopf geht. Aber wenn nun die Absicht in diesem Moment sozusagen nur als Disposition vorliegt, wenn sie nicht gedacht wird? – Hier wäre es also vielleicht nötig, daß ich ihn schon *vorher* beobachtet hätte!

959. "Das Innere ist mir verborgen" – ist das nicht ebenso vag, wie der Begriff des 'Inneren'?

(Denn bedenk nur: das Innere ist ja Empfindungen + Gedanken + Vorstellungen + Stimmung + Absicht u.s.f. .)

960. Du *errätst* ja auch seine Absicht, seine Empfindungen, seine Gedanken, seine Stimmung nicht in gleicher Weise.

[1] Var.: "Unsere 'Unwissenheit' darüber, was im Andern vorgeht, ist nicht *eines*, sondern besteht aus verschiedenen Unwissenheiten."

961. Ich weiß auch seine Handlungen nicht voraus wie die meinen, und ich habe andere Mittel meine Absicht zu bilden, als er, sie zu erraten.

Auch wenn ich keine positive Absicht habe, kann ich negative Absichten haben; ich weiß nicht, was ich tun werde, bin aber schon entschieden, daß ich das und das *nicht* tun will.

962. Wenn einem unter Tags ein Traum der letzten Nacht einfällt, an den man früher im Wachen nie gedacht hatte, so ist das ein seltsames Erinnern. – – –

963. Der Gegensatz zu meiner Unsicherheit bezüglich dessen, was in ihm vorgeht, ist nicht *seine* Sicherheit. Denn ich *kann* der Gefühle des andern auch sicher sein, aber darum sind es nicht die meinen.

964. "Ich kann die Gefühle des Andern nur erraten" – hat das wirklich Sinn, wenn man ihn z.B. mit schweren Verletzungen in furchtbaren Schmerzen sieht?

965. Der Traum eine Halluzination? – Die Erinnerung an den Traum ist wie die Erinnerung an eine Halluzination, oder vielmehr: wie die Erinnerung an ein wirkliches Erlebnis. Das heißt, man möchte z.B. manchmal sagen: "Ich habe gerade das und das gesehen", so als hätte man's wirklich gerade gesehen.

966. Denk z.B. an die Beschreibung von '*Anlässen*'. Ist es denn klar, daß Einer die Beschreibung des 'Kummeranlasses' verstehen muß? Denn die Anlässe zum Kummer sind ja mit 1000 andern Mustern verwoben. Ist es klar, daß Einer die Technik, die Bezeichnung dieser Art von Muster zu gebrauchen, muß lernen können? Daß er es aus den andern Mustern wie wir herausklauben kann?

967. Es gibt hier aber einfache und kompliziertere Fälle; und das ist für den Begriff wichtig. Jemand verbrennt sich und schreit auf; nur unter sehr seltenen Umständen würde man sein Benehmen "Verstellung" nennen. Ja hier könnte ein Arzt uns sagen, nur unter den und den Umständen könnte es Verstellung sein.

968. Die Beschreibung des Wortgebrauchs. Das Wort wird ausgesprochen — in welcher Umgebung? Wir müssen also etwas *Charakteristisches* in diesen einzelnen Vorfällen finden, eine *Art* Regelmäßigkeit. Nun *lernen* wir aber den Wortgebrauch nicht mit Hilfe von Regeln. Wie könnte ich Einem denn eine Regel dafür

geben, in welchen Fällen er zu sagen hat, er habe Schmerzen! – Dagegen aber gibt es eine UNGEFÄHRE Gesetzmäßigkeit in dem Gebrauch, den ein Mensch tatsächlich von dem Worte macht.

969. Ich will also sagen: es ist von vornherein nicht ausgemacht, daß es so etwas gibt, wie 'eine *allgemeine* Beschreibung der Verwendung eines Worts'.

Und wenn es also doch etwas derartiges gibt, – so ist nicht ausgemacht, wie *bestimmt* eine solche Beschreibung sein muß.

970. Unter welchen Umständen (*äußeren* Umständen) nennt man etwas eine Schmerzäußerung? (Denn das ist doch eine wichtige Frage, – auch wenn man sagt, daß der wahren Schmerzäußerung etwas *Inneres* entspricht.)

971. Und kann ich nun diese Umstände beschreiben? – und warum nicht? Ich könnte Beispiele geben, das ist klar. Wie kann ich denn lernen, die Umstände zu beschreiben? Hat man mich's denn gelehrt? oder was müßte ich dazu beobachten?

972. Und das Gleiche gilt von den äußeren Anzeichen der 'Verstellung'.

973. Und wenn ich mir nun eine Aufzählung solcher Umstände denke, für wen wäre sie von Interesse? — Ja einzelne Aperçus haben wohl Interesse. Aber wäre eine Aufzählung interessant, die Vollständigkeit *anstrebte*? Könnte man sie praktisch brauchen? – So funktioniert dieses Spiel gar nicht.

974. Es ist hier nichts versteckt; und nähme ich an, es sei etwas versteckt, so hätte die Kenntnis dieses Versteckten kein Interesse.

Ich kann aber meine Gedanken vor ihm verbergen, indem ich ein Tagebuch verstecke. Und hier verstecke ich etwas, dessen Kenntnis für ihn von Interesse sein könnte.

975. Zu sagen, meine Gedanken seien ihm unzugänglich, weil sie im Innern meines Geistes stattfänden, ist ein Pleonasmus.

976. Was ich im Stillen zu mir selbst sage, ist ihm nicht bekannt: aber es kommt wieder nicht auf einen 'seelischen Vorgang' dabei an, wenn auch hier ein physischer Vorgang stattfinden mag, der, wenn er dem Andern bekannt wäre, die laute Rede ersetzen könnte. Man könnte also auch hier einen physischen Vorgang 'versteckt' nennen.

977. "Was ich im Stillen bei mir denke ist ihm verborgen" kann nur heißen, er könne es nicht erraten, aus dem und dem Grunde nicht erraten; nicht aber, er könne es nicht wahrnehmen, weil es in meiner Seele ist.

978. Man sieht ein Gesicht an und sagt "Was geht wohl hinter diesem Gesicht vor?" – Aber man muß das nicht sagen. Man muß das Äußere nicht als die Front betrachten, hinter der die geistigen Kräfte wirken.[1]

979. Die Idee vom Geist des Menschen, den man sieht oder nicht sieht, ist sehr ähnlich der der Wortbedeutung, die als ein Vorgang oder Objekt beim Wort steht.

[1] Var.: "Aber so muß man nicht denken. Und wenn jemand mit mir offenbar rückhaltlos spricht, so bin ich auch gar nicht versucht, so zu denken."

REGISTER

Die Nummern beziehen sich auf die Nummern der Bemerkungen

ENTSPRECHUNGEN ZWISCHEN DEN „BEMERKUNGEN ÜBER DIE PHILOSOPHIE DER PSYCHOLOGIE“ UND DEN „PHILOSOPHISCHEN UNTERSUCHUNGEN“

BPhPs: Paragraphenzahlen der vorliegenden Ausgabe der *Bemerkungen über die Philosophie der Psychologie*
WA: Seitenzahlen der *Philosophischen Untersuchungen* in Band 1 der vorliegenden Werkausgabe
st/stw: Seitenzahlen der *Philosophischen Untersuchungen* in der Ausgabe suhrkamp taschenbuch 14 (1971) sowie in der Ausgabe suhrkamp taschenbuch wissenschaft 203 (1980)
PU: Seitenzahlen der bei Blackwell erschienenen zweisprachigen Ausgabe der *Philosophischen Untersuchungen* (auf die im Text verwiesen wird)

BPhPs I	WA	st/stw	PU
6	560	350	218
7	550	340	212
8	550	340	212
9	518f.	308	193
40	493	281	176
41	493	281	176
46	578	368	230
48	578	368	230
62	513	301	190
64	513	301	190
112	579	369	231
113	579	369	231
114	579	369	231
117	565	355f.	221
147	565	356	222
164	570	360	224
170	538	328	205
175	491	279	175
176	491	279	175
177	491	279	175
239	491	279	175
246	491	279	175

BPhPs I	WA	st/stw	PU
248	492	280	175
251	492	280	176
252	492	280	176
262	494	282	177
263	493	281	176
265	495	283	178
279	496	284	178
281	496	284	178
286	497	285	179
287	497	285	179
288	497	285	179
289	499	287	180
290	498	286	180
293	500	288	181
302	500	288	181
314	489	277	174
322	501	289	181
331	501	289	182
334	501	289	181
335	502	290	182
337	503	291	183
338	503	291	183
345	496	284	178
357	561	351	219
362	560f.	350f.	218
368	504	292	184
369	504	292	184
373	504	292	184
386	508	296	186
458	489	277	174
459	489	277	174
473	513	301	190
476	513	301	190
481	513f.	301f.	190
482	514	302	190
493	513	301	190
494	514	302	190
531	549	339	212
630	572	363	226
631	570	360f.	224
632	570f.	361	225

BPhPs I	WA	st/stw	PU
643	578	368	230
686	559	349	218
691	560	350	218
710	515	304	191
884	563	353	220
899	551	341	213
985	542	331	207
991	527	316	198
1026	531	320	200
1027	531	320	201
1039	580	370	232
1058	553	343	214
1059	553f.	343f.	214
1060	554	344	215
1061	554	344	215
1075	529	318	199
1109	571	361	225

BPhPs II	WA	st/stw	PU
36	530	320	200
358	544	334	209
416	517	305	192
434	578	368	230
445	547f.	337	210f.
446	548	337f.	211
449	541	331	207
451	542	331	207
452	529	318f.	200
453	529f.	319	200
463	526	316	198
472	550	340	212
483	544	333	208
484	544	333	208
485	544	334	208
486	544	334	209
488	551	341	213
489	553	343	214
491	551	340f.	213
492	543	333	208

BPhPs II	WA	st/stw	PU
494	551	341	213
495	551	341	213
519	547	336f.	210
526	521	310	195
535	540	329	206
538	543	333	208
543	551	341	213
546	550	340	212
556	518	307	193
566	569	359	224
567	569	359	224
569	568	358	223
612	576	367	228f.
613	577	367	229
688	574	365	227
694	574	365	227
697	575	366	228
723	512	300	189

ENTSPRECHUNGEN ZWISCHEN DEN „LETZTEN SCHRIFTEN ÜBER DIE PHILOSOPHIE DER PSYCHOLOGIE" UND DEN „PHILOSOPHISCHEN UNTERSUCHUNGEN"

LS: Paragraphenzahlen der vorliegenden Ausgabe der *Letzten Schriften*

WA: Seitenzahlen der *Philosophischen Untersuchungen* in Band 1 der vorliegenden Werkausgabe

st/stw: Seitenzahlen der *Philosophischen Untersuchungen* in der Ausgabe suhrkamp taschenbuch 14 (1971) sowie in der Ausgabe suhrkamp taschenbuch wissenschaft 203 (1980)

PU: Seitenzahlen der bei Blackwell erschienenen zweisprachigen Ausgabe der *Philosophischen Untersuchungen* (auf die im Text verwiesen wird)

LS	WA	st/stw	PU
14	511	299	188
17	510	298	187
18	510	298	188
22	510	298	188
23	511	299	188
24	511	299	188
25	511	299	188
27	511	299	188
28	511	300	188
34	512	300	189
35	512	300	189
36	512	300	189
39	490	278	174
40	490	278	174
45	512	300	189
51	512	300	189
52	555 f.	346	215 f.
55	555 f.	346	216
56	556	346	216
66	556	346	216
68	556	346	216
69	555	345	215

LS	WA	st/stw	PU
82	515	303	191
83	515	303	191
85	515	303	191
86	515	303	191
87	517	305	192
88	517	305	192
91	558	348	217
108	558	348	217
111	559	349	217
112	558	348	217
113	558	348	217
128	559	349	217f.
131	559	349	217
133	559	349	218
138	559	349	218
141	514	302	190
180	518	307	193
181	567	357	223
189	567	358	223
190	568	358	223
305	491	279	175
306	491	279	175
307	491f.	279f.	175
308	494	282	177
316	494	282	177
317	494	282	177
318	494	282	177
321	495	283	178
322	495	283	178
323	495	283	178
324	495	283	178
351	497	285	179
352	498	286	179
353	498	286	179
355	498	286	180
356	500	288	181
358	489	277	174
360	489	277	174
361	500f.	288f.	181
362	501	289	182
365	489	277	174

LS	WA	st/stw	PU
368	502	290	182
373	502	290	182
374	502	290	182
375	502	290	182
378	502	290	182
379	502f.	290f.	182
380	503	291	183
386	506	294	185
387	506	294	185
388	506	294	185
389	506	294	185
392	505	293	184
393	507	295	185
394	507	295	185
395	507	295	185
400	507	295	185f.
402	507	295	186
404	507	295	186
405	508	296	186
406	489	277	174
407	509	297	187
410	509	297	187
411	510	298	187
412	510	298	187
416	514	302	190f.
419	514	302	190
421	514	302f.	191
422	515	303	191
431	518	307	193
432	518	307	193
433	518	307	193
434	518	307	193
435	518	307	193
439	523	312	196
440	523	312	196
442	523	312f.	196
443	523	313	196
446	526	315	198
452	551	341	213
456	540	329	206
458	541	330	206

LS	WA	st/stw	PU
461	521	311	195
463	528	318	199
467	524	313	196f.
468	522	311	195
475	522	311	195
476	522	311f.	195
478	522	311	195
487	530	320	200
489	520	309	194
490	522	312	196
494	523	312	196
499	528	318	199
501	524	313	196
502	524	313	196
503	524	313	196
507	528	317	199
508	528	317	199
514	529	318	199
516	549	339	212
517	527f.	317	199
522	517	306	192
524	517	306	192
526	517	306	192
527	546	337	210
530	543	333	208
532	520	309f.	194
533	521	310	194f.
534	521	310	195
536	521	310	195
540	525	314	197
541	525	314f.	197
544	525	315	197
548	537	326	204
549	524	314	197
553	524f.	314	197
554	525	314	197
563	526	315	198
571	526	315	197f.
575	527	316	198
581	528	317	199
591	537	326	204

LS	WA	st/stw	PU
598	527	316	198
599	527	316	198
601	531	320	201
602	531	320	201
603	531	320f.	201
604	531	321	201
605	530	319	200
606	532	321	201
607	532	321	201
608	532	321	201
609	532	321f.	201
610	532	322	202
611	533	322	202
625	533	322	202
626	533	322	202
628	533	322	202
630	533	323	202
631	533f.	323	202
632	534	323	202
633	534	323f.	203
637	535	324	203
638	535	325	203
641	535	324	203
642	535	325	203
644	535	324	203
645	535	324	203
646	535	325	203
647	535f.	325	203f.
649	534f.	324	203
650	538	327	205
651	538	327	205
653	538	327	205
657	537	327	204
658	536	325	204
659	536	325	204
660	536	325f.	204
662	537	326	204
663	537	326	204
665	537	327	205
666	537	327	205
669	536	326	204

LS	WA	st/stw	PU
678	538	327f.	205
679	538	328	205
681	538f.	328	205
682	539	328	205
685	539	328	205
686	539	329	206
688	541	330	207
689	540	330	206
690	540	330	206
691	541	330	206
692	546f.	336	210
694	542	331	207
701	542	331f.	207
702	542	332	207
703	542	332	207
705	543	332	208
706	546	336	210
707	547	337	210
708	548f.	338	211
709	549	339	211
710	549	339	211
714	548	338	211
718	548f.	338	211
722	548	338	211
723	548	338	211
724	548	338	211
725	549	339	212
734	544	334	209
735	544f.	334	209
736	544f.	334	209
739	545	334	209
742	545	335	209
743	545f.	335	209
744	546	335	209
754	545	335	209
755	545	335	209
763	546	336	210
775	546	336	210
777	549f.	339f.	212
778	551f.	341f.	213
779	552	342	213f.

LS	WA	st/stw	PU
780	552	342	213
781	552	342	213
783	552	342	214
784	553	343	214
787	554f.	344f.	215
788	555	345	215
791	555	345	215
792	580	370	232
793	555	345	215
795	556	346	216
796	556	346	216
797	557	347	216
802	557	347	216
804	557	347	216
820	560	350	218
822	560	350	218
825	560	350	218
826	560	350	218
828	561	351f.	219
837	579	369	231
838	579	369	231
839	579	369	231
840	579	369	231
841	562	352	219
842	562	352	219
849	560	350	218
850	561	351	219
851	562	352	219
852	562	352	220
855	562	353	220
856	563	353	220
857	563	353	220
858	562	353	220
864	563	353	220
865	563	354	220
868	577	367	229
870	577	367	229
880	563f.	354	220f.
881	564	354	221
882	564	354	221
883	564	354	221

LS	WA	st/stw	PU
884	564f.	355	221
889	564	354	221
890	564	354f.	221
891	569	360	224
892	569	360	224
893	569	359	224
896	566	356	222
897	566	357	222
898	567	357	222f.
902	567	357	223
903	567	358	223
904	568	359	223f.
905	569	359	224
906	571	361	225
908	570	360/1	225
909	570	360	224
917	574	365	227
918	574f.	365	227
920	575	366	228
922	576	366	228
924	576	366	228
928	572	362	226
929	572	363	226
930	572f.	363	226
931	574	364	227
933	573	363	226
934	573	363f.	226f.
935	573	364	227
936	576	366	228
937	576	367	228
938	576	367	228